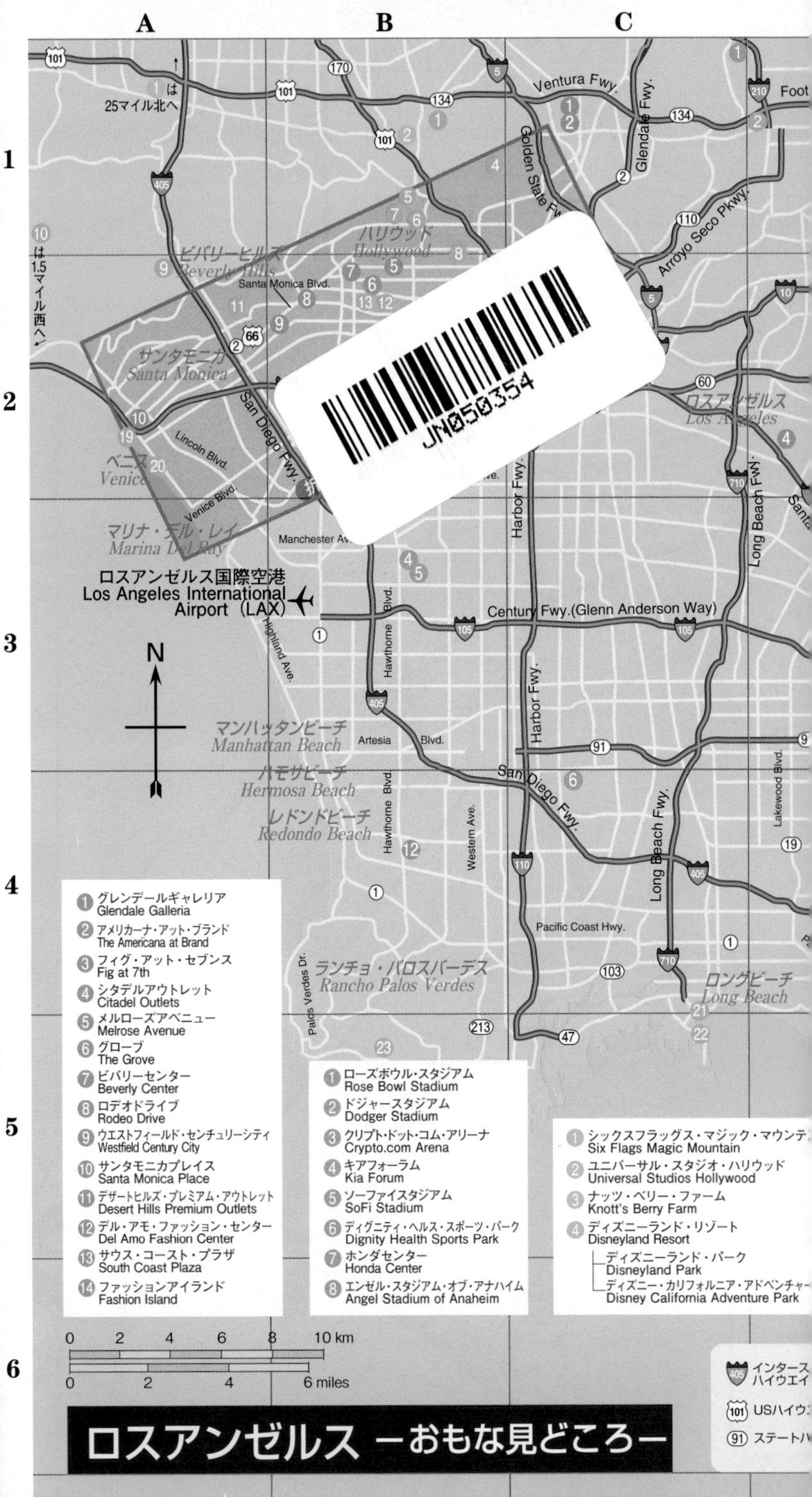

A
B
C
1
2
3
4
5
6
1は
25マイル北へ
10は1.5マイル西へ
Ventura Fwy.
Golden State Fwy.
Glendale Fwy.
Arroyo Seco Pkwy.
ハリウッド
Hollywood
ビバリーヒルズ
Beverly Hills
Santa Monica Blvd.
サンタモニカ
Santa Monica
San Diego Fwy.
Lincoln Blvd.
Venice Blvd.
ベニス
Venice
マリナ・デル・レイ
Marina Del Rey
Manchester Ave.
ロスアンゼルス
Los Angeles
Harbor Fwy.
Long Beach Fwy.
ロスアンゼルス国際空港
Los Angeles International Airport（LAX）
Highland Ave.
Hawthorne Blvd.
Century Fwy.(Glenn Anderson Way)
N
マンハッタンビーチ
Manhattan Beach
Artesia Blvd.
ハモサビーチ
Hermosa Beach
レドンドビーチ
Redondo Beach
Western Ave.
Lakewood Blvd.
Pacific Coast Hwy.
ランチョ・パロスバーデス
Rancho Palos Verdes
Palos Verdes Dr.
ロングビーチ
Long Beach
1 グレンデールギャレリア Glendale Galleria
2 アメリカーナ・アット・ブランド The Americana at Brand
3 フィグ・アット・セブンス Fig at 7th
4 シタデルアウトレット Citadel Outlets
5 メルローズアベニュー Melrose Avenue
6 グローブ The Grove
7 ビバリーセンター Beverly Center
8 ロデオドライブ Rodeo Drive
9 ウエストフィールド・センチュリーシティ Westfield Century City
10 サンタモニカプレイス Santa Monica Place
11 デザートヒルズ・プレミアム・アウトレット Desert Hills Premium Outlets
12 デル・アモ・ファッション・センター Del Amo Fashion Center
13 サウス・コースト・プラザ South Coast Plaza
14 ファッションアイランド Fashion Island
1 ローズボウル・スタジアム Rose Bowl Stadium
2 ドジャースタジアム Dodger Stadium
3 クリプト・ドット・コム・アリーナ Crypto.com Arena
4 キアフォーラム Kia Forum
5 ソーファイスタジアム SoFi Stadium
6 ディグニティ・ヘルス・スポーツ・パーク Dignity Health Sports Park
7 ホンダセンター Honda Center
8 エンゼル・スタジアム・オブ・アナハイム Angel Stadium of Anaheim
1 シックスフラッグス・マジック・マウンテ Six Flags Magic Mountain
2 ユニバーサル・スタジオ・ハリウッド Universal Studios Hollywood
3 ナッツ・ベリー・ファーム Knott's Berry Farm
4 ディズニーランド・リゾート Disneyland Resort
ディズニーランド・パーク Disneyland Park
ディズニー・カリフォルニア・アドベンチャー Disney California Adventure Park
0 2 4 6 8 10 km
0 2 4 6 miles
インタース ハイウエイ
USハイウ
ステートハ
ロスアンゼルス －おもな見どころ－

ハリウッド
212 メルローズアベニュー、ラ・ブレア・アベニュー
180 パサデナ
217 メルローズアベニュー、グローブ、オリジナル・ファーマーズマーケット、ミッドウィルシャー
2 サンセットストリップ、UCLA
2 761 ゲッティセンター
グリフィスパーク
Griffith Park
グリフィス天文台
Griffith Observatry
Los Feliz Blvd.
Franklin Ave.
Hollywood Blvd.
Hollywood
ハリウッド
Hollywood/Western
Vermont/Sunset
Sunset Blvd.
Hyperion Ave.
パラマウント映画スタジオ
Paramount Pictures Studios
Santa Monica Blvd.
Vermont/Santa Monica
101
207
Virgil Ave.
Hoover St.
Beverly Blvd.
Vermont/Beverly
Western Ave.
3rd St.
Vermont Ave.
Hollywood Fwy (US-101)
Temple St.
Sunset Blvd.
Wilshire Blvd.
Wilshire/Normandie
Wilshire/Vermont
Beverly Blvd.
3rd St.
Koreatown
コリアタウン
ドジャースタジアム
Dodger Stadium
Downtown
ダウンタウン
Westlake/MacArthur Park
Bixel St.
6th St.
Venice Blvd.
Pico Blvd.
Grand Ave. Arts / Bunker Hill
Civic Center/Grand Park
Pershing Square
Union Station
Historic Broadway
7th St./Metro Center
Pico
Little Tokyo/Arts District
Harbor Fwy. (I-110)
Flower St.
Grand/LATTC
LATTC/Ortho Institute
San Pedro St.
P.97ダウンタウン交通路線図
E. 6th St.
ディズニーランド・リゾート、ナッツ・ベリー・ファーム

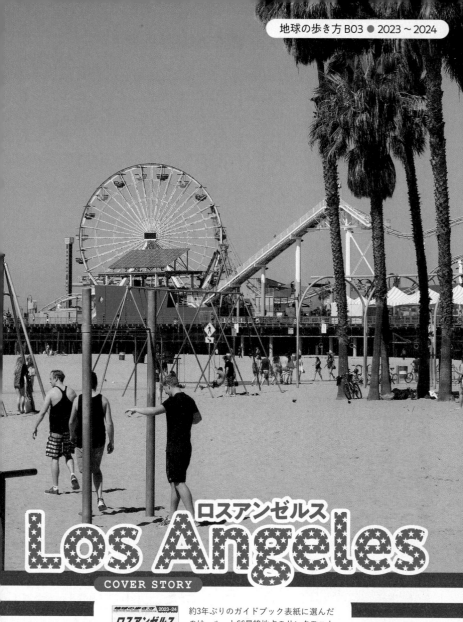

ロスアンゼルス
Los Angeles

COVER STORY

約3年ぶりのガイドブック表紙に選んだのは、ルート66最終地点のサンタモニカピア。“End of the Trail”の標識のように旅に出られなかった大変な時期に終わりを告げ、にぎわいを取り戻したロスアンゼルスですてきな旅がスタートすることを願って。澄みきった青空に、高く高く伸びるヤシの木。ロスアンゼルスは旅人の皆さんの帰りを待っています。

地球の歩き方 編集室

CONTENTS

Welcome to
LOS ANGELES

ORGANIC
SANTA BARBARA
PISTACHIO
COMPANY

WHOLE FOODS
7871

出発前に必ずお読みください! 旅のトラブルと安全対策 …P.447 ~ 449

281 エンターテインメント&スポーツ

305 ショッピングガイド

351 ダイニングガイド

387 ロッジングガイド

419 旅の準備と技術

Column

■新型コロナウイルス感染症について

新型コロナウイルス（COVID-19）の感染症危険情報について、全世界に発出されていたレベル1（十分注意してください）は、2023年5月8日に解除されましたが、渡航前に必ず外務省のウェブサイトにて最新情報をご確認ください。

◎外務省 海外安全ホームページ・アメリカ危険情報
URL www.anzen.mofa.go.jp/info/pcinfectionspothazardinfo_221.html#ad-image-0

歩き方の使い方

本書で用いられる記号・略号

本文中および地図中に出てくる記号で、ℹはツーリストインフォメーション（観光案内所）を表します。その他のマークは以下のとおりです。

そのエリアにあるショップやレストランの掲載ページ

紹介している地区の名称

見どころの名称

MAP P.74-A2：地図位置を表します

その土地らしさ

博物館＆美術館＆公園

買い物＆食事

おすすめ度を３段階で示しています（★★★３つが最高）

MEMO 本文の追加情報などを紹介しています

VOICE 読者の皆さんからいただいた投稿記事を紹介しています

サンタモニカ
Santa Monica

ロスアンゼルスにあるビーチのなかでも知名度抜群の街。その歴史は古く、100年以上前からLA随一の海水浴場としてにぎわってきた。また、ルート66の終点としても有名で、ピアにはルート66の標識が立つ。健康に関心の高い住人が多いので、ビーチ沿いでランニングやヨガに励む姿をよく見かけるだろう。ビーチアクティビティが豊富なうえ、人気のレストランやショップが集まるので、LAらしさをいちばん体感できるエリアだ。

P.314〜P.316　P.358〜P.363

サード・ストリート・プロムナード
www.downtownsm.com
ACCESS
3rd St.沿い、BroadwayからWilshire Blvd.までの3ブロックがサード・ストリート・プロムナード。バスの路線が多く通っているSanta Monica Blvd.が交差している。
メトロレイル・Eライン（エクスポ）、Lライン（ゴールド）のDowntown Santa Monica駅下車、4th St.を北西に90m、Broadwayを南に130m。
I-10の出口1Aで下り、4th St.を北西に450m進み、Broadwayを左折した所。2nd St.、4th St.沿いに立体駐車場が約10カ所あるほか、周辺にはパーキングメーターも多い。

サンタモニカプレイス
395 Santa Monica Pl., Santa Monica
(310)260-8333
www.santamonicaplace.com
月〜土10:00〜20:00、日11:00〜19:00
クリスマス
ACCESS
Broadway、2nd St.、4th St.、Colorado Ave.に囲まれたブロック。駐車場の入口は、Broadwayと3rd St.の突き当たり。
メトロレイル・Eライン（エクスポ）、Lライン（ゴールド）のDowntown Santa Monica駅下車、目の前。

いつも地元の人や観光客でにぎわっている遊歩道　MAP P.74-A2
サード・ストリート・プロムナード
★★★　Third Street Promenade

サンタモニカダウンタウンの中心、3rd St.沿いのブロードウエイBroadwayからウィルシャーブルバードWilshire Blvd.までの3ブロックに、カフェやレストラン、映画館、若者に人気のカジュアルブランド店などが並ぶ。歩行者天国になっていて、サンタモニカを代表するショッピングエリアだ。週末の夜にはストリートミュージシャンや大道芸人も現れ、さらににぎやかになる。

買い物や食事を楽しめる

開放的な造りのショッピングモール　MAP P.74-A1〜A2
サンタモニカプレイス
★★★　Santa Monica Place

サード・ストリート・プロムナードとはブロードウエイBroadwayを挟んで向かい合っている、サンタモニカを代表するモール。デパートのノードストロムNordstromほか、コーチCoachやトリーバーチTory Burch、ティファニーTiffany & Co.、フォーエバー21Forever21など人気店が集結している（→P.342）。

3階はルーフトップデッキになっていて、レストランやブリュワリー、フードコートがある。買い物に疲れたら、休憩がてら行ってみよう。

疲れたら、3階のテラス席でくつろぐのがいい

DATA　サンタモニカの観光にはビッグ・ブルー・バスで

サンタモニカを中心に路線網をもつのが市バスのビッグ・ブルー・バス（→P.102）。約20路線あり、ベニス、UCLA、マリナ・デル・レイ、LAXへの移動に便利だ。各路線のタイムテーブルは、バスの車内、サンタモニカ観光局（→P.190）、ウェブサイトなどで入手できる。サンタモニカを拠点に動きたい人には利用価値が大きい。
●ビッグ・ブルー・バス　Big Blue Bus
$1.25、tapカードなら$1.10。1日券$4
※おつりは出ないので料金分の小銭を用意しておこう。

192　その土地らしさ　博物館＆美術館＆公園　買い物＆食事　おすすめ度

MEMO 駐車場の検索サイト　サンタモニカ市が運営するサンタモニカ周辺の駐車場を検索できる。Santa Monica Parking
www.smgov.net/departments/pcd/transportation/motorists-parking/where-to-park　193

地図掲載ページ

ジャンル・ランクなど

所在エリア

各レストランの情報
予算
事前予約の必要性

各ホテルのサービス・設備
コーヒーメーカー　ミニバー／冷蔵庫　バスタブ　ヘアドライヤー　室内金庫　ルームサービス　レストラン　フィットネスセンター／プール　コンシェルジュ　日本語を話すスタッフ　ランドリー　ワイヤレスインターネット　駐車場　車椅子対応ルーム

ホテルのサービス・施設は、全室完備の場合に黒色になっています。

住 住所

道路名の略号

Ave.	Avenue
Blvd.	Boulevard
Cr.	Circle
Dr.	Drive
Fwy.	Freeway
Hwy.	Highway
Ln.	Lane
Pkwy.	Parkway
Rd.	Road
St.	Street

☎ **電話番号**
Free **トールフリー番号**
(アメリカ国内通話料無料)
無料 **無料通話番号**
(日本国内通話料無料)
FAX **ファクス番号**
URL **ウェブサイトアドレス**
(http://は省略)
E **eメールアドレス**
営 **営業**(開館・開園)**時間**
休 **休業**(休館・休園)**日**
料 **料金**(入場料など)

ACCESS
見どころまでの行き方を説明しています

徒歩 徒歩での行き方
路線バスを利用した場合の行き方
メトロレイルを利用した場合の行き方
車での行き方

フリーウエイの種類
●インターステートハイウエイ
Interstate Highway
ハイウエイの基幹で、日本の高速道路、自動車道に相当する。本書では"I"と略し、"I-15"のように表記する。
●USハイウエイ
US Highway
日本の幹線国道に相当する。インターステートを補完する存在。本書では"US"を付し、"US-89"のように表記する。
●ステートハイウエイ
State Highway
州道。日本の地方国道といったところ。本書ではカリフォルニア州の略号(CA)を付し、"CA-2"のように表記する。

カード **使用可能なクレジットカード**
A アメリカン・エキスプレス
D ダイナースクラブ
J JCB
M マスターカード
V ビザ

料 **客室料金**(原則として公示料金)
S シングル **D** ダブル
T ツイン **Su** スイート
※料金は、ひと部屋当たりのもの
駐 **1泊当たりの駐車料金**
Wi **24時間当たりのWi-Fi料金**
部屋数 **総客室数**

■掲載情報のご利用にあたって

編集室では、できるだけ最新で正確な情報を掲載するように努めていますが、現地の規則や手続きなどがしばしば変更されたり、またその解釈に見解の相違が生じることもあります。このような理由に基づく場合、または弊社に重大な過失がない場合は、本書を利用して生じた損失や不都合などについて、弊社は責任を負いかねますのでご了承ください。また、本書をお使いいただく際は、掲載されている情報やアドバイスがご自身の状況や立場に適しているか、すべてご自身の責任でご判断のうえご利用ください。

■現地取材および調査時期

本書は、2022年10月の取材データと2022年10月～2023年1月の現地調査をもとに作られており、住所、電話番号、営業時間、料金といった情報は基本的に2022年12月～2023年1月時点のものです。具体的な情報ほど時間の経過とともに現地の状況が変化し、実際に旅行される時点では、本書に掲載されている情報と異なっている場合があります。この点をご理解のうえご利用ください。

■発行後の情報の更新と訂正について

本書に掲載している情報で、本書の発行後に変更された掲載情報や訂正箇所は、地球の歩き方ホームページの「更新・訂正情報」で、可能なかぎりご案内しています(ホテル、レストラン料金の変更などは除く)。下記URLよりご確認いただき、ご旅行前にお役立てください。

URL **www.arukikata.co.jp/travel-support/**

■投稿記事について

投稿記事は、多少主観的になっても、投稿者の印象、評価などを尊重し、原文にできるだけ忠実に掲載してありますが、データに関しては編集室で追跡調査を行っています。投稿記事には、VOICEマークを付け、(東京都 ○○ '23)として、寄稿者の旅行年度を表しています。編集室でデータを更新したものは['23]と追記しています。

なお、ご投稿をお送りいただく場合は、P.418をご覧ください。

■ホテルのデータ表示について

アメリカでは、基本的にホテル料金は「ひと部屋」の宿泊料が表示されます。本書でもそれに従い、特に記述のない場合、ひと部屋当たりの料金を表示しています。また、この料金には、各市でかかるホテルタックスは含まれていません。お支払いの際には、所定の税金がかかります(→P.389)。**S**はシングル(ひとり1部屋)、**D**はダブル(ふたり1部屋、ベッド1台)、**T**はツイン(ふたり1部屋、ベッド2台)、**Su**はスイートルームを利用した場合の料金です。また、格安の宿泊施設では、バス、トイレが共同となっている場合がありますので、宿泊の際に必ず確認をしてください。

♿マークが黒色になっているものは、そのホテルに車椅子での利用が可能な設備のある客室があることを表しています。ただし、車椅子用の設備がある客室数には、限りがありますので、予約の際に、必ずご利用の旨をホテル側へお伝えください。

ジェネラルインフォメーション

アメリカ合衆国の基本情報

▶旅の英会話
→ P.450

国　旗
Stars and Stripes
13本のストライプは1776年建国当時の州の数、50の星は現在の州の数を表す。

正式国名
アメリカ合衆国 United States of America
アメリカという名前は、イタリアの探検家でアメリカ大陸を確認したアメリゴ・ベスプッチのファーストネームから取ったもの。

国　歌
Star Spangled Banner

面　積
約962万8000km²
日本の約25倍（日本は約37万7900km²）。

人　口
約3億3189万人
※ロスアンゼルス市約384万9297人（2021年推定）

首　都
ワシントン特別行政区
Washington, District of Columbia
全米50のどの州にも属さない連邦政府直轄の行政地区。人口は約67万人。

元　首
ジョー・バイデン大統領 Joe Biden

政　体
大統領制　連邦制（50州）

人種構成
白人59.3%、ヒスパニック系18.9%、アフリカ系13.6%、アジア系6.1%、アメリカ先住民1.3%など。

宗　教
キリスト教。宗派はバプテスト、カトリックが主流だが、都市によって分布に偏りがある。少数だがユダヤ教、イスラム教なども。

言　語
主として英語だが、法律上の定めはない。スペイン語も広域にわたって使われている。

通貨と為替レート

▶旅の予算とお金
→ P.425
▶外貨の両替
→ P.426
▶ T/Cやクレジットカードなど→ P.426、P.427

通貨単位はドル（$）とセント（¢）。**$1 ＝ 132.44円（2023年2月6日現在）**。紙幣は1、5、10、20、50、100ドル。なお、50、100ドル札は、小さな店で扱わないこともあるので注意。硬貨は1、5、10、25、50、100セント（＝$1）の6種類だが、50、100セント硬貨はあまり流通していない。

$1

$5

$10

$20

$50

$100

25¢

10¢

5¢

1¢

電話のかけ方

▶電話→ P.445

日本からロスアンゼルスへかける場合　例：ロスアンゼルス（310）123-4567へかける場合

国際電話会社の番号		国際電話識別番号		アメリカの国番号		市外局番（エリアコード）		相手先の電話番号
0033（NTTコミュニケーションズ）※1 0061（ソフトバンク）※1	＋	010	＋	1	＋	310	＋	123-4567

参考：携帯電話からは、「0」を長押しして「+」を表示させると、国番号からのダイヤルでかけられる。

※1「マイライン」「マイラインプラス」の国際通話区分に登録している場合は不要。なお、マイラインは2024年1月にサービス終了予定。詳細は URL www.myline.org

祝祭日

▶ LA のイベントカレンダー
→ P.422 ～ 423

3/31が日曜の場合、セザール・チャベス・デイは翌4/1となる

※※印のある日は州によって祝日となる。ロスアンゼルス市では※は祝日、※は平日扱い。なお、店舗などで「年中無休」をうたっているところでも、元日、サンクスギビングデイ、クリスマスの3日間はほとんど休み。また、メモリアルデイからレイバーデイにかけての夏休み期間中は、営業時間などのスケジュールを変更するところが多い。

1月	1/1		元日　New Year's Day
	第3月曜		マーチン・ルーサー・キングの日 Martin Luther King, Jr. Day
2月	第3月曜		大統領の日 Presidents' Day
3月	3/17	※	セント・パトリック・デイ St. Patrick's Day
	3/31	※	セザール・チャベス・デイ Cesar Chavez Day
4月	第3月曜	※	愛国者の日 Patriots' Day
5月	最終月曜		メモリアルデイ（戦没者追悼の日）Memorial Day
6月	6/19		ジューンティーンス Juneteenth
7月	7/4		独立記念日 Independence Day
9月	第1月曜		レイバーデイ（労働者の日）Labor Day
10月	第2月曜	※	インディジェナス・ピープルズ・デイ Indigenous People's Day
11月	11/11		ベテランズデイ（退役軍人の日）Veterans Day
	第4木曜		サンクスギビングデイ Thanksgiving Day
	第4木曜の翌日	※	デイアフター・サンクスギビングデイ The Day After Thanksgiving Day
12月	12/25		クリスマス Christmas Day

ビジネスアワー

以下は一般的な営業時間の目安。業種、立地条件などによって異なる。スーパーマーケットは22:00頃、ドラッグストアは23:00頃の閉店。都市部のオフィス街なら18:00頃の閉店も珍しくない。

銀　行
月～金 9:00～17:00。

デパートやショップ
月～土10:00～19:00、日12:00～18:00。

レストラン
朝からオープンしているのはレストランというより気軽なコーヒーショップ。朝食7:00～10:00、昼食11:30～14:30、ディナー17:30～22:00。バーは深夜まで営業。

電気&映像方式

電圧とプラグ

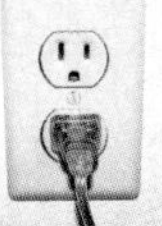

電圧は120ボルト。3つ穴プラグ。100ボルト、2つ穴プラグの日本製品も使えるが、電圧数がわずかではあるが違うので注意が必要。特にドライヤーや各種充電器などを長時間使用すると過熱する場合もあるので、時間を区切って使うなどの配慮が必要だ。

映像方式

テレビ・ビデオは日本とアメリカともにNTSC方式、ブルーレイ・リージョンコードは日本とアメリカともに「A」なので、両国のソフトはお互いに再生可能。しかし、DVDリージョンコードはアメリカ「1」に対し日本「2」のため、両方のコードを含むソフトおよび「ALL CODE」の表示のあるソフト以外はお互いに再生できない。

アメリカから日本へかける場合　例：東京 (03) 1234-5678 または (090) 1234-5678 へかける場合

国際電話識別番号 **011**※ ＋ 日本の国番号 **81** ＋ 市外局番と携帯電話の最初の0を除いた番号 **3 または 90** ＋ 相手先の電話番号 **1234-5678**

※公衆電話から、日本にかける場合は上記のとおり。
ホテルの部屋からは、外線につながる番号を「011」の前に付ける
※NTTドコモの携帯電話・スマートフォンは、事前にWORLD CALLの申し込みが必要

▶アメリカ国内通話
同じ市外局番（エリアコード）へかける場合、例外（※）を除きエリアコードは不要。異なるエリアコードへかける場合は最初に1をつけて、エリアコードからダイヤルする。
※エリアコードが213と323の地域は、同じエリア内にかけるときも、最初に1+エリアコードからダイヤルする。

▶公衆電話のかけ方
①受話器を持ち上げる
②都市により異なるが最低通話料50¢を入れ、相手先の電話番号を押す（プリペイドカードの場合はアクセス番号を入力し、ガイダンスに従って操作する）
③「初めの通話は○分○ドルです」とアナウンスで流れるので、案内された額以上の金額を投入する

チップ

▶チップについて
→ P.442

レストラン、タクシー、ホテルの宿泊（ベルボーイやベッドメイキング）など、サービスを受けたときにチップを渡すのが慣習となっている。額は、特別なことを頼んだ場合や満足度によっても異なるが、以下の相場を参考に。

レストラン

合計金額の15～25%。サービス料が含まれている場合は、小銭程度をテーブルやトレイに残して席を立つ。

タクシー

運賃の15～20%だが、最低でも$1。

ホテル宿泊

ベルボーイは荷物の大きさや個数によって$2～3。荷物が多いときはやや多めに。

ベッドメイキングは枕元などに$2～3。

飲料水

水道の水をそのまま飲むこともできるが、ミネラルウオーターを購入するのが一般的。スーパーマーケットやコンビニ、ドラッグストアなどで販売している。

ドラッグストアやスーパーなどで購入できる

気　候

▶旅のシーズン
→ P.421

ロスアンゼルスの夏は、気温が高いが湿度は低くて快適。冬は比較的降水量が多い季節だ。また、春秋は1年でいちばん過ごしやすいシーズンだが、朝晩と日中の寒暖差が激しい。年間を通じて安定した気候だが、気温の変化に対応できるように、重ね着などで服装の工夫をするとよい。

ロスアンゼルスと東京の気温と降水量

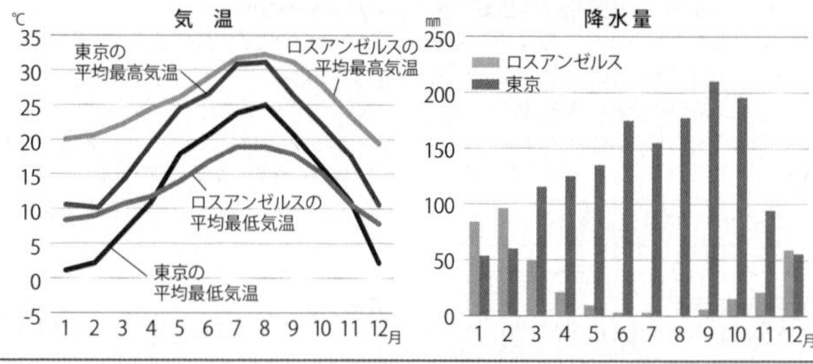

日本からのフライト時間

▶航空券の手配→ P.433

直行便の場合、成田、羽田、大阪（関西国際空港）からロスアンゼルス（西海岸）まで、約10時間。

ユナイテッド航空ほか複数の航空会社が運航

時差とサマータイム

アメリカ本土内には4つの時間帯がある。東部標準時 Eastern Standard Time（ニューヨークなど）は日本時間マイナス14時間、中部標準時 Central Standard Time（シカゴなど）はマイナス15時間、山岳部標準時 Mountain Standard Time（デンバーなど）はマイナス16時間、太平洋標準時 Pacific Standard Time（ロスアンゼルスなど）はマイナス17時間。

夏はデイライト・セービング・タイム（サマータイム／夏時間）を採用し、1時間時計を進める州がほとんど。その場合、日本との時差は1時間短くなる。ただし、アリゾナ州（MST）、ハワイ州（HAST）でデイライト・セービング・タイムは採用されていないので注意。

夏時間を取り入れる期間は、3月第2日曜から、11月第1日曜まで。移動日に当たる場合は時差の変更に十分注意を。

郵　便

日本への航空便は封書、はがきともに＄1.40。規定の封筒や箱に入れるだけの荷物を定額で郵送できるタイプもある。

町によって郵便局の営業時間は多少異なる。一般的な局は平日の9:00～17:00くらい。

アメリカのポストは青

▶郵便
→ P.446

出入国

ビザ

90日以内の観光、商用が目的ならば基本的にビザは不要。ただし、頻繁にアメリカ入出国を繰り返していたり、アメリカでの滞在が長い人は入国を拒否されることもある。なお、ビザ免除者はESTAによる電子渡航認証の取得が義務づけられている。

パスポート

アメリカ入国の際、パスポートの残存有効期間は、帰国日まで必要で、90日以上あることが望ましい。

▶パスポートの取得
→ P.429
▶ビザ（査証）の取得
→ P.429
▶ ESTA（エスタ）の取得
→ P.431
▶出入国の手続き
→ P.436

税　金

TAX

物の購入時にかかるセールスタックスSales Taxとホテルに宿泊するときにかかるホテルタックスHotel Taxなどがある。また、レストランで食事をした場合はセールスタックスと同額の税金、またはそれに上乗せした税金がかかる。率（%）は州や市によって異なり、ロスアンゼルス市はセールスタックスとミールタックスが9.5%、ホテルタックスが16.2%（2023年1月現在）。なお、カリフォルニア州では外国人旅行者への税金還付制度はない。

▶税金について
→P.310、P.355、P.389

安全とトラブル

日本人の遭いやすい犯罪は、置き引き、ひったくりなど。犯行は複数人で及ぶことが多く、ひとりが気を引いているすきに、グループのひとりが財布を抜いたり、かばんを奪ったりする。日本語で親しげに話しかけ、言葉巧みにお金をだまし取るケースも多い。日本から1歩でも出たら、「ここは日本ではない」という意識を常にもつことが大切。

ロスアンゼルス全体ではLAダウンタウンのスキッドロウとサウス・ロスアンゼルス（サウスセントラル）は治安がよくない（→ P.39）。

警察・救急車・消防署

☎ 911

▶旅のトラブルと安全対策
→ P.447
▶ロスアンゼルスの基礎知識
→ P.38

年齢制限

カリフォルニア州では、飲酒可能な年齢は21歳から。場所によっては、お酒を買うときにも身分証明書の提示を求められる。バーやライブハウスなどお酒のサーブがあるところも身分証明書が必要。

アメリカでは若年層の交通事故がとても多く、大手レンタカー会社では一部の例外を除き25歳以上にしか貸し出さない。21歳以上25歳未満の場合は割増料金が必要なことが多い。

▶マナーについて
→ P.442

度量衡

建物の入口から20フィート（約6.1m）以内は喫煙禁止

距離や長さ、面積、容量、速度、重さ、温度など、ほとんどの単位が日本の度量衡とは異なる。

▶アメリカと日本のサイズ比較表
→ P.311

時差表

日本時間	0	1	2	3	4	5	6	7	8	9	10	11	12	13	14	15	16	17	18	19	20	21	22	23
東部標準時（EST）	10	11	12	13	14	15	16	17	18	19	20	21	22	23	0	1	2	3	4	5	6	7	8	9
中部標準時（CST）	9	10	11	12	13	14	15	16	17	18	19	20	21	22	23	0	1	2	3	4	5	6	7	8
山岳部標準時（MST）	8	9	10	11	12	13	14	15	16	17	18	19	20	21	22	23	0	1	2	3	4	5	6	7
太平洋標準時（PST）	7	8	9	10	11	12	13	14	15	16	17	18	19	20	21	22	23	0	1	2	3	4	5	6

※3月第2日曜から11月第1日曜までは夏時間（サマータイム／デイライト・セービング・タイム）を実施している。夏時間は時計の針を1時間進める政策。ただし、2023年から、夏時間は廃止される予定。

なお、赤い部分は日本時間の前日を示している。

＼ロスアンゼルスは今、どうなっている？／

LA旅行前に知っておくべきこと

日本からアメリカへの旅行が復活しつつある現在。2023年1月時点でのロスアンゼルスの様子をレポート。

THINGS TO KNOW BEFORE VISITING LA

☑街なかや観光スポット

ほとんどのエリアがコロナ禍前と変わらない程度の活気を取り戻している。ショップやレストランは結構な数の閉店や開店があったものの、現在どこもかなりにぎわっている状況。一時期は、店内での食事が禁止されていたが、店内での飲食が可能だ。個人経営のショップやブランド店、レストランなどは、営業時間が以前よりも短くなっていたり、変更されていたりすることもある。美術館や博物館に入館の際、ワクチンパスポートを提示することはほとんどない。

ハリウッドで行われたイベントでは、ソーシャルディスタンスも取られていないほど、にぎわっていた

ショッピングモールのグローブ（→P.345）にあるレストランは、夕方になると屋外パティオ席も満席に

☑感染対策

街なかでマスクをしている人はほとんど見かけない状況。公共交通機関のメトロレイルやメトロバスの車内でも、マスク着用の義務はなく、マスクをつけることを推奨しているにすぎない。気になる人は日数分のマスクを日本から持参しよう。また、除菌ウェットティッシュも持っていくと便利だ。

左／メトロバスの車内は、換気されていないので、マスクをしている人が多い
右／メトロバスの車内前方にはマスクが置いてあるので、誰でも自由に取って使用できる

☑非接触決済システム

LAのショップやレストランでは、現金の取り扱いをやめた店が増えてきた。クレジットカードやデビットカードでの支払いが多くなっている。クレジットカードの磁気テープの部分をスワイプして決済するやり方は減り、ICチップ付きのクレジットカードをクレジット端末に差し込むタイプやタッチ決済システムが主流に。

左／セルフオーダー端末から注文し、クレジットカードで決済するファストフード店も増えてきた
右／タッチ決済対象のカードなら、クレジットカードのタッチ決済端末にカードをかざすだけ

渡米前に最新情報をチェックすること！

2023年1月時点でアメリカ入国には、パスポートやESTAのほかに、**ワクチン接種証明書、宣誓書、入国者情報（コンタクトトレーシングフォーム）**が必要だ（→P.436の「渡航する前に知っておくこと」）。アメリカ入国、日本入国の条件は、新型コロナウイルスの感染状況により変わってくるので、**旅行前に最新情報を確認**するように。

＼ 話題のニュースをゲット ／

ロスアンゼルスの最旬トピックス

今、ロスアンゼルスで注目を集めているニュースや最新スポットをご紹介！

WHAT'S NEW IN LA

☑八村塁選手がロスアンゼルス・レイカーズへ加入！

2023年1月、日本人バスケットボール選手の八村塁がNBAのロスアンゼルス・レイカーズ（→P.298）に移籍した。高校卒業後アメリカ・ゴンザガ大学へ入学した八村。2019年、日本人初となるNBAドラフト1巡目でワシントン・ウィザーズに指名され入団した。プロ4年目の2022-2023シーズンはウィザーズとの契約最終年だった。

ロスアンゼルス・レイカーズの本拠地、クリプト・ドット・コム・アリーナ

☑メトロレイルの延伸と開業

メトロレイル・Lライン（ゴールド）が、リトルトーキョー／アーツディストリクト駅から、7thストリート／メトロセンター駅を経由して、ダウンタウンサンタモニカ駅への直通運転を2023年春に開始予定。また、同時期にロングビーチダウンタウンと7thストリート／メトロセンター駅を結んでいたAライン（ブルー）が、7thストリート／メトロセンター駅からパサデナを経由してAPU／シトラスカレッジ駅まで延びる予定だ。

2022年10月、メトロレイル・Eライン（エクスポ）のエクスポ／クレンショー駅からイングルウッド方面へ延びるメトロレイル・Kラインが開通した。2024年には、ロスアンゼルス国際空港まで延伸する。

リトルトーキョーやパサデナからサンタモニカへメトロレイルで向かう際、乗り換えをする必要がなくなり、アクセスしやすくなる

☑アカデミー映画博物館が開館

2021年9月、映画に特化した博物館のアカデミー映画博物館Academy Museum of Motion Picturesがオープンした。映画製作に使われた衣装や小道具、撮影機材が展示され、映画がどのように作られているかを学ぶことができる。

→P.188、P.230

レンゾ・ピアノがデザインした建物も必見

Photo by Joshua White, JWPictures/ ©Academy Museum Foundation

☑ジョージ・ルーカス監督の美術館が開館予定

ルーカス・ミュージアム・オブ・ナラティブ・アートLucas Museum of Narrative Artが、エクスポジションパークに2025年の開館を予定している。映画監督・プロデューサーのジョージ・ルーカスがこれまで収集してきた絵画やアニメーション、写真などが展示される。

中国出身の建築家、マ・ヤンソン率いるMADアーキテクツが設計を担当する

Lucas Museum of Narrative Art rendering, courtesy of the Lucas Museum of Narrative Art

☑ユニバーサル・スタジオ・ハリウッドに新エリアと新アトラクションがオープン

2023年2月、ユニバーサル・スタジオ・ハリウッド(→P.154)のロウアーロットに新エリアの「スーパー・ニンテンドー・ワールド™ SUPER NINTENDO WORLD™」がオープンし、任天堂ゲーム「マリオカートシリーズ」の世界をテーマにしたライド「マリオカート～クッパの挑戦状～™ Mario Kart™: Bowser's Challenge」が登場した。

アメリカでも愛されている任天堂ゲームの世界へ入り込もう

LAでしたい
7 Things to do in LA

1 映画の都、ハリウッドの定番観光地を制覇！

ハリウッドスターの名前が刻まれた星形の敷石、ウオーク・オブ・フェイム（→P.216）やスターの手形や足形が並ぶTCLチャイニーズ・シアター（→P.214）は、朝早くから観光客が集まってくるスポット。

マイケル・ジャクソンをはじめ有名人の敷石には写真撮影待ちの行列ができる

シルバーレイクのミッチェルトリーナ階段に描かれたハートとレインボー

2 "映える"スポットで記念撮影

おしゃれでかわいい、フォトジェニックなスポットが点在しているロスアンゼルス。ファッションブランドの外観やショップのインテリア、有名アーティストの壁画など、絵になる観光地巡りをしたい。→P.22

メルローズアベニューにあるエンジェルウイングの壁画

エンゼルスは3塁側にベンチがある。大谷選手を目の前で見られるかも

3 日本人スポーツ選手を応援

メジャーリーグベースボール（MLB）のロスアンゼルス・エンゼルス（→P.292）には、2023年シーズン大谷翔平選手が在籍している。バスケットボール（NBA）のロスアンゼルス・レイカーズ（→P.298）に、2023年1月八村塁選手が移籍した。

球場（エンゼル・スタジアム・オブ・アナハイム）内にもギフトショップがあり、大谷選手のグッズが一番人気だとか

上質な牛肉をじっくりと焼いたリブアイは肉のうま味が満点

4 シーフードと舌鼓を打つ

7 人気の夜景スポットをおさえる！

ハリウッドの北にあるグリフィス天文台（→P.222）と、ミッドウィルシャーにあるロスアンゼルスカウンティ美術館（→P.231）は、地元の人だけでなく観光客にも人気の夜景スポット。

202本の街灯が立ち並び、ファッション雑誌のカバーに採用されている美術館

ライトアップされた天文台とLAダウンタウンの夜景のコントラストを目に焼き付けたい

7つのこと

ショッピングもグルメもビーチアクティビティもすべて楽しめるロスアンゼルス。広大なエリアに観光スポットが散らばっているため、やりたいことを事前にピックアップしておかないと時間が足りなくなる。ここでは体験したいこと7つを紹介。

メルローズアベニュー沿いには、限定アイテムが多数並ぶリセールショップが軒を連ねる

6 最新ファッション情報をチェック

ファッショントレンドが生まれているロスアンゼルス。毎週のようにファッションブランドと有名アーティストのコラボアイテムが発売されるのもLAならでは。

高級ブランドショップが揃うロデオドライブ（→P.322）では、ウインドーショッピングを楽しみたい

スチームしたロブスターにレモンとバターをかけるだけで満足。素材の味を楽しみたい

ステーキに

ロブスターやクラムチャウダーなどのシーフード料理とプライムリブやNYステーキなどの肉料理を食べずには帰れない。魚と肉の両方を一緒に味わいたいときは、中級以上のアメリカ料理レストランへ。

ヤシの木に囲まれて、潮風を感じながらサンタモニカからベニスビーチまでバイクライドを（→P.194）

5 西海岸の潮風を満喫

サンタモニカピアからベニスビーチまでの海沿いにある自転車専用道でサイクリングを楽しみたい。ヨガやスケートボードに勤しむ人、ミュージシャンやアーティストのライブパフォーマンスを横目に軽快に走ろう。（→P.97、P.193、P.198）

電動キックボードは労力要らずでスイスイ進む

撮影現場に遭遇できるかも？

映画の舞台を訪れる、LAロケ地巡り Los Angeles Movie Locations

映画の都、ロスアンゼルスならではの観光の楽しみ方が、ロケ地を巡るというもの。LA近郊にある映画スタジオで撮影が行われているほか、街なかでも実際に道を閉鎖したり、ビルを立ち入り禁止にしたりして行われているのだ。ここでは、公共の交通機関でアクセスが比較的容易なスポットを紹介しよう。

グレイストーンマンション（ドヒニーマンション）

●『ボディー・ガード（1992年日本公開）』で、主人公のレイチェル（ホイットニー・ヒューストン）が住んでいた家。

●『幸福の条件（1993年日本公開）』で、建築家の妻であり、不動産のセールスとして働くダイアナ（デミ・ムーア）が、億万長者のジョン（ロバート・レッドフォード）に紹介した邸宅。

●『ホリデイ（2006年日本公開）』で、映画の予告編を制作する会社社長アマンダ（キャメロン・ディアス）とイギリス在住のグレアム（ジュード・ロウ）がデートしたレストランの店内として登場。

石油王のドヒニーが2年の歳月をかけて建てた豪邸

Greystone Mansion（Doheny Mansion）
エリア ビバリーヒルズ　MAP P.62-B4　住 905 Loma Vista Dr., Beverly Hills　URL www.greystonemansion.org　営 毎日10:00～17:00（時期により異なる）　行き方 メトロバス#2でSunset Blvd. & Alta Dr.下車、徒歩約12分。

ブラッドベリービルディング

●『ブレードランナー（1982年日本公開）』で、J.F.セバスチャン（ウィリアム・サンダーソン）が住むアパートとして使用され、主人公のリック（ハリソン・フォード）と反逆レプリカントが戦った。

●『(500)日のサマー（2010年日本公開）』で、主人公のトム（ジョゼフ・ゴードン＝レヴィット）が建築会社の面接を受けるシーンとして登場。

金の採掘で億万長者になったブラッドベリーが1893年に建てたビル

Bradbury Building
エリア ダウンタウン　MAP P.72-B2　住 304 S. Broadway, Los Angeles　営 月～金9:00～17:00（時期により異なる）　休 土日　行き方 メトロレイル・Bライン（レッド）、Dライン（パープル）でPershing Square駅下車、徒歩約6分。

ユニオン駅

●『キャッチ・ミー・イフ・ユー・キャン（2003年日本公開）』で、天才詐欺師として知られるフランク（レオナルド・ディカプリオ）がMiami Mutual Bankのキャッシャーに向かっていくシーンで使われた。

1938年に建てられたスペイン・コロニアル様式の白亜の駅舎

Union Station
エリア ダウンタウン　MAP P.73-D3　住 800 N. Alameda St., Los Angeles　行き方 メトロレイル・Aライン（ブルー）、Bライン（レッド）、Dライン（パープル）、Lライン（ゴールド）Union駅下車。

フォックスプラザ

●『ダイ・ハード（1989年日本公開）』で、ナカトミ・プラザとして登場し、ジョン・マクレーン刑事（ブルース・ウィリス）が強盗集団の強盗事件に巻き込まれたビル。

20世紀フォックスのスタジオ跡地に建てられたオフィス街

Fox Plaza
エリア センチュリーシティ　MAP P.61-C3　住 2121 Avenue of the Stars, Los Angeles　行き方 メトロバス#28でOlympic Blvd. & Century Park E.下車、徒歩約10分。

ハリウッド・ルーズベルト・ホテル

●『あの頃ペニー・レインと（2001年日本公開）』で、ロックバンド、スティルウオーターのツアーに同伴したウィリアム（パトリック・フュジェット）が宿泊したホテルのロビーとして使用された。

●『キャッチ・ミー・イフ・ユー・キャン（2003年日本公開）』で、逃亡中のフランク（レオナルド・ディカプリオ）をFBI捜査官のカール（トム・ハンクス）が捕まえようとするが、取り逃がしてしまったプール（トロピカーナ・バー）があるホテル。

Hollywood Roosevelt Hotel
エリア ハリウッド
MAP P.74-A4
行き方 メトロレイル・Bライン（レッド）でHollywood/Highland駅下車、徒歩約7分。データは→P.218、P.288、P.401

プールエリアは、夕暮れとともに、バーラウンジになる

ラス・パルマス・ホテル

●『プリティ・ウーマン(1990年日本公開)』で、ヒロインのビビアン(ジュリア・ロバーツ)が暮らしていたアパートメントホテル。最後の場面で、主人公のエドワード(リチャード・ギア)がビビアンに花束を渡す場面が印象的だ。

Las Palmas Hotel
エリア ハリウッド　MAP P.74-B3
住 1738 N. Las Palmas Ave., Los Angeles　☎(1-323)464-9236　URL www.hollywoodlaspalmashotel.com　行き方 メトロレイル・Bライン（レッド）でHollywood/Highland駅下車、徒歩約6分。

現在も建物外には、梯子がかけられている

ムッソー&フランク・グリル

●『オーシャンズ11(2002年日本公開)』で、ダニー・オーシャン(ジョージ・クルーニー)とラスティ・ライアン(ブラッド・ピット)が、ラスベガスでの強奪計画について相談しているシーンに登場。

●『ワンス・アポン・ア・タイム・イン・ハリウッド(2019年日本公開)』で、テレビ俳優のリック(レオナルド・ディカプリオ)とスタントマンのクリフ(ブラッド・ピット)、映画プロデューサーのマービン(アル・パチーノ)がお酒を飲んでいたバーエリアが撮影された。

約100年の歴史をもつレストランには、ニコラス・ケイジやショーン・ペンも立ち寄るそう

『ワンス・アポン・ア・タイム・イン・ハリウッド』でリックがクリフに泣き崩れたシーンが撮られた

The Musso & Frank Grill
エリア ハリウッド　MAP P.74-B3
行き方 メトロレイル・Bライン(レッド)でHollywood/Highland駅下車、徒歩約5分。データは→P.369

ライトハウスカフェ

●『ラ・ラ・ランド(2017年日本公開)』で、ジャズバーを開くことを夢みるセブ(ライアン・ゴズリング)が、ジャズバンドと一緒にピアノを弾き、女優を目指しているミア(エマ・ストーン)が音楽に合わせてダンスをする。

生演奏も行われているライブハウス&レストラン

The Lighthouse Cafe
エリア ハモサビーチ　MAP P.50-A2　住 30 Pier Ave., Hermosa Beach　☎(310)376-9833　URL www.thelighthousecafe.net
営 毎日16:00～24:00(土12:00～、日10:00～)　カード A M V
行き方 メトロバス#232でPacific Coast Hwy. & 11th Pl.下車、徒歩約12分。

山城ハリウッド

100年以上前に建てられた日本風建物と立派な庭園が話題のレストラン

●『キル・ビル(2003年日本公開)』で、ザ・ブライド/ベアトリクス・キドー(ユマ・サーマン)が黒マスクと黒スーツに身を包んだクレイジー88と闘うシーンに登場。

●『Sayuri(2005年日本公開)』で会長(渡辺謙)の自宅として使用された。

Yamashiro Hollywood
エリア ハリウッド　MAP P.74-A3　住 1999 N. Sycamore Ave., Hollywood　☎(1-323)466-5125
URL yamashirohollywood.com　営 毎日17:00～23:00　行き方 メトロレイル・Bライン(レッド)でHollywood/Highland駅下車、徒歩約15分。

シカダレストラン

●『プリティ・ウーマン(1990年日本公開)』で、ビビアン(ジュリア・ロバーツ)がビジネスディナーの最中、エスカルゴを飛ばした。

週末はライブ演奏も楽しめる高級イタリアレストラン

Cicada Restaurant
エリア ダウンタウン
MAP P.72-B1～B2　行き方 メトロレイル・Aライン(ブルー)、Bライン(レッド)、Dライン(パープル)、Lライン(ゴールド)で7th St./Metro Center駅下車、徒歩約6分。データは→P.381

ジャー

LAで有名なシェフが腕を振るうアメリカ料理レストラン

●『ラ・ラ・ランド(2017年日本公開)』で、女優を目指しオーディションを受けては落ちる日々のミア(エマ・ストーン)がボーイフレンドと夕食をとっていたときに流れてきたジャズを聞いて中座したレストラン。

Jar
エリア ビバリーブルバード　MAP P.66-A1
住 8225 Beverly Blvd., Los Angeles
☎(1-323)655-6566　URL www.thejar.com
営 水～日17:30～21:00　休 月火　カード A M V
行き方 メトロバス#14でBeverly Blvd. & Sweetzer Ave.下車、徒歩約1分。

スモークハウス・レストラン

●『ラ・ラ・ランド(2017年日本公開)』で、自分の好きな音楽だけを演奏するのが夢のセブ(ライアン・ゴズリング)が、レストランの雰囲気に合わない曲を演奏し、クビになった。

ロバート・レッドフォードやジェニファー・アニストンが常連

Smoke House Restaurant
エリア バーバンク　MAP P.46-B1　住 4420 W. Lakeside Dr., Burbank　☎(818)845-3731　URL www.smokehouse1946.com　営 毎日11:30～22:30(金土～23:00、日～21:00)　カード A M V　行き方 メトロバス#222でAlameda Ave. & Pass Ave.下車、徒歩約10分。

ここに行けば会えるかも！
セレブお気に入りアドレス

ビバリーヒルズやマリブなどに邸宅をもつハリウッドセレブは、自宅近くのカフェで休憩したり、レストランで食事したりすることもしばしば。ごひいきにしているセレクトショップで買い物することもよくある。ここでは、セレブがよく目撃されているレストランやカフェ、ショップ、ビューティサロンをご紹介。

Where to See Celebrities in LA?

Restaurants

アメリカ料理

映画『ボディガード』『ゲット・ショーティ』に登場

The Ivy Restaurant

アイビーレストラン

エリア ロバートソンブルバード
MAP P.78-A1
住 113 N. Robertson Blvd., Los Angeles

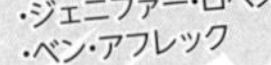

セレブ目撃情報
・クエンティン・タランティーノ
・ジェニファー・アニストン
・ジェニファー・ロペス
・ベン・アフレック

芸能界で働いている人がよくミーティングに使うことで有名

アメリカ料理

デリカテッセンに併設するカフェ＆レストラン

Joan's on 3rd

ジョアンズ・オン・サード

エリア ウエスト・サード・ストリート
MAP P.66-A3
住 8350 W. 3rd St., Los Angeles

セレブ目撃情報
・キルスティン・ダンスト
・ケイティ・ペリー
・ジャスティン・ビーバー
・ヒラリー・ダフ

肩肘張らずに、カジュアルに食事がとれるのがいい

アメリカ料理

ハリウッドのパワースポットとして名高い

The Polo Lounge

ポロラウンジ

エリア ビバリーヒルズ
MAP P.61-C1
住 9641 Sunset Blvd., Beverly Hills (ビバリーヒルズ・ホテル→P.397)

セレブ目撃情報
・サンドラ・ブロック
・テイラー・スウィフト
・ニコール・キッドマン
・レオナルド・ディカプリオ

ディナーは予約が必須で、ドレスアップして訪れたい

カフェ

オーガニックにこだわるヘルシーなカフェ

Urth Cafe

アースカフェ

エリア ウエストハリウッド
MAP P.66-A1
住 8565 Melrose Ave., West Hollywood

セレブ目撃情報
・ケイティ・ペリー
・ケイティ・ホームズ
・ジェシカ・アルバ
・ロバート・ダウニー・ジュニア

テラス席がおすすめのメルローズ店

オーガニック料理

すべてオーガニックの食材を使用するビーガンレストラン

Cafe Gratitude

カフェグラティチュード

エリア ラーチモントブルバード
MAP P.67-D1
住 639 N. Larchmont Blvd., Los Angeles

セレブ目撃情報
・アリアナ・グランデ
・アン・ハサウェイ
・ジェイ・Z
・ビヨンセ

コーヒーや紅茶、ビールもオーガニックという徹底したこだわり

メキシコ料理

100%オーガニック食材を使ったビーガン向けメキシコレストラン

Gracias Madre

グラシアスマドレ

エリア メルローズアベニュー
MAP P.61-D1
住 8905 Melrose Ave., West Hollywood

セレブ目撃情報
・ジェシカ・アルバ
・セレーナ・ゴメス
・ナタリー・ポートマン
・マライア・キャリー

太陽がさんさんと降り注ぐテラス席は気持ちがいい

イタリア料理
エリア随一の知名度を誇る
Little Dom's
リトルドムズ

エリア ロスフェリッツ
MAP P.65-D3
住 2128 Hillhurst Ave., Los Angeles

シンプルなマルゲリータピザ($15)が人気

セレブ目撃情報
・シャーリーズ・セロン
・ヘザー・グラハム
・ミシェル・ブランチ
・ライアン・ゴズリング

イタリア料理
約60年も前からセレブ御用達のレストラン
Dan Tana's
ダンタナス

エリア ウエストハリウッド
MAP P.61-D1
住 9071 Santa Monica Blvd., West Hollywood

ミートソースパスタやラザニアなどパスタのメニューは20種類以上ある

セレブ目撃情報
・クリント・イーストウッド
・ジョージ・クルーニー
・ドリュー・バリモア
・レオナルド・ディカプリオ

イタリア料理
トリュフがのった自家製パスタ($48)は絶品
Cecconi's
セッコニーズ

エリア メルローズアベニュー
MAP P.61-D1
住 8764 Melrose Ave., Los Angeles

周囲の雰囲気に負けないよう、少しドレスアップして訪れたい

セレブ目撃情報
・グウェン・ステファニー
・ジェニファー・ロペス
・ジャスティン・ティンバーレイク
・セレーナ・ゴメス

日本料理
ロバート・デ・ニーロとノブ・マツヒサが経営する
Nobu Malibu
ノブマリブ

エリア マリブ
MAP P.48-A2外
住 22706 Pacific Coast Hwy., Malibu

寿司のおまかせメニューはひとり$195だが、カジュアルな服装の人が多い

セレブ目撃情報
・ジャスティン・ビーバー
・ナタリー・ポートマン
・ブリトニー・スピアーズ
・ミランダ・カー

Shop

ファッション
流行の最先端を生み出しているセレクトショップ
Maxfield
マックスフィールド

エリア メルローズアベニュー
MAP P.61-D1
住 8825 Melrose Ave., Los Angeles

Saint Laurent や Dior などのラグジュアリー・ハイブランドを中心に取り扱う

セレブ目撃情報
・ケイティ・ペリー
・コートニー・コックス
・マイリー・サイラス
・ケイト・ベッキンセール

Beauty Salons

ネイル
40年以上、セレブのネイルを施術してきた老舗
Jessica The Clinic
ジェシカ・ザ・クリニック

エリア サンセットストリップ
MAP P.63-C1
住 8627 Sunset Blvd., Beverly Hills

爪のお手入れはもちろんのこと、爪の健康も考えてネイルカラーしてくれる

セレブ目撃情報
・ジュリア・ロバーツ
・スカーレット・ヨハンソン
・デミ・ムーア
・バーバラ・ストライサンド

メイク
ハリウッドセレブのメイクを担当しているメイクサロン
Valerie Beverly Hills
バレリー・ビバリーヒルズ

エリア ビバリーヒルズ
MAP P.77-B3
住 460 N. Canon Dr., Beverly Hills

メイクアップアーティストのバレリーの手にかかれば、セレブ風メイクに挑戦できるかも

セレブ目撃情報
・サルマ・ハエック
・シェール
・セリーヌ・ディオン
・ハル・ベリー

メイク
眉の女王と呼ばれているアナスタシアのアイブロウサロン
Anastasia Beverly Hills
アナスタシア・ビバリーヒルズ

エリア ビバリーヒルズ
MAP P.77-A2
住 438 N. Bedford Dr., Beverly Hills

眉の黄金比を使って、顔の輪郭を際立たせ、小顔に変身させる技術は世界一

セレブ目撃情報
・アンジェリーナ・ジョリー
・ジェニファー・ロペス
・ペネロペ・クルス
・マドンナ

LAで今、注目のエリア

エコパークをおさんぽ

ロスアンゼルス・ドジャースの本拠地ドジャースタジアムがあることで有名なエコパークのネイバーフッド。LAダウンタウンからほど近い距離にあるが、エコパークとエリジアンパークのふたつの公園があることから、緑豊かなエリアでもある。アーティストやミュージシャン、デザイナーが多く住むためか、個性的なショップやカフェが軒を連ねる。

落ち着く香りに囲まれたい

Ⓐ P.F. Candle Co.

ピーエフ・キャンドル・カンパニー

2008年創業、ロスアンゼルス発のキャンドル&ディフューザーブランド。100%植物性成分を使用し、動物実験をせず、生産から包装までLAの自社工場で行っている。

開放感あふれる店内。キャンドルは約20種類、ディフューザーは約10種類ある

MAP P.69-C1 住2205 Sunset Blvd., Los Angeles
☎(1-323)284-8431 URL pfcandleco.com
営毎日11:00〜19:00 カード AMV

程度のいい一点物を探しに

Ⓑ Wilder Los Angeles

ウィルダー・ロスアンゼルス

サステナブルファッションに熱心なオーナーのスーザンが2018年にオープンしたビンテージショップ。デニム業界で長年働いていたので、古着についての情報も豊富だ。

壁につるされているパンツやジャケットはかなりレアなもの

MAP P.69-C1 住2151 Sunset Blvd., Los Angeles
URL www.wildershopla.com 営火〜日11:00〜19:00
休月 カード AMV

ビーガンカフェにはレコードもあり

Ⓒ Cosmic Vinyl Cafe

コズミック・ビニール・カフェ

20年以上レコードをフリーマーケットやポップアップストアで販売していたオレンが開いたカフェ&レコードショップ。常時数百枚のレコードやカセットテープを取り揃えているそう。

1970〜1990年代のレコードを多く並べるようにしているという

MAP P.69-C1 住2149 Sunset Blvd., Los Angeles
☎(1-213)568-3113 URL www.cosmicvinyl.com
営毎日7:00〜19:00 カード AMV

エコパークのランドマークになりつつあるレストラン

Ⓓ Mohawk Bend

モホークベンド

100年前の映画館を改装してオープン。ラガーやピルスナー、エールなど約50種類ある樽生(タップ)ビールを楽しむ地元民が多い。ビーガン向けのメニューも豊富。

植物由来の代替肉を使ったハンバーガーBig Mohawk ($16)

MAP P.69-C1 住2141 Sunset Blvd., Los Angeles
☎(1-213)483-2337 URL www.mohawk.la
営月〜金11:00〜22:00(金〜24:00)、土日10:00〜24:00(日〜22:00) ハッピーアワー：月〜金16:00〜19:00 カード AMV

ハリウッドセレブも立ち寄ると
いわれているフリマ

Ⓔ Silverlake Flea

シルバーレイク・フリー

　老舗フランス料理店Taix French Restaurantの駐車場で行われているフリーマーケット。古着バイヤーにあまり知られていないので、良心価格で程度のいい古着を探せる。

古着やアクセサリー、キャンドルやフレグランス類を扱うベンダーが約 20 店並ぶ

MAP P.69-C1　住1925 Sunset Blvd., Los Angeles
☎(1-323)467-0623
URLwww.silverlakeshop.com
営土8:30～15:30、日9:30～16:30
(時期により異なる)
料無料

環境再生型農業を支えている
人気のビーガンレストラン

Ⓖ Sage Plant Based Bistro & Brewery

セージ・プラント・ベースド・ビストロ&ブリュワリー

　近隣の農家で取れた新鮮なオーガニック野菜を使った料理を提供する。2017年にはエリア初となるブリュワリーもオープンし、オーガニックビールも味わえる。

看板メニューは、バッファローウィング・ソースをからめたカリフラワーがのったピザ Buffalo Cauliflower Pizza ($21)

MAP P.69-C1
住1700 Sunset Blvd., Los Angeles
☎(1-213)989-1718
URLwww.sageveganbistro.com
営毎日9:00～23:00
カードAMV

Reservoir St.
Mohawk St.
Sunset Blvd.
←シルバーレイクへ
ⒶⒷⒸⒹ
Alvarado St.
Park Ave.
Ⓔバス停
Lemoyne St.
Logan St.
Echo Park Ave.
ⒻⒼ
ロスアンゼルスダウンタウンへ→
Ⓗ
Glendale Blvd.
N
0　200m

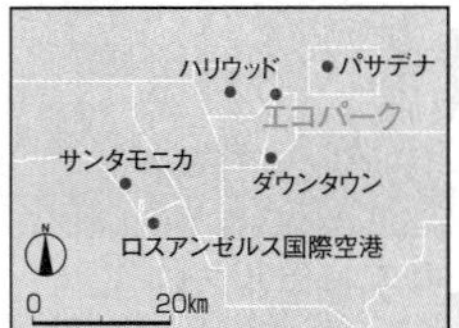

店の奥にあるパティオ席でくつろぎたい

Ⓕ Stories Books and Cafe

ストーリーズ・ブックス・アンド・カフェ

　こぢんまりとしているが、新刊と古本を扱う独立系書店。話題の小説や専門書、雑誌のほかアートブックや画集も取り揃えている。

MAP P.69-C1
住1716 Sunset Blvd., Los Angeles
☎(1-213)413-3733
URLstoriesla.com　営毎日9:00～21:00
カードAMV

地元のアーティスト作成のポストカードはおみやげにもいい

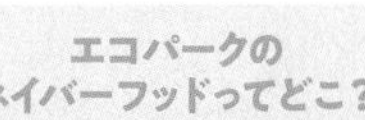

エコパークのネイバーフッドってどこ?

　LAダウンタウンの北西3km、シルバーレイクとチャイナタウンの間にある。中心はSunset Blvd.とGlendale Blvd.の交差点あたり。

湖の中心から噴水が高く噴き上がり、その後ろにはダウンタウンの高層ビルも見える

MAP P.69-C1～C2
行き方 エコパークの中心へは、LAダウンタウンからメトロバス#4でSunset Blvd. & Park Ave.下車、所要約10分。

エリア随一の憩いの公園

Ⓗ Echo Park エコパーク

　1860年代、貯水池として開発された湖のエコパーク・レイクEcho Park Lakeがある公園。湖の周りには芝生が敷き詰められ、地元の人が思いおもいにくつろいでいる。湖ではペダルボートのレンタルもあり。

ペダルボートやジョギングが楽しめる公園。園内にはカフェ・レストラン (Slc Boat House Bistro) もある

MAP P.69-C2
住751 Echo Park Ave., Los Angeles
URLwww.laparks.org/aquatic/lake/echo-park-lake　営毎日5:00～22:30
ペダルボート・レンタル
☎(1-213)444-9445　営毎日9:00～22:15

LAフォトジェニック

LAの街にはおしゃれでかわいいスポットが多数存在する。有名グラフィティアーティストが描いたウオールアートから、インテリアやエクステリアが注目されているショップなどまで、思わず撮りたくなるスポット巡りをしよう。

Ⓐコービー・ブライアントの壁画
2018年3月アカデミー賞授賞式で、コービーが短編アニメ賞を受賞したときの様子が描かれている。

#kobebryant
#ovationhollywood

Ⓑエンジェルウイング
メルローズアベニューにある、LAで一番有名なウオールアート。

#globalangelwingsproject
#ColetteMiller

Ⓒエンジェルウイング
アーツディストリクトのAngel City Brewery（→P.385）の駐車場にある。

#globalangelwingsproject
#ColetteMiller
#angelcitybrewery

Ⓓエンジェルウイング
Global Angel Wings Projectを始めたコレット・ミラーとWRDSMTHのコラボレーション作品が描かれている。

#theglobalangelwingsproject
#ColetteMiller　#wrdsmth

Ⓔルック・イントゥー・マイ・アイズ
グラフィティアーティストD'Faceの作品が、The Line Hotel（→P.404）西側の壁に描かれている。

#dface
#LookIntoMyEyes

Ⓕハートの階段
シルバーレイクのミッチェルトリーナ階段に描かれたハートとレインボー。階段は全部で177段ある。

#MicheltorenaHeartStairs

Ⓖポールスミス
メルローズアベニューにあるPaul Smith（→P.327）の建物の外観。

#paulsmith
#paulsmithpinkwall

Ⓗラストブックストア
ダウンタウンにあるThe Last Bookstore（→P.336）には、本を使ったディスプレイも。

#thelastbookstore

スポット ハンティング！

Ⓘガールズツアー
メルローズアベニューにある、女性服ブランドSorella Boutiqueが展開するセカンドラインGirls Tourの壁画。

girlstour

Ⓙスプリンクルズカップケークス
ロデオドライブ近くにあるカップケーキSprinkles Cupcakes（→P.368）のATM。

#sprinklesatm

Ⓚブレット・フロンティア・バーボンウイスキー
ダウンタウンのGrand Central Market（→P.239）の建物内にあるネオンサイン。

#bulleitfrontierwhiskey
#grandcentralmarket

Ⓛ ベニスサイン
Pacific Ave.からベニスビーチへ向かうWindward Ave.に架かるサイン。

#venicesign

Ⓜ ビスタ・ハモサ・ナチュラル・パーク
ダウンタウンの西1kmの所にある公園から、金融街にそびえ立つ高層ビル群が見渡せる。

#vistahermosanaturalpark

Ⓝレイク・ハリウッド・パーク
ハリウッド中心部から北へ3.5km行った所にある公園。ハリウッドサインがくっきりと見える。

#lakehollywoodpark

Ⓐ コービー・ブライアントの壁画
MAP P.74-B3
住6801 Hollywood Blvd., Hollywood
行き方メトロレイル・Bライン（レッド）のHollywood/Highland駅真上。

Ⓑ エンジェルウイング
MAP P.79-A2
住Melrose Ave. & N. Ogden Dr., Los Angeles
行き方メトロバス#10でMelrose Ave. & Ogden Dr.下車、徒歩約1分。

Ⓒ エンジェルウイング
MAP P.73-C3
住216 S. Alameda St., Los Angeles
行き方メトロレイル・Aライン（ブルー）、Lライン（ゴールド）のLittle Tokyo/Arts District駅から徒歩約4分。

Ⓓ エンジェルウイング
MAP P.73-C4
住Hope St. & 8th St., Los Angeles
行き方メトロレイルの7th St./Metro Center駅から徒歩約3分。

Ⓔ ルック・イントゥー・マイ・アイズ
MAP P.68-A3
住Wilshire Blvd. & S. Ardmore Ave., Los Angeles
行き方メトロレイル・Dライン（パープル）のWilshire/ Normandie駅から徒歩約2分。

Ⓕ ハートの階段
MAP P.68-B1
住3324 Sunset Blvd., Los Angeles
行き方メトロバス#4でSunset Blvd. & Micheltorena St.下車、徒歩約2分。

Ⓖ ポールスミス
MAP P.79-A4
データ→P.327

Ⓗ ラストブックストア
MAP P.72-B2
データ→P.336

Ⓘ ガールズツアー
MAP P.79-A2～A3
住7829 Melrose Ave., Los Angeles
行き方メトロバス#10でMelrose Ave. & Ogden Dr.下車、徒歩約1分。

Ⓙ スプリンクルズカップケークス
MAP P.77-A1
データ→P.368

Ⓚ ブレット・フロンティア・バーボンウイスキー
MAP P.72-B2
データ→P.239

Ⓛ ベニスサイン
MAP P.75-D2
住Windward Ave. & Pacific Ave., Venice
行き方メトロバス#33でMain St. & Grand Blvd.下車、徒歩約3分。

Ⓜ ビスタ・ハモサ・ナチュラル・パーク
MAP P.69-C3
住100 N. Toluca St., Los Angeles
行き方メトロバス#14で1st St. & Beaudry Ave.下車、徒歩約8分。

Ⓝ レイク・ハリウッド・パーク
MAP P.64-B2
住3160 Canyon Lake Dr., Los Angeles
行き方ダッシュBeachwood CanyonでBeachwood Dr. & Westshire Dr.下車、徒歩約30分。

Free Admission to the Museums

無料で楽しめる美術館と博物館

円安＆物価が高いロスアンゼルスでも、無料で観光できるスポットはたくさんある。
ビバリーヒルズやマリブを含めたロスアンゼルスには、多くの慈善家が住んでいるので、
LA周辺にあるいくつかの美術館や博物館は入場無料でも成り立っているのだ。
ここでは、公共交通機関でアクセスしやすい、おすすめの美術館と博物館を5館紹介しよう。

1 ブロード
The Broad データ→P.237

2015年秋ダウンタウンにオープンした現代美術館。金融・不動産業で成功を収めたブロード夫妻のコレクションが収蔵・公開されている。収蔵品のなかで有名なものは、アンディ・ウォーホルやジャスパー・ジョーンズ、ジェフ・クーンズ、ジャン=ミシェル・バスキア、村上隆の作品。蜂の巣のような建物は、NYのハイラインをデザインしたディラー・スコフィディオ+レンフロによる設計。ただし、特別企画展は有料。

アンディ・ウォーホル Andy Warhol

1『小さな破れたキャンベルのスープ缶（ペパー・ポット）Small Torn Campbell's Soup Can(Pepper Pot)』
1928年、ペンシルバニア州ピッツバーグ生まれのウォーホルは、キャンベルのスープ缶やマリリン・モンローで有名。© The Andy Warhol Foundation for the Visual Arts, Inc. / Artists Rights Society (ARS), New York Campbell Trademarks used with permission of Campbell Soup Company.

ロイ・リキテンシュタイン Roy Lichtenstein
2『アイム・ソーリー I… I'm Sorry!』
ニューヨーク州ニューヨーク生まれのリキテンシュタインは、漫画で使われるドット（点描のようなもの）を多用した。
© Estate of Roy Lichtenstein
Photo by Douglas M. Parker Studio, Los Angeles

ジャスパー・ジョーンズ Jasper Johns
3『国旗 Flag』
1930年、ジョージア州オーガスタ生まれのジョーンズは旗や数字などを描いた。
© Jasper Johns/Licensed by VAGA, New York, NY

ジェフ・クーンズ Jeff Koons
4『マイケル・ジャクソンとバブルズ Michael Jackson and Bubbles』
ペンシルバニア州ヨーク生まれのクーンズは、バルーン・ドッグをはじめステンレスでできた大型彫刻が多い。
© Jeff Koons
Photo by Douglas M. Parker Studio, Los Angeles

ロバート・テリアン Robert Therrien
5『アンダー・ザ・テーブル Under the Table』
イリノイ州シカゴ生まれのテリアンは、日常目にしている物を巨大化し、見る人の視点を変えさせる作品が多い。
© Robert Therrien / Artists Rights Society (ARS), New York, NY
Photo by Douglas M. Parker Studio, Los Angeles

2 ロスアンゼルス現代美術館（モカ）
データ→P.238
The Museum of Contemporary Art, Los Angeles (MOCA)

LAダウンタウンにある現代美術に特化した美術館で、日本人建築家の磯崎新氏が設計した建物に入る。所蔵品は、個人からの寄付によるものが多い。収蔵品のなかで有名なものは、アンセル・アダムス、ジャン=ミシェル・バスキア、アレクサンダー・カルダー、ジェフ・クーンズ、キース・ヘリング、カウズ、アンディ・ウォーホルの作品。展示スペースが狭いので、コレクションすべてが展示されているわけではなく、時期により有名作品が展示されていないことが多々ある。

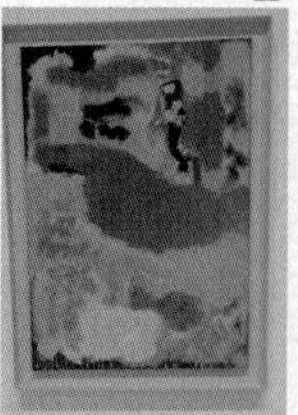

マーク・ロスコ　Mark Rothko
1『No. 46［黒・黄土色・赤］ No.46 [Black, Ochre, Red Over Red]』
1903年ロシア帝国領だった現在のラトビア東部にユダヤ系の両親のもとに生まれたロスコ。その後、アメリカへ移住し、抽象表現主義の指導者的存在として活躍した。

マーク・ロスコ　Mark Rothko
2『無題（14B） Untitled (14B)』

3 ハマー美術館 Hammer Museum

データ→ P.205

カリフォルニア大学ロスアンゼルス校に付属する美術館で、石油王アーマンド・ハマーが寄贈した美術作品を収蔵する。3～6ヵ月ごとに変わる企画展と常設展から成り立っていて、Armand Hammer Collectionには16～20世紀の絵画が展示されている。 収蔵品のなかで有名なものは、ポール・セザンヌ、エドガー・ドガ、ポール・ゴーギャン、クロード・モネ、カミーユ・ピサロ、アンリ・ド・トゥールーズ=ロートレックの作品。

フィンセント・ファン・ゴッホ
Vincent van Gogh
1『サン・レミの療養所 Hospital at Saint-Remy』
1853年オランダ生まれのゴッホ。大胆な色使いと力強く荒々しい筆使いが特徴で、西洋美術史に多大な影響を与えた。

クロード・モネ Claude Monet
2『ボルディゲーラ View of Bordighera』
1840年フランス生まれのモネは印象派を代表する画家のひとり。対象物を輪郭や色ではなく、周りの光や空気、雰囲気で表現しようとした。

ジャン=フランソワ・ミレー
Jean-François Millet
3『休息する農民 Peasants Resting』
1814年フランス生まれのミレーは、田園で働く貧しい農民の姿を崇高に描く。写実主義を確立し、ゴッホに影響を与えた画家のひとりといわれている。

4 ゲッティセンター The Getty Center

データ→ P.206

110エーカー（0.45㎢）の広さをもち、毎年150万人ほどが来館する美術館。大富豪のJ.ポール・ゲッティの資産を使って集められた美術品12万5000点を収蔵している。収蔵品のなかで有名なものは、レンブラント・ファン・レイン、クロード・モネ、フィンセント・ファン・ゴッホ、ジャン=フランソワ・ミレーの作品。

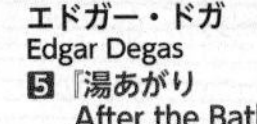

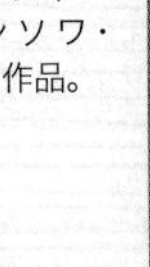

ジャン=フランソワ・ミレー
Jean-François Millet
1『鍬を持つ男 Man with A Hoe』

フィンセント・ファン・ゴッホ
Vincent van Gogh
2『アイリス Irises』

レンブラント・ファン・レイン
Rembrandt Harmensz. van Rijn
3『軍事衣装を着た男の肖像 An Old Man in Military Costume』
1606年オランダ生まれのレンブラント。「光と影の魔術師」の異名をもち、強い光による明暗のコントラストを駆使した画風で有名。

レンブラント・ファン・レイン
Rembrandt Harmensz. van Rijn
4『笑うレンブラント Rembrandt Laughing』

エドガー・ドガ
Edgar Degas
5『湯あがり After the Bath』
フランス生まれのドガ。印象派のひとりとみなされているが、自身は写実主義者であると主張した。バレエの踊り子や入浴する女性を描く作品が多い。

クロード・モネ
Claude Monet
6『花と果物のある静物 Still Life with Flowers and Fruit』

5 カリフォルニア・サイエンス・センター California Science Center

データ→ P.242

科学や宇宙をテーマに、触れたり、作ったりできる体験型の展示が多い科学博物館。カリフォルニア州ロスアンゼルス郊外のパームデール市で作られたスペースシャトル、エンデバー Endeavourが展示されている。

左／1992年の初飛行から2011年6月まで25回の飛行を行い、宇宙飛行士として毛利衛氏、若田光一氏、土井隆雄氏が搭乗した**エンデバー** 右／毛利氏が担ったミッション**STS-47の解説**。1992年9月12日から20日まで行われたミッションに参加し、エンデバーの船内で、鯉を使った宇宙酔いの実験を担当した

ファーマーズマーケット＆フードコートで
コスパよく食事を楽しむ！

物価が高いLAでは、ランチでもひとり$20以上かかることが一般的。ファーマーズマーケットの屋台でテイクアウトしたり、フードコートを利用したりすれば、チップ代をセーブできてお得。お手軽に食事ができ、新鮮な果物を入手できるスポットを5つご紹介。

ファーマーズマーケット
Farmers Markets

ハリウッド・ファーマーズマーケット
Hollywood Farmers' Market

ハリウッドの中心部で毎週日曜に開催されているマーケット。近隣の農家やフードベンダーのほか、古着店、クラフトショップなども出店。年間をとおして約160の店が出る。

①屋台で、スクランブルエッグ（$16）と搾りたてのオレンジジュース（$6）をゲット！　②路上ライブも行われているので、テンションが上がる　③旬のお花や無農薬の野菜、ローカルアーティストの工芸品も並ぶ

ハリウッド・ファーマーズマーケット
MAP P.75-C4　住 Selma Ave. & Ivar Ave., Hollywood　URL seela.org/markets-hollywood
営 日8:00～13:00　行き方 メトロレイル・Bライン（レッド）のHollywood/Vine駅下車、徒歩約7分。

サンタモニカ・ファーマーズマーケット
Santa Monica Farmers Markets　データ→P.194

毎週水曜と土曜にサンタモニカのダウンタウンで開かれるマーケット。水曜市は約60の農家が出店し、近隣のレストランの有名シェフも立ち寄るそう。土曜市は約40の農家が出店し、地元住民が多く訪れる。

①親子３世代に伝わる伝統的な製法でていねいに手作りされたチーズ。クラッカーにのせたらおやつに最適　②ロスアンゼルスの北 200km にある Bakersfield の農園で栽培された柿やりんご、ブルーベリーなどで栄養補給を　③ホールフーズ・マーケット（→ P.306）でも取り扱いがあるサンタバーバラ産のピスタチオはおつまみにいい

サンタモニカ・ファーマーズマーケット
MAP P.76-A2　行き方 メトロレイル・Eライン（エクスポ）、Lライン（ゴールド）のDowntown Santa Monica駅下車、徒歩約12分。

フードコート
Food Courts

MAP P.72-B2 行き方 メトロレイル・Bライン（レッド）、Dライン（パープル）のPershing Square駅下車、徒歩約5分。

グランド・セントラル・マーケット
Grand Central Market データ→P.239

ダウンタウンにあるマーケット。中国料理やアメリカ料理、日本料理などのレストランが30軒ほど集まり、朝から夕方まで地元民や観光客でにぎわっている。屋内、屋外にテーブルがあり、ゆっくりと食事をとることができる。

ニード Knead

マカロニやスパゲティの専門店。新鮮なトマトを使ったミートソースが美味。
営毎日11:00～15:00（木～土～21:00、日～17:00）

ミートボールが入ったミートソースパスタ Spaghetti & Meatballs（$14）

ウェックスラーズ・デリ
Wexler's Deli

昔ながらのレシピで作るベーグルは、LA在住のユダヤ人もすすめる品。営毎日8:00～16:00

シンプルな味付けの卵のベーグルサンド Ruskie（$11.50）

アナ・マリア Ana Maria

長時間煮込んだ肉やチリビーンズ、ワカモレなどが入ったタコスは、小腹がすいたときにいい。営毎日9:00～18:00

ピリ辛のサルサソースがクセになるタコス Tacos（$5）

コリアタウンプラザ Koreatown Plaza

コリアタウンの中心にある韓国系ショッピングモールに併設するフードコート。韓国料理店が多いがベトナム料理店や中国料理店などもあり、トータルで約10軒入る。

MAP P.68-A3 住928 S. Western Ave., Los Angeles URL www.koreatownplaza.com 行き方 メトロレイル・Dライン（パープル）でWilshire / Western駅下車、徒歩約10分。

フォー 2000
Pho 2000

ベトナム料理の定番フォーが楽しめる専門店。エビやイカなどが入ったシーフードフォーやミートボールが入ったフォー・ボービヤンもある。
営毎日10:30～19:00

ジューシーなミディアムレアの牛肉が入ったフォー Special Combo（$14.50）

ホウレン草やニンジン、モヤシなどがたっぷりと入った石焼きビビンパ Dolsot Bibimbap（$14.99）

カムジャ・パウィ
Gamja Bawi

スンドゥブやビビンパ、プルコギ、タッカルビなどが食べられる韓国料理店で、メニューは約15品目ある。
営毎日9:30～21:00（日10:30～）

デミグラスソースがたっぷりかかったトンカツ King Pork Cutlet（$13.70）

トンカツハウス Tonkatsu House

韓国式のから揚げやトンカツ、チキンカツなど揚げ物を中心にしたメニューが多い。韓国式のトンカツはトンカスと呼ばれ、揚げる前に肉たたきで豚肉を薄く伸ばすのが特徴。営毎日10:30～20:00

オリジナル・ファーマーズマーケット
The Original Farmers Market データ→P.232

1934年に野菜や果物を取り扱う青空市場としてスタートしたマーケット。アメリカ料理店や中国料理店、ブラジル料理店、フランス料理店、中東料理店など約20軒が集まる。
MAP P.66-B3～B4 行き方 メトロバス#16か#217でFairfax Ave. & W. 3rd St.下車、目の前。

マカロニ＆チーズとコールスローをサイドに、ジューシーな食感を楽しめるビーフリブがのったプレート BBQ Beef Rib Plate（$21.50）

ブライアンズ・ピット・バーベキュー
Bryan's Pit Barbeque

低温でじっくりと長時間燻すテキサススタイルのバーベキューが味わえる。肉は牛肉、豚肉、鶏肉から、サイドメニューはポテトサラダやコーンなどから選べる。営毎日9:00～18:00

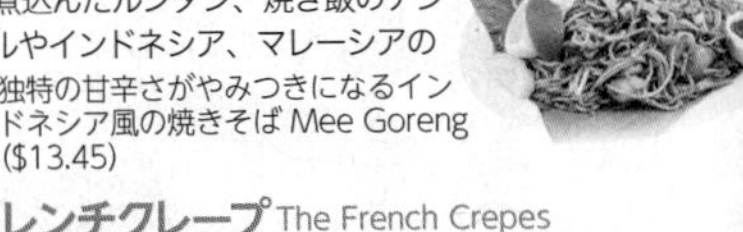

シンガポール・バナナ・リーフ Singapore's Banana Leaf

串焼きのサテや牛肉を煮込んだルンダン、焼き飯のナシゴレンなど、シンガポールやインドネシア、マレーシアの代表料理を提供する。
営毎日11:00～19:00

独特の甘辛さがやみつきになるインドネシア風の焼きそば Mee Goreng（$13.45）

パパイヤやマンゴー、キウイ、バナナ、いちごがのったクレープ Tropical Crepe（$12.50）

フレンチクレープ The French Crepes

ハムやチーズが入ったものやフルーツがのったものなど、20種類以上あるクレープが人気の店。ワッフルやパニーニ、サンドイッチ、オニオンスープなどもある。
営毎日9:00～19:00（金土～20:00）

流行の発信地LAで
アパレル商品をお得にゲットしよう!

アウトレット

有名ブランドの新品が揃う

SAKS OFF 5TH

ニューヨークに本店をもつ高級デパート「Saks Fifth Avenue」のオフプライスストア。MadewellやRag & Bone、Michael Kors、Calvin Kleinなどの洋服のほか、PradaやKate Spade New York、Fendiのかばんや Jimmy Chooのハイヒールなどもある。

お買い得スコア	
リーズナブル度	★★
品揃え	★★
お宝発見率	★★★

サックス・オフ・フィフス
Saks Off 5th

エリア ラ・シエネガ・ブルバード MAP P.66-A3 住 100 N. La Cienega Blvd., Los Angeles ☎ (1-323)602-0177 URL www.saksoff5th.com 営 毎日10:00〜21:00 カード A M V 行き方 メトロバス#16でLa Cienega Blvd. & W. 3rd St.下車、徒歩約6分。

リサイクルショップ

アパレルから生活必需品まで

GOODWILL

洋服や靴のほか、家具や雑貨など、近隣に住む住民からの寄付によって集められたアイテムを販売している非営利団体。取り扱っている商品の程度はピンからキリまでだが、とにかく安いグッズを探すならココ。

お買い得スコア	
リーズナブル度	★★★
品揃え	★
お宝発見率	★

グッドウィル
Goodwill

エリア ロスフェリッツ MAP P.65-D3 住 4575 Hollywood Blvd., Los Angeles ☎ (1-323)644-1517 URL www.goodwillsocal.org 営 毎日10:00〜21:00(日〜20:00) カード A M V 行き方 メトロレイル・Bライン（レッド）のVermont / Sunset駅下車、徒歩約6分。

掘り出し物 ハンティング!

1000以上のアパレルブランドの本社があるといわれているロスアンゼルスでは、シーズンごとに新しいデザインやスタイルの洋服が生み出されている。ファッションに敏感な人が多く住むこの街ならではのお買い得アイテムを見つけに行こう。

協力：池田樹美

ユーズドショップ

中古ブランド品をお安く

WASTELAND

お買い得スコア	
リーズナブル度	★★
品揃え	★★★
お宝発見率	★★★

Acne StudiosやD＆G、Gann、Burberryなどハイブランド品を中心に取り扱っているショップ。古着の状態がよく、大人の女性や男性でも気に入る商品が多い。ここでは、新品タグ付きの掘り出し物に出合える可能性があるかも。

Kith のクロップドTシャツ

$20

Burberry のジップフレアスカート

$98

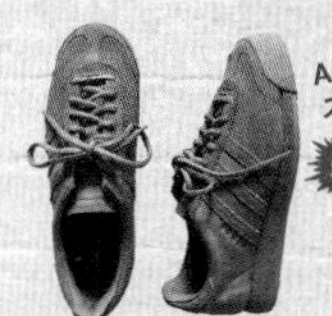

Adidas Samoa のスニーカー

$78

ウエイストランド
Wasteland

エリア メルローズアベニュー　MAP P.79-A1～A2　住7428 Melrose Ave., Los Angeles　☎(1-323)653-3028　URL www.shopwasteland.com　営毎日11:00～20:00（日～19:00）　カード A M V　行き方 メトロバス#10でMelrose Ave. & Martel Ave.下車、徒歩約1分。

ビンテージショップ

日本人古着バイヤー行きつけの有名店

JET RAG

お買い得スコア	
リーズナブル度	★★
品揃え	★★★
お宝発見率	★★★

1940年代のドレスやデニム、レザージャケット、ピーコートから、2000年代のTシャツや靴、アクセサリーなどまで、メンズ・レディスともに、ビンテージアイテムでトータルコーディネートが完成する。

ビンテージレザーベルト

$12

$28

1980～90年代に活躍したロックバンドThe Gun ClubのビンテージロックTシャツ

$34

状態がかなりいい1990年代製ワンピース

Pendleton のナイトガウン

$24

$65

ウィメンズ Rag & Bone のブーツ

ジェットラグ
Jet Rag

エリア ラ・ブレア・アベニュー　MAP P.67-C1　住825 N. La Brea Ave., Los Angeles　☎(1-323)939-0528　営月～土11:00～19:30、日10:30～19:00　カード A J M V　行き方 メトロバス#212でLa Brea Ave. & Willoughby Ave.下車、徒歩約1分。

LAを楽しむモデルコース3

初めてLAを訪れる人向きの観光2日間コースとショッピング1日コース、人気のビーチを巡るドライブコースの3つを紹介しよう。

バス　徒歩　地下鉄　車

定番観光スポット2日間コース

西海岸らしいビーチ、高級ブランド店が並ぶロデオドライブ、映画の都ハリウッドなど必訪エリアを公共交通機関で巡る。メトロレイルとメトロバスで使える1日券（→P.90）をまず購入。コレを食べずにLAを語れない名物グルメも堪能！

1日目 サンタモニカ&ビバリーヒルズ Must-Visit & Eatを制覇！

1日目 *Start* ▶ ダウンタウン

多くの映画に登場している駅舎

1 8:00
アムトラックやメトロレイルの複合駅
ダウンタウンのUnion駅

ユニオン駅前のCesar E. Chavez Ave. & Alameda St.から**M**#33で約1時間20分、Main St. & Grand Blvd.下車。Winward Ave.を南に300m。ベニスサインでの記念撮影も忘れずに。

2 9:35
いつもにぎやかな
ベニスのオーシャン・フロント・ウオーク
（→P.198）

露天商やみやげ物屋が多い。週末にはストリートパフォーマーも現れ、とてもにぎわう。卵料理が大人気のレストランEggslut（→P.380）は、ベニス店（MAP P.75-D2）のほうがすいているので、ここで朝食を。

Eggslutの卵サンドイッチFairfax（$9.50）

筋トレに励む若者が集うマッスルビーチ

Venice Blvd.を北東に1km。

3 11:00
おしゃれなショップやレストランが並ぶ
アボット・キニー・ブルバード（→P.198）

近年ビーチ沿いでいちばん盛り上がっているエリア。セレクトショップや雑貨屋（→P.316〜318）をはしごしよう。

フォトジェニックスポットとしても話題に。レストランのGreenleaf Kitchen & Cocktails(→P.363)の横にある

Brooks Ave. & Main St.から**B**#1で約20分、Colorado Ave. & 4th St.下車。

4 13:00
1年中歩行者天国の
サード・ストリート・プロムナード
（→P.192）

若者に人気のファストファッションブランドが勢揃い。ランチはサンタモニカピアの入口にあるThe Lobster（→P.358）でシーフードを。

看板メニューのロブスターロール（$36）

レストランのThe LobsterからColorado Ave.を南西に50m。

M：メトロバス
B：ビッグ・ブルー・バス

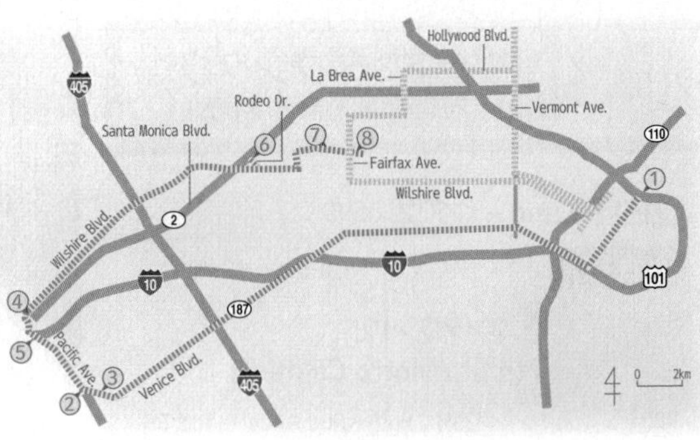

ルート 66 の終点でもあるサンタモニカピア

5 14:20 ルート66のサインで記念撮影も
サンタモニカピア (→P.193)

ゲートの先には太平洋が広がる。観覧車に乗って景色を楽しもう。

Colorado Ave. & 5th St.から**M**#720で約1時間、Wilshire Blvd. & Peck Dr.下車。Wilshire Blvd.を東へ160m。

Santa Monica Blvd. を渡った所にある、ビバリーヒルズのサイン（MAP P.77-B1）で記念撮影を

6 15:45 有名ブランドが並ぶ
ロデオドライブ (→P.202)

一流ブランド店が軒を連ねる超有名ストリート。ウインドーショッピングだけでも、セレブ気分に浸れる。

Wilshire Blvd. & Peck Dr.から**M**#20で約7分、Wilshire Blvd. & Willaman Dr.下車。 Wilshire Blvd.とLa Cienega Blvd.を北東に1.2km。

7 17:15 おしゃれピープルが通う
ウエスト・サード・ストリート (→P.203)

個人経営の店が並び、スタイリストやファッショニスタが出没する。ビバリーセンター（→P.343）からオリジナル・ファーマーズマーケットまで約2km。

ウエスト・サード・ストリートでは、ショッピングモールのビバリーセンターから歩き始めよう

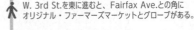

W. 3rd St.を東に進むと、Fairfax Ave.との角にオリジナル・ファーマーズマーケットとグローブがある。

8 18:45 屋外市場とショッピングモールが集まる
オリジナル・ファーマーズマーケット (→P.232) とグローブ (→P.345)

夜遅くまでにぎわうエリアで、夕食と買い物を楽しもう。オリジナル・ファーマーズマーケットは日曜にやや早く閉店するので注意を。通りの向かいにある人気スーパーマーケットのTrader Joe's (→P.307) やWhole Foods Market (→P.306) でおみやげ探しも。

映画館で最新のヒット作を観るのもいい

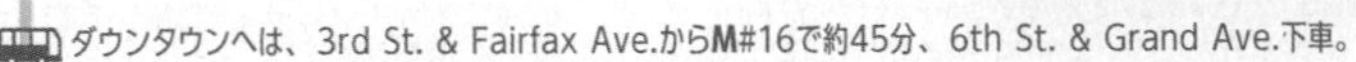
ダウンタウンへは、3rd St. & Fairfax Ave.から**M**#16で約45分、6th St. & Grand Ave.下車。

2日目 ハリウッド&ダウンタウン Must-Visit & Eatを制覇！

2日目 Start ▶ ダウンタウン

1 8:30 メトロレイル・Bライン（レッド）やEライン（エクスポ）などが停まる

ダウンタウンの7th St./Metro Center駅

地下鉄駅は、デパートのMacy'sがあるショッピングモールのブロック（→P.345）に直結する

Bライン（レッド）で約25分、Hollywood & Highland駅下車。

2 9:00 ハリウッドのシンボル

オベーションハリウッド（→P.214）とウオーク・オブ・フェイム（→P.216）

アカデミー賞授賞式が行われるドルビーシアターに隣接するオベーションハリウッドから、歩道に埋め込まれた敷石をたどろう。

オベーションハリウッドからはハリウッドサインも見える

ビートルズの敷石

Hollywood Blvd.を西に200m。

3 10:30 有名人の手形、足形がある

TCLチャイニーズ・シアター（→P.214）

ハリウッドのランドマークのひとつ。人気の撮影スポットだ。

1日中旅行者でにぎわっている

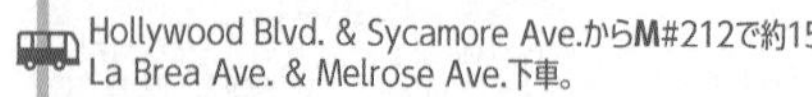
Hollywood Blvd. & Sycamore Ave.からM#212で約15分、La Brea Ave. & Melrose Ave.下車。

4 11:00 ちょっと個性的で奇抜な店が多い

メルローズアベニュー（→P.225）

Pink's（→P.370）で早めのランチを。古着屋や個性派ショップが軒を連ねるLa Brea Ave.との交差点から、高級ブティックが集まるLa Cienega Blvd.との交差点までウインドーショッピング。

LA名物てっぱんフード3品目

ボリュームたっぷり、Pink'sのマイルド・ポリッシュ・ドッグ（$9.95）

ビンテージのTシャツやワンピースなど、一点物を見つけられるかも

Fairfax Ave. & Melrose Ave.からM#217で約10分、Fairfax Ave. & Wilshire Blvd.下車。交差点を渡る。

5 12:30 2021年9月にオープンした、ハリウッドならではの博物館

アカデミー映画博物館（→P.230）

映画制作をテーマに、ハリウッド映画で使われた衣装や小道具が展示されている。隣接するロスアンゼルスカウンティ美術館に立ち寄るのもいい。

ロスアンゼルスカウンティ美術館（→P.231）での記念撮影も忘れずに

Wilshire Blvd. & Spaulding Ave.からM#20で約50分、6th St. & Grand Ave.下車。Grand Ave.を700m北東へ。

M：メトロバス
R：メトロレイル
D：ダッシュ

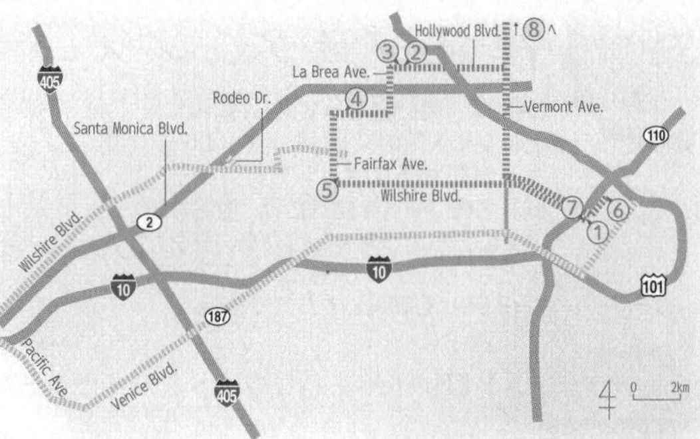

6 16:00 モダンアートを入場無料で
ブロード (→P.237)

村上隆やジャスパー・ジョーンズなどの現代美術作品が無料で鑑賞できる。草間彌生の「Infinity Mirror Rooms」は館内で一番人気のコーナー。事前にウェブサイトで日時指定の入場券を予約しておくように。事前予約なしでは入館できない。

展示ギャラリーはあまり多くないが、有名作品が集まっているので少なくとも1時間は取りたい

Grand Ave.を南に800m行き、7th St.を500m西へ。

7 17:30 家族連れに人気のレストラン
モートンズ・ステーキハウス (→P.379)

ショッピングモールのFig at 7th (→P.345)に併設する高級ステーキハウス。LAに来たからには、本場のステーキは食べ逃せない。

メインのリブアイ ($72) とサイドのグリルド・アスパラガス ($14)、マッシュド・ポテト ($14)

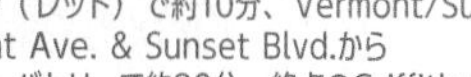

メトロレイルの7th St./Metro Center駅から
RBライン（レッド）で約10分、Vermont/Sunset駅下車。
Vermont Ave. & Sunset Blvd.から
Dオブザーバトリーで約20分、終点のGriffith Observatory下車。

8 19:00 LA随一の景色を
グリフィス天文台 (→P.222)

アールデコ調の天文台は、『ラ・ラ・ランド』『イエスマン "YES"は人生のパスワード』など数々の映画の撮影地にもなっている。プラネタリウム観賞や夜景を楽しもう。

正面には天文学者の像 Astronomers Monument が立つ

ダウンタウンへは、Dオブザーバトリーで約25分、
終点のVermont Ave. & Sunset Blvd.下車。メトロレイルのVermont/Sunset駅からRBライン（レッド）で。

弾丸ショッピングコース

LAでは、買い物だって楽しみたい。セレブに人気のストリートや、ローカルが訪れるスポットで買い物三昧。名物フードを食べたり、有名カフェに立ち寄ったりしながら、ショッピングを楽しもう！ 1日券（→P.90）を購入してバスで移動。

M：メトロバス

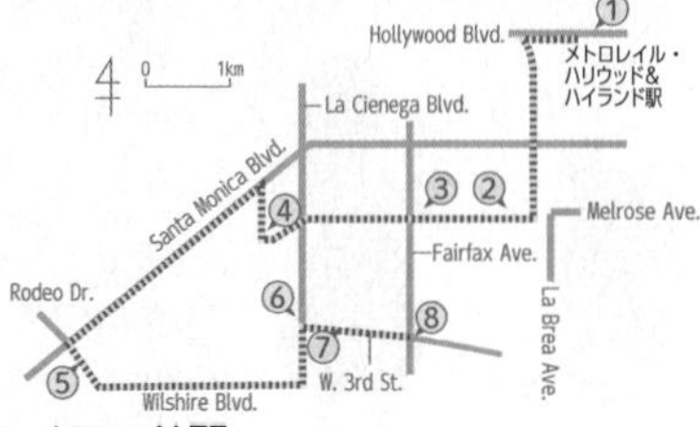

Start ▶ メトロレイル・ハリウッド&ハイランド駅

1 9:00 メトロレイル・Bライン（レッド）の駅上にある

オベーションハリウッド

メトロレイル駅からHollywood Blvd.を西に500m進む。Hollywood Blvd. & Sycamore Ave.から**M**#212で約15分、La Brea Ave. & Melrose Ave.下車。Melrose Ave.を600m西へ。

2 9:30 LAのおしゃれさん御用達カフェ

ブルー・ジャム・カフェで朝食（→P.373）

オムレツやスクランブルエッグなどが有名なカフェ。待つ価値あり。

ポテト付きのエッグ・ベネディクト（$17.95）

メルローズアベニューを西へ進む。

3 11:00 古着店から高級ブランドまで、さまざまなショップが軒を連ねる

メルローズアベニュー沿いをぶらぶら歩き（→P.225）

メルローズアベニューはFairfax Ave.の西側から、Ron Herman（→P.327）やVivienne Westwood、The Row（→P.327）など高級人気ブランド店が増えてくる。

メルローズアベニューを西へ進む。

4 13:00 ローカルでいつもにぎわう

アースカフェでひと休み

おしゃれさんも立ち寄る高感度なカフェ

根強い人気を誇るカフェのUrth Caffe（MAP P.66-A1）。

Westbourne Dr.を北に800m進み、Santa Monica Blvd. & Westbourne Dr.から**M**#4で約10分。Santa Monica Blvd. & Camden Dr.下車。

5 14:00 高級ブランドが並ぶ

ロデオドライブでウインドーショッピング（→P.202、P.322）

ChanelやBvlgari、Louis Vuitton、Dior、Gucci、Hermes、Pradaなどが集まる。

Wilshire Blvd. & Peck Dr.から**M**#20で約7分、Wilshire Blvd. & Willaman Dr.下車。Wilshire Blvd.とLa Ci Blvd.を北東に1.2km。

6 15:30 ハリウッドセレブも訪れる

高級ショッピングモールのビバリーセンターへ（→P.343）

デパートのBloomingdale'sやBrooks Brothers、Saint Laurent、Coach、Burberryで話題・定番の商品をチェック。

約100店舗入っているので、お気に入りのブランドが見つかるはず

La Cienega Blvd. & W. 3rd St.からW. 3rd St.を歩き始める。

7 16:45 ローカルに人気の通り

ウエスト・サード・ストリートで個性派ショップ巡り（→P.203）

雑貨店やセレクトショップ、おしゃれなカフェが多い。行列のできるカフェ、Toast Bakery Cafe（→P.366）でひと休み。

サード・ウエイブ・コーヒーのカフェもあるウエスト・サード・ストリート

Fairfax Ave.まで歩く。

8 18:00

人気のショッピングモール、グローブへ（→P.345）

Banana RepublicやBrandy Melville、Michael Korsなど人気店が揃うほか、レストランもある。隣のオリジナル・ファーマーズマーケット（→P.27、P.232）で夕食を取ってもいい。

Fairfax Ave. & 3rd St.から**M**#217でオベーションハリウッドに戻る。

海岸ドライブコース

LAの西、サンタモニカやベニスから南のランチョ・パロスバーデスまで大小さまざまなビーチが続く。なかでもロスアンゼルス国際空港近くにあるマンハッタンビーチ、ハモサビーチ、レドンドビーチは人もそれほど多くなく、のんびりとした雰囲気が魅力的だ。海岸沿いをさらに南へ走れば、有名建築物のひとつ、ウェイフェアーズチャペルもある。
全行程：ウェイフェアーズチャペルまで約27マイル（約43km）

Start ▶ ロスアンゼルス国際空港（LAX）

1 10:00 ロスアンゼルス国際空港（LAX）で レンタカーをピックアップ

Airport Blvd.を北へ向かい、Manchester Ave.で左折、西へ進む。Vista Del Mar Ln.を左折。計4マイル。

2 10:15 さわやかな風に吹かれてドライブしよう サウスベイの海岸ルートの始まり

カリフォルニアでのドライブならでは。美しい海を横目に見ながら、運転を楽しもう。

気に入ったビーチでゆっくりと過ごすといい

Vista Del Mar Ln.を道なりに進み、海沿いを走るVista Del Marへ。約4マイル南に進むと、Highland Ave.と通り名が変わるがそのまま直進。Manhattan Beach Blvd.を右折すれば、正面にピアが現れ、突き当たりに駐車場がある。計5マイル。

3 10:30 LAXからいちばん近いビーチ マンハッタンビーチ（→P.259）

ピアの周辺には、モールのMetlox（→P.260）やこぢんまりとしたショップが集まる。

Manhattan Ave.を南東に1マイル進み、35th St.を右折。突き当たりのHermosa Ave.を左折し、1マイル南へ行った所（Pier Ave.との交差点あたり）。Hermosa Ave.沿いのメーターパーキングか、13th St.にある立体駐車場へ。計2マイル。

4 12:00 オープンテラスでランチを ハモサビーチ（→P.259）

Pier Ave.沿いには個性派ショップが並ぶ。映画『ラ・ラ・ランド』に登場したThe Lighthouse Cafe（→P.259脚注）は土日、ブランチ営業している。

「The Lighthouse Cafe」はSNSスポット

Hermosa Ave.、Harbor Dr.を南に1.3マイル行き、Beryl St.を左折。Catalina Ave.を進み、Coral Wayを右折すると、レドンドビーチピアの公共の駐車場に着く。計2マイル。

5 13:45 地元の若者でにぎわう レドンドビーチ（→P.259）

レストランやカフェのほか、みやげ物屋もあるピアで、ショッピングを。

Coral Way（Torrance Blvd.）をPacific Coast Hwy.（通称PCH）で右折。1.3マイル南へ行き、Palos Verdes Blvd.を右折し、南へ10マイル進むと、左側にチャペルが見えてくる。計14マイル。

6 15:00 フランク・ロイド・ライトの息子が手がけた名建築 ウェイフェアーズチャペル（→P.256）

「ガラスの教会」とも呼ばれる、有名なチャペル。日本の芸能人も結婚式を挙げている。

結婚式も行われる教会

Palos Verdes Dr. S.（サンペドロの町なかに入ると25th St.となる）を東に5.6マイル行き、突き当たりのGaffey St.の信号を左折、そのままフリーウエイI-110 Northへ。ダウンタウンへはI-110を北上、計30マイル。サンタモニカへは、途中でI-405 North、I-10 Westに乗り換える。計35マイル。

ロスアンゼルスの
基礎知識&マップ

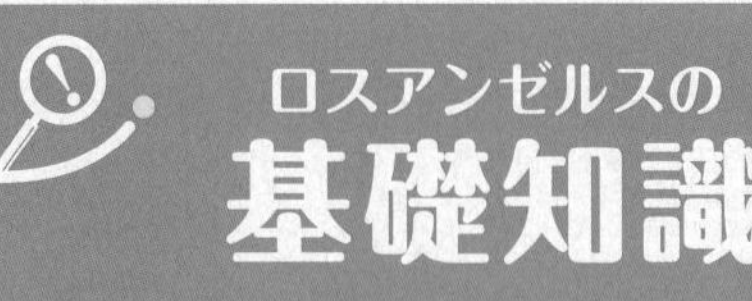

ロスアンゼルスといえば、ビーチ、ハリウッド映画、エンターテインメント、セレブにLAファッションとさまざまなイメージがある。
広大な土地に広がるこの街は、人種もさまざまで、それぞれのエリアも多彩だ。
行く前に、LAとはどんな街か?をつかんでおこう。

ロスアンゼルスの基本情報

ロスアンゼルスを何と呼ぶ？

日本では「ロス」という呼び方が一般化しているが、これはアメリカでは通じない。現地ではLos Angeles の頭文字を取って"LA(エルエー)"と呼ぶ。また、ロスアンゼルス国際空港が、空港のコード"LAX(エル・エー・エックス)"と呼ばれることも覚えておこう。

ロスアンゼルスってどこのこと？

単に"LA"といっても、指すエリアはさまざまだ。ロスアンゼルスシティ(市) Los Angeles Cityを指すのであれば、ウエストハリウッドやサンタモニカなどのほかの市は含まれない。ロスアンゼルスカウンティ(郡) Los Angeles Countyと呼ばれるエリアまで広げれば、ビバリーヒルズやサンタモニカ、ロングビーチなどかなり広い地域になるが、このエリアには、まだアナハイムやディズニーランド・リゾートのエリアは入らない。

本書で紹介しているエクスカーション以外のエリアをほぼすべてカバーするのは、"グレーター・ロスアンゼルスGreater Los Angeles" と呼ばれているエリアだ。ロスアンゼルスカウンティの南部、サンガブリエルバレーSan Gabriel Valleyより南から、オレンジカウンティOrange Countyの北部、ラグナビーチ周辺までを含んだエリア

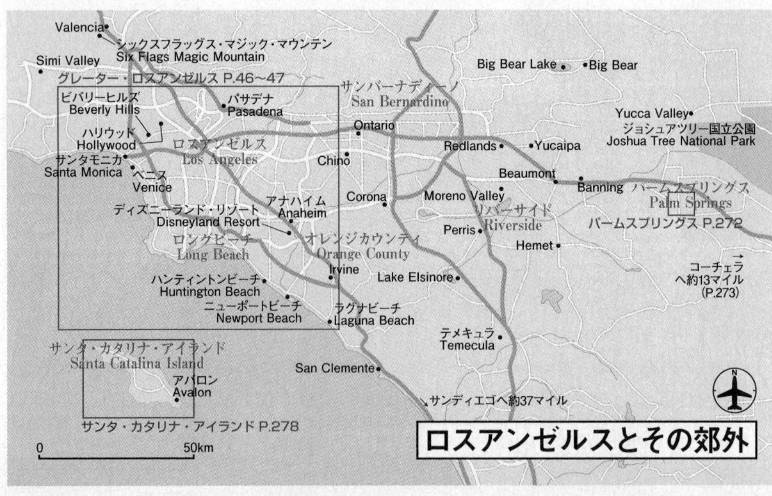

MEMO ダウンタウンの観光案内所 Los Angeles Tourism & Convention Board Downtown Visitor Information Center MAP P.72-B1 住900 Wilshire Blvd., Los Angeles (インターコンチネンタル・ロスアンゼルス・↗

のことを指す。一般には単に「ロスアンゼルス」というと、この「グレーター・ロスアンゼルス」を指すことが多い。

ロスアンゼルスのエリアを覚えよう

「グレーター・ロスアンゼルス」というくくりでは、広過ぎてつかみどころがない。

本書では、現地で一般的に通じる8つのエリアに分けている。地名とエリア、そのエリアにあるおもな見どころを対応させて、覚えておこう。各エリアについては、P.40からのエリアガイドを参照のこと。

ロスアンゼルスの歩き方

交通手段と滞在日数

関東平野の広さに匹敵するグレーター・ロスアンゼルスを移動するには、レンタカーがいちばん効率的だ。しかし、レンタカーを利用しなくても公共交通機関やツアーを利用すれば、ほとんどの見どころに行くことができる。

車を利用しないのなら、ロスアンゼルスダウンタウンやハリウッド、サンタモニカ間の移動には、メトロレイルやメトロバスが便利だ。また、アナハイムにあるディズニーランド・リゾートへは、ツアーを利用するのがいい。

おもな見どころだけなら、3～4日で回ることができる。観光エリアとしてぜひおさえておきたいのは、映画の都ハリウッドやアメリカいち有名なビーチがあるサンタモニカ、近年人気が出てきたダウンタウンだろう。それにディズニーランド・リゾートやユニバーサル・スタジオ・ハリウッドなどのテーマパークも入れると最低7日間は滞在したい。

ロスアンゼルスの気候や服装は？

夏季の気温は16～32℃、冬季は8～21℃と、1年をとおして比較的過ごしやすい気候のロスアンゼルス。湿度が日本に比べて低いことと5～8月はほとんど雨が降らないことが特徴だ。夏の日中はTシャツや半袖シャツに短パンで過ごせる。日差しが強く乾燥しているので、帽子やサングラスは必須だろう。朝晩は涼しいことがあったり、室内に入ると冷房が強力に効いていることがあったりするので、軽く羽織るものがあるといい。冬は、昼と朝夜の寒暖の差が大きいので、厚手の上着が必要になることもある。春秋は、薄手のカーディガンがあると便利だ。

ロスアンゼルスのどのあたりが危険なの？

ひと昔前に比べて、全体的にロスアンゼルスの治安はよくなってきている。ただし、以下のエリアは昼間でも立ち入らないほうがいい。どのエリアでも暗くなってからのひとり歩きは極力避けるようにして、タクシーの利用をすすめる。

特に治安が悪いエリア

●ダウンタウンのスキッドロウ

リトルトーキョーの南、4th St.、Los Angeles St.、7th St.、Central Ave.に囲まれたエリア（MAP P.72-B2～B4）。

●サウス・ロスアンゼルス（サウスセントラル）

メトロレイル・Aライン（ブルー）の103rd St./Watts Towers駅（MAP P.49-D4）を中心に、北はサウスパーク、南のロングビーチまでのエリア。

DATA

カリフォルニア州ロスアンゼルス市
人口：約384万9297人（2021年推定）
面積：約1214km^2
標高：最低0m、最高71m
人種構成：白人28.5%、黒人8.8%、アメリカ先住民0.7%、アジア11.8%、ヒスパニック48.1%など（2021年）

●時間帯
太平洋時間（PST）。日本よりマイナス17時間、夏時間のときはマイナス16時間

●セールスタックス（→P.310）
ロスアンゼルス市：9.5%
●ミールタックス（→P.355）
ロスアンゼルス市：9.5%
●ホテルタックス（→P.389）
ロスアンゼルス市：16.2%
※いずれも2023年1月現在

●観光案内所
Los Angeles Tourism & Convention Board
Hollywood Visitor Information Center
MAP P.74-B3
住6801 Hollywood Blvd., 3rd Fl., Hollywood
☎(1-323)467-6412
URL www.discoverlosangeles.com（英語）
URL www.discoverlosangeles.com/jp（日本語）
※2023年1月現在、一時休業中

●在ロスアンゼルス日本国総領事館
Consulate-General of Japan in Los Angeles
MAP P.72-B1
住350 S. Grand Ave., Suite 1700, Los Angeles, CA 90071 ☎(1-213)617-6700
URL www.la.us.emb-japan.go.jp
営 月～金 9:30～11:30、13:15～16:15
休 土日、祝日、特定の休館日
※2023年1月現在、入館には事前予約が必要

↘ダウンタウン1階)。2023年1月現在、一時休業中

エリアガイド
Area Guide

本書では、現地で一般的に通用するエリア区分を基本に、
ロスアンゼルスを8つにエリア分けしている。
この各エリアガイドを参考に、自分のイメージにあるロスアンゼルスと照らし合わせて、
行きたい場所を探して快適な滞在を楽しもう。

ハリウッド Hollywood

映画の都という華やかなイメージで知られるハリウッド。白い9文字の看板“Hollywood”や、スターの手形が並ぶ**TCLチャイニーズ・シアター**をはじめ見どころも多い。個性的な店が集まる**メルローズアベニュー**で、ショッピングを楽しむのもおすすめ。ハリウッドの北、ユニバーサルシティには、**ユニバーサル・スタジオ・ハリウッド**もある。

ハリウッドの中心、オベーションハリウッド周辺

高級ショップが並ぶロデオドライブ

ウエストサイド Westside

ハリウッドとサンタモニカの間、I-405（San Diego Fwy.）にSanta Monica Blvd.が対角線のように走るエリアを指す。高級住宅地の**ビバリーヒルズ**や**ロデオドライブ**、流行のショップが並ぶロバートソンブルバードもこの地域だ。建築も見事な美術館の**ゲッティセンター**も北の端のブレントウッドに位置する。

ビーチシティズ Beach Cities

ロスアンゼルスの太平洋岸沿いのエリアで、一般的にI-405(San Diego Fwy.)から西側、北はマリブMalibuから、南はロスアンゼルス国際空港の北あたりまでを指す。このエリアのポイントは**サンタモニカ**、**ベニス**などの個性的なビーチだ。サンタモニカには**サード・ストリート・プロムナード**を含め、夜でも楽しめるショッピング&ダイニングエリアもある。

スケボーパークがあるベニスビーチ

上／ホエールウオッチング・ツアーも出ている　右／ハモサビーチには映画『ラ・ラ・ランド』に登場したカフェ（→P.17)がある

ロングビーチ&サウスベイ Long Beach & South Bay

ビーチシティズの南側から、パロスバーデス半島やロングビーチまでのエリアをサウスベイと呼ぶ。**マンハッタンビーチ**や**ハモサビーチ**はローカルに人気だ。**ロングビーチ**は、北米最大のコンタナ港で、水族館や世界最大級の豪華客船クイーンメリー号がある。

ダウンタウン Downtown

I-10 (Santa Monica Fwy.) とI-5 (Santa Ana Fwy.)、US-101 (Hollywood Fwy.)、CA-110 (Harbor Fwy.) に囲まれたエリア。ビジネスの中心地であるが、大規模なエンターテインメントエリア、**LAライブ**もあり観光地としても注目が高まっている。ほかに、**ブロード**や**ロスアンゼルス現代美術館(MOCA)**などアートなスポットも充実している。

ダウンタウンにあるフォトジェニックスポットのラストブックストア(→P.336)

パサデナ Pasadena

映画館もあるオールドパサデナ

LAダウンタウンの北東、ユニオン駅からメトロレイル・Aライン(ブルー)、Lライン(ゴールド)で約30分の距離に位置し、バラの街としても知られる郊外の住宅地だ。**ノートン・サイモン美術館**や**ハンティントン**などアカデミックな見どころが多い。UCLAのカレッジフットボールの本拠地であり、毎月1回大規模のフリーマーケットが開催されるローズボウルも有名。パサデナの中心部、**コロラドブルバード**は散策が楽しい。

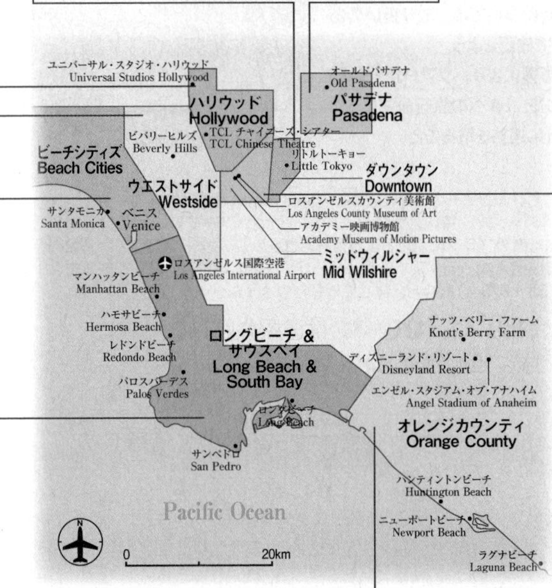

ミッドウィルシャー Mid Wilshire

ダウンタウンとハリウッドに囲まれたミッドウィルシャーは美術館や博物館、コリアタウンが集まるエリア。特に、Wilshire Blvd.沿いの**アカデミー映画博物館**やロスアンゼルスカウンティ美術館 (LACMA)、ピーターセン自動車博物館は必訪。

2021年9月にオープンしたアカデミー映画博物館(→P.188、P.230)

オレンジカウンティ(オーシー) Orange County(The OC)

LAダウンタウンの南東60kmに位置する郡(カウンティ)。MLBの**ロスアンゼルス・エンゼルス**の本拠地や**ディズニーランド・リゾート**、**ナッツ・ベリー・ファーム**などがあるアナハイムは内陸にある。太平洋沿いには、サーフスポットとしても知られる**ハンティントンビーチ**や高級住宅街の**ニューポートビーチ**、芸術家が多く住む**ラグナビーチ**などカリフォルニアらしいビーチが並ぶ。

芸術家が多く住むラグナビーチ

オプショナルツアー
Optional Tours

市内観光は、スターラーンツアーズのダブルデッカーツアーに参加してみるのもいい

LA ならではの移動手段のひとつとして、オプショナルツアーへの参加がある。広大な土地に観光地や買い物スポットが点在する LA では、オプショナルツアーを観光の足として賢く利用するのがポイントだ。ここでは、日系旅行会社と、ハリウッドの TCL チャイニーズ・シアターにオフィスがあり利用しやすいスターラインツアーズを紹介する。

参考までに、人気ツアーの所要時間と料金の目安を下記に掲載している。詳しい内容や料金については、取り扱いのある各旅行会社のウェブサイトなどで確認しよう。

新型コロナウイルス感染症の影響により、ツアーが一時催行休止になっていることがあるので、LA への旅行が決まったら早めに e メールなどで旅行会社に連絡を取ること。

オプショナルツアーの活用法

紹介しているツアーのほとんどが、宿泊地と目的地の往復送迎＋チケットといったパターンだ。特に人気のテーマパークのツアーでは、同じ目的地でも個々の旅行者のプランに沿えるよう滞在時間を2～3パターン設けている旅行会社もある。例えば、ディズニーランド・リゾートへのツアーは、朝～夕方、午後～夜、朝～夜の丸1日など。詳しくは各社のホームページも参考に。

ロスアンゼルス現地旅行会社リスト（❶❷❸❹は日系会社）

❶ エレファントツアー Elephant Tour	☎(1-213) 612-0111 URL www.elephanttour.com 営 毎日 9:00 ～ 17:00
❷ ジョイランド・ツアーズ・インク Joyland Tours, Inc.	☎(310) 918-1177 Free (1-888)607-1170 URL www.joylandlatours.com 営 毎日 8:00 ～ 22:00
❸ エイチ・アイ・エス・インターナショナル・ツアーズ・インク H.I.S. International Tours Inc.	☎(1-213) 624-0777 URL tour.his-usa.com 営 月～金 9:00 ～ 18:00
❹ アメリカ・トラベル・ファクトリー America Travel Factory	☎(1-213) 228-1801 URL www.america-travel-factory.com 営 月～金 9:30 ～ 18:00
❺ スターラインツアーズ Starline Tours	☎(1-323) 463-3333 URL www.starlinetours.com ※英語のみ

市内観光ツアー

1日でいくつもの観光地を回れる。時間のない旅行者にとっては強い味方だ。

◆市内観光については、各社ごとに異なる。おもな行き先は、サンタモニカ、ハリウッド（TCLチャイニーズ・シアター、サンセットストリップなど）、メルローズアベニュー、ビバリーヒルズ（ロデオドライブ）、ダウンタウン（ドジャースタジアム、オルベラ街など）、ファーマーズマーケットなど

ツアー内容	所要時間	料金の目安	取り扱い旅行会社
ロスアンゼルス市内観光（半日、5ヵ所程度）	4～6時間	大人 $85 ～、子供 $75 ～	❶❷❸❹❺
ロスアンゼルス市内観光（1日、6～10ヵ所程度）	8～13時間	大人 $180 ～、子供 $170 ～	❶❸❹❺
ホップオン・ホップオフ・ダブルデッカー・シティツアー（50 以上の主要観光スポットを走る）	3路線あり、2時間～2時間50分	大人 $49、子供 $30	❺

MEMO **エレファントツアーが催行するロスアンゼルス国際空港発の市内観光ツアー** 日本からの直行便でロスアンゼルスに到着し、そのまま荷物をバスに載せたまま市内観光を楽しむことができる。最後には、宿泊するホテルまで送ってくれるので便利。

テーマパークツアー

ホテルからテーマパークへの送迎と、入場券がセットになったツアー。ディズニーランド・リゾートとナッツ・ベリー・ファームへ行くツアーもあり、1日で複数のテーマパークへ行くこともできる。

特に、シックスフラッグス・マジック・マウンテンはアクセスしにくい場所にあるので、オプショナルツアーを利用する価値は高い。

ツアー内容	所要時間	料金の目安	取り扱い旅行会社
ディズニーランド・パーク、ディズニー・カリフォルニア・アドベンチャー・パーク	9時間〜	大人 $234 〜、子供 $216 〜	❶❷❸❹❺
ユニバーサル・スタジオ・ハリウッド	9時間〜	大人 $179 〜、子供 $173 〜	❶❸❹❺
シックスフラッグス・マジック・マウンテン	8時間〜	大人 $200 〜、子供 $180 〜	❶❷❸❹
ナッツ・ベリー・ファーム	8時間〜	大人 $235 〜、子供 $215 〜	❶❷❸❹❺

ショッピングツアー

ロデオドライブ、メルローズアベニューやサウス・コースト・プラザ、デザート・ヒルズ・プレミアム・アウトレット、オンタリオミルズ、シタデルアウトレットのようなスポットを訪れる。LA のアウトレットは郊外にあることが多いので、ツアーに参加すれば気軽に行けて、楽しくショッピングができる。

また、行きたい観光スポットを規定の時間内に回ってもらえるチャーターツアーもある（※下記の料金は車1台の1時間ごとの料金。会社によって料金、時間体系が異なるので現地で確認を）。時間を有効に使えるうえ、専用車なのでたくさん買い込んでも安心だ。

ツアー内容	所要時間	料金の目安	取り扱い旅行会社
デザート・ヒルズ・プレミアム・アウトレット	8〜10時間（買い物は4〜5時間）	大人 $110 〜、子供 $100 〜	❶❷❸❹
サウス・コースト・プラザ	8〜9時間（買い物は5〜7時間）	大人・子供 $100 〜	❷❸
チャーターツアー	最低3時間から利用可能	1時間につき1台 $75 〜	❶❷❸❹

アクティビティのツアー

ハリウッドスターの豪邸巡りや、ロスアンゼルスを舞台にした映画やドラマのロケ地を訪れるツアー、グリフィス天文台の夜景ツアー（ショッピングや食事がセットになったものもある）などがある。

ほかに、コンサートやスポーツの観戦チケットとホテルから会場やスタジアムまでの送迎がセットになったコースもある。イベントは夕方〜夜にかけて行われることが多いので、帰りのホテルまでの足が気がかりなところだが、ツアーに参加すればそのような心配はいらない。公共交通機関を使ったり、自分で観戦チケットを手に入れるよりも割高にはなるが、本場のエンターテインメントを安心して体験することができる。

ツアー内容	所要時間	料金の目安	取り扱い旅行会社
映画ロケ地巡り付き一日観光ツアー	8時間	大人 $190 〜、子供 $170 〜	❶
ハリウッドスターの豪邸巡り	2〜8時間	大人 $60 〜、子供 $50 〜	❶❷❸❺
グリフィス天文台の夜景ツアー	2時間30分〜5時間	大人 $95 〜、子供 $75 〜	❶❷❸❹
サルベーションマウンテン	12時間	大人 $290 〜、子供 $280 〜	❶❷❸
テメキュラ・ワイナリー巡り	10時間	大人 $220 〜、子供 $180 〜	❶❸
MLB（野球）観戦（球場送迎のみ）	5〜7時間（1〜3時間）	大人・子供 $200 〜（$80 〜）	❶❷❸❹

※料金は2023年1月現在の目安です。ツアー会社によってはインターネット割引料金あり。詳しいツアー内容や料金は各社へお問い合わせください。　※所要時間については、ホテルピックアップからホテル到着までのおおよその時間です。

MEMO **「ラ・ラ・ランド」のロケ地を訪れるツアー**　上記の日系の現地旅行会社では、映画『ラ・ラ・ランド』のロケ地を回ったり、映画に登場したレストランで食事を取れたりするツアーを催行している。所要時間は内容により異なり、4時間30分〜10時間。

ホップオン・ホップオフ

ダブルデッカーバスで観光地を巡る

スターラインツアーズStarline Toursが催行する、ロスアンゼルス周辺を回るツアーバスがホップオン・ホップオフHop-On Hop-Off。おもな観光エリアやショッピングスポットを巡るので、初めてLAを訪れる人に最適だ。

＼どこからでも目立つ赤い車体／

Hop-On♪ Hop-Off♪

Tips

1. チケットは、ドルビーシアター前❶やサンタモニカピア㊼のチケット窓口、ウェブサイトのほか、乗車後ドライバーから購入できる。
2. レシートは乗車ごとにドライバーに見せる必要があるので、なくさないように。
3. 最新のパンフレットには、それぞれのルートの運行時間や時刻表が載っているので必ず入手したい。運行時間はルートや時期により異なる。
4. バスの停留所は1〜99までの番号が付いている。すべての停留所にバス停の看板があるわけではないので、降りた場所を覚えておきたい。
5. 最終バスを逃した場合は、メトロバスやメトロレイルに乗ることになることも頭に入れておこう。

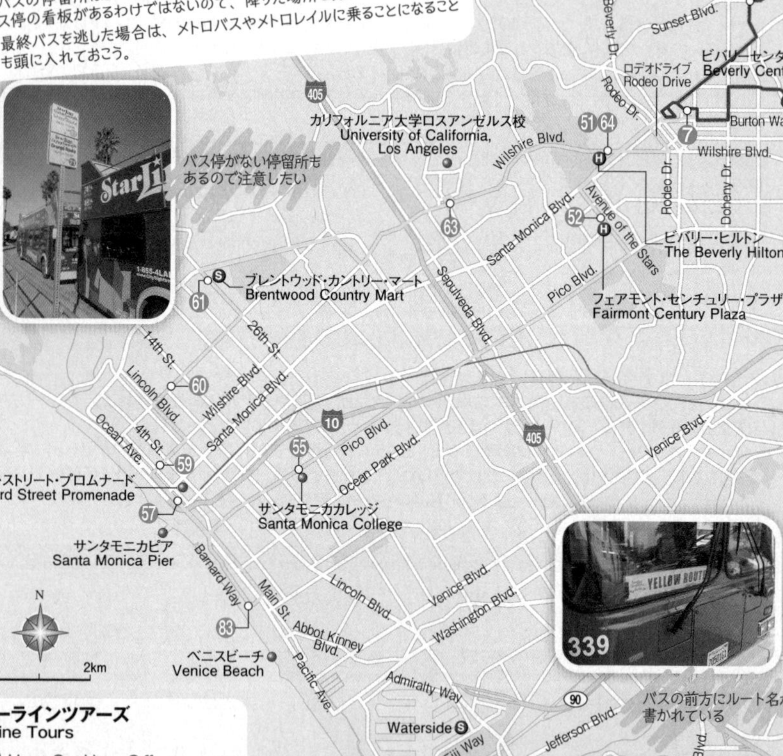

スターラインツアーズ
Starline Tours

Hop-On Hop-Off

MAP P.74-B3
住 6801 Hollywood Blvd., Los Angeles
☎ (1-323)463-3333
URL starlinetours.com
URL citysightseeinglosangeles.com
営 毎日9:30〜18:30（ルートや時期により異なる） 休 アカデミー賞開催日
カード A M V 料 1日券：大人$49、子供$30、2日券：大人$64、子供$40

ルート説明
●Hollywood Tour：ハリウッドのドルビーシアター（P.215）→サンセットストリップ→ビバリーヒルズ（P.202）→ビバリーセンター（P.343）→アカデミー映画博物館（P.230）→オリジナル・ファーマーズマーケット（P.232）→メルローズアベニュー（P.225）→ドルビーシアター。1周2時間。45～75分おきの運行。
●Santa Monica Tour：サンタモニカピア（P.193）→サード・ストリート・プロムナード（P.192）→モンタナアベニュー（P.195）→ブレントウッド・カントリー・マート（P.342）→カリフォルニア大学ロスアンゼルス校（P.205）→ビバリーヒルズ（P.202）→センチュリーシティ（P.204）→ベニスビーチ（P.198）→サンタモニカピア。1周2時間20～50分。45～80分おきの運行。
●Downtown LA Tour：ドルビーシアター（P.215）→ウォルト・ディズニー・コンサートホール（P.237）→チャイナタウン（P.240）→リトルトーキョー（P.240）→グランド・セントラル・マーケット（P.239）→LAライブ（P.236）→ドルビーシアター。1周2時間30分。45～85分おきの運行。
●Hollywood-Universal Shuttle：ドルビーシアター（P.215）→ユニバーサル・スタジオ・ハリウッド／ユニバーサル・シティウォーク（P.154、P.166）→ドルビーシアター。1周1時間。60～90分おきの運行。
ハリウッドツアー
サンタモニカツアー
ダウンタウンLAツアー
ハリウッド-ユニバーサル・シャトル
バス停番号
ショップ
ランドマーク
ホテル
ユニバーサル・スタジオ・ハリウッド／ユニバーサル・シティウォーク
Universal Studios Hollywood / Universal CityWalk
Cahuenga Blvd. W.
Cahuenga Blvd. E.
Highland Ave.
オベーション ハリウッド
Ovation Hollywood
Franklin Ave.
Hollywood Blvd.
Sunset Blvd.
Santa Monica Blvd.
Vine St.
La Brea Ave.
Fairfax Ave.
メルローズアベニュー
Melrose Ave.
オリジナル・ファーマーズ マーケット
The Original Farmers Market
Highland Ave.
Beverly Blvd.
Western Ave.
W. 3rd St.
6th St.
Wilshire Blvd.
アカデミー映画博物館
Academy Museum of Motion Pictures
8th St.
Olympic Blvd.
San Vicente Blvd.
Pico Blvd.
Venice Blvd.
オベーションハリウッド正面にあるチケットカウンター
チャイナタウン
Chinatown
ウォルト・ディズニー・コンサートホール
Walt Disney Concert Hall
Hill St.
Main St.
ユニオン駅
リトルトーキョー
Little Tokyo
1st St.
Wilshire Blvd.
11th St.
5th St.
6th St.
クリプト・ドット・コム・アリーナ
Crypto.com Arena
グランド・セントラル・マーケット
Grand Central Market
Pico Blvd.
Alameda St.
Figueroa St.
Flower St.
Grand Ave.
Broadway
利用頻度が高い停留所
1 ドルビーシアター
2 ギターセンター
4 サンセットストリップ／コメディストア
5 ウイスキー・ア・ゴーゴー
7 ビバリーヒルズ
9 ビバリーセンター
10 アカデミー映画博物館
11 オリジナル・ファーマーズマーケット&グローブ
12 メルローズアベニュー
13 ピンクス（ホットドッグ）
22 ユニバーサル・スタジオ・ハリウッド／ユニバーサル・シティウォーク
33 ウォルト・ディズニー・コンサートホール
36 チャイナタウン
37 ユニオン駅／オルベラ街
38 リトルトーキョー
39 グランド・セントラル・マーケット
44 LAライブ／グラミー博物館
52 フェアモント・センチュリー・プラザ
55 サンタモニカカレッジ
57 サンタモニカピア
59 サード・ストリート・プロムナード
60 モンタナアベニュー
61 ブレントウッド・カントリー・マート
63 カリフォルニア大学ロスアンゼルス校
83 ベニスビーチ
バスに乗り込んだときにもらえるイヤホンをジャックに差し込めば、日本語のガイドを聴くことができる
乗り換え場所
★ハリウッド（ドルビーシアター 住6801 Hollywood Blvd., Hollywood 1）
→●Hollywood Tour ●Hollywood-Universal Shuttle ●Downtown LA Tour
★ビバリーヒルズ（住9333 3rd St., Beverly Hills 7）
→●Hollywood Tour ●Santa Monica Tour

①グレーター・ロスアンゼルス

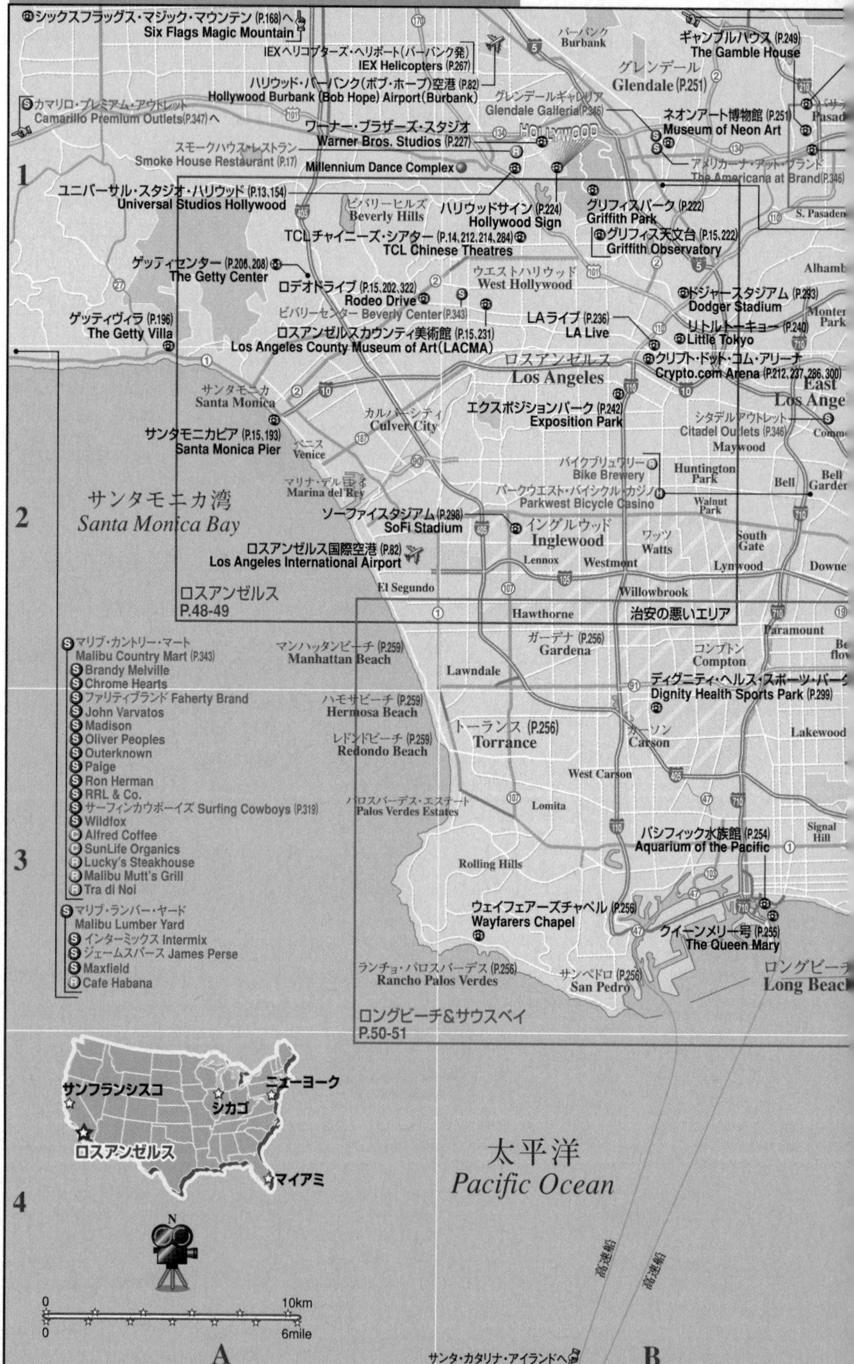

シックスフラッグス・マジック・マウンテン (P.168) へ
Six Flags Magic Mountain
IEXヘリコプターズ・ヘリポート(バーバンク発)
IEX Helicopters (P.267)
ハリウッド・バーバンク(ボブ・ホープ)空港 (P.82)
Hollywood Burbank (Bob Hope) Airport (Burbank)
カマリロ・プレミアム・アウトレット
Camarillo Premium Outlets (P.347) へ
ワーナー・ブラザーズ・スタジオ
Warner Bros. Studios (P.227)
スモークハウス・レストラン
Smoke House Restaurant (P.17)
Millennium Dance Complex
ユニバーサル・スタジオ・ハリウッド (P.13, 154)
Universal Studios Hollywood
ビバリーヒルズ
Beverly Hills
ハリウッドサイン (P.224)
Hollywood Sign
TCLチャイニーズ・シアター (P.14, 212, 214, 284)
TCL Chinese Theatres
ゲッティセンター (P.206, 208)
The Getty Center
ロデオドライブ (P.15, 202, 322)
Rodeo Drive
ビバリーセンター Beverly Center (P.343)
ウエストハリウッド
West Hollywood
ゲッティヴィラ (P.196)
The Getty Villa
ロスアンゼルスカウンティ美術館 (P.15, 231)
Los Angeles County Museum of Art (LACMA)
バーバンク
Burbank
グレンデール
Glendale (P.251)
グレンデールギャレリア
Glendale Galleria (P.346)
ギャンブルハウス (P.249)
The Gamble House
ネオンアート博物館 (P.251)
Museum of Neon Art
アメリカーナ・アット・ブランド
The Americana at Brand (P.346)
グリフィスパーク (P.222)
Griffith Park
グリフィス天文台 (P.15, 222)
Griffith Observatory
S. Pasadena
Alhambra
ドジャースタジアム (P.293)
Dodger Stadium
Monterey Park
LAライブ (P.236)
LA Live
リトルトーキョー (P.240)
Little Tokyo
クリプト・ドット・コム・アリーナ
Crypto.com Arena (P.212, 237, 286, 300)
ロスアンゼルス
Los Angeles
East Los Angeles
サンタモニカ
Santa Monica
サンタモニカピア (P.15, 193)
Santa Monica Pier
カルバーシティ
Culver City
エクスポジションパーク (P.242)
Exposition Park
シタデルアウトレット
Citadel Outlets (P.346)
Commerce
Maywood
ベニス
Venice
バイクブリュワリー
Bike Brewery
Huntington Park
Bell
Bell Gardens
マリナ・デル・レイ
Marina del Rey
パークウエスト・バイシクル・カジノ
Parkwest Bicycle Casino
Walnut Park
サンタモニカ湾
Santa Monica Bay
ソーファイスタジアム (P.298)
SoFi Stadium
イングルウッド
Inglewood
ワッツ
Watts
South Gate
ロスアンゼルス国際空港 (P.82)
Los Angeles International Airport
Lennox
Westmont
Lynwood
Downey
ロスアンゼルス
P.48-49
El Segundo
Willowbrook
Hawthorne
治安の悪いエリア
Paramount
マリブ・カントリー・マート
Malibu Country Mart (P.343)
Brandy Melville
Chrome Hearts
ファリティブランド Faherty Brand
John Varvatos
Madison
Oliver Peoples
Outerknown
Paige
Ron Herman
RRL & Co.
サーフィンカウボーイズ Surfing Cowboys (P.319)
Wildfox
Alfred Coffee
SunLife Organics
Lucky's Steakhouse
Malibu Mutt's Grill
Tra di Noi
マリブ・ランバー・ヤード
Malibu Lumber Yard
インターミックス Intermix
ジェームスパース James Perse
Maxfield
Cafe Habana
マンハッタンビーチ (P.259)
Manhattan Beach
ガーデナ (P.256)
Gardena
コンプトン
Compton
Lawndale
ディグニティ・ヘルス・スポーツ・パーク
Dignity Health Sports Park (P.299)
ハモサビーチ (P.259)
Hermosa Beach
トーランス (P.256)
Torrance
カーソン
Carson
Lakewood
レドンドビーチ (P.259)
Redondo Beach
West Carson
パロスバーデス・エステート
Palos Verdes Estates
Lomita
Signal Hill
パシフィック水族館 (P.254)
Aquarium of the Pacific
Rolling Hills
ウェイフェアーズチャペル (P.256)
Wayfarers Chapel
クイーンメリー号 (P.255)
The Queen Mary
ランチョ・パロスバーデス (P.256)
Rancho Palos Verdes
サンペドロ (P.256)
San Pedro
ロングビーチ
Long Beach
ロングビーチ&サウスベイ
P.50-51
サンフランシスコ
ニューヨーク
シカゴ
ロスアンゼルス
マイアミ
太平洋
Pacific Ocean
高速船
高速船
0
10km
0
6mile
サンタ・カタリナ・アイランドへ
1
2
3
4
A
B

見どころ　ショップ　レストラン　ホテル　カフェ　ナイトスポット　映画館　スパ、サロン　観光案内所　ランドマーク/そのほか　ビーチ/公園
インターステートハイウエイ　U.S.ハイウエイ　ステートハイウエイ　Hollywood Blvd. 道路名　メトロ　空港　ゴルフ場　病院　郵便局

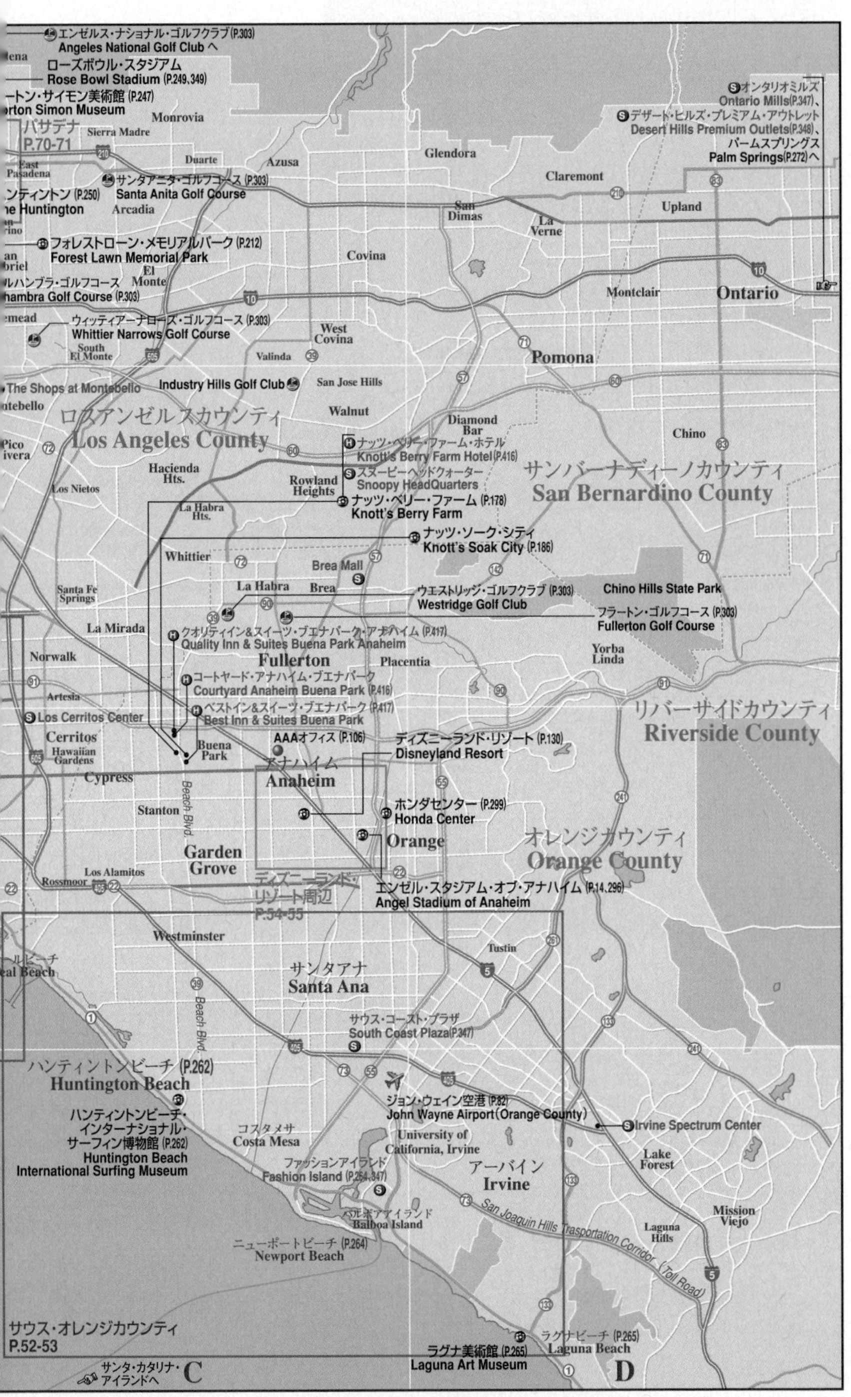

エンゼルス・ナショナル・ゴルフクラブ (P.303)
Angeles National Golf Club へ
ローズボウル・スタジアム
Rose Bowl Stadium (P.249,349)
ノートン・サイモン美術館 (P.247)
Norton Simon Museum
パサデナ
P.70-71
Monrovia
Sierra Madre
East Pasadena
Duarte
Azusa
Glendora
サンタアニタ・ゴルフコース (P.303)
Santa Anita Golf Course
Arcadia
ハンティントン (P.250)
The Huntington
フォレストローン・メモリアルパーク (P.212)
Forest Lawn Memorial Park
アルハンブラ・ゴルフコース
Alhambra Golf Course (P.303)
El Monte
ウィッティアーナローズ・ゴルフコース (P.303)
Whittier Narrows Golf Course
South El Monte
Covina
West Covina
Valinda
San Dimas
La Verne
Claremont
Upland
Montclair
Ontario
Pomona
オンタリオミルズ
Ontario Mills(P.347)、
デザート・ヒルズ・プレミアム・アウトレット
Desert Hills Premium Outlets(P.348)、
パームスプリングス
Palm Springs(P.272)へ
Industry Hills Golf Club
San Jose Hills
The Shops at Montebello
Montebello
Walnut
Diamond Bar
Chino
ロスアンゼルスカウンティ
Los Angeles County
Pico Rivera
ナッツ・ベリー・ファーム・ホテル
Knott's Berry Farm Hotel(P.416)
スヌーピーヘッドクォーター
Snoopy HeadQuarters
ナッツ・ベリー・ファーム (P.178)
Knott's Berry Farm
Hacienda Hts.
Rowland Heights
サンバーナディーノカウンティ
San Bernardino County
Los Nietos
La Habra Hts.
ナッツ・ソーク・シティ
Knott's Soak City (P.186)
Whittier
Brea Mall
Brea
La Habra
Santa Fe Springs
ウエストリッジ・ゴルフクラブ (P.303)
Westridge Golf Club
Chino Hills State Park
フラートン・ゴルフコース (P.303)
Fullerton Golf Course
La Mirada
クオリティイン&スイーツ・ブエナパーク・アナハイム (P.417)
Quality Inn & Suites Buena Park Anaheim
Norwalk
Fullerton
Placentia
Yorba Linda
コートヤード・アナハイム・ブエナパーク
Courtyard Anaheim Buena Park (P.416)
Artesia
ベストイン&スイーツ・ブエナパーク (P.417)
Best Inn & Suites Buena Park
リバーサイドカウンティ
Riverside County
Los Cerritos Center
Cerritos
Hawaiian Gardens
AAAオフィス (P.106)
ディズニーランド・リゾート (P.130)
Disneyland Resort
Buena Park
Cypress
アナハイム
Anaheim
Beach Blvd.
Stanton
ホンダセンター (P.299)
Honda Center
Orange
オレンジカウンティ
Orange County
Garden Grove
Los Alamitos
Rossmoor
ディズニーランド・リゾート周辺
P.54-55
エンゼル・スタジアム・オブ・アナハイム (P.14,296)
Angel Stadium of Anaheim
Westminster
Tustin
シールビーチ
Seal Beach
サンタアナ
Santa Ana
サウス・コースト・プラザ
South Coast Plaza(P.347)
ハンティントンビーチ (P.262)
Huntington Beach
ジョン・ウェイン空港 (P.82)
John Wayne Airport(Orange County)
Irvine Spectrum Center
ハンティントンビーチ・インターナショナル・サーフィン博物館 (P.262)
Huntington Beach International Surfing Museum
コスタメサ
Costa Mesa
University of California, Irvine
Lake Forest
ファッションアイランド
Fashion Island (P.264,347)
アーバイン
Irvine
バルボアアイランド
Balboa Island
San Joaquin Hills Trasportation Corridor (Toll Road)
Mission Viejo
Laguna Hills
ニューポートビーチ (P.264)
Newport Beach
サウス・オレンジカウンティ
P.52-53
ラグナビーチ (P.265)
Laguna Beach
ラグナ美術館 (P.265)
Laguna Art Museum
サンタ・カタリナ・アイランドへ
C
D

②ロスアンゼルス

参照MAP: P.46-A1～B2

ウエストハリウッド P.62-63
Topanga State Park
Stone Canyon Reservoir
Beverly Glen
カリフォルニア大学ロスアンゼルス校 (P.205) University of California, Los Angeles (UCLA)
ウエストサイド P.60-61
Bel Air
ビバリーヒルズ Beverly Hills
ゲッティヴィラ (P.196)、The Getty Villa
ズマ・ジェイ・サーフボード Zuma Jay Surfboards (P.197)
マリブ・カントリー・マート Malibu Country Mart (P.343)、
マリブ・ランバー・ヤード Malibu Lumber Yard、
ノブマリブ Nobu Malibu (P.19)、
マリブファーム Malibu Farm (P.365)、
Nobu Ryokan Malibuへ
ゲッティセンター (P.25、206、208) The Getty Center
Luxe Sunset Boulevard Hotel
ロデオドライブ (P.15、202、322) Rodeo Drive
ハマー美術館 (P.25、205) Hammer Museum
Brentwood Heights
Will Rogers State Historic Park
ウエストフィールド・センチュリーシティ Westfield Century City (P.204、344)
センチュリーシティ Century City
Fox Plaza
Palisades Village
エレウォンマーケット Erewhon Market (P.308)
ブレントウッド・カントリー・マート Brentwood Country Mart (P.342)
Pacific Palisades
Will Rogers State Beach
イームズハウス (P.197) Eames House
Expo / Bundy 駅
26th St / Bergamot 駅
Westwood / Rancho Park 駅
Expo / Sepulveda 駅
シェイ (P.396) The Shay
Palms 駅
Culver City 駅
サンタモニカ Santa Monica
17th St / SMC 駅
アカーシャ Akasha (P.213、365)
Santa Monica State Beach
サンタモニカプレイス (P.192、342) Santa Monica Place
サンタモニカ空港 Santa Monica Municipal Airport
バハフレッシュ Baja Fresh (P.357)
Downtown Santa Monica 駅
サンタモニカピア (P.15、193) Santa Monica Pier
ソニー・ピクチャーズ・スタジオ Sony Pictures Studios (P.227)
サンタモニカ P.56-57
カルバーシティ (P.199) Culver City
アボット・キニー・ブルバード (P.198) Abbot Kinney Boulevard
ベニス Venice
ウエストフィールド・カルバーシティ Westfield Culver City (P.343)
マリナ・デル・レイ Marina del Rey
フィッシャーマンズビレッジ (P.199) Fisherman's Village
ベニス&マリナ・デル・レイ P.58-59
Playa del Rey
Loyola Marymount University
Marina del Rey
0 2km 0 1mile
ロスアンゼルス国際空港 (P.82) Los Angeles International Airport
Dockweiler State Beach
エルセグンド El Segundo
Mariposa
ロスアンゼルス国際空港 P.80
パサデナ
ビバリーヒルズ
ハリウッド
P.48-49
ダウンタウン
サンタモニカ
②ロスアンゼルス
ロスアンゼルス国際空港
ディズニーランド・リゾート周辺
マンハッタンビーチ
P.50-51
ロングビーチ&③サウスベイ
アナハイム
⑤P.54-55
ロングビーチ
ハンティントンビーチ
P.52-53
サウス・オレンジカウンティ④
ニューポートビーチ
ラグナビーチ
A
B
1
2
3
4

見どころ　ショップ　レストラン　ホテル　カフェ　ナイトスポット　映画館　スパ、サロン　観光案内所　ランドマーク／そのほか　ビーチ／公園
インターステートハイウエイ　U.S.ハイウエイ　ステートハイウエイ　Hollywood Blvd. 道路名　メトロ　空港　ゴルフ場　病院　郵便局

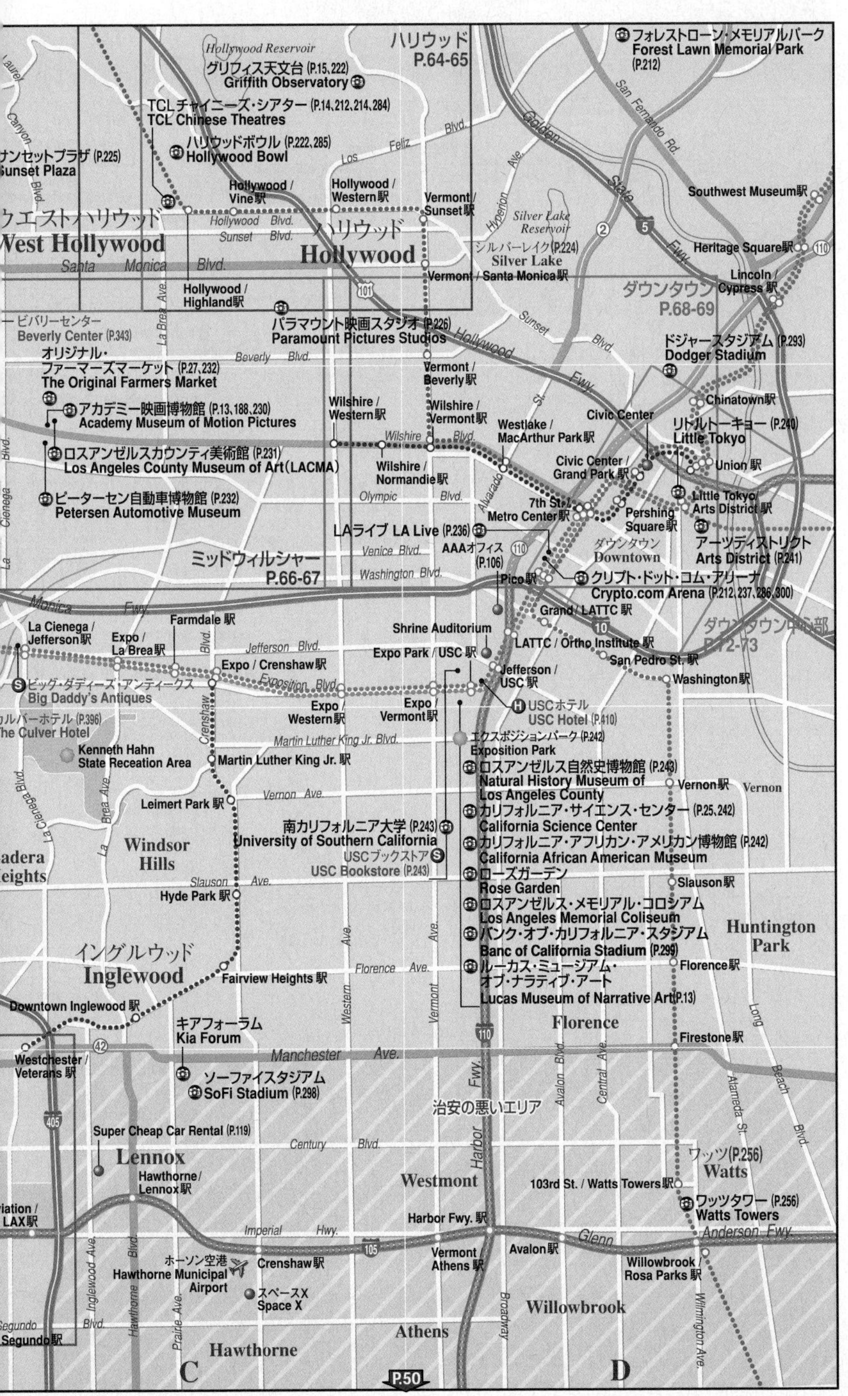

フォレストローン・メモリアルパーク Forest Lawn Memorial Park (P.212)
ハリウッド P.64-65
Hollywood Reservoir
グリフィス天文台 (P.15、222) Griffith Observatory
TCLチャイニーズ・シアター (P.14、212、214、284) TCL Chinese Theatres
サンセットプラザ (P.225) Sunset Plaza
ハリウッドボウル (P.222、285) Hollywood Bowl
Hollywood / Vine駅
Hollywood / Western駅
Vermont / Sunset駅
Southwest Museum駅
ウエストハリウッド West Hollywood
ハリウッド Hollywood
Silver Lake Reservoir
シルバーレイク (P.224) Silver Lake
Heritage Square駅
Vermont / Santa Monica駅
Lincoln / Cypress 駅
Hollywood / Highland駅
ダウンタウン P.68-69
ビバリーセンター Beverly Center (P.343)
パラマウント映画スタジオ (P.226) Paramount Pictures Studios
ドジャースタジアム (P.293) Dodger Stadium
オリジナル・ファーマーズマーケット (P.27、232) The Original Farmers Market
Vermont / Beverly駅
アカデミー映画博物館 (P.13、188、230) Academy Museum of Motion Pictures
Wilshire / Western駅
Wilshire / Vermont駅
Chinatown駅
Civic Center
リトルトーキョー (P.240) Little Tokyo
Westlake / MacArthur Park駅
ロスアンゼルスカウンティ美術館 (P.231) Los Angeles County Museum of Art (LACMA)
Wilshire / Normandie駅
Civic Center / Grand Park駅
Union 駅
ピーターセン自動車博物館 (P.232) Petersen Automotive Museum
7th St. / Metro Center駅
Pershing Square駅
Little Tokyo / Arts District 駅
LAライブ LA Live (P.236)
AAAオフィス (P.106)
ダウンタウン Downtown
アーツディストリクト Arts District (P.241)
ミッドウィルシャー P.66-67
Pico駅
クリプト・ドット・コム・アリーナ Crypto.com Arena (P.212、237、286、300)
Grand / LATTC 駅
La Cienega / Jefferson駅
Farmdale 駅
Expo / La Brea駅
Shrine Auditorium
ダウンタウン中心部 P.72-73
LATTC / Ortho Institute駅
Expo Park / USC 駅
San Pedro St. 駅
Expo / Crenshaw駅
Jefferson / USC駅
Washington駅
ビッグ・ダディーズ・アンティークス Big Daddy's Antiques
Expo / Western駅
Expo / Vermont駅
USCホテル USC Hotel (P.410)
カルバーホテル (P.396) The Culver Hotel
エクスポジションパーク (P.242) Exposition Park
Kenneth Hahn State Receation Area
Martin Luther King Jr. 駅
ロスアンゼルス自然史博物館 (P.243) Natural History Museum of Los Angeles County
Vernon駅
Vernon
Leimert Park 駅
カリフォルニア・サイエンス・センター (P.25、242) California Science Center
南カリフォルニア大学 (P.243) University of Southern California
Windsor Hills
カリフォルニア・アフリカン・アメリカン博物館 (P.242) California African American Museum
USCブックストア USC Bookstore (P.243)
Ladera Heights
ローズガーデン Rose Garden
Slauson駅
Hyde Park 駅
ロスアンゼルス・メモリアル・コロシアム Los Angeles Memorial Coliseum
Huntington Park
バンク・オブ・カリフォルニア・スタジアム Banc of California Stadium (P.299)
イングルウッド Inglewood
ルーカス・ミュージアム・オブ・ナラティブ・アート Lucas Museum of Narrative Art (P.13)
Florence駅
Fairview Heights 駅
Downtown Inglewood 駅
キアフォーラム Kia Forum
Florence
Firestone駅
Westchester / Veterans 駅
ソーファイスタジアム SoFi Stadium (P.298)
治安の悪いエリア
Super Cheap Car Rental (P.119)
Lennox
Hawthorne / Lennox駅
ワッツ (P.256) Watts
Westmont
103rd St. / Watts Towers駅
ワッツタワー (P.256) Watts Towers
Aviation / LAX駅
Harbor Fwy. 駅
ホーソン空港 Hawthorne Municipal Airport
Crenshaw駅
Vermont / Athens 駅
Avalon駅
Willowbrook / Rosa Parks 駅
スペースX Space X
Willowbrook
El Segundo駅
Athens
Hawthorne
C
D
P.50
Hollywood Blvd.
Sunset Blvd.
Santa Monica Blvd.
Los Feliz Blvd.
Golden State Fwy.
San Fernando Rd.
Hollywood Fwy.
Sunset Blvd.
Beverly Blvd.
Wilshire Blvd.
Olympic Blvd.
Venice Blvd.
Washington Blvd.
Santa Monica Fwy.
Jefferson Blvd.
Exposition Blvd.
Martin Luther King Jr. Blvd.
Vernon Ave.
Slauson Ave.
Florence Ave.
Manchester Ave.
Century Blvd.
Imperial Hwy.
Glenn Anderson Fwy.
Harbor Fwy.
Western Ave.
Vermont Ave.
Broadway
Avalon Blvd.
Central Ave.
Alameda St.
Long Beach Blvd.
Wilmington Ave.
Crenshaw Blvd.
La Brea Ave.
La Cienega Blvd.
Inglewood Blvd.
Hawthorne Blvd.
Prairie Ave.
Hyperion Ave.
Alvarado St.
Laurel Canyon Blvd.

参照MAP: P.46-A2~47-C4

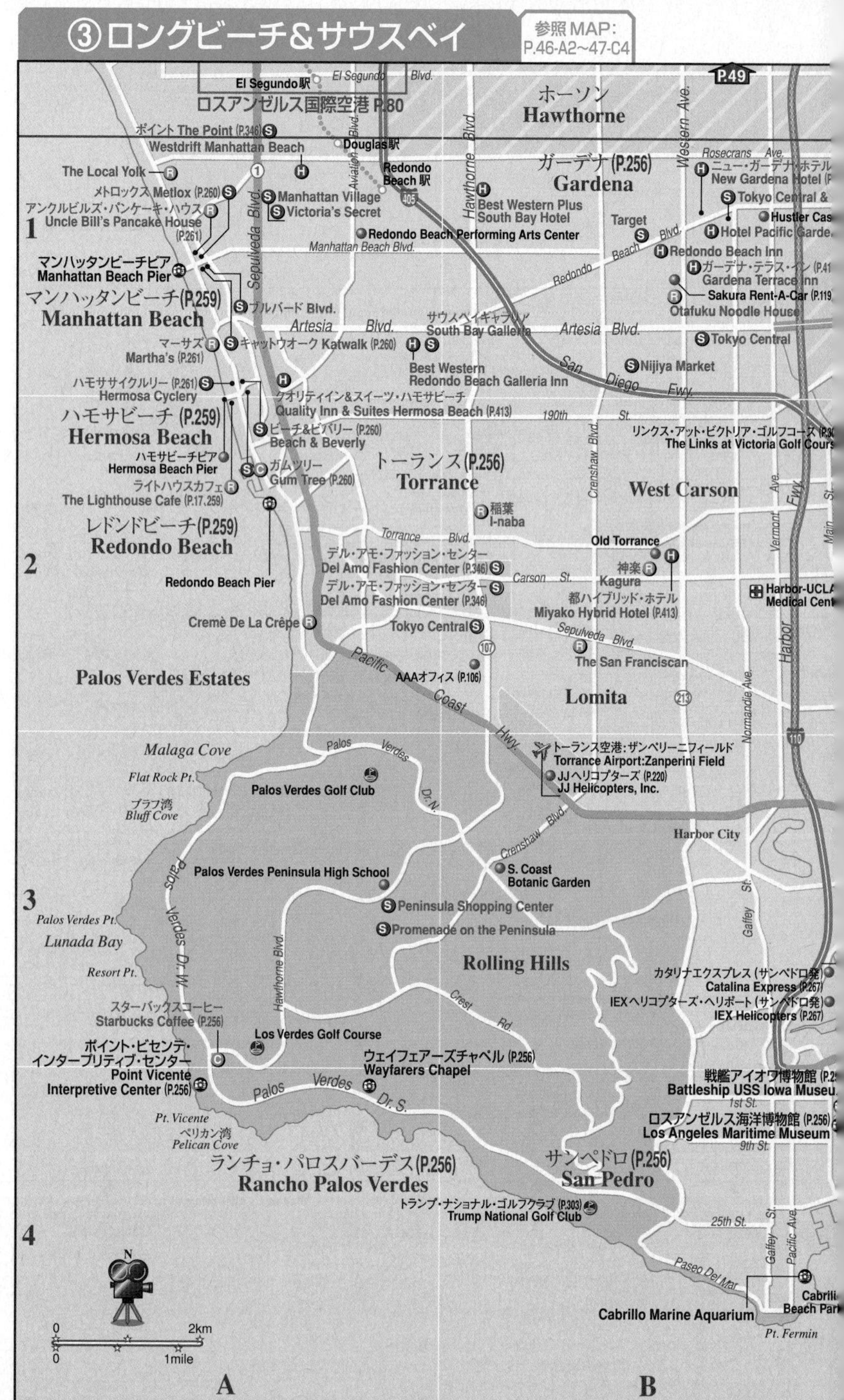

P.49
El Segundo駅
El Segundo Blvd.
ロスアンゼルス国際空港 P.80
ホーソン
Hawthorne
ポイント The Point (P.346)
Westdrift Manhattan Beach
Douglas駅
The Local Yolk
Redondo Beach 駅
ガーデナ(P.256)
Gardena
メトロックス Metlox (P.260)
Manhattan Village
Victoria's Secret
Best Western Plus South Bay Hotel
アンクルビルズ・パンケーキ・ハウス Uncle Bill's Pancake House (P.261)
Redondo Beach Performing Arts Center
Target
Rosecrans Ave.
ニュー・ガーデナ・ホテル New Gardena Hotel
Tokyo Central
Hustler Casino
Hotel Pacific Gardena
Redondo Beach Inn
ガーデナ・テラス・イン Gardena Terrace Inn
Sakura Rent-A-Car (P.119)
Otafuku Noodle House
Manhattan Beach Blvd.
マンハッタンビーチピア Manhattan Beach Pier
マンハッタンビーチ(P.259)
Manhattan Beach
ブルバード Blvd.
Artesia Blvd.
サウスベイギャラリア South Bay Galleria
Tokyo Central
マーサズ Martha's (P.261)
キャットウオーク Katwalk (P.260)
Best Western Redondo Beach Galleria Inn
Nijiya Market
San Diego Fwy.
ハモササイクルリー (P.261) Hermosa Cyclery
クオリティイン&スイーツ・ハモサビーチ Quality Inn & Suites Hermosa Beach (P.413)
ハモサビーチ (P.259)
Hermosa Beach
190th St.
ビーチ&ビバリー (P.260) Beach & Beverly
リンクス・アット・ビクトリア・ゴルフコース The Links at Victoria Golf Course
ハモサビーチピア Hermosa Beach Pier
ガムツリー Gum Tree (P.260)
トーランス(P.256)
Torrance
ライトハウスカフェ The Lighthouse Cafe (P.17, 259)
West Carson
Crenshaw Blvd.
Vermont Ave.
Harbor Fwy.
稲葉 I-naba
レドンドビーチ(P.259)
Redondo Beach
Torrance Blvd.
Old Torrance
デル・アモ・ファッション・センター Del Amo Fashion Center (P.346)
神楽 Kagura
Carson St.
Harbor-UCLA Medical Center
Redondo Beach Pier
都ハイブリッド・ホテル Miyako Hybrid Hotel (P.413)
Cremè De La Crêpe
Tokyo Central
Sepulveda Blvd.
The San Franciscan
Pacific Coast Hwy.
AAAオフィス (P.106)
Palos Verdes Estates
Lomita
Normandie Ave.
トーランス空港：ザンペリーニフィールド Torrance Airport:Zanperini Field
Malaga Cove
Flat Rock Pt.
Palos Verdes Dr. N.
Palos Verdes Golf Club
JJヘリコプターズ (P.220) JJ Helicopters, Inc.
ブラフ湾 Bluff Cove
Harbor City
Palos Verdes Peninsula High School
S. Coast Botanic Garden
Peninsula Shopping Center
Promenade on the Peninsula
Palos Verdes Pt.
Lunada Bay
Palos Verdes Dr. W.
Hawthorne Blvd.
Rolling Hills
Gaffey St.
Resort Pt.
カタリナエクスプレス (サンペドロ発) Catalina Express (P.267)
IEXヘリコプターズ・ヘリポート (サンペドロ発) IEX Helicopters (P.267)
Crest Rd.
スターバックスコーヒー Starbucks Coffee (P.256)
Los Verdes Golf Course
ポイント・ビセンテ・インタープリティブ・センター Point Vicente Interpretive Center (P.256)
ウェイフェアーズチャペル (P.256) Wayfarers Chapel
戦艦アイオワ博物館 Battleship USS Iowa Museum
Palos Verdes Dr. S.
1st St.
Pt. Vicente
ペリカン湾 Pelican Cove
ロスアンゼルス海洋博物館 (P.256) Los Angeles Maritime Museum
9th St.
ランチョ・パロスバーデス(P.256)
Rancho Palos Verdes
サンペドロ(P.256)
San Pedro
トランプ・ナショナル・ゴルフクラブ (P.303) Trump National Golf Club
25th St.
Pacific Ave.
Paseo Del Mar
Cabrillo Beach Park
Cabrillo Marine Aquarium
Pt. Fermin
0 2km
0 1mile
1
2
3
4
A
B

見どころ　ショップ　レストラン　ホテル　カフェ　ナイトスポット　映画館　スパ、サロン　観光案内所　ランドマーク／そのほか　ビーチ／公園
インターステートハイウエイ　U.S.ハイウエイ　ステートハイウエイ　Hollywood Blvd. 道路名　メトロ　空港　ゴルフ場　病院　郵便局

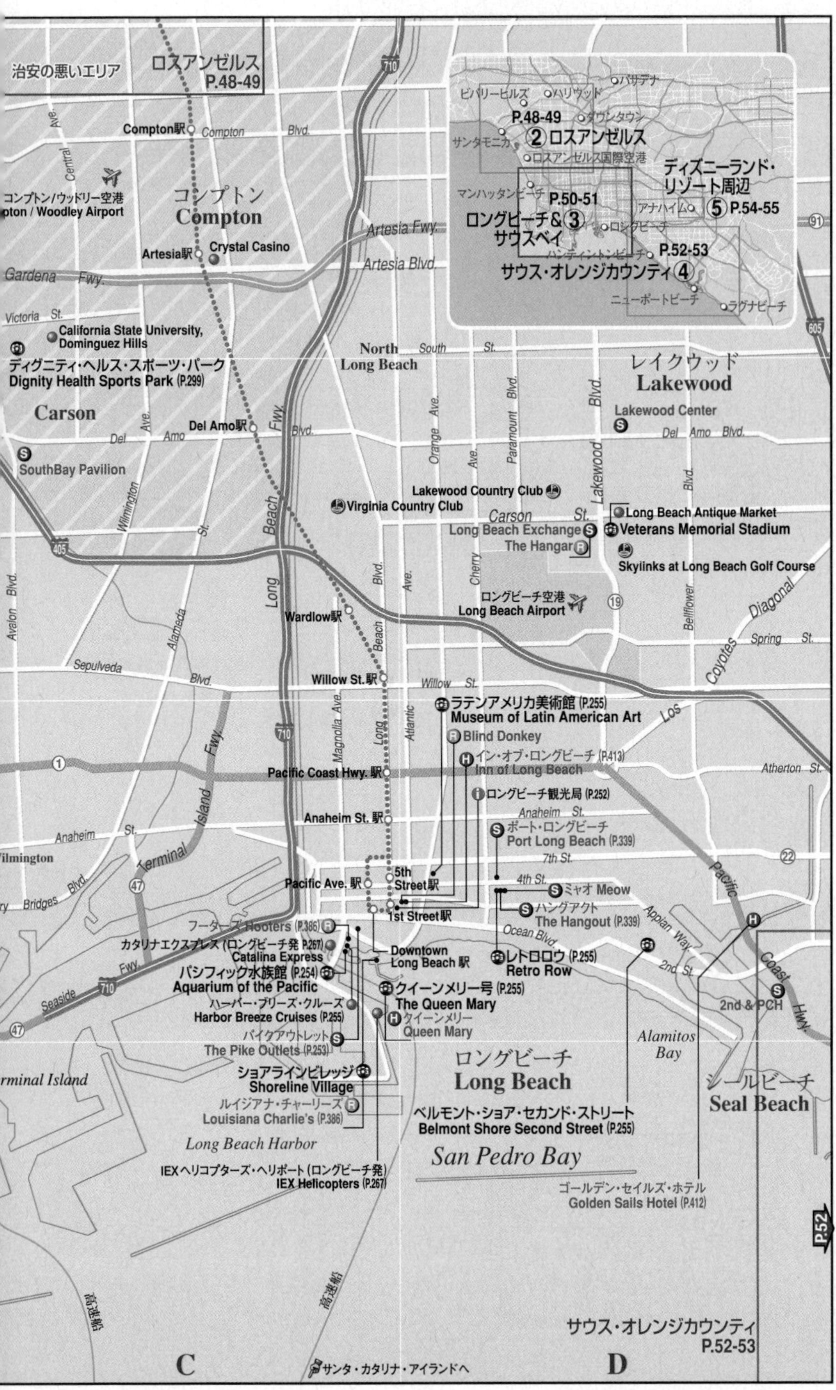
治安の悪いエリア
ロスアンゼルス
P.48-49
ビバリーヒルズ
ハリウッド
パサデナ
P.48-49
ダウンタウン
サンタモニカ
②ロスアンゼルス
ロスアンゼルス国際空港
ディズニーランド・リゾート周辺
マンハッタンビーチ
P.50-51
アナハイム
⑤P.54-55
ロングビーチ&③サウスベイ
ロングビーチ
ハンティントンビーチ
P.52-53
サウス・オレンジカウンティ④
ニューポートビーチ
ラグナビーチ
Compton駅
Compton Blvd.
Central Ave.
コンプトン/ウッドリー空港
Compton / Woodley Airport
コンプトン
Compton
Artesia Fwy.
Artesia駅
Crystal Casino
Artesia Blvd.
Gardena Fwy.
Victoria St.
California State University, Dominguez Hills
ディグニティ・ヘルス・スポーツ・パーク
Dignity Health Sports Park (P.299)
North Long Beach
South St.
レイクウッド
Lakewood
Carson
Lakewood Center
Del Amo駅
Del Amo Blvd.
Orange Ave.
Paramount Blvd.
Lakewood Blvd.
SouthBay Pavilion
Wilmington Ave.
Long Beach Fwy.
Lakewood Country Club
Virginia Country Club
Carson St.
Long Beach Antique Market
Long Beach Exchange
Veterans Memorial Stadium
The Hangar
Skylinks at Long Beach Golf Course
Avalon Blvd.
Alameda St.
Long Beach Blvd.
Atlantic Ave.
Cherry Ave.
ロングビーチ空港
Long Beach Airport
Bellflower Blvd.
Diagonal
Wardlow駅
Spring St.
Sepulveda Blvd.
Coyotes
Willow St.駅
Willow St.
ラテンアメリカ美術館 (P.255)
Museum of Latin American Art
Los
Magnolia Ave.
Long
Blind Donkey
Terminal Island Fwy.
イン・オブ・ロングビーチ (P.413)
Inn of Long Beach
Pacific Coast Hwy.駅
Atherton St.
ロングビーチ観光局 (P.252)
Anaheim St.駅
Anaheim St.
ポート・ロングビーチ
Port Long Beach (P.339)
Wilmington
7th St.
5th Street駅
Pacific Ave.駅
4th St.
ミャオ Meow
Bridges Blvd.
1st Street駅
ハングアウト
The Hangout (P.339)
Appian Way
フーターズ Hooters (P.386)
カタリナエクスプレス (ロングビーチ発 P.267)
Catalina Express
Ocean Blvd.
Downtown Long Beach 駅
レトロロウ (P.255)
Retro Row
2nd St.
Pacific Coast Hwy.
パシフィック水族館 (P.254)
Aquarium of the Pacific
Seaside Fwy.
クイーンメリー号 (P.255)
The Queen Mary
ハーバー・ブリーズ・クルーズ
Harbor Breeze Cruises (P.255)
クイーンメリー
Queen Mary
2nd & PCH
パイクアウトレット
The Pike Outlets (P.253)
Alamitos Bay
ロングビーチ
Long Beach
Terminal Island
ショアラインビレッジ
Shoreline Village
シールビーチ
Seal Beach
ルイジアナ・チャーリーズ
Louisiana Charlie's (P.386)
ベルモント・ショア・セカンド・ストリート
Belmont Shore Second Street (P.255)
Long Beach Harbor
San Pedro Bay
IEXヘリコプターズ・ヘリポート(ロングビーチ発)
IEX Helicopters (P.267)
ゴールデン・セイルズ・ホテル
Golden Sails Hotel (P.412)
P.52
高速船
高速船
サウス・オレンジカウンティ
P.52-53
C
サンタ・カタリナ・アイランドへ
D

④サウス・オレンジカウンティ

参照MAP:
P.47-C3〜D4

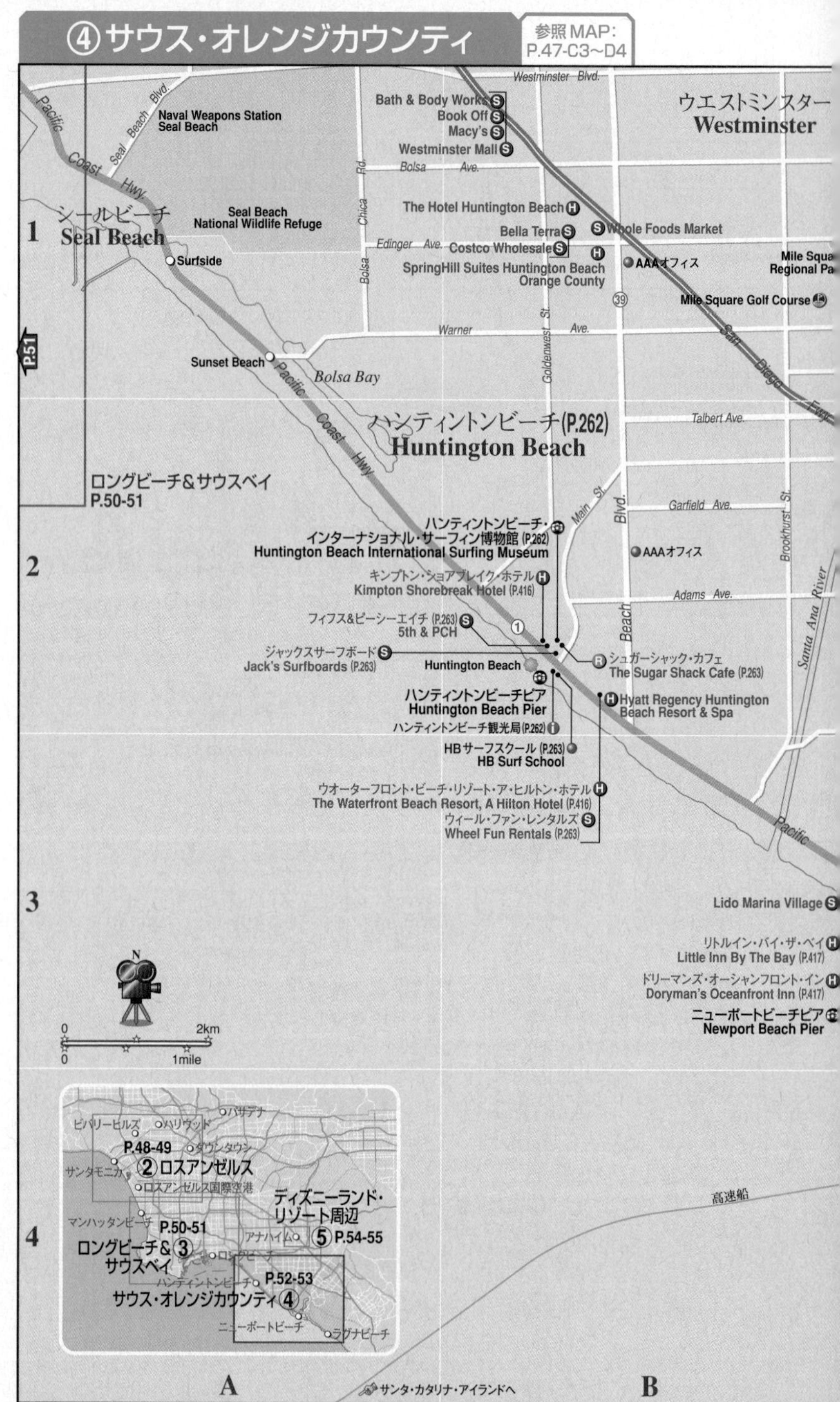
Westminster Blvd.
ウエストミンスター
Westminster
Bath & Body Works
Book Off
Macy's
Westminster Mall
Naval Weapons Station
Seal Beach
Seal Beach Blvd.
Pacific Coast Hwy.
Bolsa Ave.
Chica Rd.
Bolsa
The Hotel Huntington Beach
シールビーチ
Seal Beach
Seal Beach
National Wildlife Refuge
Bella Terra
Whole Foods Market
Edinger Ave.
Costco Wholesale
AAAオフィス
Mile Square
Regional Park
Surfside
SpringHill Suites Huntington Beach
Orange County
Mile Square Golf Course
Warner Ave.
Goldenwest St.
San Diego Fwy.
P.51
Sunset Beach
Bolsa Bay
Talbert Ave.
ハンティントンビーチ(P.262)
Huntington Beach
ロングビーチ&サウスベイ
P.50-51
Main St.
Beach Blvd.
Garfield Ave.
Brookhurst St.
ハンティントンビーチ・
インターナショナル・サーフィン博物館(P.262)
Huntington Beach International Surfing Museum
AAAオフィス
キンプトン・ショアブレイク・ホテル
Kimpton Shorebreak Hotel (P.416)
Adams Ave.
Santa Ana River
フィフス&ピーシーエイチ (P.263)
5th & PCH
ジャックスサーフボード
Jack's Surfboards (P.263)
Huntington Beach
シュガーシャック・カフェ
The Sugar Shack Cafe (P.263)
ハンティントンビーチピア
Huntington Beach Pier
Hyatt Regency Huntington
Beach Resort & Spa
ハンティントンビーチ観光局(P.262)
HBサーフスクール (P.263)
HB Surf School
ウオーターフロント・ビーチ・リゾート・ア・ヒルトン・ホテル
The Waterfront Beach Resort, A Hilton Hotel (P.416)
ウィール・ファン・レンタルズ
Wheel Fun Rentals (P.263)
Pacific
Lido Marina Village
リトルイン・バイ・ザ・ベイ
Little Inn By The Bay (P.417)
ドリーマンズ・オーシャンフロント・イン
Doryman's Oceanfront Inn (P.417)
ニューポートビーチピア
Newport Beach Pier
N
0 2km
0 1mile
パサデナ
ビバリーヒルズ
ハリウッド
P.48-49
ダウンタウン
サンタモニカ
②ロスアンゼルス
ロスアンゼルス国際空港
ディズニーランド・
リゾート周辺
マンハッタンビーチ
P.50-51
アナハイム
⑤P.54-55
ロングビーチ&③
サウスベイ
ロングビーチ
ハンティントンビーチ
P.52-53
サウス・オレンジカウンティ④
ニューポートビーチ
ラグナビーチ
高速船
サンタ・カタリナ・アイランドへ
1
2
3
4
A
B

見どころ　ショップ　レストラン　ホテル　カフェ　ナイトスポット　映画館　スパ、サロン　観光案内所　ランドマーク/そのほか　ビーチ/公園
インターステートハイウエイ　U.S.ハイウエイ　ステートハイウエイ　Hollywood Blvd. 道路名　メトロ　空港　ゴルフ場　病院　郵便局

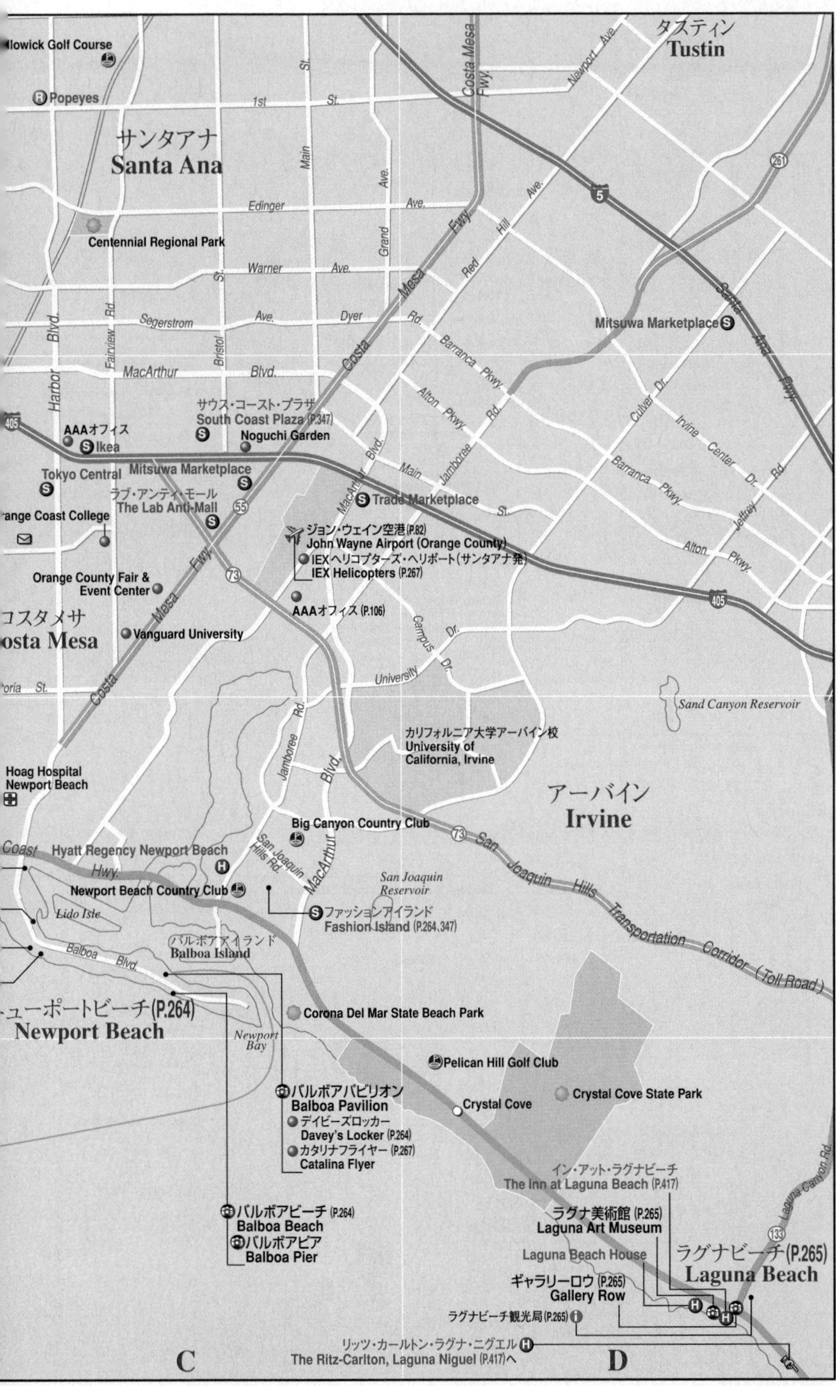

タスティン
Tustin
サンタアナ
Santa Ana
Centennial Regional Park
Popeyes
Mitsuwa Marketplace
サウス・コースト・プラザ
South Coast Plaza (P.347)
Noguchi Garden
AAAオフィス
Ikea
Tokyo Central
Mitsuwa Marketplace
ラブ・アンティ・モール
The Lab Anti-Mall
Orange Coast College
Trade Marketplace
ジョン・ウェイン空港 (P.82)
John Wayne Airport (Orange County)
IEXヘリコプターズ・ヘリポート(サンタアナ発)
IEX Helicopters (P.267)
AAAオフィス (P.106)
Orange County Fair & Event Center
コスタメサ
Vanguard University
Sand Canyon Reservoir
カリフォルニア大学アーバイン校
University of California, Irvine
アーバイン
Irvine
Hoag Hospital Newport Beach
Big Canyon Country Club
Hyatt Regency Newport Beach
Newport Beach Country Club
San Joaquin Reservoir
ファッションアイランド
Fashion Island (P.264、347)
Lido Isle
バルボアアイランド
Balboa Island
Newport Beach
Corona Del Mar State Beach Park
Newport Bay
Pelican Hill Golf Club
Crystal Cove
Crystal Cove State Park
バルボアパビリオン
Balboa Pavilion
デイビーズロッカー
Davey's Locker (P.264)
カタリナフライヤー (P.267)
Catalina Flyer
イン・アット・ラグナビーチ
The Inn at Laguna Beach (P.417)
ラグナ美術館 (P.265)
Laguna Art Museum
バルボアビーチ (P.264)
Balboa Beach
バルボアピア
Balboa Pier
Laguna Beach House
ラグナビーチ (P.265)
Laguna Beach
ギャラリーロウ (P.265)
Gallery Row
ラグナビーチ観光局 (P.265)
リッツ・カールトン・ラグナ・ニグエル
The Ritz-Carlton, Laguna Niguel (P.417)へ
C
D

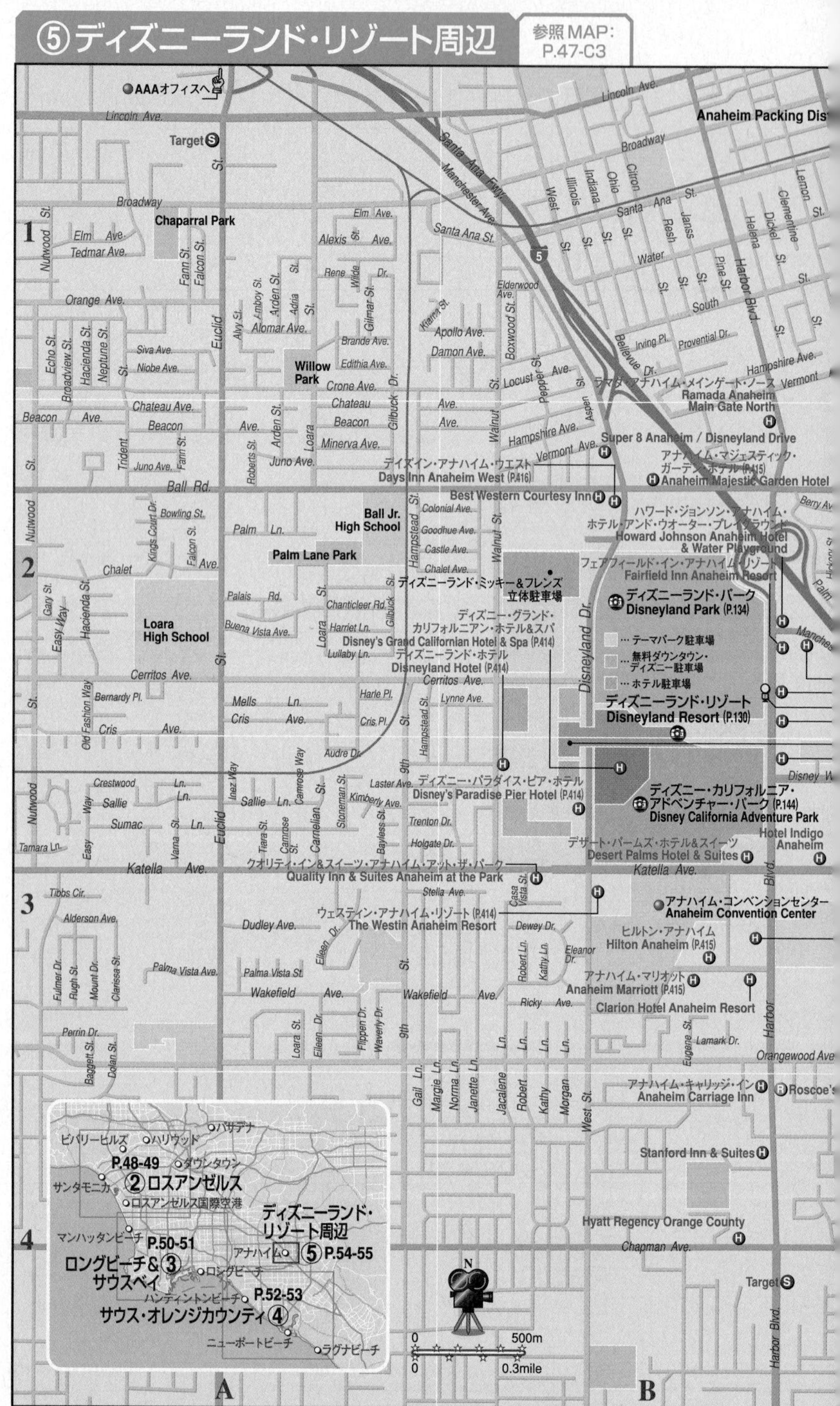
⑤ディズニーランド・リゾート周辺
参照MAP: P.47-C3
AAAオフィスへ
Target
Lincoln Ave.
Anaheim Packing District
Broadway
Santa Ana Fwy.
Manchester Ave.
Santa Ana St.
Chaparral Park
Willow Park
Ball Rd.
Ball Jr. High School
Palm Lane Park
Loara High School
Cerritos Ave.
Katella Ave.
Euclid St.
Nutwood St.
Walnut St.
Harbor Blvd.
Disneyland Dr.
Orangewood Ave.
Chapman Ave.
ラマダ・アナハイム・メインゲート・ノース
Ramada Anaheim Main Gate North
Super 8 Anaheim / Disneyland Drive
アナハイム・マジェスティック・ガーデン・ホテル(P.415)
Anaheim Majestic Garden Hotel
デイズイン・アナハイム・ウエスト
Days Inn Anaheim West (P.416)
Best Western Courtesy Inn
ハワード・ジョンソン・アナハイム・ホテル・アンド・ウオーター・プレイグラウンド
Howard Johnson Anaheim Hotel & Water Playground
フェアフィールド・イン・アナハイム・リゾート
Fairfield Inn Anaheim Resort
ディズニーランド・ミッキー＆フレンズ立体駐車場
ディズニーランド・パーク
Disneyland Park (P.134)
…テーマパーク駐車場
…無料ダウンタウン・ディズニー駐車場
…ホテル駐車場
ディズニー・グランド・カリフォルニアン・ホテル&スパ
Disney's Grand Californian Hotel & Spa (P.414)
ディズニーランド・ホテル
Disneyland Hotel (P.414)
ディズニーランド・リゾート
Disneyland Resort (P.130)
ディズニー・パラダイス・ピア・ホテル
Disney's Paradise Pier Hotel (P.414)
ディズニー・カリフォルニア・アドベンチャー・パーク (P.144)
Disney California Adventure Park
Hotel Indigo Anaheim
デザート・パームズ・ホテル&スイーツ
Desert Palms Hotel & Suites
クオリティ・イン&スイーツ・アナハイム・アット・ザ・パーク
Quality Inn & Suites Anaheim at the Park
アナハイム・コンベンションセンター
Anaheim Convention Center
ウェスティン・アナハイム・リゾート (P.414)
The Westin Anaheim Resort
ヒルトン・アナハイム
Hilton Anaheim (P.415)
アナハイム・マリオット
Anaheim Marriott (P.415)
Clarion Hotel Anaheim Resort
アナハイム・キャリッジ・イン
Anaheim Carriage Inn
Roscoe's
Stanford Inn & Suites
Hyatt Regency Orange County
パサデナ
ビバリーヒルズ
ハリウッド
P.48-49
ダウンタウン
サンタモニカ
②ロスアンゼルス
ロスアンゼルス国際空港
マンハッタンビーチ
P.50-51
ロングビーチ＆③サウスベイ
ロングビーチ
アナハイム
ディズニーランド・リゾート周辺 ⑤P.54-55
ハンティントンビーチ
P.52-53
サウス・オレンジカウンティ④
ニューポートビーチ
ラグナビーチ
0 500m
0 0.3mile

見どころ　ショップ　レストラン　ホテル　カフェ　ナイトスポット　映画館　スパ、サロン　観光案内所　ランドマーク/そのほか　ビーチ/公園
インターステートハイウエイ　U.S.ハイウエイ　ステートハイウエイ　Hollywood Blvd. 道路名　メトロ　空港　ゴルフ場　病院　郵便局

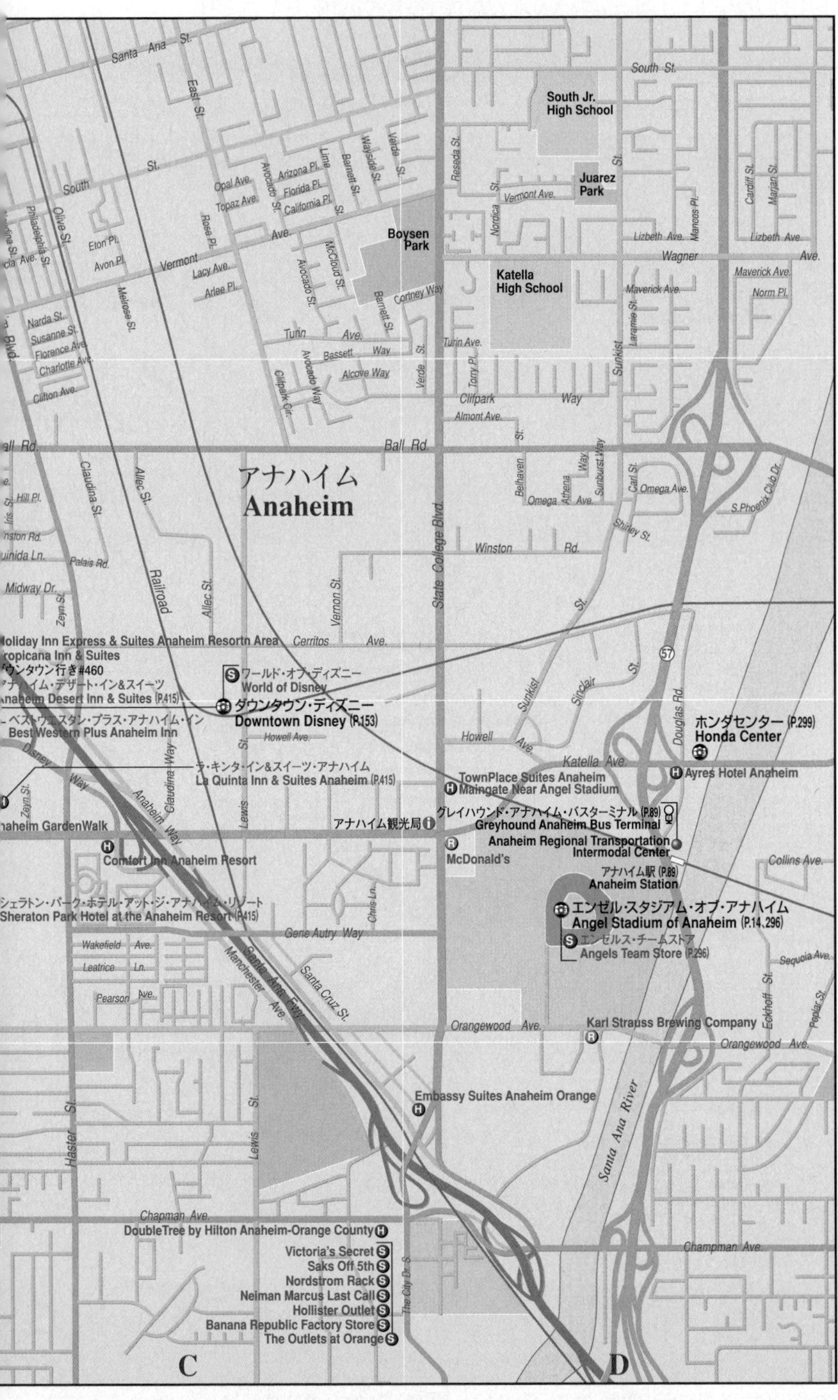
Santa Ana St.
East St.
South St.
South
Olive St.
Philadelphia St.
Opal Ave.
Topaz Ave.
Avocado St.
Arizona Pl.
Florida Pl.
California Pl.
Lime St.
Barnett St.
Wayside St.
Verde St.
Reseda St.
South St.
South Jr. High School
Juarez Park
Vermont Ave.
Nordica St.
Eton Pl.
Avon Pl.
Vermont Ave.
Rose Pl.
Lacy Ave.
Arlee Pl.
Melrose St.
McCloud St.
Boysen Park
Cortney Way
Katella High School
Lizbeth Ave.
Manoos Pl.
Cardiff St.
Marjan St.
Wagner Ave.
Maverick Ave.
Norm Pl.
Narda St.
Susanne St.
Florence Ave.
Charlotte Ave.
Clifton Ave.
Turin Ave.
Bassett Way
Alcove Way
Avocado Way
Clifpark Cir.
Turin Ave.
Torry Pl.
Clifpark Way
Almont Ave.
Sunkist
Laramie St.
Ball Rd.
Ball Rd.
Claudina St.
Allec St.
アナハイム
Anaheim
State College Blvd.
Belhaven St.
Athena Way
Sunburst Way
Carl St.
Omega Ave.
Omega Ave.
S.Phoenix Club Dr.
Shirley St.
Hill Pl.
Palais Rd.
Winston Rd.
Midway Dr.
Zeyn St.
Railroad
Allec St.
Vernon St.
Cerritos Ave.
57
Holiday Inn Express & Suites Anaheim Resortn Area
Tropicana Inn & Suites
ダウンタウン行き#460
アナハイム・デザート・イン&スイーツ
Anaheim Desert Inn & Suites (P.415)
ワールド・オブ・ディズニー
World of Disney
ダウンタウン・ディズニー
Downtown Disney (P.153)
ベストウエスタン・プラス・アナハイム・イン
Best Western Plus Anaheim Inn
Howell Ave.
Howell Ave.
Sunkist
Sinclair St.
Douglas Rd.
ホンダセンター (P.299)
Honda Center
Katella Ave.
Disney Way
ラ・キンタ・イン&スイーツ・アナハイム
La Quinta Inn & Suites Anaheim (P.415)
Claudina Way
Anaheim Way
Lewis St.
TownPlace Suites Anaheim Maingate Near Angel Stadium
Ayres Hotel Anaheim
Anaheim GardenWalk
アナハイム観光局
グレイハウンド・アナハイム・バスターミナル (P.89)
Greyhound Anaheim Bus Terminal
Anaheim Regional Transportation Intermodal Center
Comfort Inn Anaheim Resort
McDonald's
アナハイム駅 (P.89)
Anaheim Station
Collins Ave.
シェラトン・パーク・ホテル・アット・ジ・アナハイム・リゾート
Sheraton Park Hotel at the Anaheim Resort (P.415)
Chris Ln.
エンゼル・スタジアム・オブ・アナハイム
Angel Stadium of Anaheim (P.14、296)
エンゼルス・チームストア
Angels Team Store (P.296)
Gene Autry Way
Wakefield Ave.
Leatrice Ln.
Pearson Ave.
Santa Ana Fwy.
Manchester Ave.
Santa Cruz St.
Sequoia Ave.
Eckhoff St.
Poplar St.
Orangewood Ave.
Karl Strauss Brewing Company
Orangewood Ave.
Embassy Suites Anaheim Orange
Santa Ana River
Haster St.
Lewis St.
Chapman Ave.
DoubleTree by Hilton Anaheim-Orange County
Victoria's Secret
Saks Off 5th
Nordstrom Rack
Neiman Marcus Last Call
Hollister Outlet
Banana Republic Factory Store
The Outlets at Orange
The City Dr. S.
Champman Ave.
C
D

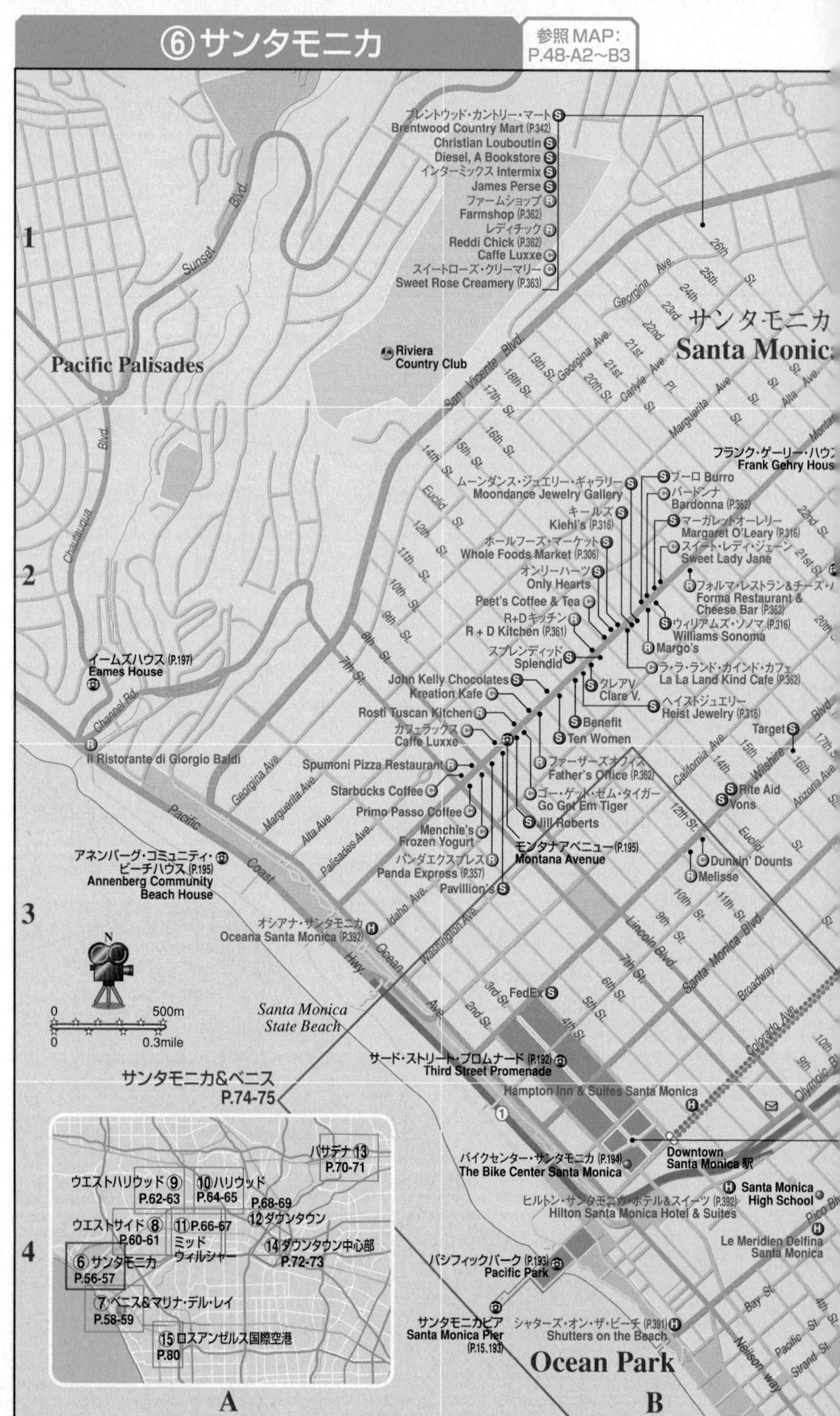
ブレントウッド・カントリー・マート
Brentwood Country Mart (P.342)
Christian Louboutin
Diesel, A Bookstore
インターミックス Intermix
James Perse
ファームショップ
Farmshop (P.362)
レディチック
Reddi Chick (P.362)
Caffe Luxxe
スイートローズ・クリーマリー
Sweet Rose Creamery (P.363)
Pacific Palisades
Riviera Country Club
サンタモニカ
Santa Monica
フランク・ゲーリー・ハウス
Frank Gehry House
ムーンダンス・ジュエリー・ギャラリー
Moondance Jewelry Gallery
ブーロ Burro
バードンナ
Bardonna (P.362)
キールズ
Kiehl's (P.316)
マーガレットオーレリー
Margaret O'Leary (P.316)
ホールフーズ・マーケット
Whole Foods Market (P.306)
スイート・レディ・ジェーン
Sweet Lady Jane
オンリーハーツ
Only Hearts
フォルマ・レストラン＆チーズ・バー
Forma Restaurant & Cheese Bar (P.362)
Peet's Coffee & Tea
R+Dキッチン
R + D Kitchen (P.361)
ウィリアムズ・ソノマ (P.316)
Williams Sonoma
Margo's
スプレンディッド
Splendid
ラ・ラ・ランド・カインド・カフェ
La La Land Kind Cafe (P.362)
イームズハウス (P.197)
Eames House
John Kelly Chocolates
Kreation Kafe
クレアV
Clare V.
ヘイストジュエリー
Heist Jewelry (P.316)
Rosti Tuscan Kitchen
Benefit
Ten Women
Target
カフェラックス
Caffe Luxxe
Il Ristorante di Giorgio Baldi
ファーザーズオフィス
Father's Office (P.362)
Spumoni Pizza Restaurant
Rite Aid
Vons
Starbucks Coffee
ゴー・ゲット・ゼム・タイガー
Go Get Em Tiger
Primo Passo Coffee
Jill Roberts
Menchie's Frozen Yogurt
モンタナアベニュー (P.195)
Montana Avenue
アネンバーグ・コミュニティ・ビーチハウス (P.195)
Annenberg Community Beach House
パンダエクスプレス
Panda Express (P.357)
Dunkin' Dounts
Melisse
Pavillion's
オシアナ・サンタモニカ
Oceana Santa Monica (P.392)
FedEx
Santa Monica State Beach
0 500m
0 0.3mile
サード・ストリート・プロムナード (P.192)
Third Street Promenade
サンタモニカ&ベニス
P.74-75
Hampton Inn & Suites Santa Monica
Downtown Santa Monica 駅
バイクセンター・サンタモニカ (P.194)
The Bike Center Santa Monica
Santa Monica High School
ヒルトン・サンタモニカ・ホテル&スイーツ (P.392)
Hilton Santa Monica Hotel & Suites
Le Meridien Delfina Santa Monica
パシフィックパーク (P.193)
Pacific Park
サンタモニカピア
Santa Monica Pier (P.15,193)
シャターズ・オン・ザ・ビーチ (P.391)
Shutters on the Beach
Ocean Park
Sunset Blvd.
Chautauqua Blvd.
Channel Rd.
Pacific Coast Hwy
San Vicente Blvd.
Wilshire Blvd.
Santa Monica Blvd.
Lincoln Blvd.
Ocean Ave.
Colorado Ave.
Broadway
Olympic Blvd.
Pico Blvd.
Washington Ave.
Idaho Ave.
Georgina Ave.
Marguerita Ave.
Alta Ave.
Palisades Ave.
California Ave.
Arizona Ave.
Euclid St.
Carlyle Ave.
Bay St.
Nelson way
Pacific St.
Strand St.
パサデナ⑬ P.70-71
ウエストハリウッド⑨ P.62-63
⑩ハリウッド P.64-65
P.68-69 ⑫ダウンタウン
ウエストサイド⑧ P.60-61
⑪P.66-67 ミッドウィルシャー
⑭ダウンタウン中心部 P.72-73
⑥サンタモニカ P.56-57
⑦ベニス&マリナ・デル・レイ P.58-59
⑮ロスアンゼルス国際空港 P.80
A
B
1
2
3
4
見どころ ショップ レストラン ホテル カフェ ナイトスポット 映画館 スパ、サロン 観光案内所 ランドマーク／そのほか ビーチ／公園
インターステートハイウエイ U.Sハイウエイ ステートハイウエイ Hollywood Blvd. 道路名 遊歩道 メトロ 空港 ゴルフ場 病院 郵便局

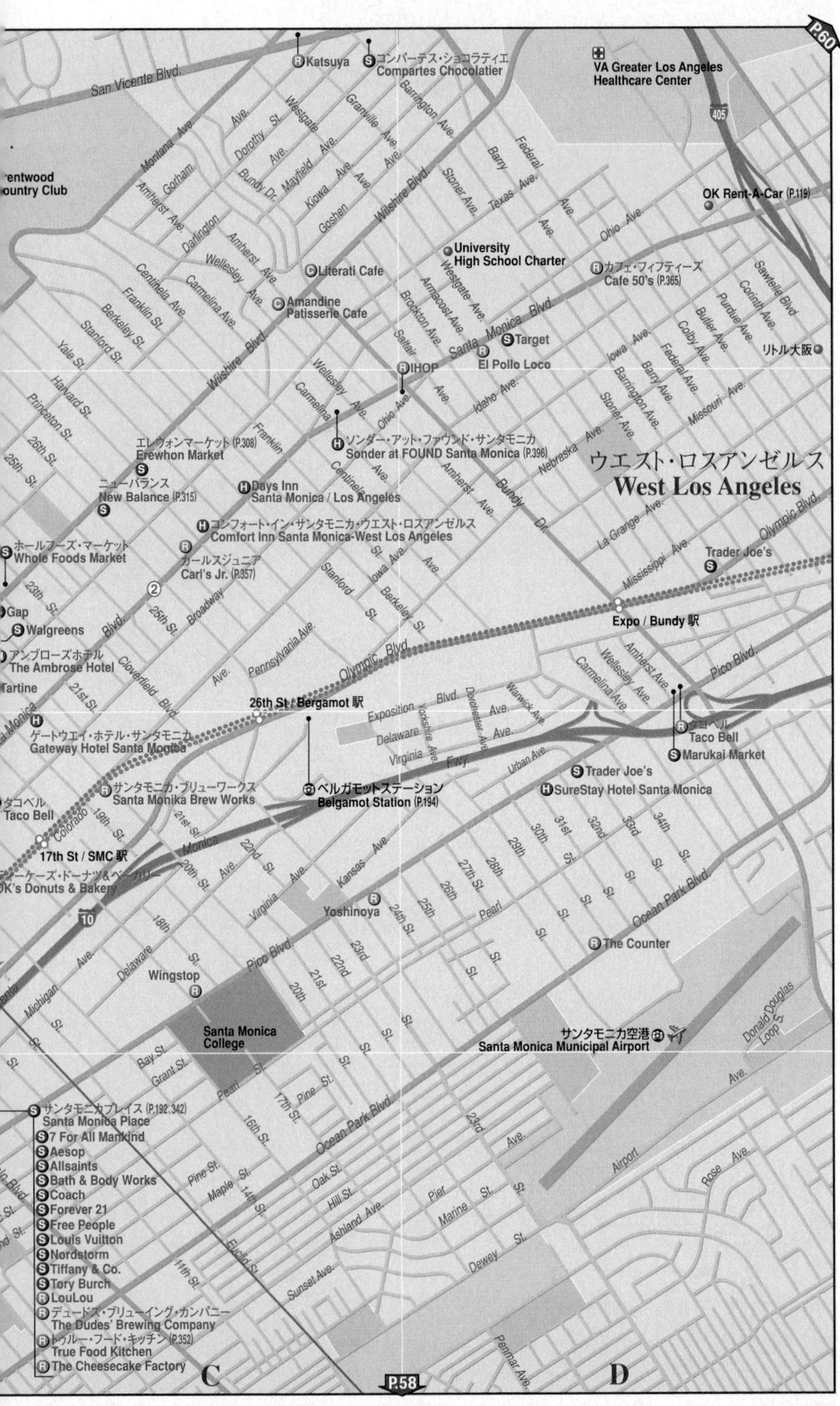

ウエスト・ロスアンゼルス
West Los Angeles
P.60
Katsuya
コンパーテス・ショコラティエ
Compartes Chocolatier
VA Greater Los Angeles Healthcare Center
OK Rent-A-Car (P.119)
University High School Charter
Literati Cafe
Amandine Patisserie Cafe
カフェ・フィフティーズ
Cafe 50's (P.365)
Target
El Pollo Loco
IHOP
リトル大阪
ソンダー・アット・ファウンド・サンタモニカ
Sonder at FOUND Santa Monica (P.396)
エレウォンマーケット (P.308)
Erewhon Market
ニューバランス
New Balance (P.315)
Days Inn Santa Monica / Los Angeles
コンフォート・イン・サンタモニカ・ウエスト・ロスアンゼルス
Comfort Inn Santa Monica-West Los Angeles
ホールフーズ・マーケット
Whole Foods Market
カールスジュニア
Carl's Jr. (P.357)
Trader Joe's
Expo / Bundy 駅
Gap
Walgreens
アンブローズホテル
The Ambrose Hotel
Tartine
26th St / Bergamot 駅
タコベル
Taco Bell
Marukai Market
ゲートウエイ・ホテル・サンタモニカ
Gateway Hotel Santa Monica
サンタモニカ・ブリューワークス
Santa Monika Brew Works
ベルガモットステーション
Belgamot Station (P.194)
Trader Joe's
SureStay Hotel Santa Monica
タコベル
Taco Bell
17th St / SMC 駅
ケーズ・ドーナツ&ベーカリー
K's Donuts & Bakery
Yoshinoya
The Counter
Wingstop
Santa Monica College
サンタモニカ空港
Santa Monica Municipal Airport
サンタモニカプレイス (P.192.342)
Santa Monica Place
7 For All Mankind
Aesop
Allsaints
Bath & Body Works
Coach
Forever 21
Free People
Louis Vuitton
Nordstorm
Tiffany & Co.
Tory Burch
LouLou
デュードス・ブリューイング・カンパニー
The Dudes' Brewing Company
トゥルー・フード・キッチン (P.352)
True Food Kitchen
The Cheesecake Factory
rentwood Country Club
San Vicente Blvd.
Wilshire Blvd.
Santa Monica Blvd.
Olympic Blvd.
Pico Blvd.
Ocean Park Blvd.
Cloverfield Blvd.
Bundy Dr.
Exposition Blvd.
Airport Ave.
Rose Ave.
Donald Douglas Loop S.
C
D
P.58

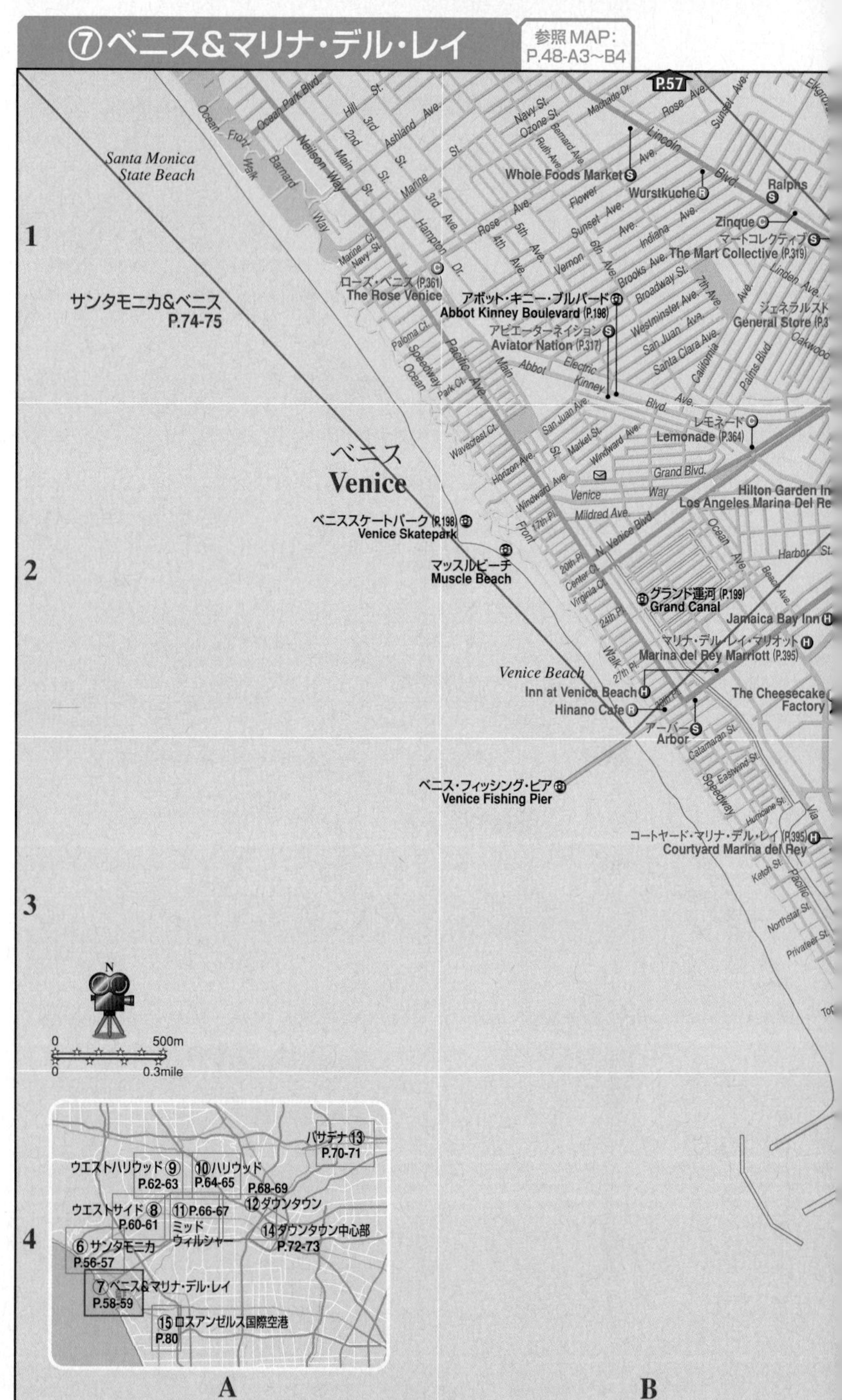
Santa Monica State Beach
サンタモニカ&ベニス P.74-75
ベニス
Venice
ローズ・ベニス (P.361)
The Rose Venice
アボット・キニー・ブルバード (P.198)
Abbot Kinney Boulevard (P.198)
アビエーターネイション (P.317)
Aviator Nation (P.317)
Whole Foods Market
Wurstkuche
Ralphs
Zinque
マートコレクティブ
The Mart Collective (P.319)
ジェネラルストア
General Store
レモネード
Lemonade (P.364)
Hilton Garden Inn
Los Angeles Marina Del Rey
ベニススケートパーク (P.198)
Venice Skatepark
マッスルビーチ
Muscle Beach
グランド運河 (P.199)
Grand Canal
Jamaica Bay Inn
マリナ・デル・レイ・マリオット
Marina del Rey Marriott (P.395)
Venice Beach
Inn at Venice Beach
Hinano Cafe
The Cheesecake Factory
アーバー
Arbor
ベニス・フィッシング・ピア
Venice Fishing Pier
コートヤード・マリナ・デル・レイ (P.395)
Courtyard Marina del Rey
P.57
0 500m
0 0.3mile
パサデナ⑬ P.70-71
ウエストハリウッド⑨ P.62-63
⑩ハリウッド P.64-65
P.68-69
⑫ダウンタウン
ウエストサイド⑧ P.60-61
⑪P.66-67 ミッドウィルシャー
⑭ダウンタウン中心部 P.72-73
⑥サンタモニカ P.56-57
⑦ベニス&マリナ・デル・レイ P.58-59
⑮ロスアンゼルス国際空港 P.80
1
2
3
4
A
B
見どころ ショップ レストラン ホテル カフェ ナイトスポット 映画館 スパ、サロン 観光案内所 ランドマーク／そのほか ビーチ／公園
インターステートハイウエイ U.Sハイウエイ ステートハイウエイ Hollywood Blvd. 道路名 遊歩道 メトロ 空港 ゴルフ場 病院 郵便局

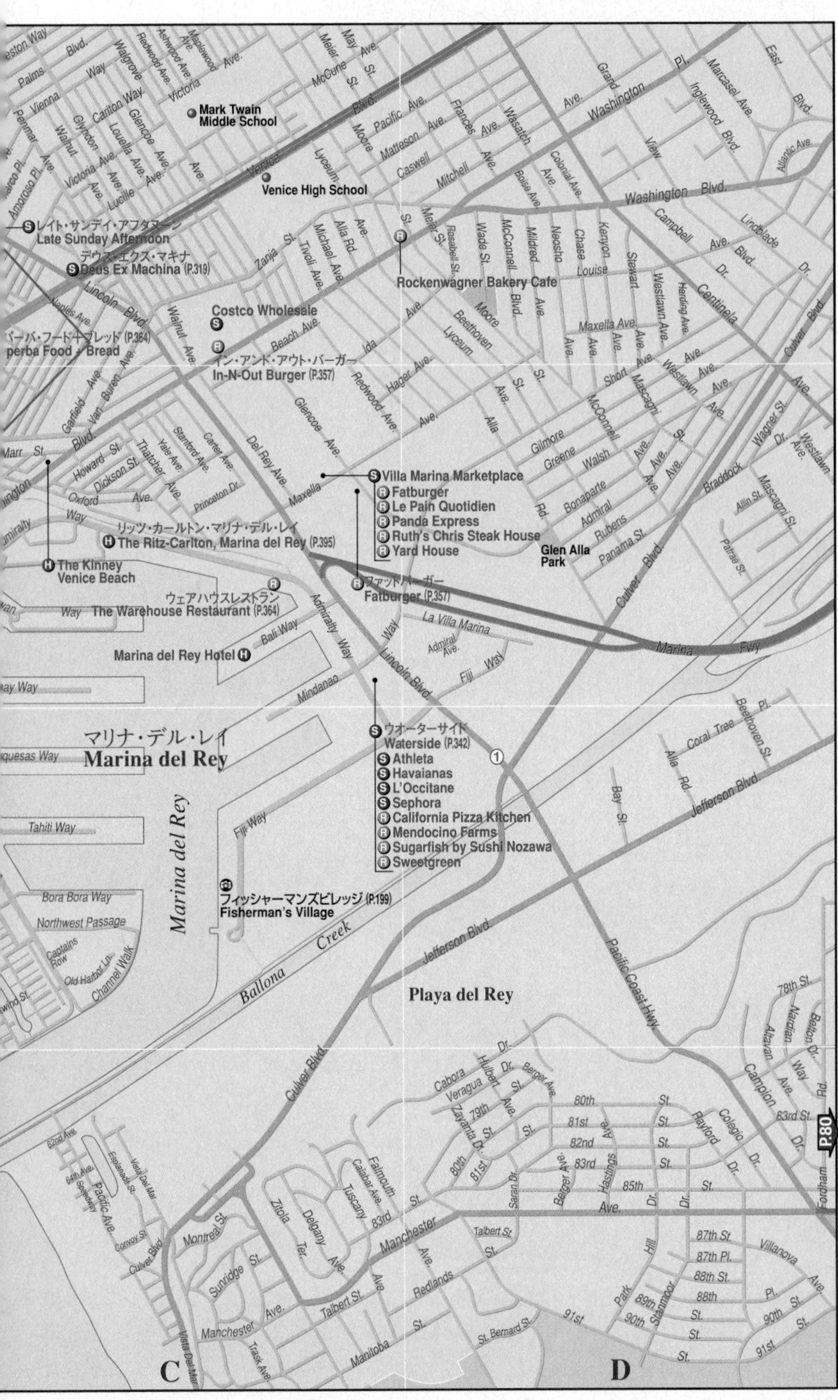

Mark Twain Middle School
Venice High School
レイト・サンデイ・アフタヌーン
Late Sunday Afternoon
デウス・エクス・マキナ
Deus Ex Machina (P.319)
Rockenwagner Bakery Cafe
Costco Wholesale
イン・アンド・アウト・バーガー
In-N-Out Burger (P.357)
Villa Marina Marketplace
Fatburger
Le Pain Quotidien
Panda Express
Ruth's Chris Steak House
Yard House
Glen Alla Park
リッツ・カールトン・マリナ・デル・レイ
The Ritz-Carlton, Marina del Rey (P.395)
The Kinney Venice Beach
ウェアハウスレストラン
The Warehouse Restaurant (P.364)
ファットバーガー
Fatburger (P.357)
Marina del Rey Hotel
マリナ・デル・レイ
Marina del Rey
ウオーターサイド
Waterside (P.342)
Athleta
Havaianas
L'Occitane
Sephora
California Pizza Kitchen
Mendocino Farms
Sugarfish by Sushi Nozawa
Sweetgreen
フィッシャーマンズビレッジ (P.199)
Fisherman's Village
Ballona Creek
Playa del Rey
Washington Blvd.
Lincoln Blvd.
Venice Blvd.
Culver Blvd.
Marina Fwy.
Jefferson Blvd.
Pacific Coast Hwy.
Manchester Ave.
P.80
C
D

参照MAP: P.48-B1～49-C2

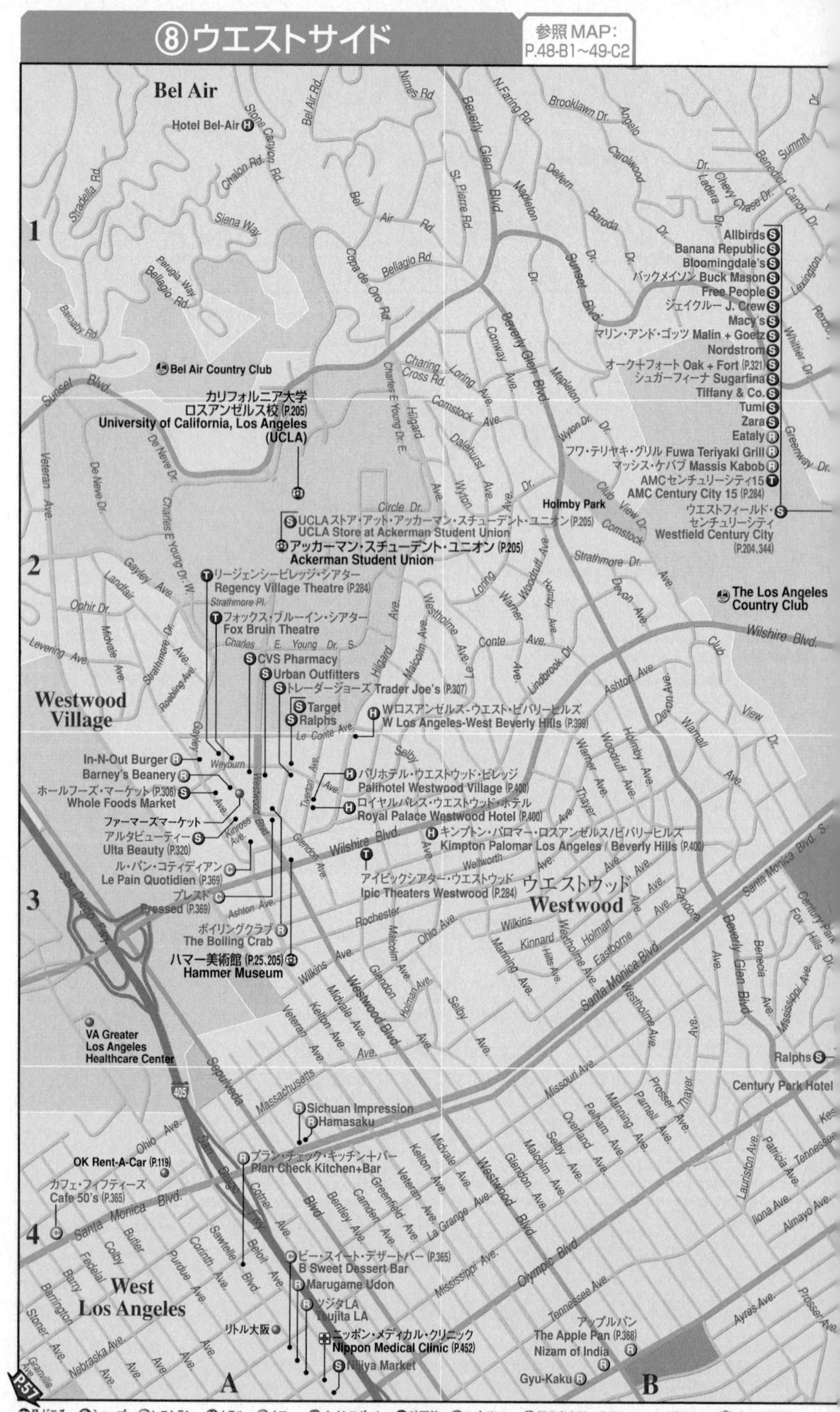
Bel Air
Hotel Bel-Air
Bel Air Country Club
カリフォルニア大学ロスアンゼルス校 (P.205)
University of California, Los Angeles (UCLA)
UCLAストア・アット・アッカーマン・スチューデント・ユニオン (P.205)
UCLA Store at Ackerman Student Union
アッカーマン・スチューデント・ユニオン (P.205)
Ackerman Student Union
リージェンシービレッジ・シアター
Regency Village Theatre (P.284)
フォックス・ブルーイン・シアター
Fox Bruin Theatre
CVS Pharmacy
Urban Outfitters
トレーダージョーズ Trader Joe's (P.307)
Target
Ralphs
Westwood Village
In-N-Out Burger
Barney's Beanery
ホールフーズ・マーケット (P.306)
Whole Foods Market
ファーマーズマーケット
アルタビューティー
Ulta Beauty (P.320)
ル・パン・コティディアン
Le Pain Quotidien (P.369)
プレスド
Pressed (P.369)
ボイリングクラブ
The Boiling Crab
ハマー美術館 (P.25、205)
Hammer Museum
Wロスアンゼルス・ウエスト・ビバリーヒルズ
W Los Angeles-West Beverly Hills (P.399)
パリホテル・ウエストウッド・ビレッジ
Palihotel Westwood Village (P.400)
ロイヤルパレス・ウエストウッド・ホテル
Royal Palace Westwood Hotel (P.400)
キンプトン・パロマー・ロスアンゼルス/ビバリーヒルズ
Kimpton Palomar Los Angeles / Beverly Hills (P.400)
アイピックシアター・ウエストウッド
Ipic Theaters Westwood (P.284)
ウエストウッド
Westwood
Holmby Park
Allbirds
Banana Republic
Bloomingdale's
バックメイソン Buck Mason
Free People
ジェイクルー J. Crew
Macy's
マリン・アンド・ゴッツ Malin + Goetz
Nordstrom
オーク+フォート Oak + Fort (P.321)
シュガーフィーナ Sugarfina
Tiffany & Co.
Tumi
Zara
Eataly
フワ・テリヤキ・グリル Fuwa Teriyaki Grill
マッシス・ケバブ Massis Kabob
AMCセンチュリーシティ15
AMC Century City 15 (P.284)
ウエストフィールド・センチュリーシティ
Westfield Century City (P.204、344)
The Los Angeles Country Club
Ralphs
Century Park Hotel
VA Greater Los Angeles Healthcare Center
Sichuan Impression
Hamasaku
プラン・チェック・キッチン+バー
Plan Check Kitchen+Bar
OK Rent-A-Car (P.119)
カフェ・フィフティーズ
Cafe 50's (P.365)
ビー・スイート・デザートバー (P.365)
B Sweet Dessert Bar
Marugame Udon
ツジタLA
Tsujita LA
リトル大阪
ニッポン・メディカル・クリニック
Nippon Medical Clinic (P.452)
Nijiya Market
West Los Angeles
アップルパン
The Apple Pan (P.368)
Nizam of India
Gyu-Kaku
Sunset Blvd.
Wilshire Blvd.
Santa Monica Blvd.
Olympic Blvd.
Westwood Blvd.
Sepulveda
Beverly Glen Blvd.
P.57
1
2
3
4
A
B
見どころ ショップ レストラン ホテル カフェ ナイトスポット 映画館 スパ、サロン 観光案内所 ランドマーク/そのほか ビーチ/公園
インターステートハイウエイ U.S.ハイウエイ ステートハイウエイ Hollywood Blvd. 道路名 メトロ 空港 ゴルフ場 病院 郵便局

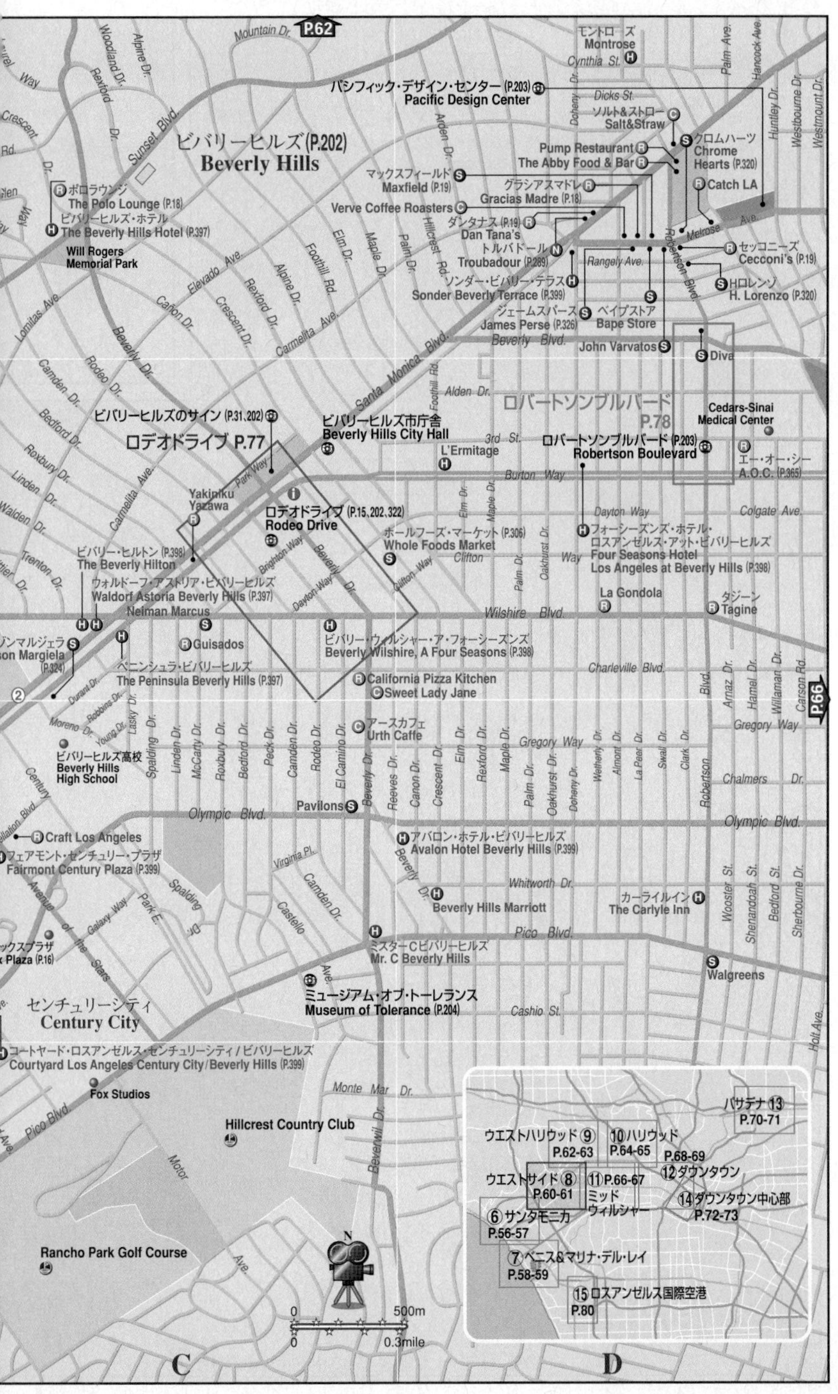

P.62
モントローズ Montrose
パシフィック・デザイン・センター (P.203) Pacific Design Center
ビバリーヒルズ (P.202) Beverly Hills
ソルト&ストロー Salt&Straw
Pump Restaurant
The Abby Food & Bar
クロムハーツ Chrome Hearts (P.320)
マックスフィールド Maxfield (P.19)
グラシアスマドレ Gracias Madre (P.18)
Catch LA
Verve Coffee Roasters
ダンタナス (P.19) Dan Tana's
トルバドール Troubadour (P.289)
セッコニーズ Cecconi's (P.19)
ソンダー・ビバリー・テラス Sonder Beverly Terrace (P.399)
Hロレンゾ H. Lorenzo (P.320)
ジェームスパース James Perse (P.326)
ベイプストア Bape Store
John Varvatos
Diva
ポロラウンジ The Polo Lounge (P.18)
ビバリーヒルズ・ホテル The Beverly Hills Hotel (P.397)
Will Rogers Memorial Park
ロバートソンブルバード P.78
Cedars-Sinai Medical Center
ビバリーヒルズのサイン (P.31, 202)
ロデオドライブ P.77
ビバリーヒルズ市庁舎 Beverly Hills City Hall
L'Ermitage
ロバートソンブルバード (P.203) Robertson Boulevard
エー・オー・シー A.O.C. (P.365)
Yakiniku Yazawa
ロデオドライブ (P.15, 202, 322) Rodeo Drive
ホールフーズ・マーケット (P.306) Whole Foods Market
フォーシーズンズ・ホテル・ロスアンゼルス・アット・ビバリーヒルズ Four Seasons Hotel Los Angeles at Beverly Hills (P.398)
ビバリー・ヒルトン (P.398) The Beverly Hilton
ウォルドーフ・アストリア・ビバリーヒルズ Waldorf Astoria Beverly Hills (P.397)
Neiman Marcus
La Gondola
タジーン Tagine
メゾンマルジェラ Maison Margiela (P.324)
Guisados
ビバリー・ウィルシャー・ア・フォーシーズンズ Beverly Wilshire, A Four Seasons (P.398)
ペニンシュラ・ビバリーヒルズ The Peninsula Beverly Hills (P.397)
California Pizza Kitchen
Sweet Lady Jane
アースカフェ Urth Caffe
ビバリーヒルズ高校 Beverly Hills High School
P.66
Pavilons
Craft Los Angeles
フェアモント・センチュリー・プラザ Fairmont Century Plaza (P.399)
アバロン・ホテル・ビバリーヒルズ Avalon Hotel Beverly Hills (P.399)
Beverly Hills Marriott
カーライルイン The Carlyle Inn
フォックスプラザ Fox Plaza (P.16)
ミスターCビバリーヒルズ Mr. C Beverly Hills
Walgreens
ミュージアム・オブ・トーレランス Museum of Tolerance (P.204)
センチュリーシティ Century City
コートヤード・ロスアンゼルス・センチュリーシティ/ビバリーヒルズ Courtyard Los Angeles Century City/Beverly Hills (P.399)
Fox Studios
Hillcrest Country Club
Rancho Park Golf Course
Sunset Blvd. / Santa Monica Blvd. / Wilshire Blvd. / Olympic Blvd. / Pico Blvd. / Beverly Blvd. / Burton Way / Melrose Ave. / Robertson Blvd.
0 500m 0 0.3mile
C D
パサデナ⑬ P.70-71
ウエストハリウッド⑨ P.62-63
⑩ハリウッド P.64-65
P.68-69 ⑫ダウンタウン
ウエストサイド⑧ P.60-61
⑪P.66-67 ミッドウィルシャー
⑭ダウンタウン中心部 P.72-73
⑥サンタモニカ P.56-57
⑦ベニス&マリナ・デル・レイ P.58-59
⑮ロスアンゼルス国際空港 P.80

⑨ウエストハリウッド

参照MAP: P.48-B1~49-C1

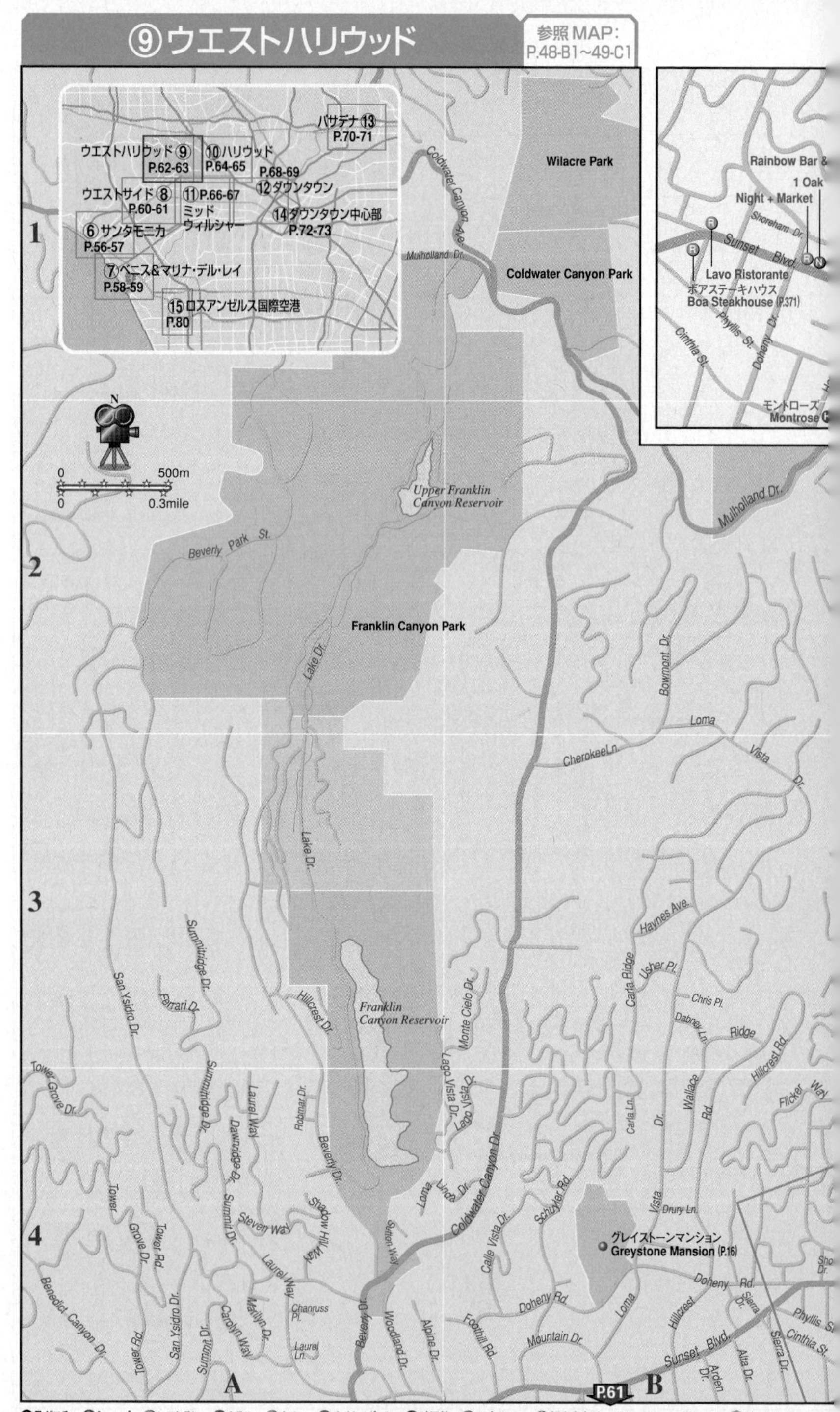

サンセットブルバード
参照MAP P.62-B4～63-D4
ーシアター
oxy Theatre (P.289)
ウイスキー・ア・ゴーゴー
Whisky A Go Go (P.289)
The London West Hollywood
Book Soup
State Social House
サンセットプラザ
Sunset Plaza (P.225)
ル・プティ・フール
Le Petit Four
ジェシカ・ザ・クリニック
Jessica The Clinic (P.19)
ブッチャー・ベーカー&
カプチーノ・メーカー(P.371)
The Butcher, The Baker &
The Cappuccino Maker
スカイバー Skybar (P.288)
モンドリアン・ロスアンゼルス
Mondrian Los Angeles (P.403)
キス Kith (P.326)
フレッドシーガル
Fred Segal (P.325)
ペンドリー・ウエストハリウッド
Pendry West Holllywood
The Comedy Store
カタナ
Katana (P.372)
Mel's Drive-In
Chin Chin
H. Lorenzo
トカヤ・モダン・メキシカン (P.371)
Tocaya Modern Mexican
イブリー
Eveleigh
Dialog Cafe
ワン・ホテル・ウエストハリウッド
1 Hotel West Hollywood (P.403)
シャトー・マーモント・ホテル・アンド・バンガローズ
Chateau Marmont Hotel and Bungalows (P.403)
ベストウエスタン・プラス・サンセット・プラザ・ホテル
Best Western Plus Sunset Plaza Hotel (P.404)
サドルランチ・チョップハウス (P.371)
Saddle Ranch Chop House
カーニーズ (P.371)
Carneys
Pink Taco
サンセット・タワー・ホテル
Sunset Tower Hotel (P.403)
アンダーズ・ウエストハリウッド
Andaz West Hollywood (P.403)
Sunset Blvd.
De Longpre Ave.
Holloway Dr.
Sunset Plaza Dr.
Clark St.
Horn Ave.
Sherbourne Dr.
Alta Loma Rd.
La Cienega Blvd.
Hacienda Pl.
Olive Dr.
Kings Rd.
Flores St.
Sweetzer Ave.
Harper Ave.
Havenhurst Dr.
Crescent Heights Blvd.
Larrabee St.
Palm Ave.
San Vicente Blvd.
0 300m
0 0.1mile

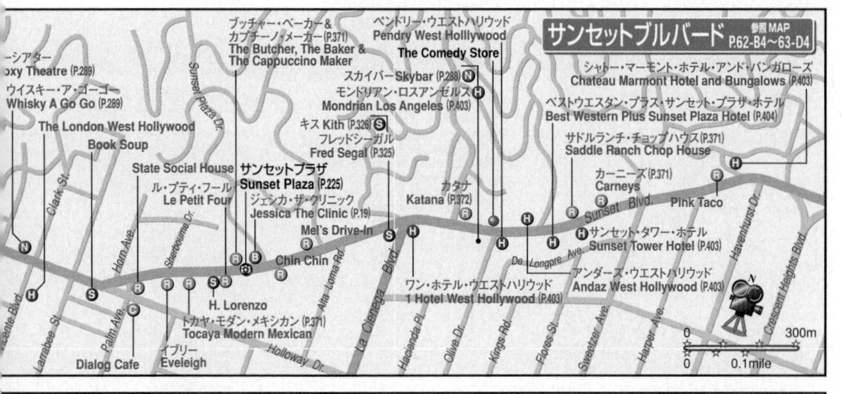

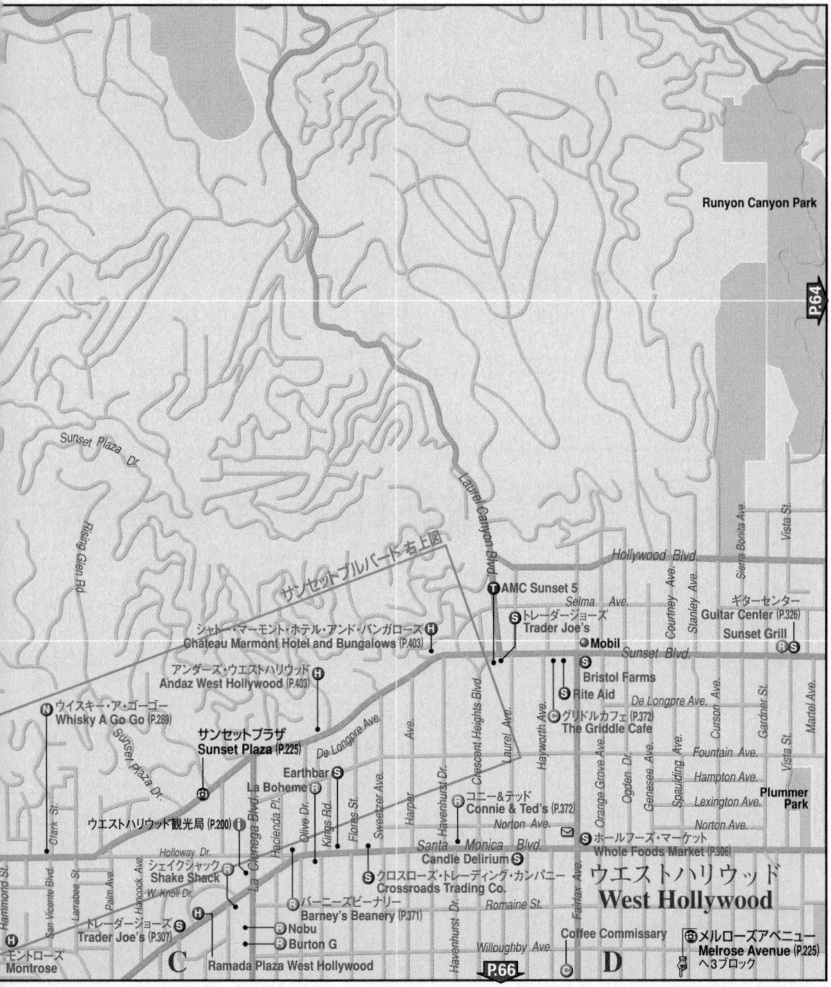

Runyon Canyon Park
P.64
Sunset Plaza Dr.
Rising Glen Rd
Laurel Canyon Blvd.
サンセットブルバード 右上図
Hollywood Blvd.
AMC Sunset 5
Selma Ave.
トレーダージョーズ
Trader Joe's
Mobil
シャトー・マーモント・ホテル・アンド・バンガローズ
Chateau Marmont Hotel and Bungalows (P.403)
Sunset Blvd.
アンダーズ・ウエストハリウッド
Andaz West Hollywood (P.403)
ウイスキー・ア・ゴーゴー
Whisky A Go Go (P.289)
サンセットプラザ
Sunset Plaza (P.225)
Bristol Farms
Rite Aid
グリドルカフェ (P.372)
The Griddle Cafe
De Longpre Ave.
ギターセンター
Guitar Center (P.326)
Sunset Grill
Earthbar
La Boheme
コニー&テッド
Connie & Ted's (P.372)
Norton Ave.
ホールフーズ・マーケット
Whole Foods Market (P.306)
Fountain Ave.
Hampton Ave.
Lexington Ave.
Plummer Park
ウエストハリウッド観光局 (P.200)
Holloway Dr.
Santa Monica Blvd.
Candle Delirium
シェイクシャック
Shake Shack
W. Knoll Dr.
クロスローズ・トレーディング・カンパニー
Crossroads Trading Co.
ウエストハリウッド
West Hollywood
バーニーズビーナリー
Barney's Beanery (P.371)
Romaine St.
トレーダージョーズ
Trader Joe's (P.307)
Nobu
Burton G
Coffee Commissary
メルローズアベニュー
Melrose Avenue (P.225)
へ3ブロック
Willoughby Ave.
モントローズ
Montrose
Ramada Plaza West Hollywood
P.66
C
D
Hammond St.
San Vicente Blvd.
Larrabee St.
Palm Ave.
Hancock Ave.
Clark St.
La Cienega Blvd.
Hacienda Pl.
Olive Dr.
Kings Rd.
Flores St.
Sweetzer Ave.
Harper Ave.
Havenhurst Dr.
Crescent Heights Blvd.
Laurel Ave.
Hayworth Ave.
Fairfax Ave.
Orange Grove Ave.
Ogden Dr.
Genesee Ave.
Spaulding Ave.
Courtney Ave.
Stanley Ave.
Curson Ave.
Sierra Bonita Ave.
Gardner St.
Vista St.
Martel Ave.

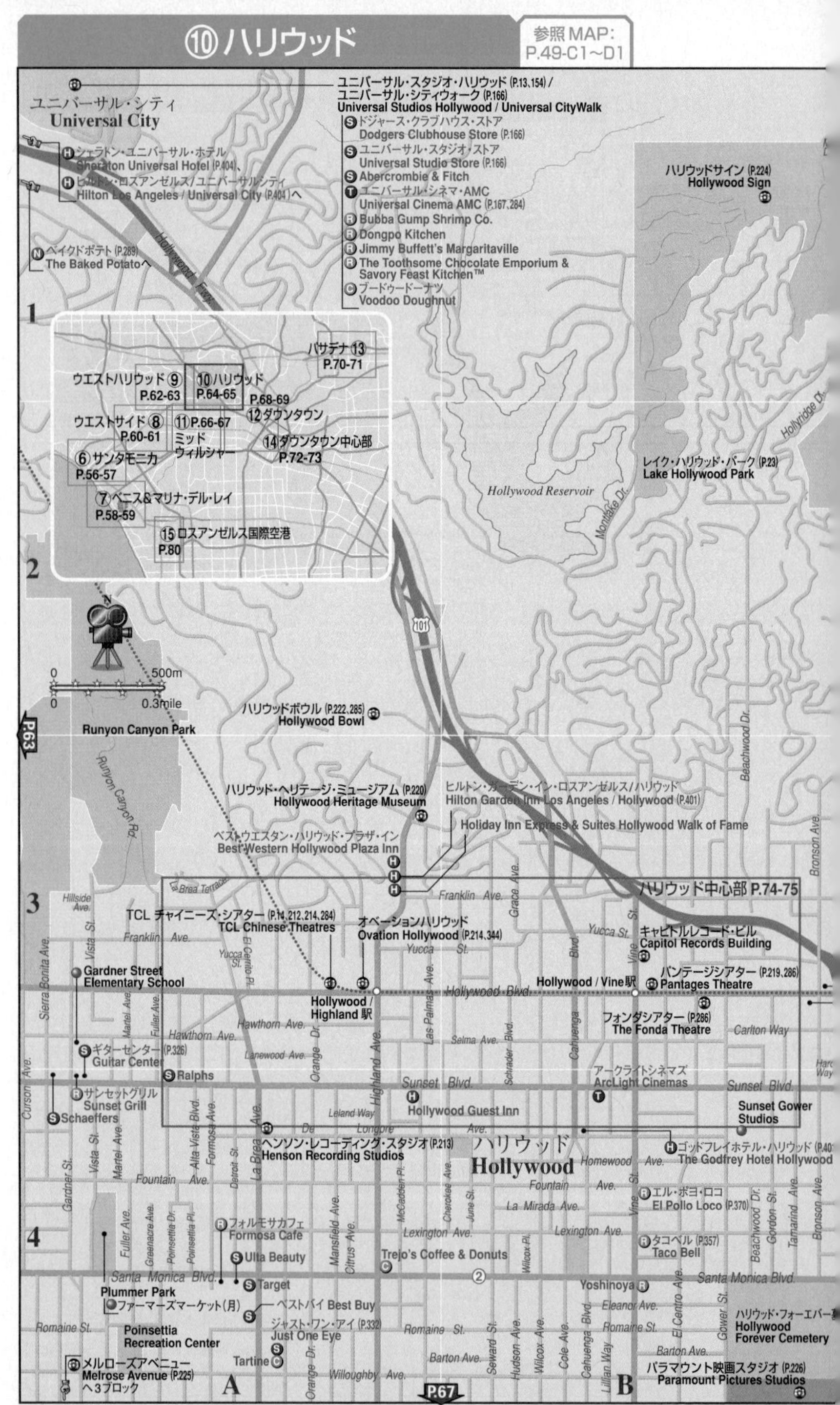

見どころ　ショップ　レストラン　ホテル　カフェ　ナイトスポット　映画館　スパ、サロン　観光案内所　ランドマーク／そのほか　ビーチ／公園
インターステートハイウエイ　U.S.ハイウエイ　ステートハイウエイ　Hollywood Blvd. 道路名　メトロ　空港　ゴルフ場　病院　郵便局

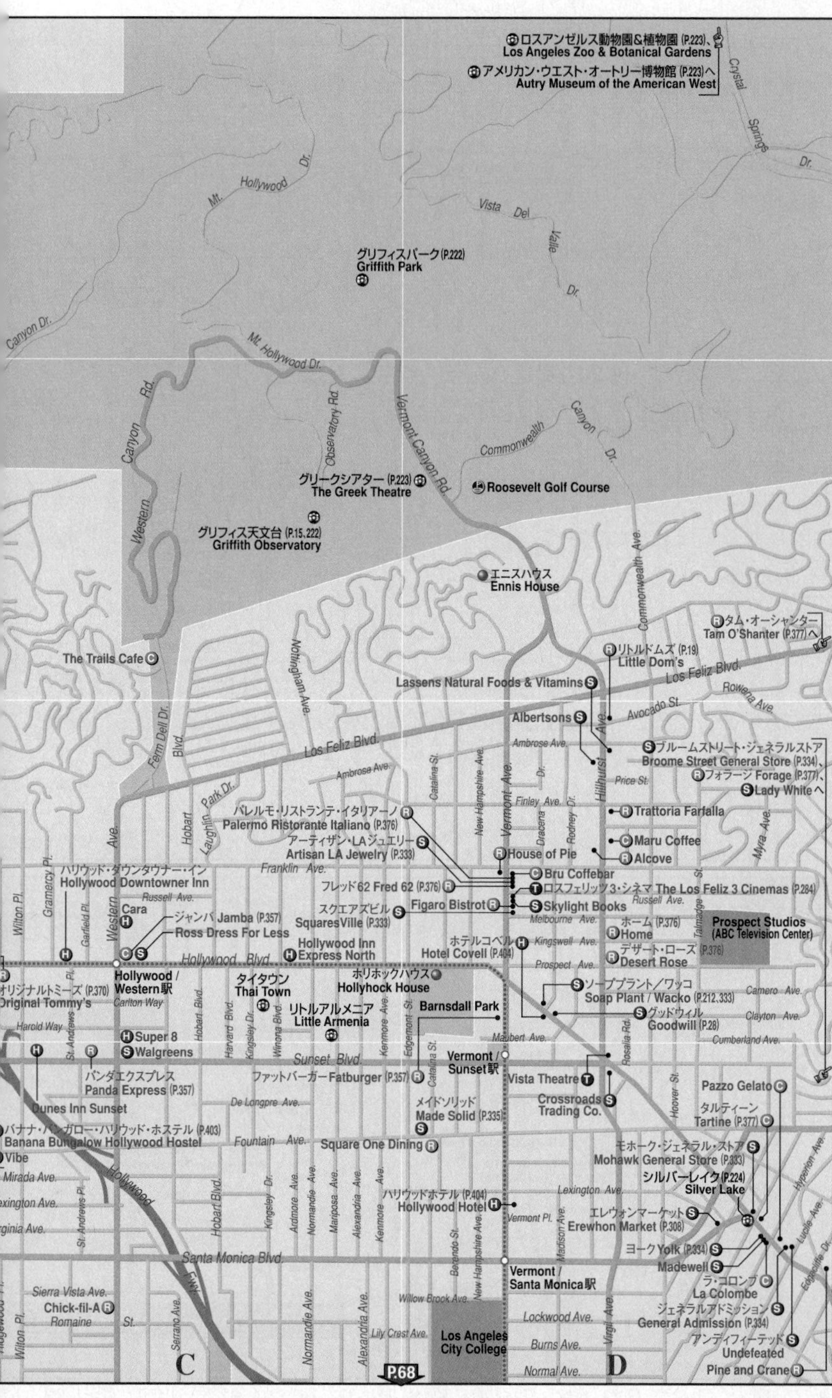
ロスアンゼルス動物園&植物園 (P.223)、
Los Angeles Zoo & Botanical Gardens
アメリカン・ウエスト・オートリー博物館 (P.223)へ
Autry Museum of the American West
グリフィスパーク (P.222)
Griffith Park
グリークシアター (P.223)
The Greek Theatre
Roosevelt Golf Course
グリフィス天文台 (P.15,222)
Griffith Observatory
エニスハウス
Ennis House
タム・オーシャンター
Tam O'Shanter (P.377)へ
リトルドムズ (P.19)
Little Dom's
Lassens Natural Foods & Vitamins
Albertsons
The Trails Cafe
ブルームストリート・ジェネラルストア
Broome Street General Store (P.334)、
フォラージ Forage (P.377)、
Lady White へ
Trattoria Farfalla
Maru Coffee
Alcove
パレルモ・リストランテ・イタリアーノ
Palermo Ristorante Italiano (P.376)
アーティザン・LAジュエリー
Artisan LA Jewelry (P.333)
House of Pie
Bru Coffebar
ロスフェリッツ3・シネマ The Los Feliz 3 Cinemas (P.284)
Skylight Books
フレッド62 Fred 62 (P.376)
スクエアズビル
SquaresVille (P.333)
Figaro Bistrot
ハリウッド・ダウンタウナー・イン
Hollywood Downtowner Inn
Cara
ジャンバ Jamba (P.357)
Ross Dress For Less
Hollywood Inn
Express North
ホテルコベル
Hotel Covell (P.404)
ホーム (P.376)
Home
デザート・ローズ (P.376)
Desert Rose
Prospect Studios
(ABC Television Center)
Hollywood /
Western駅
オリジナルトミーズ (P.370)
Original Tommy's
タイタウン
Thai Town
ホリホックハウス
Hollyhock House
リトルアルメニア
Little Armenia
Barnsdall Park
ソーププラント/ワッコ
Soap Plant / Wacko (P.212,333)
グッドウィル
Goodwill (P.28)
Super 8
Walgreens
パンダエクスプレス
Panda Express (P.357)
ファットバーガー Fatburger (P.357)
Vermont /
Sunset駅
Vista Theatre
Crossroads
Trading Co.
Pazzo Gelato
タルティーン
Tartine (P.377)
Dunes Inn Sunset
バナナ・バンガロー・ハリウッド・ホステル (P.403)
Banana Bungalow Hollywood Hostel
Vibe
メイドソリッド
Made Solid (P.335)
Square One Dining
モホーク・ジェネラル・ストア
Mohawk General Store (P.333)
シルバーレイク (P.224)
Silver Lake
ハリウッドホテル (P.404)
Hollywood Hotel
エレウォンマーケット
Erewhon Market (P.308)
ヨーク Yolk (P.334)
Madewell
Vermont /
Santa Monica駅
ラ・コロンブ
La Colombe
Chick-fil-A
ジェネラルアドミッション
General Admission (P.334)
アンディフィーテッド
Undefeated
Los Angeles
City College
Pine and Crane
P.68
C
D
Los Feliz Blvd.
Hollywood Blvd.
Sunset Blvd.
Santa Monica Blvd.
Vermont Ave.
Western Ave.
Hillhurst Ave.
Vermont Canyon Rd.
Mt. Hollywood Dr.
Commonwealth Ave.

⑪ ミッドウィルシャー

参照 MAP: P.48-B1〜49-C2

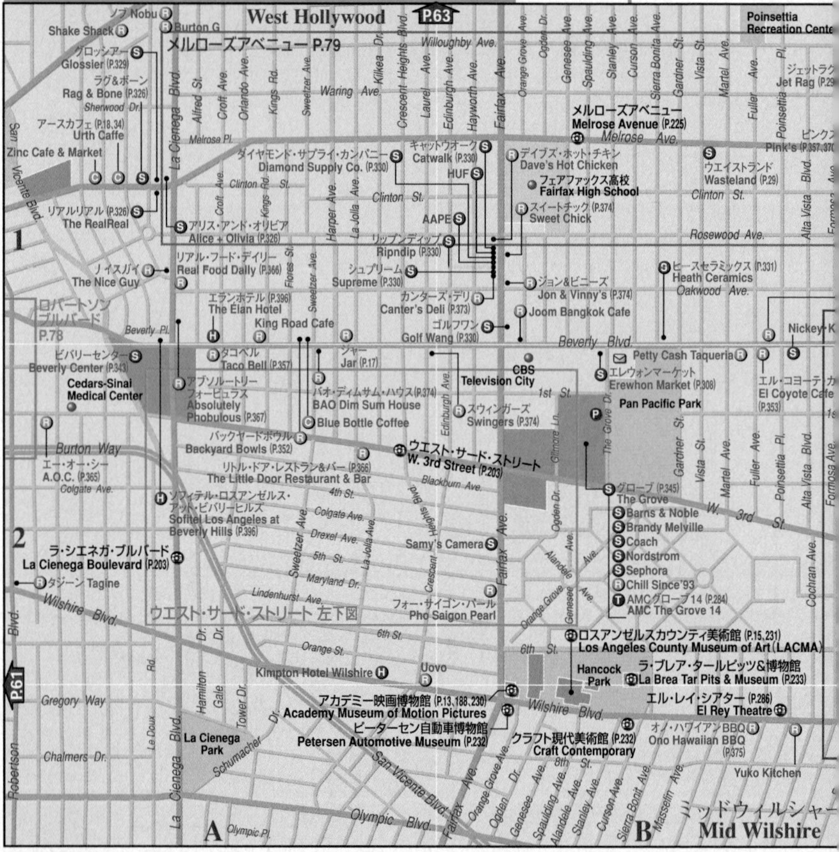

West Hollywood
P.63
メルローズアベニュー P.79
ノブ Nobu
Shake Shack
Burton G
グロッシアー Glossier (P.329)
ラグ&ボーン Rag & Bone (P.326)
Sherwood Dr.
アースカフェ (P.18, 34) Urth Caffe
Zinc Cafe & Market
リアルリアル (P.326) The RealReal
アリス・アンド・オリビア Alice + Olivia (P.326)
リアル・フード・デイリー Real Food Daily (P.366)
ノイスガイ The Nice Guy
ロバートソンブルバード P.78
エランホテル (P.396) The Elan Hotel
King Road Cafe
ビバリーセンター Beverly Center (P.343)
Cedars-Sinai Medical Center
タコベル Taco Bell (P.357)
ジャー Jar (P.17)
アブソルートリー・フォービュラス Absolutely Phobulous (P.367)
バオ・ディムサム・ハウス (P.374) BAO Dim Sum House
Blue Bottle Coffee
バックヤードボウル Backyard Bowls (P.352)
リトル・ドア・レストラン&バー (P.366) The Little Door Restaurant & Bar
Burton Way
エー・オー・シー A.O.C. (P.365)
ソフィテル・ロスアンゼルス・アット・ビバリーヒルズ Sofitel Los Angeles at Beverly Hills (P.396)
ラ・シエネガ・ブルバード La Cienega Boulevard (P.203)
タジーン Tagine
Wilshire Blvd.
ウエスト・サード・ストリート 左下図
Kimpton Hotel Wilshire
La Cienega Park
P.61
Gregory Way
Chalmers Dr.
ダイヤモンド・サプライ・カンパニー Diamond Supply Co. (P.330)
キャットウオーク (P.330) Catwalk
HUF
AAPE
リップンディップ Ripndip (P.330)
シュプリーム Supreme (P.330)
カンターズ・デリ Canter's Deli (P.373)
ゴルフワン Golf Wang (P.330)
デイブズ・ホット・チキン Dave's Hot Chicken
フェアファックス高校 Fairfax High School
スイートチック (P.374) Sweet Chick
ジョン&ビニーズ Jon & Vinny's (P.374)
Joom Bangkok Cafe
メルローズアベニュー Melrose Avenue (P.225)
CBS Television City
スウィンガーズ Swingers (P.374)
ウエスト・サード・ストリート W. 3rd Street (P.203)
Samy's Camera
フォー・サイゴン・パール Pho Saigon Pearl
Uovo
アカデミー映画博物館 (P.13, 188, 230) Academy Museum of Motion Pictures
ピーターセン自動車博物館 Petersen Automotive Museum (P.232)
クラフト現代美術館 (P.232) Craft Contemporary
Petty Cash Taqueria
エレウォンマーケット Erewhon Market (P.308)
Pan Pacific Park
ヒースセラミックス (P.331) Heath Ceramics
グローブ (P.345) The Grove
Barns & Noble
Brandy Melville
Coach
Nordstrom
Sephora
Chill Since'93
AMCグローブ14 (P.284) AMC The Grove 14
ロスアンゼルスカウンティ美術館 (P.15, 231) Los Angeles County Museum of Art (LACMA)
Hancock Park
ラ・ブレア・タールピッツ&博物館 La Brea Tar Pits & Museum (P.233)
エル・レイ・シアター (P.286) El Rey Theatre
オノ・ハワイアンBBQ Ono Hawaiian BBQ (P.375)
Yuko Kitchen
Poinsettia Recreation Center
ジェットラグ Jet Rag
ピンクス Pink's (P.357, 370)
ウエイストランド Wasteland (P.29)
Nickey Kitchen
エル・コヨーテ・カフェ El Coyote Cafe (P.353)
ミッドウィルシャー Mid Wilshire

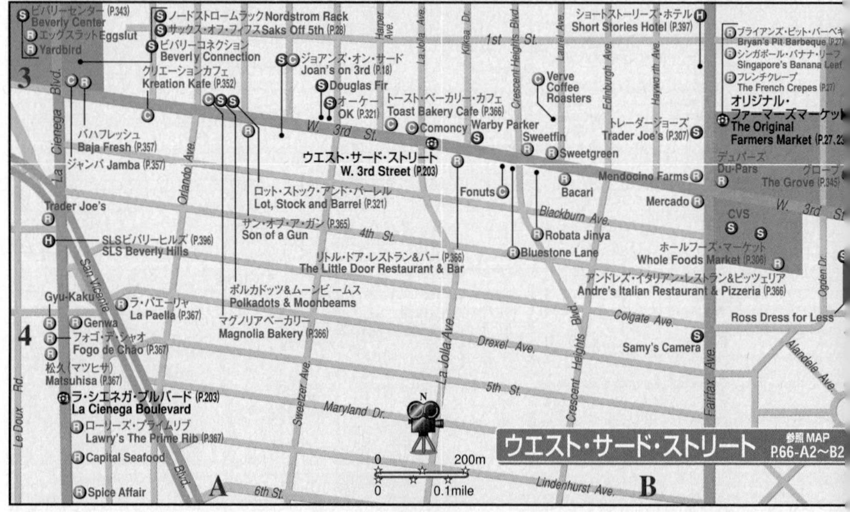

Ⓢ見どころ Ⓢショップ Ⓡレストラン Ⓗホテル Ⓒカフェ Ⓝナイトスポット Ⓣ映画館 Ⓑスパ、サロン ⓘ観光案内所 ●ランドマーク／そのほか ビーチ／公園
インターステートハイウエイ U.S.ハイウエイ ステートハイウエイ Hollywood Blvd. 道路名 メトロ 空港 ゴルフ場 病院 郵便局

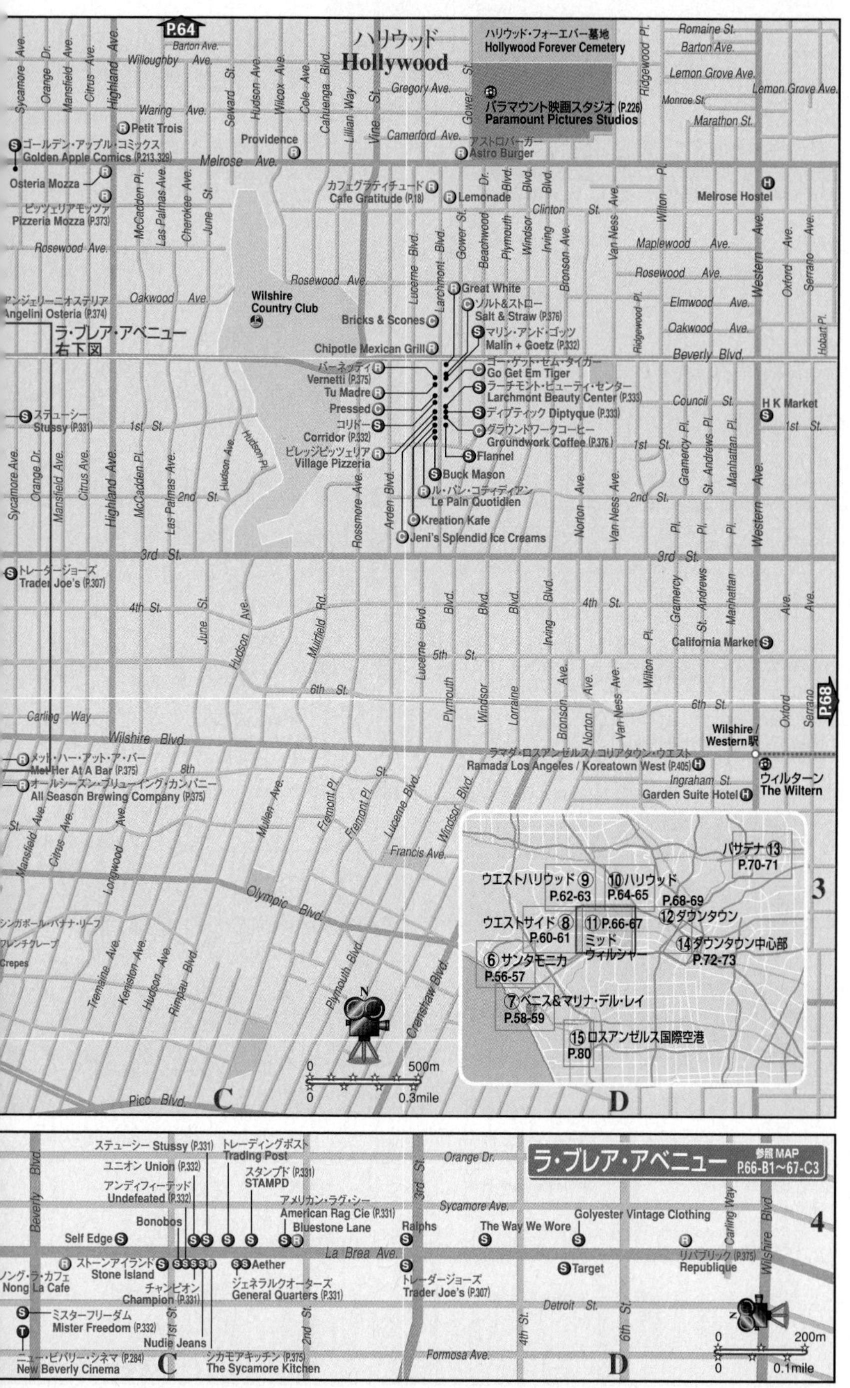

P.64
ハリウッド
Hollywood
ハリウッド・フォーエバー墓地
Hollywood Forever Cemetery
パラマウント映画スタジオ (P.226)
Paramount Pictures Studios
Romaine St.
Barton Ave.
Lemon Grove Ave.
Monroe St.
Marathon St.
Willoughby Ave.
Waring Ave.
Gregory Ave.
Camerford Ave.
Melrose Ave.
Petit Trois
Providence
ゴールデン・アップル・コミックス
Golden Apple Comics (P.213,329)
Osteria Mozza
ピッツェリアモッツァ
Pizzeria Mozza (P.373)
アストロバーガー
Astro Burger
カフェグラティチュード
Cafe Gratitude (P.18)
Lemonade
Melrose Hostel
Clinton St.
Rosewood Ave.
Maplewood Ave.
Elmwood Ave.
Oakwood Ave.
Beverly Blvd.
Wilshire Country Club
アンジェリーニオステリア
Angelini Osteria (P.374)
ラ・ブレア・アベニュー
右下図
Great White
ソルト&ストロー
Salt & Straw (P.376)
Bricks & Scones
マリン・アンド・ゴッツ
Malin + Goetz (P.332)
Chipotle Mexican Grill
ゴー・ゲット・ゼム・タイガー
Go Get Em Tiger
バーネッティ
Vernetti (P.375)
Tu Madre
ラーチモント・ビューティ・センター
Larchmont Beauty Center (P.333)
Pressed
ディプティック Diptyque (P.333)
コリドー
Corridor (P.332)
グラウンドワークコーヒー
Groundwork Coffee (P.376)
ビレッジピッツェリア
Village Pizzeria
Flannel
Buck Mason
ル・パン・コティディアン
Le Pain Quotidien
Kreation Kafe
Jeni's Splendid Ice Creams
ステューシー
Stussy (P.331)
H K Market
Council St.
1st St.
2nd St.
3rd St.
4th St.
5th St.
6th St.
トレーダージョーズ
Trader Joe's (P.307)
California Market
Carling Way
Wilshire Blvd.
Wilshire / Western駅
メット・ハー・アット・ア・バー
Met Her At A Bar (P.375)
オールシーズン・ブリューイング・カンパニー
All Season Brewing Company (P.375)
ラマダ・ロスアンゼルス／コリアタウン・ウエスト
Ramada Los Angeles / Koreatown West (P.405)
Ingraham St.
Garden Suite Hotel
ウィルターン
The Wiltern
P.68
Francis Ave.
Olympic Blvd.
Pico Blvd.
シンガポール・バナナ・リーフ
フレンチクレープ
Crepes
パサデナ⑬ P.70-71
ウエストハリウッド⑨ P.62-63
⑩ハリウッド P.64-65
P.68-69
⑫ダウンタウン
ウエストサイド⑧ P.60-61
⑪P.66-67 ミッドウィルシャー
⑭ダウンタウン中心部 P.72-73
⑥サンタモニカ P.56-57
⑦ベニス&マリナ・デル・レイ P.58-59
⑮ロスアンゼルス国際空港 P.80
0 500m
0 0.3mile
C
D
3
ラ・ブレア・アベニュー
参照MAP P.66-B1~67-C3
ステューシー Stussy (P.331)
トレーディングポスト
Trading Post
ユニオン Union (P.332)
スタンプド (P.331)
STAMPD
アンディフィーテッド
Undefeated (P.332)
アメリカン・ラグ・シー
American Rag Cie (P.331)
Bluestone Lane
Bonobos
Self Edge
Ralphs
The Way We Wore
Golyester Vintage Clothing
Orange Dr.
Sycamore Ave.
La Brea Ave.
ストーンアイランド
Stone Island
Aether
ノング・ラ・カフェ
Nong La Cafe
チャンピオン
Champion (P.331)
ジェネラルクオーターズ
General Quarters (P.331)
トレーダージョーズ
Trader Joe's (P.307)
Target
リパブリック (P.375)
Republique
Detroit St.
ミスターフリーダム
Mister Freedom (P.332)
Nudie Jeans
ニュー・ビバリー・シネマ (P.284)
New Beverly Cinema
シカモアキッチン (P.375)
The Sycamore Kitchen
Formosa Ave.
0 200m
0 0.1mile
4

⑫ダウンタウン

参照MAP: P.49-C1～D2

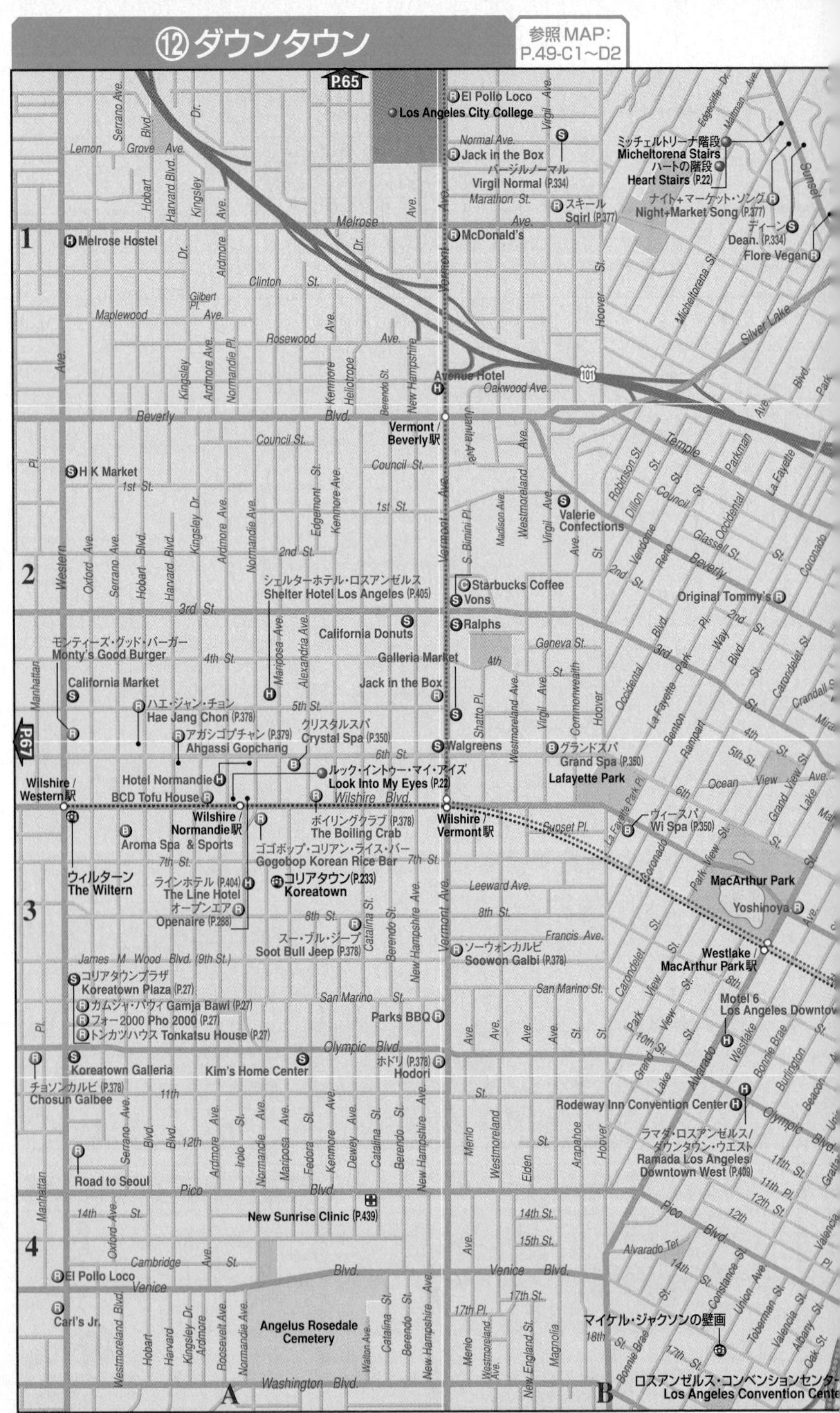

P.65
P.67
El Pollo Loco
Los Angeles City College
Jack in the Box
バージルノーマル
Virgil Normal (P.334)
スキール
Sqirl (P.377)
ミッチェルトリーナ階段
Micheltorena Stairs
ハートの階段
Heart Stairs (P.22)
ナイト＋マーケット・ソング
Night+Market Song (P.377)
ディーン
Dean. (P.334)
Flore Vegan
McDonald's
Melrose Hostel
Avenue Hotel
Vermont / Beverly駅
H K Market
Valerie Confections
シェルターホテル・ロスアンゼルス
Shelter Hotel Los Angeles (P.405)
Starbucks Coffee
Vons
Ralphs
California Donuts
Original Tommy's
モンティーズ・グッド・バーガー
Monty's Good Burger
Galleria Market
California Market
Jack in the Box
ハエ・ジャン・チョン
Hae Jang Chon (P.378)
アガシゴプチャン (P.379)
Ahgassi Gopchang
クリスタルスパ
Crystal Spa (P.350)
Walgreens
グランドスパ
Grand Spa (P.350)
Lafayette Park
ルック・イントゥー・マイ・アイズ
Look Into My Eyes (P.22)
Hotel Normandie
BCD Tofu House
Wilshire / Western駅
Wilshire / Normandie駅
Wilshire / Vermont駅
ボイリングクラブ (P.378)
The Boiling Crab
ゴゴボップ・コリアン・ライス・バー
Gogobop Korean Rice Bar
ウィースパ
Wi Spa (P.350)
Aroma Spa & Sports
ウィルターン
The Wiltern
ラインホテル (P.404)
The Line Hotel
オープンエア
Openaire (P.288)
コリアタウン (P.233)
Koreatown
MacArthur Park
Yoshinoya
スー・ブル・ジープ
Soot Bull Jeep (P.378)
ソーウォンカルビ
Soowon Galbi (P.378)
Westlake / MacArthur Park駅
コリアタウンプラザ
Koreatown Plaza (P.27)
カムジャ・パウィ Gamja Bawi (P.27)
フォー2000 Pho 2000 (P.27)
トンカツハウス Tonkatsu House (P.27)
Motel 6
Parks BBQ
Koreatown Galleria
Kim's Home Center
ホドリ (P.378)
Hodori
チョソンカルビ (P.378)
Chosun Galbee
Rodeway Inn Convention Center
ラマダ・ロスアンゼルス／ダウンタウン・ウエスト
Ramada Los Angeles/ Downtown West (P.409)
Road to Seoul
New Sunrise Clinic (P.439)
El Pollo Loco
Carl's Jr.
Angelus Rosedale Cemetery
マイケル・ジャクソンの壁画
ロスアンゼルス・コンベンションセンター
Melrose Ave.
Beverly Blvd.
3rd St.
Wilshire Blvd.
Olympic Blvd.
Pico Blvd.
Venice Blvd.
Washington Blvd.
Western Ave.
Vermont Ave.
Hoover St.
Sunset Blvd.
Silver Lake Blvd.
Temple St.
101
1
2
3
4
A
B

Ⓢ見どころ Ⓢショップ Ⓡレストラン Ⓗホテル Ⓒカフェ Ⓝナイトスポット Ⓣ映画館 Ⓑスパ、サロン ⓘ観光案内所 ●ランドマーク／そのほか ●ビーチ／公園
インターステートハイウエイ U.S.ハイウエイ ステートハイウエイ Hollywood Blvd. 道路名 ••••○••••メトロ 空港 ゴルフ場 病院 郵便局

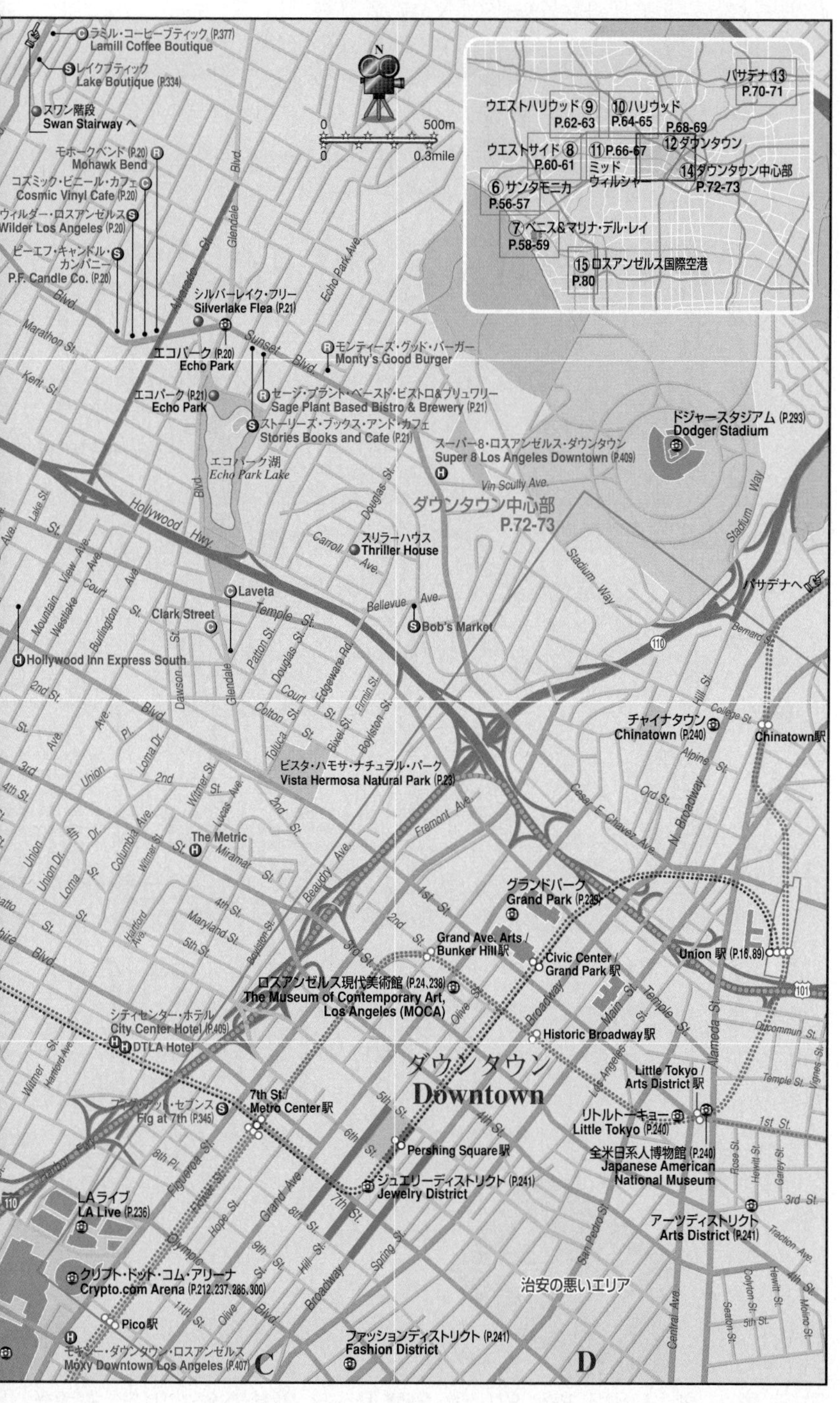
ラミル・コーヒーブティック (P.377)
Lamill Coffee Boutique
レイクブティック (P.334)
Lake Boutique (P.334)
スワン階段
Swan Stairway へ
モホークベンド (P.20)
Mohawk Bend
コズミック・ビニール・カフェ
Cosmic Vinyl Cafe (P.20)
ウィルダー・ロスアンゼルス
Wilder Los Angeles (P.20)
ピーエフ・キャンドル・カンパニー
P.F. Candle Co. (P.20)
シルバーレイク・フリー
Silverlake Flea (P.21)
エコパーク (P.20)
Echo Park
エコパーク (P.21)
Echo Park
モンティーズ・グッド・バーガー
Monty's Good Burger
セージ・プラント・ベースド・ビストロ&ブリュワリー
Sage Plant Based Bistro & Brewery (P.21)
ストーリーズ・ブックス・アンド・カフェ
Stories Books and Cafe (P.21)
エコパーク湖
Echo Park Lake
スーパー8・ロスアンゼルス・ダウンタウン
Super 8 Los Angeles Downtown (P.409)
ドジャースタジアム (P.293)
Dodger Stadium
ダウンタウン中心部
P.72-73
スリラーハウス
Thriller House
Laveta
Clark Street
Bob's Market
Hollywood Inn Express South
パサデナへ
ウエストハリウッド ⑨ P.62-63
⑩ハリウッド P.64-65
P.68-69
⑫ダウンタウン
パサデナ ⑬ P.70-71
ウエストサイド ⑧ P.60-61
⑪ P.66-67 ミッドウィルシャー
⑭ダウンタウン中心部 P.72-73
⑥サンタモニカ P.56-57
⑦ベニス&マリナ・デル・レイ P.58-59
⑮ロスアンゼルス国際空港 P.80
0 500m
0 0.3mile
チャイナタウン
Chinatown (P.240)
Chinatown駅
ビスタ・ハモサ・ナチュラル・パーク
Vista Hermosa Natural Park (P.23)
The Metric
グランドパーク
Grand Park (P.239)
Grand Ave. Arts / Bunker Hill駅
Civic Center / Grand Park駅
Union 駅 (P.16, 89)
ロスアンゼルス現代美術館 (P.24, 238)
The Museum of Contemporary Art, Los Angeles (MOCA)
シティセンター・ホテル
City Center Hotel (P.409)
DTLA Hotel
Historic Broadway駅
ダウンタウン
Downtown
Little Tokyo / Arts District駅
リトルトーキョー
Little Tokyo (P.240)
全米日系人博物館 (P.240)
Japanese American National Museum
フィグアットセブンス
Fig at 7th (P.345)
7th St. / Metro Center駅
Pershing Square駅
ジュエリーディストリクト (P.241)
Jewelry District
LAライブ
LA Live (P.236)
アーツディストリクト
Arts District (P.241)
クリプト・ドット・コム・アリーナ
Crypto.com Arena (P.212, 237, 286, 300)
治安の悪いエリア
Pico駅
ファッションディストリクト (P.241)
Fashion District
モキシー・ダウンタウン・ロスアンゼルス
Moxy Downtown Los Angeles (P.407)
C
D
Sunset Blvd.
Hollywood Hwy.
Temple St.
Alameda St.
Broadway
Figueroa St.
Grand Ave.

⑬パサデナ

参照MAP：P.46-B1～47-C1

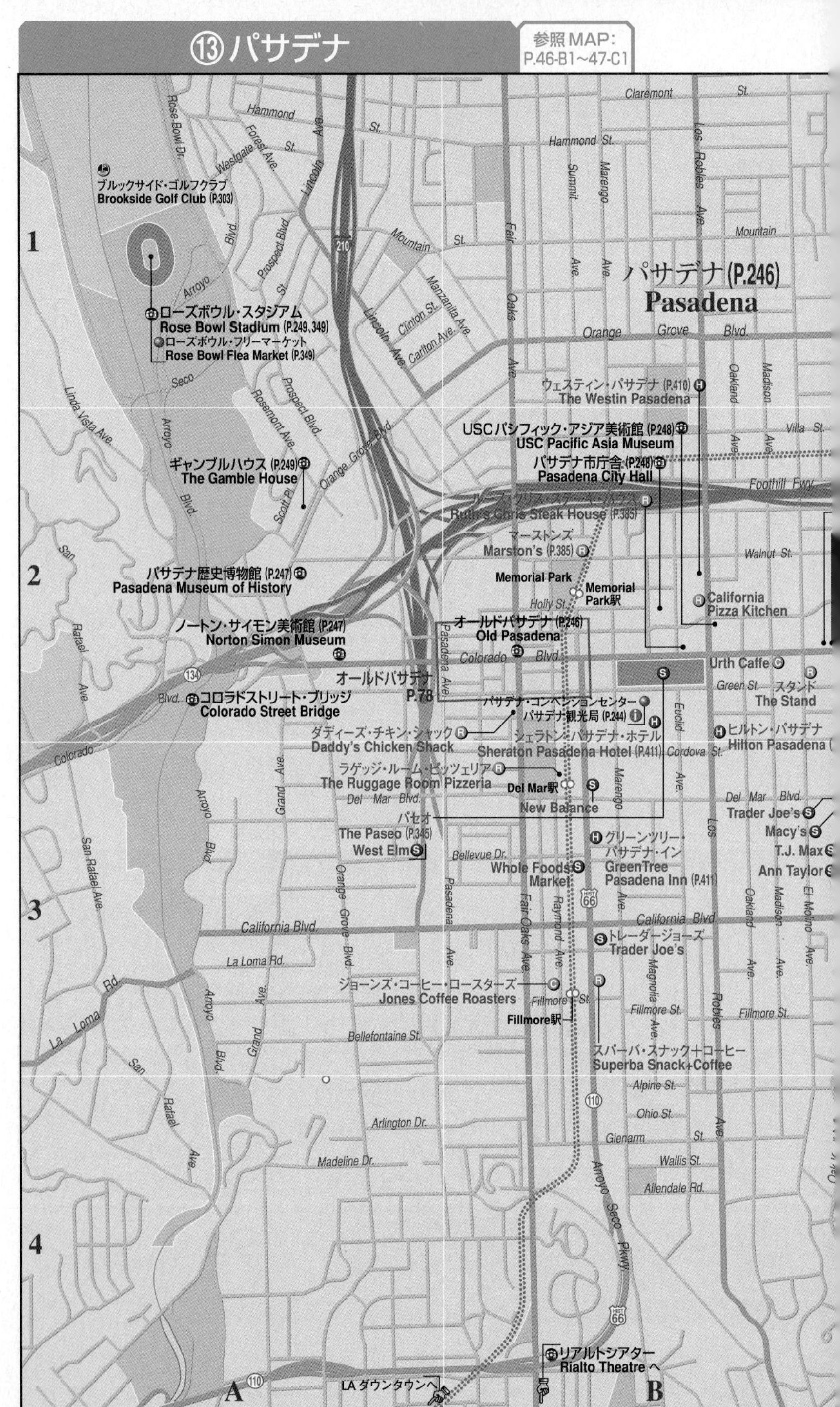
ブルックサイド・ゴルフクラブ
Brookside Golf Club (P.303)
ローズボウル・スタジアム
Rose Bowl Stadium (P.249、349)
ローズボウル・フリーマーケット
Rose Bowl Flea Market (P.349)
ギャンブルハウス (P.249)
The Gamble House
パサデナ歴史博物館 (P.247)
Pasadena Museum of History
ノートン・サイモン美術館 (P.247)
Norton Simon Museum
コロラドストリート・ブリッジ
Colorado Street Bridge
オールドパサデナ
P.78
パサデナ(P.246)
Pasadena
ウェスティン・パサデナ (P.410)
The Westin Pasadena
USCパシフィック・アジア美術館 (P.248)
USC Pacific Asia Museum
パサデナ市庁舎 (P.248)
Pasadena City Hall
ルース・クリス・ステーキ・ハウス
Ruth's Chris Steak House (P.385)
マーストンズ
Marston's (P.385)
Memorial Park
Memorial Park駅
California Pizza Kitchen
オールドパサデナ (P.246)
Old Pasadena
Urth Caffe
スタンド
The Stand
パサデナ・コンベンションセンター
パサデナ観光局 (P.244)
シェラトン・パサデナ・ホテル
Sheraton Pasadena Hotel (P.411)
ヒルトン・パサデナ
Hilton Pasadena
ダディーズ・チキン・シャック
Daddy's Chicken Shack
ラゲッジ・ルーム・ピッツェリア
The Ruggage Room Pizzeria
Del Mar駅
New Balance
パセオ
The Paseo (P.345)
West Elm
Trader Joe's
Macy's
T.J. Max
Ann Taylor
Whole Foods Market
グリーンツリー・パサデナ・イン
GreenTree Pasadena Inn (P.411)
トレーダージョーズ
Trader Joe's
ジョーンズ・コーヒー・ロースターズ
Jones Coffee Roasters
Fillmore駅
スパーバ・スナック+コーヒー
Superba Snack+Coffee
リアルトシアター
Rialto Theatre へ
LA ダウンタウンへ
Claremont St.
Hammond St.
Westgate St.
Forest Ave.
Lincoln Ave.
Rose Bowl Dr.
Prospect Blvd.
Mountain St.
Arroyo Blvd.
Manzanita Ave.
Clinton St.
Carlton Ave.
Summit Ave.
Marengo Ave.
Los Robles Ave.
Fair Oaks Ave.
Orange Grove Blvd.
Oakland Ave.
Madison Ave.
Villa St.
Linda Vista Ave.
Seco
Rosemont Ave.
Scott Pl.
Foothill Fwy.
Walnut St.
Holly St.
Colorado Blvd.
Pasadena Ave.
San Rafael Ave.
Green St.
Euclid Ave.
Cordova St.
Del Mar Blvd.
Grand Ave.
Bellevue Dr.
California Blvd.
La Loma Rd.
Raymond Ave.
Magnolia Ave.
El Molino Ave.
Fillmore St.
Bellefontaine St.
Alpine St.
Ohio St.
Arlington Dr.
Glenarm St.
Madeline Dr.
Wallis St.
Allendale Rd.
Arroyo Seco Pkwy.
210
134
110
66
1
2
3
4
A
B

見どころ　ショップ　レストラン　ホテル　カフェ　ナイトスポット　映画館　スパ、サロン　観光案内所　ランドマーク/そのほか　ビーチ/公園
インターステートハイウエイ　U.S.ハイウエイ　ステートハイウエイ　Hollywood Blvd. 道路名　メトロ　空港　ゴルフ場　病院　郵便局

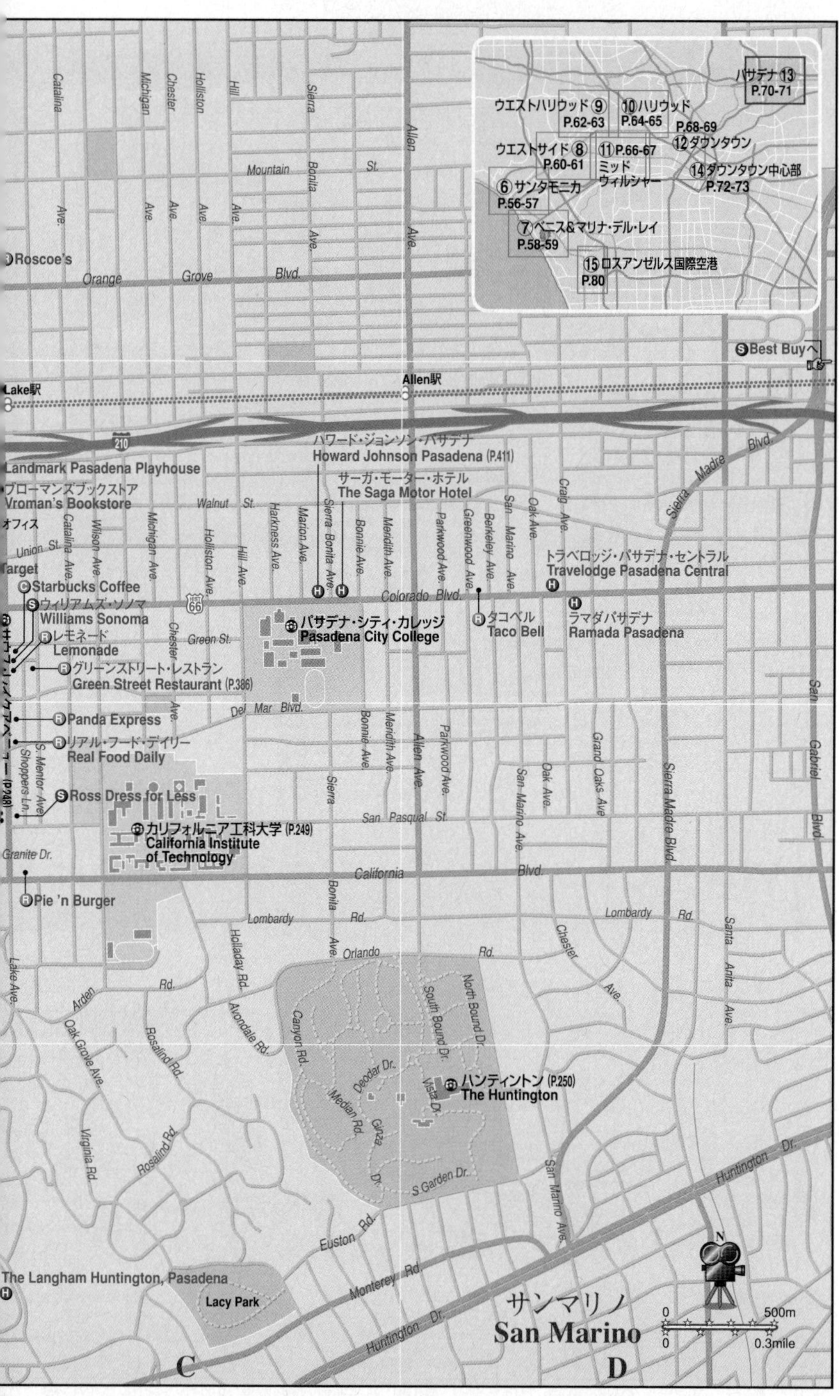

パサデナ ⑬ P.70-71
ウエストハリウッド ⑨ P.62-63
⑩ハリウッド P.64-65
P.68-69 ⑫ダウンタウン
ウエストサイド ⑧ P.60-61
⑪ P.66-67 ミッド ウィルシャー
⑭ダウンタウン中心部 P.72-73
⑥サンタモニカ P.56-57
⑦ベニス&マリナ・デル・レイ P.58-59
⑮ロスアンゼルス国際空港 P.80
Roscoe's
Best Buyへ
Lake駅
Allen駅
210
ハワード・ジョンソン・パサデナ
Howard Johnson Pasadena (P.411)
サーガ・モーター・ホテル
The Saga Motor Hotel
Landmark Pasadena Playhouse
ブローマンズブックストア
Vroman's Bookstore
オフィス
Target
Starbucks Coffee
ウィリアムズ・ソノマ
Williams Sonoma
レモネード
Lemonade
グリーンストリート・レストラン
Green Street Restaurant (P.386)
Panda Express
リアル・フード・デイリー
Real Food Daily
Ross Dress for Less
トラベロッジ・パサデナ・セントラル
Travelodge Pasadena Central
タコベル
Taco Bell
ラマダパサデナ
Ramada Pasadena
パサデナ・シティ・カレッジ
Pasadena City College
カリフォルニア工科大学 (P.249)
California Institute of Technology
Pie 'n Burger
ハンティントン (P.250)
The Huntington
The Langham Huntington, Pasadena
Lacy Park
サンマリノ
San Marino
Catalina Ave.
Michigan Ave.
Chester Ave.
Holliston Ave.
Hill Ave.
Sierra Bonita Ave.
Allen Ave.
Mountain St.
Orange Grove Blvd.
Walnut St.
Union St.
Colorado Blvd.
Green St.
Del Mar Blvd.
San Pasqual St.
California Blvd.
Lombardy Rd.
Orlando Rd.
Arden Rd.
Sierra Madre Blvd.
San Gabriel Blvd.
Huntington Dr.
Monterey Rd.
Euston Rd.
S Garden Dr.
Santa Anita Ave.
Lake Ave.
Granite Dr.
0 500m
0 0.3mile
N
C
D

参照MAP: P.69-C3～D4

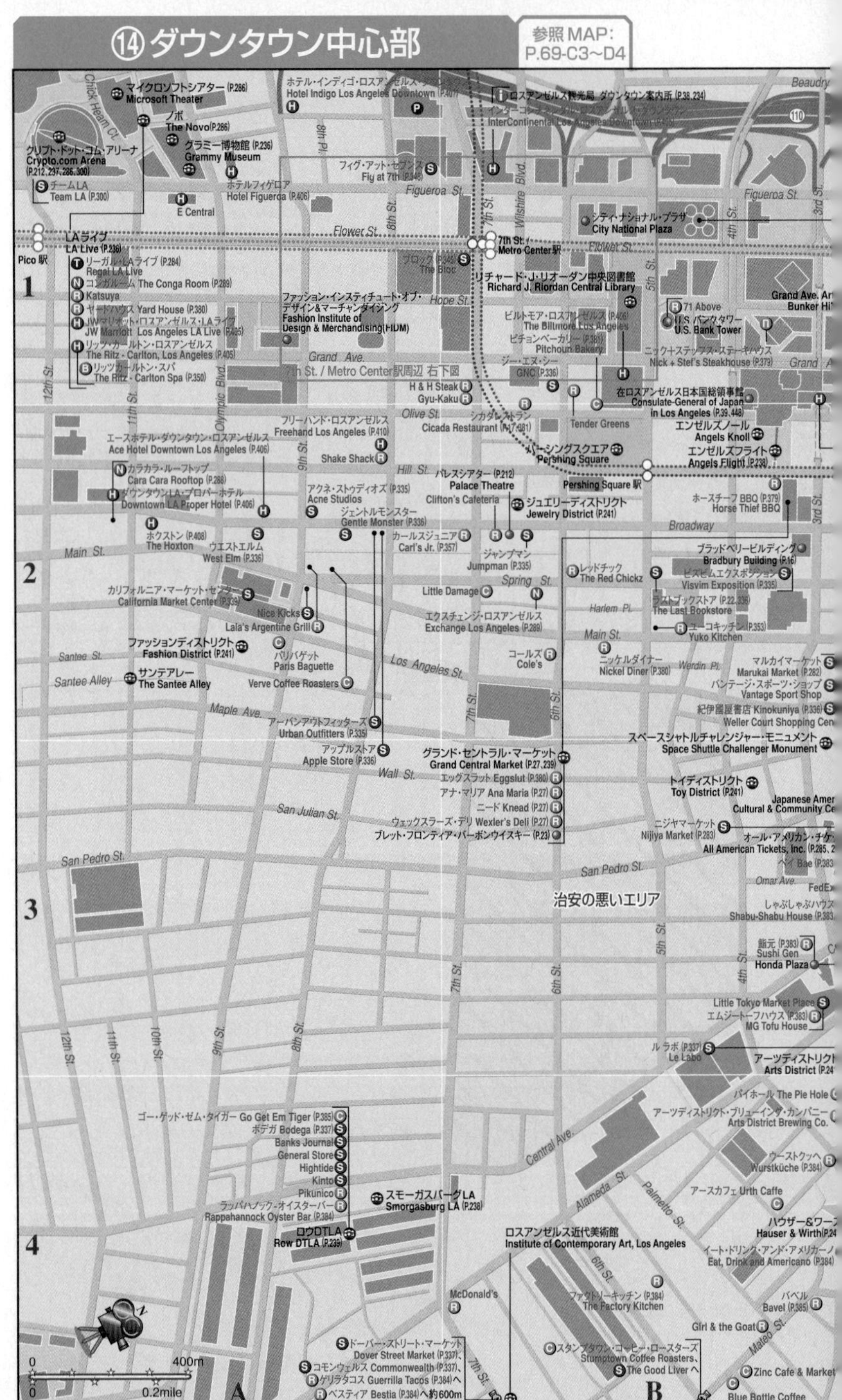

見どころ　ショップ　レストラン　ホテル　カフェ　ナイトスポット　映画館　スパ、サロン　観光案内所　ランドマーク/そのほか　ビーチ/公園
インターステートハイウエイ　U.S.ハイウエイ　ステートハイウエイ　Hollywood Blvd. 道路名　メトロ　空港　ゴルフ場　病院　郵便局

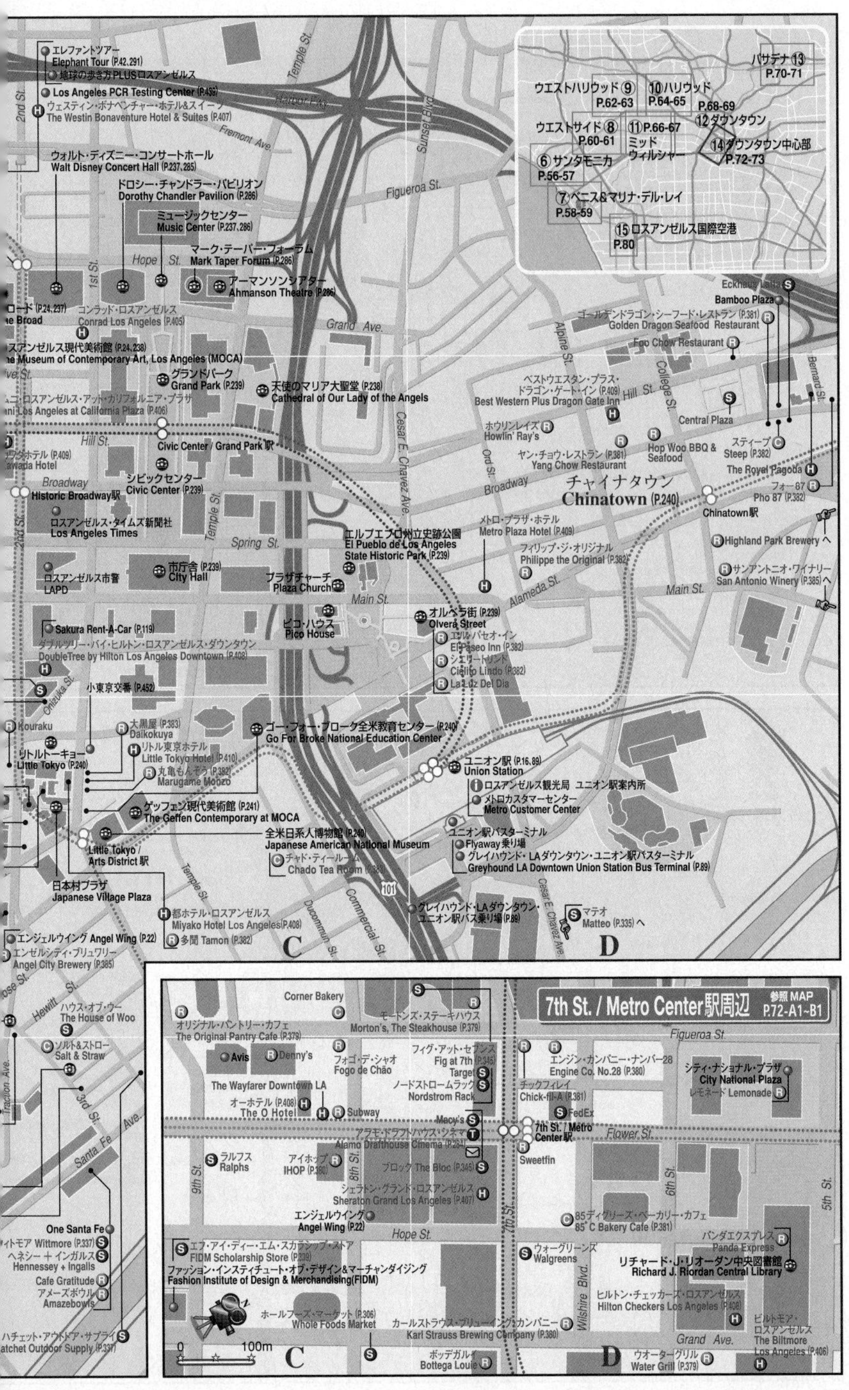
エレファントツアー
Elephant Tour (P.42, 291)
地球の歩き方PLUSロスアンゼルス
Los Angeles PCR Testing Center (P.439)
ウェスティン・ボナベンチャー・ホテル&スイーツ
The Westin Bonaventure Hotel & Suites (P.407)
ウォルト・ディズニー・コンサートホール
Walt Disney Concert Hall (P.237, 285)
ドロシー・チャンドラー・パビリオン
Dorothy Chandler Pavilion (P.286)
ミュージックセンター
Music Center (P.237, 286)
マーク・テーパー・フォーラム
Mark Taper Forum (P.286)
アーマンソンシアター
Ahmanson Theatre (P.286)
コンラッド・ロスアンゼルス
Conrad Los Angeles (P.405)
The Museum of Contemporary Art, Los Angeles (MOCA)
グランドパーク
Grand Park (P.239)
天使のマリア大聖堂 (P.238)
Cathedral of Our Lady of the Angels
Civic Center / Grand Park駅
シビックセンター
Civic Center (P.239)
Historic Broadway駅
ロスアンゼルス・タイムズ新聞社
Los Angeles Times
市庁舎 (P.239)
City Hall
ロスアンゼルス市警
LAPD
エルプエブロ州立史跡公園
El Pueblo de Los Angeles State Historic Park (P.239)
プラザチャーチ
Plaza Church
ピコ・ハウス
Pico House
オルベラ街 (P.239)
Olvera Street
エル・パセオ・イン
El Paseo Inn (P.382)
シエリートリンド
Cielito Lindo (P.382)
La Luz Del Dia
Sakura Rent-A-Car (P.119)
ダブルツリー・バイ・ヒルトン・ロスアンゼルス・ダウンタウン
DoubleTree by Hilton Los Angeles Downtown (P.408)
小東京交番 (P.452)
Kouraku
大黒屋 (P.383)
Daikokuya
リトル東京ホテル
Little Tokyo Hotel (P.410)
リトルトーキョー
Little Tokyo (P.240)
丸亀もんぞう (P.382)
Marugame Monzo
ゴー・フォー・ブローク全米教育センター (P.240)
Go For Broke National Education Center
ゲッフェン現代美術館 (P.241)
The Geffen Contemporary at MOCA
全米日系人博物館 (P.240)
Japanese American National Museum
チャド・ティールーム
Chado Tea Room
Little Tokyo / Arts District駅
日本村プラザ
Japanese Village Plaza
都ホテル・ロスアンゼルス
Miyako Hotel Los Angeles (P.408)
多聞 Tamon (P.382)
エンジェルウイング Angel Wing (P.22)
エンゼルシティ・ブリュワリー
Angel City Brewery (P.385)
ユニオン駅 (P.16, 89)
Union Station
ロスアンゼルス観光局 ユニオン駅案内所
メトロカスタマーセンター
Metro Customer Center
ユニオン駅バスターミナル
Flyaway乗り場
グレイハウンド・LAダウンタウン・ユニオン駅バスターミナル
Greyhound LA Downtown Union Station Bus Terminal (P.89)
グレイハウンド・LAダウンタウン・ユニオン駅バス乗り場 (P.89)
マテオ
Matteo (P.335) へ
パサデナ⑬ P.70-71
ウエストハリウッド⑨ P.62-63
⑩ハリウッド P.64-65
P.68-69 ⑫ダウンタウン
ウエストサイド⑧ P.60-61
⑪P.66-67 ミッドウィルシャー
⑭ダウンタウン中心部 P.72-73
⑥サンタモニカ P.56-57
⑦ベニス&マリナ・デル・レイ P.58-59
⑮ロスアンゼルス国際空港 P.80
Bamboo Plaza
ゴールデンドラゴン・シーフード・レストラン (P.381)
Golden Dragon Seafood Restaurant
Foo Chow Restaurant
ベストウエスタン・プラス・ドラゴン・ゲート・イン (P.409)
Best Western Plus Dragon Gate Inn
Central Plaza
ホウリンレイズ
Howlin' Ray's
ヤン・チョウ・レストラン (P.381)
Yang Chow Restaurant
Hop Woo BBQ & Seafood
スティープ
Steep (P.382)
The Royal Pagoda
フォー87
Pho 87 (P.382)
チャイナタウン
Chinatown (P.240)
Chinatown駅
メトロ・プラザ・ホテル
Metro Plaza Hotel (P.409)
フィリップ・ジ・オリジナル
Philippe the Original (P.382)
Highland Park Brewery へ
サンアントニオ・ワイナリー
San Antonio Winery (P.385) へ
7th St. / Metro Center駅周辺 参照MAP P.72-A1~B1
Corner Bakery
モートンズ・ステーキハウス
Morton's, The Steakhouse (P.379)
オリジナル・パントリー・カフェ
The Original Pantry Cafe (P.378)
Avis
Denny's
フォゴ・デ・シャオ
Fogo de Chão
フィグ・アット・セブンス
Fig at 7th (P.345)
Target
ノードストロームラック
Nordstrom Rack
The Wayfarer Downtown LA
オーホテル (P.408)
The O Hotel
Subway
Macy's
アラモ・ドラフトハウス・シネマ
Alamo Drafthouse Cinema (P.284)
ラルフス
Ralphs
アイホップ
IHOP (P.380)
ブロック The Bloc (P.346)
シェラトン・グランド・ロスアンゼルス
Sheraton Grand Los Angeles (P.407)
エンジェルウイング
Angel Wing (P.22)
エフ・アイ・ディー・エム・スカラシップ・ストア
FIDM Scholarship Store (P.339)
ファッション・インスティチュート・オブ・デザイン&マーチャンダイジング
Fashion Institute of Design & Merchandising(FIDM)
ホールフーズ・マーケット (P.306)
Whole Foods Market
カールストラウス・ブリューイング・カンパニー
Karl Strauss Brewing Company (P.380)
ボッテガルイ
Bottega Louie
エンジン・カンパニー・ナンバー28
Engine Co. No.28 (P.380)
チックフィレイ
Chick-fil-A (P.381)
FedEx
7th St. / Metro Center駅
Sweetfin
シティ・ナショナル・プラザ
City National Plaza
レモネード Lemonade
85°ディグリーズ・ベーカリー・カフェ
85°C Bakery Cafe (P.381)
パンダエクスプレス
Panda Express
リチャード・J・リオーダン中央図書館
Richard J. Riordan Central Library
ウォーグリーンズ
Walgreens
ヒルトン・チェッカーズ・ロスアンゼルス
Hilton Checkers Los Angeles (P.408)
ビルトモア・ロスアンゼルス
The Biltmore Los Angeles (P.406)
ウオーターグリル
Water Grill (P.379)
ハウス・オブ・ウー
The House of Woo
ソルト&ストロー
Salt & Straw
One Santa Fe
ウィトモア Wittmore (P.337)
ヘネシー＋インガルス
Hennessey + Ingalls
Cafe Gratitude
アメーズボウル
Amazebowls
ハチェット・アウトドア・サプライ
Hatchet Outdoor Supply (P.337)
0 100m
C
D

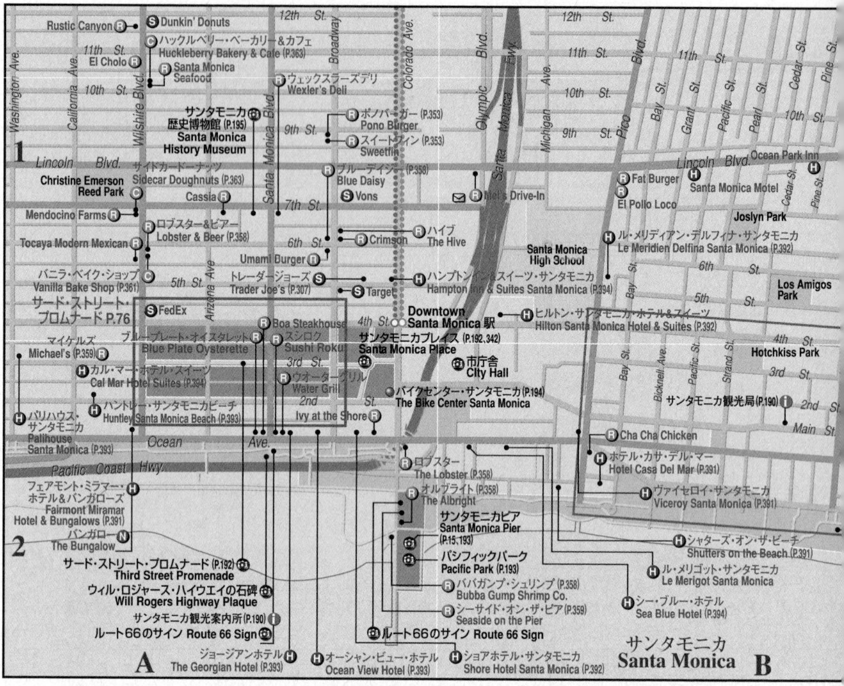

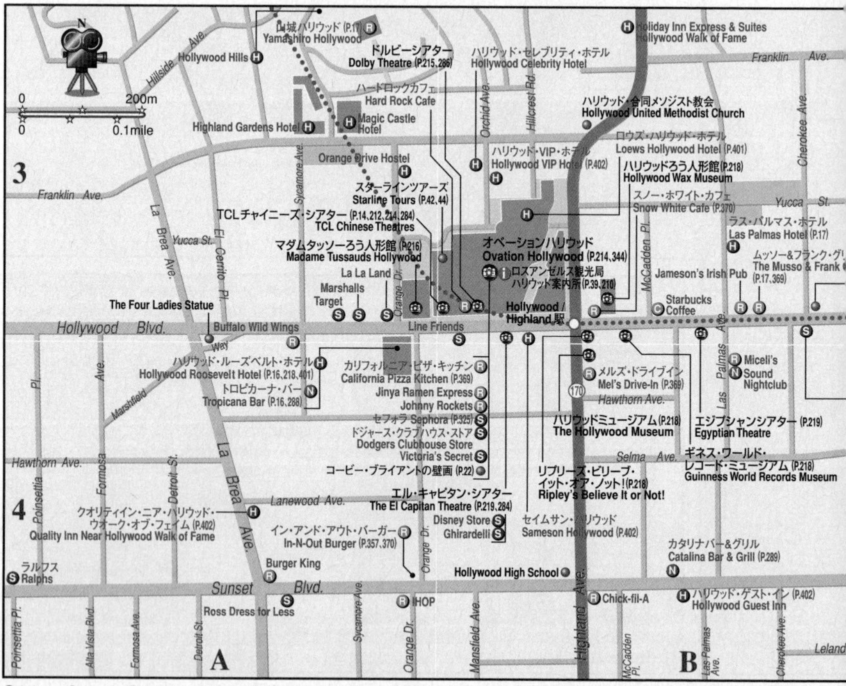

サンタモニカ
Santa Monica

Rustic Canyon
Dunkin' Donuts
ハックルベリー・ベーカリー＆カフェ
Huckleberry Bakery & Cafe (P.363)
El Cholo
Santa Monica Seafood
ウェックスラーズデリ
Wexler's Deli
サンタモニカ歴史博物館 (P.195)
Santa Monica History Museum
ポノバーガー (P.353)
Pono Burger
スイートフィン (P.353)
Sweetfin
サイドカー・ドーナッツ
Sidecar Doughnuts (P.363)
Christine Emerson Reed Park
ブルーデイジー (P.356)
Blue Daisy
Vons
Cassia
Mel's Drive-In
Mendocino Farms
ロブスター＆ビアー
Lobster & Beer (P.358)
Tocaya Modern Mexican
ハイブ
The Hive
Crimson
Umami Burger
バニラ・ベイク・ショップ
Vanilla Bake Shop (P.361)
トレーダー・ジョーズ
Trader Joe's (P.307)
Target
ハンプトンイン＆スイーツ・サンタモニカ
Hampton Inn & Suites Santa Monica (P.394)
サード・ストリート・プロムナード P.76
FedEx
Boa Steakhouse
Downtown Santa Monica 駅
ヒルトン・サンタモニカ・ホテル＆スイーツ
Hilton Santa Monica Hotel & Suites (P.392)
マイケルズ
Michael's (P.359)
ブループレート・オイスタレット
Blue Plate Oysterette
スシロク
Sushi Roku
サンタモニカプレイス (P.192,342)
Santa Monica Place
市庁舎
City Hall
カル・マー・ホテル・スイーツ
Cal Mar Hotel Suites (P.394)
ウオーターグリル
Water Grill
バイクセンター・サンタモニカ (P.194)
The Bike Center Santa Monica
ハントレー・サンタモニカビーチ
Huntley Santa Monica Beach (P.393)
Ivy at the Shore
パリハウス・サンタモニカ
Palihouse Santa Monica (P.393)
Fat Burger
El Pollo Loco
Santa Monica Motel
Ocean Park Inn
Joslyn Park
ル・メリディアン・デルフィナ・サンタモニカ
Le Meridien Delfina Santa Monica (P.392)
Santa Monica High School
Los Amigos Park
Hotchkiss Park
サンタモニカ観光局 (P.190)
Cha Cha Chicken
ホテル・カサ・デル・マー
Hotel Casa Del Mar (P.391)
ヴァイセロイ・サンタモニカ
Viceroy Santa Monica (P.391)
ロブスター
The Lobster (P.358)
オルブライト (P.358)
The Albright
フェアモント・ミラマー・ホテル＆バンガローズ
Fairmont Miramar Hotel & Bungalows (P.391)
サンタモニカピア
Santa Monica Pier (P.15, 193)
バンガロー
The Bungalow
パシフィックパーク
Pacific Park (P.193)
シャターズ・オン・ザ・ビーチ
Shutters on the Beach (P.391)
サード・ストリート・プロムナード (P.192)
Third Street Promenade
ル・メリゴット・サンタモニカ
Le Merigot Santa Monica
ウィル・ロジャース・ハイウエイの石碑
Will Rogers Highway Plaque
ババガンプ・シュリンプ (P.358)
Bubba Gump Shrimp Co.
シーサイド・オン・ザ・ピア (P.359)
Seaside on the Pier
シー・ブルー・ホテル
Sea Blue Hotel (P.394)
サンタモニカ観光案内所 (P.190)
ルート66のサイン Route 66 Sign
ルート66のサイン Route 66 Sign
ジョージアンホテル
The Georgian Hotel (P.393)
オーシャン・ビュー・ホテル
Ocean View Hotel (P.393)
ショアホテル・サンタモニカ
Shore Hotel Santa Monica (P.392)

Washington Ave. / California Ave. / Wilshire Blvd. / Santa Monica Blvd. / Broadway / Colorado Ave. / Olympic Blvd. / Santa Monica Fwy. / Michigan Ave. / Pico Blvd. / Lincoln Blvd. / Ocean Ave. / Pacific Coast Hwy. / Arizona Ave. / 12th St. / 11th St. / 10th St. / 9th St. / 7th St. / 6th St. / 5th St. / 4th St. / 3rd St. / 2nd St. / Main St. / Bay St. / Grant St. / Pacific St. / Pearl St. / Cedar St. / Pine St. / Bicknell Ave. / Strand St.

A B 1 2

Hollywood

Holiday Inn Express & Suites Hollywood Walk of Fame
山城ハリウッド (P.17)
Yamashiro Hollywood
Hollywood Hills
ドルビーシアター
Dolby Theatre (P.215, 286)
ハリウッド・セレブリティ・ホテル
Hollywood Celebrity Hotel
ハードロックカフェ
Hard Rock Cafe
ハリウッド・合同メソジスト教会
Hollywood United Methodist Church
Highland Gardens Hotel
Magic Castle Hotel
ロウズ・ハリウッド・ホテル
Loews Hollywood Hotel (P.401)
Orange Drive Hostel
ハリウッド・VIP・ホテル
Hollywood VIP Hotel (P.402)
ハリウッドろう人形館 (P.218)
Hollywood Wax Museum
スターラインツアーズ
Starline Tours (P.42, 44)
スノー・ホワイト・カフェ
Snow White Cafe (P.370)
TCLチャイニーズ・シアター (P.14, 212, 214, 284)
TCL Chinese Theatres
ラス・パルマス・ホテル
Las Palmas Hotel (P.17)
オベーションハリウッド
Ovation Hollywood (P.214, 344)
マダムタッソーろう人形館 (P.216)
Madame Tussauds Hollywood
ムッソ＆フランク・グ
The Musso & Frank G
(P.17, 369)
ロスアンゼルス観光局 ハリウッド案内所 (P.39, 210)
La La Land
Marshalls
Target
Jameson's Irish Pub
Starbucks Coffee
The Four Ladies Statue
Hollywood / Highland 駅
Buffalo Wild Wings
Line Friends
ハリウッド・ルーズベルト・ホテル
Hollywood Roosevelt Hotel (P.16, 218, 401)
カリフォルニア・ピザ・キッチン
California Pizza Kitchen (P.369)
Miceli's
Sound Nightclub
トロピカーナ・バー
Tropicana Bar (P.16, 288)
Jinya Ramen Express
メルズ・ドライブイン
Mel's Drive-In (P.369)
Johnny Rockets
セフォラ Sephora (P.325)
ハリウッドミュージアム (P.218)
The Hollywood Museum
エジプシャンシアター (P.219)
Egyptian Theatre
ドジャース・クラブハウス・ストア
Dodgers Clubhouse Store
Victoria's Secret
コービー・ブライアントの壁画 (P.22)
リプリーズ・ビリーブ・イット・オア・ノット！ (P.218)
Ripley's Believe It or Not!
ギネス・ワールド・レコード・ミュージアム (P.218)
Guinness World Records Museum
エル・キャピタン・シアター
The El Capitan Theatre (P.219, 284)
クオリティイン・ニア・ハリウッド・ウオーク・オブ・フェイム (P.402)
Quality Inn Near Hollywood Walk of Fame
Disney Store
Ghirardelli
セイムサン・ハリウッド
Sameson Hollywood (P.402)
イン・アンド・アウト・バーガー
In-N-Out Burger (P.357, 370)
カタリナバー＆グリル
Catalina Bar & Grill (P.289)
ラルフス
Ralphs
Burger King
Hollywood High School
Chick-fil-A
ハリウッド・ゲスト・イン (P.402)
Hollywood Guest Inn
Ross Dress for Less
IHOP

Hillside Ave. / Franklin Ave. / La Brea Ave. / Yucca St. / El Cerrito Pl. / Sycamore Ave. / Orange Dr. / Orchid Ave. / Hillcrest Rd. / McCadden Pl. / Cherokee Ave. / Hollywood Blvd. / Hawthorn Ave. / Selma Ave. / Lanewood Ave. / Sunset Blvd. / Marshfield Way / Poinsettia Pl. / Formosa Ave. / Detroit St. / Alta Vista Blvd. / Mansfield Ave. / Highland Ave. / Las Palmas Ave. / Leland / 170

0 200m
0 0.1mile

A B 3 4

見どころ　ショップ　レストラン　ホテル　カフェ　ナイトスポット　映画館　スパ、サロン　観光案内所　ランドマーク／そのほか　ビーチ／公園
インターステートハイウエイ　U.Sハイウエイ　ステートハイウエイ　Hollywood Blvd. 道路名　遊歩道　メトロ　空港　ゴルフ場　病院　郵便局

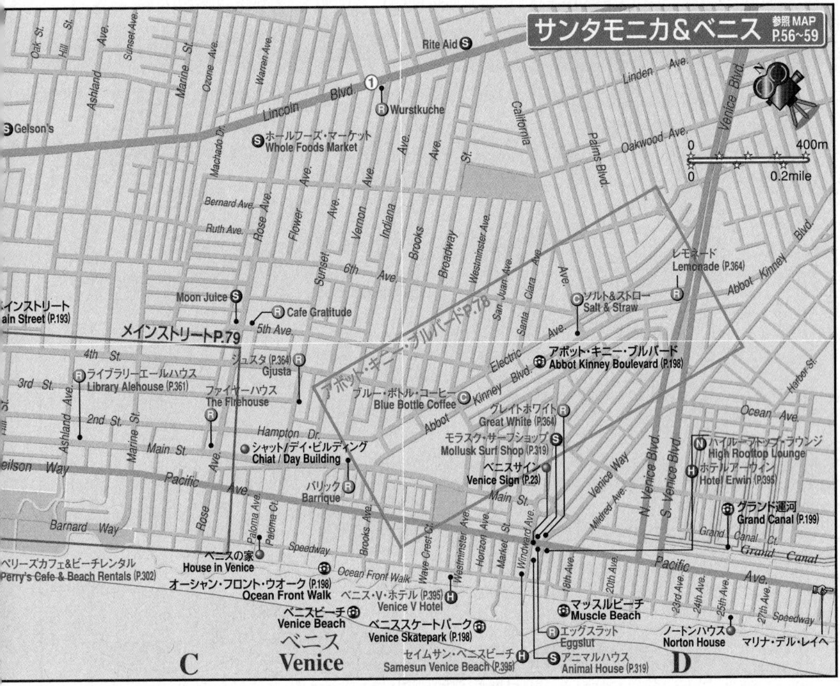

サンタモニカ&ベニス

参照MAP P.56~59

Rite Aid
Wurstkuche
Gelson's
ホールフーズ・マーケット Whole Foods Market
Lincoln Blvd.
Linden Ave.
Oakwood Ave.
Venice Blvd.
California
Palms Blvd.
0 400m
0 0.2mile
Oak St.
Hill St.
Ave.
Sunset Ave.
Ashland
Marine St.
Ozone Ave.
Warren Ave.
Machado Dr.
Bernard Ave.
Ruth Ave.
Rose Ave.
Flower Ave.
Sunset Ave.
Vernon Ave.
Indiana
Brooks
Broadway
Westminster Ave.
San Juan Ave.
Santa Clara Ave.
6th Ave.
レモネード Lemonade (P.364)
Abbot Kinney Blvd.
Moon Juice
Cafe Gratitude
ソルト&ストロー Salt & Straw
メインストリート Main Street (P.193)
メインストリートP.79
5th Ave.
アボット・キニー・ブルバードP.78
アボット・キニー・ブルバード Abbot Kinney Boulevard (P.198)
4th St.
3rd St.
ライブラリー・エールハウス Library Alehouse (P.361)
ジュスタ (P.364) Gjusta
ファイヤーハウス The Firehouse
ブルー・ボトル・コーヒー Blue Bottle Coffee
Electric
グレイトホワイト Great White (P.364)
Harbor St.
Ocean Ave.
2nd St.
Ashland Ave.
Marine St.
Hampton Dr.
Main St.
モラスク・サーフショップ Mollusk Surf Shop (P.319)
ハイ・ルーフトップ・ラウンジ High Rooftop Lounge
シャット/デイ・ビルディング Chiat / Day Building
Neilson Way
Pacific Ave.
バリック Barrique
ベニスサイン Venice Sign (P.23)
Venice Way
N. Venice Blvd.
S. Venice Blvd.
ホテルアーウィン Hotel Erwin (P.395)
グランド運河 Grand Canal (P.199)
Mildred Ave.
Main St.
Barnard Way
Rose Ave.
Paloma Ave.
Paloma Ct.
Speedway
Brooks Ave.
Wave Crest Ct.
Westminster Ave.
Horizon Ave.
Market St.
Windward Ave.
18th Ave.
20th Ave.
Grand Canal Ct.
Grand Canal
Pacific Ave.
ベニスの家 House in Venice
ペリーズカフェ&ビーチレンタル Perry's Cafe & Beach Rentals (P.302)
Ocean Front Walk
オーシャン・フロント・ウオーク (P.198) Ocean Front Walk
ベニス・V・ホテル (P.395) Venice V Hotel
マッスルビーチ Muscle Beach
23rd Ave.
24th Ave.
25th Ave.
27th Ave.
Speedway
ベニスビーチ Venice Beach
ベニススケートパーク (P.198) Venice Skatepark (P.198)
エッグスラット Eggslut
ノートンハウス Norton House
マリナ・デル・レイへ
ベニス Venice
セイムサン・ベニスビーチ Samesun Venice Beach (P.395)
アニマルハウス Animal House (P.319)
C
D

ハリウッド中心部

参照MAP P.64-A3~B4

Ave.
Franklin Ave.
Carmen Ave.
Vista Del Mar Ave.
Grace
Ivar Ave.
Panda Express
7-Eleven
モーテル6・ハリウッドLA (P.402) Motel 6 Hollywood LA
101
Vine St.
Yucca St.
CVS
キンプトン・エバリー・ホテル Kimpton Everly Hotel (P.400)
Yucca St.
The Hotel Hollywood
Yucca St.
Wilcox Ave.
キャピトルレコード・ビル Capitol Records Building
Carlos Ave.
アバロン・ハリウッド Avalon Hollywood (P.289)
Carlos Ave.
Hudson Ave.
パンテージシアター (P.219,286) Pantages Theatre
ウオーク・オブ・フェイム (P.14,213,216) Walk of Fame
ポパイズ Popeye's (P.370)
ドリップLA Drip LA (P.325)
Pressed
CVS
Academy LA
Escape Hotel Hollywood
Joe's Pizza
Intelligentsia
Hollywood / Vine駅
Shake Shack
Hollywood Blvd.
Hollywood Blvd.
Shiekh
Iguana Vintage Clothing
フォンダシアター (P.286) The Fonda Theatre
アメーバミュージック Amoeba Music (P.325)
ハリウッド・トイズ&コスチュームズ (P.325) Hollywood Toys & Costumes
ハリウッド壁画 (P.216) Hollywood Murals
カツヤ Katsuya
Wハリウッド (P.401) W Hollywood
Carlton Way
Beauty & Essex
ラリー・エドモンズ・ブックショップ Larry Edmunds Bookshop (P.325)
Cosmo St.
Ivar Ave.
ハリウッド・ファーマーズマーケット Hollywood Farmers' Market (P.26)
トレーダージョーズ Trader Joe's (P.307)
Vista Del Mar Ave.
El Centro Ave.
Gower St.
Tao
Cahuenga Blvd.
Selma Ave.
Selma Ave.
Trejo's Tacos
Bed Bath & Beyond
ママ・シェルター・ロスアンゼルス Mama Shelter Los Angeles (P.402)
Stout Burgers & Beers
800ディグリーズ・ウッドファイアード・キッチン 800 Degrees Woodfired Kitchen
Harold Way
La Baig Ave.
Gordon St.
ドリーム・ハリウッド Dream Hollywood (P.400)
Schrader Blvd.
Morningside Ct.
Argyle Ave.
ハリウッドパラディウム Hollywood Palladium (P.286)
ロスコーズ Roscoe's (P.369)
The Record Parlor
Ave.
Sunset Blvd.
Magari
Groundwork Coffee
Veggie Grill
Fabiolus Cucina
Sweetgreen
Rubbies+Diamonds
Gower St.
Beachwood Dr.
Gordon St.
Superba Food+Bread
Chipotle Mexican Grill
Vine St.
Way
Hudson Ave.
Wilcox Ave.
Cole Pl.
Ivar
アークライトシネマズ ArcLight Cinemas
Leland Way
シネラマドーム Cinerama Dome
C
D

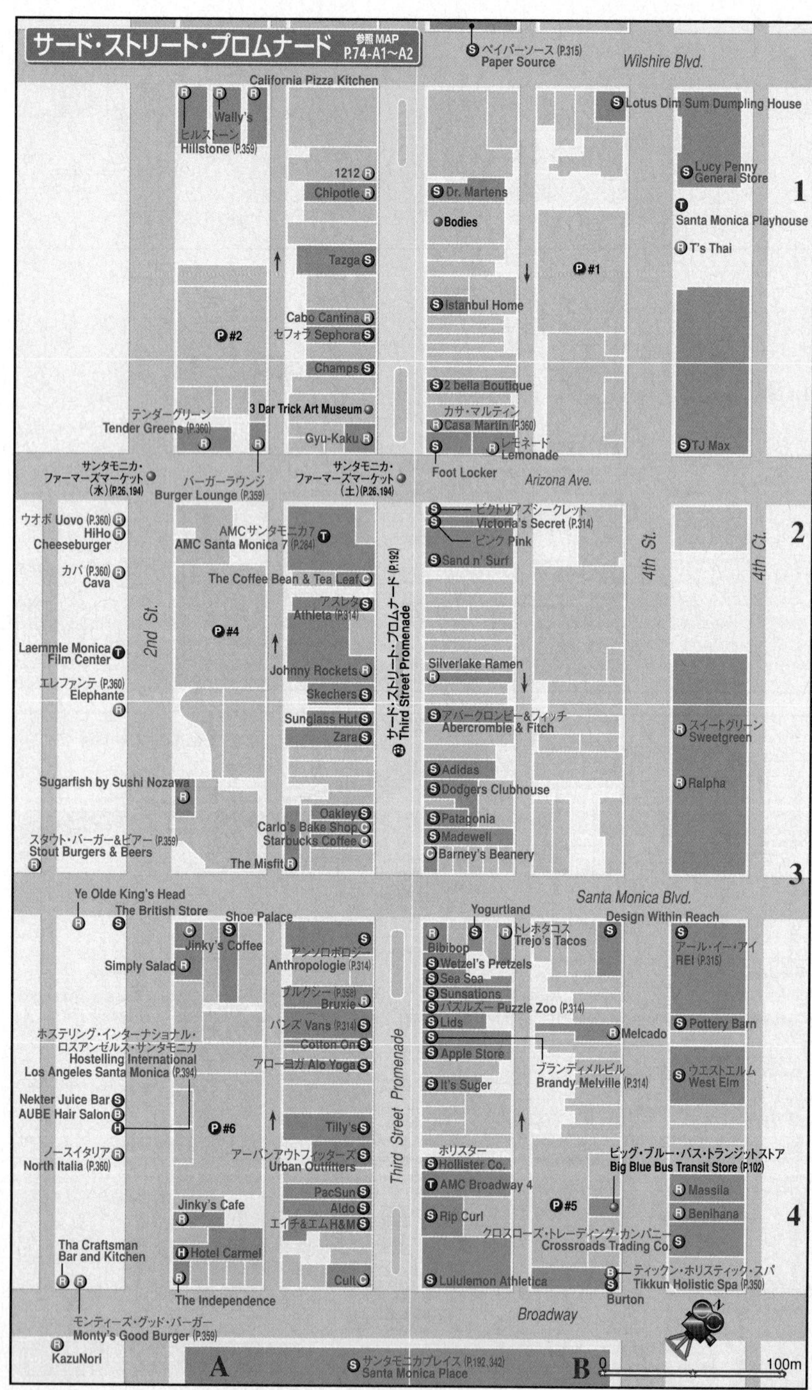

サード・ストリート・プロムナード
参照MAP P.74-A1～A2
ペイパーソース (P.315) Paper Source
Wilshire Blvd.
California Pizza Kitchen
Wally's
ヒルストーン Hillstone (P.359)
Lotus Dim Sum Dumpling House
Lucy Penny General Store
1212
Chipotle
Dr. Martens
Bodies
Santa Monica Playhouse
T's Thai
Tazga
#1
#2
Istanbul Home
Cabo Cantina
セフォラ Sephora
Champs
2 bella Boutique
3 Dar Trick Art Museum
カサ・マルティン Casa Martin (P.360)
テンダーグリーン Tender Greens (P.360)
Gyu-Kaku
レモネード Lemonade
TJ Max
Foot Locker
サンタモニカ・ファーマーズマーケット (水) (P.26,194)
バーガーラウンジ Burger Lounge (P.359)
サンタモニカ・ファーマーズマーケット (土) (P.26,194)
Arizona Ave.
ウオボ Uovo (P.360)
HiHo Cheeseburger
AMCサンタモニカ7 AMC Santa Monica 7 (P.284)
ビクトリアズシークレット Victoria's Secret (P.314)
ピンク Pink
Sand n' Surf
カバ (P.360) Cava
The Coffee Bean & Tea Leaf
サード・ストリート・プロムナード Third Street Promenade (P.192)
4th St.
4th Ct.
アスレタ Athleta (P.314)
2nd St.
#4
Laemmle Monica Film Center
Johnny Rockets
Silverlake Ramen
エレファンテ (P.360) Elephante
Skechers
アバークロンビー&フィッチ Abercrombie & Fitch
Sunglass Hut
Zara
スイートグリーン Sweetgreen
Adidas
Sugarfish by Sushi Nozawa
Dodgers Clubhouse
Ralpha
Oakley
Patagonia
Carlo's Bake Shop
Madewell
スタウト・バーガー&ビアー (P.359) Stout Burgers & Beers
Starbucks Coffee
The Misfit
Barney's Beanery
Ye Olde King's Head
Santa Monica Blvd.
The British Store
Yogurtland
Shoe Palace
トレホタコス Trejo's Tacos
Design Within Reach
Jinky's Coffee
Bibibop
アール・イー・アイ REI (P.315)
アンソロポロジー Anthropologie (P.314)
Simply Salad
Wetzel's Pretzels
Sea Sea
Sunsations
ブルクシー (P.358) Bruxie
パズルズー Puzzle Zoo (P.314)
Lids
バンズ Vans (P.314)
Pottery Barn
Melcado
ホステリング・インターナショナル・ロスアンゼルス・サンタモニカ Hostelling International Los Angeles Santa Monica (P.394)
Cotton On
Apple Store
アローヨガ Alo Yoga
ブランディメルビル Brandy Melville (P.314)
It's Suger
ウエストエルム West Elm
Nekter Juice Bar
AUBE Hair Salon
#6
Tilly's
ノースイタリア North Italia (P.360)
アーバンアウトフィッターズ Urban Outfitters
ホリスター Hollister Co.
ビッグ・ブルー・バス・トランジットストア Big Blue Bus Transit Store (P.102)
Third Street Promenade
AMC Broadway 4
Massila
PacSun
Aldo
#5
Benihana
Jinky's Cafe
エイチ&エム H&M
Rip Curl
クロスローズ・トレーディング・カンパニー Crossroads Trading Co.
Hotel Carmel
Tha Craftsman Bar and Kitchen
Cult
Lululemon Athletica
ティックン・ホリスティック・スパ Tikkun Holistic Spa (P.350)
Burton
The Independence
Broadway
モンティーズ・グッド・バーガー Monty's Good Burger (P.359)
KazuNori
サンタモニカプレイス (P.192,342) Santa Monica Place
A
B
1
2
3
4
0
100m
N
見どころ ショップ レストラン ホテル カフェ ナイトスポット 映画館 スパ、サロン 観光案内所 ランドマーク／そのほか ビーチ／公園 病院
インターステートハイウエイ U.S.ハイウエイ ステートハイウエイ Hollywood Blvd. 道路名 メトロ 空港 ゴルフ場 郵便局 一方通行

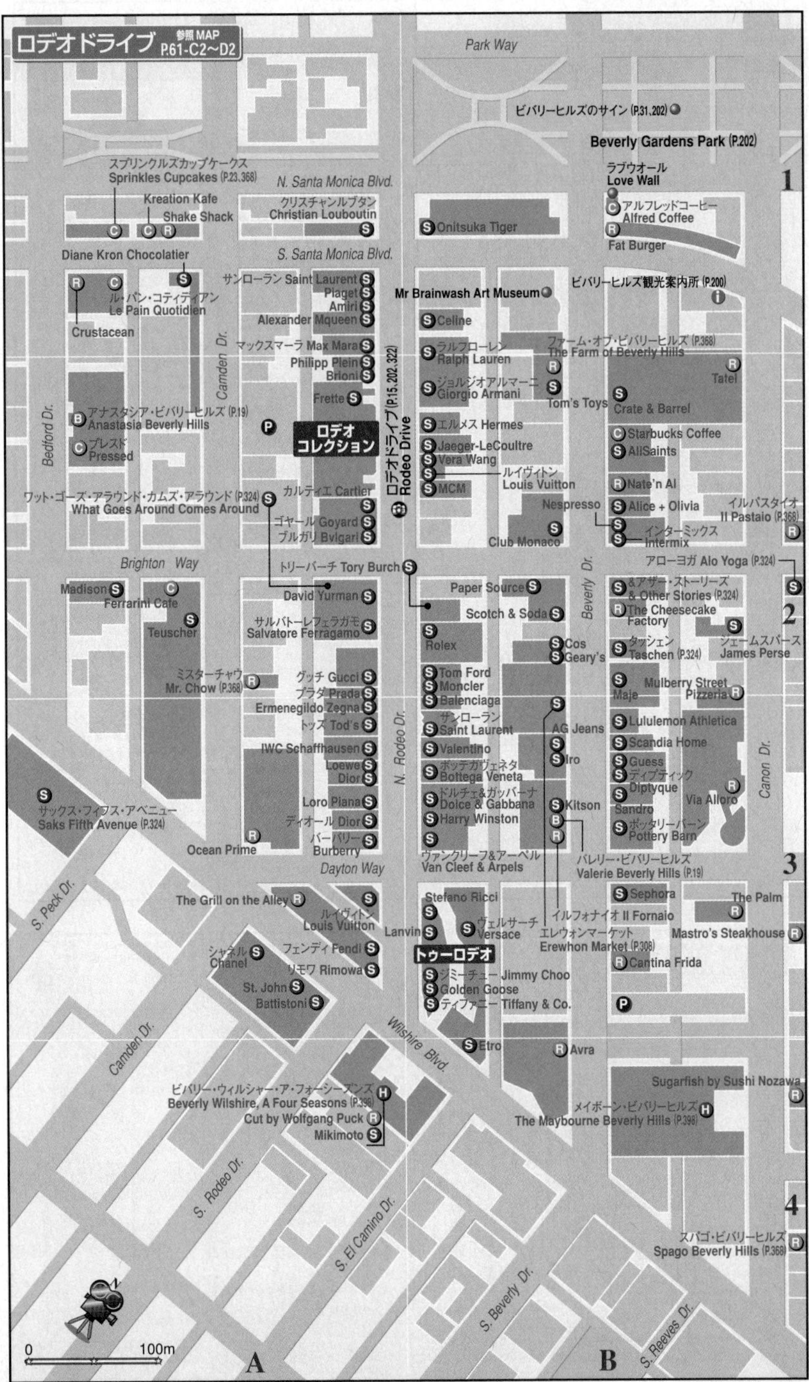
ロデオドライブ
参照MAP P.61-C2〜D2
Park Way
ビバリーヒルズのサイン (P.31,202)
Beverly Gardens Park (P.202)
ラブウオール
Love Wall
アルフレッドコーヒー
Alfred Coffee
Fat Burger
スプリンクルズカップケークス
Sprinkles Cupcakes (P.23,368)
Kreation Kafe
Shake Shack
N. Santa Monica Blvd.
クリスチャンルブタン
Christian Louboutin
Onitsuka Tiger
Diane Kron Chocolatier
S. Santa Monica Blvd.
サンローラン Saint Laurent
Piaget
Amiri
Alexander Mcqueen
マックスマーラ Max Mara
Philipp Plein
Brioni
Frette
ル・パン・コティディアン
Le Pain Quotidien
Crustacean
Mr Brainwash Art Museum
ビバリーヒルズ観光案内所 (P.200)
Celine
ラルフローレン
Ralph Lauren
ファーム・オブ・ビバリーヒルズ (P.368)
The Farm of Beverly Hills
Tatel
ジョルジオアルマーニ
Giorgio Armani
Tom's Toys
Crate & Barrel
Camden Dr.
Bedford Dr.
アナスタシア・ビバリーヒルズ (P.19)
Anastasia Beverly Hills
プレスド
Pressed
ロデオ
コレクション
ロデオドライブ (P.15,202,322)
Rodeo Drive
エルメス Hermes
Jaeger-LeCoultre
Vera Wang
ルイヴィトン
Louis Vuitton
MCM
Starbucks Coffee
AllSaints
Nate'n Al
Alice + Olivia
Nespresso
Club Monaco
インターミックス
Intermix
イルパスタイオ
Il Pastaio (P.368)
ワット・ゴーズ・アラウンド・カムズ・アラウンド (P.324)
What Goes Around Comes Around
カルティエ Cartier
ゴヤール Goyard
ブルガリ Bvlgari
Brighton Way
トリーバーチ Tory Burch
アローヨガ Alo Yoga (P.324)
Beverly Dr.
Madison
Ferrarini Cafe
Teuscher
David Yurman
Paper Source
Scotch & Soda
&アザー・ストーリーズ
& Other Stories (P.324)
The Cheesecake
Factory
サルバトーレフェラガモ
Salvatore Ferragamo
Rolex
Cos
Geary's
タッシェン
Taschen (P.324)
ジェームスパース
James Perse
ミスターチャウ
Mr. Chow (P.368)
グッチ Gucci
プラダ Prada
Ermenegildo Zegna
トッズ Tod's
Tom Ford
Moncler
Balenciaga
サンローラン
Saint Laurent
Maje
Mulberry Street
Pizzeria
AG Jeans
Lululemon Athletica
Scandia Home
IWC Schaffhausen
Loewe
Dior
N. Rodeo Dr.
Valentino
ボッテガヴェネタ
Bottega Veneta
Iro
Guess
ディプティック
Diptyque
Sandro
Via Alloro
Canon Dr.
サックス・フィフス・アベニュー
Saks Fifth Avenue (P.324)
Loro Piana
ディオール Dior
バーバリー
Burberry
Ocean Prime
ドルチェ&ガッバーナ
Dolce & Gabbana
Harry Winston
Kitson
ポッタリーバーン
Pottery Barn
ヴァンクリーフ&アーペル
Van Cleef & Arpels
バレリー・ビバリーヒルズ
Valerie Beverly Hills (P.19)
Dayton Way
S. Peck Dr.
The Grill on the Alley
ルイヴィトン
Louis Vuitton
Stefano Ricci
Lanvin
ヴェルサーチ
Versace
イルフォルナイオ Il Fornaio
エレウォンマーケット
Erewhon Market (P.308)
Sephora
The Palm
Mastro's Steakhouse
シャネル
Chanel
フェンディ Fendi
リモワ Rimowa
トゥーロデオ
Cantina Frida
St. John
Battistoni
ジミーチュー Jimmy Choo
Golden Goose
ティファニー Tiffany & Co.
Camden Dr.
Wilshire Blvd.
Etro
Avra
Sugarfish by Sushi Nozawa
ビバリー・ウィルシャー・ア・フォーシーズンズ
Beverly Wilshire, A Four Seasons (P.396)
Cut by Wolfgang Puck
Mikimoto
メイボーン・ビバリーヒルズ
The Maybourne Beverly Hills (P.398)
S. Rodeo Dr.
S. El Camino Dr.
S. Beverly Dr.
スパゴ・ビバリーヒルズ
Spago Beverly Hills (P.368)
S. Reeves Dr.
0
100m
A
B
1
2
3
4

ⓢ見どころ Ⓢショップ Ⓡレストラン Ⓗホテル Ⓒカフェ Ⓝナイトスポット Ⓣ映画館 Ⓑスパ、サロン ⓘ観光案内所 ●ランドマーク／そのほか ●ビーチ／公園 ⊞病院
インターステートハイウエイ U.S.ハイウエイ ステートハイウエイ Hollywood Blvd. 道路名 ••••○•••• メトロ ✈空港 ゴルフ場 ✉郵便局 ← 一方通行

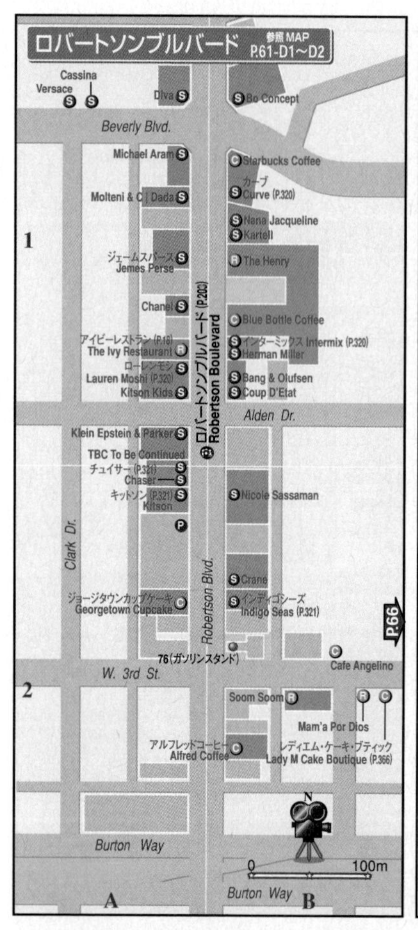

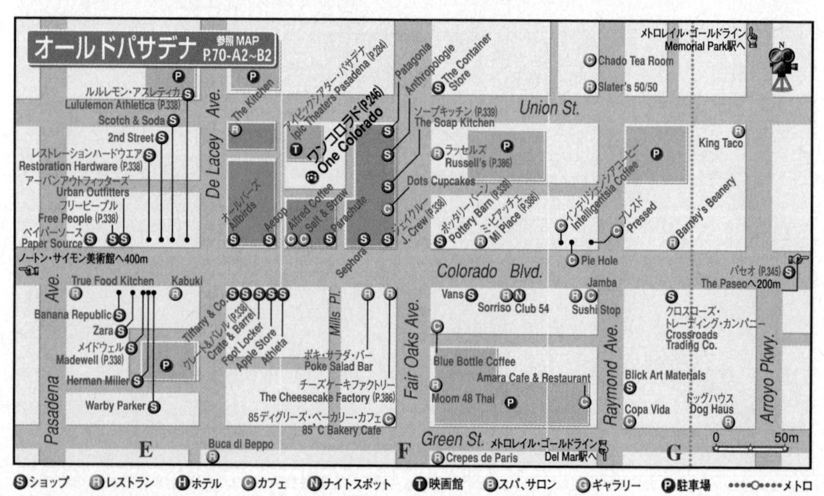

Ⓢショップ Ⓡレストラン Ⓗホテル Ⓒカフェ Ⓝナイトスポット Ⓣ映画館 Ⓑスパ、サロン Ⓖギャラリー Ⓟ駐車場 ••••○•••••メトロ

メルローズアベニュー

参照MAP P.66-A1～67-C1

0 300m
0 0.1mile

ピンクスPink's (P.357,370)
La Brea Ave.
ブラッドソス・バー＆キュー Bludso's Bar & Que (P.374)
Chipotle Mexican Grill
Detroit St.
エムカフェ M Cafe (P.373)
Stone Street
Formosa Ave.
Tatsu Ramen
ララズ・アルゼンチン・グリル Lala's Argentine Grill (P.372)
Frankie's Melrose
Alta Vista Blvd.
Nature Well Melrose
Summer Buffalo
Poinsettia Pl.
1
Ronan
7-Eleven
ラウンドツー (P.328) Round Two
Fuller Ave.
ブルー・ジャム・カフェ Blu Jam Cafe (P.373)
マヤ Maya (P.329)
American Superior Vintage
Heirloom Pizzeria
The Village Idiot
Martel Ave.
L.a.アイワークス L.a. Eyeworks
Rcnstruct
Bliss
クロスローズ・トレーディング・カンパニー Crossroads Trading Co. (P.328)
ウエイストランド Wasteland (P.29)
Vista St.
Melrose Ave.
Brooklyn Projects
American Rebel / Slow
Gardner St.
スパルティーナ Spartina (P.372)
CVS Pharmacy
Nomoo
New Friend Vintage
スネークピット・エールハウス Snakepit Ale House
Moist
Sierra Bonita Ave.
Rock Etiquette
Coolkicks
2nd Street
アメリカンビンテージ American Vintage
Eden Sky
Curson Ave.
Typhoon
2
Starbucks Coffee
Stanley Ave.
アーバンアウトフィッターズ Urban Outfitters
Matrix Theatre
ワールド・オブ・ビンテージ・Tシャツ World of Vintage T-Shirts (P.328)
Banned LA
Spaulding Ave.
Joy Rich
ワイルドスタイル Wild Style
シューパレス Shoe Palace (P.328)
Foot Locker
Genesee Ave.
Sportie L.A.
フェアファックス高校 Fairfax High School
エンジェルウイング Angel Wing (P.22)
メルローズ・トレーディング・ポスト Melrose Trading Post (P.327)
Ogden Dr.
Bicycle Shop
ガールズツアー Girls Tour (P.23)
Sorella Boutique
Orange Grove Ave.
メルローズアベニュー (P.225) Melrose Avenue
76（ガソリンスタンド）
フライトクラブ Flight Club (P.330)
Coffee Commissary
Fairfax Ave.
Buffalo Exchange
ブレイン・デッド・スタジオ Brain Dead Studios (P.285)
Hayworth Ave.
Palihotel
エルス Else (P.328)
G-star Raw
ダニエルパトリック Daniel Patrick (P.328)
Edinburgh Ave.
Reformation
3
Adidas
Waring Ave.
TableArt
Laurel Ave.
Crescent Heights Blvd.
マウロカフェ Mauro Cafe (P.372)
Bandier
ロンハーマン Ron Herman (P.327)
ジョナサンアドラー Jonathan Adler (P.329)
Kilkea Dr.
ダブルアールエル＆カンパニー RRL & Co. (P.327)
La Jolla Ave.
Clinton St.
ポールスミス Paul Smith (P.22,327)
Decades
Harper Ave.
カレラカフェ Carrera Cafe
Reformation Vintage
Mogul
Crossroads Kitchen
Sweetzer Ave.
Willoughby Ave.
シンドラーハウス The Schindler House
Vivienne Westwood
Rosewood Ave.
Melrose Ave.
Flores St.
Joybird
Les Jardins
Kings Rd.
Kings Rd.
4
スイート・レディ・ジェーン Sweet Lady Jane (P.373)
Away
Orlando Ave.
サンタ・マリア・ノッヴェラ Santa Maria Novella (P.329)
メジュリ Mejuri (P.329)
Golden Goose
Croft Ave.
APC
アルフレッドコーヒー Alfred Coffee (P.373)
Melrose Pl.
チェリーLA (P.327) Cherry LA
Alfred St.
アルフレッド・ティールーム Alfred Tea Room (P.373)
アリス・アンド・オリビア Alice + Olivia (P.326)
鯉 Koi (P.367)
ザ・ロウ (P.327) The Row
ノームズ Norms
La Cienega Blvd.
A
E.P. & L.P.

S ショップ　R レストラン　H ホテル　C カフェ　T 映画館
B スパ、サロン、ヨガスタジオ　M ミュージアム　P 駐車場

メインストリート

参照MAP P.74-B1～75-C2

Pico Blvd.
ホテル・カサ・デルマー (P.391) Hotel Casa Del Mar
Star Liquor
Stella Barra Pizzeria & Wine Bar
Bay St.
ドッグタウンコーヒー Dogtown Coffee
ベイサイドホテル Bayside Hotel (P.394)
Santa Monica Farms Jr
アルケミースパ (P.350) Alchemie Spa
1
Bicknell Ave.
Cobi's
Santa Monica Beach Nail Spa
Pacific Street Park
L&K Food Market
Pacific St.
Designers Furniture Resource
Kafe K
3rd St.
4th St.
Ocean Ave.
Lost & Found
Hoorsenbush
Strand St.
Samosa House
Hotchkiss Park
アースカフェ Urth Caffe (P.361)
ブレスド Pressed
Thai Vegan
OK
Little Prince LA
Hollister Ave.
Blow Me Candle
サンタモニカ観光局 (P.190) Santa Monica Visitor Information Center
The Galley
Blue Bottle Coffee
Holey Grail Donuts
メインストリート (P.193) Main Street
Buffalo Exchange
2
Mills St.
2nd St.
Barnard Way
Neilson Way
Manchego
サンタモニカ図書館 Santa Monica Public Library
Ocean Park Blvd.
カリフォルニア・ヘリテージ・ミュージアム California Heritage Museum
ZJボーディング・ハウス ZJ Boarding House (P.315)
RVCA
Main Street Food Truck
シー・ショア・モーテル Sea Shore Motel (P.394)
サンデイ・メインストリート・ファーマーズマーケット（日）(P.194)
La Vecchia Cucina
Main St.
ゴー・ゲット・ゼム・タイガー Go Get Em Tiger
アンディフィーテッド Undefeated
Hill St.
Jameson's Pub
シノワ・オン・メイン Chinois on Main (P.361)
Feat Clothing
The Closet Trading Co.
3
Unholy Saints
Ubatuba Acai
テンウィメン Ten Women (P.315)
Lula Cucina Mexicana
Sweet Rose Cremery
Ashland Hill
Cha Spa
アクセンツジュエリー・デザイン Accents Jewelry Design (P.315)
Starbucks Coffee
Ashland Ave.
Groundwork
ライブラリーエールハウス Library Alehouse (P.361)
パズルズー Puzzle Zoo
Kinney St.
フリーピープル Free People
2nd Street
Reformation
Pier Ave.
レイブンスパ The Raven Spa (P.350)
Marine St.
Gnarwhal Coffee Co.
4th St.
4
Navy St.
フォルマ・レストラン＆チーズ・バー Forma Restaurant & Cheese Bar
アンカー The Anchor
Subway
0 200m
0 0.1mile
CVS Pharmacy
Air Venice
ファイヤーハウス The Firehouse
Rose Ave.
ローズ・ベニス The Rose Venice (P.361)
B

S ショップ　R レストラン　H ホテル　C カフェ　i 観光案内所
B スパ、サロン、ヨガスタジオ　M ミュージアム　P 駐車場　● そのほか

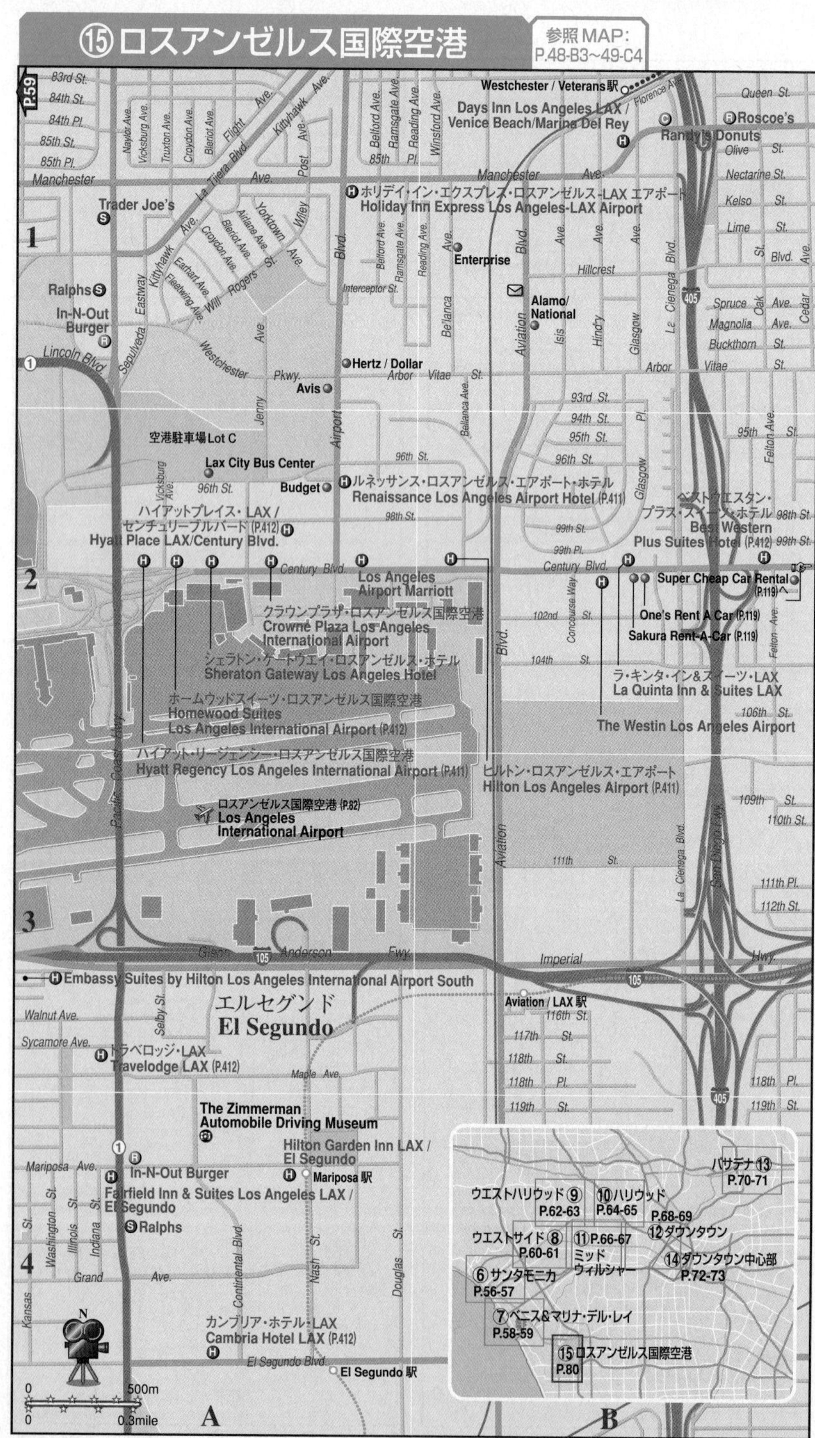

見どころ　ショップ　レストラン　ホテル　カフェ　ナイトスポット　映画館　スパ、サロン　観光案内所　ランドマーク/そのほか　ビーチ/公園
インターステートハイウエイ　U.S.ハイウエイ　ステートハイウエイ　Hollywood Blvd. 道路名　メトロ　空港　ゴルフ場　病院　郵便局

アクセスと交通機関

DISNEY
STUDIO STORE
Ghirardelli
SODA FOUNTAIN AND CHOCOLATE SHOP
217
HOLLYWOOD/
VINE STA
5837
Metro Local

ロスアンゼルスへのアクセス

Arriving at Los Angeles

西海岸だけでなく、アメリカ本土の玄関口としての役割も果たすロスアンゼルスは、日本からの直行便がロスアンゼルス国際空港へ数多く乗り入れている。アメリカ各地からは、長距離鉄道のアムトラック、長距離バスのグレイハウンドバスでのアクセスも可能だ。

飛行機 By Airplane

ロスアンゼルス国際空港（LAX）

Los Angeles International Airport(LAX)

LAダウンタウンの南西約25km、サンタモニカの南12kmにある。日本からLAへの直行便はすべて**ロスアンゼルス国際空港**に到着。**空港コードはLAXで、一般的にもこの呼び名（エル・エー・エックス）が使われている。**70社近くの航空会社が乗り入れ、年間8750万人以上が利用する空港だ。近年、空港内で大規模な改修工事が行われている。

空港内の構成

旅客ターミナル（→P.83）は、内周道路の外側に沿って、北にターミナル1～3、南にターミナル4～8が並ぶ（以下 T1～8と表記）。西側の端には、おもに外国航空会社の国際線用に使われる**トム・ブラッドレー国際線ターミナルTom Bradley International Terminal（以下 TBIT）**がある。

日系・アジア系の航空会社の直行便はすべてTBIT発着だ。ただし、**コードシェア便（共同運航便）は、運航会社の使用ターミナルの発着となるので注意すること。**また、ユナイテッド航空、デルタ航空、アメリカン航空などのアメリカ系航空会社の国際線は、それぞれが使用しているターミナルから発着していることが多い（→P.83）。

ターミナルは上層、下層の2層構造で、上層は出発階Departure Level、下層は到着階Arrival Levelとなっている（TBITは多少異なる）。

ハリウッド・バーバンク（ボブ・ホープ）空港（BUR）

Hollywood Burbank（Bob Hope）Airport（BUR）

LAの北、ハリウッドから車で30分ほど北のバーバンクにある国内線専用の空港。サンフランシスコやシカゴなどへのフライトがある。

ジョン・ウェイン空港（オレンジカウンティ）（SNA）

John Wayne Airport（Orange County）（SNA）

アナハイムの南25kmにあり、ディズニーランド・リゾートまで車で約30分。シアトルやポートランドなどへのフライトがある。

ロスアンゼルス国際空港
Los Angeles International Airport
MAP P.46-A2
住 1 World Way, Los Angeles
Free (1-855)463-5252
URL www.flylax.com

ハリウッド・バーバンク（ボブ・ホープ）空港
Hollywood Burbank（Bob Hope）Airport
MAP P.46-B1
住 2627 N. Hollywood Way, Burbank
☎ (818)840-8840
URL www.hollywoodburbankairport.com
LAダウンタウンへは、メトロリンク・ベンチュラ・カウンティ・ラインやアムトラックで約30分。

ジョン・ウェイン空港（オレンジカウンティ）
John Wayne Airport（Orange County）
MAP P.47-C4
住 18601 Airport Way, Santa Ana
☎ (949)252-5200
URL www.ocair.com
LAダウンタウンへは、アイシャトル（→下記）のルート400Aでタスティン駅Tustin Stationまで行き、メトロリンク・オレンジカウンティ・ラインで約2時間。

アイシャトル・ルート400A
iShuttle Route 400A
URL www.octa.net/ebusbook/RoutePDF/iShuttle400A.pdf
料 $1

MEMO ロスアンゼルス直行便リスト 2023年1月現在、成田と羽田、関西からロスアンゼルスへ直行便が運航している。→P.433

LAX ロスアンゼルス国際空港

西海岸最大の空港。外国航空会社の国際線が到着するのは、西側端のトム・ブラッドレー国際線ターミナル（TBIT）。アジアからの便が集中する時間帯に当たると、入国に2時間近くかかってしまうこともある。デルタ、ユナイテッド、アメリカンの各航空会社はそれぞれが到着するターミナルに入国審査がある。ターミナル間の移動は隣接する場合を除いて徒歩での移動は難しいので、1階（到着階）のターミナルの外から出ているLAXシャトル（→P.84）を利用しよう。

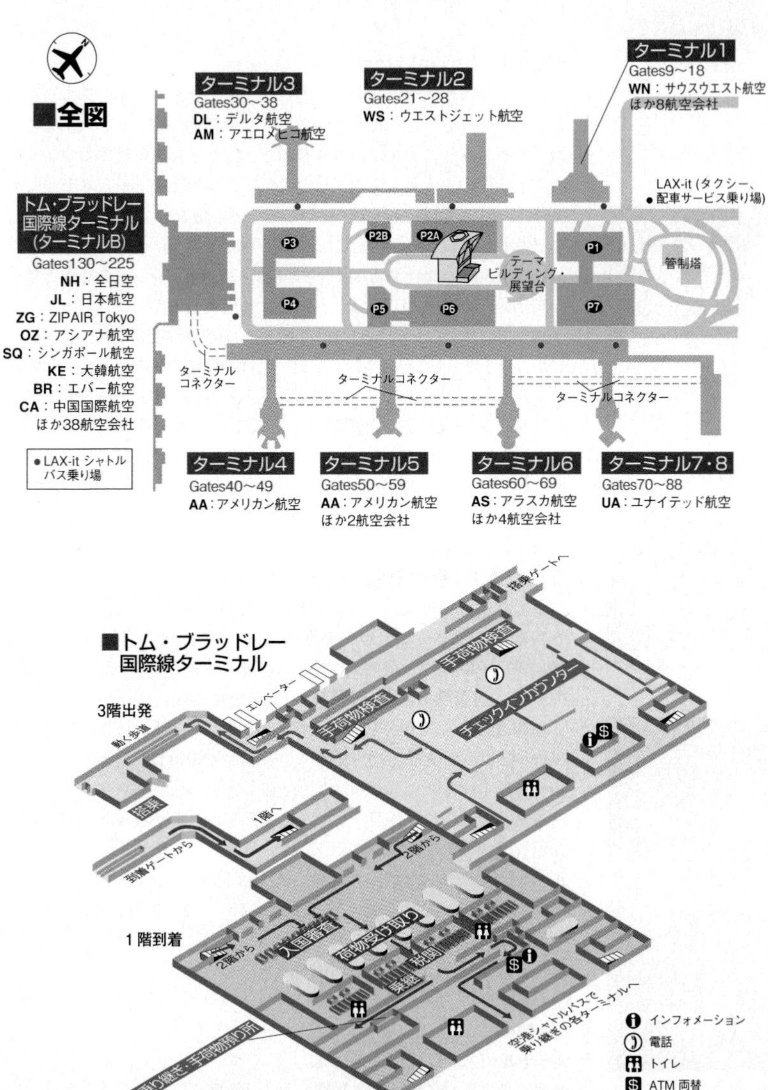

MEMO **ロスアンゼルス国際空港の大規模工事** 2024年の完成を目指して、改装・拡張工事が空港内で行われている。空港ターミナル駅やレンタカーセンター駅が新設され、メトロレイル駅を含む6つの駅を結ぶピープルムーバーが開通する予定だ。

モニターの表示
フライトナンバーや行き先の横に"on time"とあれば定刻どおり、"delay"は出発が遅れ、"cancel"はフライトがキャンセルになったことを知らせている。

念のため、ゲートに行く前にも、ゲート番号を確認しておこう

内周道路には各交通機関の乗り場がある。各交通機関により色違いのサインが出ているので、迷う心配はない

LAXシャトルに乗るときは、行き先確認を忘れずに

LAXシャトルは、ピンク色の柱が目印

出発階　Departure Level

内周道路からターミナル内に入ると、各航空会社別にチェックインカウンターCheck-in Counterが並ぶ。その奥が、セキュリティゲートSecurity Gateで、所持品のチェックが行われるエリアだ。セキュリティゲートを過ぎると、外貨両替所や搭乗ゲート、ショップ、カフェなどがある。ターミナル2、4〜8とトム・ブラッドレー国際線ターミナルには、免税店もある。"Departure Flight"と記されたモニターには、出発時刻、便名、目的地、出発ゲートが表示されているので、定刻どおりに出発するかの情報を確認しよう。

到着階　Arrival Level

機内に預けた荷物（預託手荷物）が出てくるターンテーブルがある場所、バゲージクレームBaggage Claimや荷物の紛失を訴え出る事務所がある。ターミナルにより異なるが、レンタカー会社のカウンターや空港周辺のホテルへの直通電話の付いた案内板もあり、ホテルに直接電話して部屋を予約することも可能だ。両替所Currency Exchangeやインフォメーションデスクもある。

交通機関Ground Transportationは、バゲージクレームを出てすぐの内周道路から利用できる。ターミナル間の移動やメトロレイル・Cライン（グリーン）のAviation/LAX駅へ向かうのに利用するLAXシャトル（→下記）、ホテルやレンタカー会社の営業所へ向かうための無料シャトル、市内各エリアへの有料のドア・トゥ・ドア・シャトル、シャトルバス、タクシー、配車サービスのウーバーやリフトの乗り場(LAX-it）へ行くLAX-itシャトルバスなどの乗り場があり、交通機関ごとに青や緑、ピンク色などわかりやすい柱があったり、サインが出ていたりする（→P.86〜88）。

ターミナル間の移動はLAXシャトルで

巨大な空港だけに、ターミナル間を徒歩で移動することは難しい。そのため、各ターミナル間を**無料バス**の**LAXシャトル**（車体にLAX Shuttle、Airline Connectionsなどと書かれたもの）が走っている。乗り場は**到着階のバゲージクレームを出た中州**。ピンク色の「LAX Shuttles」の柱のそばで待つ。バスルートは5つで、10〜20分おき。ルートCは4:00〜翌2:00、そのほかは24時間運行している。

ルートA（Airline / Terminal Connections）
内周道路を循環し、各ターミナルに停車する。国際線から国内線の移動時やターミナル間の移動に

ルートC（Lot South/ LAX City Bus Center）
路線バスのターミナルであるLAXシティ・バス・センター（→P.87）と各ターミナルを回る

ルートG［Metro C Line（Green）］
各ターミナルからメトロレイル・Cライン（グリーン）のAviation/LAX駅へ

ルートX（LAX Employee Lots）
各ターミナルと従業員用駐車場E、W、Sを結ぶ

ルートE（Economy Lot E）
各ターミナルと一般駐車場Eを結ぶ

MEMO **ロスアンゼルス国際空港での公共交通機関の乗り場**　2009年から始まった空港の大規模工事により、LAXシャトルやフライアウエイなどの乗り場が頻繁に変更されている。事前にウェブサイトで確認しておきたい。

LAXに到着
Arrival

国際線の場合　International Flights

到着ゲートを出たら入国審査場Immigrationで入国手続きを行う(→P.438)。入国審査が済んだらバゲージクレームエリアBaggage Claimにあるモニターで、自分が到着した便の荷物がどの番号のターンテーブルに出るかを確認しよう。ターンテーブルから自分の荷物をピックアップし、内周道路に出て市内やホテルなどに向かう。各交通機関の利用法は→P.86～88。

国内線の場合　Domestic Flights

国内線で到着すると、出発階の搭乗ゲートに出る。"Baggage Claim"、"Ground Transportation"といったサインに従って進み、下階に降りるエスカレーターや階段で到着階へ。到着階のバゲージクレームで荷物を受け取ったら各交通機関の乗り場がある内周道路へ向かう。各交通機関の利用法は→P.86～88。

LAXからの出発
Departure

国際線の場合　International Flights

セルフチェックインを終えたら、荷物を持って、各航空会社のチェックインカウンターへ。係員が手で開けて荷物の中身をチェックするため、**機内預け荷物に鍵をかけてはいけない**（→P.434）。なお、セキュリティチェックに時間がかかるので、空港へは出発時間の3時間前までには着いておくこと。

国内線の場合　Domestic Flights

セルフチェックインを終えたら、荷物を持って、チェックインカウンターに並び、機内に預ける荷物を係員に渡す。預ける荷物がなく、セルフチェックインでチェックインを行った場合は、出発便案内のモニターで自分の利用する便のゲートを確認し、セキュリティチェックを経て、直接ゲートへ。空港へは、出発の2時間前には着くように。

セルフチェックイン　Self Check-in

ほとんどの航空会社で、自分で搭乗手続きを行う（セルフチェックイン→P.437）。パスポートなど本人を確認する書類を準備しておこう。ただし、コロナ禍によりセルフチェックインを中止している航空会社もある。

空港内のWi-Fi状況
各ターミナルの建物内なら45分間無料でインターネットにアクセスできる。ワイヤレスネットワークを「LAX Free WiFi」に設定して、ブラウザーに出てくる「Free Unlimited Wi-Fi」を選ぶ。

ビジターインフォメーション Visitor Information
LAXから各エリアへの交通機関を中心とした資料が豊富。カウンターのスタッフも親切。到着階(1F)と出発階(2F)にある。

国際線から国内線の乗り継ぎ
入国審査を受け、バゲージクレームで荷物をピックアップし、税関を終えたら、コネクティングフライトConnecting Flightsのサインに従って進む。荷物を再度預け、国内線のターミナルへ移動。アメリカの航空会社であれば、たいてい同じターミナルだ。モニターで乗り継ぎ便のターミナルとゲートを確認しよう。

空港の混雑時期に注意
アメリカの祝祭日（→P.9）の前後、特にサンクスギビング（11月第4木曜）からクリスマスまでは日本のお正月のように家族で過ごす人が多く、空港も帰省ラッシュで、とても混雑する。その時期に空港を利用する場合は、時間に余裕をもって行こう。

COLUMN　トム・ブラッドレー国際線ターミナルのショップやレストラン

コンコース（出発ゲートエリア）は、地元で人気のショップやレストラン、免税店など、施設が充実している。

ショップ
Bliss、Book Soup、Bvlgari、Coach、Fred Segal、Hugo Boss、Michael Kors、Porsche Design、See's Candies、Tumi、Victoria's Secretのほか、免税店のBurberry、Gucci、Hermesなど

カフェやレストラン
800 Degrees Pizza、Beecher's Homemade Cheese、Border Grill、Chaya Brasserie、Ink. Sack、Lamill Coffee、Panda Express、Pret A Manger、Starbucks Coffee、Umami Burgerなど

MEMO **ウェブサイトでチェックイン**　航空会社により、フライト出発の48～3時間前まで各航空会社のウェブサイトでチェックインを行える。それを利用すると当日、搭乗手続きがスムーズに進む。

LAXから各エリアへ向かう
From LAX to Los Angeles

ロスアンゼルスは、ひと口に「市内」といっても、宿泊地によって向かう方向、所要時間、料金、利用できる交通機関が大きく異なる。そのため、目的地によってうまく交通機関を使い分けたい。まずは、エリアガイドの最初のページ（→P.190など）を見て、行き方を検討してみよう。なお、LAを初めて訪れるという人には、ドア・トゥ・ドア・シャトル（→下記）をおすすめする。

2019年10月、**空港の交通機関の乗り場が大幅に変更され**、ターミナル1そばにタクシーや配車サービス乗り場の**エルエーエグジットLAX-it**ができた。LAX-itへは、各ターミナルを循環しているLAX-itシャトルバスLAX-it Shuttle Bus（3〜5分間隔で運行、乗り場→P.83）か、徒歩で向かう。

ドア・トゥ・ドア・シャトル　Door to Door Shuttle

空港の乗り場からホテルまで乗せて行ってくれるのがドア・トゥ・ドア・シャトル（シャトルとは大型の「バン」を指す）。LA全域をカバーするプライム・タイム・シャトルPrime Time ShuttleやLAダウンタウンやアナハイムのホテルへ行くシャトルワンShuttle One、ディズニーランド・リゾートを含めたアナハイム周辺のホテルへ行くミッキーズ・スペースシップ・シャトルMickey's Space Ship Shuttleなどがある。

プライム・タイム・シャトルはLAX-it、シャトルワンとミッキーズ・スペースシップ・シャトルは到着階の中州にあるオレンジ色の「Share Ride」の柱周辺から乗車。

空港へ向かう際も、電話かウェブサイトで前日までに予約するように。**いくつかのホテルを回ってから空港へ行くことがほとんどなので、到着の時間には余裕をもって予約しよう。**

メリット　タクシーよりも格安。荷物が多いときでも移動が楽。
デメリット　複数の乗客を乗せ、順番にそれぞれの目的地を回るので、場合によっては時間がかかる。

フライアウエイ　FlyAway

空港とLAダウンタウンにあるユニオン駅などを結ぶバス。青色の「LAX FlyAway」の柱周辺で待つ。事前に予約する必要はなく、ユニオン駅に到着後、チケット窓口で料金を支払う。所要30〜50分。フライアウエイでユニオン駅まで行き、メトロレイルやバスなどでほかのエリアへ移動するのもひとつの方法だ。LAXからは、ユニオン駅行きのほかに、バンナイ行きがある。

空港へ向かうバスは、ユニオン駅東口にあるバスストップの1番から出発。事前に1番そばの専用窓口でチケットを購入し、係員に利用するターミナル（航空会社）を告げる。荷物にタグを付けてもらい、乗車。LAXの各ターミナルに順番に停車する。

メリット　安い、速い、時間が読みやすい。
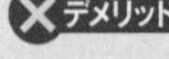
デメリット　特にないが、強いていえば30分ごとの運行なのでタイミングが悪ければ、待たなくてはならない。

タクシーや配車サービス乗り場のLAX-it

ドア・トゥ・ドア・シャトル
※電話またはウェブサイトで事前に予約すること。

Prime Time Shuttle
Free (1-800)733-8267(予約)
URL www.primetimeshuttle.com
料 ダウンタウン$43〜、ハリウッド$40〜、ビバリーヒルズ$35〜、サンタモニカ$35〜、ロングビーチ$51〜、パサデナ$61〜、アナハイム$72〜
※料金は目安で、同じエリアでも若干異なる。
カード A M V

Shuttle One
Free (1-800)400-7488
URL www.shuttleone.net
料 ダウンタウン$15〜、アナハイム$15〜

Mickey's Space Ship Shuttle
☎ (714)642-5399
URL mickeysdisneylandexpress.com
料 アナハイム$22〜

フライアウエイ
Free (1-866)435-9529
URL www.flylax.com/flyaway-bus
営 ユニオン駅路線は5:40〜翌1:10の間、30分間隔。バンナイ路線は24時間、20分〜1時間間隔。
料 ユニオン駅とバンナイ行き$9.75。5歳以下は無料。支払いはクレジットカードのみ（A M V）。
※コロナ禍前にあったハリウッド路線とロングビーチ路線は2023年1月現在、一時休止中。

注意！
LAXからフライアウエイに乗車するときは行き先を必ず確認しよう。

フライアウエイは青色の柱のそばで待つ

MEMO **サンタモニカへの移動には**　空港からサンタモニカへは、$1.25（tapカードなら$1.10）で利用できるビッグ・ブルー・バス（→P.102）が安くて便利。LAXシティ・バス・センターから#3、rapid 3に乗車する。所要約1時間。

メトロレイル　Metro Rail

メトロレイル・Cライン（グリーン）とAライン（ブルー）、もしくは、Jライン（シルバー）を利用してLAダウンタウン（所要1～2時間）やロングビーチ（所要1～2時間）へ向かうことができる。ただし、治安の悪いエリアを走るので注意するように。車内にいるぶんには昼間は問題ないが、夜間の利用は避けて、タクシーやほかの手段を使ったほうがいいだろう。ピンク色の「LAX Shuttles」の柱周辺からLAXシャトル（→P.84）のルートGでCライン（グリーン）のAviation/LAX駅へ。東方向へ乗り、Harbor Fwy.駅でJライン（シルバー）、Willowbrook/Rosa Parks駅でAライン（ブルー）に乗り換える。利用法→P.92

Harbor Fwy.駅では、Jライン（シルバー）の北方向へ乗り換えるとUnion駅へ行ける。Willowbrook/Rosa Parks駅では、Aライン（ブルー）の北方向へ乗り換えるとLAダウンタウン方向（7th St./Metro Center駅など）へ、南方向へ乗り換えるとロングビーチへ行ける。

メリット　安い。

デメリット　乗り換えがスムーズではないので、待ち時間も長い。時間帯によっては、車内が混雑し、荷物が多い場合には向かない。また、治安の悪いエリアを走るので注意が必要だ。

メトロレイル
URL www.metro.net
料 $1.75、大人同伴の5歳未満2人まで無料。シルバーラインは$2.50

まず空港からLAXシャトルのルートGでメトロレイルの駅へ向かう

Aviation/LAX駅

路線バス　Local Bus

ピンク色の柱そばでLAXシャトルを待とう

ピンク色の「LAX Shuttles」の柱周辺からLAXシャトル（→P.84）のルートCで、路線バス乗り場、**LAXシティ・バス・センターLAX City Bus Center**へ行き、そこから各路線バスに乗る。

利用法→P.96　路線図→折込裏

サンタモニカやマリナ・デル・レイに向かう**ビッグ・ブルー・バス**とウエストサイド（UCLA方面）へ向かう**カルバーシティ・バス**、エクスポジションパークへ向かう**メトロバス**、トーランスへ向かう**トーランス・トランジット**、マンハッタンビーチやレドンドビーチへ向かう**ビーチシティズ・トランジット**のバスがある。

LAXシャトルのルートCでバスセンターへ向かう

サンタモニカへ：ビッグ・ブルー・バス#3または、急行のrapid 3で、所要約1時間。マリナ・デル・レイへは所要約40分。#3は月～金4:54～22:45、土日5:03～22:45（それぞれ12～30分間隔）。rapid 3は、月～金6:03～8:35、13:33～17:18（15～17分間隔）。

ウエストサイドへ：カルバーシティ・バス#6または、急行のrapid 6で、所要約1時間。#6は、月～金5:00～23:01（12～53分間隔）、土日5:58～22:18（16～50分間隔）。rapid 6は月～金6:35～9:00、14:29～18:04（15～31分間隔）。

エクスポジションパークへ：メトロバス#102で、所要約1時間。#102は月～金5:04～21:12、土日5:21～21:12（48分～1時間6分間隔）。

ビッグ・ブルー・バス
Big Blue Bus
URL www.bigbluebus.com
料 $1.25（タップカードなら$1.10）、大人同伴の5歳以下無料。1日券大人$4

カルバーシティ・バス
Culver City Bus
URL www.culvercitybus.com
料 $1

メトロバス
Metro Bus
URL www.metro.net
料 大人$1.75、大人同伴の5歳未満2人まで無料

トーランス・トランジット
Torrance Transit
URL transit.torranceca.gov
料 $1。エクスプレス(急行)$2

ビーチシティズ・トランジット
Beach Cities Transit
URL www.redondo.org/depts/recreation/transit/beach_cities_transit/default.asp
料 $1

MEMO **路線バスとメトロレイルでLAXからLAダウンタウンへ**　LAXシティ・バス・センターからメトロバス#102でExposition Blvd. & Western Ave.下車。メトロレイル・EラインかLラインのExpo/ Western駅から乗車し、ダウンタウンへ。約1時間20分。

トーランスへ：トーランス・トランジット#8で、所要約50分。#8は月～金6:15～20:54、土6:48～20:26、日6:42～20:25（54分～1時間27分間隔）。

レドンドビーチへ：ビーチシティズ・トランジット#109で、所要約1時間10分。#109は月～金5:55～20:25、土日6:45～20:55（40分～1時間25分間隔）。

※上記の運行時間は目安。交通事情等により異なる。

○メリット 安い。
×デメリット ほかの交通手段に比べて、時間がかかる。どこで降りるとホテルなどの目的地に近いのか判断しにくい。

タクシー　Taxi

目的地に直行するので速い。ときおり悪質なドライバーがいるので注意すること。乗車の際「営業許可証」の有無を確認しよう。チップの目安は料金の15～20%程度。乗り場は3ヵ所。ターミナル1の近くにあるLAX-itのタクシー乗り場、トム・ブラッドレー国際線ターミナル（ターミナルB）とターミナル3の前にある駐車場P3の中、ターミナル7のバゲージクレームの外にある。待機しているタクシーの台数がいちばん多いLAX-itのタクシー乗り場へは、LAX-itシャトルバスか徒歩で向かおう。
利用法→P.104

○メリット 速い。目的地へ直行できる。
×デメリット ほかの交通機関に比べて高い。ただし、グループで乗る場合は、シャトルよりも安あがりのこともある。

ウーバー&リフト　Uber & Lyft

個人による送迎車サービスのウーバーとリフト（→P.89）。LAX-itシャトルバスか徒歩でターミナル1そばにあるLAX-itへ。乗り場はゾーンに分かれていて、ウーバーはゾーン21A～23D、リフトはゾーン30A～32B。LAX-itに着いたら、アプリから目的地を設定し、配車をリクエスト。アプリに表示された乗車ゾーンで指定された車を待つ。乗車前に必ず、車種や車のナンバープレート、ドライバーの名前と行き先を確認すること。

○メリット 基本的にタクシーよりも料金が安い。事前に行き先を設定できるので英語が苦手な人でも安心。
×デメリット ドライバーによってマナーが悪かったり、事故や事件が起こったりしている。ドライバー数や交通状況により料金が高くなる。

レンタカー　Rental Cars

大手レンタカー会社の多くは空港の敷地外にある営業所で、車の貸し出しと返却の手続きを行っている。紫色の「Rental Cars」のサインの下から自分が利用するレンタカー会社の無料シャトルバスに乗って営業所まで向かう。利用法→P.105

各レンタカー会社のシャトルバスで営業所へ

○メリット 目的地へ直行できる。
×デメリット ひとりだと割高。運転に慣れていないと不安な点も多い。

LAX-itシャトルバスは、緑色の柱のそばから乗車できる

LAX-itへはLAX-itシャトルバスで

タクシー
料 ダウンタウン$51.15、ウエストハリウッド約$65、ハリウッド約$75、ビバリーヒルズ約$65、サンタモニカ約$45、パサデナ約$105
※LAXからは、さらに$4（空港使用料）が加算される。
※ダウンタウンへは均一料金。ほかのエリアへのタクシー料金はあくまでも目安。道路事情により変わる。

目的地へはタクシーがいちばん速い

Uber
URL www.uber.com
Lyft
URL www.lyft.com
下記はおおよその値段。時間、交通状況などにより大幅に異なる
ダウンタウン$50～、ウエストハリウッド$55～、ハリウッド$60～、ビバリーヒルズ$50～、サンタモニカ$40～、パサデナ$75～

UberやLyftと書かれた看板やサインに従って

レンタカー
レンタカー会社紹介
→P.108～109
現地レンタカー会社
→P.119

紫色のサインの下で待つ

MEMO **LAX付近のホテルへタクシーで行く場合でも** LAX近くのホテルへタクシーで行くときには、メーター制の料金が請求されるが、どんなに近くても最低料金の$16.50と空港使用料の$4が課せられる。

長距離バス　By Bus

グレイハウンドバス　Greyhound Bus

サンフランシスコやサンディエゴのほか、サンタバーバラなど近郊の町から乗り入れている。LAエリア内では、LAダウンタウン、ノースハリウッド、グレンデール、アナハイム、ロングビーチなどにターミナルがあるが、発着している本数、オープンしている時間などを考えると、LAダウンタウンのターミナルがいちばん便利。2022年10月、LAダウンタウンのバスターミナルは、リトルトーキョーの南東（アーツディストリクト）からアムトラックのユニオン駅前に移転した。

チケットはグレイハウンドバスのウェブサイトや公式アプリから購入できる。購入の際にEチケットを選択すると、登録したeメールアドレスにリンクが送られてきて、自分のスマートフォンでチケットを読み込むことができる。

鉄　道

アムトラック　Amtrak

アメリカ全土に路線をもつ長距離列車、アムトラックAmtrak。LAエリアにはおもにLAダウンタウンやバーバンク、グレンデール、アナハイムに駅があり、シアトルやサンタバーバラなどからの便がある。特にLAダウンタウンのユニオン駅Union Stationは、メトロレイル・Aライン（ブルー）、Bライン（レッド）やDライン（パープル）、Lライン（ゴールド）が乗り入れているので便利だ。アナハイムのアムトラック駅（Regional Transportation Intermodal Center）は大リーグのロスアンゼルス・エンゼルスのホーム、エンゼル・スタジアム・オブ・アナハイムのすぐ北側にある。ディズニーランド・リゾートへは、OCTAバス#50で、Katella Ave. & Harbor Blvd.下車、徒歩13分。

アムトラックのウェブサイトや公式アプリからチケットを購入した場合、登録したeメールアドレスにEチケットが送られてくるので、それを乗務員に見せればいい。

グレイハウンドバス
Free (1-800) 231-2222
URL www.greyhound.com
LAダウンタウン・ユニオン駅バスターミナル
MAP P.73-D3
住 800 N. Alameda St., Los Angeles
☎ (1-213) 629-8401
営 毎日4:00～翌1:00
行き方 ダウンタウンのエルプエブロ州立史跡公園（オルベラ街）のそばにある、アムトラックのユニオン駅隣。バス乗り場（Patsaouras Transit Plaza）はユニオン駅の南（MAP P.73-C3～D3）にある。
アナハイム・バスターミナル
MAP P.55-D3
住 2626 E. Katella Ave., Anaheim
Free (1-800) 231-2222
営 毎日24時間
※2023年1月現在、窓口はなく、チケットの販売はしていない。
行き方 ディズニーランド・パークの南を走るKatella Ave.沿いにあり、アムトラック・アナハイム駅舎にバスターミナルはある。

OCTAバス →P.103

アムトラック
Free (1-800) 872-7245
URL www.amtrak.com
LAダウンタウン・ユニオン駅
MAP P.73-D3
住 800 N. Alameda St., Los Angeles
営 24時間。チケットオフィスは毎日4:15～22:30
アナハイム駅
MAP P.55-D3
住 2626 E. Katella Ave., Anaheim
営 毎日7:00～23:00、チケットオフィスは金～月5:45～23:00

COLUMN　配車サービスのウーバーとリフト

LA でも利用できる、個人による送迎車サービスのウーバー Uber とリフト Lyft。タクシーよりも料金が安いうえ、現在いる場所まで来てくれるのが人気の理由。ロスアンゼルス国際空港にも乗り入れ、現地在住者は頻繁に使っている。ただし、夜間の女性ひとり利用は避けること。

まず、スマートフォン･アプリをインストールし、クレジットカード情報などを登録。利用時にアプリを立ち上げ、自分の行きたい場所をタップすると、近くにいるドライバーが来てくれる。夜遅くなってもドア・トゥ・ドアの移動が可能になるので、ひとり歩きするよりも安心だ。また、料金を下車時に払う必要がないのもいい。アプリに登録したクレジットカードから自動的に引き落とされる。

ただし、便利な反面、まれに事故や暴行事件が発生したりしている。その点をふまえたうえで、利用する前に、信頼できるドライバーかどうか、ドライバーの評価を参考にするようにしたい。

Uber URL www.uber.com　**Lyft** URL www.lyft.com

車の前や後ろに貼ってある「Uber」や「Lyft」のステッカーを確認すること

MEMO **格安長距離バス**　サンフランシスコやラスベガスからロスアンゼルスへの便があるフリックスバス FlixBus は、LA ダウンタウンのユニオン駅周辺に到着する。**FlixBus** URL www.flixbus.com

ロスアンゼルスでの
交通機関
Transportation Systems in Los Angeles

公共の交通機関を使いこなすポイント
①交通路線をなるべく早く理解する
本書の折込裏の交通図のほか、各交通機関が発行しているシステムマップを入手し、路線の全体像をつかむ。システムマップは、ウェブサイトやバスの車内、交通機関のカスタマーセンターなどで入手できる。
②1日券をフル活用する
特にメトロバスとメトロレイルの両方で使えるメトロの1日券(→下記)はコストパフォーマンスもよく、便利だ。

※バス路線によっては、週末や祝祭日に運休になったり、極端に運行本数が減ったりする。そのような場合、平日にバスを利用、週末や祝祭日には電車で行ける所に絞って観光を楽しむといい。

オプショナルツアーも便利
レンタカーで移動できない場合には、オプショナルツアーを利用するのもひとつの方法だ。たいていのホテルから送迎してもらえるので、初心者でも安心だし、利用する価値は高い(→P.42)。

LA はとにかく広い
LAを動き回るのに最も重要なことは移動する手段を決めることだ。とにかくLAには、行きたい所、見たいものがいっぱいある。広いエリアに散らばっている観光スポットやショッピングモールを、安く快適にどう動くか? 効率よく移動する、これがLAを旅するのに重要なポイント。これから紹介するそれぞれの交通機関をうまく使って、広いLAを快適に旅したい。

LA を移動する手段は?
車社会であり、フリーウエイ(高速道路)が発達しているLA。不便な所へもダイレクトに行けるレンタカーが、時間のない旅行者にはいちばん効率的だろう。しかし、近年はガソリン価格の高騰や環境意識も高まり、地元の人もメトロレイルやメトロバスを利用するようになってきた。観光客も、同じように公共交通機関でさまざまな人気観光スポットへ行くことができる。

おもな観光地への距離感をつかもう
右ページ(→P.91)のマップは、LAダウンタウンなどから主要な人気観光エリア、テーマパークへの距離と、公共交通機関・レンタカーを利用した場合のおおよその所要時間をまとめたものだ。LAダウンタウンから多くの人気観光エリアへは鉄道(メトロレイル、アムトラック、メトロリンク)や路線バスなどの公共交通機関を利用して行くことができる。
路線バスは、LAのほぼ全域をカバーしているメトロバスのほかに、各エリアごとに、さまざまなものがある(→P.96)。ダウンタウンからハリウッドやサンタモニカなど、エリア間の大きな移動はメトロレイルで、エリア内の移動は路線バスを利用するとよい。

COLUMN LAで大活躍! 電子プリペイドのtapカードと1日券
メトロバス、メトロレイルを運営するロスアンゼルスカウンティ交通局では、日本のJRなどでおなじみのSuicaやIcocaなどに当たる電子プリペイドカードのタップカード tap card を発行している。tapカードは、メトロレイルの自動券売機、メトロカスタマーセンター(→P.96 脚注)やスーパーマーケットのラルフズ Ralphs、ボンズ Vonsなどで購入できる。なおカードを新たに取得するには1日券などの運賃とセットで購入する必要があり、カード自体の値段は$2になる。料$9(1日券付き)、$3.75(1回乗車券付き)
特に、1日券デイパス Day Passは、$7(新規tapカード込みは$9)なので、1日4回以上メトロレイルやメトロバスに乗るときはお得だ。さらに、毎回利用する際、カードをタッチするだけでいいので、いちいちお金を払わずに済む。

プラスチック製のtapカード

MEMO メトロの特別料金 コロナ禍でのメトロ利用者の負担を軽減する政策により、2023年1月現在、メトロレイルやメトロバスの1日券は通常料金$7が$3.50になっている。このプログラムが終了する時期は未定。

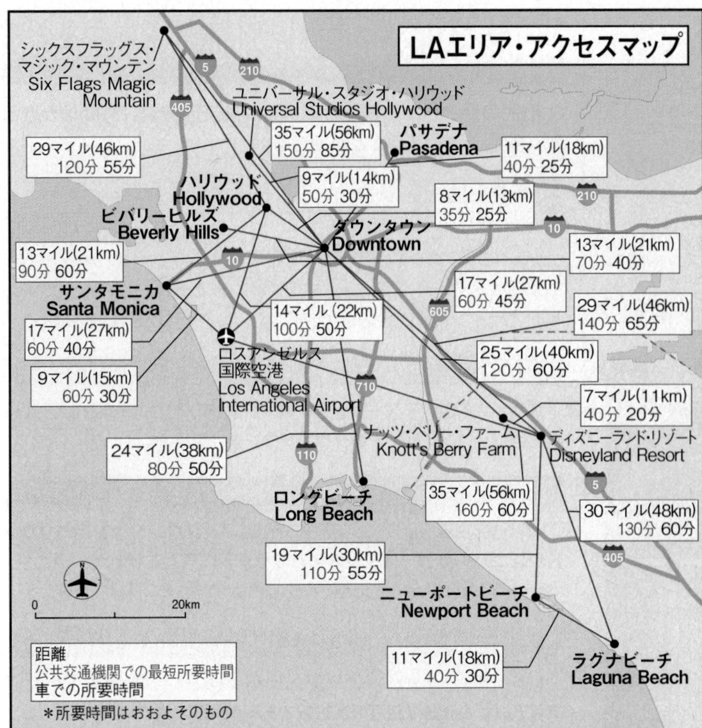

COLUMN 観光にお得なパス

ゴー・シティ／ロスアンゼルス・オールインクルーシブ・カード Go City / Los Angeles All-Inclusive Card

ロスアンゼルスやハリウッド、サンタモニカなどに点在する38の見どころの入場券がセットになったパス。1日、2日、3日、4日、5日、7日券があり、マダムタッソーろう人形館やシックスフラッグス・マジック・マウンテン、ナッツ・ベリー・ファーム、グラミー博物館、ロスアンゼルス自然史博物館、パシフィック水族館などの入場券やワーナー・ブラザーズ・スタジオツアー、ドルビーシアターのガイドツアーなどが含まれている。さらに、3日、4日、5日、7日券には、ユニバーサル・スタジオ・ハリウッドの入場券も付く。

ウェブサイトやスマートフォンからパスを購入し、当日、入口でそのプリントアウトか、スマートフォンアプリの画面を見せるだけで入場できる。

Go City / Los Angeles All-Inclusive Card

URL gocity.com/los-angeles/en-us/products/all-inclusive

料 1日券：大人$99、子供（3～12歳）$76、2日券：大人$149、子供（3～12歳）$112、3日券：大人$239、子供（3～12歳）$219、4日券：大人$299、子供（3～12歳）$265、5日券：大人$324、子供（3～12歳）$296、7日券：大人$374、子供（3～12歳）$332

ゴー・シティ／ロスアンゼルス・エクスプローラー・パス Go City / Los Angeles Explorer Pass

ロスアンゼルス周辺に点在する見どころ、2、3、4、5、7ヵ所の入場券をセットにできるパス。該当する見どころは、マダムタッソーろう人形館やグラミー博物館、ラ・ブレア・タールピッツ＆博物館など27ヵ所。ウェブサイトやスマートフォンからパスを購入し、当日、入口でそのプリントかスマートフォンアプリの画面を見せるだけで入場できる。使用開始日から30日間有効。

Go City Los Angeles Explorer Pass

URL gocity.com/los-angeles/en-us/products/explorer

料 2ヵ所：大人$83、子供（3～12歳）$73、3ヵ所：大人$103、子供（3～12歳）$88、4ヵ所：大人$123、子供（3～12歳）$103、5ヵ所：大人$135、子供（3～12歳）$109、7ヵ所：大人$163、子供（3～12歳）$119

ゴー・シティ／ロスアンゼルス・オールインクルーシブ・カードで入場できる見どころがリストになったパンフレット。観光案内所などに置いてある

メトロレイル
☎(1-323)466-3876
URL www.metro.net
料 $1.75、大人同伴の5歳未満2人まで無料、1日券(メトロバスと共通) $7。2023年1月現在、コロナ禍により、1日券は$3.50
※シルバーラインは$2.50

注意！
コロナ禍によりメトロレイル車内の雰囲気が多少悪化している。女性ひとりでの乗車、夜遅くの乗車は避けたい。また、車内では極力スマートフォンの使用を控えるように。

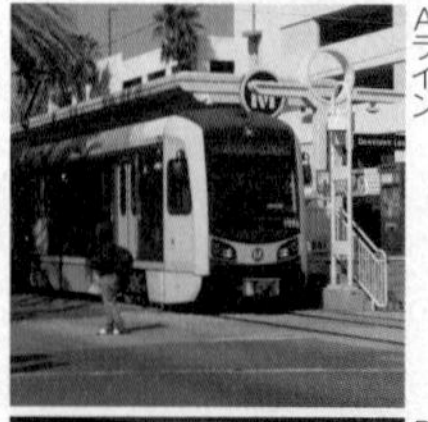
Aライン

B、Dライン

Cライン

Eライン

Lライン

Jライン

公共交通機関 Public Transportation

市民の足としても機能している公共交通機関。時間はかかるが、安価で移動することができる。

メトロレイル
Metro Rail

メトロレイルマップ→P.93

Aライン（ブルー）、Bライン（レッド）、Cライン（グリーン）、Dライン（パープル）、Eライン（エクスポ）、Kライン、Lライン（ゴールド）、Gライン（オレンジ）、Jライン（シルバー）の9路線がある。

① A ライン（ブルー）A Line (Blue)

パサデナの東、アズーザからダウンタウンの7th St./Metro Center駅を通り、**ロングビーチのダウンタウン**までを結ぶ。

② B ライン（レッド）B Line (Red)

Union駅からハリウッド方面までを結ぶ。**ダウンタウンとハリウッドやユニバーサル・スタジオ・ハリウッド**の移動に便利で、7th St./Metro Center駅からHollywood/Highland駅まで所要約20分。

③ C ライン（グリーン）C Line (Green)

レドンドビーチからI-105に沿ってノーウオークのI-605までを走る。**ロスアンゼルス国際空港の最寄駅であるAviation/LAX駅**からダウンタウンへは、Willowbrook/Rosa Parks駅でAラインに乗り換える。

④ D ライン（パープル）D Line (Purple)

Union駅からコリアタウンのあるWilshire/Western駅までを結ぶ。**コリアタウン、ミッドウィルシャー**方面へ行くときに便利。
※Bライン（レッド）とDライン（パープル）は同じ車体で、ダウンタウンでは同じ区間を走る。BラインとDライン利用時の注意 →P.95

⑤ E ライン（エクスポ）E Line (Expo)

パサデナの東、アズーザから7th St./Metro Center駅を通り、**エクスポジションパーク、カルバーシティ**を経由して**サンタモニカ**まで走る。LAダウンタウンからサンタモニカまで約50分。

⑥ K ライン K Line

2022年10月に誕生した新ライン。Eライン（エクスポ）とLライン（ゴールド）のExpo/Crenshaw駅とWestchester/Veterans駅を結ぶ。2023年にはAviation/Centuryまで延伸し、2024年にはロスアンゼルス国際空港（LAX）に新駅ができる予定。

⑦ L ライン（ゴールド）L Line (Gold)

Union駅を中心に北東の**パサデナ**方面、南東の**リトルトーキョー**方面南西のアトランティックと、サンタモニカにアクセスできる。Union駅からパサデナ中心部までは約25分。

MEMO **車体はバス型のメトロレイル** レッドラインのNorth Hollywood駅とチャッツワースを結ぶGライン（オレンジ）と、El Monte駅とPacific/21st駅を結ぶJライン（シルバー）はバスでの運行。

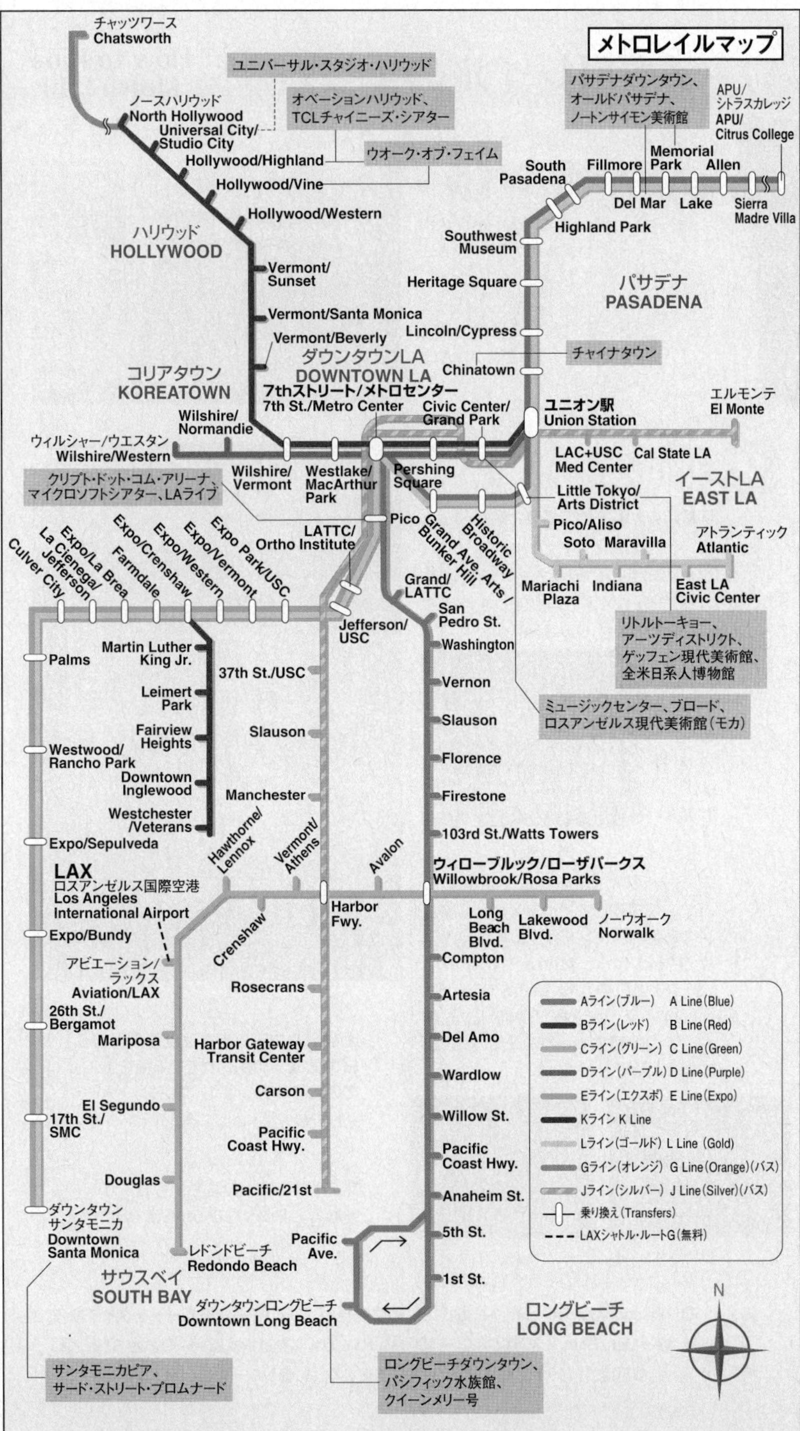

MEMO メトロレイルやメトロバスでの注意点 車内では飲食が禁止されている。監視カメラが設置されており、水やジュースを飲んだり、キャンディをなめていただけでも、見つかった場合、最高 $1000 の罰金が課せられる。

メトロレイルの乗り方

How to Ride Metro Rail

Mマークが駅の目印

1 駅を見つける

駅にはメトロ（Metro）のMマークが書かれたサインがある。そこが入口だ。AラインやBライン、Dライン、Eライン、Lラインの一部以外は地上を走るので、駅は見つけやすいだろう。

ユニオン駅のメトロレイル入口

2 切符を買う

切符は自動券売機で買う。写真Ⓐ

1

銀色のボタンに触れると次画面が現れる。tapカード（→P.90）を持っていない場合、A Buy a TAP card、アルファベットの隣の銀色のボタンを押す。写真Ⓑ

2

A Passes、A Metro Passを選択するので2度連続してアルファベットAの隣の銀色のボタンを押す。写真Ⓒ
片道だけなら、Metro 1-Way Trip（$1.75）、1日券なら、Metro 1-Day［$7（※2023年1月現在、$3.50）］。写真Ⓓ　この金額にtapカード代の$2が加算される。

3

金額分のコインまたは紙幣を入れる。紙幣は顔が印刷されている面を上にして入れる。もしくは、クレジットカード（JMV）をCreditに挿入する。

4

TAP/TICKET/CHANGEからtapカードを取る。おつりもここから出る。

tapカードに1日券をチャージする

❶「Reload your TAP card」を選択 ➡ ❷券売機の「TAP HERE」にカードをタッチする ➡ ❸「Metro Pass」を選択する ➡ ❹「Metro 1-Day」を選択する ➡ ❺お金$7を入れる ➡ ❻再度、「TAP HERE」にカードをタッチする ➡ ❼レシートの有無を選択し終了

MEMO **tapカードで1 Way Tripを利用すると**　2時間以内なら、メトロレイル（シルバーラインを除く）やメトロバス（エクスプレスバスを除く）への乗り換えが無料。

3 ホームへ

tapカード（→P.90）を改札ゲートの青色のtapマーク（読み取り機）にタッチする。タッチし忘れると、罰金最大$250の支払いになってしまうので要注意。進行方向を確認し、電車を待つ。進行方向によってホームが異なる駅もあるので注意しよう。

改札口がない駅ではタッチするのを忘れずに

改札口ではタッチしないと入場できない

4 乗る

電車が来たら、降りる人を待ってから乗る。行き先が不安だったら近くの人に「Does this go to XX?」（××行きですか？）と聞こう。ドア付近にある車椅子のステッカーが貼ってある席は、優先席だ。

車椅子のマークがある席は優先席だ

ホームのモニターで、次の列車が来るまでの時間を確認できる

5 降りる

停車駅を告げるアナウンスはあるが、かなり早口なのと、電車の騒音で聞き取ることは難しい。事前に、自分の降りる駅は何駅目か調べておくか（→P.93）、ホームに書いてある駅名を、降りる前に確認しよう。

ホームの上部にある柱には駅名が書いてある

6 出口

ホームに降りたら、EXITというサインをたどっていけば外に出られる。駅によっては通り別に出口が複数あるので行き先を確認しよう。

出口が複数あるときは通り名の確認を

COLUMN　BラインとDライン利用時の注意！

Bライン（レッド）とDライン（パープル）は、車体も同じで、一部同じ区間を走る。ダウンタウンから乗ると、Wilshire/Vermont駅で行き先がふたつに分かれる（路線図→P.93）。ハリウッド方面がBライン、ミッドウィルシャーやコリアタウン方面のWilshire/Western駅行きがDライン。とても紛らわしいので、乗車するときは注意深く放送を聴くか、車体の表示を確認することを忘れずに。ただし、BラインとDラインはほとんど交互に走っているので、間違えても乗り換えるときの待ち時間はそれほど長くない。

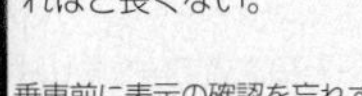

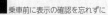

乗車前に表示の確認を忘れずに

メトロバス
☎(1-323)466-3876
URL www.metro.net
料$1.75、大人同伴の5歳未満2名まで無料、1日券(メトロレイルと共通) $7。2023年1月現在、コロナ禍により1日券は$3.50
400番～500番台の、ハイウエイを走るバスを利用するとき、高速へ入る前に別途75¢の料金を徴収される。
※路線によっては1時間に1本しか運行しないこともあるので、事前に確認しておいたほうがいい。

バス停にはバス路線番号と行き先が記されている

バスのフロント上部の路線番号を確認してから乗り込もう

ラピッドバスのバス停にある看板

ラピッドバスは車体横にRapid と記されている

路線バス
Local Bus

おもな路線図→折込裏

1. メトロバス Metro Bus

ロスアンゼルスカウンティ交通局（Metro）が運行している路線バス。カバーするエリアは、東はエルモンテ、西はマリブ、南はディズニーランド・リゾート、北はパサデナやサンフェルナンドバレーまでのほぼ全域を走っている。多くの路線は、LAダウンタウンを中心にして延びているので、ダウンタウン周辺に滞在している人に特に便利だ。

路線にはローカルLocalとリミテッドLimited、エクスプレスExpress、ラピッドRapidの4種類あり、エクスプレスはフリーウエイを使う。

公共交通機関を使って観光するなら、メトロバス#2、4、10、16、20、28、33、212、217などがおもな観光スポットを通るので覚えておきたい路線だ。

メトロバスの乗り方→P.98

メトロバスの路線の種類

1～99：ダウンタウンを通る主要な路線。すべてのバス停に停車し、年中無休で運行
100～299、600～699：ダウンタウンを通らないルート
300～399：主要なバス停にのみ停車するリミテッドサービス（快速バス）
400～599：ハイウエイを通るエクスプレスバス。ハイウエイに入る前に追加料金を支払う
700～799：メトロラピッドバス（急行バス）→下記参照

2. メトロラピッドバス　Metro Rapid Bus

ロスアンゼルスカウンティ交通局が運行する急行バス。車体にRapidと書かれている。快速（リミテッドLimited）バスよりも停車するバス停が少ないので、目的地に着くのが速い。どの路線も5～20分おきに運行している。特にダウンタウンからコリアタウン、ロデオドライブを経由してサンタモニカへ行く#720は、観光客にとって利用価値が高い。車体もメトロバスに比べて新しい。

COLUMN　路線検索に便利なアプリ

メトロバスやメトロレイル、アムトラックなどの公共交通機関の運行スケジュールや、希望する目的地までの交通手段、乗り換え案内などを教えてくれるアプリの「transit」。メトロレイルやメトロバスの公式アプリだ。特に便利なのが、「あと何分でバスやメトロレイルが現在地（GPSで検出したポイント）に到着し、何分後に出発するか」、「どの交通手段を取ればいちばん速く到着するか」などが表示されること。
Transit App, Inc. URL transitapp.com

現在いる位置周辺を通るメトロレイルやメトロバスが何分後に最寄りの駅やバス停に到着するかがわかる

現在地から希望の目的地までの交通手段や所要時間がわかる

MEMO **メトロレイルやメトロバスに関する質問は？**　ユニオン駅東口のバスターミナル側にあるメトロカスタマーセンターへ。tap カード（→P.90）を販売しているほか、メトロレイルのマップや時刻表を取り揃えている。↗

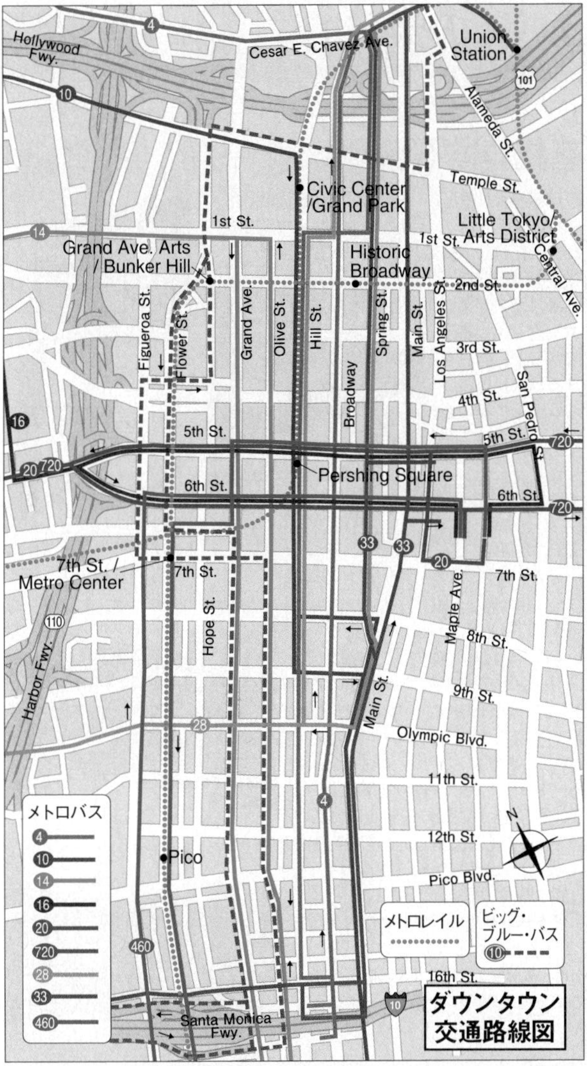

ダウンタウン交通路線図

メトロバス: 4, 10, 14, 16, 20, 720, 28, 33, 460

メトロレイル

ビッグ・ブルー・バス 10

おもな路線図 →折込裏

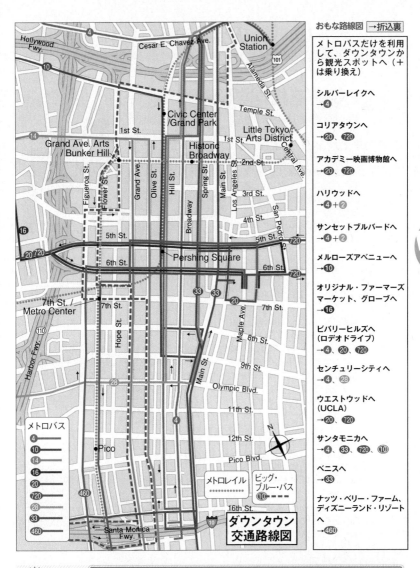

メトロバスだけを利用して、ダウンタウンから観光スポットへ（＋は乗り換え）

シルバーレイクへ
→4

コリアタウンへ
→20、720

アカデミー映画博物館へ
→20、720

ハリウッドへ
→4＋2

サンセットブルバードへ
→4＋2

メルローズアベニューへ
→10

オリジナル・ファーマーズマーケット、グローブへ
→16

ビバリーヒルズへ（ロデオドライブ）
→4、20、720

センチュリーシティへ
→4、28

ウエストウッドへ（UCLA）
→20、720

サンタモニカへ
→4、33、720、10

ベニスへ
→33

ナッツ・ベリー・ファーム、ディズニーランド・リゾートへ
→460

COLUMN 電動キックボードのシェアリングサービス

ロスアンゼルスで人気の電動キックボード（Electric Scooters）。ライム Lime 社やバード Bird 社が提供する。専用アプリをダウンロードし、メールアドレスや支払い方法を登録。位置情報を ON にし、近くにあるキックボードを探す。キックボードの QR コードを読み取り、ロックを解除して乗車。乗り終わったら、ロックして（End Ride）完了だ。短距離移動に便利だが、人や車との接触事故が頻繁に起こっているので、運転には細心の注意が必要。なお、歩道を通行することは禁止されているので、自転車専用道路や車道を走ること。18 歳以上はヘルメットの着用義務がない。

Lime URL www.li.me
Bird URL www.bird.co

けっこうスピードが出るので注意するように

↘Union Station Metro Customer Center 営 月~金 6:00 ~ 18:30 休 土日

メトロバスの乗り方

How to Ride Metro Bus

1 バス停を見つける

バスの路線番号が書かれた看板を、そのバスが通る路線沿いで見つける。看板にはメトロ（Metro）のMマークが表示されているのでわかりやすいだろう。

同じバス停に複数の路線が乗り入れているときは、バスが来たら、バスのフロント上部に表示されている路線番号と行き先を確認。自分の乗るバスが近づいたら手を挙げるなどして乗る意志を伝えよう。

乗車前にフロント上部の路線番号を確認すること

2 バスに乗る

乗車は前のドアから順番に乗り、チャージ済みのtapカードを持っているときはtapマークにカードをタッチ。もしくは、料金箱に運賃$1.75を入れる。コインを入れる所と紙幣を入れる所は別なので注意。なお、運転手はおつりを持っていないので、ぴったりの金額を用意しておこう。tapカードを持っていて1日券が欲しい場合は、「1 Day Pass, please.」と言ってtapカード（→ P.90）を料金箱にタッチし$7（※ 2023年1月現在、$3.50）を料金箱に入れれば、運転手がチャージしてくれる。バスの行き先が不安なら、「Does this go to XX ?」（これは××行きですか？）と聞こう。

車内に次のバス停を知らせる表示やアナウンスがある場合もあるが、よくわからないときは「Please let me know when we get to XX.」（××に着いたら知らせてください）と乗車時にドライバーに伝えておくようにしたい。

乗車は前から

急行は車体にRapidと書かれているほか、路線番号が700番台である

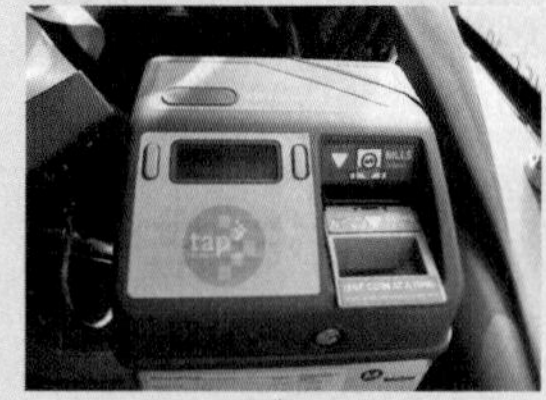

左／乗車したら、まず運転手に「Hi!」とあいさつを　上／tapカードは青いマークにタッチする。現金は投入口に入れる

MEMO **メトロバスの運転**　運転手にもよるが、ロスアンゼルスのバスは急発進や急停車が多い。座っていても体が揺すられるぐらいなので、立っている場合は、常時手すりにつかまっていよう。

3 車内

車内ではなるべく前のほうの座席に座るようにしよう。車内アナウンスが聞き取りやすい。ただし、混雑しているときは奥へ入ってしまってもかまわない。入口付近の席はシルバーシートと車椅子利用者優先席で、跳ね上げると車椅子が収まるようになっている。優先席にはできるだけ座らないように配慮したい。ドライバー席の後ろのラックには各路線のルートマップが差し込んであるので、必要なものがあったらもらっておく。なお、車内での飲食は禁止だ。

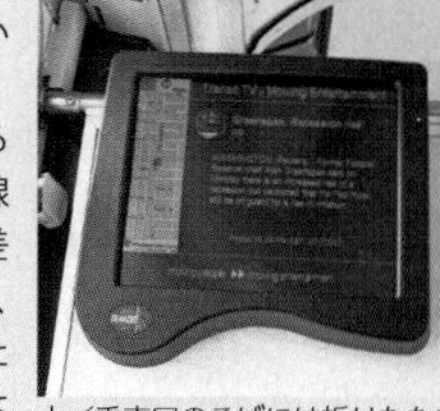

上／乗車口のそばには折りたたむことができる優先席がある。車椅子の人が乗り込んできたら必ず譲ること　左／車内のモニターでは現在位置も確認できる　右／優先席を避け、なるべく前方の席へ座ろう

4 降りる合図をする

車内では停留所を告げるアナウンスがある。降りるバス停が近づいたら、窓の上部に張ってあるひもを引っ張るか、降車ボタンを押す。すると前方の電光掲示板に「STOP REQUESTED」と表示が出て、アナウンスされるので降りる準備を。後ろのドアの近くに移りたい。

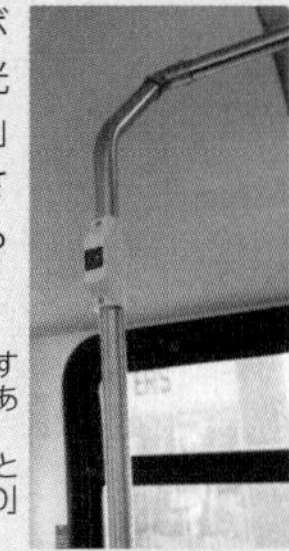

左／新型のバスは、降車ボタンを押す　右上／旧型のバスなら、窓のそばにあるひもを引く　右下／ボタンを押すか、ひもを引くと停車リクエスト「STOP REQUESTED」が表示される

5 降りる

バスを降りるときは、基本的に後ろから。極力、前のドアからは降りないようにしたい。後ろのドアは、ほとんどが自動ドア。バス停に到着したら、運転手が開けてくれる。開かないときは、「Back door, please!」と叫ぼう。降りるとき運転手に「Thank You.」を言えたら、ばっちり。

降りるときは左右を見て、自転車が来ていないか確認しよう

ダッシュ
☎(1-213)808-2273
URL www.ladottransit.com
料 現金なら50¢。35¢以上のチャージがあるtapカードなら35¢（メトロレイルやメトロバスの1日券、7日券は利用できない）。大人同伴の4歳以下2名まで無料。
※2023年1月現在、コロナ禍により無料になっている。ドライバーに接触しないように後ろのドアから乗車すること。

カラフルなダッシュのバス停。アルファベットが路線を表す

DATA
7th St./Metro Center駅からリトルトーキョーへ行くときは
Wilshire Blvd.とFigueroa St.の角にダッシュAのバス停がある。ここから乗車するとスムーズにリトルトーキョーに行けるので便利だ。

2ルートあるHollywoodとWilshire Center/Koreatown
HollywoodとWilshire Center/Koreatown路線は、それぞれ時計回りClockwise Routeと反時計回りCounter Clockwise Routeの2ルートがある。どちらも運行時間は同じ。

車体横にDASHと書かれている

ほかのバスと同様、おつりは出ない

3. ダッシュ DASH

ダウンタウンやハリウッド、ミッドウィルシャーなどロスアンゼルス市内を中心に約30路線を運行し、料金は全路線35～50¢。ほとんどの路線が狭いコミュニティ内を環状に走っている。

ダウンタウンのおもな路線

A：Harbor Fwy.（CA-110、US-110）の西側からメトロレイルの7th St./Metro Center駅とウォルト・ディズニー・コンサートホールを通り、リトルトーキョー、アーツディストリクトまで。日本人旅行者にとって利用価値の高い路線。
運行時間：月～金6:00～21:00（7分間隔)、土日9:00～18:00（10～15分間隔)

B：チャイナタウンからユニオン駅を通り、メトロレイルの7th St./Metro Center駅まで。
運行時間：月～金6:00～21:00（8分間隔)、土日9:00～18:00（10～15分間隔)

D：ユニオン駅からシティホール（市庁舎）を通り、ダウンタウン東のSpring St.を走りメトロレイル・Aライン（ブルー）のGrand / LATTC駅まで。
運行時間：月～金6:00～21:00（7分間隔)、土日9:00～18:00（10～15分間隔)

E：Harbor Fwy.（CA-110、US-110）の西側から7th St.を東へ進み、ダウンタウン南東のファッションディストリクトを通って、メトロレイル・Aライン（ブルー）のSan Pedro駅まで。
運行時間：月～金6:00～21:00（5分間隔)、土6:30～18:00（10分間隔)、日9:00～18:00（15分間隔)

F：ウェスティン・ボナベンチャー・ホテル&スイーツ付近からFlower St.沿いを走り、クリプト・ドット・コム・アリーナを通り、エクスポジションパーク、USCまで。
運行時間：月～金6:00～21:00（10分間隔)、土日9:00～21:00（15分間隔)

ダウンタウン以外のおすすめ路線

Fairfax：ウエストサイドのビバリーセンター周辺からLa Cienega Blvd.、Melrose Ave.、Fairfax Ave.、West 3rd St.を通り、Wilshire Blvd.を走る。メルローズアベニューやグローブ、アカデミー映画博物館、ロスアンゼルスカウンティ美術館、ピーターセン自動車博物館へ行くときに便利。
運行時間：月～金6:00～19:00、土日9:00～18:30（30分間隔)

Hollywood：メトロレイル・Bライン（レッド）のHollywood/Highland駅前からHighland Ave.、Fountain Ave.、Sunset Blvd.、Vermont/Santa Monica駅、Vermont/Sunset駅、Vermont Ave.、Franklin Ave.などを走る。
運行時間：月～金6:00～19:00、土日9:00～18:00（30分間隔)

Observatory：メトロレイル・Bライン（レッド）のVermont/Sunset駅から、Vermont Ave.を通り、グリークシアターやグリフィス天文台へ。
運行時間：毎日10:00～21:45（15分間隔)

Wilshire Center / Koreatown：Western Ave.、James M. Wood Blvd.、Vermont Ave.、3rd St.を通る。コリアタウンを散策するときに便利だ。メトロレイル・Bライン（レッド）とDライン（パープル）のWilshire/Vermont駅とDライン（パープル）のWilshire/Western駅に停車する。

運行時間：月～金6:00～19:00、土日9:00～18:00（20分間隔）

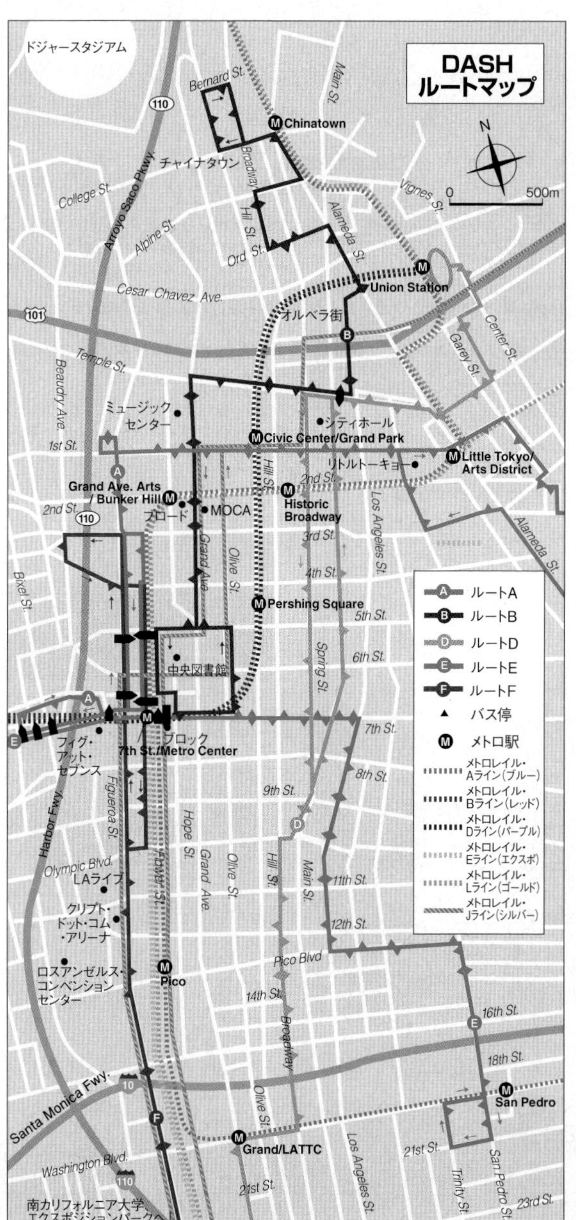

そのほかの路線

ロスフェリッツ
Los Feliz
メトロレイル・Bライン（レッド）のVermont/Sunset駅からVermont Ave.、Hillhurst Ave.を通り、ロスフェリッツ周辺を循環する。
運行時間：月～金6:00～21:45（15～20分間隔）、土日10:00～21:45（15分間隔）

ハリウッド／ウィルシャー
Hollywood/Wilshire
メトロレイル・Bライン（レッド）のHollywood/Vine駅からハリウッド・フォーエバー墓地、パラマウントスタジオ、メトロレイル・Dライン（パープル）のWilshire/Western駅などを結ぶ。
運行時間：月～金6:00～18:55、土日9:00～18:10（25分間隔）

ビーチウッド・キャニオン
Beachwood Canyon
メトロレイル・Bライン（レッド）のHollywood/Vine駅からハリウッドサインのそば、Beachwood Dr. & Westshire Dr.まで行く。
運行時間：月～金6:45～19:45、土7:10～18:00、日9:15～18:00（25分間隔）

ビッグ・ブルー・バス
☎(310)451-5444
URL www.bigbluebus.com
料 $1.25、大人同伴の5歳以下無料。tapカードでの支払いなら$1.10。1日券$4

注意！
ビッグ・ブルー・バスはサンタモニカ市営のバスなので、メトロレイルやメトロバスの1日券は使用できない。

ビッグ・ブルー・バスのバス停に立つ看板

ビッグ・ブルー・バス・トランジットストア
ビッグ・ブルー・バスの1日券や7日券などを販売している。
MAP P.76-B4
住 1444 4th St., Santa Monica
☎(310)451-5444
営 月〜金8:30〜16:30
休 土日

サード・ストリート・プロムナードから北東側1ブロック先にあるトランジットストア

4. ビッグ・ブルー・バス Big Blue Bus

サンタモニカのサード・ストリート・プロムナード周辺を中心として、サンタモニカ全域に路線が広がっている。治安の悪い所はほとんど通らないので、車内はいつも穏やかな感じだ。Big Blue Busの頭文字を取って、通称ビー・ビー・ビーBBB。約20路線ある。LAXからサンタモニカ、サンタモニカからウエストウッドやUCLAへ乗り換えなしで行くことができる。ルートマップや時刻表は、サンタモニカの観光案内所（→P.190）やビッグ・ブルー・バス・トランジットストア（→左側注）で入手可能。

おもな路線図→折込裏

ビッグ・ブルー・バスのおもな路線

①：ベニスビーチ方面から Main St. を通過し、サンタモニカ中心部、Santa Monica Blvd. を通り、ウエストウッド、UCLA へ。
②：サンタモニカ中心部から Wilshire Blvd. を通りウエストウッド、UCLA へ。
③：メトロレイル・C ライン（グリーン）の Aviation/LAX 駅から LAX シティ・バスセンター、マリナ・デル・レイ、ベニスを Lincoln Blvd. 沿いに経由して、サンタモニカ中心部へ。
rapid 3：LAX とサンタモニカ中心部を結ぶ**急行バス**。上記③とほぼ同じルートを通るが、主要なバス停にのみ停車する。
⑦：サンタモニカ中心部から Pico Blvd. を通り、メトロレイル・D ライン（パープル）の Wilshire/Western 駅まで行く。
rapid 7：上記⑦とほぼ同じルートを走る**急行バス**。
rapid 10：サンタモニカと LA ダウンタウンを結ぶ**急行バス**。サンタモニカダウンタウンから Santa Monica Blvd. を通り、Santa Monica Fwy.(I-10) を走る。LA ダウンタウンの 7th St./Metro Center 駅、ミュージックセンター、ユニオン駅へ。
⑰：メトロレイル・E ライン（エクスポ）、L ライン（ゴールド）の Culver City 駅から Palms Blvd.、Sawtelle Blvd. を通って、UCLA まで行く。
⑱：マリナ・デル・レイからベニス、サンタモニカ中心部、Montana Ave. を通り、ウエストウッドや UCLA へ。

ビッグ・ブルー・バスは車体が青色

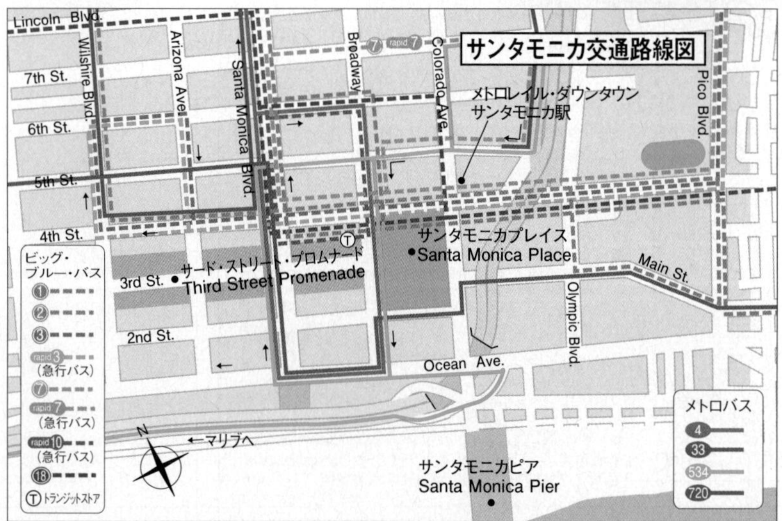

5. カルバーシティ・バス Culver City Bus

ベニスの北東8kmにあるカルバーシティを中心に7路線走る。LAXからSepulveda Blvd.を通ってUCLAまで行くLine 6とrapid 6や、ベニスからカルバーシティダウンタウンに行くLine 1が観光客にも使い勝手がいい便だ。路線によっては平日のみの運行なので、ウェブサイトなどで事前に確認すること。20分〜1時間間隔。

サンタモニカからカルバーシティに行くのに便利

6. トーランス・トランジット Torrance Transit

ロスアンゼルス国際空港の15km南東にあるトーランスを中心に約10路線走る。LAXからAviation Blvd.を経由し、トーランスへ行く#8が便利だ。ほかに、LAダウンタウンからトーランスのTorrance Blvd.を通る#4Xやメトロレイル・Aライン（ブルー）のDowntown Long Beach駅からCarson St.を走りトーランスに行く#3などがある。1日数便のみ、平日だけ運行する路線もあるので、必ず事前にウェブサイトでスケジュールを確認すること。

7. ビーチシティズ・トランジット Beach Cities Transit

ロスアンゼルス国際空港の南にあるマンハッタンビーチやローンデールの町を走る。ふたつある路線のうち、#109はロスアンゼルス国際空港のLAXシティ・バス・センターからマンハッタンビーチ、ハモサビーチ、レドンドビーチの海岸沿いを通るので便利だ。平日は40分〜1時間10分間隔、土日は55分〜1時間25分間隔。

8. ロングビーチ・トランジット Long Beach Transit

メトロレイル・Aライン（ブルー）のDowntown Long Beach駅を中心に、北はコンプトン、東はベルモントショアなど、周辺のエリアへ約30の路線をもつ。また、ロングビーチダウンタウンとクイーンメリー号などを結ぶ、**パスポートPassport**（料無料）というシャトルバスも運行（営金〜日6:38〜22:07、15〜30分間隔）。メトロレイル・Aライン（ブルー）のDowntown Long Beach駅にバスターミナルがある。

9. OCTAバス Orange County Transportation Authority Bus

ハンティントンビーチやアナハイムがあるオレンジカウンティを中心に約50の路線をもつ。ディズニーランド・リゾートやナッツ・ベリー・ファーム周辺から、ニューポートビーチへ行くときに便利だ。どの路線も運行頻度がそれほど高くなく15分〜1時間10分おきなので、現地でウェブサイトや交通機関のアプリ（→P.96コラム）などで時間を調べておくほうがいい。

おもな路線→折込表「ロスアンゼルス一交通図一」

OCTA バスのバス停にある看板

オレンジカウンティの移動には OCTA バスで

カルバーシティ・バス
☎(310)253-6510
URL www.culvercitybus.com
料 $1

カルバーシティ・バスのバス停にある看板

トーランス・トランジット
☎(310)618-6266
URL transit.torranceca.gov
料 $1。エクスプレス（急行）$2

ビーチシティズ・トランジット
☎(310)802-7686
URL www.redondo.org/depts/recreation/transit/beach_cities_transit/default.asp
料 $1

ロングビーチ・トランジット
☎(562)591-2301
URL ridelbt.com
料 $1.25、4歳以下無料

ロングビーチ・トランジットのバス停にある看板

OCTAバス
☎(714)636-7433
URL www.octa.net
料 $2、1日券$5。エクスプレス（急行）$5〜7

MEMO **パサデナ内の移動** 路線バスのパサデナトランジットが便利。詳細は→ P.246。

ユニオン駅にある、メトロリンクの案内窓口

メトロリンク
Free(1-800)371-5465
URL metrolinktrains.com
料$2〜

おもなタクシー会社
Yellow Cab Co.
Free(424)222-2222
URL www.layellowcab.com
LA City Cab
Free(1-888)248-9222
URL www.lacitycab.com
Bell Cab Taxi
Free(1-888)481-2345
URL www.labellcab.com
United Independent Taxi
Free(1-888)722-8282
URL unitedtaxila.com
United Checker Cab
Free(1-877)201-8294
URL www.unitedcheckercab.com

タクシー料金
チップは[料金×15〜20%]が目安。
料金はおおよそのもので、交通事情により異なる。

●ダウンタウンから
サンタモニカ $50〜90
ビバリーヒルズ $40〜90
ハリウッド $25〜60
パサデナ $40〜75
LAX $51.15
(LAXからは$4加算)
ディズニーランド・リゾート $95〜150

●ハリウッドから
ビバリーヒルズ $25〜65
サンタモニカ $50〜120
ディズニーランド・リゾート $110〜180

●ビバリーヒルズから
サンタモニカ $30〜70
ディズニーランド・リゾート $105〜210

ウーバー、リフト→P.89

ハイヤー会社
(旅行会社)
日系の旅行会社(→P.42)のエレファントツアーなどに問い合わせを。

メトロリンク
Metrolink

LA近郊のベンチュラやカマリロ、アナハイムやサンクレメンテなどの南カリフォルニアとダウンタウンを結ぶ通勤列車。アムトラックと同じダウンタウンのユニオン駅から乗車できる。オレンジカウンティ・ラインOrange County Lineをはじめ路線は全部で7つ。

アナハイムやナッツ・ベリー・ファームのあるブエナパークを通るオレンジカウンティ・ラインOrange County Lineや、バーバンクのハリウッド・バーバンク空港にも停車するベンチュラカウンティ・ラインVentura County Lineが便利だ。平日のみ運行する路線もあるので事前に確認するように。ユニオン駅内に案内所（営月〜金6:30〜18:30）もある。

タクシー
Taxi

LAの街には流しのタクシーは走っていない。空港、主要ホテル、テーマパークなどへ行けば必ずタクシーが待機しているが、そのほかの場合は電話で呼んで来てもらうしかない。いずれにしても自分の居場所と目的地の住所、位置関係をしっかり把握しておくことと、ドライバーの営業許可証を確認することが大切だ。なお、ドアは自分で開けて乗り込み、行き先を告げる。

タクシーの基本料金は最初の9分の１マイルが$3.10、あとは9分の１マイルごとに33¢、待ち時間は37秒ごとに33¢加算される（※LA市認定のタクシーの料金）。料金の15〜20%程度のチップも忘れずに。LAの広さをうっかり忘れると大変。ダウンタウンからサンタモニカまで渋滞がなければ所要約35分とはいえ、距離にすると25kmもある。それでも、野球のナイターを観に行った帰りやナイトスポットへ行くときなどには重宝する。

夜遅くにバスに乗るのは安全面で心配だが、タクシーならドア・トゥ・ドアなので安心。防犯と時間のことを考えれば決して高くないだろう。

タクシーは TAXI ZONE の看板前に待機している

LA 市交通局のマーク。これがあるタクシーなら安心

ハイヤー
Limousine Service

会社によって、また車種によって料金やシステムに若干の違いはあるが、1時間単位で、最低3時間からのレンタルが基本。ラグジュアリーセダンやミニバンは1時間$65程度、リムジンで1時間$130程度。別途で15〜20%程度のチップも必要だ。人数や予算で車種を選ぶとよい。詳しくは各社（日系の旅行会社→P.42）へ確認を。要事前予約。

MEMO **ロスアンゼルスの交通事情** 公共交通機関が整ってきたLAだが、いまだに車社会である。6:00〜10:00、16:00〜20:00の間は、通勤のためフリーウエイは大渋滞になるので、移動には余裕をもって行動したい。

ロスアンゼルスで レンタカー

Rental Cars

レンタカーの"基本"

The Basics of Rental Cars

地下鉄や電車網が発達していないエリアもまだ多いLAでは、メトロバスがそれを補完する公共の交通機関になる。しかしバスは時間がかかるうえ、本数が限られ、乗り換えでさらに時間を費やしてしまうことが多い。一方、レンタカーであれば、**時間を有効に使え、夜の移動も可能になる**。LAは**フリーウエイが発達**していることからも、どこへ行くにも移動が短時間で済むのだ。片側4～6車線もあるLAのフリーウエイは、外国人でもわかりやすい道路標識が完備されている。

また、レンタカーは高いというイメージがあるかもしれないが、**人数が集まれば安上がりになる**。基本的にフリーウエイは無料で、駐車料金も日本よりは安い。レンタカー代も日本から予約して特別料金を使えば安くなる。

レンタカーを借りれば、時間を気にせずに好きな場所に行くことができる

レンタカー会社について

About Rent-A-Car Companies

レンタカーを借りようと決めたら、まず何日間借りてどの地域を回るのか予定を立てよう。その次に、旅行の全日程をレンタカーで動くのか、部分的に使うのかなどのスケジュールを考え、旅の目的や予算に応じて効率よく借りるようにしたい。続いて、レンタカー会社選びだが、大手レンタカー会社から、地元の中小会社まで、**レンタカー会社もいろいろ**。全米に営業所をもつ**大手レンタカー会社**は、P.108～109に掲載している会社が一般的だ。日本に代理店をもち、特別料金などの設定もあり利用価値は高い。ただし、運転者が25歳未満の場合、借りることができないときもある。その際は中小のレンタカー会社を利用することになる。日本に代理店はないので、インターネットで探す。なかには制限年齢を低く設定しているが、サービスに制限を設けていることがあるので注意したい。

では、実際に借りる際の、**レンタカーの料金システム**を確認しよう。システムにはフリーマイレージ（Free Mileage：走行距離無制限）、マイレージ（Mileage：走行料金が加算される）、ふたつの組み合わせという3つのタイプがある。現在は走行距離制限なしのフリーマイレージが主流で、大手の場合はすべてこれと思っていい。

公共交通機関との比較

LAダウンタウンからサンタモニカまで路線バスなら1時間～1時間40分、メトロレイルで50分～1時間15分、ハリウッドまではメトロレイルで約35分、エンゼル・スタジアム・オブ・アナハイムまではメトロリンクで約1時間10分。ところが、車ならサンタモニカまで約30分、ハリウッドまでは25分程度、エンゼル・スタジアム・オブ・アナハイムまでは45分で行ける。時間が限られている旅行者にとって、この差は大きい。ただし、**6:00～10:00と16:00～20:00の間は、フリーウエイで渋滞に巻き込まれる確率が高い。**

料金の構成

レンタカーの料金は大まかに、以下のような項目に分けられる。パンフレットなどに記載されている基本料金に、さまざまな料金が加算されることになるので、予算を組む際には注意が必要。

基本料金：パンフレット、広告などに記載されている料金はこれであることが多い。

税金：州やカウンティ（郡）、市によって税率は異なるが、通常はセールスタックスがかかる。

保険料：自動的に加入する強制保険のほかに、自分で選ぶことのできる任意保険がある（→P.110）。

各種追加料金：追加ドライバー料金のほか、走行料金、オプションのサービス料など。

追加ドライバー

1台の車をふたり以上で運転する場合は、Additional Driverの登録が必要。また、レンタカー会社によっては年齢制限が25歳以上の場合もあるので、予約時に要確認。

マイレージシステム

フリーマイレージは走行距離に関係なく、1日の基本料金での計算。マイレージは走ったぶんを1マイルいくらで払う方式。ふたつの組み合わせは、一定の距離までは基本料金のみ、超過分は1マイルいくらで支払う。

MEMO **こちらでも紹介！**『地球の歩き方 B25 アメリカ・ドライブ』編でもアメリカでのドライブ情報、レンタカー利用法、アメリカを走るテクニックなどを紹介しています。

これだけでは使えない
国外運転免許証は単なる翻訳という性質のもの。運転免許証としての効力はもたないので、**必ず日本の運転免許証も持っていくこと。日本の運転免許証がないとレンタカーを借り出せない。**

免許センター以外の申請先
都道府県によっては所轄の警察署でも申請することができるが、後日交付となる。

申請不可の問題とは……
免許停止中の人や、罰金が未納のままの人などは、申請しても却下されてしまう。

申請に必要なもの
1) 所有する有効な日本の運転免許証
2) 所有する有効なパスポート
3) 写真1枚（縦4.5cm×横3.5cm、正面、上三分身、無帽、無背景で、6ヵ月以内に撮影したもの）
4) 必要事項を記入した国外運転免許証交付申請書（窓口で入手可能）
5) 手数料2350円

クレジットカードも忘れずに
たいていのレンタカー会社では車をレンタルする際にクレジットカードの提示を求められる。

日本での準備
Preparations in Japan

●国外運転免許証
International Driving Permit

LAでドライブをするのに、必ず日本から用意して行かなければならないものが、国外運転免許証International Driving Permitだ。日本の運転免許証は、名前や住所から生年月日まで、日本語で表記されている。そこで、外国人にもわかるように各国語に翻訳したものが国外運転免許証。日本の有効な運転免許証があれば取得は簡単だ。所持している免許証が発行された都道府県の各免許センターに出向き、必要書類などに手数料を添えて申請する。何も問題がなければ、即日発行が可能。有効期限は発行日から1年間で、有効期限内であれば何度でも利用できる。**最近では、日本に支店や代理店をもつ多くのレンタカー会社が運転免許証の翻訳サービスを行っている。これを利用すると国外運転免許証の携帯は不要になる。**また、日系のレンタカー会社では国外運転免許証がなくても、日本の運転免許証だけでレンタカーの貸し出しを行っているところもある。

●旅行中に運転免許証が切れてしまうときは

日本の運転免許証の有効期限が、旅行中に切れてしまう人は、更新手続きをしておくこと。国外運転免許証は日本の運転免許証の期限が切れると、1年間の有効期限内でも失効してしまう。日本の運転免許証の期限日に海外にいることが証明できれば、期限前でも更新できる。

国外運転免許証

DATA JAFとAAAの上手な利用法

AAAとは、American Automobile Association（アメリカ自動車協会、通称トリプルA）のことで、全米に組織をもつ世界最大の自動車クラブ。日本のJAF（日本自動車連盟）に当たる組織で、会員に対してさまざまなサービスを行っている。JAFの会員であれば、旅行者に限りAAA会員同様のサービスを受けることができるので、利用価値は大きい。

AAA URL www.calif.aaa.com

● AAA のサービス

ロードサービス

JAF同様、故障や事故などの際に、緊急ロードサービス用の番号Free(1-800)222-4357に電話をかけ、レッカー移動や修理などのロードサービスを依頼することができる。内容によっては無料でサービスを受けられることもあるので、問い合わせてみよう。

● AAA オフィスでの情報提供

AAAは旅行代理店でもある。ドライブ旅行者にとってありがたいのが、AAAが発行するツアーブックTour Bookと地図。地図は、各州別のほかに、エリア、都市別、フリーウエイマップなどがある。ツアーブックには、観光ポイント、ホテル、モーテル、レストランの情報などが記載され、充実している。AAAのオフィスではこれらのものがJAF会員なら無料で、JAFの非会員でも有料で入手可能だ。

● LA 周辺のおもな AAA オフィス

※営業時間は基本的に月～金9:00～17:00、土9:00～13:00

Los Angeles
MAP **P.49-D2** 住 2601 S. Figueroa St., Los Angeles
☎(1-213)741-3686

Pasadena
MAP **P.71-C2** 住 801 E. Union St., Pasadena
☎(626)795-0601

Torrance
MAP **P.50-B2** 住 23001 Hawthorne Blvd., Torrance
☎(310)325-3111

Anaheim
MAP **P.47-C3** 住 420 N. Euclid St., Anaheim
☎(714)774-2392

Newport Beach
MAP **P.53-C2** 住 3880 Birch St., Newport Beach
☎(949)476-8880

VOICE **フリーウエイを運転するときの注意** 自分が下りたいフリーウエイの出口が右にあると思って、いちばん右側のレーンを走っていると、下りたい出口よりずっと前で、そのレーンが手前のほかの出口専用になっていた。車線変更ができず、その出口でフリー↗

日本からレンタカーの予約をする
Make a Reservation in Japan

日本からレンタカーを予約して行くなら、日本に支店、代理店をもつ大手会社（→P.108～109）を利用することがほとんどだろう。全米にネットワークをもつ大手は、所有台数が多く、車種も豊富だ。新しい車を揃え、整備も信頼がおける。日本語のウェブサイトから簡単に予約可能だ。

日本向けの特別プラン

こうした大手レンタカー会社は、日本から予約した場合にのみ適用される特別料金を設定したり、保険もセットにした日本払いのクーポンも提供する。日本語で予約や確認ができて、そのうえ割引料金が使えるのだから便利だ。

予約の際に決めておく項目（借り出し、返却の日時、場所）

借り出しや返却の日時は、「7月23日の午前10:00頃」という決め方。飛行機でLAに到着してすぐに空港で借りる場合は、フライト番号と到着予定時刻、そうでないときは宿泊先などの連絡先を伝えておく。場所については、「ロスアンゼルス国際空港の営業所」などと営業所を特定するように。日本からの旅行者がレンタルする場合は、空港の営業所をおすすめする。LAX周辺の道路は広く、それほど混雑していないことと、空港から各レンタカー会社のシャトルバスで営業所に向かい、そのままドライブをスタートできることは大きなメリットだ。

車のクラス

車はおもに大きさを基準にして、いくつかのクラスに分類されている。クラスの名称は各社によって異なるが、一般的にはエコノミー／コンパクト（小型）、ミッドサイズ（中型）、フルサイズ（大型）、それに4WD、コンバーチブル、ミニバン、SUVなどの車が加わる。

そのほか

ほかにもちろん住所、氏名、連絡先、クレジットカードの有無などを確認される。また、チャイルドシートやカーナビなどのオプションを利用したい場合は、予約の際にリクエストをしておいたほうがいい。予約がOKになったら、予約確認証（バウチャーともいう）や予約確認番号が発行される。これをなくしてしまうと、現地でスムーズに車を借りられなくなるので、大切に保管し現地まで持参すること。

現地で借りる

現地でレンタカーを借りる場合も、3日前までには予約をしておきたい。インターネットで調べる、ホテルのスタッフに聞く、または電話帳で探すのがいちばん確実な方法だ。中小の場合は端から電話して料金と条件を確認する。予約が済んだら、予約確認番号が告げられるはずなので必ず控えておくように。

日系の現地レンタカー会社→P.119

日本での予約方法はふたとおり

●ウェブサイトからレンタカー会社に直接予約
日本から予約することによって、現地で予約した際に適用される通常料金よりも割安になるパッケージを、各大手レンタカー会社は提供している。会社によってはウェブサイト予約限定のプランを設定しているので、チェックしておきたい。

●旅行会社をとおして予約
日本出発前に、主要旅行会社でクーポンを直接購入して支払いに使用するもの。保険がセットになっているものもある。クーポンには1日券と複数日券があり、レンタカー会社によって異なる。

料金、条件
料金や条件などについては毎年変更されるので、必ず各社に最新の情報を問い合わせること。

レンタル日数
レンタル開始時刻から24時間を1日として数える。

乗り捨て料金
ワンウエイOne Wayという。大手レンタカー会社ではカリフォルニア州とネバダ州内なら乗り捨て料金がかからないことが多い。その場合、ロスアンゼルスで借りて、ネバダ州ラスベガスで返却することも、追加料金なしでできる。

南カリフォルニアらしいスポーツ車を借りるのもいい

↘ウエイを下りなければならなかった。初めてフリーウエイを走るときでも、右から２番目のレーンを走っていたほうが無難だ。
（東京都　らさ '19）['23]

Rent-a-Car Companies

レンタカー会社紹介

ハーツ Hertz

レンタカー会社大手のひとつ。日本から予約できる割引料金の名前は「パッケージプラン」などで、主要な保険や税金などが含まれている。ウェブサイトでは、さらに割安になるキャンペーンを行っていることもあるのでチェックしよう。

セールスポイント

- ▶営業所数が多い
- ▶車の台数が多く、新車から6～9ヵ月間しか使用しないため新しい
- ▶原則として予約の変更・キャンセルにともなう手数料はかからず、予約日時の直前でも無料でキャンセルが可能
- ▶20歳以上からレンタル可能（1日当たり追加$19～52。一部の車種クラスでは25歳未満はレンタルできない）
- ▶国際運転免許証の携行が不要になるハーツ運転免許証翻訳フォームを無料でオンライン発行可能
- ▶シボレー・コルベット・コンバーチブルやダッジ・チャレンジャーRTなどをレンタルできるハーツ・アドレナリンコレクションやメルセデス・ベンツGL450などをレンタルできるハーツ・プレステージコレクションがある
- ▶車載ディスプレーオーディオからスマートフォンの画面を操作できるApple CarPlayやAndroid Autoが搭載されている車もある
- ▶チャイルドシート1日$13.99
- ▶日本に支社があり、アフターケアが安心
- ▶ウェブ登録できる会員制度「ハーツGoldプラス・リワーズ」は、年会費無料で会員番号も即日取得が可能。メンバー専用エリア（またはカウンター）で借り出しとなり、事前に情報登録するため手続きは最低限で済む。また、会員登録後の初回利用時はカウンターでサインが必要だが、2度目以降はカウンターに寄らずに借り出しできる（営業所により異なる）
- ▶事故や違反などの際の対処法や、故障や事故など万一のときに、ロードサービスの手配などを日本語で問い合わせることができる。☎(808)204-1874（日本語直通）、もしくは、Free(1-877)826-8782に電話し、"Japanese desk, please."と言えばつながる
- ▶カリフォルニア、ネバダ州内の一部では乗り捨て無料（車種、日程によって異なるので要確認）

ハーツは白地に黄色のシャトルバスで営業所へ

ハーツレンタカー予約センター
無料 0800-999-1406
URL www.hertz-japan.com 営月～金9:00～18:00 休土日祝
●アメリカでの予約・問い合わせ先
Free (1-800)654-3131

ダラー Dollar

日本払いのプランは、車両補償に加入、その他の保険、補償は現地で状況に応じて選ぶ「ダラーベストレート」、現地払いのプランは事故に関する保険、補償を含み税金と返却時のガソリン補給が不要な「ダラープレミアムパッケージ」などがある。

セールスポイント

- ▶原則として予約の変更・キャンセルにともなう手数料はかからず、予約日時の直前でも無料でキャンセルが可能
- ▶国際運転免許証の携行が不要になるダラー運転免許証翻訳フォームを無料でオンライン発行可能
- ▶20～24歳の追加料金は1日$29～
- ▶チャイルドシート1日$13.99
- ▶24時間日本語サービス
  ☎(808)204-1841（日本語直通）※日本で予約をした人のみ対象

ダラーレンタカー予約センター
無料 0800-999-2008
URL www.dollar.co.jp 営月～金9:00～18:00 休土日祝

上記のデータは2023年1月現在のもの、利用する際はレンタカー各社や旅行会社などに問い合わせて再確認を。

MEMO **21～24歳の人がレンタルする際の注意点** 上記5社のレンタカー会社でレンタルする場合、本人名義のクレジットカードを提示する必要がある。クレジットカードを所有していない者には貸し出しを行っていない。

アラモ Alamo

日本から予約すると適用される料金プランは、保険と税金、3名分の追加ドライバー登録料金、そして1回分のガソリン満タン料金が含まれた「ゴールドプラン」や保険や税金が含まれた「ボーナスプラン」などがある。下記のように、アラモでは他社と保険の名前（→ P.110）は異なるものの、カバーする項目はほぼ同じ。

CDW：自車輌損害補償制度

EP：追加自動車損害賠償保険（対人、対物）

セールスポイント

- ▶21～24歳の追加料金は1日$25＋税金～
- ▶チャイルドシート1日$12＋税金
- ▶事前にウェブサイトのAccelerated Check-Inに運転免許証と連絡先情報を入力し、Accelerated Check-Inを有効にすると、現地貸し出しカウンターでの手続きがスムーズになり、時間が短縮できる
- ▶カリフォルニア州内、カリフォルニア～ネバダ間の一部では乗り捨て料金が無料（日程・区間によって異なるので要事前確認・要事前予約）
- ▶ディズニーランドのオフィシャルパートナーなので、リゾート内にも営業所がある
- ▶ロスアンゼルス国際空港などでは、予約したカテゴリーのなかから好きな車が選べる「アラモセレクト」を展開
- ▶24時間緊急ロードサイド・アシスタンス［日本語対応 Free (1-800) 803-4444］に電話し、"Japanese speaking agent, please." と言えばつながる

アラモレンタカー日本予約代理店
（株）パシフィックリゾート
無料 0120-088-980 URL www.alamo.jp
営 月～金9:30～18:00 休 土日祝
●**アメリカでの予約・問い合わせ先**
Free (1-844)354-6962

エイビス Avis

日本から予約して適用される割引料金は「円建てウルトラパック」や「円建てスーパーバリュー」など。レンタカー料金を日本円で支払うので、基本料金が換算レートに左右されない（※日本出発7日前までに予約手続き完了のこと）。各種優待やキャンペーンの情報もウェブサイトでチェックできる。

セールスポイント

- ▶21～24歳の追加料金は1日$27＋税金～
- ▶カーナビは1日$16.99＋税金～
- ▶チャイルドシート1日$14＋税金～
- ▶料金プランなどをeメールで相談できる（【E】avis-car@jeiba.co.jp）
- ▶24時間緊急ロードサイド・アシスタンス Free (1-800)354-2847（英語）

エイビスレンタカー日本総代理店
㈱ジェイバ
無料 0120-31-1911
URL www.avis-japan.com
営 月～金11:00～15:00 休 土日祝

バジェット Budget

車両保険（自車両損害賠償保険）が含まれたシンプルな「ベーシックプラン」や、車両保険と対人対物（自動車損害賠償保険）、税金が含まれ、返却時にガソリン給油が不要な「インクルーシブプラン」など、利用者のニーズに合わせてプランの選択ができる。各種優待やキャンペーンなどもホームページで随時公開している。

セールスポイント

- ▶21～24歳の追加料金は1日$27～
- ▶日本語対応カーナビは1日$16.99～（営業所によって異なる）
- ▶チャイルドシート1日$14～
- ▶24時間緊急ロードサイド・アシスタンス Free (1-800)354-2847（英語）

バジェットレンタカーのシャトルバスは青とオレンジのツートンカラー

バジェットレンタカー日本総代理店
㈱ジェイバ
無料 0120-113-810 URL www.budgetjapan.jp
営 月～金11:00～15:00 休 土日祝

上記のデータは2023年1月現在のもの、利用する際はレンタカー各社や旅行会社などに問い合わせて再確認を。

MEMO **車内での喫煙** レンタカー車内で喫煙した場合、クリーニング費用として$250～400が請求される。

任意保険の加入
どれに加入するか尋ねられたら、"Full coverage, please.（全部加入します）"、"LDW and LIS, please.（LDWとLISに加入します）"などと言う。すると、契約書のサイン（またはイニシャル）が必要な場所を示してくれる。任意保険込みのプランをもつ会社もある。

STOPのサインではいったん停止するなど、交通ルールは厳守だ

交通量が多いので合流時は特に注意しよう。なお、スピード違反での事故は保険が適用されない

保険について
Insurance for Your Safety

ひと口に「保険」といっても、種類がいくつかある。カリフォルニア州の場合、自動車損害賠償保険（自賠責保険）の補償額が低いので、任意保険に入って、補償範囲を広げるようにしたい。

自動車損害賠償保険（Liability Protection=LP）

日本では強制的に加入させられる保険（**自賠責保険**）に当たるもので、レンタル期間に発生した損害を最低限補償するもの。しかし、**補償額が低いので、その代わりになる追加自動車損害賠償保険（LIS、SLI）に加入する必要がある**。レンタカー会社が提供するパッケージプランによっては、最低限の補償をカバーする保険が含まれている場合もあるので、申し込みの際に確認すること。

任意保険

カバーする範囲を広げたり、限度額を引き上げるために加入する保険で、いくつかの種類がある。レンタカー会社によってはパッケージプランに基本の保険が含まれていることも多い。思わぬ事故のことも考えて下記DATA欄のLDWとLISに加入することをすすめる。

保険が適用されない場合

以上の保険に加入していても、契約事項に違反して車を使用したとき、交通法規に違反して事故を起こしたとき（スピード違反、飲酒運転、定員超過など）、未舗装の道路で事故を起こしたときなどでは、保険の適用が受けられない。また、追加ドライバーとして未登録の人が運転して事故を起こした場合も、保険は適用されない。

DATA 任意保険のおもな種類（ハーツを例に）

● LDW（またはCDW）
Loss Damage Waiver（またはCollision Damage Waiver、アメリカではLDWでほぼ統一）の略で、自車両損害補償制度のこと。レンタル中に発生した破損や盗難、紛失など、車自体の損害のすべてを免除する制度。加入料は1日当たり$17～だが、ほとんどのパッケージプランには含まれている。予約時に要確認。

● LIS（またはSLI）
Liability Insurance Supplement（またはSupplemental Liability Insurance）の略で追加自動車損害賠償保険のこと。前述した自動車損害賠償保険（対人、対物）のオプションで、補償限度額が$100万にまで引き上げられる。加入料は1日当たり$17程度。

● PAIおよびPEC（またはPEP）
PAIはPersonal Accident Insuranceの略で、搭乗者傷害保険のこと。契約者も含め、車に搭乗している者全員を対象とし、レンタカーの事故により負傷したときに適用される傷害保険だ。

PEC（またはPEP）はPersonal Effects Coverage（またはProtection）の略で、携行品の損害にかかる保険。レンタカー利用中に携行品（現金などは含まれない）に発生した事故（盗難、破損など）についての補償で、契約者と同行している肉親と同居の第2親等のみ対象となる。

PAIとPEC（またはPEP）はセットになっており、加入料は1日当たり$7程度。このふたつについては、通常の海外旅行保険やクレジットカード付帯の保険でもカバーされることがある。

PAIの補償限度額
死亡時：$17万5000
治療費：$2500
救急車費用：$250
（1事故の補償限度額は$22万5000）

PEC（またはPEP）の補償額
1回のレンタルにつき、1名当たり$600。総額で$1800まで。

MEMO **ドライブに便利なサイト** グーグルマップ URL www.google.co.jp/maps、マップクエスト URL www.mapquest.comなどで目的地までの経路検索ができる。

車をピックアップする
Pick Up A Car

現地に着いたら、いよいよ車を借り出す。**レンタカーを借り出すことを『ピックアップPick Up』、返却することを『リターンReturn』**という。日本から空港に着いて、そのまま空港の営業所から借り出すことが多いと思われるので、ここではその手順を説明しよう。

バゲージクレームを出た中州にあるサインの下で自分が利用するレンタカー会社のシャトルバスを待とう

空港ターミナルから営業所へ

LAXの到着ロビーに着いたら「Ground Transportation」のサインに従って中州に出る。紫色の**「Rental Cars」**のサインの下で自分が予約してあるレンタカー会社のシャトルバスに乗り、空港近くの営業所に向かおう。大手レンタカー会社は、空港内をシャトルバスが頻繁に巡回している。中小の場合は、空港から各営業所に電話して、シャトルバスでの送迎を頼むことが多い。

レンタカーの営業所へは各レンタカー会社のシャトルバスで向かう

営業所に着いたら

カウンターで事前に予約してあることを告げ、**予約確認書または予約確認番号、国外運転免許証、日本の運転免許証、クレジットカード、クーポンで支払う場合はクーポン**を差し出す。クーポンで支払う場合でも、任意保険の加入（→P.110）や保証金としてクレジットカードが必要になる。

シャトルバスは営業所の目の前まで連れていってくれる

次に任意で加入する**保険**について。決して強制ではないので、必要なものだけよく確認してから加入する。保険に関してはP.110を参照。

このほか契約時に決めておかなければいけないのは、追加ドライバーの登録、返却時のガソリン量に関するオプション。**契約書にサインした契約者以外が車を運転する場合には追加ドライバーも必ず登録しておかなければならない。**追加ドライバーに関しても日本の運転免許証と国外運転免許証を提示して契約書にサインをするだけの簡単な手続きだ。返却時のガソリン量に関するオプションは、Fuel Purchase Option（FPO）というもの。レンタカーは満タンで返却するのが基本だが、このオプションを付ければ返却時に満タンにする必要がなくなる。返却時に、ガソリンスタンドを探す手間もないので便利だ。ただし、オプションで購入するガソリンは単価が少し高く設定されているので、なるべく安くレンタカーを利用したいという人は、最終日に自分でガソリンを満タンにするほうがいい。

以上のことを決定したら、最後に契約書にサインをする。**契約書の条件を守る義務を生じさせるものなので、契約内容を十分に理解して、記入に間違いがないか確認したうえでサインをするように。**

以上で手続きは終了。契約書の控え、免許証、クレジットカードを忘れずに受け取る。キーと一緒に車の停めてあるスペースの番号が告げられるので、荷物を持って車へ移動しよう。レンタカー会社によっては、駐車場で好きな車を選べることもある。その場合、キーは車の中に置きっぱなしになっている。

追加ドライバーもクレジットカードの提示が必要
メインドライバーだけでなく、追加ドライバーもクレジットカードの提示を求められる場合があるので用意しておこう。

わからないことはカウンターで確認しておこう

契約書の一例

装備の操作方法は
大手レンタカー会社なら駐車場にいる係員に質問できる。また、グローブボックス内にもイラスト付きの説明書が入っている。

ドライブを始める前に
Before You Start to Drive

アメリカと日本では、車自体にも違いがある。知らないと安全な運転に支障が出るものもあるので、あとで慌てないために公道に出る前に確認しておくようにしたい。

わからないことがあれば、駐車場にいる係員に質問する。英語が不安なら辞書や翻訳アプリなどを用意しておこう

ウインカーとワイパーのレバー

意外にとまどうのはウインカーとワイパーのレバーが逆の位置にあること。**ウインカーは左、ワイパーが右**になる。うっかりしていると、車線を変えようとしてワイパーを動かしてしまった、などということになる。

コラムシフトの長所
前席が広いこと。前席の間にシフトレバーがないぶん、ゆったりとしたシートが付いていて、長距離のドライブには楽。しかし、どうしてもなじめそうになければ、カウンターに戻って車種を変えてもらうこともできる。

インパネシフトとは
センターパネルにシフトレバーがあるタイプ。

シフトレバーの位置

アメリカでは、ほぼ例外なくオートマチック車が貸し出される。シフトレバーの場所は日本車に多いフロアシフト（運転席と助手席の間にシフトレバーがあるタイプ）に加え、コラムシフトやインパネシフトもある。コラムシフトはハンドルの根元からシフトレバーが伸びているタイプで、レバーを手前に引きながら、上げたり下げたりする。

少し練習してみる

シート位置を決め、ミラーを合わせて、各種装備（ウインカーやワイパー、ヘッドライトなど）の作動方法を確認する。初めてのドライブなら、空港のレンタカー会社の広い駐車場内で少し走る練習をしてから一般道に出るとよい。

出口のブースでは契約書のホルダーを係員に渡す

営業所の外に出る

少し練習をしたら、一般道へ。営業所内の“Exit”のサインに従って進めば出口にたどり着く。出口のブースにいる係員に契約書のホルダーを渡して、契約書と車のチェックをしてもらおう。そのあと、出口のゲートを開けてもらって営業所を出る。

DATA　LAXから各エリアへ向かう　※所要時間はあくまで目安

サンタモニカへ
フリーウエイ利用なら、Century Blvd. からI-405 North に乗り、I-10 West に移る。もしくは、Sepulveda Blvd. から Lincoln Blvd.（CA-1）へ。こちらは下の一般道だけで行ける。所要約 30 分。

ビバリーヒルズへ
Century Blvd. から I-405 North に乗り、Santa Monica Blvd. か Wilshire Blvd. で下りて東へ向かうと、ビバリーヒルズの中心に出る。所要約 40 分。

ハリウッドへ
Century Blvd. から La Cienega Blvd. を左折。ひたすら北上し Sunset Blvd. を東へ向かう。フリーウエイ利用なら Century Blvd. から I-405 North に乗り、I-10 East に移る。出口 8 で下りて、La Brea Ave.、Highland Ave. を北上。所要約 50 分。

ダウンタウンへ
Sepulveda Blvd. や Aviation Blvd. から I-105 East に乗り、I-110 North に移るという方法が一般的。この方法がいちばん速く、渋滞がなければ所要時間は 40 分ほど。もしくは、Century Blvd. から I-405 North に乗り、I-10 East、CA-110 North へ移る方法もある。所要約 55 分。

ディズニーランド・リゾートやアナハイムへ
Sepulveda Blvd. や Aviation Blvd. から I-105 East に乗り、I-605 South へ。さらに CA-91 East、I-5 South と移り、Disneyland Dr. で下りればディズニーランド・リゾートだ。所要約 60 分。

LAで運転する
Driving in LA

運転の基本は万国共通で安全第一だが、その安全を実現するための交通法規は、アメリカと日本では異なることも多いので注意したい。

マイル表記

アメリカはいまだにマイル表記なので、**1マイル=約1.6km**ということだけは覚えておこう。車のスピードメーターには両方の表記がされているので、それほどとまどうことはないはず。

右側通行

アメリカの車は、日本とは正反対の左ハンドルで右側通行。最初は不安でとまどうかもしれないが、意外にすぐ慣れてしまう。注意したいのは、右左折や、駐車場などから広い道に出るときなど。慣れてきても、周りに走っている車がいないと、ついつい左車線に入ってしまいそうになることがある。初めのうちは常に**「センターラインは自分の左側」**ということを意識するようにしたい。

制限速度

インターステートハイウエイや一般道の制限速度は州ごとに異なる。カリフォルニア州のインターステートハイウエイでは時速55〜70マイル（約88〜112km）が制限速度になっているが、周辺の状況などで変化するので、標識には注意しておくこと。

赤信号時の右折

アメリカの合理的な交通法規が、赤信号時でも右折してよいこと。ただし、**停止線で一時停止したあと、ほかの車や歩行者などの動きを見て、安全が確認できたらという条件付き**。交差点で一時停止し、左右の安全を確認してから右折する。例外（→側注、“NO RIGHT TURN ON RED”）もあるので、交差点の標識を見逃さないように。

信号のない交差点での停止と発進

信号のない交差点では、最初に交差点に入った車から順に発進するという日本にはない交通法規がある。“STOPストップ”の標識の下に“4 WAY”や“ALL WAY”などの補助標識がある交差点では、その交差点に入るすべての車が停止線で一時停止しなければならない。停止線に停まった順に発進する。**どちらが先か微妙なときは右側の車が優先される**。

左折用センターレーン

都市部では、上下車線のほかに、センターレーン（中央車線）がある道路が多い。これは、1）大きな道から信号のない側道へ左折したり、2）側道から大きな道に左折したりするときに使う車線だ。

1）の場合、ウインカーを出してこのセンターレーンに入り、対向車が切れたら左折。2）の場合は、左から来る車が切れたら左折して、まずこの車線に入り、右にウインカーを出して後方からの車が切れるのを待ち、合流する。

NO RIGHT TURN ON RED
信号に“NO RIGHT TURN ON RED（赤信号時の右折禁止）”の標識が出ている交差点では、信号が青になるまで右折はできない。しっかり確認すること。

このサイン“NO RIGHT TURN ON RED”があれば、日本と同じく赤信号時の右折は禁止

一方通行路同士の赤信号時の左折
一方通行同士の交差点で左折する場合、赤信号でも左折が可能。つまり、いちばん左のレーンに寄って停止線で停まり、右からの車や歩行者など、安全を確認できたら左折ができるのだ。

住民も悩む、渋滞問題
車が移動の手段として定着しているLAでは、朝と夕方のラッシュ時にはハイウエイをはじめ、一般道路もたいへん混雑する。歩いたほうが速いのでは?というほどだ。ラッシュ時には渋滞するということを頭の片隅に入れておこう。

かなり厳しい罰金制度
財政難のカリフォルニア州では、近年さらに交通違反者に対する罰金を強化している。赤信号無視で$490〜、一時停止無視$238〜、スピード違反$298〜など（場所や条件により異なる）。ちょっとの不注意で高額の罰金が発生してしまうので、細心の注意が必要だ。

黄色で囲まれたエリアが左折用センターレーン

合流の際の優先権

逆三角形の赤い**“YIELD”という標識は“譲れ”という意味**。これから合流する道を走る車に優先権があるということ。停止する必要はないが、優先権のある車の走行を妨げないように合流する。もちろん、優先車の走行を妨げてしまうようなら停止することになる。

踏み切りは一時停止しない

日本では踏み切りでの一時停止が義務づけられているが、アメリカでは、**減速するだけで停止してはいけない**。ただし、当然のことながら、警報機が鳴っていたり、遮断機が下りていたら停まること。

スクールバス

前方を走っている黄色いスクールバスが停車して、赤いフラッシュライトが点滅を始めたら、**後続車だけでなく、対向車線の車も、その場で停車しなければならない**。スクールバスの側面から“STOP”というサインが出ている間は、停車していること。

シートベルトの着用

カリフォルニア州では同乗者もシートベルトの着用が義務づけられている。取り締まりは日本に比べてかなり厳しく、罰金の額も高い。後部座席でも必ず着用すること。8歳未満または身長4フィート9インチ（145cm）以下の子供は、チャイルドシートを着用しなくてはならない（※チャイルドシートは後部座席に付ける）。レンタカー予約時に、チャイルドシートの予約も済ませておこう。

有料道路トールロード Toll Road

オレンジカウンティや、リバーサイドカウンティの周辺に、**トールロードToll Roadと呼ばれる有料道路**がある。入口に「Toll Road」の表示が出ていたら、その先は有料道路だ。料金は$1.70〜9。料金所には、日本のETCと同じシステムのFasTrak Transponder積載車用の「FasTrak」レーンしかない。FasTrak Transponderが載っていない車で有料道路を利用するなら、後日、ウェブサイトからクレジットカードで料金を支払わなければならない（→下記脚注）。その際、車番（3SAM123など）と車の登録されている州名が必要になる。

アルコールの車内持ち込み

カリフォルニア州では、未開封のものであってもアルコール飲料の車内持ち込みを禁止している。必ずトランクに保管すること。

車内の荷物について

盗難防止のため、カーナビや荷物は外から見えない場所（トランクやダッシュボードの中など）に置くこと。

ヘッドライト点灯

カリフォルニア州では、**日没30分後から日の出30分前までの間はヘッドライトをつけることが義務づけられている**。一般的に日本よりも早くライトをつける傾向にある。

スクールゾーン
学校近くの“スクールゾーンSchool Zone”と呼ばれる区間は、制限速度がかなり低く抑えられている。スクールゾーンには速度制限の標識とともに、“When children appear（子供がいるとき）”“When flashing（スクールゾーン入口の速度標識についているランプが点滅しているとき）”などの条件を示す標識がある。その条件に当たる際は、表示された制限速度を守る。なおスクールバスは午前8:00と15:00頃に運行することが多い。

スクールバス
中央分離帯で区切られた反対車線にバスがいる場合は、車を停める必要はない。

スクールバスは黄色が目印

チャイルドシート
厳密にいうと、アメリカでは3つのカテゴリーに分けられる。一般的にインファントシートInfant Seatは1歳未満または体重9kg未満、チャイルドシートChild Seatは9〜18kg、ブースターシートBooster Seatは18〜36kgの子供向けのカーシートのこと。

Toll Roadはどこにある？
URL www.thetollroads.com
LAダウンタウンの50km南、オレンジカウンティ周辺に多い。CA-73、CA-133、CA-241、CA-261が該当する。そのなかで、CA-73は旅行者が利用することが多く、東のI-5と西のI-55の間、北はI-5と南はPCH（Pacific Coast Hwy.）の間を走る有料道路だ。
オレンジカウンティのコスタメサでI-405から分岐し、CA-73は始まる。そして16マイル（約26km）続いたあと、ラグナニグエルでI-5に合流する。
混雑のピーク時間はLAX方面の北行き6:00〜10:00、サンディエゴ方面の南行き16:00〜20:00。

警察のお世話にはなりたくないものだ

MEMO オレンジカウンティ周辺にあるCA-73（州道73号線）の有料道路を運転する際の注意点　FasTrak Transponderを載せていない車を運転している場合は、ウェブサイトで有料道路使用料金を払うことになる。URL www.thetollroads.com

駐車の仕方
How to Park a Car

車社会ロスアンゼルスだけに、駐車場探しに困ることはあまりない。駐車に関するマナーも基本的には日本と変わらないが、知っておくとよいルールをここで確認しておこう。

駐車の際は必ず標識を確認すること

駐車場に停める場合

駐車場は“P”または“Parking”といったサインを探せば見つかるはずだ。有料の駐車場では入るときに駐車券を受け取り、出るときに支払う。このような有料駐車場で2階建て以上のものはパーキングストラクチャー（Parking Structures）と呼ばれることが多い。その際、日本人が気をつけなくてはならないのが、駐車する車の向き。**日本では車を後ろから駐車スペースに入れる場合がほとんどだが、アメリカでは、前から入れること。**

また、“Free with Validation”と看板などに記載されている場合は、店やレストランを利用したときにスタンプやシールをもらえば駐車代が無料、もしくは割安になる。

駐車スペースに前から車を入れるのがアメリカのルール

路上駐車の場合

都心部で路上駐車をするなら、パーキングメーターの利用が多くなる。空いているスペースを探して、車を停める。その際、**何時間までなら駐車可能か表示されている看板にも注意すること。**パーキングメーターは通常、駐車可能時間を針で示すもの（旧式）と、液晶で示すもの（新式）の2種類。針で表示するタイプのものは、“EXPIRED期限切れ”の文字が見える。液晶表示のものは“0”が並んで点滅している。この状態で駐車しておくと違反になるので、駐車料金を支払わなければならない。メーターには、25¢、10¢、5¢の硬貨が使えるものと、25¢しか使えないもの、クレジットカードしか受け付けないものがある。メーターに硬貨を入れ、中央のレバーをひねると、針が出てきたり、表示が変わったりして駐車可能時間を示すが、いくらで何分停められるか、というのは場所によって異なる。残り0分になると硬貨を入れる前の状態に戻る。残り時間が減ってきたら硬貨を足せばよい。ただし、場所によっては、残り時間があるときは、途中で追加料金を受け付けないものもあるので注意すること。

硬貨を入れるごとに駐車可能時間が増える

クレジットカードも使えるパーキングメーター

ハンディキャップ用スペース

車椅子のようなマークがある、障害者専用スペース“Handicapped Spaceハンディキャップスペース”に駐車できるのはマーク入りプレートを付けた車だけ。障害者に対する配慮だ。**一般車はたとえ短時間でも決して駐車しないように。**このスペースでの駐車の罰金は$300～（場所や条件により異なる）。

青と白で書かれたハンディキャップ用のスペース

バレーパーキング
Valet Parking
高級ホテルやレストランでは、入口で車を降りたら、あとは係員が車を駐車スペースまで運んでくれるバレーパーキングという有料サービス（チップ別途要）を行っている。

路上駐車では縁石の色に注意
駐車禁止ゾーンが縁石の色によって分けられているので、覚えておきたい。
白→同乗者の乗降や郵便ポストを使うときのみ駐車可
緑→標識に記載されている限定された時間のみ駐車可
黄→商業用の荷物の積み降ろし時のみ駐車可。ただし運転者は下車しないこと
赤→いつでも駐・停車禁止
青→障害者用車両など指定車のみ駐車可

MEMO **日時によっては駐車無料** パーキングメーターには、週末や平日の一部の時間帯以外は無料のものがある。パーキングメーターに“Effective Weekday 6:00～18:00（平日6:00～18:00は有料）”とあったり、周辺に標識が出ている。

フリーウエイを運転する

Driving on Freeways

世界のなかでもフリーウエイ（Freeway, Fwy.）のシステムが発達している街、LA。日本とは異なり、料金は基本的に無料だ。一部の有料道路トールロード（→P.114）以外では通行料金を支払う必要はない。利用方法も日本とは異なるので、基本をつかんでおこう。

フリーウエイのルートナンバー

フリーウエイには必ず番号（ルートナンバー）が付いていて、原則として偶数は東西、奇数は南北に走っている。道路沿いの標識で頻繁に示され、"North" "East" といった進行方向も併記されているので、どのフリーウエイを、どちらに向かって走っているのかがわかるはずだ。

フリーウエイに乗る

フリーウエイの入口に向かう道には、そのフリーウエイの番号、名前、行き先が表記された標識が出ている。その矢印に従えば、入口にたどり着く。フリーウエイの本線に入る所では、ウインカーを出して安全を確かめ合流する。また、矢印がふたつ並ぶ標識がある。これは、走っている車線がなくならずに1車線増えるということ。

カープールレーン

LAのフリーウエイには交通渋滞を緩和するために、カープールレーンCarpool Laneという車線が設置されていて、白い菱形の標識で表示されている。このレーンは1台の車に、標識に書かれている人数（多くの場合ふたり）以上が乗っていなければ走ることができない。

フリーウエイから下りる

フリーウエイの出口を示す標識は "EXIT" と表記される。出口は通常右に出て行くので、自分の目指す出口の標識が出てきたら徐々に車線を移ること。

フリーウエイの種類

●インターステートハイウエイ Interstate Highway
ハイウエイの基幹で、日本の高速道路、自動車道に相当する。本書では"I"と略し、"I-15"のように表記する。

●USハイウエイ U.S. Highway
日本の幹線国道に相当し、インターステートを補完する存在。本書では"US"を付し、"US-89"のように表記する。

●ステートハイウエイ State Highway
州道。日本の地方国道といったところ。本書ではカリフォルニア州の略号（"CA"）を付し、"CA-2"のように表記する。

フリーウエイの入口
入口によっては信号があり、車の流入を調整している。作動しているときは停止線で停止し、信号が青になるのを待たなければならないが、菱形の標識があるカープールレーン用の車線は停止しないで進入できる。

エクスプレスレーン
I-110(Harbor Fwy.)とI-10(San Bernardino Fwy.)の一部の区間にエクスプレスレーンが設置されている。ETCのような機械（FasTrack Transponder）を搭載した車両のみ通行可能。

フリーウエイの出口
出口までの距離を示す標識が、3～4ヵ所手前から出ている。1と1/2マイル、1/2マイルなどと表記され、1/4マイル刻みで示される。都市部の一部では、左への分流もある。

DATA　LA周辺のフリーウエイ

LA周辺の軸となるいくつかのフリーウエイは、ラジオの交通情報などでは道路番号のほかに名前で呼ばれることも多いので、覚えておこう。

Golden State Fwy. (I-5)：ダウンタウンから北へ、バーバンク、シックスフラッグス・マジック・マウンテンを通る。

Santa Ana Fwy. (I-5)：ダウンタウンから南、サンディエゴへ延びている。ディズニーランド・リゾート方面。

San Bernardino Fwy. (I-10)：ダウンタウンから東へ続く。デザート・ヒルズ・プレミアム・アウトレットへ。

Santa Monica Fwy. (I-10)：ダウンタウンから西へ、サンタモニカのビーチまで続いている。

Century Fwy. または Glenn Anderson Fwy. (I-105)：LAXの南側から東に走り、I-405、I-110、I-710、I-605と交差する。

Harbor Fwy. (I-110)：ダウンタウンから南、サンペドロを結ぶ。ロングビーチ方面への足。

San Diego Fwy. (I-405)：I-5のバイパス道路でもあり、ダウンタウンを大きく迂回して海寄りを走っている。LAXの近くも通る。

Hollywood Fwy. (US-101)：ダウンタウンとハリウッドを結ぶ。

Pacific Coast Hwy. (CA-1)：フリーウエイではないが、名前やPCHという略称で呼ばれることも多い。オレンジカウンティのラグナビーチからサンフランシスコまで、海岸沿いを走り、景観も楽しめるドライブルートの定番。

Arroyo Seco Pkwy. (CA-110)：ダウンタウンからパサデナまでと、距離は短い。

ガソリンを入れる
Fill Up Your Gas Tank

ガスステーション（ガソリンスタンド／GS）は街なかやフリーウエイの出口付近など、あちこちにあるので心配ない。アメリカのGSにはふたつのシステム、"Self Service セルフサービス"と"Full Service フルサービス"がある。「セルフサービス」とは自分でガソリンを入れることで、カリフォルニア州ではほとんどがこの方式だ。

支払い方法は3とおり

支払いの方法には3とおりあってGSごとに異なる。"Please Pay First"とポンプに書いてある場合は先払い、ない場合は後払いということ。いちばん簡単なのは、給油ポンプの端末にてクレジットカードで支払う方法だが、日本で発行されたクレジットカードは読み取れないことが多い。そんなときや現金で払う場合は、まず併設の売店に行き、店員に何番のポンプを使って、いくら分のガソリンを入れたいかを伝え、現金かクレジットカードを渡す。現金支払いの場合、おつりは給油後に受け取る。クレジットカード払いの場合、窓口にクレジットカードを預けたら、スキミングされた被害が出ているので注意すること。後払いの場合は、給油後キャッシャーに行って支払う。

フルサービス
「フルサービス」はガソリンスタンドのスタッフに給油してもらうこと。そのぶん、割高になる。

ガソリンの種類
ガソリンの種類はどのガソリンスタンドでもだいたい3種類+ディーゼル。
LAではすべて無鉛なので、ディーゼル用以外ならどれを給油してもいい。名前と一緒に表記されている87、89、91といった、ガソリンの性能を表すオクタン価で見分けることができる。一般的にこのオクタン価が高いほどパワーが出て燃費もいいが、そのぶん値段も高くなる。

夜間のGS利用の注意
GS利用に限らず夜間に行動することは昼間に比べると危険がともなう。ガソリンは残量だけでなく時間にも余裕をもって、昼間のうちに給油するよう心がけるのがいちばん。

セルフサービス給油の手順

1 給油ポンプの前に横づけする

ポンプに横づけしたらエンジンを切る。車外に出るときは必ず窓を閉め、キーを抜いてドアをロックすることを忘れずに。

GSに入る前に給油口がどちら側にあるか確認しておこう

2 料金を支払う

クレジットカードを給油ポンプに読み込ませる場合は"Zip Code（郵便番号のことでアメリカでは5桁の数字）"に宿泊するホテルの番号を入力する。ただ、日本発行のクレジットカードは機械が読み取れないことがあるので、そのときは併設の売店へ行き、料金を現金かクレジットカードで支払うことになる。窓口で給油ポンプの番号と自分が給油したい量を告げる。（例：5番ポンプを満タンで。"Fill it up on 5."）

クレジットカードを挿入する

3 ガソリンを選択

市内のみの移動ならばレギュラー（Unlead）で十分だ。

いちばん安いのはUnlead 87と書かれたもの

4 給油する

ガスタンクを開け、ノズルを差し込む。グリップを握ると給油が始まる。

しっかりとノズルを差し込むこと

5 給油終了

グリップが握れなくなったら満タンになったということ。

給油が終わったら音がするまでキャップを締める

MEMO ガソリン給油をスムーズにするには 高額紙幣（$50程度）をレジで渡し給油。ほとんどの場合、$50もかからずに満タンになるので、給油後におつりを受け取る方法が簡単。この場合はクレジットカードは必要ない。

ワイパーに挟まれた駐車違反のチケット。こうならないように気をつけよう

駐車違反の取り締まりは頻繁に行われている

緊急電話
都市部のハイウエイでは200〜300mごとに設置されている"CALL BOX"と書かれたボックスの中にある。田舎へ行くとボックスの間隔は長くなるので注意。

必ず警察に連絡を
相手が示談にしようとすることもあるだろうが、英語力の差はこういうときかなり不利に働く。必ず警察に連絡すること。警察官の氏名、登録番号、所属部署などの情報も確認しておくといい。
警察
☎局番なしの911

事故車で返却するとき
必ず申し出て事故報告書を提出すること。書式はレンタカーオフィスにある。

AAAのサービス
日本でJAFの会員であれば、AAAのロードサービスを利用することもできる(→P.106)。

故障したときは、頼りになるAAA

トラブルのときは

When You Have Got Any Trouble

トラブルのことなど考えたくもないかもしれないが、これがいちばんの心配事。もしもの場合の大まかな対応を確認しておこう。

●交通違反

旅行者が犯しやすい違反は、駐車違反とスピード違反だろう。

アメリカでは駐車違反の取り締まりはかなり厳しい。ロスアンゼルス市は昨今財政難に苦しんでいることもあり、交通違反に対して、目を光らせている。路上駐車をするときにはよく気をつけて。罰金の額は、違反内容、駐車した場所などによって決まる。チケットは封筒状になっていて、ワイパーに挟まれる。**罰金の支払い方法は下記参照。**

スピード違反のとき、パトカーは違反車の後ろにつけると、赤と青のフラッシャーの点滅で停止を指示する。車を右に寄せて停車すること。警官が降りて近づいてくる間、ハンドルに両手を置いて、同乗者とともにじっと待つ。警官が声をかけたら、日本の運転免許証、国外運転免許証とレンタカーの契約書を見せ、質問に答えればいい。

●事故・故障

事故に遭ってしまったら

まずは、警察とレンタカー会社への連絡。自分の携帯電話か、一般道なら公衆電話、フリーウエイなら道路脇に設置されている緊急電話から連絡する。また、相手の免許証番号、車のナンバー、保険の契約番号、連絡先を控えておくように。あとは警察やレンタカー会社の指示に従おう。車の傷が軽く走れるときでも、レンタカー会社に連絡し修理工場で見てもらったほうが安心だ。

故障してしまったら

自走できるときは、レンタカー会社に連絡して必ず修理すること。そのときに、自分のいる位置、どんな故障かを告げられるようにしておく。自走できないような故障なら、牽引サービスTowingを緊急電話などで呼んで、GSなどに運んでもらい、レンタカー会社への連絡となる。修理可能ならレンタカー会社に断って修理してもらうが、支払いの方法はケース・バイ・ケース。あとでもめないためにも、レンタカー会社と修理工場の間で支払いについてはっきりさせておくように。修理不可能なときは、レンタカー会社が代車を提供してくれる。

DATA 罰金の支払い方法

① 期限内であればインターネットで支払うことができる。違反チケットに記されている違反番号とクレジットカード番号などが必要。※裁判所で保釈金を支払った場合などは利用不可。

② 違反チケットの入っていた封筒で罰金を郵送する。その際、現金、T/Cは送れないので、銀行や郵便局、スーパーマーケットへ行き、罰金と同じ額面の"マネーオーダー Money Order"と呼ばれる為替を作ってもらう。封筒に入れ、切手を貼って投函する。

③ 罰金処理を専門に行っているオフィスに出頭して直接支払う。オフィスの所在地は封筒に記載されている。

④ 市によっては電話での決済が可能。封筒にある電話番号に電話して、メッセージに従って操作を行い、クレジットカード番号を伝える。

MEMO **ほんの一瞬のスキも見逃さない取り締まり** 駐車違反、スピード違反に対する取り締まりは厳しい。たとえ、短時間の駐車であっても油断せず、路上ではなく、駐車場に駐車するようにしよう。

車を返却する（リターン）
Return A Car

ドライブのあとは、当然返却する（リターン）手続きがある。ここでは空港の営業所に返却する手順を説明しよう。

営業所へ向かい、車を返却

営業所へ向かって走っていると、空港が近づいてくるとともに、"Departure"、"Arrival" など発着関係の標識が多くなる。そのなかで、"Rental Car Return" の標識に従ってレンタカー会社の営業所へ向かい "Car Return" のサインに従って車を停める。

大手レンタカー会社の場合、返却する駐車場には係員が待機しているので、車を停めたら彼らに来てもらおう。契約書を用意して、車のキーは付けたまま車を降りる。問題がなければその場でレシートを発行してもらって手続き終了。料金はクレジットカードから引き落とされる。その場で内容を確認しよう。早朝や深夜の返却で係員が駐車場にいない場合は、契約書のホルダーに必要事項（返却日時、走行距離メーターのマイル数、ガソリンの残量）を自分で記入し、カウンターに提出して精算する。車のキーについては、多くの営業所では、"Leave the key in a car" というサインがあるので、ドアはロックせず、キーはイグニッションに差したままにする。小さな営業所の場合、ドアをロックし、キーは書類とともにカウンターまで持っていくところもある。契約書控えなどの書類は万一トラブルが発生した場合に必要となるので、大切に保管しておくこと。

係員に車の状態を確認してもらおう

手続き終了後は、空港ターミナルへレンタカー会社のシャトルバスで向かおう。

LAX Airport（ロスアンゼルス国際空港）へ向かう

ガソリンの残量は
厳密なものではないので、満タンにしてから10〜20マイル走っても問題ない。FPO（返却時に満タンで返却しなくてもよい）オプション（→P.111）を付けなかった場合、満タンで返却しないと、市内のガソリン代よりも割増料金を請求される。

事故や違反をした場合
利用中に事故や違反をした場合は、レンタカー会社に報告が必要だ。事故の場合は、発生直後に連絡をしていれば書類の確認をするだけで済む場合が多い。

エクスプレスリターン
カウンターでの手続きを省略したサービス。契約書のホルダーの記入項目のほかに自分の住所（日本のものでOK）、氏名を記入し、契約書、キーとともに"Express Return" とあるポストや、空港へのシャトルバスの中にあるボックスに投入すれば手続き終了。支払いはクレジットカードのみ。明細は記入した住所に送られる。
ただし、違反をしていたり、事故を起こしていた場合には、このシステムは使えない。

DATA 日系の現地レンタカー会社

OK レンタカー OK Rent-A-Car
URL www.okrentacar.net（日本語）
E ok@okrentacar.com（日本語）
MAP P.60-A4
住 1543 Sawtelle Blvd., Los Angeles, CA 90025
☎ (310)207-6652　Free (1-800)867-6565
FAX (310)207-1440

ワンズレンタカー One's Rent A Car
MAP P.80-B2
住 5250 W. Century Blvd., #106, Los Angeles, CA 90045
☎ (424)227-4129
URL www.ones-rent.com/static/la/

スーパーチープレンタカー Super Cheap Car Rental
MAP P.80-B2外　住 10300 S. Inglewood Ave., Lennox, CA 90304
☎ (310)645-3993
URL supercheapcar.com

さくらレンタカー Sakura Rent-A-Car
Free (1-800)222-7333（アメリカ国内フリーダイヤル）
URL www.sakura-rentacar.com（日本語）
Instagram @sakuracar

LAX 空港店
MAP P.80-B2
住 5250 W. Century Blvd., Suite 100, Los Angeles, CA 90045
☎ (310)645-9696

ガーデナ店
MAP P.50-B1
住 16207 S. Western Ave., Gardena, CA 90247
☎ (310)515-6677

ダウンタウン店
MAP P.73-C2
住 120 S. Los Angels St., Los Angeles, CA 90012 (DoubleTree by Hilton Los Angels Downtown内)
☎ (1-213)437-0038
※ 2023 年 1 月現在、一時休業中

初めてのアメリカドライブ
Planning for Your Very First Drive in LA

初級者におすすめ！

スタートは多くの人が利用するロスアンゼルス国際空港（LAX）から。空港でレンタカーを借りてそのままドライブに移る「フライ&ドライブ」には絶好の場所だ。マリナ・デル・レイ、サンタモニカ、ロデオドライブを経由し、ハリウッドのTCLチャイニーズ・シアターをゴールに設定。ここでは、観光を楽しみながら、ドライブの練習もできる一石二鳥のルートを紹介しよう。

モデルルートの活用法

このルートは、総行程約26マイル（42km）を4ブロックに分けてあり、P.121からブロックごとに解説している。1日あれば、休憩やちょっとした観光をしながらでも十分に走れる距離だ。途中にある観光地や、休憩スポットもマークしてあるので、プランニングに役立ててほしい。

慣れないアメリカドライブに疲れてしまいそうなら、2日に分けて走るといい。各ブロックの終わりは、ホテルの集まっているエリアを選択してある。そこで1日のドライブを終わりにして、残りを翌日に回すのもいいだろう。それでは、楽しんで安全運転を！

ドライブに慣れたら

ローカルに人気のビーチを巡る
海岸ドライブコース
もおすすめ →P.35
きれいな海に面した海岸線を爽快にドライブできるルート！

From LAX to Marina del Rey
ロスアンゼルス国際空港（LAX）から マリナ・デル・レイへ

ゴール
Driving Here!
スタート

さあ、ドライブに出発！

1 今回はハーツの営業所から出発する。駐車場の出口を出て正面にある道は**Arbor Vitae St.**。

基本中の基本だが、レンタカー会社の営業所から出るときには、右側通行とウインカーレバーに気をつけよう。そして、常に**センターラインは左側**という意識を忘れずに。

2 Arbor Vitae St.を西へ0.7マイル直進（※1）すると**Sepulveda Blvd.**に出る（※2）。右折するので右側の車線に移っておくように。この交差点には"No Turn on Red（赤信号での右折禁止）"のサインがないので、アメリカドライブの特徴のひとつ、赤信号での右折ができる。一度停止線で停まり、ゆっくりと左右の安全を確認しながら前に出て、左から向かってくる車と十分距離があることを確かめてから右折しよう。日本より車の走行速度が速いので車間距離に注意！　まずは右側の車線へ入る。

※1：**Airport Blvd.**から先、**Arbor Vitae St.**は**Westchester Pkwy.**に名前が変わる　※2：手前の**Sepulveda Eastway**ではなく、**Sepulveda Bl**と表示された大通り

3 すぐ次の大通りの**Manchester Ave.**で左折するので、**Sepulveda Blvd.**の左側にある左折用の車線に移ろう。信号が青になったら、交差点の中心近くまでゆっくり進み、ここで対向車が途切れるのを待つ。曲がった先の**Manchester Ave.**は2車線道路だが、まずは左側の車線に入り、少し進んでから、右の車線へ移っておくようにしたい。

4 **Manchester Ave.**を1.3マイル行った**Lincoln Blvd.**を右折。

5 **Lincoln Blvd.**は広々とした片側2〜4車線の道路。約1.5マイル走ると陸橋があり、標識に"Marina del Rey LEFT LANE（マリナ・デル・レイ左車線）"とあるので、左車線に移っておこう。

6 陸橋をくぐるとすぐ**Fiji Way**。マリナ・デル・レイへはここを左折するのだが、左折用の信号には左折の矢印がふたつ並んでいる（写真A）。これは左側のふたつの車線から左折可能ということ。曲がる先の**Fiji Way**も2車線道路なので、右に並んだら曲がった先の右側の車線に、左なら左の車線に入る。

A

7 **Fiji Way**に入りすぐの**Admiralty Way**で右折する。"Right Lane Must Turn Right（右車線は右折のみ）"の標識が立っており、右折は右車線からのみなので注意。また、歩行者がいること、サイクリングルートでもあることを警告する標識にも注意しよう（写真B）。

B

8 **Admiralty Way**へ入ると、道の左側に世界有数のマリーナ、マリナ・デル・レイが見えてくる。

ロスアンゼルス国際空港(LAX)〜マリナ・デル・レイ

※①などの番号は、P.121の本文の番号に一致

P パーキング

●マリナ・デル・レイ

マリーナ周辺を走るAdmiralty Way沿いに公共の駐車場がある。Fiji Wayを直進した所にあるフィッシャーマンズビレッジ（→P.199）に行ってもいい。

レストランやみやげ物屋があるマリナ・デル・レイのフィッシャーマンズビレッジ

From Marina del Rey to Santa Monica
マリナ・デル・レイから
サンタモニカへ

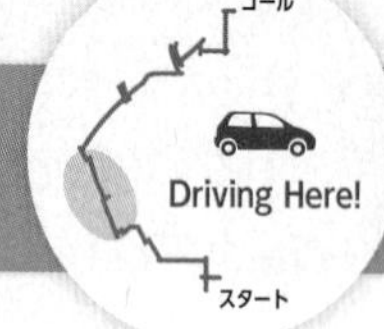

1 次はマリナ・デル・レイからベニスを抜けてサンタモニカ(→P.192)まで。**Admiralty Way**に戻って西へ向かおう(写真A)。

A

2 **Admiralty Way**と**Via Marina**との三差路を右折して北に向かう(写真B)。**Admiralty Way**は右折用、左折用それぞれ2車線あるが、次の**Washington Blvd.**で左折するので右から2番目の車線から、**Via Marina**の左側の車線に入るといい。"No Turn on Red"のサインがあるので、信号が青になるのを待とう。**Via Marina**に入ったら、すぐに左2車線に移っておくこと。

B

3 **Washington Blvd.**を左折し、真っすぐ0.5マイル行けばベニスビーチだが、ベニスの中心は600m北にあるので**Washington Blvd.**に入って7本目の**Pacific Ave.**を右折して北に向かう(写真C)。

C

4 **Pacific Ave.**はビーチから2本東側にある道なので、残念ながら海は見えない。パーキングのサインそばにある駐車場に車を停めてベニスビーチの海岸沿いを散歩するのもいい(写真D)。サンタモニカへ急ぐならそのまま**Pacific Ave.**を直進する。

D

※ ① などの番号は、P.122～123の本文の番号に一致

P パーキング

●ベニス

ベニスではPacific Ave.からビーチ側に入った所に駐車場は多い。Pacific Ave.を走りながら"Parking"のサインを探して左折しよう。サインどおりに進めば、パーキングのゲートにたどり着くはず。そのほか、Washington Blvd.の突き当たりにも巨大駐車場がある。駐車したら、大道芸人やあやしげなみやげ物屋の多いベニスを楽しむといい。

\ Go Go! /

5 **Washington Blvd.**から1.3マイル北へ行った**Rose Ave.**を右折すると、目の前に赤い壁の建物が見える。この建物が映画『スピード』で登場したレストランのファイヤーハウスだ（写真E）。映画では、ここを主人公Jack（キアヌ・リーブス）が出てきた瞬間にバスが大爆発する！

E

6 左前方の建物に見とれてばかりはいられない。サンタモニカへ向かうには、**Pacific Ave.**の1本東にある**Main St.**（ファイヤーハウスのある交差点）を左折する。

7 **Main St.**沿い（→P.193）にはショップやカフェ、レストランが並んでいるので、道路沿いのパーキングメーターに車を停めて散策してみるといい（写真F）。このあたりから車道を横断する歩行者が多くなってくるので運転速度を落として、注意するように。

F

8 **Rose Ave.**と **Main St.**の交差点から**Main St.**を1マイル進み、**Pico Blvd.** を左折。すぐ先にある**Ocean Ave.** を右折し、にぎやかなエリアを過ぎると**Colorado Ave.**へ突き当たる。**Colorado Ave.**と**Ocean Ave.**の交差点の左側には、サンタモニカのランドマークのひとつ、サンタモニカピアのアーチが現れる（写真G）。右折するとショッピングモールのサンタモニカプレイス(→P.192、P.342)にたどり着く。

G

9 **Ocean Ave.**はパームツリーが両側に並ぶ。右にはホテルやレストラン、左には太平洋を眺めながら走ることができる西海岸のイメージばっちりの道だ（写真H）。また、**Ocean Ave.**には、自転車用の車線が走行車線の右端にある。サイクリングする人がかなり多いので、右折や駐停車するときにはミラーだけでなく、目できちんと後ろを確認して細心の注意を心がけるようにしたい。気持ちのよい海沿いのストリートだが、雰囲気にのまれず慎重なドライブで進めていこう。

H

10 ランチもかねてサンタモニカでひと休み。サード・ストリート・プロムナード周辺(→P.192)には気軽に入れるショップやレストランが多く、よりどりみどり。周辺には公共の駐車場（写真I）も多いので車を降りて歩き出すといい。

I

P パーキング

●サンタモニカ

サンタモニカの周りを散策するならサンタモニカプレイスかサード・ストリート・プロムナード周辺に駐車するのがいいだろう。周辺の道路にはパーキングメーターが並んでいるほか、2nd St.、4th St.沿いに公共の駐車場が約10ヵ所あるので、停められないということはまずない。

見どころ

サンタモニカ 7～10

LAのなかでもいちばん人気の観光スポット。太平洋のすぐそばを通るOcean Ave.を走れば、西海岸の雰囲気がたっぷり味わえる。カフェやレストランが集まっているので、ドライブの途中にひと休みするには最適だ。駐車場も多いので安心。

From Santa Monica to Beverly Hills
サンタモニカから ビバリーヒルズへ

1 サンタモニカでランチを取ったら**Wilshire Blvd.**へ出て、ビバリーヒルズ(→P.202)へ向かおう。駐車した場所にもよるが、南北に走る通りを北へ向かえば大通りの**Wilshire Blvd.**へ出る(写真A)。この**Wilshire Blvd.**を東へ進む。

A

2 **Wilshire Blvd.**はスーパーマーケットやオフィスビルが立ち並ぶ(写真B)、片側2車線+センターレーンの5車線道路。途中から車の量も多くなってくる。日本人に比べてアメリカ人は車間距離を狭く取るので、少々ヒヤッとするかもしれないが、あまり車間を空け過ぎていると、次々と車が前に入ってきて逆に危険になるので、早いうちに慣れるようにしよう。

B

サンタモニカから**Wilshire Blvd.**を約3.5マイル進むと渋滞にはまるだろう。そこが南北に貫く大動脈、フリーウエイI-405(**San Diego Fwy.**)とのジャンクションだ(写真C)。I-405から乗り降りする車は1日中絶えることがなく、昼夜問わず渋滞している。ここは、現地の人には、1日中渋滞するスポットとして知られているので、あせらずに、前の車についていくのがいい。

C

3 渋滞を抜け、I-405をくぐり抜けるとウエストウッドというエリアに入る(写真D)。日本でも有名なUCLA(カリフォルニア大学ロスアンゼルス校、→P.205)のおひざもとだ。ここから数ブロックのエリアの雰囲気は学生街に変わり、ラフな姿の学生が増えてくる。ジャンクションを越えてひとつ目の交差点(**Veteran Ave.**)で左折するので、**Wilshire Blvd.**の左車線に入っておきたい。

D

4 **Veteran Ave.**を左折し、その先の**Kinross Ave.**で右折。300m行った**Westwood Blvd.**を右折して、直進すればUCLAの正門に出る(写真E)。観光客でもキャンパス内に入ることができるので、近くに車を停めて構内をひと回りしてみてもいい。

E

P パーキング

●ウエストウッド

UCLA正門周辺の道にはパーキングメーターは多いが、学生の車ですぐにいっぱいになってしまう。同じルートを2、3周していればどこかが空くはず。スキを見つけて滑り込もう。もしくはUCLA内にある駐車場へ。

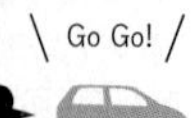

※ ① などの番号は、P.124〜125の本文の番号に一致

ロデオドライブ近くにあるビバリーヒルズのサイン

5 UCLAからビバリーヒルズへは、**Le Conte Ave.**を左折し、2本目の**Gayley Ave.**を左折すれば**Wilshire Blvd.**に戻る。**Wilshire Blvd.**を左折するので、**Gayley Ave.**では、いちばん左の車線にいること。

6 **Wilshire Blvd.**を北東へ向かおう。両側に高層マンションが増え始めれば、道はいよいよ世界的に有名な高級住宅地、ビバリーヒルズへ入っていく。

7 そのまま**Wilshire Blvd.**を進むと、両側に緑が見える。ここが超高級プライベートゴルフコースのThe Los Angeles Country Clubだ。ここを過ぎると右側にはLAを代表する高級ホテルのビバリー・ヒルトンThe Beverly Hiltonが見えてくる（写真F）。

F

Westwood Blvd.と**Wilshire Blvd.**の交差点から約2マイルの所。The Beverly Hiltonのホテルを過ぎると、すぐに交差する大きな通りが**Santa Monica Blvd.**。シカゴから始まりサンタモニカで終点を迎える、かつてのアメリカの大動脈“**ルート66 Route 66**”が通っていた道路だ。今でも片側3車線に加え中央分離帯まであり、LAの大動脈として機能している。

8 **Santa Monica Blvd.**を越えると、周りを走る車に高級車が増えてくる（写真G）。それもそのはず、**Wilshire Blvd.**、**Santa Monica Blvd.**、**Canon Dr.**で囲まれたエリアは“Golden Triangle”と呼ばれ、ニューヨークの5番街と並ぶ全米有数の高級ショッピングエリアなのだ。

G

Santa Monica Blvd.から8ブロック行った所の信号で**Rodeo Dr.**を左折しよう（写真H）。

H

9 ロデオドライブ（→P.202）にはGucci、Prada、Tiffany & Co.、Chanelといった高級ショップが軒を連ねていて、高級感があふれている（写真I）。車を降りてウインドーショッピングをしたり、お気に入りのショップに入って買い物をしたりしてもいい。ハリウッドセレブを目撃できるかも？

I

P パーキング

●**ロデオドライブ**

Canon Dr.やCrescent Dr.、S. Santa Monica Blvd.沿いにある公共駐車場は1～2時間まで無料な所が多いのでおすすめ。ほかにも、Rodeo Dr.や周辺のDr.と名のつく通りにはパーキングメーターが並んでいる。

見どころ

ビバリーヒルズ 8～9

高級感あふれるビバリーヒルズを体験できるのは、高級ショップが並ぶロデオドライブ、高級住宅街、高級ホテル“The Beverly Hills Hotel”や“Beverly Wilshire, A Four Seasons Hotel”の前を抜けるルートだ。ロデオドライブ周辺に車を停めて、ビバリーヒルズ（→P.202）の豪邸を見て回るのもいい。

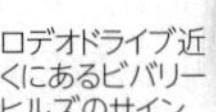

From Beverly Hills to Hollywood
ビバリーヒルズから
ハリウッドへ

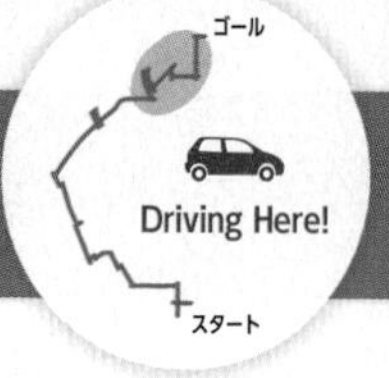

1 ロデオドライブでショッピングを楽しんだあとはドライブ再開。ビバリーヒルズの住宅街を通り、ハリウッド(→P.214)を目指そう。高級ショッピングエリアから**Rodeo Dr.**を北上する。**Santa Monica Blvd.**を越えると、そこはビバリーヒルズの高級住宅街だ（写真**A**）。立ち並ぶ家々には、広い庭と高級車ばかりが目につき、うらやましい限り。バスなどの大型車の進入は禁じられている。

2 閑静な住宅街なのでスピードは控えめに。交差点には"STOP 4-Way"の標識が立っている（写真**B**）。これは「交差点に差しかかった4本の通りを走るすべての車は"STOP"の位置で一時停止してから、停止した順に交差点に進入しなければならない」ということ。日本にはない交通ルールのひとつで、交通量の少ない道路ではよく出てくるので覚えておこう。停止したタイミングが微妙なときは譲ってしまえばいい。

3 次にぶつかる大通りは、**Sunset Blvd.**。この交差点の正面右手に現れるのは、超高級ホテル"The Beverly Hills Hotel"だ。この交差点を右折するのだが、"No Turn on Red（赤信号での右折禁止）"の標識があるので、信号が青に変わるのを待とう（写真**C**）。

4 **Sunset Blvd.**に入ったら、次の**Beverly Dr.**を右折して**Santa Monica Blvd.**へ戻る。この**Beverly Dr.**の街路樹はパームツリーに統一されていて、いかにも西海岸らしいストリートだ（写真**D**）。

5 Santa Monica Blvd.まで来たら左折。右手にビバリーヒルズ市庁舎を見ながらドライブしていこう（写真**E**）。**Beverly Dr.**から約1マイルの**Doheny Dr.**を過ぎると、そこからがウエストハリウッド市になり、途端に道の両側にショップやレストランが増える。市が変わると街並みもガラッと変わるのがわかるはずだ。ところどころにレインボーカラーの旗が掲げられて、LGBTタウンであることが感じられる。

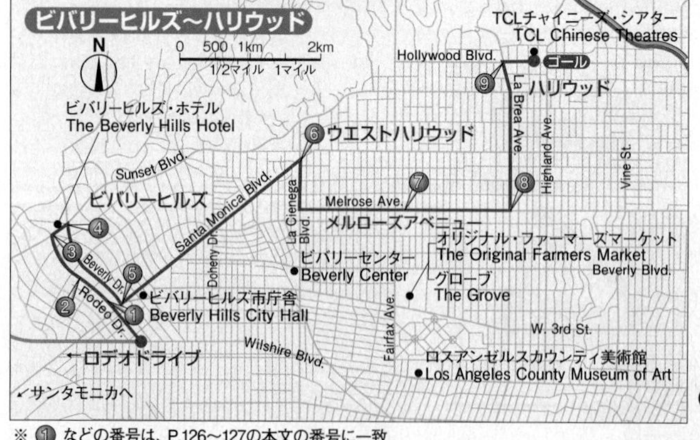

※ ① などの番号は、P.126～127の本文の番号に一致

レストランやショップが集まるオベーションハリウッド

6 レインボーフラッグが掲げられた歩道を横目に、**Santa Monica Blvd.**を進んで、**La Cienega Blvd.**を右折しよう。"No Turn on Red"の標識はないが、**La Cienega Blvd.**は交通量が多いので信号が青になるまで待つことになるだろう(写真**F**)。あせらずに。

F

7 **La Cienega Blvd.**を約0.5マイル走って、**Melrose Ave.**を左折。ここから先の2マイルは、セレクトショップや古着屋、一風変わった小物を売る店、ちょっとおしゃれなレストランなどが立ち並ぶメルローズアベニュー(→P.225)だ (写真**G**)。**Melrose Ave.**沿いのパーキングメーターに車を停めて散策するといい。

G

8 ハリウッドに向かうには**Melrose Ave.**を東に進み、**La Brea Ave.**で左折しよう。すると右手前方遠くには"Hollywood"の白い9文字が見えてくる(写真**H**)。なお、**Melrose Ave.**と**La Brea Ave.** の交差点にはLAでいちばん有名なホットドッグ店のPink's(→P.370)がある。**La Brea Ave.** 沿いのパーキングメーターに車を停めて立ち寄りたい。

H

9 **La Brea Ave.**を北上すること約1.5マイルで、今回のドライブのゴール、TCLチャイニーズ・シアターがある**Hollywood Blvd.**に出る。**La Brea Ave.**と**Hollywood Blvd.**の角には、映画の都らしくアカデミー賞のオスカーをかたどったオブジェが建てられている。この中州を回るように右折用のレーンを使って右折すればあとは直進。左手にTCLチャイニーズ・シアター(→P.214、写真**I**)が見えてくる。

I

\ Goal! /

パーキング

●メルローズアベニュー

Melrose Ave.沿いには、パーキングメーターが並んでいる。La Cienega Blvd.より西側がすいている可能性は高い。ただし、メルローズアベニュー周辺に駐車するときには周囲の雰囲気にも十分気をつけたい。

パーキング

●ハリウッド

いちばん簡単なのは、ショッピングモールのオベーションハリウッド(→P.344)に駐車すること。そのほか、パーキングメーターがHollywood Blvd.や、周囲の道にも多いので、まず困ることはない。スペースが見つからなくても、少し待てば必ずどこかが空く。

見どころ

メルローズアベニュー 7

LAでちょっと変わったものが欲しければここだ。歩いている人も若者が多く、活気のあるストリート。パーキングメーターに停めて、ぶらぶら歩いてみよう。

見どころ

ハリウッド 9

このドライブのゴールは、やはり映画の街ロスアンゼルスだけに、TCLチャイニーズ・シアターやウオーク・オブ・フェイムなどがあるハリウッドにしたい。駐車スペースも多いので安心だ。

テーマパークガイド

Theme Park Guide

夢と魔法の世界へようこそ

ディズニーランド・リゾート

Disneyland Resort

ミッキーマウスを生んだ
ウォルト・ディズニーは1955年、
カリフォルニア州アナハイムに世界初のディズニーランド
"ディズニーランド・パーク" を完成させた。その隣に2001年オープンしたのが、
カリフォルニアならではのアトラクションが揃う
"ディズニー・カリフォルニア・アドベンチャー・パーク"。ディズニー&ピクサー映画やアベンジャーズの世界観が楽しめるテーマランドが人気。
ふたつのパークが集まる地球上でいちばんハッピーな場所で、思う存分楽しもう。

基本情報 Information

MAP P.54-B2～B3
住 1313 S. Harbor Blvd., Anaheim, CA 92802
☎(714)781-4565(録音テープ)
☎(714)781-4636(オペレーター:月～金7:00～20:00、土日8:00～18:00、祝8:00～17:00)
URL disneyland.jp(日本語)
営〈ディズニーランド・パーク〉8:00～23:00
〈ディズニー・カリフォルニア・アドベンチャー・パーク〉8:00～22:00
※これはおおよその目安。シーズンや曜日によって変動するので、確実に知りたい人はウェブサイトで確認を。
料 1デー・チケット(1デー・パーク・チケット):
大人$104～179、子供(3～9歳)$98～169(時期により異なる)
1デー・パークホッパー・チケット(→P.132):
大人$169～244、子供(3～9歳)$163～234(時期により異なる)
2デー・パークホッパー・チケット:大人$345、子供(3～9歳)$330
カード ADJMV

ACCESS

🚌〈LAダウンタウンから〉7th St. & Flower St.からメトロバス#460でDisneyland (Harbor Blvd.) 下車。所要約2時間10分。$2.50。
〈LAユニオン駅から〉アムトラックのPacific Surflinerかメトロリンクのorange County Line、91/Perris ValleyでFullertonまで行く。Harbor Blvd. & Santa Fe Ave.からOCTAバス#43でDisneyland下車。所要約1時間25分。$10.50～。
〈LAXから〉ドア・トゥ・ドア・シャトル(→P.86)で所要約1時間。$22～。
🚗〈LAダウンタウンから〉I-5に乗り南へ。Disneyland Dr.の出口で下り、標識のとおりに進めば各駐車場(パーク、ダウンタウン・ディズニー、ホテル)に着く。所要約1時間15分。パーク用の駐車場に駐車した際には、各エリアに付けられたディズニーキャラクターと、列の番号を忘れずにメモしておくこと。パークの駐車料金は1台につき$30～。メインゲートへはトラムに乗って向かう。

●事前の入園予約がマスト

パークへの入園には、当日有効なパークチケットと同日のテーマパーク入園予約が必要。パークチケット購入前にテーマパークの空き状況をウェブサイトで確認し、パークチケットを購入。その後すみやかにパーク入園予約を取得すること。なお、2デー以上の場合、1日ごとにパーク入園予約を入れなければならない。
パークの入園予約を取得するためには、Disney accountを取得するする必要がある。下記のウェブサイト「アメリカディズニーリゾートのテーマパーク入園予約プロセス」を参考にすること。
URL www.disney.co.jp/park/news/resort/220415.html

ようこそ、夢の世界へ

MEMO **入場制限** 14歳未満の子供だけでディズニーランド・パークやディズニー・カリフォルニア・アドベンチャー・パークへ入ることはできない。必ず14歳以上の人と一緒に入場すること。

おみやげ探しや
食事をするのにもいい

ダウンタウン・ディズニー
Downtown Disney

ショップとレストラン、エンターテインメントが集結したディズニーの「街」。人気のカジュアルブランドの店や気軽に立ち寄れるレストラン、ナイトスポットが並ぶ。

→P.153

世界の
ディズニーランドの元祖

ディズニーランド・パーク
Disneyland Park

ウォルト・ディズニーの夢の原点が、このディズニーランド・パーク。ひとりの男性の夢物語はここから始まったのだ。9つのテーマエリアに、ディズニーならではの夢いっぱいのアトラクションが揃っている。

→P.134

特典も多く、お得なオフィシャルホテル

ディズニー直営ホテル
Disney Resort Hotels

個性豊かな3つのホテルで朝から晩までディズニー尽くしの時間を味わいたい。キャラクター・ダイニングでは、食事中にキャラクターに会える。

→P.153、414

ピクサー・ピア
©Disney/Pixar

ディズニー・カリフォルニア・アドベンチャー・パーク
Disney California Adventure Park

ディズニーランド・パークの隣にある、もうひとつのテーマパークが、ディズニー・カリフォルニア・アドベンチャー・パーク（略してDCA）だ。大自然やハリウッド映画の世界といったカリフォルニアの魅力を満喫できる。

→P.144

MEMO **Disney100 セレブレーション** 2023年1月27日から約1年間、「Disney100 セレブレーション」が開催されている。眠れる森の美女の城にもプラチナの装飾が施され、キャラクターも特別な装いに！

ディズニーランド・リゾートを100%楽しむためのTips

●アプリ App

ディズニーランド・リゾートの公式アプリ(Disneyland App)があれば、ショーの開始時間がわかったり、アトラクションの待ち時間を確認できたり、モバイルオーダーができたり、ディズニー・ジーニー・プラスでアトラクションの予約ができたり、ライトニング・レーンを購入・利用できたり、バーチャルキュー(→P.152)を取得できたりする。Disney accountでログイン。入園前にチケットをアプリにリンクさせておくように。なお、アメリカ到着後にアプリはダウンロードできる。アプリは英語のみ。

●ライトニング・レーン Lightning Lane

待ち時間を短縮することができるレーン(優先レーン)のこと。ディズニー・ジーニー・プラスを購入すれば、対象アトラクション(→P.134、P.144)で優先レーンを利用できる。

●ディズニー・ジーニー Disney Genie

希望するアトラクションやアクティビティ、好きなキャラクターや映画を選択すると、パーソナライズされたスケジュールを作成してくれる。また、アトラクションの待ち時間を教えてくれる。

●ディズニー・ジーニー・プラス Disney Genie +

ライトニング・レーンを利用できるサービス(有料ファストパスのようなもの)。ひとり$25。アトラクションごとの利用(予約可能な時間帯をひとつだけ選択できる。アトラクション入場ゲートでバーコードをスキャンしたあと、次のアトラクションの予約が可能になる。ただしライトニング・レーン取得後アトラクション乗車まで2時間以上空いている場合、ライトニング・レーン取得2時間後にほかのアトラクションのライトニング・レーンを予約できる)。そのほか、フォトパスを無制限でダウンロードできたり(Disney PhotoPass)、パークにまつわる裏話を英語で聞けたりする(Audio Experience)。

●インディビジュアル・ライトニング・レーン Individual Lightning Lane

ディズニー・ジーニー・プラスに含まれないアトラクションの有料ファストパスのようなもの。同じアトラクションは1日1回、最大ふたつのアトラクションまで利用可能。$7〜25。

●アーリーエントリー Early Entry

ディズニー直営ホテルに宿泊すると、通常より30分早く入場できる特典のこと。

●パークホッパーチケット Park Hopper Ticket

1日に両方のパークに入場できるチケットのこと。ただし、事前に、最初に入園するパークの入園予約を取得する必要がある。ふたつ目のパークに行けるのは11:00以降。その後、自由に行き来できるようになる。

●マップ

それぞれのパークのゲート付近にあるゲストリレーション(インフォメーションセンター)で園内マップ(日本語・英語)を入手しよう。

●ゲストリレーション(インフォメーションセンター) Guest Relations

ディズニーランド・パークは、正面ゲートからディズニーランド鉄道をくぐった広場の左側にあるシティホール、プラザイン近くにあるセントラル・プラザ・インフォメーション・ボード、マッターホーン・ボブスレー入口向かいにあるファンタジーランド・キオスク、ビッグサンダー・マウンテン後ろにあるフロンティアランド・キオスク、ホーンテッドマンション出口隣にあるニューオリンズ・スクエア・キオスク、スター・トレーダー隣にあるトゥモローランド・キオスク。ディズニー・カリフォルニア・アドベンチャー・パークは、ブエナビスタ・ストリートのチャンバー・オブ・コマースやインフォメーション・ステーション、カーズランド入口のカーズランド・キオスク、ジェシーのクリッター・カルーセル近くのピクサー・ピア・キオスク。

●ワイファイ Wi-Fi

園内では無料でWi-Fiにアクセスできる。ネットワーク"Disney-Guest"に接続する。

●スマートフォンの充電 Portable Phone Charging Systems Kiosk

園内にあるキオスクでスマートフォンを充電できる。$30。

●ライダースイッチ Rider Switch

子供は身長制限によりアトラクションに乗れないが、大人だけでも体験したいときに利用できるサービス。ひとりがアトラクションを楽しんでいる間、もうひとりは子供と待つ。終えて戻ってきたら交代して乗車する。

●シングルライダー Single Rider

アトラクションにひとりでチャレンジしたい人(シングルライダー)専用の入口がある。通常の列に並ぶよりも速い。

●フォトパス PhotoPass

パーク内でフォトパスのカメラマンに撮ってもらった写真をオンラインで購入できる。写真を撮ってもらったら、フォトパスをもらい、アカウントを開いてアクセスすればいい。
URL www.Disneyland.com/PhotoPass

●キャラクター・エクスペリエンス Character Experiences

リゾート内でキャラクターに会って、記念撮影をしたり、サインをお願いしたりできること。

●キャラクター・ダイニング Character Dining

パーク内やディズニー直営ホテルのいくつかのレストランでは、おなじみのキャラクターが、テーブルまで来てくれる。ディズニーランド・パークにあるメインストリートUSAのプラザ・イン、ディズニーランド・ホテルのグーフィーズ・キッチン、ディズニー・グランド・カリフォルニアン・ホテル&スパのストーリーテラー・カフェとナパ・ローズ。

●おみやげ

各エリアの近くにギフトショップがあるほか、ダウンタウン・ディズニーにディズニーグッズがほとんど揃うワールド・オブ・ディズニーもある。持ちきれないほどの荷物になったときは、パークの中と外にコインロッカーがあるので利用するといい。また、ディズニー直営ホテルに宿泊すれば、翌日ホテルのベルサービスまで届けてくれる(Next-Day Package Delivery)。出発前日や当日の利用は避けるように。

●仲間とはぐれたら

パーク内キャストにコンタクトする。

●遺失物センター Lost & Found

ディズニーランド・パークの正面ゲート外の左側(ディズニー・カリフォルニア・アドベンチャー・パークと共通)。

●レストラン予約

ディズニーランド・リゾートの公式アプリから。

●ATM (キャッシュディスペンサー)

ディズニーランド・パークは正面ゲート外の西側、メインストリートの右側、フロンティアランド入口にある。ディズニー・カリフォルニア・アドベンチャー・パークは正面ゲートを入ってすぐの右側、パラダイス・ガーデン・パークのベイエリア近くにある。ダウンタウン・ディズニーはWetzel's Pretzelsの隣にある。

●ロッカー Locker Rentals

ディズニーランド・パークはメインストリートUSAにある。ディズニー・カリフォルニア・アドベンチャー・パークはブエナビスタ・ストリートにある。そのほか、ディズニーランドパークの正面ゲート外の西側にもある。ロッカーのサイズにより1日$7〜15。

●ベビーカー Stroller

ディズニーランド・パーク正面ゲート外の東側で借りることができる。1日1台$18〜36。

●ベビー・ケア・センター Baby Care Center

ディズニーランド・パークはメインストリートUSAのプラザ・インの前。ディズニー・カリフォルニア・アドベンチャー・パークはパシフィック・ワーフのギラデリ・ソーダ・ファウンテン・アンド・チョコレート・ショップ隣にある。

●ファストエイド First Aid

ディズニーランド・パークはベビー・ケア・センターの横。ディズニー・カリフォルニア・アドベンチャー・パークはゲートを入って左側。

●移動 Transportation

駐車場とディズニー・カリフォルニア・アドベンチャー・パークとディズニーランド・パークを結ぶトラムや、ダウンタウン・ディズニーとディズニーランド・パークのトゥモローランドを結ぶモノレールが便利。

ディズニーランド・リゾートの歩き方

ディズニー・カリフォルニア・アドベンチャー・パークとディズニーランド・パークのふたつのテーマパークとショップやレストランが集まるダウンタウン・ディズニー、3つの直営ホテルを総称してディズニーランド・リゾートと呼ぶ。

1日だけでは遊び尽くせないほどの広大なエリアに広がり、アトラクションの数も多い。できれば、ディズニー直営ホテルに3〜4泊し、各テーマパークに2日ずつ時間を割きたい。

MEMO **入園するときの注意事項** ハロウィーンの時期などの仮装イベントが行われていない期間は、14歳以上のゲストがコスプレをして入園することは禁じられている。また、自撮り棒 Selfie Sticks の持ち込みも禁止。

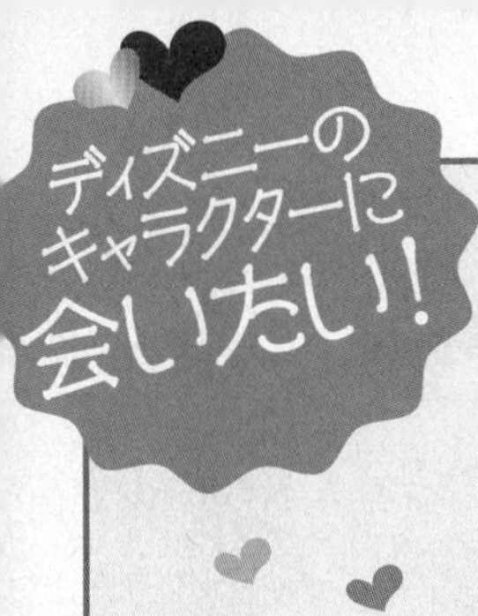

キャラクターがいる可能性の高いスポット一例

まずは、入園時に正面ゲートでもらえる園内マップ「GUIDEMAP」を確認しよう。キャラクターに会える場所（キャラクター・エクスペリエンス Character Experiences)は、ミッキーの手のマークが表示されている。

ディズニーランド・パーク	
ミッキーマウス	ミッキーのトゥーンタウンのミッキーの家
ミニーマウス	ミッキーのトゥーンタウンのミニーの家
ティンカー・ベルと仲間たち	ファンタジーランドのピクシー・ホロウ
シンデレラ、アリエル、ティアナ、エレナ、オーロラ姫	ファンタジーランドのファンタジー・フェア・ロイヤル・ホール
レイ、チューバッカ、カイロ・レン	スター・ウォーズ：ギャラクシーズ・エッジ

ディズニー・カリフォルニア・アドベンチャー・パーク	
ミッキー、ミニー、グーフィー	ブエナビスタ・ストリートの噴水周辺
『アナと雪の女王』のアナとエルサ	ハリウッドランド
アイアンマン、キャプテン・アメリカ、キャプテン・マーベル、ブラックパンサー	アベンジャーズ・キャンパス
『カーズ』のライトニング・マックィーンやメーター	カーズランド
『トイ・ストーリー』のウッディやバズ・ライトイヤー、『Mr.インクレディブル』のMr.インクレディブルやイラスティガール	ピクサーピア

キャラクター探しの味方、トゥーンファインダー

ディズニーランド・パークのメインストリートUSAに設置されたスタンドに常在しているトゥーンファインダーは、どのキャラクターがどこに何時くらいに出現するか、教えてくれる。キャラクターの居場所のほか、アトラクションの混み具合も聞ける。

キャラクターに会うそのほかのチャンス

パークではたくさんのキャラクターたちに会える。でも、ミッキーやミニーの家など一部を除いて、誰がどこにいつ現れるか、そしてそこに自分が居合わせるかは運次第。しかし、確実に彼らに会う方法もある。

★ディズニーランド・パークのメインストリートUSA
正面ゲートすぐの通りには、ミッキーやほかの人気キャラクターたちが歩いていることがある。サインや、写真にも応じてくれるので声をかけてみよう。

★キャラクター・ダイニングで食事をする
P.153：ホテル滞在の特典⑤

★パレード、ショーを観る
毎日行われるパレードには、ディズニーキャラクターが出演。珍しいキャラクターも登場する。

キャラクターに会ったら

キャラクターは写真撮影や、サインに気軽に応じてくれる。サイン帳は園内のギフトショップで買えるので、サインが欲しい人は準備しておこう。キャラクターたちが持ちやすいような太いペンも用意しておきたい。

夢と魔法の王国

ディズニーランド・パーク

Disneyland Park

1955年にオープンした夢の国。
やっぱり行きたい本場の、元祖ディズニーランド・パーク。
夢いっぱいのアトラクションながら
ハイテクを駆使した仕掛けは、ディズニーならでは。
オリジナルのアトラクションから
最新のショーまでたっぷり遊べる。

LL ディズニー・ジーニー・プラス・ライトニング・レーン適用アトラクション

ミレニアム・ファルコン:スマグラーズ・ラン	→P.135
マッターホーン・ボブスレー	→P.135
スター・ツアーズ:アドベンチャー・コンティニュー	→P.140
スペース・マウンテン	→P.140
バズ・ライトイヤー・アストロブラスター	→P.140
イッツ・ア・スモールワールド	→P.140
ロジャーラビットのカートゥーンスピン	→P.141
ビッグサンダー・マウンテン	→P.141
ホーンテッドマンション	→P.142
インディ・ジョーンズ・アドベンチャー	→P.142
オートピア	

LL インディビジュアル・ライトニング・レーン適用アトラクション

スター・ウォーズ:ライズ・オブ・ザ・レジスタンス	→P.135
ミッキーとミニーのランナウェイ・レイルウェイ	→P.141

(2023年1月現在。上記以外にも順次適用されていく可能性があるので、アプリで確認を)

What's New

ディズニーランド・パーク 最新情報

2023年2月から、日中に行われるパレードの「**マジック・ハプンズMagic Happens**」(→P.143) がスタート。ミッキーマウスをはじめ、ディズニーのキャラクターが登場する。2023年1月、「**ミッキーとミニーのランナウェイ・レイルウェイMickey & Minnie's Runaway Railway**」(→P.141)がミッキーのトゥーンタウンにオープンした。短編アニメーション映画『ミッキーマウス』をテーマにしたライドで、ミッキーとミニーがピクニックに出かけたあとを、ゲストはグーフィーが運転する機関車ランナウェイ・レイルウェイに乗り込んで追いかける。フロンティア時代の西部のお祭りやカーニバルへの参加、噴火する火山からの脱出、滝つぼへのダイビングなど、道中ではたくさんのハプニングがあり、片時も目が離せない。

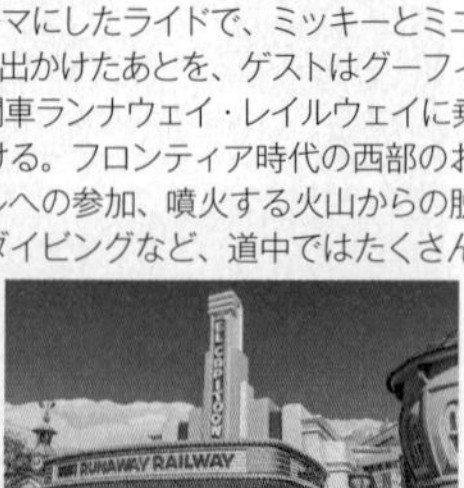

ミッキーとミニーのランナウェイ・レイルウェイでは、愉快なお祭りが始まるよ

MEMO **Disney100 セレブレーション** 2023年1月27日から約1年間、「Disney100 セレブレーション」が開催されている。眠れる森の美女の城にもプラチナの装飾が施され、キャラクターも特別な装いに!

地球の歩き方おすすめ アトラクション BEST 3

狙い目時間

大興奮・大迫力のアトラクション
©Disney ©&™ Lucasfilm, Ltd.

BEST 1 スター・ウォーズ：ライズ・オブ・ザ・レジスタンス
Star Wars: Rise of the Resistance LL

スター・ウォーズ：ギャラクシーズ・エッジ　開園直後

2020年1月にオープンしたアトラクション。レジスタンスとともに銀河帝国の残党が生まれたファースト・オーダーの拠点に潜入するが、スター・デストロイヤーに捕獲されてしまう。8人乗りの輸送船に乗ってゲストは脱出に向かう!? ストームトルーパーやAT-ATウォーカーも登場する。

身長102cm以上／所要時間：約18分／対象：子供〜大人

BEST 2 ミレニアム・ファルコン：スマグラーズ・ラン
Millennium Falcon: Smugglers Run LL

スター・ウォーズ：ギャラクシーズ・エッジ　開園直後

2019年5月にできたアトラクション。実物大のミレニアム・ファルコン号に乗って、危険なミッションに挑む。パイロットになって宇宙船を操縦したり、エンジニアになって機体を修理したり、ガンナーになってブラスターを発射したり、6人ひと組のチームで挑戦。

身長97cm以上／所要時間：約9分／対象：子供〜大人

キャストが配るカードによって座席は決まる
©Disney ©&™ Lucasfilm, Ltd.

BEST 3 マッターホーン・ボブスレー
Matterhorn Bobsleds LL

ファンタジーランド　お昼過ぎ

恐怖がマックスに！

雪男が待ち受ける氷の洞窟を超スピードで駆け抜ける、シンプルながらもスピードを実感できるコースター。ふたつのコースがあり、左がスリル満点の2分間のコース、右が周辺の景色も眺めてゆったり楽しむ2分30秒のコースだ。カリフォルニアにしかないアトラクション。

身長107cm以上/所要時間:約2分30秒/対象: 子供〜大人

園内で食べたい お手軽フード ベスト3

園内には、ファストフードショップから本格的なレストランまで約35の食事どころがある。メインストリートUSAをはじめ、各エリアにある。

メインストリートUSAにある
リフレッシュメント・コーナーの
Mickey Mouse Pretzel
$4.99

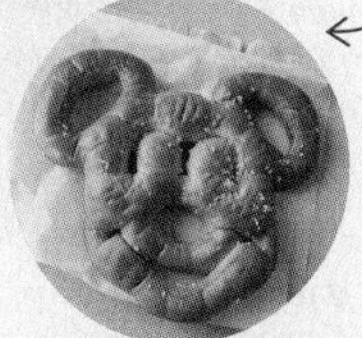
プレッツェルには、マスタードを付けて食べたい

トゥモローランドにある
エイリアン・ピザ・プラネットの
Mega Pepperoni Pizza
$8.49

Best 3
クリッターカントリーにある
ハングリーベアー・レストランの
Classic Cheeseburger
$12.79

アメリカのB級グルメの定番

クリッターカントリー Critter Country

1. デイビー・クロケットのカヌー探検 Davy Crockett's Explorer Canoes
2. プーさんの冒険 The Many Adventures of Winnie the Pooh

フロンティアランド Frontierland

1. 蒸気船マークトウェイン号 Mark Twain Riverboat
2. 帆船コロンビア号 Sailing Ship Columbia
3. トムソーヤ島のパイレーツの隠れ家 Pirate's Lair on Tom Sawyer Island
4. フロンティアランド・シューティング・エクスポジション Frontierland Shootin' Exposition
5. LL ビッグサンダー・マウンテン Big Thunder Mountain Railroad
6. ファンタズミック！ Fantasmic!

ミッキーのトゥーンタウン Mickey's Toontown

1. チップとデールのガジェットコースター Chip 'n' Dale's GADGETcoaster
2. ミッキーの家とミート&グリート:ミッキー Mickey's House and Meet Mickey
3. ミニーの家とミート&グリート:ミニー Minnie's House and Meet Minnie
4. LL ロジャーラビットのカートゥーンスピン Roger Rabbit's Car Toon Spin
5. グーフィーのハウ・トゥー・プレイ・ヤードとグーフィーの家 Goofy's How-To-Play Yard and Goofy's House
6. ドナルドのダック・ポンド Donald's Duck Pond
7. LL ミッキーとミニーのランナウェイ・レイルウェイ Mickey & Minnie's Runaway Railway!

•••• パレードルート
LL ライトニングレーン適用アトラクション
☆ キャラクター登場スポット
インフォメーション
救護室
コインロッカー
トイレ
ATM
ベビーカーレンタル
パッケージ・チェック・サービス
車椅子レンタル
ベビーセンター

スター・ウォーズ：ギャラクシーズ・エッジ *Star Wars*: Galaxy's Edge

1. LL ミレニアム・ファルコン：スマグラーズ・ラン *Millennium Falcon*: Smugglers Run
2. LL スター・ウォーズ：ライズ・オブ・ザ・レジスタンス *Star Wars*: Rise of the Resistance

アドベンチャーランド Adventureland

1. ジャングルクルーズ Jungle Cruise
2. LL インディ・ジョーンズ・アドベンチャー Indiana Jones™ Adventure
3. 魅惑のチキルーム Walt Disney's Enchanted Tiki Room
4. ターザン・ツリーハウス Tarzan's Treehouse™

ニューオーリンズ・スクエア New Orleans Square

1. カリブの海賊 Pirates of the Caribbean
2. LL ホーンテッドマンション Haunted Mansion

メインストリートUSA Main Street, U.S.A.

1. メインストリート・シネマ Main Street Cinema
2. オペラハウス Opera House
   - ディズニーランド・ストーリー「リンカーン大統領の感動の演説」 The Disneyland Story presenting Great Moments with Mr. Lincoln

MEMO **メインストリートの窓** メインストリートUSAの建物の窓には、ところどころに人の名前と職業名が書かれてある。かつて、あるいは現在、ディズニーに関わりがある人たちのものだ。そのなかのロン・ドミンゲス Ron Dominguez さんは、ディズニーランド・↗

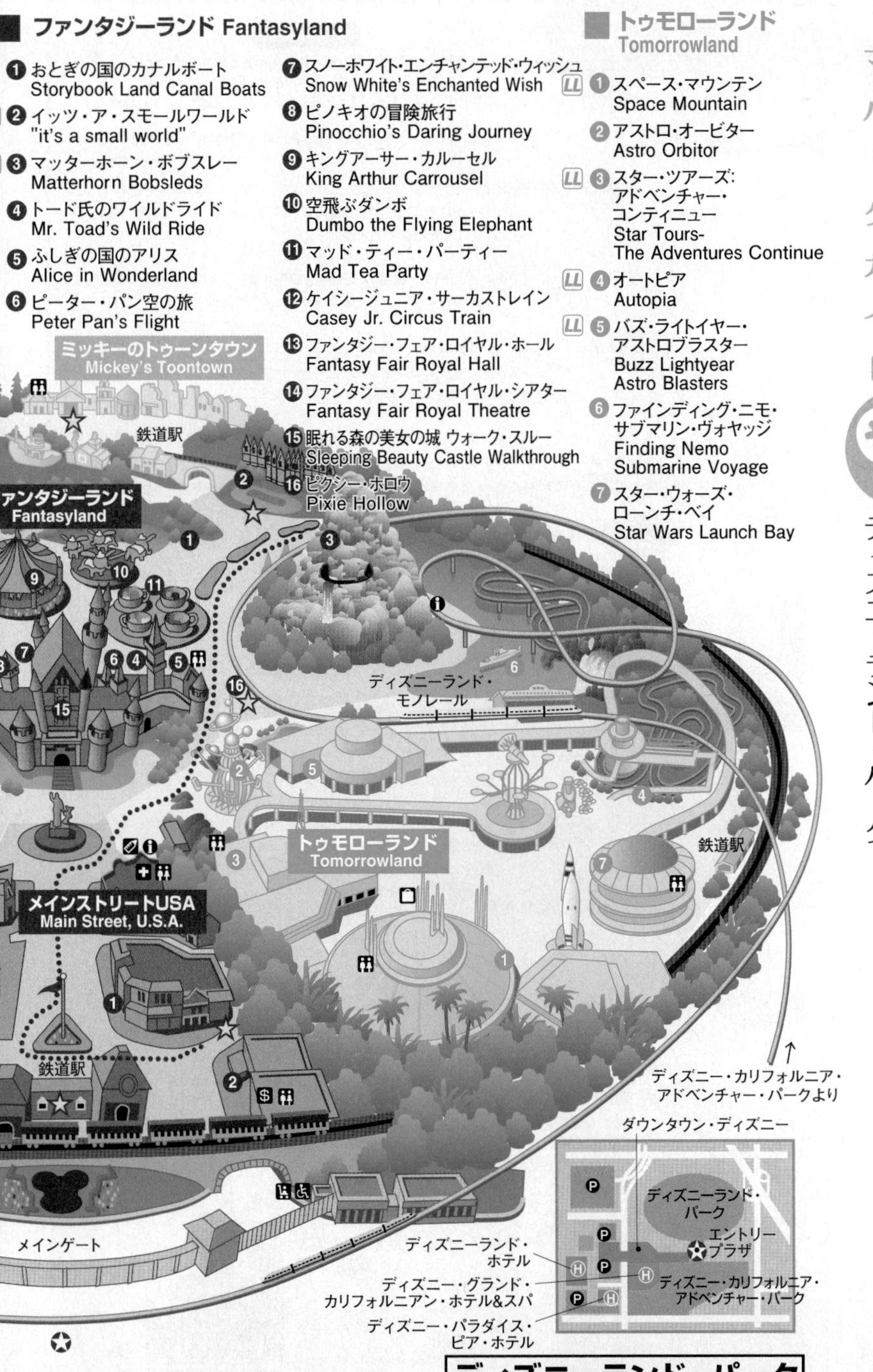
ファンタジーランド Fantasyland
1 おとぎの国のカナルボート
Storybook Land Canal Boats
2 イッツ・ア・スモールワールド
"it's a small world"
3 マッターホーン・ボブスレー
Matterhorn Bobsleds
4 トード氏のワイルドライド
Mr. Toad's Wild Ride
5 ふしぎの国のアリス
Alice in Wonderland
6 ピーター・パン空の旅
Peter Pan's Flight
7 スノーホワイト・エンチャンテッド・ウィッシュ
Snow White's Enchanted Wish
8 ピノキオの冒険旅行
Pinocchio's Daring Journey
9 キングアーサー・カルーセル
King Arthur Carrousel
10 空飛ぶダンボ
Dumbo the Flying Elephant
11 マッド・ティー・パーティー
Mad Tea Party
12 ケイシージュニア・サーカストレイン
Casey Jr. Circus Train
13 ファンタジー・フェア・ロイヤル・ホール
Fantasy Fair Royal Hall
14 ファンタジー・フェア・ロイヤル・シアター
Fantasy Fair Royal Theatre
15 眠れる森の美女の城 ウォーク・スルー
Sleeping Beauty Castle Walkthrough
16 ピクシー・ホロウ
Pixie Hollow
トゥモローランド
Tomorrowland
LL 1 スペース・マウンテン
Space Mountain
2 アストロ・オービター
Astro Orbitor
LL 3 スター・ツアーズ:
アドベンチャー・
コンティニュー
Star Tours-
The Adventures Continue
LL 4 オートピア
Autopia
LL 5 バズ・ライトイヤー・
アストロブラスター
Buzz Lightyear
Astro Blasters
6 ファインディング・ニモ・
サブマリン・ヴォヤッジ
Finding Nemo
Submarine Voyage
7 スター・ウォーズ・
ローンチ・ベイ
Star Wars Launch Bay
ミッキーのトゥーンタウン
Mickey's Toontown
鉄道駅
ファンタジーランド
Fantasyland
ディズニーランド・
モノレール
トゥモローランド
Tomorrowland
鉄道駅
メインストリートUSA
Main Street, U.S.A.
鉄道駅
ディズニー・カリフォルニア・
アドベンチャー・パークより
ダウンタウン・ディズニー
ディズニーランド・
パーク
エントリー
プラザ
メインゲート
ディズニーランド・
ホテル
ディズニー・グランド・
カリフォルニアン・ホテル&スパ
ディズニー・カリフォルニア・
アドベンチャー・パーク
ディズニー・パラダイス・
ピア・ホテル
ディズニーランド・パーク

↘リゾートができる前の地主だった人。ディズニーのコンセプトに惚れ込み土地を売ってくれたのだ。

Model Plan

モデルプラン

まずは㊞disneyland.comで、当日の開園時間をチェックしよう。

歩き方のヒント！

まず、ディズニーランド・リゾートの公式アプリやゲストリレーションで観たいショーやパレードの開始時間を確認しよう。ショーの時間が近づいたら、プランを中断してショーを優先したい。効率よくアトラクションを楽しむには、ディズニー・ジーニー・プラス・ライトニング・レーン（→P.132、P.134）を積極的に利用するといい。

開園前

7:20 開園30～40分前にはディズニーランド・リゾートに到着。当日有効なパークチケットは日本出発前に購入し、同日のテーマパーク入園予約を取得しておくことをおすすめする。

7:30 ゲートは、開園の30分くらい前にまずメインストリートUSAまでが開くので、この1歩奥まで進んでおく。

Open!

8:00 メインストリートUSAから先が開いたら、真っ先に、スター・ウォーズ：ライズ・オブ・ザ・レジスタンス →P.135 とミレニアム・ファルコン：スマグラーズ・ラン →P.135 があるスター・ウォーズ・ギャラクシーズ・エッジのテーマランドへ。

9:30 パークを横切って、トゥモローランドへ移動。ファインディング・ニモ・サブマリン・ヴォヤッジやスター・ツアーズ：アドベンチャー・コンティニュー →P.140 、バズ・ライトイヤー・アストロブラスター →P.140 にチャレンジ。そのあと、スペース・マウンテン →P.140 やオートピアに乗車。

Lunch & Show!

12:00 園内のショーがスタートし始めるので観に行こう。タイミングをみてランチを取りたい。

亡霊たちに会いにホーンテッドマンションへ

13:30 ニューオーリンズ・スクエアに戻って、ホーンテッドマンション →P.142 、カリブの海賊へ。

14:30 フロンティアランドでビッグサンダー・マウンテン →P.141 に乗ろう。

Show!

15:00 ファンタジーランドのファンタジー・フェア →P.140 へ。ロイヤル・シアターでショーの鑑賞 →P.143 を。乗り残しは、プランの後半に回すといい。

16:30 2023年3月にリニューアルしたミッキーのトゥーンタウン →P.141 へ移動。時間帯が合えば、ミッキーやミニーに会えるはず。2023年1月に誕生したミッキーとミニーのランナウェイ・レイルウェイ →P.141 に乗車。

17:30 ファンタジーランドに戻って締めくくり。マッターホーン・ボブスレー →P.135 とイッツ・ア・スモールワールド →P.140 に。

19:15 アドベンチャーランドのインディ・ジョーンズ・アドベンチャー →P.142 、魅惑のチキルーム、ジャングルクルーズへ。日本人にも人気のあるブルー・バイユー・レストランなどで遅めの夕食を。テーブルサービスレストランでの食事は、事前に公式アプリから予約しておくこと。

Fireworks

20:30 閉園まで時間があれば、まだ乗っていないアトラクションをクリアしよう。ただし、ファンタズミック！ →P.143 は見逃せない。乗り残したぶんを諦めても観る価値はある。2023年1月より、ウォルト・ディズニー・カンパニー創立100周年を記念した「Disney100セレブレーション」がスタートし、花火のショー「ワンダラス・ジャーニー」もお目見え。

Shopping

21:30 最後はメインストリートUSAやダウンタウン・ディズニー →P.153 で買い物を。

ワールド・オブ・ディズニーでおみやげ探し

MEMO メインストリートのオペラハウスでは 第16代大統領エイブラハム・リンカーンの生涯を描いた、ディズニーランド・ストーリー「リンカーン大統領の感動の演説」The Disneyland Story presenting Great Moments with Mr. Lincolnを上映。

メインストリートUSA
Main Street, U.S.A.

正面ゲートをくぐると
最初にゲストを迎えてくれるのがここ。
古きよきアメリカの街並みを
再現したにぎやかなストリートには
20軒近いショップと
カフェやレストランが集まっている。
歩いているだけでディズニーランド・
パークに来た実感がわいてくるはず！

狙い目時間

ミッキーの名作はここで鑑賞したい

鉄道で、パークをのんびり１周

メインストリート・シネマ
Main Street Cinema

いつでもOK

6つのスクリーンでミッキーマウスの古典的名作『蒸気船ウィリー Steamboat Willie』などを常時上映している。ミッキーマウスは、時代によって少しずつ顔が変化していることもわかる。館内には隠れミッキーもいるらしい!? 所要時間：6~8分／対象：子供~大人

ディズニーランド鉄道
Disneyland Railroad いつでもOK

オールドスタイルの蒸気機関車でディズニーランド・パークを1周する。途中グランドキャニオンへの旅や原始の世界へタイムトリップ。ほかにニューオーリンズ・スクエア、ミッキーのトゥーンタウン、トゥモローランドに駅がある。
所要時間：1周約18分／対象：子供~大人

子供と楽しむディズニーランド・パーク

家族全員で楽しめるのがテーマパークのいいところだが、さすがに子供が大人と同じペースで回るのは大変！

そんな小さな子供連れのためのおすすめプランを簡単に紹介しよう。なお、ディズニー直営ホテルに宿泊すれば、子供が疲れたらいったんホテルに戻って休憩し、しばらくしてから夜のショーに向けてパークに戻るということもできるのでおすすめ。

●身長制限があるアトラクション
- ▶身長81cm以上：オートピア
- ▶身長89cm以上：ガジェットのゴーコースター
- ▶身長97cm以上：ミレニアム・ファルコン：スマグラーズ・ラン
- ▶身長102cm以上：ビッグサンダー・マウンテン、スペース・マウンテン、スター・ツアーズ：アドベンチャー・コンティニュー、スター・ウォーズ：ライズ・オブ・ザ・レジスタンス
- ▶身長107cm以上：マッターホーン・ボブスレー
- ▶身長117cm以上：インディ・ジョーンズ・アドベンチャー

●屋内が暗いアトラクションは？

ホーンテッドマンション、スノー・ホワイト・エンチャンテッド・ウィッシュ、カリブの海賊、インディ・ジョーンズ・アドベンチャーなど。

●コースタータイプのアトラクションは？

ビッグサンダー・マウンテン、マッターホーン・ボブスレーなど。

●迷子になったら……

あわてずに近くのキャストに相談しよう。迷子センターもある。

●子供と回るおすすめプラン

9:00

①まずは「トゥモローランド」へ。家族みんなで楽しめるアトラクション“ファインディング・ニモ・サブマリン・ヴォヤッジ”をおさえておこう。

②それからおとぎの国を体験できる「ファンタジーランド」へ。

③最新のアトラクション“ミッキーとミニーのランナウェイ・レイルウェイ”がある「ミッキーのトゥーンタウン」へ向かう。“ロジャーラビットのカートゥーンスピン”と“ミッキーの家とミート&グリート：ミッキー”へ。ここではミッキーとツーショット写真を撮りたい！

12:00

④“グーフィーのハウ・トゥー・プレイ・ヤード”で親がひと休み。ミニーの家にも立ち寄って。

⑤「ニューオーリンズ・スクエア」へ向かい、“カリブの海賊”に乗る。

⑥次に「クリッターカントリー」へ向かい、“プーさんの冒険”へ。それから端にあるいかだ乗り場から“トムソーヤ島のパイレーツの隠れ家”へ向かおう。

15:00

⑦「アドベンチャーランド」へ向かい、“ターザン・ツリーハウス”へ。

⑧そのあとは「ファンタジーランド」へ移動。

17:00

⑨最後に、「ファンタジーランド」の“ストーリーテリング・アット・ロイヤル・シアター”を観て、1日を締めくくれば子供たちは大満足のはずだ。

⑩残りの時間は「メインストリートUSA」で好きなディズニーグッズを買おう。

MEMO メインストリートUSAのショップ　定番のイヤーハットやTシャツ、ピンなど人気商品が揃っているエンポーリアム Emporium やスペシャルイベントやアニバーサリーで販売されたディズニーのコレクターズアイテムが並ぶディズニアナ Disneyana などがある。

Disneyland Park

トゥモローランド Tomorrowland

スター・ツアーズ：アドベンチャー・コンティニュー、スペース・マウンテンなどの人気アトラクションを体験しながら、未来の世界をひと足先にのぞいてみよう。

狙い目時間

3D の宇宙旅行

スター・ツアーズ：アドベンチャー・コンティニュー

Star Tours-The Adventures Continue

開園直後～午前中 LL

宇宙船スタースピーダー1000に乗って、宇宙の旅へ出発。乗るたびに展開が異なるワクワクいっぱいの3D冒険旅行だ。映画『スター・ウォーズ』のキャラクターも登場する！

身長102cm以上／所要時間：4分15秒／対象：子供～大人

ひとときの宇宙旅行へ

スペース・マウンテン

Space Mountain

開園直後～午前中 LL

未来の宇宙旅行が体験できるディズニーランドを代表するアトラクション。降りかかる流星群をぬうように、高速ロケットで宇宙空間を走り抜けていく。星がまたたく空間は、コースが見えにくくてスリルも倍増。臨場感あふれる、ディズニー版宇宙旅行を楽しもう。

身長102cm以上／所要時間：約3分30秒／対象：子供～大人

バズ・ライトイヤー・アストロブラスター

Buzz Lightyear Astro Blasters

開園直後 LL

映画『トイ・ストーリー』のキャラクター、バズと一緒にゲストがスペースレンジャーとなって悪の手から宇宙を守るミッションに出動！　シューティングによるポイントでスペースレンジャーとしてのランクが決まる。

所要時間：約4分30秒／対象：子供～大人

レーザーガンを持って高得点を目指そう

Buzz Lightyear Astro Blasters is inspired by Disney•Pixar's "Toy Story 2." ©Disney/Pixar

Disneyland Park

ファンタジーランド Fantasyland

ディズニーランド・パークの本領発揮！
あのディズニー映画で観た
おとぎの国を体験できるテーマランド。
白雪姫、ピノキオ、
ピーター・パン、アリスなど、
おなじみのキャラクターに会える。

★マッターホーン・ボブスレー

Matterhorn Bobsleds LL →P.135

狙い目時間

ファンタジー・フェア

Fantasy Faire

いつでもOK

ロイヤルホールとロイヤルシアターがあるエリア。シンデレラや、ラプンツェル、ベルなど憧れのプリンセスに間近で触れ合える。また、プリンセスたちのドレスやアクセサリーなどを購入することも可能だ。対象：子供～大人

イッツ・ア・スモールワールド

"it's a small world"

パレード直後以外 LL

ゆったりボートに揺られて世界一周の旅に出るアトラクション。各国の民族衣装をまとった人形のほか、ディズニーのキャラクターを含む計300以上の人形たちがかわいい歌声で『it's a small world』を歌い踊る。

所要時間：12分30秒／対象：子供

気持ちもあたたまるアトラクション

MEMO トゥモローランドのレストラン　サンドイッチやハンバーガー、サラダなどがメインのギャラクティック・グリル Galactic Grill や、パスタやピザの種類が豊富なエイリアン・ピザ・プラネット Alien Pizza Planet がある。

眠れる森の美女の城ウォーク・スルー

Sleeping Beauty Castle Walkthrough いつでもOK

ディズニーランド・パークのランドマーク的存在が眠れる森の美女の城。お城では、特殊効果を使った演出で映画『眠れる森の美女』のストーリーをたどることができる。

2023年1月より、ウォルト・ディズニー・カンパニー創立100周年を記念した「Disney100 セレブレーション」がスタートし、眠れる森の美女の城もプラチナ色の装いに。

対象：子供~大人

お城の中にはいったい何があるのだろう

Disneyland Park

ミッキーのトゥーンタウン

Mickey's Toontown

2023年3月にリニューアルオープン。
エントランスを入ったところにあるセントゥーニアル・パークには、噴水やドリーミング・ツリーがあり、家族連れで楽しむことができる。
お気に入りのキャラクターに出会える可能性も大きい！

狙い目時間

ミッキーの家とミート&グリート：ミッキー

Mickey's House and Meet Mickey 11:00前、18:00以降

ミッキーの家を訪れ、キッチンや寝室を見て回る。ミッキーの有名なカートゥーン（漫画）もある。ここはミッキーとのツーショットが確実なポイント！ ミッキーのサインも忘れずにもらおう。対象：子供~大人

ロジャーラビットのカートゥーンスピン

Roger Rabbit's Car Toon Spin

11:00前、18:00以降 LL

小さな子供から楽しめる、スリルあるアトラクション。映画『ロジャーラビット』の世界を冒険しよう！ 小さな子供が楽しめるので、意外に人気で待つことも。

所要時間：約4分／対象：子供

ミニーの家とミート&グリート：ミニー

Minnie's House and Meet Minnie

11:00前、17:00以降

ミッキーの家の隣にある、愛らしいミニーの家を訪れてみよう。中は夢見る女の子らしいキュートな家庭用品でいっぱい。裏庭の井戸で願いごとをするのも忘れないように。

対象：子供~大人

ミッキーとミニーのランナウェイ・レイルウェイ

Mickey & Minnie's Runaway Railway

開園直後 LL

ミッキーマウスのアニメーションの世界へひとっ飛び。ミッキーやミニーと一緒にピクニックへ出かけよう。

所要時間：約12分／対象：子供~大人

Disneyland Park

フロンティアランド

Frontierland

荒々しいアメリカ西部のフロンティア時代。
その活気に満ちた時代を再現した
街並みが広がっている。 狙い目時間

スリルたっぷりのアトラクション

ビッグサンダー・マウンテン

Big Thunder Mountain Railroad LL

12:00前、18:00以降

ゴールドラッシュの頃の廃坑を舞台にした、地震あり落石ありのスリリングなジェットコースター。右へ左へ、上へ下へと激しい動き！ 夜は暗がりを疾走するのでいっそうスリルが増す。

身長102cm以上／所要時間：約3分15秒／対象：子供~大人

MEMO 「ミッキーとミニーのランナウェイ・レイルウェイ」を体験するためには 2023年1月現在、ディズニーランド・リゾートの公式アプリ（Disneyland App）から無料の予約券（バーチャルキュー）の取得がマストになっている。

Disneyland Park

クリッターカントリー
Critter Country

緑いっぱいの森がワイルドなイメージの
クリッターカントリー。
木々が豊富なこのエリアには
本物の野鳥も集まってくる。 狙い目時間

デイビークロケットのカヌー探検
Davy Crockett's Explorer Canoes いつでもOK

西部の暴れん坊、デイビー・クロケットになったつもりでカヌーを漕ごう。アメリカ河にあるアトラクションで、いちばんユニークなのがこれ。体力に自信のある人には楽しいアトラクションだ。運航時期と時間に制限があるので、現地で確認すること。
所要時間：約9分30秒／対象：子供～大人

体力勝負のアトラクションだ

Disneyland Park

ニューオーリンズ・スクエア
New Orleans Square

ディキシーランドジャズが
聞こえてくればそこは19世紀の
ニューオーリンズ。
ヨーロッパの雰囲気たっぷりの
個性的なアトラクションが揃っている。
狙い目時間

お化けのパーティに参加しよう

ホーンテッドマンション
Haunted Mansion
12:00前、18:00以降 LL

不気味な館で、999人の愉快な亡霊がパーティの真っ最中！　ハイテクな亡霊（?）たちが、あの手この手で現れる。所要時間：約6分／対象：子供～大人

Disneyland Park

アドベンチャーランド
Adventureland

ジャングル気分のエキゾチックな
熱帯の楽園をイメージしたエリア。
超人気アトラクション
"インディ・ジョーンズ・アドベンチャー"もある。
大冒険にいざ出発！ 狙い目時間

インディ・ジョーンズ・アドベンチャー
Indiana Jones™ Adventure
開園直後、パレード中 LL

軍用車型の乗り物に乗り込んで、インディ・ジョーンズばりの大冒険に出発だ。最新のテクノロジーが結集され迫力満点。カリフォルニアには3つのコースがある。軍用車に乗り込むまでにも映画の世界に包まれ、軍用車を降りたあとも同じく長い回廊が続き、楽しさの余韻をかみしめることができる演出もよい。
身長117cm以上／所要時間：約4分15秒／対象：子供～大人

気分はもう、インディ・ジョーンズ

MEMO **ニューオーリンズ・スクエアのレストラン** ブルー・バイユー・レストランBlue Bayou Restaurantでは、アメリカ南部料理が味わえる。事前に予約したほうがいい。営毎日11:00～15:55、16:00～21:00(金～日～22:00、時期により異なる)

絶対に見逃せない!! ショー&パレード

👁 場所取り時間

人気のショーなので早めに場所取りをしたい

ファンタズミック！ Fantasmic!

フロンティアランド

👁 30分〜1時間前　所要時間：約27分

アメリカ河で行われる、光と水が織りなす華麗でダイナミックな必見のショー。『アラジン』『ライオン・キング』『塔の上のラプンツェル』『パイレーツ・オブ・カリビアン』などの有名シーンが描かれる。ウオータースクリーンに映し出されるレーザーや特殊効果を駆使した映像はスケールも大きく、美しさも格別だ！開始時間は時期により異なるので、事前にスケジュールをチェックしておこう。なお、場所取りでは荷物を置いてその場を離れないように。

ストーリーテリング・アット・ロイヤル・シアター Storytelling at Royal Theatre

ファンタジーランド

👁 いつでも

所要時間：それぞれ約22分／対象：子供〜大人

ロイヤル・シアターでは、映画『美女と野獣』『塔の上のラプンツェル』のショーを行っている。『美女と野獣』では、ベルや野獣、ルミエールが、『塔の上のラプンツェル』では、ラプンツェルやフリンが、ピアノの伴奏に合わせて物語を再現していく。

英語がわからなくても、思いっきり笑える

マジック・ハプンズ Magic Happens

メインストリートUSA

👁 30分前　所要時間：約40分／対象：子供〜大人

ウォルト・ディズニー・アニメーション・スタジオとピクサー・アニメーション・スタジオが制作した映画に登場するキャラクターが、メインストリートUSAを進むパレード。『シンデレラ』『眠れる森の美女』『アナと雪の女王2』『モアナと伝説の海』『プリンセスと魔法のキス』のフロートが登場。ディズニー作品の魔法の瞬間が名曲とともに壮大なスケールで再現される。

映画『リメンバー・ミー』のミゲルやヘクターもお目見えする　

ディズニーランド・パークをツアーで回ろう

ディズニーランド・パークでは、園内をガイドと一緒に回るツアーを催行している。曜日や時間が限定されるので、予定を立てる前に確認をしておこう。ツアーの予約は、30日前から受付。要ID。
☎(714)781-8687

●ウォーク・イン・ウォルト・ディズニーランド・フットステップ・ガイドツアー
"Walk in Walt's Disneyland Footsteps"Guided Tour
ウォルト・ディズニーゆかりのポイントを、ガイドの説明付きで回るツアー。ディズニーランド・パークに慣れ親しんだ人向けのもので、園内のさまざまなポイントでの秘話はもちろん、今後のプロジェクトの一部も小ネタとして教えてくれる。軽食付き。所要約3時間30分。9:30、11:30スタート（時期により異なる）。料1人$115

MEMO アドベンチャーランドのレストラン　牛肉やベーコンの串焼きが食べられるベンガル・バーベキュー Bengal Barbecue や南太平洋がテーマのジューススタンド、ティキ・ジュースバー Tiki Juice Bar などがある。

PIXAR PIER

太陽の輝くカリフォルニアがテーマ

ディズニー・カリフォルニア・アドベンチャー・パーク

Disney California Adventure Park

雄大な自然やワイナリー、ハリウッドの世界など、カリフォルニアのさまざまな顔をテーマエリア別に楽しめる。
いながらにしてカリフォルニアの魅力が体感できる場所、
それがディズニー・カリフォルニア・アドベンチャー・パークなのだ。

LL ディズニー・ジーニー・プラス・ライトニング・レーン適用アトラクション

インクレディコースター	→P.145
ガーディアンズ・オブ・ギャラクシー：ミッション・ブレイクアウト！	→P.145
グリズリー・リバー・ラン	→P.149
ソアリン・アラウンド・ザ・ワールド	→P.149
グーフィーのスカイ・スクール	→P.150
トイ・ストーリー・マニア！	→P.151
モンスターズ・インク：マイクとサリーのレスキュー	→P.152

LL インディビジュアル・ライトニング・レーン適用アトラクション

ラジエーター・スプリングス・レーサー	→P.145

（2023年1月現在。上記以外にも順次適用されていく可能性があるので、インフォメーションセンターで確認を）

What's New

ディズニー・カリフォルニア・アドベンチャー・パーク 最新情報

2023年1月、ウォルト・ディズニー・カンパニー創立100周年を記念した「Disney100 セレブレーション」の一環として、**「ワールド・オブ・カラー：ワンWorld of Color -One」**（→P.152）が登場。2021年6月、映画『アベンジャーズ』を題材にしたテーマランド「アベンジャーズ・キャンパス」がオープン。アベンジャーズのヒーローと会えるかも。

スーパーヒーローが集まるアベンジャーズ・キャンパス

地球の歩き方おすすめアトラクション BEST 3

狙い目時間

映画『カーズ』の世界へ

BEST 1 ラジエーター・スプリングス・レーサー
Radiator Springs Racers

カーズランド 開園直後、夕方過ぎ LL

大人気映画『カーズ』をモチーフにしたアトラクションは、最高時速65kmでラジエーター・スプリングスの街を駆け巡る。オーナメントバレーの夕焼けが美しいので、朝と夕方の2回乗ることをおすすめする。

身長102cm以上／所要時間：約4分30秒／対象：子供～大人

BEST 2 インクレディコースター Incredicoaster

ピクサー・ピア 開園直後 LL

2018年6月にオープンしたジェットコースターで、映画『Mr. インクレディブル』『インクレディブル・ファミリー』をモチーフにしている。赤ちゃんのジャック・ジャック・パーがトンネルからトンネルに移動する間に大混乱を引き起こし、パー一家が救出に向かうことになった。『インクレディブル・ファミリー』の作曲家マイケル・ジアッチーノによる特殊効果や楽曲にも注目。

身長122cm以上／所要時間：約2分45秒／対象：子供～大人

パー一家と一緒に映画の世界へ旅立とう

BEST 3 ガーディアンズ・オブ・ギャラクシー：ミッション・ブレイクアウト！
Guardians of the Galaxy - Mission : BREAKOUT !

アベンジャーズ・キャンパス お昼頃 LL

映画を観てから訪れたいアトラクション

映画『ガーディアンズ・オブ・ギャラクシー』をテーマにしたアトラクション。宇宙の生物や遺物を収集するタリアーニ・ティヴァンの砦に、ガーディアンズのメンバーが囚われてしまった。ガーディアンズを無事に救出できるのか。身長102cm以上／所要時間：約11分／対象：子供～大人

園内で食べたい！お手軽フード ベスト3

園内には、ファストフードショップから本格的なレストランまで約30の食事どころがある。アトラクション待ちの合間に各エリアで食事を取るのもいい。

Best 1 カーズランドにあるフローのV8カフェの Flo's Famous Fried chicken $19.49

フライドチキンをぜひ

ピクサー・パル・ア・ラウンドを眺めながらコーンドッグをかぶりつこう

Best 2 パラダイス・ガーデン・パークにあるコーンドッグ・キャッスルの Original Corn Dog $10.59

Best 3 パラダイス・ガーデン・パークにあるボードウォーク・ピザ＆パスタの Spaghetti with Meatballs $10.99

アベンジャーズ・キャンパス
Avengers Campus

LL ❶ ガーディアンズ・オブ・ギャラクシー：ミッション・ブレイクアウト!
Guardians of the Galaxy - Mission: BREAKOUT!

カーズランド
Cars Land

LL ❶ ラジエーター・スプリングス・レーサー
Radiator Springs Racers

❷ メーターのジャンクヤード・ジャンボリー
Mater's Junkyard Jamboree

❸ ルイジのローリッキン・ロードスター
Luigi's Rollickin' Roadsters

ピクサー・ピア
Pixar Pier

LL ❶ インクレディコースター
Incredicoaster

❷ ジェシーのクリッター・カルーセル
Jessie's Critter Carousel

LL ❸ トイ・ストーリー・マニア!
Toy Story Midway Mania!

❹ ピクサー・パル・ア・ラウンド
Pixar Pal-A-Round

❺ インサイド・アウト・エモーショナル・ワール・ウィンド
Inside Out Emotional Whirlwind

カーズランド
Cars Land

パシフィック・ワーフ
Pacific Wharf

アベンジャーズ・キャンパス
Avengers Campus

グリズリー・ピーク
Grizzly Peak

ハリウッドランド
Hollywood Land

ブエナビスタ・ストリート
Buena Vista Street

ハリウッドランド
Hollywood Land

❶ ディズニージュニア・ダンス・パーティー
Disney Junior Dance Party!

❷ アナとエルサのロイヤル・ウェルカム
Anna & Elsa's Royal Welcome

❸ ディズニー・アニメーション
Disney Animation
└タートル・トーク・ウィズ・クラッシュ
Turtle Talk with Crush

LL ❹ モンスターズ・インク：マイクとサリーのレスキュー
Monsters, Inc. Mike & Sulley to the Rescue !

ディズニー・カリフォルニア・アドベンチャー・パーク
ディズニー・パラダイス・ピア・ホテル
ディズニーランド・ホテル
エントリープラザ
ディズニーランド・パーク
ディズニー・グランド・カリフォルニアン・ホテル&スパ
ブエナビスタ・ストリート
ダウンタウン・ディズニー

パラダイス・ガーデン・パーク
Paradise Garden Park
1 シリー・シンフォニー・スイング
Silly Symphony Swings
LL 2 グーフィーのスカイ・スクール
Goofy's Sky School
3 ゴールデン・ゼファー
Golden Zephyr
4 リトル・マーメイド：アリエルのアンダーシー・アドベンチャー
The Little Mermaid～Ariel's Undersea Adventure
5 ワールド・オブ・カラー
World of Color
レストラン
Restaurant
F1 スモークジャンパーズ・グリル
Smokejumpers Grill
F2 パラダイス・ガーデン・グリル
Paradise Garden Grill
F3 コシーナ・クカモンガ・メキシカン・グリル
Cocina Cucamonga Mexican Grill
F4 パシフィック・ワーフ・カフェ
Pacific Wharf Cafe
F5 ラッキー・フォーチュン・クッカリー
Lucky Fortune Cookery
F6 フローのV8カフェ
Flo's V8 Café
F7 ワイン・カントリー・トラットリア
Wine Country Trattoria
F8 メンドシノ・テラス
Mendocino Terrace
F9 カーセイ・サークル・レストラン
Carthay Circle Restaurant
ダウンタウン・ディズニー
Downtown Disney
S1 ワールド・オブ・ディズニー
World of Disney
R1 トルティーヤ・ジョーズ
Tortilla Jo's
R2 ラルフ・ブレナンズ・ジャズ・キッチン
Ralph Brennan's Jazz Kitchen
R3 カタール・レストラン
Catal Restaurant
R4 ナポリ・リストランテ&バー
Naples Ristorante e Bar
グリズリー・ピーク
Grizzly Peak
LL 1 グリズリー・リバー・ラン
Grizzly River Run
2 レッドウッド・クリーク・チャレンジ・トレイル
Redwood Creek Challenge Trail
LL 3 ソアリン・アラウンド・ザ・ワールド
Soarin' Around the World
ディズニー・グランド・カリフォルニアン・ホテル&スパ
Disney's Grand Californian Hotel & Spa
R1 ナパ・ローズ
Napa Rose
R2 ストーリーテラー・カフェ
Storytellers Café
ピクサー・ピア
Pixar Pier
N
パラダイス・ガーデン・パーク
Paradise Garden Park
ディズニー・グランド・カリフォルニアン・ホテル&スパ
Disney's Grand Californian Hotel & Spa
ダウンタウン・ディズニー
Downtown Disney
ライトニングレーン適用アトラクション
キャラクター登場スポット
カウンターフード
レストラン
ショップ
映画館
インフォメーション
救護室
コインロッカー
トイレ
ATM
ベビーカーレンタル
パッケージ・チェック・サービス
車椅子レンタル
ベビーセンター
パレードルート

Model Plan
モデルプラン

まずは🆁disneyland.comで、当日の開園時間をチェックしよう。

歩き方のヒント!

まず、ディズニーランド・リゾートの公式アプリで観たいショーの開始時間を確認しよう。ショーの時間が近づいたら、ショーの観覧を優先したい。効率よくアトラクションを楽しむには、ディズニー・ジーニー・プラス・ライトニング・レーン（→P.132、P.144）を積極的に利用するといい。なお、12:00にワールド・オブ・カラー：ワンの優先エリア入場予約券が配布されるので、すべてのことを中断して公式アプリから取得するようにしたい（→P.152脚注）。

Open!

8:00 まず、カーズランドのラジエーター・スプリングス・レーサー →P.145 にトライ。一番人気のアトラクションなので、真っ先に向かいたい。

9:30 グリズリー・ピークにあるグリズリー・リバー・ラン →P.149 にチャレンジ。そのあとはソアリン・アラウンド・ザ・ワールド →P.149 で世界中を飛び回ろう。

11:00 ピクサー・ピアへ移動。ピクサー・パル・ア・ラウンド →P.151 に乗車。トイ・ストーリー・マニア! →P.151 とインクレディコースター →P.145 も忘れずに。子供連れなら、ジェシーのクリッター・カルーセルやインサイド・アウト・エモーショナル・ワールウィンドがおすすめ。

お昼前にチャレンジしておきたいインクレディコースター

©Disney/Pixar

Lunch & Show!

13:30 状況を見ながらランチタイム。そのあとはアベンジャーズ・キャンパスへ。ガーディアンズ・オブ・ギャラクシー：ミッション・ブレイクアウト! →P.145 に挑戦。ドクター・ストレンジのショーやブラックパンサーを守る親衛隊「ドーラ・ミラージュ」と行うトレーニングも見逃せない。

16:00 ハリウッドランドのモンスターズ・インク：マイクとサリーのレスキュー →P.152 で映画『モンスターズ・インク』の世界へ。

16:45 パラダイス・ガーデン・パークのリトル・マーメイド：アリエルのアンダーシー・アドベンチャー →P.150 やグーフィーのスカイ・スクール →P.150 へ。 そのあとは行列を見ながら、気になるライドに乗ろう。

Dinner

18:00 ディズニー・グランド・ホテル・カリフォルニアン・ホテル&スパ内にあるナパ・ローズ →P.153 で、カリフォルニアを食でも楽しもう。ディズニー・グランド・カリフォルニアン・ホテル&スパ宿泊者は、ホテル専用入口がある。ピクサー・ピアにあるランプライト・ラウンジもおすすめ。

レストランは事前に予約しておきたい

Show!

20:00 パークに戻る。ライトアップされたパーク内を歩きながら、ワールド・オブ・カラー：ワン →P.152 の展望エリアへ。

Shopping

21:30 ワールド・オブ・カラー：ワンを鑑賞したあとはダウンタウン・ディズニー →P.153 でおみやげ探し!
日によってパークはまだまだ開いているのでライトアップされたパークの写真を撮るのもいい。

Disney California Adventure Park

ブエナビスタ・ストリート
Buena Vista Street

レッド・カー・トロリー

メインゲートをくぐると広がる
1920～1930年代のロスアンゼルスの町並み。
通り沿いには、レストランやカフェ、ギフトショップが軒を連ねる。
また、ハリウッドランドとブエナビスタ・ストリートを結ぶ乗り物レッド・カー・トロリーRed Car Trolleyの停車駅もある。

Disney California Adventure Park

グリズリー・ピーク
Grizzly Peak

カリフォルニアの豊かな自然と食生活、
人々の冒険心がテーマ。　👁 狙い目時間

ずぶぬれ覚悟で

グリズリー・リバー・ラン
Grizzly River Run　👁 お昼前　LL

グリズリー・ピークの山頂から流れる激流を下るリバーラフティング。360度くるくる回りながら、途中2回も急に滑り落ちるスリル感に悲鳴があちこちから聞こえてくる。

身長107cm以上／所要時間：約7分／対象：子供～大人

ソアリン・アラウンド・ザ・ワールド
LL
Soarin' Around the World　👁 お昼前

ハンググライダーに乗って世界を飛び回るアトラクション。スイスのアルプス山脈からオーストラリア、アフリカを駆け巡る。それぞれの国の伝統楽器が使われた音楽も臨場感あふれ、感動的な世界旅行になるはずだ。

身長102cm以上／
所要時間：約5分／対象：子供～大人

ハンググライダーで世界を駆け巡ろう

イライアス&カンパニー Elias & Co.

ディズニー・カリフォルニア・アドベンチャー・パーク内最大規模のショップ。ハリウッド黄金時代のデパートを模したアールデコ様式の建物には、ドレスやTシャツから時計、ハンドバッグ、宝飾品などまで品揃えも豊富。ちなみに、イライアスとは、ウォルト・ディズニーのミドルネームだ。営毎日8：00～23：00。時期により異なる。

カーセイ・サークル・レストラン Carthay Circle Restaurant

ハリウッド黄金時代を見事に再現した劇場のカーセイ・サークル・シアター2階に入る高級レストラン。きらびやかなインテリアのなかで南カリフォルニア料理を味わえる。プライムリブ・ステーキやローストチキンなどボリュームたっぷりのメニューが並ぶ。営毎日16：00～20：00。時期により異なる。

フィドラー・ファイファー&プラクティカル・カフェ Fiddler, Fifer & Practical Cafe

ファストフード形式で気軽に利用できるカフェ。マフィンやクロワッサンなどの軽食から、ローストビーフやターキーのサンドイッチ、サラダまでメニューはバラエティに富む。クッキーやケーキなどのスイーツやコーヒーの種類も豊富。
営毎日8:00～22:30。時期により異なる。

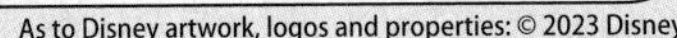

パラダイス・ガーデン・パーク
Paradise Gardens Park

子供も楽しめるアトラクションが豊富で、ひと昔前のビクトリア風の遊園地に迷い込んだかのようなエリア。 狙い目時間

★ワールド・オブ・カラー：ワン World of Color-One →P.152

グーフィーと一緒に飛び立とう

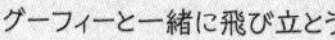

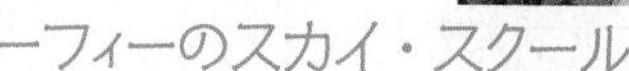

グーフィーのスカイ・スクール
Goofy's Sky School　開園直後、お昼過ぎ LL

グーフィーが、航空学校のインストラクターに!?　1940年代の短編アニメ(カートゥーン)『グーフィーズ・グライダー』がモチーフのライド。身長107cm以上／所要時間：約2分／対象：子供~大人

映画の名曲も楽しめる

リトル・マーメイド：アリエルのアンダーシー・アドベンチャー
The Little Mermaid ~Ariel's Undersea Adventure

いつでも

貝に乗って、アリエルやセバスチャンの待つ『リトル・マーメイド』の世界へ。所要時間：約7分／対象：子供~大人

ゴールデン・ゼファー
Golden Zephr　いつでも

1920年代のサイエンス・フィクションに着想を得た宇宙船に乗って地上を出発。世界を救うために侵略者と戦う旅に出る。所要時間：約2分／対象：子供

甘く見ないほうがいいよ

意外とスリリング！

シリー・シンフォニー・スイング
Silly Symphony Swing　いつでも

ブランコがくるくると空を舞う楽しいライド。大人と子供が一緒に座れるふたり乗りの席もある。屋根のてっぺんにはミッキーもいる。

身長102cm以上／所要時間：約2分／対象：子供~大人

ショップ＆レストラン
Shops & Restaurants in Paradise Garden Park

シーサイド・スーベニア Seaside Souvenirs

ミッキーのイヤーハットやミッキー、ミニーのぬいぐるみ、ボールペンなど雑貨やアクセサリーが揃う。営月～木9:00～21:00、金～日8:00～22:00。時期により異なる。

ベイサイド・ブリュー Bayside Brews

生ビールのほか、ハラペーニョやチーズプレッツェルを提供する。ミッキーのプレッツェルはここでも食べられる。営毎日10:30～21:00(金～日～22:00)。時期により異なる。

ボードウォーク・ピザ＆パスタ Boardwalk Pizza & Pasta

ミートボールパスタ（$10.99）やラビオリ（$10.99）、ペパロニピザ（スライス1枚$8.49、ホール$41.99）、ベジタブルピザ（スライス1枚$8.49、ホール$41.99）などイタリア料理がカジュアルに楽しめる。料毎日10:30～20:00。時期により異なる。

パラダイス・ガーデン・グリル Paradise Garden Grill

メキシコ料理が味わえるカジュアルレストラン。チキンブリトー（$12.99）やチキン・ティンガ（$7.99）など、お手軽に食べられるメニューが多い。

営月～木11:00～20:00、金～日10:30～21:00。時期により異なる。

Disney California Adventure Park

ピクサー・ピア Pixar Pier

ピクサー映画をテーマにしたエリア。リニューアルした大観覧車やゲームコーナー、レストランがあり、ピクサーの世界に浸ることができる。

狙い目時間

★インクレディコースター Incredicoaster LL →P.145

ピクサー・パル・ア・ラウンド
Pixar Pal-A-Round

いつでも

高さが45mもある巨大な観覧車。ゴンドラのタイプはふたとおりあり、紫色や青色、黄色、緑色のゴンドラは内へ外へとスイングする絶叫タイプの「Swinging」、赤色は通常の固定されているゴンドラの「Non-Swinging」。

所要時間：約12分30秒／対象：子供～大人

ピクサーのキャラクターがデザインされているゴンドラ　©Disney/Pixar

トイ・ストーリーのキャラクターが集結　©Disney/Pixar
Toy Story Midway Mania is inspired by Disney- Pixar's Toy Story Films. Mr. Potato Head is a trademark of Hasbro and is used with permission. ©Hasbro. All rights reserved.

トイ・ストーリー・マニア！
Toy Story Midway Mania!

いつでも LL

ゲーム感覚で楽しめるゲスト参加型の3Dならぬ4Dのアトラクション。ウッディ・プライドやバズ・ライトイヤー、レックス、ハムなど映画『トイ・ストーリー』のキャラクターもこぞって登場する！

所要時間：約7分30秒／対象：子供～大人

Disney California Adventure Park

パシフィック・ワーフ Pacific Wharf

ランチはここで決まり

ナパバレー産のワインが味わえるレストランのワイン・カントリー・トラットリアやメキシコ料理が楽しめるクッチーナ・クカモンガ・メキシカン・グリル、港町の雰囲気が漂うパシフィック・ワーフ・カフェなどの食事どころが集まる。

Disney California Adventure Park

カーズランド Cars Land

映画『カーズ』をテーマにしたエリア。
ラジエーター・スプリングスの街が再現され、
映画の世界を堪能できる。

狙い目時間

★ラジエーター・スプリングス・レーサー Radiator Springs Racers LL →P.145

ルイジのローリッキン・ロードスター
Luigi's Rollickin' Roadsters

お昼頃

イタリア製オープンカーに乗って、映画『カーズ』に登場するルイジとダンスを楽しもう。音楽にのってスピンしながら踊り回るルイジのいとこから目が離せない。

身長81cm以上／所要時間：約2分／対象：子供～大人

レース・デイをお祝いしよう　©Disney/Pixar

MEMO **カーズランドのショップ**　ラジエーター・スプリングス・レーサーをテーマにしたラモーン・ハウス・オブ・ボディー・アート Ramone's House of Body Art と、キッズ向けアパレルやおもちゃが豊富なサージのサープラス・ハット Sarge's Surplus Hut がある。

アベンジャーズ・キャンパス
Avengers Campus

アベンジャーズやその協力者が集まり、アベンジャーズに協力する次世代ヒーローをリクルートし訓練するテーマランド。トニー・スタークが次世代のスーパーヒーローをトレーニングするための場所として提供した。 狙い目時間

★ガーディアンズ・オブ・ギャラクシー：ミッション・ブレイクアウト！
Guardians of the Galaxy - Mission: BREAKOUT! LL →P.145

ブラックパンサーに会えるかも

ハリウッドランド
Hollywoodland

映画の都、ハリウッドの世界が広がる。映画やアニメがモチーフのアトラクションを体験。映画の世界を満喫しよう。

狙い目時間

モンスターズ・インク：マイクとサリーのレスキュー LL
Monsters, Inc. Mike & Sulley to the Rescue! いつでも

映画『モンスターズ・インク』がモチーフのアトラクション。モンストロポリスで繰り広げられる、波瀾万丈の救出劇だ。マイクとサリーは少女ブーを無事に救出できるのか!? 所要時間：約7分／対象：子供～大人

モンスターズ・インク：マイクとサリーのレスキューはハラハラ、ドキドキの連続だ

ショー&エンターテインメント Show & Entertainment

場所取り時間

ワールド・オブ・カラー：ワン
World of Color-One

最後まで見逃せないショー

パラダイス・ガーデン・パーク

30分～1時間前

噴水のスクリーンにディズニーアニメの人気キャラクターが登場する、スペクタクルショー。火と光の演出で、見たこともない一大ショーがゲストを魅了する。華やかな夜空に大注目！
所要時間：約22分／対象：子供～大人

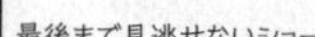

ディズニージュニア・ダンス・パーティ
Disney Junior Dance Party!

ハリウッドランド 15分前

音楽に合わせてディズニージュニアの人気キャラクターが登場するライブショー。『ちいさなプリンセスソフィア』のソフィアや『ドックはおもちゃドクター』のドック、『ライオン・ガード』のティモンがアニメのオープニング映像とともに紹介される。
所要時間：約18分／対象：子供

『ミッキーマウスとロードレーサーズ』のミッキーとミニーもダンスを披露

MEMO **ワールド・オブ・カラー：ワンを優先エリアで見るために** 優先エリア入場には予約券（Virtual Queues バーチャルキュー）の取得がマスト。12:00 から配布されるので、ディズニーランド・リゾートの公式アプリ（Disneyland App）を開き、↗

昼だけでなく夜も楽しみが満載

ダウンタウン・ディズニー Downtown Disney

ディズニーランド・リゾートの中心部にあり、ふたつのテーマパーク（ディズニー・カリフォルニア・アドベンチャー・パークとディズニーランド・パーク）とディズニー直営ホテルを結ぶ。ショッピング、ダイニング、ライブハウスなど約35の店舗が並ぶ楽しいエリアだ。

ワールド・オブ・ディズニー World of Disney

おもちゃやぬいぐるみなどディズニーグッズが満載のショップ。最後のおみやげ探しにいい。ただし、特定のキャラクターのグッズは、園内のギフトショップのほうが種類が豊富なので注意したい。

まとまった買い物はここで

ラルフ・ブレナンズ・ジャズキッチン Ralph Brennan's Jazz Kitchen

ニューオーリンズのフレンチクオーターにあるようなパティオ付きの建物に入るレストラン。パスタ・ジャンバラヤ($35)やガンボスープ（$13)、フライドチキン・シーザーサラダ（$24）など、ケイジャン料理を楽しめる。夜はジャズの演奏あり。事前に予約したほうがいい。

サックスの看板が目印

宿泊者には特典がいっぱい！

ディズニー直営ホテル Disney Resort Hotels

ディズニーランド・リゾートにある3つのディズニー直営ホテル（→P.414）の宿泊者にはうれしい特典がたくさん！　ディズニーをたっぷり満喫できる思い出深いバケーションになるはずだ。

特典 1 時間を有効に使える！

リゾートへのアクセスがスムーズ。どちらかのパークに一般ゲストよりも早めの入場ができる（アーリーエントリー→P.132）。

特典 2 パーク内では現金がいらない！

パークの中で買い物や食事をしたりするときは現金不要。宿泊者は、ホテルのカードキーを提示するだけで泊まっている部屋にチャージされ、チェックアウトのときに精算できる。ただし、ホテルチェックイン時に、クレジットカードを提示する必要がある。

特典 3 おみやげを配達してくれる

ディズニーのパーク内で買った商品は、翌日ホテルのベルサービスまで届けてもらえる。ただし、出発当日、前日の利用は避けよう。

特典 4 ディズニーキャラクターからのモーニングコール

グーフィーやミッキーなどのキャラクターがモーニングコール（録音サービス）をかけてくれる（要事前設定）！

特典 5 ホテルでもキャラクターたちに会える

ホテルのキャラクター・ダイニングでも彼らに会うことができる。

ディズニーランド・ホテル

グーフィーズ・キッチン　ブレックファストやディナーにプルートなど、キャラクターが各テーブルに回って来てくれる。

ディズニー・グランド・カリフォルニアン・ホテル&スパ

ストーリーテラー・カフェ（→下記）　ミッキーが登場するキャラクター・ブレックファストやブランチが楽しめる。

ナパ・ローズ　アリエルやベルなどプリンセスが会いに来てくれる。3品コースの朝食（Disney Princess Breakfast Adventures）が味わえる。

ホテルにあるおすすめのレストランのひとつ

ストーリーテラー・カフェ Storytellers Cafe

古きよきカリフォルニアの雰囲気が漂うレストラン（朝～夜までオープン）。朝食とランチには、ミッキーやミニーが登場するキャラクター・ダイニング、Mickey's Tales of Adventure Buffet（バフェスタイル）が楽しめる。アプリで事前の予約が必須だ。

↘Virtual Queues、Join Virtual Queue から取得しよう。取得できた場合はショー開始の約 45 分前から指定鑑賞エリアへ入場可能。ただし、先着順での入場になるため、入場制限がかかることもある。なお、日によってバーチャルキューに対応していない場合もある。

ハリウッド映画の魅力に迫る

ユニバーサル・スタジオ・ハリウッド

Universal Studios Hollywood

ユニバーサル・スタジオ・ハリウッドは、
映画の都、ハリウッドならではのテーマパーク。
実際に撮影が行われているスタジオやロケ現場を巡ったり、
大迫力の映画の仕掛けや演出をアトラクションとして楽しむことができる。
子供から大人まで、映画の世界を体感できる、
究極のテーマパークなのだ。

基本情報 Information

MAP P.64-A1
住 100 Universal City Plaza, Universal City, CA 91608
Free (1-800)864-8377
URL www.universalstudioshollywood.com
営 10:00～19:00（シーズンや曜日によって異なるので、行く前にウェブサイトや電話で確認を）
料 1日券：大人（10歳以上）$159、子供（3～9歳）$153、2日券：大人（10歳以上）$174、子供$168。そのほか、優先パスのユニバーサル・エクスプレス（1日フロント・オブ・ライン→右下記）や年間パスAnnual Passもある。チケットによってはインターネット割引料金あり（1日券：大人$109～144、子供$103～138）。時期により異なる。
カード A D J M V

●VIPエクスペリエンス　VIP Experience
ユニバーサル・スタジオ・ハリウッドのスタッフによるガイドが付くうえ、人気アトラクションに優先的に乗ることができ（無制限）、特別席でショーを楽しめる。また、スタジオツアーはVIPツアー用の専用トラムに乗って通常より長い時間をかけてスタジオ内を巡るほか、途中の数ヵ所では、トラムを降りて実際に撮影に使用されているスタジオ内にも入れる特典付き。そのほか、軽食とVIPダイニングルームでバフェスタイルのランチも付く。各回最大18人まで。
〈英語ガイド〉時間、回数は季節により異なるが、9:00～12:00の間にスタート。
☎(818)622-8477
料 1人$369～499　※所要約6時間
VIPエクスペリエンスの予約はウェブサイトから。

ACCESS
🚃 LAダウンタウンからメトロレイル・Bライン（レッド）でUniversal City/Studio City駅下車。地上に出て、歩道橋を渡った所からユニバーサル・スタジオの無料循環シャトルバス（営 毎日7:00～パーク閉園2時間後まで。10～15分間隔）に乗るか、歩いて坂を登る（約15分）。アナハイムからは、メトロリンクやアムトラックでLAダウンタウンのユニオン駅まで行き、そこから上記のメトロレイル・Bライン（レッド）を利用する方法でアクセスできる。

🚗 LAダウンタウンからHollywood Fwy.(US-101)を北へ向かいサインに従って出口11Bで下りればユニバーサル・スタジオの駐車場へ出る。ハリウッドから約10分、LAダウンタウンから約25分。駐車場は入口そばのFront Gate Parking（料 $70）、Preferred Parking（料 $20～50）と入口まで歩くGeneral Parking（料 $10～30）の3種類があり、時間帯により異なることがある。駐車したエリアのキャラクター（ジュラシック、フランケンシュタインなど）を忘れずに確認しておこう。

★優先パス：ユニバーサル・エクスプレス
夏のハイシーズンなど、園内が混雑するときは、通常の入場券よりも、ユニバーサル・エクスプレスUniversal Express（料 $399～）の利用がおすすめ。すべてのアトラクションにつき各1回優先的に入場できるほか、各種ショーを優先席で鑑賞できる（上演約10分前まで座席を確保）。インターネット割引料金あり（料 $199～299）。

ユニバーサル・エクスプレスのマークがある入口から入場

MEMO **セキュリティチェック**　入園する前にセキュリティチェックを受けなければならない。手荷物のチェックのほか、X線による身体検査もある。持ち込む荷物は極力少なめにしておくように。

地球の歩き方おすすめ アトラクション BEST 3

トラムに乗ってポイントを巡る

BEST 1 スタジオツアー Studio Tour

アッパーロット

ハリウッドのユニバーサル・スタジオにしかない、必見のアトラクション。映画の撮影に使われたセットや、実際に映画撮影が行われているスタジオなどを、トラムに乗って見て回る。

→P.160

BEST 2 トランスフォーマー™：ザ・ライド-3D Transformers™:The Ride-3D

ロウアーロット

トランスフォーマーの世界へ

映画『トランスフォーマー』をモチーフにしたスリル系ライド。反乱軍のディセプティコンがオールスパークを襲撃した。オプティマス・プライムやバンブルビーと一緒に戦おう。メガトロンの手が伸びてきたり、壊れた部品が飛んできたり、目の前で繰り広げられる戦いは迫力満点。フライトシミュレーションに乗っていざ出発。

→P.165

BEST 3 ジュラシック・ワールド・ザ・ライド Jurassic World - The Ride

ロウアーロット

バージョンアップしたライドは何度乗っても飽きない

映画『ジュラシック・ワールド』をモチーフにしたライド。以前あった「ジュラシック・パーク・ザ・ライド」がグレードアップして2019年に復活した。映画で観た恐竜が目の前まで迫ってくる。ゲストは最新技術を駆使した光景に圧倒されるはず。

→P.165

最新情報

2023年2月、ロウアーロットに新エリアの「スーパー・ニンテンドー・ワールド™SUPER NINTENDO WORLD™」がオープンし、任天堂ゲーム「マリオカートシリーズ」の世界をテーマにしたライド「**マリオカート～クッパの挑戦状～™Mario Kart™: Bowser's Challenge**」が登場。

2021年4月、アッパーロットにアニメーション映画『ペットThe Secret Life of Pets』をモチーフにしたアトラクション「**ペット:オフ・ザ・リーシュ The Secret Life of Pets: Off the Leash**」がオープンした。

驚きいっぱいのアトラクションが登場したエリア「スーパー・ニンテンドー・ワールド™」

MEMO ユニバーサル・スタジオ・ハリウッドのアプリ 事前にアプリをスマートフォンにダウンロードし、チケットとアプリをリンクさせておこう。ライドの待ち時間やショーの開始時間を知ることができるほか、バーチャルライン（→P.158 脚注）も取得できる。

ユニバーサル・スタジオ・ハリウッド

ロウアーロット
Lower Lot

1. ジュラシック・ワールド・ザ・ライド Jurassic World-The Ride
2. ディノプレイ DinoPlay
3. リベンジ・オブ・ザ・マミー・ザ・ライド Revenge of the Mummy-The Ride
4. トランスフォーマー™:ザ・ライド-3D Transformers™:The Ride-3D
5. スーパー・ニンテンドー・ワールド™ SUPER NINTENDO WORLD™
6. マリオカート ～クッパの挑戦状～™ Mario Kart™: Bowser's Challenge

- F カウンターフード
- R レストラン
- S ショップ
- M 映画館
- E エンターテインメント
- インフォーメーション
- 救護室
- コインロッカー
- トイレ
- ATM
- ベビーカーレンタル
- 車イスレンタル
- スタジオディレクトリー

ユニバーサル・シティウォーク
Universal CityWalk

＊おもな店舗のみ記載

- M1 ユニバーサル・シネマ Universal Cinema
- E1 アイフライ・ハリウッド iFLY Hollywood
- S5 ユニバーサル・スタジオ・ストア Universal Studio Store
- S6 ドジャーズ・クラブハウス・ストア Dodgers Clubhouse Store
- S7 アバークロンビー&フィッチ Abercrombie & Fitch
- S8 ロッカールーム・バイ・リッズ Locker Room by Lids
- S9 シングス・フロム・アナザーワールド Things From Another World
- R8 ババガンプ・シュリンプ Bubba Gump Shrimp Co.
- R9 ワサビ・アット・シティウォーク Wasabi at CityWalk
- R10 ドンポー・キッチン Dongpo Kitchen
- R11 ジミー・バフェット・マルガリータビル Jimmy Buffett's Margaritaville
- R12 トゥースサム・チョコレート・エンポリアム&セイボリー・フィースト・キッチン™ The Toothsome Chocolate Emporium & Savory Feast Kitchen™
- F2 シティフード（フードコート） City Food
- F3 ブードゥードーナツ Voodoo Doughnut

MEMO **ユニバーサル・スタジオ・ジャパンにはないアトラクション** カンフーパンダ、キャラクターズ・イン・ザ・パーク、キングコング360 3-D、ザ・シンプソンズ・ライド™、スタジオツアー、トランスフォーマー™：ザ・ライド-3D、ファスト&フュリアス・スー↗

アッパーロット Upper Lot

1. ウォーターワールド WaterWorld
2. カンフーパンダ Kung Fu Panda
3. スタジオツアー Studio Tour
4. ザ・シンプソンズ・ライド™ The Simpsons Ride™
5. スーパー・シリー・ファンランド Super Silly Fun Land
6. ディスピカブル・ミー・ミニオン・メイヘム Despicable Me Minion Mayhem
7. ペット:オフ・ザ・リーシュ The Secret Life of Pets: Off the Leash
8. ウィザーディング・ワールド・オブ・ハリー・ポッター™ The Wizarding World of Harry Potter™
9. フライト・オブ・ザ・ヒッポグリフ™ Flight of the Hippogriff™
10. ハリー・ポッター・アンド・ザ・フォービドゥン・ジャーニー™ Harry Potter and the Forbidden Journey™
11. スプリングフィールド Springfield

ショップ／レストラン Shop/Restaurant

- S1 ユニバーサル・スタジオ・ストア Universal Studio Store
- S2 ハリウッド・フォトランド Hollywood Photoland
- S3 アニメーション・スタジオ・ストア Animation Studio Store
- S4 クイック・イー・マート Kwik-E-Mart
- R1 ハリウッド＆ダイン Hollywood & Dine
- R2 メルズ・ダイナー Mel's Diner
- R3 ルイージズ・ピザ Luigi's Pizza
- R4 クラスティバーガー Krusty Burger
- R5 ジュラシック・カフェ Jurassic Café
- R6 三本の箒™ Three Broomsticks™
- R7 コシーナメキシカーナ Cocina Mexicana
- F1 スターバックス Starbucks

↘パーチャージ、ペット：オフ・ザ・リーシュ、リベンジ・オブ・ザ・マミー・ザ・ライド

Model Plan モデルプラン

まずは URL www.universalstudioshollywood.comで、当日の開園時間をチェックしよう。

歩き方のヒント！

園内は、アッパーロットUpper Lotとロウアーロット Lower Lotに分かれている。ショップやレストランの集まったユニバーサル・シティウォークも見逃せない。開園したら、スタジオディレクトリー（→下記）か公式アプリ（→P.155脚注）でショーの時間をチェック。その時間帯はショーの観覧に時間を割きたい。最後にスタジオツアーの最終便の時間も確認しておくように。園内は入口から奥行き450m、幅700mの大きさ。

Open!

10:00 アッパーロットの右奥にあるユニバーサル・スタジオ・ハリウッドの目玉アトラクション、スタジオツアー →P.160 へ（スタジオツアーへ下るエスカレーターが午後になると混むのでとにかく先に!）。日本にはないアトラクションなので、真っ先に向かおう。

11:30 最新アトラクションのマリオカート～クッパの挑戦状～™ →P.165 に向かうため、エスカレーターでロウアーロットへ。午前中なら比較的すいている。巨大な恐竜が登場するジュラシック・ワールド・ザ・ライド →P.165 やスリル大好きな人に人気のリベンジ・オブ・ザ・マミー・ザ・ライド →P.164 、いつの間にか、映画の世界に引き込まれてしまうトランスフォーマー™：ザ・ライド-3D →P.165 もおさえておきたい。

映画を観てから挑戦しよう

Lunch

13:30 遅めのランチは、アッパーロットで手軽に食べられるホットドッグやハンバーガーなどを。そのあと、スケジュールを見ながら、ウォーターワールド →P.159 へ。

15:00 ハリー・ポッター™のエリアにあるハリー・ポッター・アンド・ザ・フォービドゥン・ジャーニー™ →P.162 やフライト・オブ・ザ・ヒッポグリフ™ →P.162 は午後が狙い目。

『ザ・シンプソンズ』のホーマーにも会える

16:00 家族連れに人気のザ・シンプソンズ・ライド™ →P.163 で愉快な仲間たちがいるアニメの世界へひとっ飛び。

16:30 2021年に登場したペット：オフ・ザ・リーシュ →P.163 でニューヨークの街を散策後、ディスピカブル・ミー・ミニオン・メイヘム →P.163 でミニオンと一緒に旅に出よう。

17:00 最新の音響技術が整ったドリームワークス・シアターで、カンフーパンダ →P.159 を。

17:30 そのあとは、スタジオディレクトリーや行列を見ながら、再度体験したいアトラクションを中心に回るといい。

Shopping & Dinner

19:00 ユニバーサル・スタジオを1日満喫したら、おみやげ探しと食事を取りにユニバーサル・シティウォーク →P.166 へ。

スタジオディレクトリーって？

園内数ヵ所にスタジオディレクトリーStudio Directoryという、ショーのスケジュールと各アトラクションの待ち時間を表示した電光掲示板がある。これを随時チェックしながら、時間をうまく使おう。事前に公式アプリ（→P.155脚注）をダウンロードしておくのもいい。

待ち時間をチェックしながら回るといい

レストランやショップが集まるユニバーサル・シティウォーク

MEMO **バーチャルラインとは** 長い列に並ぶ必要がなくアトラクション入場の待ち時間を有効に使えるシステム。アプリのなかの Virtual Line をタップし、「VIRTUAL LINE™ VENUES」で希望するアトラクションを選び Reserve をタップ。入場する人数を選ぶと、↗

Universal Studios Hollywood

アッパーロット
Upper Lot

緊迫感あふれるスタント・アクションや3D映像から動物のほほ笑ましいライブショーまで、スリルあり、笑いありのアトラクションが揃っているのがアッパーロットだ。

狙い目時間

家族連れで楽しめるライドが並ぶアッパーロット

ウォーターワールド WaterWorld

午後最初の回

ド迫力で見応え十分

映画『ウォーターワールド』の世界を忠実に再現したステージに、50人を超える本場ハリウッドのスタントマンたちが登場。ステージショーのなかでもいちばんの人気を誇るウォーターワールドは、水上バイクやモーターボート、水上飛行機を使った大がかりなアクションショーだ。火花が散り、大爆発が起こる迫力あるシーン、スタントマンの迫真の演技に息をつく暇もない。

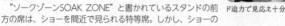

“ソークゾーンSOAK ZONE”と書かれているスタンドの前方の席は、ショーを間近で見られる特等席。しかし、ショーの間はもちろん、ショーの前にもスタントマンが水鉄砲やバケツで水をまくので、半端じゃなく「ビショビショ」になる。ポンチョなど雨具を着て、カメラなどの貴重品もきちんと防護して備えよう。

所要時間：約20分

カンフーパンダ
Kung Fu Panda

開演直後、閉園前

2008年に公開された映画『カンフーパンダKung Fu Panda』がモチーフの劇場型アトラクション。主人公のジャイアントパンダのポーとトラのマスタータイガーと一緒に冒険に出よう。最新の音響技術とプロジェクションマッピングで演出されたストーリーに圧倒されるはず。

所要時間：約10分30秒

ドリームワークスの最新テクノロジーを体験しよう

園内の便利なサービス

交代乗り
（チャイルドスイッチChild Switch）

子供は身長制限によりアトラクションに乗れないが、大人だけでも体験したいというときに利用するサービス。大人が交代でアトラクションを楽しめる、便利なものだ。順番が来たら、ひとりが乗り込み、もうひとりは子供と一緒に待つ。終えて戻ってきたら、もうひとりと交代する。“Child Switch, please.”とスタッフに伝えればよい。

チャイルドスイッチ適用アトラクション
- ハリー・ポッター・アンド・ザ・フォービドゥン・ジャーニー™
- フライト・オブ・ザ・ヒッポグリフ™
- リベンジ・オブ・ザ・マミー・ザ・ライド
- トランスフォーマー™：ザ・ライド-3D
- ジュラシック・ワールド・ザ・ライド

ロッカー

入口を入って右にあり、1日中出し入れが可能だ。大きさにより値段は異なる。$8〜15。

入口から入って右側にロッカーがある

↘バーチャルライン取得可能時間が表示されるので、希望する時間を選び、RESERVE VIRTUAL LINE™ PASS をタップして完了。あとは、予約した時間にアトラクションに戻ればいいだけ。ただし、バーチャルラインを予約しても、入場するのに待つことはある。

絶対におさえておきたい!

スタジオツアー Studio Tour

ハリウッド限定

3Dめがねを受け取り、トラムに乗り込めば、ワクワク&ドキドキのスタジオツアーの始まりだ。人気映画のセットを巡り、映画の舞台裏を見て回る。ところどころに映画の特殊効果を利用したアトラクションが盛り込まれ、ゲストは映画の世界を体感できるのだ。

「本物」の映画スタジオが見られるツアー

TVドラマや映画など実際の撮影に利用されているセットやスタジオなどの間をトラム(バス)に乗って見学していく約1時間のツアー。各トラムの前方にモニターが設置されており、案内役としてコメディアンで俳優のジミー・ファロンが登場する。途中スティーブン・スピルバーグやピーター・ジャクソンら有名な映画監督が語る映画制作の秘話も必見だ!

『バック・トゥ・ザ・フューチャー』『サイコ』など誰もが知っている映画のロケーションやセットをトラムに乗りながら見学。撮影セットやスタジオの間を走り、映画で使われる特殊効果の秘密を体験しながら撮影の裏側をのぞいていく。

なかでも注目したいのは、**ジョーズ Jaws**や**キングコング360 3-D King Kong 360 3-D**。そして、スタジオツアーのハイライト、**ファスト&フュリアス・スーパーチャージFast & Furious-Supercharged**は、手に汗を握るカーレースだ。

ツアーコースは、混み具合や実際に撮影が行われていたりするとそのエリアの見学がカットされることもある。ただし目玉のアトラクションが削られることはほとんどない。

狙い目時間

大人気のアトラクションなので、入園直後か、なるべく早い時間がおすすめ。ツアーの最終便は閉園の1時間から2時間前なので乗り逃しのないように注意しよう。

トラム乗り場

メインゲートからアッパーロットを右に向かうと"Studio Tour"と書かれたゲートがある。ゲートをくぐって下りエスカレーターで乗り場へ向かおう。

ガイドのナレーション付きで回る楽しいツアーだ

トラムはどっち側が得?

スタジオツアーのトラムでは基本的に座席は自由だが、係員が人数を割り振るので希望の席に必ず座れるわけではない。進行方向の右側に座ると「大地震」の洪水や「ジョーズ」に有利。左側は「大地震」の地下鉄で車両が突っ込んでくるときと、メキシコの街並みでの洪水を目の前で見られる。

ガイドは英語だとしても

ツアーは映画をよく知らなくても楽しめる。映画ファンを自認する人はセットの街並みを見逃さないようにしよう。ガイドの説明があるが、モニターを見たり、事前にどんな映画のロケーションが登場するのか本書(→P.161)で確認しておくと、楽しみも倍増する。

MEMO **2022年に新しくスタジオツアーに登場したエリア** ジョーダン・ピール監督のホラー映画『NOPE/ノープ』に出てくるジュピターズ・クレームのセットが新たにお目見えした。

映画とドラマのセット

▶時計台のある裁判所広場：裁判所やホールに姿を変えるクラシックな建物が集まるスクエア（四角）になったエリアは、『バック・トゥ・ザ・フューチャー』の最重要シーンの数々を撮影した時計台の広場だ。映画のなかでは時代ごとに、いくとおりにもセットが組み替えられた。

▶中世の街並みや西部劇の舞台：ユニバーサル・スタジオの広大な敷地内には何百という屋外セットや外観だけのはりぼてがあり、世界のあらゆる都市や時代をスタジオ内で再現するのだ。コロニアル・ストリート、オールド・メキシコなど有名映画の名場面を生んだセットも見て回る。

▶ニューヨークストリート：ときにニューヨーク以外の街にも早変わりするストリートは『スティング』『チャーリーズ・エンジェル』『ナイト＆デイ』などに登場した。

▶ヒッチコック・ドライブ：『サイコ』の家とベイツモーテルがある。周囲の家は映画だけでなく、ドラマの撮影に使われることも多い。家に目を凝らしてみると、何やら人影が動いている!?

▶ウィステリア通り：アメリカで特に人気が高い『デスパレートな妻たち』の舞台、ウィステリア通りのセット。これ見たさにスタジオツアーに参加するというファンもいるほど。

▶そのほか：『宇宙戦争（War of the Worlds)』の異星人の襲撃によって大破した大型旅客機や荒廃した街並みなど。

『宇宙戦争』に登場した大型旅客機

アトラクション

スタジオツアーでしか体験できない驚異の3D

名監督がプロデュース、史上最強の3D

キングコング 360　3-D
King Kong 360 3-D

スタジオツアーでいちばん目玉のアトラクション。360度の3Dという度肝を抜く映像世界が展開される。黒いトンネルに近づくにつれ、観客の興奮もピークに！　ピーター・ジャクソン監督の合図を受け、3Dめがねをかけると、そこは……。

巨大な恐竜がトラムに近づき、あっけにとられているとキングコングも出現。巨大な生物たちのファイティングが、観客の、まさに目の前で繰り広げられる。あわやトラムも巻き込まれ……!?

迫力満載の映像世界は、「さすが、ユニバーサル！」と臨場感たっぷりで、観たあとには心地よい疲労感さえ感じられる。ピーター・ジャクソン監督とユニバーサルによる次世代型のアトラクションだ。

ジョーズが迫ってくる!

ジョーズには要注意!

ジョーズ Jaws

ニューイングランドの街、アミティの海で釣りをしていた人が突然、水中に引きずり込まれた。水面は一瞬にして血の海に!!　いったい何が起こったのか？　遠くにいると思ったジョーズは突然、姿を消して……。ジョーズはどこへ？　まさか!?　油断大敵。

いきなりの天候変化にびっくり

大洪水　Flash Flood

メキシコの片田舎で突然ゲリラ豪雨が発生。川が氾濫し、あたり一帯が水浸しになる。トラムにまで迫ってくる洪水に、あなたは対処できるのか？

カーレースを体験しているような

ファスト＆フュリアス・スーパーチャージ
Fast & Furious-Supercharged

映画『ワイルド・スピード』に出演した俳優と一緒に高速カーチェイスを繰り広げるアトラクション。国際犯罪組織に囚われた仲間を助けるために190kmを超えるスピードでかっ飛ばす。目の前を脅威の速さで過ぎ去っていく自動車から一瞬たりとも目が離せない。

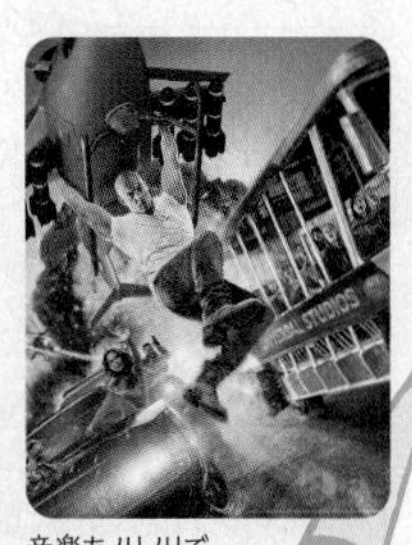
音楽もノリノリで、盛り上がる!

MEMO オフシーズン時の注意点　夏のピークシーズン後、アトラクションはメンテナンスのために閉鎖されることがよくある。行動する前に、公式アプリや園内の表示板で確認しよう。

アッパーロット Upper Lot

作品の舞台となっているホグワーツ™城

ウィザーディング・ワールド・オブ・ハリー・ポッター™

The Wizarding World of Harry Potter™

お昼〜

世界的人気を誇るハリー・ポッター™がテーマのエリア。物語が忠実に再現され、ホグワーツ™城や魔法使いの住むホグズミード村™が広がる。アトラクションのハリー・ポッター・アンド・ザ・フォービドゥン・ジャーニー™とフライト・オブ・ザ・ヒッポグリフ™のほか、杖の番人と「杖が魔法使いを選ぶ」様子を見学できるオリバンダーの店™Ollivanders™やレストランの三本の箒™Three Broomsticks™などがある。

ハリー・ポッター・アンド・ザ・フォービドゥン・ジャーニー™

Harry Potter and the Forbidden Journey™

開園直後、お昼過ぎ

ハリー・ポッターの世界を体感できるライド。ホグワーツ™城上空をハリーと一緒に飛び回り、冒険の旅に出るのだ。目の前に迫ってくるスニッチ™の迫力に圧倒されること間違いない？

身長122cm以上／所要時間：約4分

ハリーと旅に出発！

フライト・オブ・ザ・ヒッポグリフ™

Flight of the Hippogriff™

開園直後、お昼過ぎ

家族連れに人気のローラーコースター。オオワシの上半身と馬の下半身からなる魔法の生物ヒッポグリフに乗って、かぼちゃ畑やハグリットの小屋の上空を飛び回ろう。前方にはホグズミード村™やホグワーツ™城が広がり、すばらしい景色を楽しめる。

身長99cm以上、ただし99～122cmの子供は14歳以上の引率が必要／所要時間：約1分30秒

ヒッポグリフとともに飛び立とう

ショッピングのヒント

ミニオングッズは、アトラクションそばのショップで買っておいたほうがいい

園内には、おもにロゴ入りのオフィシャルグッズを販売する**ユニバーサル・スタジオ・ストアUniversal Studio Store**や、ミニオンなどのライド系アトラクションのグッズが多く揃う**スーパー・シリー・スタッフSuper Silly Stuff**、『トランスフォーマー』のキャラクターグッズが豊富な**トランスフォーマー・サプライ・ボルトTransformer Supply Vault**などがある。また、各アトラクションのそばには、そのアトラクションをモチーフにしたグッズを売る店もあり、ショッピングを楽しめる。そこにしかない商品も多いので気に入ったものがあれば、その場で買っておこう。シティウォークにもユニバーサル・スタジオ・ストアはあるが、園内と売っているものが微妙に異なるからだ。

MEMO **スプリングフィールドU.S.A.** 『ザ・シンプソンズ』がテーマのエリア。ザ・シンプソンズ・ライド™の隣にあり、Krusty Burger や Lard Lad Donuts、Moe's Tavern、Cletus Chicken Shack などレストランやバーが集まる。

ザ・シンプソンズ・ライド™

The Simpsons Ride™

お昼～

大人気アニメシリーズの『ザ・シンプソンズ』がモチーフのアトラクション。それぞれが個性的な性格の、ホーマー、マージ、バート、リサ、マギーの5人からなるシンプソンズ一家と一緒に、想像を絶する爆笑いっぱいのアドベンチャーに、いざ出発。ワクワクとドキドキがいっぱい詰まった、注目のアトラクションだ。

身長102cm以上、ただし102～122cmの子供は14歳以上の引率が必要／所要時間：約4分

家族連れに好評のライド

ミニオンと一緒に旅に出よう

ディスピカブル・ミー・ミニオン・メイヘム

Despicable Me Minion Mayhem

開園直後

映画『怪盗グルーの月泥棒Despicable Me』や『怪盗グルーのミニオン危機一発Despicable Me 2』をモチーフにした3Dアトラクション。やんちゃなミニオン、怪盗グルーとその愉快な娘たちと一緒にアドベンチャーに繰り出そう。

身長102cm以上、ただし102～122cmの子供は14歳以上の引率が必要／所要時間：約4分

ペット：オフ・ザ・リーシュ

The Secret Life of Pets: Off the Leash

いつでも

2021年4月にオープンした、アニメーション映画『ペット The Secret Life of Pets』をモチーフにしたアトラクション。ニューヨーク・マンハッタンのアパートに住む子犬の飼い主ケイティが留守にしている間、ペットが巻き起こす騒動はライドに乗る前から始まっている。小型犬のマックス、保健所から引き取られた大型犬のデューク、近所に住むポメラニアンのギジェット、元ペット団のウサギのスノーボールと一緒にニューヨークの街へ繰り出そう。

身長86cm以上、ただし86～122cmの子供は14歳以上の引率が必要／所要時間：約10分

かわいらしいペットが繰り広げるドタバタ劇

スタジオ内には人気キャラクターがいっぱい！

一番人気のミニオンは、「怪盗グルーの家」の前に登場

ユニバーサル・スタジオ・ハリウッドでは、観光客に交じって有名人がたくさん歩いている。といってもみんなソックリさんやキャラクターたちだが。ストリートの真ん中で突然パフォーマンスを始めることもあるし、さり気なくあなたの後ろを尾行しているかもしれない！

★人気のキャラクター&スター

『怪盗グルーの月泥棒』のミニオン、『ひとまねこざる』のおさるのジョージ、『スポンジ・ボブ』のスポンジ・ボブ・スクエアパンツ、『ザ・シンプソンズ』のホーマー、マージ、バート、リサ、マギー一家、『シュレック』のシュレックやドンキー、フィオナ姫、『トランスフォーマー』のオプティマス・プライムやディセプティコン、バンブルビー、メガトロンなど。

マリリン・モンローも登場!?

MEMO サンリオのキャラクター、ハローキティも アッパーロットのアニメーション・スタジオ・ストアではハローキティのグッズを販売している。

Universal Studios Hollywood

ロウアーロット
Lower Lot

ハリウッド映画の神髄である特殊効果。
その特殊効果の裏側に迫り、
実際に体験できるのがロウアーロットだ。
映画さながらの恐怖感や迫力感が再現された
ライド系アトラクションは、乗る人みんなを絶叫させる。

ロウアーロットへはエスカレーターで向かおう

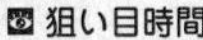

狙い目時間

暗闇のなかで絶叫がこだまする

リベンジ・オブ・ザ・マミー・ザ・ライド
Revenge of the Mummy[SM] - The Ride　開園直後

映画『ハムナプトラ』の世界が、世にも恐ろしいローラーコースターに姿を変えて再現されている。遺跡のなかを探索していくと、目もくらむばかりの財宝の山を発見！　とその瞬間、真っ暗闇のなかを最高時速70kmで疾駆するコースターと、それに襲いかかる、すさまじく怖い形相のミイラたち、そしてコースターは予想もつかない動きをし始める……。恐怖に叫んでいるうちに終わってしまう、スピード感あふれるライドだ。

身長122cm以上／所要時間：約2分

乗車前にすべての手荷物をロッカーに預けなくてはならない。入口付近のロッカーは混んでいるので奥へ回るといい。

USHでいちばん怖いといわれているライド

園内で食べたい お手軽フード ベスト3

園内にはレストランやスタンドが約20軒あるほか、ゲートを出た所にあるシティウォークに本格的レストランが並ぶ。アトラクションをとことん楽しみたいという人は、園内でサンドイッチやホットドッグなどのファストフードをつまむといい。

ウィザーディング・ワールド・オブ・ハリーポッター[TM]にある Three Broomsticks[TM]の
Spare Rib Platter $19.99

ディスピカブル・ミー・ミニオン・メイヘム前にある Minion Cafe の
Meatball Parmesan Grilled Cheese with Tomato Soup $14.99

ミートボールのサンドイッチにポテトとスープが付く

スプリングフィールドU.S.A.にある Krusty Burgerの
Krusty Burger $13.99

MEMO リベンジ・オブ・ザ・マミー・ザ・ライドのロッカー　指紋認証なので、鍵がない。荷物を出す際にロッカー番号が必要となるので、絶対に番号を忘れないこと。

フィクションと現実の間を行き来するスリルライド

トランスフォーマー™：ザ・ライド -3D

Transformers™ : The Ride-3D

お昼〜

3D めがねを着けたら、出発！

映画『トランスフォーマー』をテーマにしたスリル系ライド。生命を生み出す物質「オールスパーク」をめぐって、正義の味方「オートボット」と悪の帝国「ディセプティコン」の戦いが目の前で繰り広げられる。

3Dめがねを装着していざ出発。時速100km近く出ているので、油断してはいられない。ライド中は、オプティマス・プライムやバンブルビー、ディセプティコンなど映画に登場したロボットにお目にかかれる。

身長102cm以上、ただし102〜122cmの子供は14歳以上の引率が必要／所要時間：約4分30秒

マリオカート〜クッパの挑戦状〜™

Mario Kart™: Bowser's Challenge

午前中

ゲームで慣れ親しんだマリオの世界に

2023年2月に誕生した、マリオカートの世界を体感できるアトラクション。チームマリオの一員として、コインの数をチームクッパと競い合おう。ARゴーグルとヘッドバンドを装着して4人乗りのカートに乗車。水中やレインボーロードなどのコースを周回する。

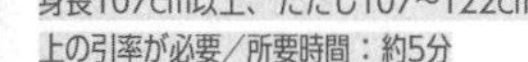

身長107cm以上、ただし107〜122cmの子供は14歳以上の引率が必要／所要時間：約5分

ジュラシック・ワールド・ザ・ライド

Jurassic World - The Ride

開園直後

2019年夏にオープンしたライド。映画『ジュラシック・ワールド』をモチーフにしたもので、2018年まであった「ジュラシック・パーク・ザ・ライドJurassic Park - The Ride」がバージョンアップして帰ってきた。「ジュラシック・パーク」の世界へ出発すると、そこは現代の科学でよみがえった恐竜たちの王国だ。

※ 水しぶきはポンチョを買っておけばいくらか防ぐことができるが、夏ならすぐに乾いてしまうので問題はない。カメラや貴重品などぬれると困る物は、乗り場にあるコインロッカーに入れてから乗り込むこと。

身長122cm以上／所要時間：約7分

次世代型アトラクションとの呼び声高い

MEMO **ピントレーディング**　園内でピンを購入し、チームメンバーやほかのゲストとピンの交換や触れ合いを楽しもう。ピンは、園内のユニバーサル・スタジオ・ストアなどで購入できる。

買い物や食事がいっぺんに楽しめる

ユニバーサル・シティウォーク
Universal CityWalk

ユニバーサル・シティウォークは、
レストランやショップ、映画館、コンサート会場などが集まるエンターテインメントエリア。
日中、思いきりアトラクションを楽しんだあとも、まだまだ楽しみは尽きない。
ユニバーサル・スタジオの閉園後もほとんどの店は開いているので、食事やおみやげ探しにもたっぷり時間が取れる。

ユニバーサル・スタジオ・ハリウッド全般のグッズが揃う

ショップ Shops

ユニバーサル・スタジオ・ストア
Universal Studio Store

　ユニバーサル・スタジオ・ハリウッドのロゴが入った時計、アクセサリー、キャラクターグッズなど、おみやげにぴったりのものが買える。シティウォークの入口そば。

ロッカールーム・バイ・リッズ
Locker Room by Lids

MLB、NFL、NBAのライセンス商品を取り扱うお店。定番のベースボールキャップから、ユニホーム、Tシャツまでほとんどのチームのものが手に入る。

ドジャース・クラブハウス・ストア
Dodgers Clubhouse Store

　メジャーリーグベースボール(MLB)、ロスアンゼルス・ドジャースのオフィシャルストア。Tシャツやキャップをはじめ、いろいろなグッズが揃っている。そのほか現役選手、引退してしまった選手のサインもあるのでお見逃しなく。

Tシャツやユニホームなどドジャースグッズが豊富

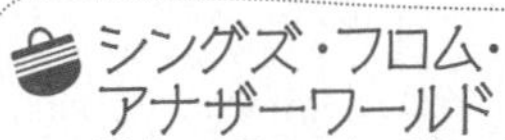

シングズ・フロム・アナザーワールド
Things From Another World

　コミックやサイエンスフィクション、映画に関する小物や雑貨が並ぶ。

MEMO 途中でシティウォークへ行ける　いったん入場したあとでも、シティウォークで食事や買い物をすることも可能。そのときは、パークを出るときに手にスタンプを押してもらうことを忘れずに。再入場にはチケットも必要。

ユニバーサル・シティウォーク　Universal CityWalk

ユニバーサル・スタジオに隣接したシティウォークには、19のスクリーンをもつ映画館や、ババガンプ・シュリンプをはじめ、人気のレストラン、個性あふれるショップが集まり、その店舗数は50近くにも及ぶ。夜遅くまで営業しているので、帰りにはぜひ立ち寄りたい。

MAP P.64-A1　URL www.citywalkhollywood.com

営 毎日11:00～20:00（金土～21:00）が基本だが、夏季やホリデイシーズン、またレストランやバー、映画館はさらに遅くまで営業している。行き方はP.154 ACCESSに同じ。

ゆっくりと食事をしたいのならレストランへ

ババガンプ・シュリンプ Bubba Gump Shrimp Co.

映画『フォレスト・ガンプ　一期一会』をヒントに作られたチェーン系レストラン。シーフードを中心にしたアメリカ料理が食べられる。

営 毎日11:00～21:00（金土～22:00）

トゥースサム・チョコレート・エンポリアム＆セイボリー・フィースト・キッチン™ The Toothsome Chocolate Emporium & Savory Feast Kitchen™

2023年1月オープンのレストラン。サラダやスープ、ピザ、サンドイッチ、ハンバーガー、パスタ、ミートローフやステーキ、グリルドサーモンなどまでメニューは豊富。ミルクシェイクやケーキ、パイなどのデザートもある。

営 毎日11:00～23:00

ジミー・バフェット・マルガリータビル Jimmy Buffett's Margaritaville

歌手で映画監督のジミー・バフェットの代表曲『マルガリータビルMargaritaville』をテーマにしたレストラン。一番人気のカクテル、マルガリータはもちろん、ジャンバラヤやフィッシュ&チップス、パスタ、ハンバーガーなどメニューも豊富だ。

営 毎日11:00～20:00（金～日～21:00）

お手軽にファストフード店で

気軽に食事を楽しみたいという人には、シティウォーク2階にあるフードコートのシティフードCity Foodもおすすめ。

- **パンダエクスプレスPanda Express**：全米に展開する中華料理のファストフード店。焼きそばやチャーハンなどが食べられる。
- **ピンクス Pink's**：LA名物のホットドッグ。
- **ハビット・バーガー・グリルThe Habit Burger Grill**：カリフォルニア州サンタバーバラで誕生。冷凍肉を使わず直火で焼くパテが特徴。
- **タコベル Taco Bell**：メキシコ料理のファストフード店。タコスやブリトー、ケサディーヤ、エンチラーダを。

- **ブードゥードーナツ Voodoo Doughnut**：オレゴン州ポートランド発のドーナツ屋。甘味と塩気が混じったベーコン・メープル・バーがおすすめ。
- **ジャンバ Jamba**：作りたてのスムージーが名物。暑い夏にもぴったり。

アトラクションのあとに、映画を観るのもいい

ユニバーサル・シネマ・AMC Universal Cinema AMC

ユニバーサル・スタジオらしく最新の音響設備に加え、足を伸ばせる広々としたシートも完備。映画のスケジュール確認、チケットの購入は下記のウェブサイトでも可能だ。

URL www.citywalkhollywood.com/Cinema/Now-Playing

アイフライ・ハリウッド iFLY Hollywood

室内で楽しむスカイダイビング。インストラクターによる簡単な講習を受けたら、最先端技術を駆使した、風速約53kmの室内風洞の中へ。誰でも簡単に本物のスカイダイビングをしているような体験ができる。

URL www.iflyworld.com/hollywood　☎(818)985-4359　料 1人$59.95～　3歳以上が可能で、3歳から18歳未満は保護者の引率が必要。

営 月火11:00～18:00、水11:30～17:00、木11:00～18:00、金～日12:00～19:00。時期により異なる

スカイダイビングは簡単にチャレンジできる

絶叫ライドが大集結！ 驚異のテーマパーク

シックスフラッグス・マジック・マウンテン

Six Flags Magic Mountain

ダウンタウンからI-5を
北へ走ること約1時間。
荒涼とした丘の向こうに、ダイナミックに広がる
コースターのラインが見えてくる。
見るからに恐ろしいライドは、乗ったら最後、絶叫するしかない！
チャレンジした者だけが得られる快感と満足感、
そして恐怖を徹底的に追求したテーマパークが
シックスフラッグス・マジック・マウンテンなのだ。

基本情報 Information

MAP P.46-A1外
住 26101 Magic Mountain Pkwy., Valencia, CA 91355
☎ (661)255-4100
URL www.sixflags.com/magicmountain
営 春〜秋季は毎日営業、冬季は土日のみ開園していることが多い。開園時間は基本的に10:30で、閉園時間はまちまちだが、春・秋季の平日は17:00まで、土日は20:00まで、夏季の平日は18:00、土日は21:00まで、冬季の土日は20:00までが多い。閉園時間については、日によって細かく設定されているので、ウェブサイトか電話で確認のこと。
料 1日券大人$69.99〜119.99（インターネットで事前に購入すると割引あり）、子供（122cm以下）$69.99
カード A J M V

1日以上入場するときは、1日分のチケット料金で2023年12月末まで有効のシーズンパス（$89〜249.99）や2パークパス（$195〜450、ハリケーンハーバーと共通→P.177）がお得。このほかガイドツアーや食事、優先入場の特典がセットになったVIPツアー（4人より催行。24時間前までの予約は1人$399.99〜）もある。

絶叫ライドがめじろ押し

ACCESS

公共の交通機関でも行けるが、乗り換えがあり複雑で時間がかかるので、ツアー（→P.43）またはレンタカーで行くのが効率的。

🚃 LAダウンタウンからメトロレイル・Bライン（レッド）でNorth Hollywood駅下車。Santa Clarita TransitのNoHo Expressの#757でMcBean Regional Transit Centerまで行き、Santa Clarita Transit の#3、7でSix Flags Magic Mountain下車。ダウンタウンから所要2〜3時間。

🚗 LAダウンタウンからI-5を北上（パサデナからはI-210、サンタモニカなどからはI-405を北上し、I-5に合流する）。CA-14と分流してしばらくすると、Magic Mountain Pkwy.の出口170がある。これを出て、すぐ信号を左折。あとは直進すれば入園ゲートだ。LAダウンタウンから約1時間15分。駐車料金は$40〜65。

★優先パス：フラッシュパス

通常の列に並ばずに時間を有効に使えるフラッシュパスThe Flash Passは、自分が乗りたいアトラクションの乗車時間を事前に予約できるパス（→P.174脚注）。特典のレベル別に、レギュラー（料$80〜125）、待ち時間を50％節約できるゴールド（料$105〜150）、待ち時間を90％節約できるプラチナム（料$190〜235）の3種類ある。※1人めの料金。1人増えるごとに加算される。購入はシックスフラッグス・プラザのフラッシュパスの売り場、もしくはウェブサイトで。要パスポート。適用アトラクションや料金は日によって異なる。

フラッシュパス専用の入場口からアトラクションへ進もう

MEMO **入場券の割引** 観光案内所やホテルに置いてあるシックスフラッグス・マジック・マウンテンのパンフレットに入場割引券が付いている。現地でチケットを買う場合に利用しよう。

地球の歩き方おすすめ アトラクション BEST 3

BEST 1

ヒーローと一緒に戦おう

ジャスティスリーグ：バトル・フォー・メトロポリス
Justice League: Battle for Metropolis

メトロポリス

人気アメリカンコミックが映画化された『ジャスティスリーグJustice League』のヒーロー、バットマンやスーパーマンを味方に、ジョーカーやレックス・ルーサーに戦いを挑む。 →P.175

BEST 2

ツイステッドコロッサス
Twisted Colossus

スクリームパンクディストリクト

マジック・マウンテンのシンボルであったコロッサスがさらに恐怖度を高めて2015年に復活。木造から木と鉄のハイブリッド構造のローラコースターに変わり、迫力満点。 →P.177

今までになかったタイプのアトラクションだ

BEST 3

フルスロットル Full Throttle

シックスフラッグス・プラザ

見た目以上の怖さに乗車後は脱力感に襲われる

2023年1月現在、全米最高地点から全米最速で落下するループコースター。50mの高さのループを駆け巡り、時速112kmに到達したら、次は後ろ向きに。 →P.173

最新情報
What's New

2022年7月、DCユニバースに新しいアトラクションの**ワンダーウーマン・フライト・オブ・カーレッジWonder Woman™ Flight of Courage**が登場した。DCコミックスのスーパーヒーロー、ワンダーウーマンをモチーフにしたライドは、世界一の長さと高さとを誇るシングルレールコースター。87度の角度で落下し、3度スピンとツイストする。

何度も乗りたくなるライドのひとつ

MEMO 喫煙について　園内に数カ所ある喫煙所でのみ可能。"Designated Smoking Area"と表示されていて、トイレのそばにあることが多い。

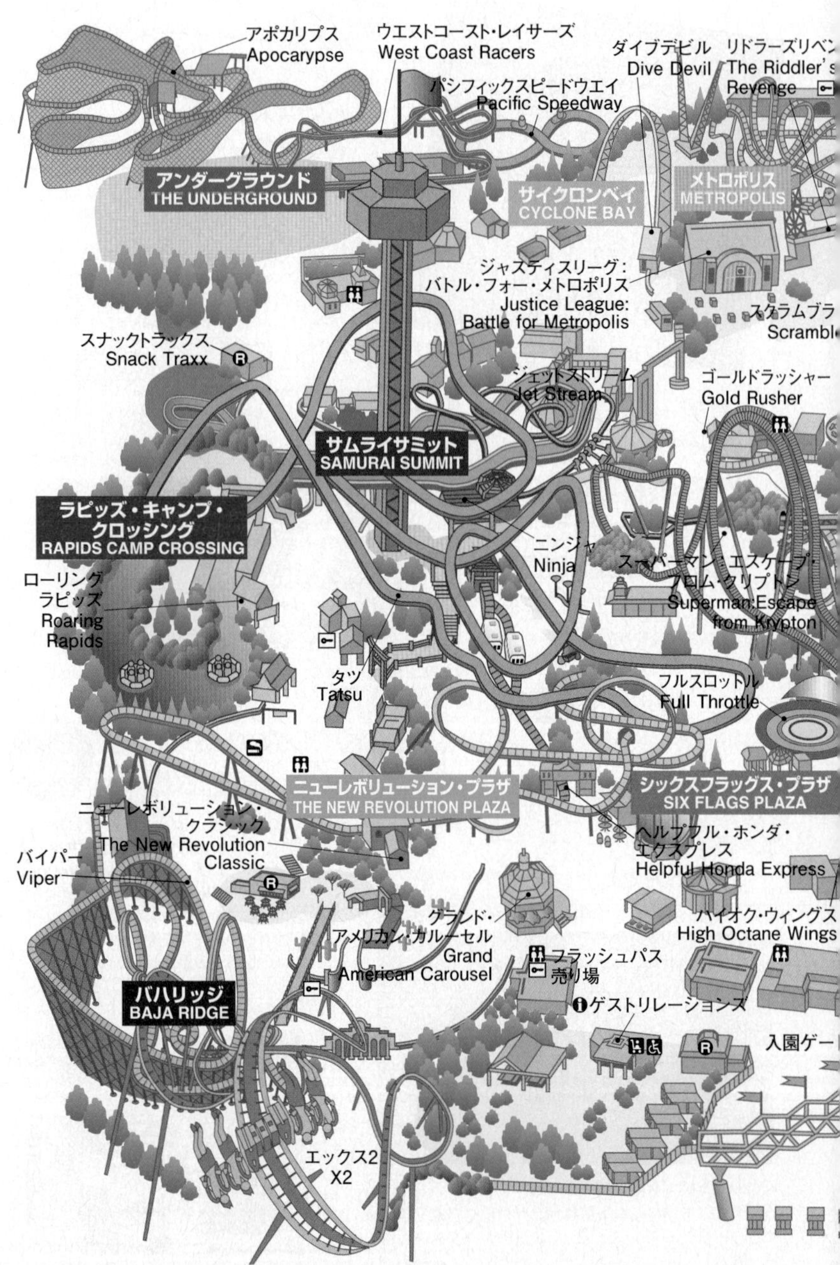

MEMO **シックスフラッグス・マジック・マウンテンへ行く前に** 事前にスマートフォンの公式アプリ（Six Flags）をダウンロードしておくこと。もしくは、ウェブサイトの地図をダウンロードして、拡大コピーしておいてもいい。

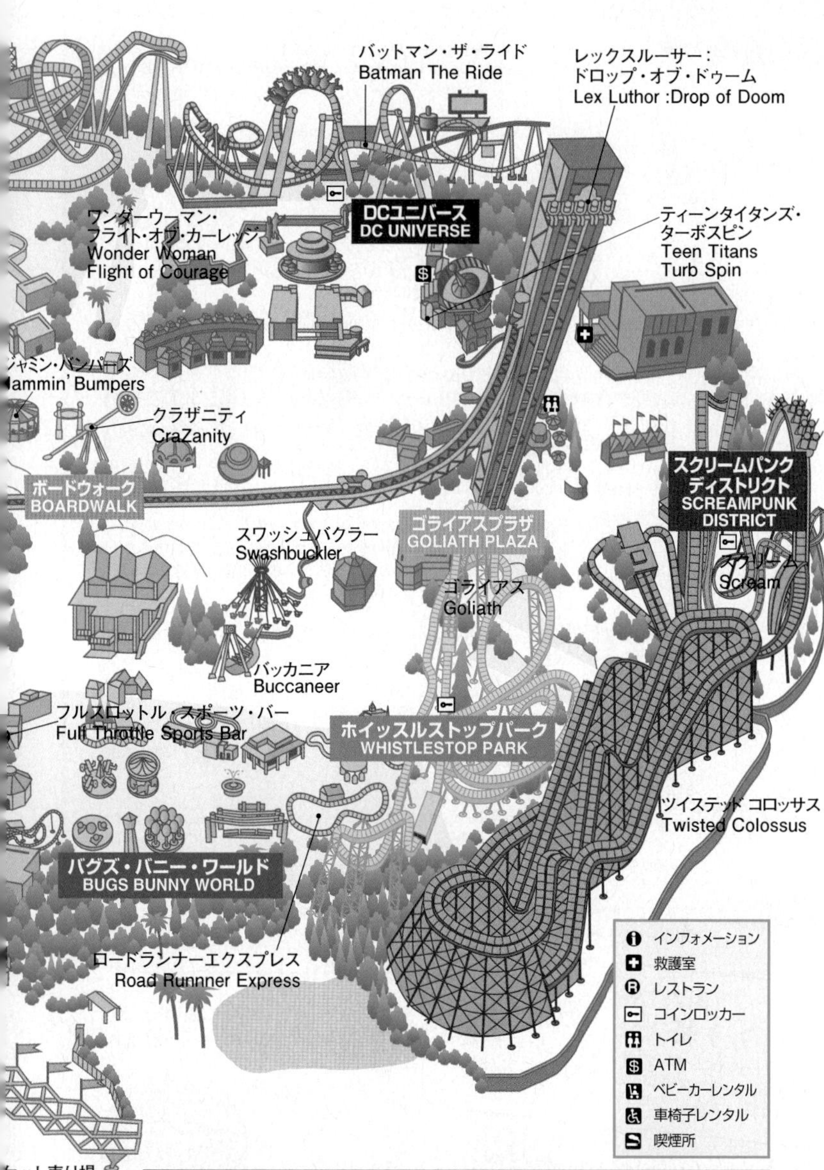

シックスフラッグス・マジック・マウンテン

MEMO 持ち込み禁止物 園内には、飲食物や自撮り棒、三脚の持ち込みが禁止されている。ベビーフードは持ち込み可能。

モデルプラン
Model Plan

歩き方のヒント!

夏や週末のピーク時は、フルスロットル、ツイステッドコロッサス、エックス2、タツ、ウエスト・コースト・レーサーズ、ワンダーウーマン・フライト・オブ・カーレッジ、ジャスティスリーグ：バトル・フォー・メトロポリスなど人気アトラクションは1～2時間待ち。回り方のコツは、それらを入場者が比較的少ない午前中と夕方に回すことだ。コインロッカーに手荷物を入れて身軽に行動したい。園内は入口から奥行き700m、幅900m。

Open!

10:30 開園時間をあらかじめ調べておいて、その時間に遅れないように到着。ゲートをくぐったら、大きな荷物はゲート左のインフォメーション奥にあるコインロッカーに預けておくように。

Start!

10:40 まずゲートを入って正面奥にあるフルスロットル →P.173 に挑戦。それから左方面のバハリッジエリアから園内を反時計回りで進むと効率的だ。エックス2 →P.173 とバイパー →P.173 、ニューレボリューション・クラシック →P.174 にトライしたい。

12:45 ラピッズ・キャンプ・クロッシングのタツ →P.174 へ。

13:10 スーパーマン：エスケープ・フロム・クリプトン →P.174 にチャレンジしたあと、ウエスト・コースト・レーサーズ →P.175 、リドラーズリベンジ →P.175 、ジャスティスリーグ：バトル・フォー・メトロポリス →P.175 へ。2022年にオープンしたワンダーウーマン・フライト・オブ・カーレッジ →P.169 はこの時間なら、比較的すいている。

Lunch

15:15 ラピッズ・キャンプ・クロッシングかシックスフラッグス・プラザのエリアで、ランチタイム。お昼以降はいろいろなショーが始まる。お目当てのものをスケジュールで確認して、時間の調整をしよう。また、暑い時間帯は人気のライドを避けて、小物を重点的に回っておいてもいい。

Show!

15:45 ボードウオークのクラザニティ →P.176 へ。あなどってはいけない。見た目以上に恐いので、油断は大敵だ。

16:00 ボードウオークの隣にあるエリアのDCユニバースに移り、バットマン・ザ・ライド →P.176 とレックス・ルーサー：ドロップ・オブ・ドゥーム →P.176 に乗っておこう。

17:00 最後はコロッサス・カウンティ・フェアのツイステッドコロッサス →P.177 やスクリームパンクディストリクトのスクリーム →P.177 、ゴライアスプラザのゴライアス →P.177 で絶叫の渦に巻かれよう。

18:00 ここまで来て、まだ時間があるなら、お気に入りのコースターにもう一度乗って、ひと叫びしてから帰るといい。

園内で食べたい! お手軽フード ベスト3

園内には約30のレストランやスタンド、カフェがある。お昼どきのレストランは混むので、14:00以降にランチにするか、スタンドで販売しているファストフードを食べるといい。

Best 1 ラッピズ・キャンプ・クロッシングにあるKaty's Kettleの

Turkey Leg Dog $12

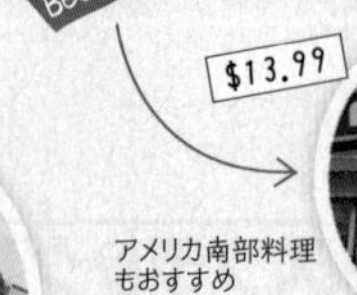

脂身少なめの七面鳥の燻製。ポテトフライ付き

Best 2 メトロポリスにあるAce O' Clubsの

Grilled Chicken Sandwich $13.99

アメリカ南部料理もおすすめ

Best 3 シックスフラッグス・プラザにあるFull Throttle Sports Barの

Hamburger $14

MEMO **園内を身軽に動くために** 園内にはコインロッカーが用意されているので利用しよう。メインゲートから道なりに進んだ正面やライドのそばにある。利用法は、まず料金を投入し、レシートに記載された番号のロッカーに荷物を入れてドアを閉めると自動でロックされる。開けるときはチケットを画面にスキャンすればロックが解除される。

Six Flags Magic Mountain

シックスフラッグス・プラザ
Six Flags Plaza

園内中央にあり、フルスロットルや子供も楽しめるメリーゴーラウンドGrand American Carousel、ギフトショップ、レストランが集まるエリア。そのほか、フラッシュパス売り場やロッカー、ゲストリレーションズもある。

狙い目時間

ほんわかした気分になれる

グランド・アメリカン・カルーセル
Grand American Carousel

昼

入園ゲートを入ってすぐの左側にある回転木馬。1912年に作られたもので、子供連れの家族から学生カップルや年配層まで100年以上も愛され続けてきている。64頭ある馬のなかには、上下に動くものと、動かないものがある。どこか懐かしい気持ちにさせるノスタルジックなアトラクションだ。
身長107cm以上／所要時間：2分40秒

メインゲート正面にあるので、最初にトライしたい

フルスロットル
Full Throttle

開園直後、夕方以降

全米最速を誇るループコースター。時速112kmで直径50mのループ（円）を走り抜ける。トンネルで一時停止したあと、息つく暇もないうちに後ろ向きに発進。最恐なる一瞬が襲ってくる絶叫ライドだ。
身長137cm以上／所要時間：約1分

Six Flags Magic Mountain

バハリッジ Baja Ridge

カリフォルニア州の砂漠地帯をテーマにしたエリアで、エックス2やバイパーと人気のライドが並ぶ。

狙い目時間

絶叫好きな人も驚かずにはいられない大迫力

エックス2　X2

開園直後、夕方以降

夏季には1時間待ちもあるといわれるほどの人気を誇るコースター。スリル度、過激さともにマジック・マウンテンのライドのなかでも群を抜いている。ローラーコースターファンに根強い人気があり、眺めているだけでも、恐怖を感じられるほど。胸のみ固定、上にも下にもレールがないというユニークなスタイルは残したまま、4次元から5次元（！）へと進化。急降下、360度の回転を軸に、「次に何が起こるかわからない」予測不可能さが魅力。絶叫ライドのマニアも真っ青、最初から最後まで絶叫せずにはいられないはずだ。身長122cm以上／所要時間：約2分45秒

バイパー　Viper

お昼過ぎ

白の支柱に赤い軌道、美しい姿とはウラハラに、その名はバイパー（毒ヘビ）。いちばん高い場所からは、園内ばかりでなく周辺の山も見渡せる。圧巻は14階建てのビルの高さからひねりを加えて時速112kmで急降下するループ。360度宙返り3回を含む、回転に次ぐ回転で、何が何だかわからなくなってしまう。
身長137cm以上／所要時間：約2分45秒

回転の多さに目もクラクラ？

MEMO それぞれのアトラクションの絶叫度数　最高のマックスから上級、中級、初級の４段階ある。
MAX　上級　中級　初級

Six Flags Magic Mountain

ニューレボリューション・プラザ
The New Revolution Plaza

2016年に新しいデザインでリニューアルオープンしたニューレボリューションがある。
狙い目時間

ニューレボリューション・クラシック
The New Revolution Classic

開園直後、夕方以降

360度回転するローラーコースターとして世界で最初にできたライド。高速でループやトンネルを駆け抜ける。急カーブで右に左に振り回され、悲鳴を上げているうちに宙返りする。身長122cm以上/所要時間：約2分30秒

歴史のあるコースター

Six Flags Magic Mountain

ラピッズ・キャンプ・クロッシング
Rapids Camp Crossing

アメリカの荒れ地がテーマとなっているエリア。高所から園内を一望できるスカイタワーや激流を下るローリングラピッズがある。 狙い目時間

ローリングラピッズはハンパなくぬれるので、日没前に乗って服を乾かすといい

タツ Tatsu

開園直後、夕方以降

最恐マシンが勢揃いしているマジック・マウンテンだが、そのさらに上をいくかのようなフライングコースターがこれだ。時速約100kmで進み乗客を右に左に振り回す。龍のように空中を舞う怒とうの2分間だ。呼び名は「タトゥ」が現地の発音に近い。
身長137cm以上/所要時間：約2分

爽快感もダントツのタツ

Six Flags Magic Mountain

サムライサミット
Samurai Summit

園内で最も高い所に位置する日本の神話がテーマのエリア。ニンジャという名のコースターがありアジアンテイストがあふれている。
狙い目時間

周りの風景を楽しむ余裕はないはず

ニンジャ Ninja

お昼前

高低差はほとんどなく、ヘアピンターンやスパイラルがあり、左右に揺れるタイプのコースター。座席に座ったら皆で一緒に「アイヤ!」の合言葉で出発! 乗り場はサムライサミットの丘の頂上にある。
身長107cm以上/所要時間：約3分15秒

左右の揺れにびっくりしないように

スーパーマン：エスケープ・フロム・クリプトン
Superman:Escape from Krypton

開園直後、夕方以降

マジック・マウンテンのひときわ高い塔がこれ。乗り場の向こうで、悲鳴が一瞬のうちに聞こえなくなるから、乗り場の緊張はいやがうえにも高まる。14人乗りのマシンが後ろ向きに急加速する。わずか7秒で時速160kmに到達するというそのスピードに、叫び声を上げているうちに体は上向き。地上約127mの絶景（のはず）を楽しむ余裕も、どこかへ行ってしまう。
身長122cm以上/所要時間：約1分

MEMO **フラッシュパス適用アトラクション** 時期や曜日によってフラッシュパスが利用できるアトラクションは異なる。一般的に適用されるライドは、アポカリプス、ウエスト・コースト・レーサーズ、エックス2、クラザニティ、ゴールドラッシャー、ゴライアス、↗

Six Flags Magic Mountain

アンダーグラウンド The Undergraund

比較的恐怖を感じることが少ないライドのアポカリプスやゴーカート、射的などのゲームコーナーがある。 狙い目時間

木造コースターはガタガタと音を立てて進む

パシフィックスピードウエイ Pacific Speedway

いつでも

大人も子供に交じって競走しよう

ひとり乗りと、ふたり乗りがあるゴーカート。距離も長めで乗り応え十分。絶叫コースターを横目にさわやかな風を切って走りたい。乗車時は、スニーカーなど運動に適した靴を着用のこと。

1回$8／身長102cm以上／所要時間：約6分

アポカリプス Apocalypse

いつでも

木造ならではの滑らかな走りがクセになるコースター。Apocalypse＝世の終末と名づけられたコースターの正体は、乗ってみなくちゃわからない!? 全長約869mのコースには5つのアップダウンがあり、すべるような乗り心地で、乗客の恐怖心を刺激する。

身長122cm以上／所要時間：約2分

ウエスト・コースト・レーサーズ West Coast Racers

開園直後、夕方以降

車好きでなくても体験してほしいライドのひとつ

2020年1月に登場したアトラクション。12人乗りのレーシングカー型コースターが、並走するコースターとスピードを競いあう。途中、ウエストコースト・カスタムショップにピットストップで立ち寄り、アメリカ西海岸で有名なカスタムショップ社長、ライアン・フリードリングハウスの解説を聞く。コースターは、世界初の試みである加速装置4台を備え、最高時速89kmまでスピードを上げる。コーナーリング時にはあたかも、サーキットでレースをしているような遠心力を体験できるはずだ。

身長137cm以上／所要時間：4分20秒

Six Flags Magic Mountain

メトロポリス Metropolis

スーパーヒーローと悪党が集まっているエリア。 狙い目時間

ジャスティスリーグ：バトル・フォー・メトロポリス Justice League: Battle for Metropolis

ヒーローになれる

開園直後、夕方以降

2017年に誕生した4Dアトラクション。スーパーマンやバットマン、ワンダーウーマン、フラッシュ、サイボーグ、グリーンランタンなどDCコミックスのスーパーヒーローと力を合わせて、レックス・ルーサーやジョーカーからメトロポリスを守ろう。

身長107cm以上、ただし107～122cmの子供は14歳以上の引率が必要／所要時間：10分

「立ったまま」のスタイルの恐ろしいコースター

リドラーズリベンジ The Riddler's Revenge

開園直後、夕方以降

立ったまま乗るローラーコースターで、ガッチリと肩を固められてステーションから出発。落下の角度やループは、今までのローラーコースターとそう違いがあるわけではないのに、頭から落ちるように回転するのは思った以上にスリルが増す。最高時速は約105km。

身長137cm以上／所要時間：約3分

↘ジェットストリーム、ジャスティスリーグ:バトル・フォー・メトロポリス、スクリーム、タツ、ツイステッドコロッサス、ニューレボリューション・クラシック、ニンジャ、バイパー、フルスロットル、リドラーズリベンジ、ローリングラピッズ、レックス・ルーサー：ドロップ・オブ・ドゥームなど。

Six Flags Magic Mountain

ボードウオーク
The Boardwalk

家族連れに人気のエリアで、
クラザニティのほか軽食スタンド、
ゲームコーナーがある。

狙い目時間

ブランコのように足が自由に動くから怖さも倍に

クラザニティ CraZanity

お昼過ぎ

2018年7月にオープンした振り子型アトラクション。長さ約24mのアームを軸に振り子のように回転させる。最高速度は時速120kmに達し、17階建てのビルの高さまで上がる。

身長132cm以上／所要時間：約3分20秒

Six Flags Magic Mountain

DCユニバース
DC Universe

アメリカのコミック漫画
『DCユニバース』の世界観を
現したエリア。バットマンや
ワンダーウーマンなどが
テーマになったライドが集まる。

狙い目時間

逆走バージョンもある

バットマン・ザ・ライド
Batman The Ride

お昼前

並ぶ列から映画『バットマン』の世界に浸れる。ライド自体はぶら下がり型のコースターで、4人掛けが8列。ヘアピンターン、垂直の宙返り、ひねり、斜めの2回連続宙返りなど、およそ考えうるコースターのあらゆる動きが連続する。文句なしに怖い！

身長137cm以上／所要時間：約2分

レックス・ルーサー：ドロップ・オブ・ドゥーム
Lex Luthor:Drop of Doom

開園直後、夕方以降

レックス・ルーサーのアドバイスを聞く余裕はない？

アメリカンコミックス『スーパーマン』に登場するレックス・ルーサーがモチーフの垂直落下するスリルライド。床がないコースターに乗り、地上120mの高さまで登る。そこから、落下が始まり5秒で地面に到達。あっという間のできごとだが、なんと時速136kmものスピードが出ているという。

身長122cm以上／所要時間：約1分30秒

ライド系アトラクションの身長制限について

ライド系アトラクションには、身長制限がある。保護者同伴だと制限より低くても乗車できる場合や規定の変更もあるので現地で確認を。

▶54インチ（約137cm）未満は不可
Batman The Ride、Full Throttle、Jammin' Bumpers、Scream、Tatsu、The Riddler's Revenge、Viper、West Coast Racers

▶52インチ（約132cm）未満は不可 CraZanity

▶48インチ（約122cm）未満は不可
Apocalypse、Dive Devil、Gold Rusher、Goliath、Justice League：Battle for Metropolis、Lex Luthor：Drop of Doom、Scrambler、Superman：Escape from Krypton、Teen Titans™ Tubo Spin、The New Revolution Classic、Twisted Colossus、Whistlestop Train、Wonder Woman™ Flight of Courage、X2

▶42インチ（約107cm）未満は不可
Buccaneer、Elmer's Weather Balloons、Grand American Carousel、Jet Stream、Ninja、Pepe Le Pew's Tea Party（150cmまで）、Roaring Rapids、Speedy Gonzales Hot Rod Racers、Swashbuckler、Taz's Trucking Co.、Yosemite Sam's Flight School

▶40インチ（約102cm）未満は不可
Pacific Speedway

▶36インチ（約92cm）未満は不可
Canyon Blaster、Daffy's Adventure Tours、Merrie Melodies Carousel、Road Runner Express、Sylvester's Pounce and Bounce、Tweety's Escape

▶大人の同伴があれば身長制限なし
Buccaneer、Daffy's Adventure Tours、Elmer's Weather Balloons、Grand American Carousel、Jet Stream、Merrie Melodies Carousel、Taz's Trucking Co.、WhistleStop Train、Yosemite Sam's Flight School

▶最低身長制限なし
Magic Flyer（137cmまで）

MEMO キャラクターに出会ったら シックスフラッグス・マジック・マウンテンでは、バグズ・バニーやルーニー・テューンズ、ジャスティスリーグなどのキャラクターが登場する。見かけたら、一緒に記念撮影やサインをリクエストしてみよう。

Six Flags Magic Mountain

スクリームパンクディストリクト Screampunk District

足が固定されておらず空中を浮遊しているようなライドのスクリームがある。悲鳴が反響するエリアだ。 狙い目時間

スクリームは「空飛ぶ椅子」とも表現されている

スクリーム Scream

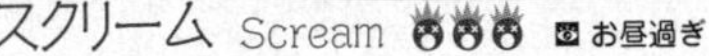

お昼過ぎ

天井も床もないフロアーレス・コースターといわれるユニークなデザインは、足が宙ぶらりんで安定感がない。典型的なローラーコースターの技術を取り入れた約3分間のライドだ。最高地点からの落下スピードは時速約104km、ツイスト、回転の連続は計7回で、まるで飛ぶような感覚を得られる。名前のとおり、スタートしたら最後まで叫ぶことしかできない。身長137cm以上／所要時間：約3分15秒

ツイステッドコロッサス Twisted Colossus

開園直後、夕方以降

新しくなって恐怖度はさらにアップ
© Six Flags Magic Mountain

36年間マジック・マウンテンの顔として君臨してきた大人気の木造ジェットコースター、コロッサスが2015年にバージョンアップして再登場した。白い木を組み合わせたクラシカルな基礎構造に鮮やかな青と緑で塗られたモダンな鉄製レールが映える。無重力や迫力ある急降下を体験できる1500mのライド。一部並走する隣のジェットコースターの乗客とハイファイブできるかも。
身長122cm以上／所要時間：約4分

Six Flags Magic Mountain

ゴライアスプラザ Goliath Plaza

スクリームパンクディストリクトの隣のエリア。ただのローラーコースターだと思いきや度肝を抜かれる巨人という意味の最恐ライド、ゴライアスがある。 狙い目時間

ゴライアスの名のとおり、まさにライド界の巨人

ゴライアス Goliath

開園直後、夕方以降

地上約78mの高さにまで登るまさにモンスターコースターだ。しょっぱなから真っ暗なトンネルへ落下するところから始まる。約30mの急勾配も時速約137kmのスピードで駆け上がる。天地もわからなくなるほど振り回された最後に、ドカンとやってくるフリーフォール。かなり手ごわいが、迫力度120%間違いなし。
身長122cm以上／所要時間：約3分30秒

ハリケーンハーバー Hurricane Harbor

シックスフラッグス・マジック・マウンテン入園ゲート横にある、同じシックスフラッグス系のウオーターパークがハリケーンハーバーだ。15のアトラクションをもつ。熱帯の島をイメージしたという園内には、海賊船や難破船、あるいはモアイ像や神殿を思わせるような大道具がちりばめられ、それらの周囲や間にさまざまなウオーターアトラクションがある。流れるプールや波のプールはもちろん、シックスフラッグス系だけに、マジック・マウンテンのライドを思わせるようなハードなウオータースライドも……。

楽しさだけでなく怖さも味わえるウオーターパーク

☎(661)255-4100
営2023年は5月中旬〜10月上旬までオープン予定。基本的に10:30〜18:00で5月中旬〜7月中旬、9月〜10月上旬は土日のみ、7月下旬〜8月は毎日。閉園時間にばらつきがあるので、URLwww.sixflags.com/hurricaneharborlaで確認を。
料大人・子供$69.99、2歳以下無料。マジック・マウンテンにも入園できる2パークパス大人$195〜450もある。駐車場は$35〜65

MEMO コースター以外のアトラクション　バグズ・バニー・ワールド Bugs Bunny World のエリアには、回転木馬の Merrie Melodies Carousel やティーカップの Pepe Le Pew's Tea Party など小さな子供用の乗り物が集まる。

テーマパークの元祖

ナッツ・ベリー・ファーム

Knott's Berry Farm

2020年に開業100周年を迎えた
世界初のテーマパーク。
それがここ、ナッツ・ベリー・ファームだ。
ロスアンゼルス周辺にある4大テーマパークのなかでも
最もノスタルジックな雰囲気を醸し出す
ナッツ・ベリー・ファームには、
世界中のテーマパークの原点がある。

基本情報 Information

MAP P.47-C3
住 8039 Beach Blvd., Buena Park, CA 90620
☎ (714)220-5200
URL www.knotts.com
営 基本的に開園は10:00。閉園時間は17:00〜23:00の間で日によって細かく設定されている。各種アトラクションの営業も流動的なので、事前にウェブサイトまたは電話で確認を。
休 クリスマス
料 大人$99、シニア（62歳以上）・子供（3〜11歳）$54、2歳以下は無料。
※インターネット割引料金もあり
カード A J M V
※ロッカーは$15〜25

ACCESS

🚌 LAダウンタウンからは、7th St. & Flower St.からナッツ・ベリー・ファーム経由ディズニーランド・リゾート行きのメトロバス#460を利用し、La Palma Ave. & Beach Blvd.下車。所要約1時間45分。夏ならば、LAを早朝に出発し、午前中ナッツ・ベリー・ファームで遊び、そのあと、ディズニーランド・リゾートで夜まで楽しむこともできる。

ナッツ・ベリー・ファームからディズニーランド・リゾートまでは、メトロバス#460で。所要約40分。またはOCTAバスでもアクセスできる。Beach Blvd.を走る#29の南向きに乗車、Katella Ave.で#50の東向きに乗り換える。

🚗 LAダウンタウンからはI-5を南下。出口116のBeach Blvd.で下りて南へ進み、CA-91の下をくぐると標識が出てくる。所要約60分。直進すれば、そのまま駐車場へ入っていく。駐車料金は$25。

ショーも開催

★優先パス：ファスト・レーン・パス

ファスト・レーン・パスFast Lane Passは通常の列に並ばずに時間を有効に使えるパス。通常の入場券に追加料金（$94〜、時期により異なる）を支払う。パスは当日でも購入可能だが、枚数制限があるので事前にウェブサイトから購入するほうがいい。適用アトラクションはP.180脚注。

ストレスフリーで楽しめる

地球の歩き方おすすめ アトラクション BEST 3

木製のトロッコに乗ってレッツゴー

BEST 1

キャリコ・マイン・ライド
Calico Mine Ride ゴーストタウン

子供から大人まで楽しめるライド。その歴史は古く、スタートしたのは1960年。世界で最初にできた「暗闇のアトラクション」だ。トンネルの中で働く鉱夫たちの様子を観察できる。 →P.183

BEST 2

ハングタイム
HangTime ボードウオーク

2018年に登場した西海岸初のダイブコースター。徐々に上昇するのもつかの間、最高地点から96度の角度で落下する。時速91kmに達したあと、右に左に振り回され、667mのコースをあっという間に走り去る。 →P.184

日没後は、ライトアップされ鮮やか

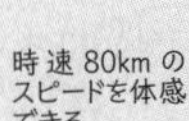
時速 80km のスピードを体感できる

BEST 3

スプリームスクリーム
Supreme Scream ボードウオーク

約80mの高さまでゆっくり上昇し、一気に落下。無重力の世界へ引きずり込まれるライド。日没後は上昇しながら、きれいな夜景を見ることができる。もちろん、その余裕があればだが……。 →P.184

最新情報

2023年「**フィエスタビレッジ**」がラテンアメリカの文化の影響を多大に受けたエリアにバージョンアップする。色鮮やかな飾りつけがされ、メキシコらしいカラフルでポップな雑貨が並ぶ。夏には、モンテズマがバージョンアップして「**モンテズマ：フォービドゥン・フォートレスMontezuma: The Forbidden Fortress**」として復活。

金塊採掘で一攫千金を狙おう

MEMO **ショー** 園内では、毎日複数のショーが行われている。開始時間は時期や曜日により異なるので、インフォメーションカウンターかウェブサイトで確認しよう。

MEMO **ファスト・レーン・パス適用アトラクション** 時間や曜日によってファスト・レーン・パスが利用できるアトラクションは異なる。一般的に適用されるのは、ウェイブスインガー、エクセレレイター・ザ・ライド、キャリコ・マイン・ライド、キャリコ・リバー・↗

↘ラピッズ、コーストライダー、ゴーストライダー、シエラサイドウインダー、ジャガー!、シルバーブレット、スプリームスクリーム、ソルスピン、ティンバー・マウンテン・セグ・ライド、ナッツ・ベアリー・テイルズ：リターン・トゥ・ザ・フェア、ハングタイム、ポニーエクスプレス、ラ・レボルシオン。

モデルプラン
Model Plan

歩き方のヒント!

園内は4つのエリアに分かれており、1日で十分回りきれる広さだ。入口はWestern Ave.側とBeach Blvd.側のメイン・エントランスのふたつあるが、Western Ave.側は閉門していることが多い。メイン・エントランスから入場したら左回りに進んで行くのが◎。アトラクションの待ち時間は少なく、乗りたいライドはすべて制覇できるはず。園内は入口から奥行き300m、幅800m。

Open!

10:00 正面入口から入場し、ゴーストタウンの古い街並みを散策。木製ジェットコースターのゴーストライダー →P.183 や、シルバーブレット →P.183 、キャリコ・リバー・ラピッズはおさえておきたい。

11:45 ナッツの名物ライド、駅馬車 →P.183 はお昼前に。

12:30 ゴーストタウンとボードウオークの間、線路を渡った所にはレストランが点在している。Panda Expressで中華を食べるか、Johnny Rocketsでハンバーガーを。

Lunch

13:30 絶叫ライドが集中するボードウオークへ。ハングタイム →P.184 とエクセレレイター・ザ・ライド →P.184 は絶叫好きなら外せない。

15:00 メキシカンなエリアのフィエスタビレッジで、コーヒーとチュロスを買いティータイム。

15:30 ゴーストタウンに戻りキャリコ・マイン・ライド →P.183 に乗り、午後のひとときをゆったり過ごす。

17:00 インディアントレイルでネイティブ・アメリカン・ダンサーを見学。最後に思いっきり絶叫しにスプリームスクリーム →P.184 へ。最高到達点で夕焼けに染まる町を楽しもう。

18:00 カリフォルニアマーケットプレイス →P.186 でおみやげ探し。ナッツ限定のピーナッツグッズもある。おなかがすいてきたら、ミセス・ナッツ・チキン・ディナー・レストラン →P.186 へ。または、チキン・トゥ・ゴー →P.186 でチキンをテイクアウトし、ホテルでのんびり食事でもいい。

Shopping & Dinner

小さな子供のいる家族なら

キャンプスヌーピーには、子供たちも楽しめる絶叫ライドのミニチュア版が用意されている。親子で楽しめるアトラクションが揃い、子供のはしゃぐ声でにぎやかだ。

スヌーピーに会いたい!

ナッツの顔といえば、スヌーピーとその仲間たち。キャンプスヌーピーでは、スヌーピーが現れたり、日に数回ショーを開催。開園直後なら、エントランスでスヌーピーに会うこともできる。

Knott's Berry Farm

ゴーストタウン Ghost Town

1880年代の、カリフォルニア西部の金鉱の村を再現したエリア。建物は、本物を廃村から移築したものなので、当然ながらとてもリアルだ。午後の日差しを浴びたゴーストタウンは、ノスタルジックなムードでいっぱい。

狙い目時間

乗った瞬間から恐怖が押し寄せる

ゴーストライダー GhostRider

開園直後、閉園前

長さ（全長1380m）、高さ（36m）ともに西海岸いちの木製ジェットコースター。恐怖の33m落下から始まり、時速90kmまで瞬時に加速しコースを駆け抜ける。木製独特の音と雰囲気がスリルを倍増させる。ナッツを代表するライドのひとつ。身長122cm以上／所要時間：約2分10秒

キャリコ・マイン・ライド Calico Mine Ride

開園直後、閉園前

世界で最初にできた「暗闇のアトラクション」。暗闇のなかをトロッコで進んでいく。子供から大人まで、誰もが楽しめるエンターテインメント性は園内随一。身長117cm以上。保護者同伴であれば身長制限なし／所要時間：約7分30秒

雰囲気満点の暗闇のライド

足が放り出された状態で進む

シルバーブレット Silver Bullet

開園直後、閉園前

シルバーブレット＝銀の弾丸という名にふさわしく、空中に放り出されるような不思議な感覚が楽しめるローラーコースター。最高時速約88kmの高速スピードと、ぶら下がり式のシートで、スリル満点。身長137cm以上／所要時間：約2分10秒

名物ライドは必ず体験しておきたい

駅馬車 Butterfield Stagecoach

名物ライドなので、とても混み合う。お昼前がおすすめ

ナッツ開園当初から続く、ここならではのアトラクション。馬車のどこに乗るか（上か内部か）は乗る直前に選ぶ。キャンプスヌーピーとフィエスタビレッジの周囲をぐるっとひと回り。
身長117cm以上。保護者同伴であれば身長制限なし／所要時間：約7分

ナッツ・ベリー・ファームの始まり

ナッツ・ベリー・ファームはベリー畑から始まったユニークな背景をもっている。

農園を所有しベリー栽培に励んでいたナット夫妻は、ローガンベリーとラズベリーをかけ合わせたボイズンベリー（現在のナッツ・ベリー・ファームのトレードマーク）を生み出した。そのあと、そのボイズンベリーを使ってジャムを作ることを思いつき、販売し始める。そのジャムが好評を博し、料理上手な彼女はティールーム、チキン料理のレストラン（現在のミセス・ナッツ・チキン・ディナー・レストラン→P.186）を1934年にオープン。それもまた爆発的な人気を集め、店の外には連日行列ができた。そこで待っているお客さんを飽きさせないようにと考え出されたのが、ナッツ・ベリー・ファームというテーマパークなのだ。

ジャムはもうひとつのナッツ名物

MEMO それぞれのアトラクションの絶叫度数　最高の5つから1つまで5段階ある。

Knott's Berry Farm

ボードウオーク Boardwalk

ナッツ・ベリー・ファームでも過激なライドが集中しているエリア。絶叫ライド好きはすべてのアトラクションを制覇したい。レストランやゲームコーナーもある。 狙い目時間

サーフィンがテーマのローラーコースター

ハングタイム HangTime

開園直後、閉園前

2018年に登場した西海岸初のダイブコースターで、コースの最高斜度は96度。いちばん前に座っていても降下する先が見えない。自由落下以上の速さで降下するので、搭乗者は上に引っ張られるマイナスGを体験できる。

身長122cm以上／所要時間：約2分

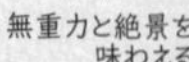

無重力と絶景を味わえる

スプリームスクリーム Supreme Scream

開園直後、お昼過ぎ

地上からゆっくりと上昇し、25階建てのビルと同じ高さから、一気に落下するスプリームスクリーム。3秒間のゼログラビティを体感しよう。

身長132cm以上／所要時間：約45秒

頂上に到着したときのスリルはたまらない！

エクセレレイター・ザ・ライド Xcelerator The Ride

開園直後、夕方以降

1950年代がテーマのマシンで、車両は1957年式のシボレーがデザインされている。スタートしてわずか2.3秒で時速132kmに達し、一気に62mの最高地点へ到達。そのあと、急降下と急上昇を繰り返し、全長670mを一瞬で走り抜ける。※2023年1月現在、一時休止中。2023年5月再オープン予定。身長132cm以上／所要時間：約1分

ライド系アトラクションの身長制限について

ライド系アトラクションには身長制限がある。保護者同伴だと制限より低くても乗車できる場合や規定の変更もあるので現地で確認を。

▶54インチ（約137cm）未満は不可
Coast Rider、High Sierra Ferris Wheel、Silver Bullet、Sol Spin

▶52インチ（約132cm）未満は不可
Supreme Scream、Xcelerator The Ride

▶48インチ（約122cm）未満は不可
Dragon Swing、GhostRider、HangTime、Jaguar!、La Revolucion、Pacific Scrambler、Pony Express、Sierra Sidewinder、Waveswinger、Wheeler Dealer Bumper Cars、Wipeout

▶46インチ（約117cm）未満は不可
Butterfield Stagecoach、Calico Mine Ride、Calico Railroad、Calico River Rapids、Grand Sierra Railroad、Knott's Bear-y Tales：Return to the Fair、Merry Go Round、Sky Cabin、Timber Mountain Log Ride

▶44インチ（約112cm）未満は不可
Surfside Gliders

▶42インチ（約107cm）未満は不可
Hat Dance、Linus Launcher、Rapid River Run

▶36インチ未満（約92cm）未満は不可
Balloon Race、Camp Bus、Charlie Brown's Kite Flyer、Pig Pen's Mud Buggies、Rocky Mountain Trucking Company、Woodstock's Airmail

▶36インチ（約92cm）以上69インチ（約175cm）未満のみ可
Timberline Twister

▶32インチ（約81cm）以上54インチ（約137cm）未満のみ可 Flying Ace

▶52インチ（約132cm）未満のみ可
Huff and Puff

Knott's Berry Farm

フィエスタビレッジ Fiesta Village

その昔、スペイン人がカリフォルニアに開拓した村をイメージし、作られたエリア。「フィエスタ」はスペイン語で「お祭り」の意味。その名のとおり建物は明るい色使いで、ひときわにぎやかなエリアだ。

狙い目時間

見た目以上に怖い

ソルスピン Sol Spin

●●●●● 開園直後、閉園前

地上から360度回転しながら、建物6階の高さまでスイングするライド。1本の支柱を中心に座席は上下逆さまになって、ふらふらする！

身長137cm以上／所要時間：約2分15秒

動くスピードがゆっくりだからといって、油断しないほうがいい

ラ・レボルシオン La Revolution

●●●●○ 開園直後、お昼過ぎ

ビル6階建ての高さまで持ち上げられ、最大毎分9回転するスイング型ライド。中心から8本の支柱がのびて、最大32人の同乗者全員を見渡せる。

身長122cm以上／所要時間：約3分

ジャガー！ Jaguar!

●●●●○ 開園直後、夕方以降

比較的マイルドなジェットコースター。落下する恐怖もなく、周りの景色を堪能しながら楽しむことができる。最高時速も50kmに届かない。ジェットコースターの落下する感覚が嫌いな人には最適。

身長122cm以上／所要時間：約2分

Knott's Berry Farm

キャンプスヌーピー Camp Snoopy

子供たちのアイドル、スヌーピーの街。チャーリー・ブラウンやルーシー、ライナスもいて、野外のキャンプスヌーピー・シアターでは歌とダンスがメインの楽しいショーも行われている。子供向けのほのぼのとしたアトラクションが中心だ。

狙い目時間

ラピッド・リバー・ラン Rapid River Run

●●○○○ 夕方以降

急流下りを模したアトラクションで、6mの高さまで上がる。前後左右に動くボートは子供たちに大人気。親子で乗る人が多い。身長107cm以上。保護者同伴であれば身長制限なし／所要時間：約2分

親子で疑似急流下りを

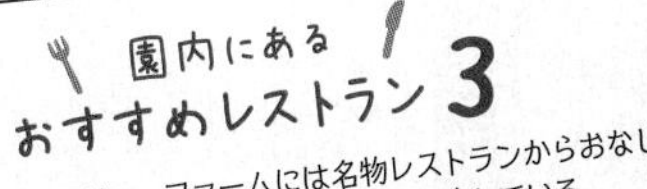

園内にあるおすすめレストラン3

ナッツ・ベリー・ファームには名物レストランからおなじみのレストランまで幅広いレストランが入店している。

Best 1 グリズリー・クリーク・ロッジ Grizzly Creek Lodge

キャンプスヌーピーにあるレストランで、ピザやハンバーガー、サラダなどが味わえる。なかでも、ハンバーグがペパロニピザに挟まれたハンバーガーPetrified Pizza Burger（$15）はいちばん人気のメニュー。

Best 2 ミセス・ナッツ・チキン・ディナー・レストラン Mrs. Knott's Chicken Dinner Restaurant

ナッツの原型であり、名物のレストランがここ。チキン料理がメインの古きよきアメリカのレストラン（→P.186）。

Best 3 カンティーナ Cantina

ブリトーやエンチラーダ、タコサラダなどメキシコ料理をお手軽に味わえる。ビーフかチキンが選べるタコスふたつTwo Taco Plateは$13.25。フィエスタビレッジにある。

MEMO そのほかのエリア　正面入口すぐのインディアントレイルのエリアにあるインディアン・トレイル・ステージでは、ネイティブ・アメリカン・ダンサー Native American Dancer という人気のショーが行われている。

カリフォルニアマーケットプレイス
California Marketplace

食事も買い物も楽しめる

たっぷり遊んでおなかがすいたら、ナッツ名物のチキン料理をぜひ試したい。園外のマーケットプレイスにある**ミセス・ナッツ・チキン・ディナー・レストランMrs. Knott's Chicken Dinner Restaurant**（→❶）は、ナッツのルーツともいえるレストラン（→P.183コラム）。毎日ランチ、ディナーと営業しているので、ナッツを訪れたら一度は足を運びたい。土日は朝食、ブランチもオープン。旬の素材をたっぷり使ったアメリカ料理がずらりと並び、地元の人たちの間でも好評だ。このほかに、各種ジャムやフルーツを使ったパイやケーキを売るベーカリー、名物チキンのファストフード店**チキン・トゥ・ゴーChicken To Go**（→❷）などもあって、満足できること間違いない。

また、ここにはスヌーピーやピーナッツのグッズを集めた、**ピーナッツヘッドクオーターPeanuts HeadQuarters**（→❸）やナッツ・ベリー・ファーム・オリジナルのジャムやジェリー、コーヒーを取り扱う**ベリーマーケットBerry Market**（→❹）があり人気。そのほか、ギフトショップのマーケットプレイス・エンポリアムMarketPlace Emporium、バージニアズギフトショップVirginia's Gift Shopなどもある。

California Marketplace
営開館時間は店により異なる

❶ Mrs. Knott's Chicken Dinner Restaurant
☎(714)220-5319
営毎日11:00～21:00（土日8:00～）。時期により異なる
休クリスマス　カードAMV　※子供メニューもあり

❷ Chicken To Go
営毎日11:00～21:30（土日8:00～）。時期により異なる
カードAMV

❸ Peanuts HeadQuarters
営毎日10:00～19:00（土日～22:00）。時期により異なる
カードAMV

❹ Berry Market
営毎日9:00～19:00（土日～22:00）。時期により異なる

ナッツ・ソーク・シティ
Knott's Soak City

ずぶぬれになってはしゃぎまくろう

ナッツ・ベリー・ファームとBeach Blvd.を挟んだ向かいにナッツ・ベリー・ファームが経営するウオーターパークがある。1950～1960年代の南カリフォルニアがテーマ。絶叫が響くウオーターライドには、かつての南カリフォルニアのビーチにちなんだ名前がつけられ、パークを流れる音楽はオールディーズのサーフミュージックばかり。最新技術を導入したパークにもかかわらず、どことなく古きよきアメリカを感じさせ、そのミスマッチな雰囲気が楽しい。ちなみに名称の"Soakソーク"とは「ずぶぬれ」の意味。

MAP P.47-C3
住8039 Beach Blvd., Buena Park, CA 90620
☎(714)220-5200　URL www.knotts.com/play/soak-city
営5月下旬から9月上旬までオープン。基本的に10:00～19:00で5月下旬～8月中旬は毎日、8月下旬～9月上旬は土日のみ
料大人$70、子供(3～11歳)$54、2歳以下は無料。※インターネット割引料金もあり。駐車場$25。ロッカー$15～25(大きさにより異なる)

MEMO **クレジットカード使用時の注意**　園内でクレジットカードを使う際、ほとんどの店舗でIDの提示を求められる。パスポートなどのIDを常時携行しておくように。

エリアガイド

特集

映画業界で働く人びとの長年の思いがずっしりと込められている

アカデミー映画博物館のハイライトを紹介！

映画製作に特化した博物館のアカデミー映画博物館が2021年9月にオープンした。ウィルシャーブルバード沿いに立っていたサバンビルを改装し、新築のスフィアビルとあわせたふたつの建物から成り立つ。メインのサバンビル1～3階には、常設展示の「映画の物語 Stories of Cinema」や「バックドロップ:見えざる芸術 Backdrop:An Invisible Art」、「オスカーエクスペリエンスThe Oscars® Experience」などのギャラリー、4階には特別企画展示スペースがある。さらに、1階には、レストランやミュージアムショップも併設。スフィアビルの屋上には、ドーム型のテラスがあり、ハリウッドヒルズを一望できる。 データ→P.230

ロスアンゼルスカウンティ美術館やピーターセン自動車博物館などが並ぶウィルシャーブルバード沿いに立つアカデミー映画博物館

Photo by Joshua White, JWPictures/ ©Academy Museum Foundation

建物全体 建物 Buildings

世界的に有名な建築家のレンゾ・ピアノがデザインした球体の建物、スフィアビルが敷地の北側に立つ。

Photo by Joshua White, JWPictures/ ©Academy Museum Foundation

1階 映画の物語 Stories of Cinema 1

スピルバーグ・ファミリー・ギャラリー
Spielberg Family Gallery

正面玄関を入って左側にあるスペース。映画の歴史を紹介する13分のビデオが複数のスクリーンで上映され、約700の映画作品のダイジェストを見ることができる。

Photo by Joshua White, JWPictures/ ©Academy Museum Foundation

2階 映画の物語 Stories of Cinema 2

シグニフィカント・ムービーズ・アンド・ムービー・メイカーズ
Significant Movies and Moviemakers

世界に影響を与えた映画をフィーチャーするコーナー。フランシス・フォード・コッポラ監督の『ゴッドファーザー』やジョン・シングルトン監督の『ボーイズ'ン・ザ・フッド』、ハンフリー・ボガートやイングリッド・バーグマンが出演した『カサブランカ』などを紹介。

Photo by Joshua White, JWPictures/ ©Academy Museum Foundation

アカデミー賞の歴史
Academy Awards History

アカデミー賞授賞式の歴史を解説し、歴代のオスカー像も展示されている。第1回アカデミー賞で撮影賞を獲得した『サンライズ Sunrise』から第89回アカデミー賞で脚本賞を受賞した『ムーンライト Moonlight』までの20体が並ぶ。

Photo by Joshua White, JWPictures/ ©Academy Museum Foundation

アイデンティティ：コスチュームデザイン
Identity : Costume Design

衣装が登場キャラクターに与えている効果や影響がわかるコーナー。1950年作品の『A Place in the Sun』や2012年に公開された『白雪姫と鏡の女王 Mirror Mirror』などで使用されたコスチュームが飾られている。

Photo by Joshua White, JWPictures/ ©Academy Museum Foundation

アイデンティティ：メイクアップ・アンド・ヘアスタイリング
Identity : Makeup and Hairstyling

ヘアメイクや化粧の技術がどれだけ出演者の表情を作りあげているかが実感できるエリア。『ビートルジュース』や『ミセス・ダウト』で使われたウィッグ、『トレーニングデイ』『レッド・ドラゴン』で使用されたタトゥーなどが展示されている。

Photo by Joshua White, JWPictures/ ©Academy Museum Foundation

世界とキャラクターの創造：アニメーション・ギャラリー
Inventing Worlds and Characters: Animation

アニメ映画製作のために作られた彫刻（フィギュア）が展示されたコーナーでは、映画『シュレック』のシュレックや『アナと雪の女王』のアナやエルサ、オラフなどが並び、特殊効果を使ったアニメ製作の裏側をのぞき見ることができる。
Photo by Joshua White, JWPictures/ ©Academy Museum Foundation

シネマへの道：リチャード・バルザー・コレクション・ハイライト
The Path to Cinema: Highlights from the Richard Balzer Collection

映像エンターテインメントに関するグッズの収集家リチャード・バルザーのコレクションから厳選されたアイテムが集められているエリア。映画が誕生する前からあった光を使ったおもちゃや幻灯機、のぞきからくり、マジック・ランタンなどが展示され、映画の発明につながっていく歴史を紹介している。
Photo by Joshua White, JWPictures/ ©Academy Museum Foundation

世界とキャラクターの創造：遭遇
Inventing Worlds and Characters: Encounters

SFやホラー作品の製作で使われている特殊効果や視覚効果などの最新技術を紹介するエリア。実際に映画撮影に使用された、『ブラックパンサー』のオコエや『ターミネーター』のT-800のアニマトロニック（ロボット）が飾られている。
Photo by Joshua White, JWPictures/ ©Academy Museum Foundation

回転のぞき絵。円筒の内側に描かれた絵を回転させながら、側面の隙間から円筒をのぞき込むと、絵が動いているように見える。
Photo by Joshua White, JWPictures/ ©Academy Museum Foundation

見どころはまだまだ！

2階

バックドロップ：見えざる芸術
Backdrop: An Invisible Art

アルフレッド・ヒッチコック監督の『北北西に進路を取れ』に登場するマウントラシュモア国定記念物のシーンを、約3メートルの高さで表現したインスタレーション。

Photo by Joshua White, JWPictures/ ©Academy Museum Foundation

3階

オスカー・エクスペリエンス
The Oscars® Experience

アカデミー賞授賞式が行われるドルビー・シアターのステージにあがり、オスカー像を掲げ、感謝のコメントをしているかのような感覚を体験できるプログラム。

Photo by Joshua White, JWPictures/ ©Academy Museum Foundation

3階～4階

ブルース・ザ・・シャーク
Bruce the Shark

映画『ジョーズ』製作のために作られたサメのロボットの"ブルース"。全長7.6mの鮫を型取って作られたそう。

Photo by Joshua White, JWPictures/ ©Academy Museum Foundation

5階

バーバラ・ストライサンド・ブリッジ
Barbra Streisand Bridge

サバンビルとスフィアビルを結ぶ渡り廊下。歌手のバーバラ・ストライサンドに敬意を表して名前がつけられた。ガラス張りの廊下を渡った先にはドルビー・ファミリー・テラスがある。

Photo by Joshua White, JWPictures/ ©Academy Museum Foundation

ドルビー・ファミリー・テラス
Dolby Family Terrace

スフィアビル屋上にあるテラスからは、ハリウッドサインを見ることができる。1500枚のガラスを使ってできたというガラスドームも必見。

Photo by Iwan Baan/©Iwan Baan Studios, Courtesy Academy Museum Foundation

上記の掲載内容は2023年1月時点のもの。時期によって展示物が変わることがあるので、訪問前にウェブサイトでチェックを。

ロスアンゼルスに来たからには外せない、サンタモニカピア

これぞ、カリフォルニア!

Exploring Los Angeles

ビーチシティズ
Beach Cities

気持ちいい!

- サンタモニカ
- マリブ
- ベニス&マリナ・デル・レイ

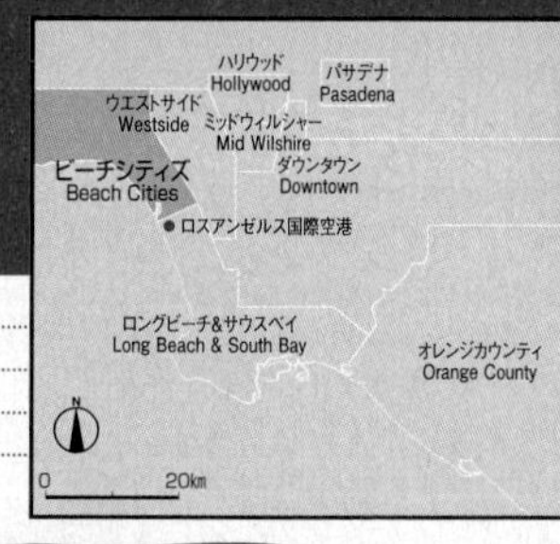

サンタモニカ観光局 Santa Monica Visitor Information Center
MAP P.79-B2 住2427 Main St., Santa Monica
☎(310)319-6263 Free(1-800)771-2322
URL www.santamonica.com 営毎日9:00～17:30(土日～17:00)

サンタモニカ観光案内所（パリセードパーク内）
MAP P.74-A2 住1400 Ocean Ave., Santa Monica
営毎日9:00～17:00(冬季は短縮あり)

いち押し見どころベスト3

1. サンタモニカピア → P.193
2. アボット・キニー・ブルバード → P.198
3. サード・ストリート・プロムナード → P.192

サンタモニカ(サンタモニカプレイス)へのアクセス

出発点	路線バス／メトロレイルなど		レンタカー		タクシー	そのほかの交通機関
ロデオドライブ	M4,720	60分	Santa Monica Blvd.	35分	$35	——
ハリウッド	M212,217+4,720	90分	Highland Ave.+I-10	55分	$60	——
ミッドウィルシャー	M720	60分	Fairfax Ave.+I-10	40分	$45	——
ダウンタウン	REライン（エクスポ）、Lライン（ゴールド）	50分	CA-110+I-10	40分	$60	——
パサデナ	RLライン(ゴールド)	80分	CA-110+I-10	60分	$90	——
ロングビーチ	RAライン(ブルー)+Eライン(エクスポ)、Lライン(ゴールド)	110分	I-710+I-405+I-10	60分	$110	——
LAX	BBB r3, BBB 3	60分	I-405+I-10またはLincoln Blvd.	30分	$45	ドア・トゥ・ドア・シャトル
ディズニーランド周辺	M460 + REライン(エクスポ)、Lライン(ゴールド)	180分	I-5+I-10	100分	$150	——

※表内の所要時間、料金はおおよそのもの。交通事情によって変動する
Mメトロバス、Rメトロレイル、BBBビッグ・ブルー・バス（rはラピッド）
読み方の例：M212, 217＋4,720＝メトロバスの＃212か217を使い、途中でメトロバスの＃4か720に乗り換える

MEMO **公共交通機関で LA ダウンタウンからサンタモニカへ行くなら** メトロバス# 4 や 720 などで行ける（所要約 1 時間 30 分）が、メトロレイル・E ラインか L ラインなら、7th St./Metro Center 駅からサンタモニカまで約 50 分で行ける。これがいちばん速い。

Model Plan for Beach Cities

ダウンタウンから▶Spring St.から**M**33に乗って、Venice Blvd. & Abbot Kinney Blvd.下車。約1時間10分

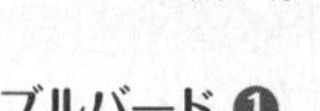

10:30 アボット・キニー・ブルバード ❶

おしゃれなショップやレストランが並ぶ、ビーチシティズでいちばん人気の通り。

1時間30分→P.198

徒歩で。約8分

12:00 ベニスのオーシャン・フロント・ウオーク ❷

ストリートパフォーマーやスケーターを見学。ビーチ沿いのカフェでのんびりしたい。

20分→P.198

海沿いをサイクリングするのもいい

徒歩で。約10分

12:30 メインストリート ❸

サンタモニカとベニスを結ぶ1.5kmの通りには個性的なお店が勢揃い。

1時間→P.193

BBB 1で4th St. & Colorado Ave.下車。約20分

13:30 シーフードレストランでランチ ❹

Ocean Ave.沿いのレストランで新鮮な海の幸を楽しみたい。

1時間→P.358

ロブスターロールをぜひ

徒歩で。約5分

14:30 サンタモニカピア ❺

観光客でいつもにぎわうピアからのんびり海を眺めてちょっとひと息。

10分→P.193

Ocean Ave. & Colorado Ave.から**M**534でPacific Coast Hwy. / Getty Villa（ゲッティヴィラ前）下車。約25分

15:00 ゲッティヴィラ ❻

LA屈指の美術館ゲッティセンターの姉妹美術館が、ゲッティヴィラだ。ローマ様式の建築にも注目。要事前予約。

2時間→P.196

Pacific Coast Hwy. / Getty Villaから**M**534でOcean Ave. & Santa Monica Blvd.下車。約25分

17:30 サード・ストリート・プロムナード ❼

歩行者天国のサード・ストリート・プロムナード（→P.192）と向かいのサンタモニカプレイス（→P.342）で買い物を楽しもう。周辺にはレストランも多く集まっている。

2時間→P.192、P.314～315、P.358～361

日没後はライトアップされるサード・ストリート・プロムナード

ビーチシティズの歩き方

歩行者天国のサード・ストリート・プロムナードや人気ストリートでショッピングを。海沿いでは、サイクリングなどのアクティビティも楽しめる。新鮮な食材を使ったレストランも多い。サンタモニカ中心部は、夜でも人通りが多いので、安心して観光できる。移動はメトロバス、ビッグ・ブルー・バスで。

MEMO

1日コースについて

※1：各コースは、LAダウンタウンを起点にしている。
※2：**M**＝メトロバス、**BBB**＝ビッグ・ブルー・バス、数字＝路線番号を示している。
※3：暗くなってからの移動はなるべくタクシーを使うこと。

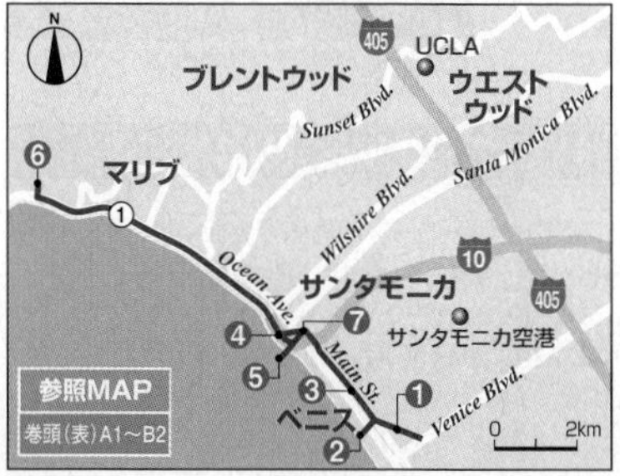

サンタモニカ
Santa Monica

ロスアンゼルスにあるビーチのなかでも知名度抜群の街。その歴史は古く、100年以上前からLA随一の海水浴場としてにぎわってきた。また、ルート66の終点としても有名で、ピアにはルート66の標識が立つ。健康に関心の高い住人が多いので、ビーチ沿いでランニングやヨガに励む姿をよく見かけるだろう。ビーチアクティビティが豊富なうえ、人気のレストランやショップが集まるので、LAらしさをいちばん体感できるエリアだ。

サード・ストリート・プロムナード
🌐www.downtownsm.com

ACCESS
3rd St.沿い、Broadwayから Wilshire Blvd.までの3ブロックがサード・ストリート・プロムナード。バスの路線が多く通っているSanta Monica Blvd.が交差している。
🚃 メトロレイル・Eライン（エクスポ）、Lライン（ゴールド）のDowntown Santa Monica駅下車、4th St.を北西に90m、Broadwayを南に130m。
🚗 I-10の出口1Aで下り、4th St.を北西に450m進み、Broadwayを左折した所。2nd St.、4th St.沿いに立体駐車場が約10ヵ所あるほか、周辺にはパーキングメーターも多い。

サンタモニカプレイス
住395 Santa Monica Pl., Santa Monica
☎(310)260-8333
🌐www.santamonicaplace.com
営月〜土10:00〜20:00、日11:00〜19:00
休クリスマス

ACCESS
Broadway、2nd St.、4th St.、Colorado Ave.に囲まれたブロック。駐車場の入口は、Broadwayと3rd St.の突き当たり。
🚃メトロレイル・Eライン（エクスポ）、Lライン（ゴールド）のDowntown Santa Monica駅下車、目の前。

いつも地元の人や観光客でにぎわっている遊歩道　MAP P.74-A2

サード・ストリート・プロムナード

★★★　Third Street Promenade

サンタモニカダウンタウンの中心、3rd St.沿いのブロードウエイBroadwayからウィルシャーブルバードWilshire Blvd.までの3ブロックに、カフェやレストラン、映画館、若者に人気のカジュアルブランド店などが並ぶ。歩行者天国になっていて、サンタモニカを代表するショッピングエリアだ。週末の夜にはストリートミュージシャンや大道芸人も現れ、さらににぎやかになる。

買い物や食事を楽しめる

開放的な造りのショッピングモール　MAP P.74-A1〜A2、P.76-A4〜B4

サンタモニカプレイス

★★★　Santa Monica Place

サード・ストリート・プロムナードとはブロードウエイBroadwayを挟んで向かい合っている、サンタモニカを代表するモール。デパートのノードストロームNordstromほか、コーチCoachやトリーバーチTory Burch、ティファニーTiffany & Co.、フォーエバー21Forever21など人気店が集結している（→P.342）。

3階はルーフトップデッキになっていて、レストランやブリュワリー、フードコートがある。買い物に疲れたら、休憩がてら行ってみよう。

疲れたら、3階のテラス席でくつろぐのがいい

DATA　サンタモニカの観光にはビッグ・ブルー・バスで

サンタモニカを中心に路線網をもつのが市バスのビッグ・ブルー・バス（→P.102）。約20路線あり、ベニス、UCLA、マリナ・デル・レイ、LAXへの移動に便利だ。各路線のタイムテーブルは、バスの車内、サンタモニカ観光局（→P.190）、ウェブサイトなどで入手できる。サンタモニカを拠点に動きたい人には利用価値が大きい。

●ビッグ・ブルー・バス　Big Blue Bus
料$1.25、tapカードなら$1.10。1日券$4
※おつりは出ないので料金分の小銭を用意しておこう。

世界一有名な桟橋 MAP P.56-B4、P.74-A2

サンタモニカピア

★★★ Santa Monica Pier

1909年に造られた木造の桟橋は、ハリウッド映画にもよく登場するサンタモニカのシンボル的存在だ。ピアの上にある遊園地**パシフィックパークPacific Park**（→下記）には、ジェットコースターや観覧車などがあり、1年をとおして家族連れでにぎわっている。ピアの下には**ヒール・ザ・ベイ水族館Heal the Bay Aquarium**もあり、子供たちを中心に人気が高い。

ピアにはこのほかにアーケードやレストラン、ギフトショップなどが並び、休日には小さなコンサートやダンスのパフォーマンスなども行われる。ピアの突き当たりは釣り人の天国。ライセンスなしで誰でも気軽に釣りを楽しむことができるのだ。そしてまた、夕日を眺めるのに絶好のポイントであることは言うまでもない。

海の上にある遊園地 MAP P.74-A2

パシフィックパーク

★★★ Pacific Park

サンタモニカピアの上にある小さな遊園地で、入場は無料だ。9階建てのビルと同じ高さの観覧車パシフィックウイールPacific WheelやローラーコースターのウエストコースターWest Coasterなどのほかに、アミューズメントエリアやスナックスタンドなど、楽しめるポイントがたくさんある。

入場無料の遊園地

そのほか見逃せないのは1916年製造のメリーゴーラウンド、**サンタモニカピア・カルーセルSanta Monica Pier Carousel**。歴史的記念物に指定されていて、現在でも44頭の手彫りの木馬が回り続けている。

個性的な店が集まる MAP P.74-B2〜75-C2、P.79-B1〜B4

メインストリート

★★ Main Street

観光客でにぎわう定番のサード・ストリート・プロムナードでは飽き足りないなら、少し足を延ばしてメインストリートへ行こう。サンタモニカとベニスを結ぶ通りで、サンタモニカプレイスの1km南東から始まる。ショップやレストランが集まっているのは西のベイストリートBay St.から東のローズアベニューRose Ave.までの歩いても20分ほどの距離だ。西端のピコブルバードPico Blvd.とオーシャンパーク・ブルバードOcean Park Blvd.の間は、エコグッズを集めたショップやオーガニックのカフェなどが集まり、**グリーン・ライト・ディストリクトGreen Light District**と呼ばれている。

オーガニックカフェの老舗、アースカフェもある

サンタモニカピア
住200 Santa Monica Pier, Santa Monica
URL santamonicapier.org
ACCESS
徒歩：サンタモニカプレイスの南東を走るColorado Ave.の突き当たりから、PCH (Pacific Coast Hwy.) の上に架かる陸橋を進む。
車 ピア横にある駐車場（住1550 Appian Way, Santa Monica）か、サンタモニカプレイス（→P.192、P.342）の駐車場へ。

ヒール・ザ・ベイ水族館
住1600 Ocean Front Walk, Santa Monica
☎(310)393-6149
URL healthebay.org/aquarium
営毎日12:00〜16:00。時期により異なる
休クリスマス
料$10、12歳以下無料

パシフィックパーク
住380 Santa Monica Pier, Santa Monica
☎(310)260-8744
URL www.pacpark.com
営月〜金12:00〜19:00（金〜21:00）、土日11:00〜21:00。時期により異なるので、ウェブサイトで確認を。
料1日パス：8歳以上$40、7歳以下$20。ひとつのライド：$5〜10
ACCESS
サンタモニカピアと同じ。

サンタモニカピア・カルーセル
営木〜月11:00〜17:00（金〜日〜19:00）。時期により異なる
休火水
料大人$2、子供$1

メインストリート
URL www.mainstreetsm.com
ACCESS
徒歩：サンタモニカダウンタウンから約15分。
バス サンタモニカの中心、4th St.とBroadwayから、ビッグ・ブルー・バス#8で約6分。ビッグ・ブルー・バス#1やメトロバス#33がMain St.を走る。
車 I-10を出口1Aで下り、左折。4th St.を300m進みPico Blvd.を右折、100m行き、Main St.で左折して500m行くとショップの多いエリアに出る。駐車場はMain St.沿いのパーキングメーターかMain St.に交差する道の海側にいくつかある。URL www.mainstreetsm.com/parkingにはメインストリート周辺の駐車場情報が掲載してある。

MEMO **駐車場の検索サイト** サンタモニカ市が運営するサンタモニカ周辺の駐車場を検索できる。**Santa Monica Parking**
URL www.smgov.net/departments/pcd/transportation/motorists-parking/where-to-park

サンタモニカ・ファーマーズマーケット
☎(310)458-8712
URL www.smgov.net/Portals/FarmersMarket
●Wednesday Downtown
MAP P.76-A2
住 Arizona Ave. & 2nd St., Santa Monica
営 水8:00～13:00
●Saturday Downtown
MAP P.76-A2
住 Arizona Ave. & 3rd St., Santa Monica
営 土8:00～13:00

ACCESS
サード・ストリート・プロムナードとArizona Ave.の交差点が中心。

ベルガモットステーション
住 2525 Michigan Ave., Santa Monica
URL bergamotstation.com

ACCESS
メトロレイル・Eライン（エクスポ）、Lライン（ゴールド）の26th St./Bergamot駅下車、徒歩3分。

Leslie Sacks Gallery
住 2525 Michigan Ave., B6, Santa Monica
☎(310)264-0640
URL www.lesliesacks.com
営 火～土10:00～17:00
休 日月

Peter Fetterman Gallery
住 2525 Michigan Ave., A1, Santa Monica
☎(310)453-6463
URL www.peterfetterman.com
営 水～土11:00～17:00
休 日～火

有名シェフも足を運ぶ　MAP P.76-A2ほか

サンタモニカ・ファーマーズマーケット

★★ Santa Monica Farmers Markets

人気グルメガイド『ザガット・サーベイ』で、南カリフォルニアのグルメな街に選ばれたサンタモニカ。当然のことながら、食に対して関心の高い人が多い。そんなサンタモニカの住民が楽しみにしているのが、週に数回行われるファーマーズマーケットだ。地元で取れた新鮮な野菜や旬のフルーツが並ぶ。有名レストランのシェフや、食にこだわりをもつセレブもよく訪れるというほどのレベルの高さ。また、メインストリートで開かれる日曜のマーケット（→脚注）ではライブパフォーマンスが行われることもある。

新鮮なフルーツを味見しよう

サンタモニカのアートスポット　MAP P.57-C3

ベルガモットステーション

★ Belgamot Station

サンタモニカの中心から3km北東、25近くのギャラリーが集まるスペース。特にダミアン・ハーストDamien Hirst、ジャスパー・ジョーンズJasper Johns、カウズKaws、アンディ・ウォーホルAndy Warholなど有名なアーティストの作品を集める**レスリー・サックス・ギャラリーLeslie Sacks Gallery**と、アンセル・アダムスAnsel Adamsやロベール・ドアノーRobert Doisneau、スティーブ・マッカリーSteve McCurryなどの写真を収蔵する**ピーター・フェターマン・ギャラリーPeter Fetterman Gallery**は必訪のギャラリーだ。

期間限定の展示が多いので行く前に気になるギャラリーを調べておくといい

DATA　自転車がレンタルできるバイクセンター・サンタモニカ

アメリカ最大級のバイクステーション。駐輪場、シャワー室、ロッカーを備え、自転車のレンタルも行う。自転車専用レーンが多いサンタモニカは、旅行者でもサイクリングを楽しめる街だ。ヘルメットと鍵を借りて、自転車で街を走ろう。また、スタッフによるツアーも催行している。サンタモニカプレイスの南東、Colorado Ave.と2nd St.の角にある。

バイクセンター・サンタモニカ
The Bike Center Santa Monica
MAP P.74-A2
住 1555 2nd St., Santa Monica
☎(310)656-8500
URL thebikecenter.com

営 毎日10:00～17:00（土日9:00～）。夏季は延長あり。
料 2時間$20～45、半日$25～65、1日$30～80（自転車の種類によって異なる）。
※要ID（パスポート可）。

ツアー
Santa Monica & Venice Beach Bike Adventure
料〈2～3時間〉$69、子供（12歳以下）$49。ウェブサイトから事前予約のこと。

観光客もIDさえあれば気軽に利用できる

MEMO **そのほかのファーマーズマーケット**　メインストリート（→P.193）でも開催されている。**Sunday Main Street Farmers Market** MAP P.79-B3 住 2640 Main St., Santa Monica 営 日8:30～13:30

ローカルに人気のストリート

MAP P.56-B2～B3

モンタナアベニュー

★★ Montana Avenue

サンタモニカダウンタウンの中心部から市バスのビッグ・ブルー・バス（→P.102、P.192）でアクセスできるおしゃれな通り。南はセブンスストリート7th St.から北はセブンティーンスストリート17th St.周辺までの約10ブロックにセレクトショップや、おしゃれな子供服の店のほか、大手インテリアショップやレストラン、カフェなど、150店舗以上が並ぶ。閑静な住宅街にあり、洗練された雰囲気が漂う。周辺に住むセレブが買い物をする姿もよく目撃されている。

観光客はあまり足を運ばないので、掘り出し物に出合えるかも

モンタナアベニュー
URL montanaave.com

ACCESS
🚌 サンタモニカの中心、4th St.とColorado Ave.からビッグ・ブルー・バス#18に乗車。Montana Ave.とLincoln Blvd.の角か、Montana Ave.と17th St.の角で下車。所要約15分。
🚗 駐車場はMontana Ave.沿いにパーキングメーターが並ぶ。

公共のビーチハウスでひと泳ぎ！

MAP P.56-A3

アネンバーグ・コミュニティ・ビーチハウス

★ Annenberg Community Beach House

もとは、1920年代に建てられた新聞王ウィリアム・ハーストと女優マリオン・デーヴィスの邸宅があった敷地。あのチャップリンやクラーク・ゲーブルも訪れたという。その後売却され、会員制のビーチクラブとなったが、1994年の大地震で崩壊した。サンタモニカ市は、市民のための施設を建てる計画を練るが、資金調達に難航する。そこで援助を名乗り出たのが、アネンバーグ財団のワリス・アネンバーグだった。彼女の協力により、プールやギャラリー、ゲストハウスが改修され、「公共の」ビーチハウスが誕生したのだ。夏季にはプール、それ以外の時期はヨガやビーチバレーのクラスなどが行われ、1年をとおしてサンタモニカ市民でにぎわっている。

サンタモニカからレンタサイクルで訪れるのもいい

アネンバーグ・コミュニティ・ビーチハウス
住 415 Pacific Coast Hwy., Santa Monica
☎ (310)458-4904
URL www.annenbergbeachhouse.com
営 毎日11:00～17:00。夏季は延長あり。
料 ビーチ：無料
プール：大人$10、シニア(60歳以上) $5、子供（1～17歳）$4
※ヨガレッスンは火木を中心に1クラス1人$20で参加できる。クラスの開催時間などの詳細はウェブサイトで要確認。

ACCESS
徒歩：Ocean Ave.とColorado Blvd.の角からビーチ沿いの遊歩道へ。そのまま北へ2km、約25分。
🚗 Ocean Ave.とColorado Blvd.の角からPacific Coast Hwy.沿いを北へ、約2km進んだ左側。駐車場あり。〈4～10月〉1時間$3、1日$12、〈11～3月〉1時間$3、1日$8。

興味深いサンタモニカの歴史をたどる

MAP P.74-A1

サンタモニカ歴史博物館

★ Santa Monica History Museum

サンタモニカの歴史を興味深いエピソードを交えながら、常設展示と期間ごとに変わる特別展示の2本立てで紹介する博物館。常設展示のコーナーでは、サンタモニカピア建設時の1909年頃の様子を現在の姿と比較できるように映像を流している。また、サンタモニカ初の地元紙『アウトルックOutlook』に自分の写真を取り込んでオリジナルの1面記事を作るなどゲーム感覚で楽しめるものもあり、時間がたつのを忘れてしまいそうだ。ビーチカルチャー、ルート66、アートや建築など、さまざまな切り口から魅力いっぱいのサンタモニカを紹介している。

サンタモニカの中心から徒歩圏内にある

サンタモニカ歴史博物館
住 1350 7th St., Santa Monica
☎ (310)395-2290
URL santamonicahistory.org
営 木～日14:00～17:00（金～日11:00～）
休 月～水、おもな祝日
料 大人$5、シニア（65歳以上）・学生・17歳以下無料。毎月第1日曜は無料

ACCESS
徒歩：サンタモニカダウンタウンの中心部から、Santa Monica Blvd.を北東へ行った7th St.との角。サード・ストリート・プロムナードから約9分。

マリブ
Malibu

サンタモニカからPCH（パシフィック・コースト・ハイウエイPacific Coast Highwayの略）を北へ車で約10分の場所にある。多くのハリウッドスターが豪邸を構えていることで名高い高級住宅地だ。人気のサーフスポットもあり、サーフィンを楽しむセレブの姿もよく目撃されている。あまり観光地化されていないので、人もそれほど多くなく、のんびりとした雰囲気が漂うエリア。

P.343 P.365

ゲッティヴィラ
住17985 Pacific Coast Hwy., Pacific Palisades
☎(310) 440-7300
URL www.getty.edu
営水〜月10:00〜17:00
休火、おもな祝日
料無料
※ただしウェブサイトで、事前にチケットの予約を行い、プリントアウトなどを持参すること。
※館内では、150の作品を英語で解説しているオーディオガイドのGettyGuide Multimedia Playerを無料で貸し出している。要ID。
※建築、庭園、ハイライトツアーなど、いくつかのガイドツアーが催行されているのでウェブサイトで確認するといい。

ACCESS
メトロレイル・Eライン（エクスポ）、Lライン（ゴールド）でDowntown Santa Monica駅下車。5th St. & Colorado Ave.から、メトロバス#534に乗車。Pacific Coast Hwy. / Getty Villa（ゲッティヴィラ前）下車。サンタモニカ中心部から約20分。門をくぐりインターホンで入口までのシャトルバスを呼ぶ。
LAダウンタウンからはI-10を西にサンタモニカまで進む。サンタモニカでCA-1 (Pacific Coast Hwy.) に合流するので、道なりに北へ約8km行った右側。駐車場は$20、16:00以降は$15。

古代ギリシア、ローマの雰囲気　MAP P.48-A2外

ゲッティヴィラ
★★　The Getty Villa

マリブでいちばんの見どころといえば、ゲッティセンター（→P.206）の姉妹美術館、ゲッティヴィラだ。サンタモニカの北8km、パシフィック・コースト・ハイウエイ沿いの高台にある。建物は、紀元1世紀のローマ様式の邸宅、パピルス邸（Villa dei Papiri）をモデルに建てられたもので、どことなく優雅で上品な雰囲気をもつ。

ここはおもに4万4000点もの古代ギリシア、ローマ、エトルリアの古美術を所蔵する。彫刻や日常的に使用されていた花瓶などを約25のギャラリーで常設展示するほか、6つのギャラリーでは随時、特別展を行っている。

さまざまな種類の花やハーブなどが配置されている

ゲッティブロンズ像と呼ばれる、**勝利した若者の像Statue of a Victorious Youth**はゲッティヴィラで価値の高い作品。紀元前300〜100年のギリシア美術品のなかでも保存状態がよく、これほど原型を保っているのも珍しいといわれている。

注目したい建築と庭園

紀元1世紀のローマ様式をモデルにした建築物は、1997年にボストンを拠点に活躍する建築家、ロドルフォ・マチャドRodolfo Machadoとホルヘ・シルベッティJorge Silvettiによってリノベーションが行われた。伝統的なスタイルは残したまま、木材やブロンズなどを多用し、モダンな印象に仕上げられている。特に、エントランスは伝統的なローマ式のスタイルとモダンさのバランスが秀逸だ。天井から自然光が差し込み、明るい印象を受ける。オープンエアの開放感あふれる野外劇場、エントリーパビリオンも趣深い。噴水も配置され、古代ローマ風建築が優雅な雰囲気を醸し出している。

450席の野外劇場

入館時の注意

入館は無料だが、事前にウェブサイト（URL www.getty.edu）で予約が必要だ。当日は予約後に返信される予約日時と番号が書かれたチケットのPDFファイルをプリントアウトして（スマートフォンに表示しても可）持参するとよい。

MEMO **ゲッティヴィラの入場は予約必須**　予約がないと門から先に入れてもらえないので注意するように。

COLUMN 名建築イームズハウスを訪ねる

20世紀が生んだ偉大なデザイナー、**イームズEames**。イームズチェアに代表されるイームズデザインは、永遠のスタンダードとして発表から約70年たつ今でも多くの人々に愛されている。

サンタモニカの北、丘陵地帯のパシフィックパリセーズPacific Palisadesには、イームズが手がけた**イームズハウスEames House**がある。

イームズハウスは、またの名をケーススタディハウス#8といい、1940年中頃から1960年代にかけて展開されたアメリカの建築雑誌『アーツ&アーキテクチャー・マガジンArts & Architecture Magazine』による住宅建築プログラムの一環から生まれた。第2次世界大戦後の現代社会における住宅のあり方を模索することを目的に、建てられたのだ。

チャールズとレイのイームズ夫妻Charles & Ray Eamesが考えたのは「夫婦の家」。デザインや建築の分野で働く夫婦に、住むというだけでなく働く場所としての機能を併せもつ空間、チャールズの言葉でいう「ライフ・イン・ワーク(仕事と暮らしがひとつになった)」をコンセプトにした住宅を目指したのだ。当初は鉄フレームをふんだんに使ったブリッジハウスを試みるが、第2次世界大戦による素材不足のため方向性を変えることを強いられる。

試行錯誤の末、コンセプトはそのままでパーツの一部を変えて家を造り、周囲に自生していたユーカリの木を生かすこともプランに加えた。そして、もとからあった自然を壊すことなくイームズハウスが誕生したのだった。家の外側には赤と青そして白のパネルを加え、スチール部分を黒で塗装。オレンジやロイヤルブルーなどの色もドアや壁に使用し、モダンでユニークなイームズハウスが誕生した。

チャールズとレイは1949年にイームズハウスに引っ越し、亡くなるまでここに暮らしていた。現在、イームズハウスは当時とほぼ同じ状態で一般に公開されていて、事前予約すれば見学可能だ。窓越しに見える室内には世界各地の工芸品や雑貨が置かれ、旅を愛し、世界各地を歩いたイームズ夫妻の人となりが垣間見られる。「インテリアは住む人が自分に合わせて創るもの。だから建物はシンプルなものがいい」。イームズハウスには、そんなイームズの建築に対する考えが貫かれている。

外から眺めるだけだが、見応えがある
© Eames Office. LLC

● **イームズハウス　Eames House**

MAP P.56-A2
住 203 Chautauqua Blvd., Pacific Palisades
☎ (310)459-9663　URL eamesfoundation.org
営 月14:30、金土10:30、14:30　※予約制。48時間前までにウェブサイトで予約すること。
休 火水木日
料 外観のみのセルフガイドツアー:大人$30、学生$10、子供無料。室内のガイドツアーは$275～で、1週間前までに予約すること(2023年1月現在、一時休止中)。

ACCESS

🚌 サンタモニカの4th St. & Colorado Ave. からビッグ・ブルー・バス#9に乗車、La Cumbre Dr. & Chautauqua Blvd.で下車。丘を下って201/203/205の道を右折した突き当たり。

🚗 サンタモニカから、Pacific Coast Hwy.を北へ約3km。Chautauqua Blvd.を右折、丘を上るとすぐ左側に201/203/205の看板がある。さらに道なりに約200m進みCorona Del Marへ。そこを左折し車を駐車する。201/203/205の道に戻って突き当たりまで歩く。所要約10分。※イームズハウスに駐車場はない。車に貴重品は残さないこと。

COLUMN サーフィンに挑戦!

マリブで人気のサーフスポットといえば、**サーフライダービーチSurfrider Beach**だ。ここでセレブがサーフィンを楽しむ姿が数多く目撃されている。人もそれほど多くないので、ビーチでのんびり過ごすのもいい。周辺には駐車場も多く、レンタカー利用者もアクセスしやすい。日光浴をしたり、スイミング、サーフィン、ボディボードなどアクティビティを楽しむのにもぴったり。

ACCESS

🚌 サンタモニカのBroadway & 3rd St.からビッグ・ブルー・バス#534で約30分。

🚗 サンタモニカから、Pacific Coast Hwy.を北西に約19km。

● **ズマ・ジェイ・サーフボード**
Zuma Jay Surfboards

1975年にスタートした老舗サーフショップ。こぢんまりとしているが、サーフボードやワックスのほか、Tシャツやスウェットなども取り扱っている。スタッフはフレンドリーで、マリブのサーフスポットについて、ていねいに教えてくれるので、ぜひ立ち寄りたい。サーフボードのレンタル(1日$20～)も行っている。

MAP P.48-A2外
住 22775 Pacific Coast Hwy., Malibu
☎ (310)456-8044
営 毎日10:00～17:00。時期により異なる

ベニス&マリナ・デル・レイ
Venice & Marina del Rey

サンタモニカから海沿いを南下するとローカル色がより強いベニスビーチに出る。インラインスケート、サイクリング、ストリートパフォーマー……。ここには西海岸のイメージにピッタリなものが揃っている。ベニスからさらに南へ行くと、人工の港としては北米最大といわれるヨットハーバー、マリナ・デル・レイがある。停泊するヨットやクルーザーの数はなんと6000。夕暮れのドライブがロマンティックだ。

P.316〜P.319　P.363〜P.364

オーシャン・フロント・ウオーク
ACCESS
LAダウンタウンからはメトロバス#33がオーシャン・フロント・ウオークを北に200m行ったMain St.を通っているのでGrand Blvd.周辺で降りるといい。約1時間30分。サンタモニカの4th St. & Broadwayからは、Main St.を通るビッグ・ブルー・バス#1で、約20分。
LAダウンタウンからI-10を西へ向かい、出口7AのVenice Blvd.で下り、南西へ進むと突き当たりがベニスビーチ。所要約45分。サンタモニカからはOcean Ave.、Neilson Way、Pacific Ave. を南下。約10分。駐車場はPacific Ave.とオーシャン・フロント・ウオークとの間にいくつかあり、Pacific Ave.に "Parking" のサインが出ている。

ベニススケートパーク
MAP P.75-D2
URL www.veniceskatepark.com

アボット・キニー・ブルバード
URL www.abbotkinneyblvd.com
ACCESS
LAダウンタウンからはメトロバス#33に乗車し、Venice Blvd. & Abbot Kinney Blvd.で下車。所要約1時間20分。サンタモニカの4th St. & Broadwayから、ビッグ・ブルー・バス#1で、Main St. & Brooks Ave.下車。約15分。

アーティスト・アンド・フリーズ
MAP P.78-C1
住 1010 Abbot Kinney Blvd., Venice
URL www.artistsandfleas.com/la-venice/
営 土11:00〜16:30

ピープルウオッチングのベストポイント　MAP P.75-C2〜D2

オーシャン・フロント・ウオーク
★★★　Ocean Front Walk

オーシャン・フロント・ウオークは、海岸沿いに延びる歩行者専用道路。西のNavy St.から東のWashington Blvd.あたりまでがにぎわっている。自転車も走行禁止（サイクリングコースはさらに海側にある）で、中心のBrooks Ave.からVenice Blvd.あたりには通りに沿ってTシャツやサングラスを売るちょっとあやしげな露店、ピザやメキシコ料理などの安いレストランが並ぶ。週末には大勢のストリートパフォーマーとそれを見に来る人たちで活気にあふれている。

また、ベニスはスケートボードのカルチャーが色濃い街。オーシャン・フロント・ウオークから海寄りの一角にある**ベニススケートパークVenice Skatepark**には大勢の若者が集まり、スケートボードに夢中になっている。さらに、エイティーンスアベニュー18th Ave. 近くにあるオープンエアのジムは、1年中ウエイトリフティングなどをこれ見よがしに行っているため、別名"マッスルビーチMuscle Beach"と呼ばれている。また、ビーチと直角に走るワシントンブルバードWashington Blvd.はちょっとした商店街。サーフショップやレンタサイクル店、レストラン、カフェなどが並ぶ。

筋トレ好きの聖地、マッスルビーチ

ベニス住民たちのお気に入り　MAP P.75-C2〜D2、P.78-C1〜D2

アボット・キニー・ブルバード
★★★　Abbot Kinney Boulevard

近年、ベニスやサンタモニカ周辺でいちばんおしゃれなストリートと評判が高いアボット・キニー・ブルバード。西の端のMain St.から東のVenice Blvd.までの約1.5kmの通りには、セレクトショップ、おしゃれなカフェやレストランが軒を連ねている。ベニスビーチからも徒歩5分と近いので、この通りを散策したあとにビーチに繰り出すのもいい。個性的な店が並び、ベニスで買い物をするならここに来るという人が多い。毎週土曜には、手作りのアクセサリーや洋服、雑貨などのブースが約50ヵ所集まる青空市の**アーティスト・アンド・フリーズArtists and Fleas**が開催される。

その土地らしさ　博物館&美術館&公園　買い物&食事　★おすすめ度

映画にもよく登場する

グランド運河

MAP P.75-D2

Grand Canal

ベニスビーチから数ブロック北東に入った、Washington Blvd.とVenice Blvd.の間にはグランド運河などいくつかの運河が残っている。1905年たばこで儲けて大金持ちになったアボット・キニーAbbot Kinneyという男が、大好きだったイタリアのベニスをそっくり再現しようとしたのがベニスの街の起こりだ。その当時、数多くの運河が掘られたが、後にこの計画は頓挫して、大部分の運河は埋められてしまった。現在では残った一部の運河と周辺のヨーロッパ風の家並みだけが当時をしのばせている。

映画『バレンタインデイ』にも登場した運河

世界最大のヨットハーバーを眺められる

フィッシャーマンズビレッジ

MAP P.59-C3

Fisherman's Village

マリナ・デル・レイの入江に面して造られたカラフルなショッピングゾーン。ニューイングランドの漁村を模したとんがり屋根の小屋が並び、観光客向けのショップやファストフード、イタリア料理やメキシコ料理などのレストランもある。

ビレッジのシンボルの鐘

ここでは、マリーナをぐるっとひと回りする**クルーズ**に乗るのがいい。大小さまざまなヨットを、海上から間近に見ることができて壮観だ。また、夏季の週末の午後には、ジャズ、ラテン、ポップスなどの無料コンサートが行われる。

グランド運河

ACCESS

🚌 LAダウンタウンからはメトロバス#33でVenice Blvd. & Venice Way下車。Venice Blvd.を南西に100m進む。約1時間45分。サンタモニカの2nd St. & Broadwayから#33で、Venice Blvd. & Venice Way下車。Venice Blvd.を南西に100m進む。約25分。※周辺は住宅街なので、マナーを守って訪れよう。

フィッシャーマンズビレッジ

住13755 Fiji Way, Marina del Rey

営店・季節により異なるが夏季は10:00〜20:00、冬季は10:00〜21:00

ACCESS

🚌 LAダウンタウンからメトロバス#33でVenice Blvd. & Lincoln Blvd.下車。ビッグ・ブルー・バス#3に乗り換える。所要約2時間。サンタモニカの4th St. & Santa Monica Placeからビッグ・ブルー・バス#3でLincoln Blvd. & Fiji Way下車。Fiji Wayを南東に1km進む。約50分。

🚗 LAダウンタウンからは、I-10、I-405、CA-90経由でフリーウエイを下りたらFiji Wayに入り、突き当たりまで直進。約45分。サンタモニカからはLincoln Blvd.を南下してFiji Wayを右折。約30分。

マリーナクルーズ
City Experiences by Hornblower

住13755 Fiji Way, Marina del Rey

Free (1-800) 459-8105

URL www.cityexperiences.com

営時期により異なるがおもに土日の催行

料2時間のブランチクルーズ:$83〜

COLUMN アートでグルメな街、カルバーシティ

ベニスの8km北東に位置する**カルバーシティCulver City**（MAP P.48-B2〜B3）に、近年注目が集まっている。映画やドラマの撮影が行われるソニー・ピクチャーズ・スタジオSony Pictures Studios（→P.227）があるほか、Washington Blvd.沿いに、おしゃれなレストランやカフェが続々とオープンしている。人気のレストラン、アカーシャAkasha（→P.365）もある。また、約20のアートギャラリーがあるうえ、街なかには芸術作品が並ぶ。

カルバーシティの観光案内

URL www.culvercity.org

ACCESS

🚌 LAダウンタウンやサンタモニカから、メトロレイル・Eライン(エクスポ)、Lライン(ゴールド)でCulver City駅下車。

🚗 LAダウンタウンからは、I-10を西に向かい出口7BでVenice Blvd.に移り、南西に約3km。所要約30分。サンタモニカからは、I-10を北へ9km進み出口6で下りる。Venice Blvd.を1km南下。所要30分。

アート作品が並び、散歩が楽しい

MEMO ベニスの治安 ベニススケートパークやオーシャン・フロント・ウォークを含めベニスビーチ周辺は観光地化されているため、スリやサギなどの犯罪が多い。携帯品には注意を！　また、見知らぬ人から物を受け取らないように。

高級ブランドショップが並ぶ
ロデオドライブ

高級感の漂う、流行の発信地

Exploring Los Angeles

ウエストサイド Westside

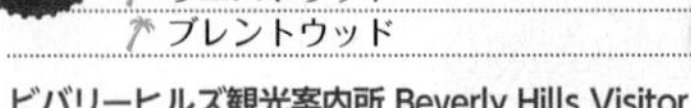

ビバリーヒルズ
センチュリーシティ
ウエストウッド
ブレントウッド

憧れのロデオドライブ

ビバリーヒルズ観光案内所 Beverly Hills Visitor Center
MAP P.77-B1 住9400 S. Santa Monica Blvd., #102, Beverly Hills
☎(310)248-1015 URLlovebeverlyhills.com
営毎日10:00～17:00

ウエストハリウッド観光局 Visit West Hollywood
MAP P.63-C4 住1017 N. La Cienega Blvd., #400, West Hollywood
Free(1-800)368-6020 URLwww.visitwesthollywood.com
営月～金9:00～17:00 休土日

いち押し見どころベスト3

1. ロデオドライブ → P.202
2. ビバリーヒルズ → P.202
3. ロバートソンブルバード → P.203

ウエストサイド（ロデオドライブ）へのアクセス

出発点	路線バス／メトロレイルなど		レンタカー		タクシー	そのほかの交通機関
サンタモニカ	M4,720	60分	Santa Monica Blvd.	35分	$35	——
ハリウッド	M212,217 + 4,720	55分	Highland Ave. + Santa Monica Blvd.	35分	$30	——
ミッドウィルシャー	M20,720	25分	Wilshire Blvd.	15分	$20	——
ダウンタウン	M20, 720	70分	Wilshire Blvd.	40分	$50	——
パサデナ	RAライン（ブルー）, Lライン（ゴールド）+M20,720	100分	CA-110 + US-101 + Santa Monica Blvd.	55分	$80	——
ロングビーチ	RAライン(ブルー)+M 20,720	120分	I-710 + I-405 + Santa Monica Blvd.	70分	$120	——
LAX	Cr6 + M20,720	100分	I-405 + Santa Monica Blvd.	45分	$60	ドア・トゥ・ドア・シャトル
ディズニーランド周辺	M460 + 20,720	190分	I-5 + US-101 + Santa Monica Blvd.	100分	$160	——

※表内の所要時間、料金はおおよそのもの。交通事情によって変動する
Mメトロバス、Rメトロレイル、Cカルバーシティバス
読み方の例：M212, 217+4, 720＝メトロバスの＃212か217を使い、途中でメトロバスの＃4か720に乗り換える

Model Plan for Westside

ダウンタウンから▶5th St. & Grand Ave.からⓂ720に乗車し、Wilshire Blvd. & Glendon Ave.で下車。約1時間15分

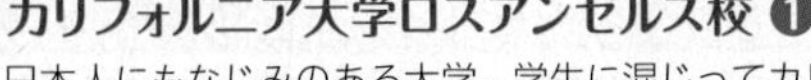

9:00 カリフォルニア大学ロスアンゼルス校 ❶

日本人にもなじみのある大学。学生に混じってカリフォルニアの雰囲気を味わおう。UCLAのロゴ入りオリジナルグッズはおみやげにいい。 1時間→P.205

Westwood Blvd. & Santa Monica Blvd.からⓂ4に乗車。Santa Monica Blvd. & Century Park Westで下車。約35分

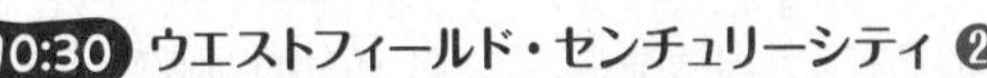

10:30 ウエストフィールド・センチュリーシティ ❷

約230の店舗が入るオープンエアのショッピングモール。有名映画俳優がショッピングを楽しんでいるかも。

1時間30分→P.204、P.344

Santa Monica Blvd. & Century Park WestからⓂ4に乗車し、Santa Monica Blvd. & Camden Dr.下車。約10分

12:10 ロデオドライブ ❸

最高級のブティックが並ぶ通り。Santa Monica Blvd.を渡って北側にあるBeverly Hillsのサインをバックに写真撮影もしたい。ロデオドライブ周辺のレストランでランチ。

3時間→P.202、P.322〜324、P.368

Santa Monica Blvd. & Camden Dr.からⓂ4に乗車し、La Peer Dr. & Santa Monica Blvd. 下車。南東に500m。約20分

15:00 ロバートソンブルバード ❹

ハリウッドセレブも通うセレクトショップやおしゃれなレストランが並ぶ。

1時間→P.203、P.320〜321

ロデオドライブにも引けを取らない高級店が集まる

徒歩で。約8分

16:00 ウエスト・サード・ストリート ❺

個性あふれる個人経営の店が軒を連ねる。芸能人御用達のヴィンテージショップやカフェもある。

1時間30分→P.203、P.321、P.365〜366

徒歩で。約1分

17:30 ビバリーセンター ❻

デパートのBloomingdale'sやMacy'sのほか、CoachやTumiなどの高級ブランドも入るショッピングモールでお買い物。

1時間20分→P.343

徒歩で。約10分

19:10 ラ・シエネガ・ブルバード ❼

高級レストランが立ち並ぶストリート。LA滞在の記念に最高級レストランで豪勢なディナーを楽しみたい。

2時間→P.203、P.366〜367

ウエストサイドの歩き方

ビバリーヒルズに代表される高級住宅街が広がるエリア。ロデオドライブやロバートソンブルバードには、高級ブランドショップが軒を連ね、流行の最先端を感じることができる。ただし、ロデオドライブはショップの閉店後、人通りが少なくなるので注意しよう。また贅を尽くした美術館のゲッティセンター（→P.206）は半日以上、時間をあてたい。移動はメトロバスで。

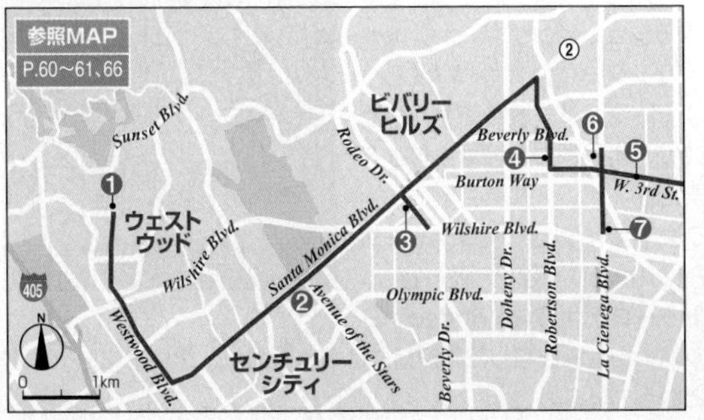

有名人が頻繁に目撃されているレストランはラ・シエネガ・ブルバード沿いにある

ビバリーヒルズ
Beverly Hills

大富豪や有名人といったセレブの豪邸が立ち並んでいるイメージが強いビバリーヒルズ。この街は独自の行政区と警察をもち、大型バスの乗り入れを規制するなどして、その居住環境を守っている。また、ロデオドライブを代表とするショッピングスポットには高級ブランドが集まっていて、街全体に高級感が漂うエリアだ。

P.320～P.324 P.365～P.368

ビバリーヒルズ

ACCESS

🚌 LAダウンタウンからは、メトロバス#4に乗車しCamden Dr. & Santa Monica Blvd.で下車。約1時間20分。ハリウッドからは、メトロバス#217に乗車し、Santa Monica Blvd. & Fairfax Ave.で#4に乗り換える。Santa Monica Blvd. & Camden Dr.で下車。約50分。

🚗 LAダウンタウンからは、Wilshire Blvd.を西に16km。約40分。ハリウッドからはSanta Monica Blvd.を西に8km。約30分。

高級という言葉が似合う街 MAP P.61-C1～D2

ビバリーヒルズ

★★★ Beverly Hills

多くのハリウッドスターが住むビバリーヒルズ。この周辺のヤシの木の街路樹は、LAでもダントツの美しさを誇る。**ビバリーヒルズのサイン**がある公園、ビバリーガーデンズ・パークBeverly Gardens Park（MAP P.77-B1）から北西に1ブロック歩くだけでも高級住宅街の雰囲気を感じられるだろう。丘陵地帯が多く広範囲に及ぶため、豪邸をじかに眺めるのは容易ではない。公共バスも走っていないため、ガイドの解説付きツアー（→P.43）に参加するかレンタカーで回ることになる。その際、スターのお屋敷が掲載されている地図「スターマップ」をハリウッド周辺のみやげ物屋や通り沿いのボックスで入手するといい。

看板の前で記念撮影を

ロデオドライブ

ACCESS

🚌 LAダウンタウンからはメトロバス#20、720に乗車し、Wilshire Blvd. & Rodeo Dr.で下車。約1時間。ハリウッドからはメトロバス#217に乗車し、Fairfax Ave. & Wilshire Blvd.で#20、720に乗り換える。Wilshire Blvd. & Rodeo Dr.で下車。約55分。

🚗 LAダウンタウンからはWilshire Blvd.を西に14km。約40分。ハリウッドからはSanta Monica Blvd.を西に7km、Rodeo Dr.を左折。約30分。

ロデオドライブにある公共の駐車場

Beverly Dr.沿いやSanta Monica Blvd.沿いにある。

URL www.beverlyhills.org/citygovernment/parkingservices

有名ブランドショップが集まるエリア MAP P.61-C2、P.77-A1～B3

ロデオドライブ

★★★ Rodeo Drive

サンタモニカブルバードSanta Monica Blvd.、ウィルシャーブルバードWilshire Blvd.、キャノンドライブCanon Dr.に囲まれた「黄金の三角地帯The Golden Triangle」は、世界中の高級ブランド店が競って軒を並べるショッピングゾーン。なかでも、サンタモニカブルバードとウィルシャーブルバードを南北に縦断するのが、世界的に有名なロデオドライブだ。

ロデオドライブとウィルシャーブルバードの角が、石畳が敷かれた小道の**トゥーロデオ Two Rodeo**。ヨーロッパの街並みを模した階段横には噴水もあり、観光客の撮影スポットとなっている。

トゥーロデオも人気の撮影スポット

各国の高級レストランが立ち並ぶ　MAP P.66-A1～A4

ラ・シエネガ・ブルバード

★★　La Cienega Boulevard

ビバリーヒルズの東側を南北に貫くラ・シエネガ・ブルバードは、高級レストランが集まっていることで有名だ。特にバートンウエイBurton WayからウィルシャーブルバードWilshire Blvd.にかけて、アメリカ料理、日本料理、中国料理などさまざまな大型レストランが並ぶ。そんなラ・シエネガ・ブルバードの真ん中に構えているのが、巨大ショッピングモールの**ビバリーセンターBeverly Center**（→P.343）。GucciやSwarovskiからH&M、ユニクロまで幅広いブランドが入居する。1階には、カジュアルな雰囲気のレストランもあり、気兼ねなく食事を取ることができるので便利だ。

高級レストランが軒を連ねる

ラ・シエネガ・ブルバード
ACCESS
🚌 LAダウンタウンからはメトロバス#14、16、20、720に乗り、La Cienega Blvd.で下車。約55分。
ハリウッドからは#217に乗り、W. 3rd St. & Fairfax Ave.で#16に乗り換える。約40分。
🚗 LAダウンタウンからはI-10(Santa Monica Fwy.)を西へ走り出口7Aで下りる。La Cienega Blvd.を約4km北上。約30分。
ハリウッドからはSunset Blvd.を西へ向かい、La Cienega Blvd.を左折。2km行くとビバリーセンターが右にある。約20分。

最新の流行を知ろう　MAP P.61-D1～D2、P.78-A1～B2

ロバートソンブルバード

★★　Robertson Boulevard

ロデオドライブとラ・シエネガ・ブルバードの間を南北に走るロバートソンブルバード。サンタモニカブルバードSanta Monica Blvd.からバートンウエイBurton Wayにかけての10ブロックに、ハリウッドセレブが通うアパレルショップや、セレブを追いかけるパパラッチが毎日待機しているといわれるアイビーレストランThe Ivy Restaurant（→P.18）が並ぶ。

また、メルローズアベニューMelrose Ave.（→P.225）とSan Vicente Blvd.の交差点周辺にあるのが、インテリアデザイン関係のショップや数々のアートギャラリーが集まる**パシフィック・デザイン・センターPacific Design Center**（→脚注）。Armani / CasaやJames Perseをはじめ約80のショールームが入る。

ロバートソンブルバード
ACCESS
🚌 LAダウンタウンからはメトロバス#16に乗り、San Vicente Blvd. & Gracie Allen Dr.で下車。Gracie Allen Dr.を西に800m。約1時間。
ハリウッドからは#217に乗り、W. 3rd St. & Fairfax Ave.で#16に乗り換える。約50分。
🚗 LAダウンタウンからはI-10(Santa Monica Fwy.)を西へ走り出口6で下りる。Robertson Blvd.を5km北上。約30分。
ハリウッドからはSunset Blvd.を西へ向かい、San Vincente Blvd.を左折。1.6km行きBeverly Blvd.で右折し300mでRobertson Blvd.。約20分。

セレブも通うトレンドの発信地　MAP P.66-A3～B4

ウエスト・サード・ストリート

★★★　W. 3rd Street

ビバリーヒルズとダウンタウンを結ぶウエスト・サード・ストリートのなかでも、特に、ビバリーセンター（→P.343）があるラ・シエネガ・ブルバードからショッピングモールの**グローブThe Grove**（→P.345）があるフェアファックス・アベニューまでを結ぶ13ブロックに、おしゃれなセレクトショップやレストランが並ぶ。個人経営の店が多く、LAならではの洋服を探しに来るスタイリストも多い。

ハリウッドセレブも目撃されているレストランが並ぶ

ウエスト・サード・ストリート
URL west3rdstreet.com
ACCESS
🚌 LAダウンタウンからはメトロバス#16がW. 3rd St.を通る。La Cienega Blvd.かFairfax Ave.で下車。約55分。
ハリウッドからは#217に乗車、W. 3rd St. & Fairfax Ave.で下車。約30分。
🚗 LAダウンタウンからはW. 3rd St.を西に12km。約25分。
ハリウッドからはSunset Blvd.を西へ向かい、Fairfax Ave.を左折。3km進むとW. 3rd St.。約15分。

MEMO パシフィック・デザイン・センター　MAP P.61-D1　住 8687 Melrose Ave., West Hollywood　☎ (310) 360-6425　URL www.pacificdesigncenter.com。営 店舗により異なる

センチュリーシティ
Century City

ビバリーヒルズとウエストウッドの真ん中に30年がかりで造られた人工都市。もともと映画会社の20世紀フォックスの撮影所だった広大な敷地に、超近代的なビル群を建てすべての都市機能を詰め込んだ。オフィスビルからホテル、レストラン、ショッピングモールまで、ありとあらゆるものが揃っている。

→P.321、P.344

ウエストフィールド・センチュリーシティ
→P.344

ACCESS
🚌 LAダウンタウンからはメトロバス#28でCentury Park W. & Santa Monica Blvd.下車。約1時間10分。
ハリウッドからは、メトロバス#217でFairfax Ave. & Santa Monica Blvd.下車。#4に乗り換え、Santa Monica Blvd. & Avenue of the Stars下車。約1時間。
🚗 LAダウンタウンからはI-10 (Santa Monica Fwy.) を西に進み出口4で下りる。Overland Ave.を北上し、Santa Monica Blvd.を右折。約40分。
ハリウッドからはSanta Monica Blvd.を西へ9km。約25分。

ミュージアム・オブ・トーレランス
住 9786 W. Pico Blvd., Los Angeles
☎ (310)553-8403
URL www.museumoftolerance.com
営 月～木10:00～15:30、日10:00～17:00。時期により異なる
休 金土、サンクスギビング、クリスマス、元日
料 大人$16、シニア (62歳以上)$13、子供(5～18歳)$12、5歳未満無料

ACCESS
🚌 LAダウンタウンからは、メトロバス#28でOlympic Blvd. & Roxbury Dr.下車。Roxbury Dr.を南へ800m行った所。約1時間。
ハリウッドからは、メトロバス#217でFairfax Ave. & Pico Blvd.下車。ビッグ・ブルー・バス#7に乗り換え、Pico Blvd. & Roxbury Dr.下車。約55分。
🚗 LAダウンタウンからは、I-10(Santa Monica Fwy.)を西に進み出口6で下りる。Castle Heights Ave.、Beverwil Dr.、Cashio St.を北西に4km。約30分。
ハリウッドからは、Hollywood Blvd.、Fairfax Ave.、Pico Blvd.を南西に11km。約30分。

オープンエアのショッピングモール
MAP P.60-B3

ウエストフィールド・センチュリーシティ
★★ **Westfield Century City**

超高層マンションやオフィスビルが立ち並ぶセンチュリーシティの真ん中にあるショッピングモールがウエストフィールド・センチュリーシティ（→P.344）だ。天井のないオープンエア形式のモールで、西海岸の明るい日差しを受けながらショッピングを楽しむことができる。デパートやレストラン、映画館が約230店入り、1日いても飽きることがない。

高級ブランドのショップが比較的多い

ホロコーストの歴史を知る
MAP P.61-C3

ミュージアム・オブ・トーレランス
★ **Museum of Tolerance**

1993年に開館した、ユダヤ人人権団体のサイモン・ウィーゼンタール・センターに隣接する博物館。第2次世界大戦でナチス軍がユダヤ人に対して大量虐殺を行った歴史を中心に、人種差別や偏見、テロ行為について解説している。なかでも、ホロコーストのコーナーHolocaust Exhibitでは、1920～1945年の期間どのようにユダヤ人は迫害されていたかを、写真や映像を使って細かく説明。来場者は収容所に送られた子供のひとりになりきって、どのような環境で生まれ、どのような生活を送り、どのように生き延びていったのかをパネルを通して体験できる。そのほか、アンネ・フランクの展示室も必見。ホロコースト犠牲者であり、『アンネの日記』の著者であるユダヤ系ドイツ人少女の人生について紹介している。

日本語版の『アンネの日記』も展示されている

ウエストウッド
Westwood

ハリウッドとサンタモニカのほぼ中間に位置するウエストウッドは、日本人にもなじみのある大学UCLAを中心に広がる学生の街。大学の気風を反映してか、このエリアにはおしゃれなカフェやレストラン、ショップが並ぶ。すぐ隣がビバリーヒルズ、大学の裏はベルエアという高級住宅地に囲まれているせいもあるのだろう。

西海岸を代表する名門大学 MAP P.60-A2

カリフォルニア大学ロスアンゼルス校
University of California, Los Angeles (UCLA)

日本人留学生が多い大学のひとつ

州内に多数あるカリフォルニア大学のひとつ、ロスアンゼルス校 University of California, Los Angelesを略して**UCLA**と呼ぶ。1919年の開校以来、カリフォルニア州きっての名門校として発展し、2023年1月現在の学生数は約4万6000人。419エーカー(約1.7km^2)という広大な敷地には緑が豊富に残されていて、新旧さまざまな建物が180余り点在している。

UCLAは学力のレベルが高いだけでなく、フットボールやバスケットボールなどスポーツに強い大学としても知られている。カレッジスポーツのシーズン中にはプロスポーツと比べても引けを取らないほどの盛り上がりだ。チームのマスコットは、ブルーインズBruinsと呼ばれる熊で、スタジアムは青と金色のUCLAカラー一色で埋めつくされる。

UCLAのあるウエストウッドは夜も楽しめる街でもある。映画館やライブハウス、気軽に利用できるレストランやカフェも多い。キャンパス見学のついでに、ランチなどを楽しむのもいい。

Wilshire Blvd.沿いにある**ハマー美術館Hammer Museum**はゴッホやゴーギャン、モネなどを所蔵し、充実したコレクションを誇る美術館としても知られている。毎週土曜に無料ガイドツアー(所要約1時間)あり。

カリフォルニア大学ロスアンゼルス校
住405 Hilgard Ave., Los Angeles ☎(310)825-4321
URL www.ucla.edu

ACCESS
バス LAダウンタウンからメトロバス#20、720に乗り、Wilshire Blvd. & Glendon Ave.下車。約1時間20分。
ハリウッドのSunset Blvd. & Highland Ave.からメトロバス#2で約50分。
サンタモニカからは、ビッグ・ブルー・バス#1、2、8、18で約45分。
車 LAダウンタウンからは、I-10、I-405を北西に行き、出口55B-Cから、Wilshire Blvd.、Westwood Blvd.を進むとUCLAの正門へ出る。約45分。ハリウッドからは、Sunset Blvd.を西へ12km、UCLAの裏口を通る。約30分。

UCLAストア
住308 Westwood Pl., Los Angels ☎(310)825-6064
URL www.uclastore.com
営月～金10:00～18:00(火～金17:00)、土日11:00～16:00。時期により変更あり

ハマー美術館
MAP P.60-A3
住10899 Wilshire Blvd., Los Angeles
☎(310)443-7000
URL hammer.ucla.edu
営火～日11:00～18:00
休月 料無料

COLUMN UCLAに行くならまずはユニオンへ

UCLAの大学生協、**UCLAストアUCLA Store**はキャンパスのほぼ中央の**アッカーマン・スチューデント・ユニオンAckerman Student Union**(MAP P.60-A2)内に入る。とても規模が大きく、書籍、スポーツ用品、文房具類は品揃えが豊富だ。UCLAのネーム入りのTシャツやボールペン、ノート、人形などはおみやげによさそう。

キャンパスのいちばん奥には、マティスやロダン、ヘンリー・ムーア、アレキサンダー・カルダーなど70以上の彫刻作品を自然のなかで鑑賞できる庭園のフランクリン・D・マーフィー・スカルプチャー・ガーデンFranklin D. Murphy Sculpture Gardenや、アジア、アフリカの美術作品を集めたフォウラー博物館Fowler Museumがある。

MEMO **キャンパスマップ** UCLA のキャンパスは広大なので、事前にキャンパスマップをウェブサイトから入手しておこう。URL maps.ucla.edu/downloads/pdf/UCLA_Campus_Colored_Map.pdf

ブレントウッド
Brentwood

ウエストウッドからI-405を北へ上っていくと、やがて高級住宅地ブレントウッドに入る。ブレントウッドの丘からLAを見下ろしている白亜の建物が、ゲッティセンターだ。LAのみならずアメリカでも有数のコレクションを誇る美術館だけに、全米のアートファンから多くの注目を集めている。

ゲッティセンター
住1200 Getty Center Dr., Los Angeles
☎(310)440-7300
URLwww.getty.edu
営火 ～ 日10:00～17:30(土～20:00)
休月、おもな祝日
料無料
※事前にウェブサイトから予約すること。

ACCESS
🚌 LAダウンタウンからは、メトロバス#720でWilshire Blvd. & Glendon Ave.下車。Westwood Blvd. & Lindbrook Dr.でメトロバス#761に乗り換える。約2時間。もしくはメトロレイル・Eライン(エクスポ)、Lライン(ゴールド)でExpo/Sepulveda駅まで行き、メトロバス#761に乗り換える。約1時間50分。
ウエストウッドからは、メトロバス#761で約30分。サンタモニカからは、ビッグ・ブルー・バス#1、2でWestwood Blvd. & Le Conte Ave.下車。メトロバス#761に乗り換える。約1時間30分。
🚗 I-405を北へ進み、出口57Bで下りる。Getty Center Dr.出口を出てすぐ。駐車場は$20(15:00以降は$15)

MEMO
ゲッティセンターへ車で行くときの注意
レンタカーのGPSに「1200 Getty Center Dr., Los Angeles」と入力すると、行き止まりや一般車が入れない道に出ることが多い。「N. Sepluveda Blvd. & Getty Center Dr.の交差点」と入力すれば、無事にたどり着く。

オーディオガイド
ゲッティセンターのアプリをスマートフォンにダウンロードすれば、英語や日本語のオーディオガイドが聞ける。ただしイヤホンを着用のこと。ミュージアムストアでイヤホンの販売あり。

ガイドツアー
→P.208脚注

建物もひとつの展示物

MAP P.48-A1～B2

ゲッティセンター
★★★ The Getty Center

観光客、地元の人を問わず、ロスアンゼルスで人気の美術館がこのゲッティセンター。かつてマリブ（ゲッティヴィラ近く）にあったJ.ポール・ゲッティ美術館が手狭になったため、13年の歳月、約10億ドル（！）をかけて建設された。サンタモニカマウンテンの麓、ブレントウッドに110エーカー（0.45km^2）の広さをもつゲッティセンターは、J. ポール・ゲッティ美術館J. Paul Getty Museumを中心に、教育・研究機関などの施設を併せもつアートの総合センターだ。入場は無料だが、車で来館する場合は、駐車場代が＄20必要（ただし、15:00以降は＄15）。センター内マップ→P.208。無料ツアー情報→P.208脚注。

まずはトラムに乗って山頂へ

美術館の入口まではトラムで向かう

ビジターはまず、無人運転のトラムに乗ることになる。山頂までは約5分の乗車だが、これがまた、このセンターに来る楽しみのひとつ。眼下には、すぐ脇にI-405、その先にセンチュリーシティ、ウエストウッド、はるかかなたにはダウンタウンまで見渡せる、すばらしい眺めが広がっているのだ。トラムが着くのはアライバルプラザArrival Plaza。正面の階段を上るとそこがゲッティ美術館への入口だ。

J. ポール・ゲッティ美術館　J. Paul Getty Museum

アライバルプラザから階段を上りエントランスホールEntrance Hallに入ったら、まずインフォメーションデスクで館内マップ（日本語あり）を手に入れよう。ここではツアーやイベントをチェックできる。左側にはミュージアムストアがある。

美術館はエントランスホールを含め、5つのパビリオンとホールで構成されていて、それぞれのパビリオンに行くには中央のミュージアムコートヤードMuseum Courtyardに1度出るようにデザインされている。特に順路はないので、気ままに屋外の美しい景色や噴水を楽しんだり、屋内でアートを鑑賞するとよい。さらには、**中央庭園Central Garden**にも足を運びたい。すり鉢状になった緑豊かな庭園には500種以上の植物が植えられていて、季節ごとに異なる姿を見せてくれる。

5つのパビリオンを見て回ろう

ノース、イースト、サウス、ウエストとエキシビションの5つのパビリオンのうち、東西南北のパビリオンは常設の展示に、エキシビションパビリオンは特別展示に使われている。東西南北4つのパビリオンでの展示物は、それぞれ年代別に分けられていて（→側注）、時代を追って回ることができるのもいい。

また、館内は、自然光を十分に取り入れられるよう計算されたサンライトシステムを採用している。これは、センサーで太陽の動きをキャッチして室内へ取り込むという、コンピューター制御の最先端システムだ。これによって、アーティストたちがスタジオで作品を制作したときと同じ光の状態で鑑賞でき、人工的な電灯のもとではわからない、微妙な色や表面の美しさを判別できるようになった。

注目したい展示は、所蔵数も多い、サウスパビリオンにある1600年から1800年の絵画やヨーロッパの装飾芸術。ウエストパビリオンにある1800年から1900年の彫刻と絵画も見逃せない。ヨーロッパ美術に興味のある人は、イタリアの装飾美術やフランス絵画が揃うイーストパビリオンにもぜひ立ち寄りたい。また、3つのパビリオンの2階に展示されている絵画は、1600年から1900年のヨーロッパ絵画が大きな割合を占め、そのなかには、レンブラントRembrandt、モネMonetなど有名な画家の名前もある。ノースパビリオンには、ルネッサンス時代の彫刻などを所蔵するヨーロッパの彫刻と装飾美術のギャラリーMedieval and Renaissance Sculpture and Decorative Arts があり、ルネッサンス期の芸術作品、1400年から1700年のヨーロッパのガラスや陶磁器コレクション、1150年から1600年の宗教芸術など時代とテーマ別に分けられた4つのコーナーで、さまざまな展示を楽しめる。

なかでも、必見の作品は、ウエストパビリオン2階にあるモネMonetの『サンライズ（マリン）Sunrise (Marine)』やゴッホGoghの『アイリスIrises』、マネManetの『スプリング（ジャンヌ・ドマルシー）Spring (Jeanne Demarsy)』、イーストパビリオン2階にあるレンブラントRembrandtの『笑うレンブラントRembrandt Laughing』など。

建物自体も見応え十分だ

展示物の年代

■ノースパビリオン
1700年以前
■イーストパビリオン
1600～1800年
■サウスパビリオン
1600～1800年
■ウエストパビリオン
1800年以降

美術館以外の施設も充実！

■リサーチ・インスティテュート・エキシビション・ギャラリー
希少価値の高い本や写真、芸術家たちのノートなどを所蔵し、特別展を行う。

■中央庭園
天候、季節、時間によって見せる表情が常に変化するように計算されているという庭園。

■ミュージアムストア
ポスター、絵はがき、画集などを販売している。
営火～日10:00～18:00（土～20:00） 休月

おもなダイニングスポット

■Cafe
レストラン&カフェ・ビルディングの地下にあるセルフサービスのカフェ。ピザ、サラダ、パスタなど。
営火～日11:30～15:00。時期により異なる
休月

■The Restaurant
カフェと同じ建物内の本格派レストラン。サンタモニカ山脈の景色も楽しめる。電話、またはウェブサイトでの予約をすすめる。
☎(310) 440-6810
営ランチ 火～土11:30～14:30、日11:00～15:00、ディナー土17:00～20:00

■Garden Terrace Cafe
美術館の地階テラスレベルにある軽食カフェ。雨天時は閉店。
営土 日11:00～17:00（日～16:00）。時期により異なる
休月～金

COLUMN ゲッティとは？

ゲッティセンターの前身はマリブにあったJ.ポール・ゲッティ美術館。その名のとおり、大富豪J.ポール・ゲッティJ. Paul Gettyの邸宅を美術館として開放したもの。ゲッティは1892年ミネソタ州ミネアポリス生まれ。弁護士だった父親が石油を掘り当てたことから大富豪となった。彼はアメリカ国内やイギリスの大学を転々としたあとに帰国。父親の協力を受けて、自らも石油を掘り当てると会社を興す。その後、父の遺産と企業の買収などで莫大な財産を築きあげた。当時のゲッティの資産は10億～20億ドルといわれ、世界一の富豪と評されるようになった。この莫大な資産を使って集められた美術品が現在のゲッティセンターの中心になっている。

また、1976年に亡くなったゲッティは約3億ドルの遺産を美術館に残しているが、遺族との裁判の結果、なんとこの4.25%を毎年使わなければならないという。そんな事情もこの豊富なコレクションやすばらしい美術館の背景にあるようだ。

MEMO ミュージアムストア　会計の際にメトロの tap カードを提示すると、10% の割引きを受けられる。

ドラマチックな美術館、ゲッティセンターに見る

建築と景観の融合 The Getty Center

ゲッティセンターはただの美術館ではない。
建物、庭園、そこからの景観までを芸術として楽しめるのだ。
建築家のリチャード・マイヤーが目指した「ひとつの都市」はトラムに乗った瞬間から始まっている。

モダン建築の大家

建築家リチャード・マイヤー

世界で最も有名な建築家のひとりである**リチャード・マイヤーRichard Meier**は、1934年、アメリカ、ニュージャージー州ニューアークで生まれた。1984年に建築界の最高峰といわれる"プリツカー賞"を最年少（当時）で受賞、同年にゲッティ財団の厳しい人選によってゲッティセンターの設計を担当することになる。

リチャード・マイヤーは採光と開放感という、当時のロスアンゼルス建築に多く見られたスタイルに、イタリアから取り寄せた1万6000トンのトラバーチン（多層大理石）を組み合わせることにより、彼らしい作風で、モダニズムとゲッティ財団の過去と未来を見事に表現した。それは「ひとつの都市」と表現するほど完成度が高く、リチャード・マイヤーの代表作として評価されている。

ロスアンゼルスのダウンタウンまで見渡せる

緩やかな曲線が印象的なエントランスホール

変化する芸術

中央庭園 Central Garden

中央庭園のデザインを担当したのは、庭園の芸術家ロバート・アーウィンRobert Irwin。彼はこの庭を「庭の形をとった、芸術たるべき彫刻」と呼んだ。庭園はツツジの迷路、ブーゲンビリアの遊歩道もあり、季節によってさまざまな表情を見せる。太陽光が花をいっそう輝かせ、見事な色のコントラストを生む。

まずはトラムに乗車。ここから美術館のエントランスに向かう

リチャード・マイヤーのおもな建築

ハイ美術館（アメリカ・アトランタ）
フランクフルト工芸博物館（ドイツ・フランクフルト）
カナル・プリュス本社ビル（フランス・パリ）
バルセロナ現代美術館（スペイン・バルセロナ）
キヤノン本社ビル（日本・東京）
ザ・パークハウス晴海タワーズ（日本・東京）

MEMO **ゲッティセンターのツアー** 開館中は１日に数回無料のガイドツアーが催行されている。エントランスホールから出発。人数制限があるので、出発15分前までに到着しておくこと。時期により、曜日、開始時刻が異なることもあるので、当日インフォメーショ↗

花の迷路。スカイラインと建築、中央庭園が楽しめる

ミュージアムコートヤードの建築と風景にさわやかさをプラスする噴水

眺めもよい美術館地階の Garden Terrace Cafe でランチを楽しもう

↘ンデスクで確認すること。建築ツアー（所要 45 分）：火～日 11:00、12:00、13:00、14:00。庭園ツアー（所要 45 分）：火～日 11:00、12:00、13:00、14:00。コレクションツアー（所要 45 分）：火～日 11:00、14:00。

1年中、観光客でにぎわうオベーションハリウッド周辺

世界有数のエンターテインメントの都

Exploring Los Angeles

ハリウッド Hollywood

有名人の星形敷石をパチリ

ハリウッド Hollywood
パサデナ Pasadena
ウエストサイド Westside
ミッドウィルシャー Mid Wilshire
ビーチシティズ Beach Cities
ダウンタウン Downtown
ロスアンゼルス国際空港
ロングビーチ&サウスベイ Long Beach & South Bay
オレンジカウンティ Orange County
0 20km

- ハリウッド
- ウエストハリウッド

ロスアンゼルス観光局　ハリウッド案内所
Los Angeles Tourism & Convention Board
Hollywood Visitor Information Center

MAP P.74-B3　住6801 Hollywood Blvd., Hollywood（オベーションハリウッド3階）　☎(1-323)467-6412
URL www.discoverlosangeles.com（英語）
営月～土9:00～22:00、日10:00～19:00
※2023年1月現在、一時休業中。

いち押し見どころベスト3

1 TCLチャイニーズ・シアター → P.214
2 ウオーク・オブ・フェイム → P.216
3 メルローズアベニュー → P.225

ハリウッド（ハリウッド&ハイランド）へのアクセス

出発点	路線バス／メトロレイルなど		レンタカー		タクシー	そのほかの交通機関
サンタモニカ	M4,720 + 212, 217	90分	I-10 + Highland Ave.	55分	$60	——
ロデオドライブ	M4,720 + 212, 217	55分	Santa Monica Blvd. + Highland Ave.	35分	$30	——
ミッドウィルシャー	M217	40分	Fairfax Ave. + Hollywood Blvd.	20分	$25	——
ダウンタウン	RBライン（レッド）	25分	US-101	20分	$40	——
パサデナ	RAライン（ブルー）、Lライン（ゴールド）+ Bライン（レッド）	70分	CA-110 + US-101	40分	$60	——
ロングビーチ	RAライン（ブルー）+ Bライン（レッド）	90分	I-710 +I-5 + US-101	60分	$110	——
LAX	RCライン（グリーン）+ Jライン（シルバー）、Aライン（ブルー）+ Bライン（レッド）	110分	I-105 + I-405 + I-10 + La Brea Ave. + Highland Ave.	60分	$70	ドア・トゥ・ドア・シャトル
ディズニーランド周辺	M460 + RBライン(レッド)	160分	I-5 + US-101	75分	$115	——

※表内の所要時間、料金はおおよそのもの。交通事情によって変動する
M メトロバス、R メトロレイル
読み方の例：M212, 217＋4, 720＝メトロバスの＃212か217を使い、途中でメトロバスの＃4か720に乗り換える

Model Plan for Hollywood

ダウンタウンから▶メトロレイル・Bライン（レッド）のHollywood/Highland駅下車。約25分

10:00 TCLチャイニーズ・シアター ❶

通称チャイニーズ・シアターの前庭に埋め込まれた、ハリウッド名物のスターの手形や足形は必見だ。

45分→P.214

徒歩で。約2分

10:45 オベーションハリウッド ❷

ハリウッドサインも遠くに見える

ショッピングモールの渡り廊下からは、ハリウッドサインも見える。買い物とランチを。TCLチャイニーズ・シアター横に❸のツアーのブースがある。

1時間45分→P.214、P.344

徒歩で。約2分

12:30 映画スターの豪邸ツアー ❸

ハリウッドスターの豪邸を見学できるシャトルバンのツアー（スターラインツアーズ利用）で、40以上ものお城のような豪邸を巡ろう。ツアー発着地の目の前のHollywood Blvd.に❹が敷き詰められている。

2時間→P.43

映画にも登場した壁画

徒歩で。約1分

14:30 ウオーク・オブ・フェイム&ハリウッド壁画 ❹

有名スターの星形敷石がHollywood Blvd.沿いを中心に周辺5kmほど続く。

1時間→P.216

Hollywood Blvd.とLa Brea Ave.を走るⓂ212でMelrose Ave. & La Brea Ave.下車。約15分

16:15 メルローズアベニュー ❺

古着店や個性派ショップなどが軒を連ね、ショーウインドーを見るだけでも楽しい。

3時間→P.225、P.326〜329、P.372〜373

La Brea Ave.とHollywood Blvd.を走るⓂ212か、Fairfax Ave.とHollywood Blvd.を走るⓂ217でハリウッド中心部へ戻る。約15分

19:00 TCLチャイニーズ・シアターで映画鑑賞 ❻

最新映画をぜひ本場で観よう。

2時間→P.214

買い物はメルローズアベニュー周辺で

徒歩またはタクシーで。5〜10分

21:00 ディナー&ナイトスポットへ ❼

ハリウッド界隈は夜遅くまで開いているレストランや若者に人気のナイトスポットも多い。ホテルまではタクシーで帰ろう。

1.5時間→P.288〜289、P.369〜370

❶❸❻❼ ❷ Hollywood/Highland駅
Hollywood Blvd.
ハリウッド ❹
Sunset Blvd.
Santa Monica Blvd.
Fairfax Ave.
Highland Ave.
Wilcox Ave.
Cahuenga Blvd.
❺
Melrose Ave.
La Brea Ave.
Beverly Blvd.
W. 3rd St.
0 1km
参照MAP
P.64、66〜67

ハリウッドの歩き方

メトロレイル・Bライン（レッド）のHollywood/Highland駅上にあるオベーションハリウッドがエリアの中心で、観光客でいつもにぎわっている。ただし、ストリートパフォーマーが多く出没し、トラブルが絶えないので注意するように。大通りから道を1本外れると、日没後は治安が悪くなることもあるので、慎重に行動したい。移動はタクシーで。

マイケル・ジャクソン ゆかりの地巡り We LOVE MJ

エンターテインメントの聖地、LAにはマイケル・ジャクソン（Michael Jackson ＝MJ）ゆかりのスポットがいっぱい。ハリウッド、ダウンタウン周辺に点在するスポットを巡り、マイケルの足跡をたどってみよう。

START

1 『This is it』ツアーは ここからスタートするはずだった クリプト・ドット・コム・アリーナ Crypto.com Arena

09:00

ファンによる葬儀が行われた

有名ミュージシャンの公演もよく行われている

映画『This is it』に収められたリハーサルが行われた。2009年7月ファン葬が開催された場所。旧名称、ステープルスセンター。（→P.237）

徒歩25分

PVでマイケルは女優のオーラ・レイと建物から出てくる

PVの撮影地

2 有名PVの撮影地 パレスシアター Palace Theatre

09:30

『スリラーThriller』のプロモーションビデオ（PV）に使われた劇場。1911年にオーフェム劇場Orpheum Theatreとしてオープンし、その後、パレスシアターとなった。

MAP P.72-B2　住630 S. Broadway, Los Angeles
☎(1-213)629-2939　URL thedowntownpalace.com

メトロバス#92、94で約45分

3 マイケルが眠る フォレストローン・メモリアルパーク Forest Lawn Memorial Park

10:30

マイケルが眠る建物（ラスト・サパー・ウインドー Last Supper Window）を外から見学できる。花のお供えをしたいときは、墓地内のフラワーショップへ。建物内まで、花をデリバリーしてくれる（料手数料込みで$30～。配達の日時、花の色なども選べる）。

MAP P.49-D1
住1712 S. Glendale Ave., Glendale
☎(1-323)254-3131
Free(1-888)204-3131
URL forestlawn.com/glendale
営毎日8:00～17:00（夏季は～18:00）

マイケルの終のすみか

エントランス。Last Supper Window方面へ坂を上っていくとマイケルのお墓にたどり着く

メトロバス#180で約35分

4 ポップカルチャーの発信地 ソーププラント／ワッコ Soap Plant / Wacko

12:00

マイケルのショッピングスポット

店内を数時間貸し切って、マイケルは買い物に勤しんだそう

ブレスレットやペンダント、ネックレスから、おもちゃ、洋服、石鹸などまで、多彩な品揃えを誇る。（→P.333）

メトロバス#217で約20分

5 マイケルが 住んでいた家にも行く 豪邸見学ツアー Movie Stars' Home Tour

13:30

マイケルが住んでいたビバリーヒルズ周辺

マイケルをはじめ、ビバリーヒルズ周辺の有名スターの豪邸を巡る約2時間のツアー。効率よく豪邸を見ることができる。日系の旅行会社の場合、日本語による案内もあり安心。（→P.43）

ロデオドライブの北には、豪邸が並ぶ。ビバリーヒルズ周辺は、ツアーで

徒歩3分

6 マイケルの手袋の形と靴の形 TCLチャイニーズ・シアター TCL Chinese Theatres

15:30

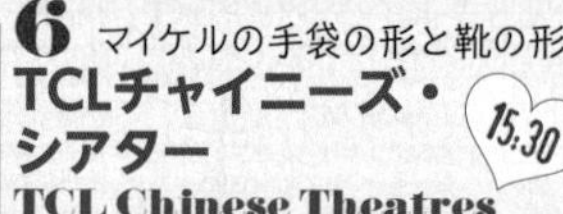

マイケルの死後、彼の着用したグローブと靴で作った手形と足形が敷石に残されている。（→P.214）

マイケルの子供たちが手形・足形を取っ

自分の手と大きさを比べてみよう

MEMO マイケルのろう人形　ハリウッドのマダムタッソーろう人形館（→P.216）には、マイケルのろう人形がある。時期により、展示されていないこともあるので、事前に電話やウェブサイトで確認を。

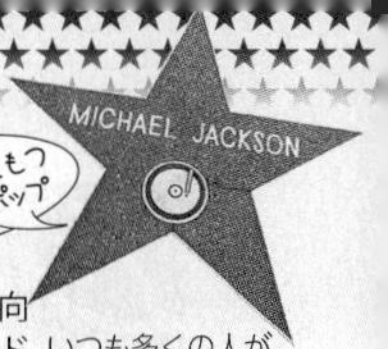

MICHAEL JACKSON

世界中にファンをもつ キング・オブ・ポップ

いつも多くの人が記念撮影をしているマイケルの敷石

徒歩1分

15:45

7 記念ショットを撮りたい！
ウオーク・オブ・フェイム Walk of Fame

ハリウッドにある有名人たちの星形。マイケルのものは、TCLチャイニーズ・シアターに向かって左のギフトショップの目の前にある。ちなみにVine St.沿い、サンセット・ブルバードSunset Blvd.の北側にはジャクソンズ The Jacksonsの敷石もある。（→P.216）

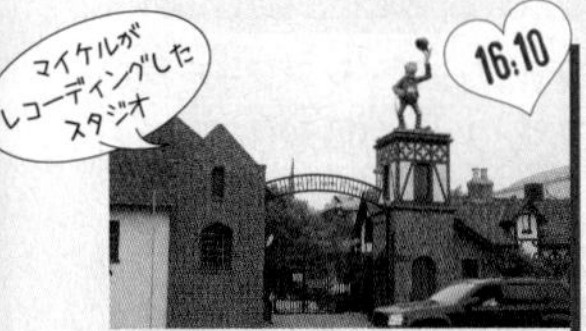

マイケルがレコーディングしたスタジオ

16:10

マイケル・ジャクソンやライオネル・リッチー、クインシー・ジョーンズなどそうそうたる顔ぶれがプロデュースに携わった

8 名曲を生んだスタジオ
ヘンソン・レコーディング・スタジオ Henson Recording Studios

1985年に発売され、大ヒットした『We are the World』を収録したスタジオ。当時はA&M Recordsという名前だったが、現在ジム・ヘンソン・カンパニーJim Henson Companyが所有する。カエルのカーミットが目印。

MAP P.64-A4　住 1416 N. La Brea Ave., Los Angeles

徒歩15分

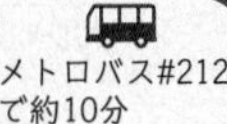

メトロバス#212で約10分

9 アメリカン・コミック専門店
ゴールデン・アップル・コミックス Golden Apple Comics

マイケルがショッピングを楽しんだコミックショップ。マーベル・コミックやDCコミックなど大手出版社のものから希少本まで、マニア垂涎のものが揃う。メルローズアベニュー周辺は、マイケルお気に入りの散策エリアだったそう。（→P.329）

16:30

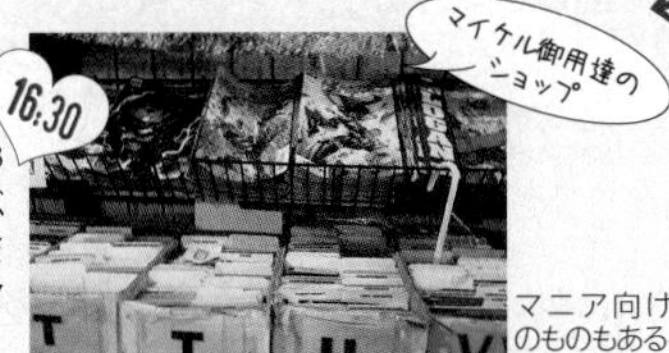

マイケル御用達のショップ

マニア向けのものもある

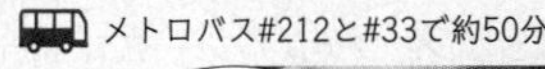

メトロバス#212と#33で約50分

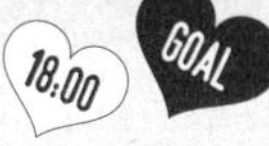

マイケルの専属シェフの店

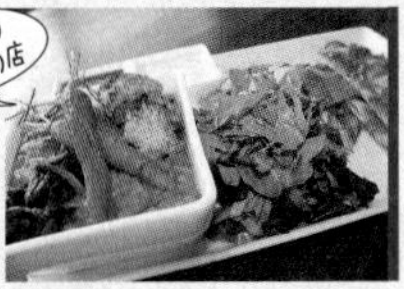

10年以上もマイケルのシェフとして、ツアーにも参加したアカーシャさんが作り出す料理

10 マイケルも親しんだ味
アカーシャ Akasha

18:00

GOAL

マイケルのプライベートシェフを務めたこともあるアカーシャさんが腕を振るうレストラン。オーガニック素材を使ったアイデアたっぷりの料理は、ハリウッドスターにもファンが多い。（→P.365）

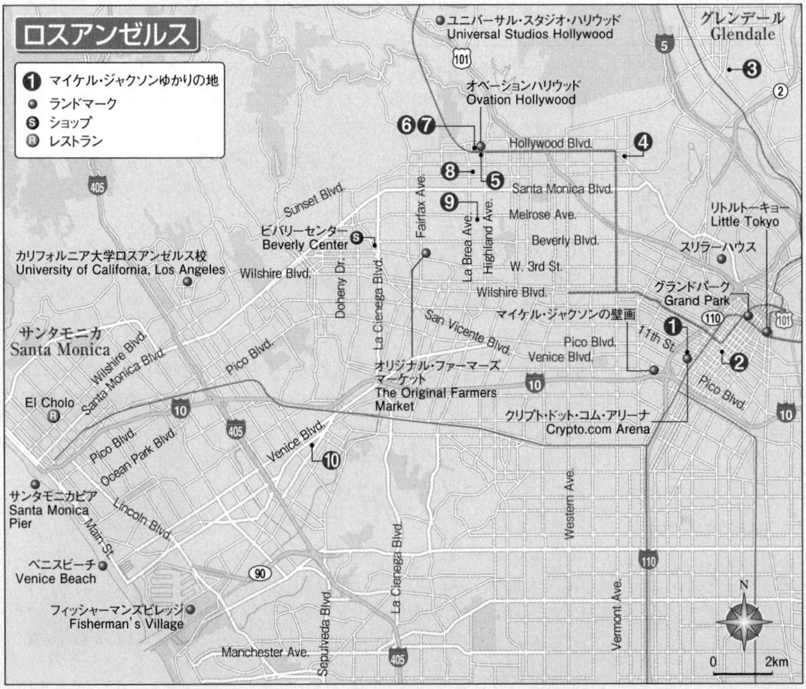

ロスアンゼルス
1 マイケル・ジャクソンゆかりの地
ランドマーク
S ショップ
R レストラン
ユニバーサル・スタジオ・ハリウッド
Universal Studios Hollywood
グレンデール
Glendale
オベーションハリウッド
Ovation Hollywood
Hollywood Blvd.
Santa Monica Blvd.
Sunset Blvd.
Melrose Ave.
Beverly Blvd.
W. 3rd St.
Wilshire Blvd.
Fairfax Ave.
La Brea Ave.
Highland Ave.
ビバリーセンター
Beverly Center
カリフォルニア大学ロスアンゼルス校
University of California, Los Angeles
Doheny Dr.
La Cienega Blvd.
リトルトーキョー
Little Tokyo
スリラーハウス
グランドパーク
Grand Park
マイケル・ジャクソンの壁画
San Vicente Blvd.
11th St.
Pico Blvd.
Venice Blvd.
サンタモニカ
Santa Monica
Wilshire Blvd.
Santa Monica Blvd.
Pico Blvd.
オリジナル・ファーマーズ・マーケット
The Original Farmers Market
El Cholo
クリプト・ドット・コム・アリーナ
Crypto.com Arena
Ocean Park Blvd.
Venice Blvd.
サンタモニカピア
Santa Monica Pier
Lincoln Blvd.
Main St.
ベニスビーチ
Venice Beach
フィッシャーマンズビレッジ
Fisherman's Village
Western Ave.
Vermont Ave.
Sepulveda Blvd.
La Cienega Blvd.
Manchester Ave.
N
0 2km

ハリウッド
Hollywood

ロスアンゼルスと聞いてまず“HOLLYWOOD”の文字とチャイニーズ・シアターを思い浮かべる人も多いはず。それは映画の都というLAのイメージにハリウッドが貢献しているものが大きいからだ。毎年2月から3月初めに映画界最高の賞であるアカデミー賞授賞式が開催されるのも、この街。映画ファンでなくともユニバーサル・スタジオ・ハリウッドと合わせてLAで必ず訪れたいエリアだ。

メトロレイル駅上のショッピングモール MAP P.74-B3

オベーションハリウッド

★★★ Ovation Hollywood

ハリウッドの中心的役割を担っているエンターテインメントゾーン。2022年、ハリウッド&ハイランドからオベーションハリウッドに名称が変更された。アカデミー賞授賞式会場のドルビーシアター（→P.215）や高級ホテルのロウズ・ハリウッド・ホテル（→P.401）、人気ファッションブランド店、レストラン、ファストフード店、観光案内所などが集まる。

ハリウッドのランドマーク MAP P.74-B3

TCL チャイニーズ・シアター

★★★ TCL Chinese Theatres

1927年に劇場王シド・グローマンSid Graumanが造らせたもので、世界でいちばん有名な映画館だ。ハリウッドが廃れていた頃でも、朝から晩まで観光客が絶えることがなかった唯一の場所である。中国寺院風の豪華な建物もさることながら、ここを有名にしたのは前庭の敷石に残されたスターたちの手形や足形（→P.215）。クラーク・ゲーブルやマリリン・モンローといった懐かしの名前から、エマ・ストーン、ジョニー・デップ、マイケル・ジャクソン、『スター・ウォーズ』のC3POにいたるまで、200人以上の名優たちがここにいるのだ。2022年には、ロックバンドのスマッシング・パンプキンズや女優のダイアン・キートンなども加わった。

敷石探しが終わったら、肝心の映画館へ。チャイニーズ・シアターは新作映画のワールドプレミアもたびたび行われる。2013年、メインシアターは世界最大級のIMAXシアターとして再開した。館内も中国風の装飾品で飾られ、観客席もゆったりして優雅な雰囲気が漂う。上記のメインシアターのほかにも6つのシアターがあるが、できれば有名なメインシアターのほうで観てみたい。チケット窓口はメインシアターの隣Hollywood Blvd.沿いにある。シアター内の見学ツアー（料大人$16、シニア$12、子供$8）も随時行われている。また、敷地内にスターラインツアーズ（→P.42）のブースもあり、ツアーの申し込みも可能だ。

ワールドプレミアの際は、長蛇の列ができる

オベーションハリウッド
→P.344
※営業時間は店により異なる

ACCESS
メトロレイル・Bライン(レッド) Hollywood/Highland駅の上。

MEMO
ハリウッドサイン
オベーションハリウッドのバビロンコート3階の渡り廊下から見える。ちょっと距離があるので小さく見えるが、いつも観光客でにぎわっている。

注意！
オベーションハリウッド前には映画の登場人物の格好をしたパフォーマーがたくさんいる。写真撮影など気軽に応じてくれるがチップも必要だ。観光客とパフォーマーたちとのトラブルも多いようなので注意しよう。

写真撮影にはチップが必須だ

TCLチャイニーズ・シアター
住6925 Hollywood Blvd., Hollywood
☎(1-323)461-3331
URL www.tclchinesetheatres.com

ACCESS
メトロレイル・Bライン(レッド)のHollywood/Highland駅を出て、Hollywood Blvd.を右側に徒歩約3分。Hollywood Blvd.のいちばんにぎやかなあたり。

アカデミー賞授賞式会場でもある

MAP P.74-B3

ドルビーシアター

★★★ Dolby Theatre

2001年にオープンしてから、毎年2月〜3月上旬に行われるアカデミー賞授賞式の会場となる劇場（2021年は除く）。2012年にコダックシアターから現在のドルビーシアターに名称が変更された。アカデミー賞授賞式当日はHollywood Blvd.から導かれるレッドカーペットの上を、映画界の大スターたちが満面の笑みをたたえながら、劇場へと入っていく。アカデミー賞の授賞式は、映画の都がふさわしいという理由から授賞式会場となった。客席数3400の劇場は、アカデミー賞以外にも、TV番組の収録に使われている。ガイドツアーでは、シアターの内部、バックステージを見て回る。ステージ未使用時は、ステージの見学もできる。アカデミー賞授賞式の準備期間（1月下旬から2月下旬頃）はツアーが休止となるので要注意。

ドルビーシアター
住6801 Hollywood Blvd., Hollywood
☎(1-323)308-6300
URL dolbytheatre.com
ガイドツアー
営毎日11:00〜16:00の1時間ごと。所要約30分。2階の入口から出発
料$25、シニア(65歳以上)・学生$19、3歳未満無料

ACCESS
メトロトレイル・Bライン(レッド)のHollywood / Highland駅を出て右側、徒歩2分。

ツアーで内部見学もできる

DATA TCLチャイニーズ・シアターで手形を探そう

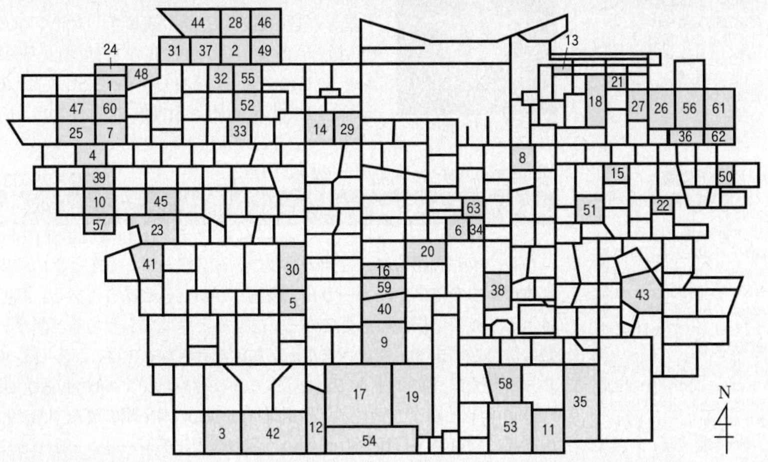

Adam Sandler - 1
Al Pacino - 2
Anthony Hopkins - 3
Arnold Schwarzenegger - 4
Bob Hope - 5
Brad Pitt - 6
Bruce Willis - 7
Clark Gable - 8
Clint Eastwood - 9
Denzel Washington - 10
Donald Duck - 11
Eddie Murphy - 12
Emma Stone & Ryan Gosling - 13
Frank Sinatra - 14
Gary Cooper - 15
Gene Kelly - 16
George Lucas & Steven Spielberg - 17
Gregory Peck - 18
Harrison Ford - 19
Harry Potter Cast - 20
Hugh Jackman - 21
Humphrey Bogart - 22
Jack Nicholson - 23
Jennifer Aniston - 24
Jim Carrey - 25
John Travolta - 26
John Wayne - 27
Johnny Depp - 28
Julie Andrews - 29
Judy Garland - 30
Kevin Costner - 31
Kirk Douglas - 32
Marilyn Monroe - 33
Matt Damon - 34
Mel Gibson - 35
Meryl Streep - 36
Michael Douglas - 37
Michael Jackson - 38
Michael Keaton - 39
Morgan Freeman - 40
Natalie Wood - 41
Nicolas Cage - 42
Paul Newman & Joanne Woodward - 43
Richard Gere - 44
Rita Hayworth - 45
Robert De Niro - 46
Robin Williams - 47
Samuel Jackson - 48
Sean Connery - 49
Shirley MacLaine - 50
Shirley Temple - 51
Sophia Loren - 52
Star Trek Cast - 53
Star Wars Cast - 54
Steve McQueen - 55
Steven Seagal - 56
Susan Sarandon - 57
Sylvester Stallone - 58
Tom Cruise - 59
Tom Hanks - 60
Warren Beatty - 61
Whoopi Goldberg - 62
Will Smith - 63

MEMO **TCL チャイニーズ・シアターでプレミアが行われるときはハリウッドブルバードの一部は通行禁止** TCL チャイニーズ・シアター前が封鎖され、周辺のバス停には「Detour（迂回路）」と書かれた張り紙が貼られ、公共バスのルートが変更される。張り紙で詳細を確認しよう。

ウオーク・オブ・フェイム
URL www.walkoffame.com
※上記のウェブサイトにある"Upcoming Ceremonies"ページ内で、新たに埋め込まれる敷石の予定についての情報が入手できる。数週間に1度の割合で新しい敷石が埋め込まれ、そのセレモニーがドルビーシアター前で行われるので、運がよければ有名スターを目にできる。

ACCESS
メトロレイル・Bライン(レッド)のHollywood/Highland駅目の前のHollywood Blvd.沿いなど。

MEMO
オベーションハリウッド周辺での注意点
ミュージシャン風の人がTCL チャイニーズ・シアター付近に多くいる。突然近づいてきて、「Free CD」と言って強引に CD を握らせてくる。押しに負けて受け取ってしまうと「Give Me Tip!」と $10 ～ 20 求めてくる。払わないとどこまでも追ってくるので、最初に断るか、無視するのがいちばん。

2022年、アヴリル・ラヴィーンも登場 MAP P.74-A3～75-D3

ウオーク・オブ・フェイム

★★★ Walk of Fame

ハリウッドのもうひとつのシンボルは、ハリウッドブルバードHollywood Blvd.などの歩道に埋め込まれた星形の敷石、ウオーク・オブ・フェイムだ。TCLチャイニーズ・シアター目の前のマイケル・ジャクソンをはじめミッキーマウス、ジョニー・デップなど、Hollywood Blvd.の両側に延々と続いている。観光客が皆自分の足元に向かってシャッターを切っているというのも、ハリウッドならではの光景だ。名前の下にはさまざまなシンボルマークが付いている。カメラは映画、レコードは音楽、テレビはテレビ、マイクはラジオ、マスクは舞台・演劇を表しており、それぞれの分野で活躍した、または活躍中のスターやスタッフの名前とともに刻まれているのだ。

もともとは1953年に、廃れたハリウッドを何とかしようと、地元の商店主たちが１戸につき$85ずつ出し合って企画したもの。1960年から設置が始まり、まずは1558人分の星形が作られた。その後は1年に15～20人の割合で増えていて、現在その数は2600個以上もある。

毎年増え続ける星形

星形が埋め込まれている舗道は、Hollywood Blvd.沿いの東はGower St.から西はLa Brea Ave.までにわたっており、Vine St. 沿いのSunset Blvd. & Yucca St.間にも拡大中だ。

ハリウッド壁画
ACCESS
徒歩：メトロレイル・Bライン(レッド)のHollywood/Vine駅からHollywood Blvd.をオベーションハリウッド方面(西)へ約500m行ったWilcox Ave.を左折した所に"You Are The Star"の壁画がある。
メトロレイル・Bライン(レッド)のHollywood/Highland駅からは、Hollywood Blvd.を東に約700m行き、Wilcox Ave.を右折した所。

往年のハリウッドスターに遭遇 MAP P.75-C3

ハリウッド壁画

★★ Hollywood Murals

ハリウッド周辺には、往年のハリウッドスターや、今をときめく人気俳優たちを描いたミューラル（壁画）がいたるところにある。驚くほどそっくりに描かれたものから、ちょっと考えないと名前と顔が一致しないものまで、さまざまだ。いちばん有名なものは、メトロレイル・Bライン（レッド）のハリウッド／ハイランドHollywood/Highland駅とハリウッド／バインHollywood/Vine駅の真ん中あたりにある"You Are The Star"という名の壁画。チャーリー・チャップリンやマリリン・モンローが劇場で座っているシーンを描いている。

マダムタッソーろう人形館
住 6933 Hollywood Blvd., Hollywood
URL www.madametussauds.com/hollywood
営 日～木10:00～18:00、金土10:00～20:00。時期により異なるのでウェブサイトで確認すること
休 アカデミー賞授賞式当日
料 大人・子供$32.99
ACCESS
メトロレイル・Bライン(レッド)のHollywood/Highland駅を出て右へ約300m、TCLチャイニーズ・シアターの隣。

ハリウッドでいちばんのセレブ遭遇率（人形！）を誇る MAP P.74-A3

マダムタッソーろう人形館

★★ Madame Tussauds Hollywood

映画やスポーツなど、さまざまなジャンルで活躍中の、もしくは活躍した100体以上のスターが勢揃いしている。若者に人気のテイラー・スウィフトやレディ・ガガからジョージ・クルーニーやデンゼル・ワシントン、エルビス・プレスリー、ジェームス・ディーンなどまで並ぶスターは幅広い。ろう人形とはいえ、本物そっくりの見事な作りだ。館内では、写真を好きなだけ撮っていいので、名だたるスターたちと記念撮影をする人でにぎわっている。

憧れのセレブが目の前に

MEMO 2023 年のウオーク・オブ・フェイム　映画部門でリュダクリス、ビル・プルマン、ユマ・サーマン、ヴィンス・ヴォーン、ジョン・ウォーターズ、ポール・ウォーカー、TV 部門でジョン・ファヴロー、ミンディ・カリング、エレン・ポンピオ、音楽部門↗

DATA ウオーク・オブ・フェイム住所録

※掲載は ABC 順となっている。なお、人によっては 2～4 ヵ所ある

A. Schwarzenegger	6764 Hollywood Blvd.
Adam Sandler	6262 Hollywood Blvd.
Anne Hathaway	6927 Hollywood Blvd.
Anthony Hopkins	6801 Hollywood Blvd.
Audrey Hepburn	1652 Vine St.
Backstreet Boys	7072 Hollywood Blvd.
B.B. King	6771 Hollywood Blvd.
Bee Gees	6845 Hollywood Blvd.
Billy Joel	6233 Hollywood Blvd.
Boyz II Men	7060 Hollywood Blvd.
Britney Spears	6801 Hollywood Blvd.
Bruce Lee	6933 Hollywood Blvd.
Bruce Willis	6915 Hollywood Blvd.
Cameron Diaz	6712 Hollywood Blvd.
Carole King	6906 Hollywood Blvd.
Céline Dion	6801 Hollywood Blvd.
Charles M. Schulz	7021 Hollywood Blvd.
Chicago	6438 Hollywood Blvd.
Christina Aguilera	6901 Hollywood Blvd.
Colin Firth	6714 Hollywood Blvd.
Cyndi Lauper	6243 Hollywood Blvd.
Daniel Radcliffe	6801 Hollywood Blvd.
Daryl Hall & John Oates	6752 Hollywood Blvd.
David Bowie	7021 Hollywood Blvd.
Destiny's Child	6801 Hollywood Blvd.
Diana Ross	6712 Hollywood Blvd.
Donald Duck	6840 Hollywood Blvd.
Donald Trump	6801 Hollywood Blvd.
Earth, Wind & Fire	7080 Hollywood Blvd.
Eddie Murphy	7000 Hollywood Blvd.
Elizabeth Taylor	6336 Hollywood Blvd.
Elton John	6901 Hollywood Blvd.
Elvis Presley	6777 Hollywood Blvd.
Frank Sinatra	1600 Vine St.
Gloria Estefan	7021 Hollywood Blvd.
Gwyneth Paltrow	6931 Hollywood Blvd.
Harrison Ford	6801 Hollywood Blvd.
Jack Nicholson	6925 Hollywood Blvd.
James Brown	1501 Vine St.
James Dean	1719 Vine St.
Janet Jackson	1500 Vine St.
Jennifer Aniston	6270 Hollywood Blvd.
Jennifer Lopez	6262 Hollywood Blvd.
Jimi Hendrix	6627 Hollywood Blvd
Jodie Foster	6927 Hollywood Blvd.
John Lennon	1750 Vine St.
John Travolta	6901 Hollywood Blvd.
Johnny Depp	6255 Sunset Blvd.
Keanu Reeves	6801 Hollywood Blvd.
Kevin Costner	6801 Hollywood Blvd.
Kool & The Gang	7065 Hollywood Blvd.
LL Cool J	6901 Hollywood Blvd.
Louis Armstrong	6255 Sunset Blvd.
Luther Vandross	1717 Vine St.
Mariah Carey	6270 Hollywood Blvd.
Marilyn Monroe	6774 Hollywood Blvd.
Marlon Brando	1765 Vine St.
Matt Damon	6801 Hollywood Blvd.
Matthew McConaughey	6931 Hollywood Blvd.
Meryl Streep	6255 Sunset Blvd.
Michael J. Fox	7021 Hollywood Blvd.
Michael Jackson	6927 Hollywood Blvd.
Mickey Mouse	6925 Hollywood Blvd.
Miles Davis	7060 Hollywood Blvd.
Minnie Mouse	6834 Hollywood Blvd.
Natalie Cole	1750 Vine St.
New Kids on the Block	7072 Hollywood Blvd.
Nicolas Cage	7021 Hollywood Blvd.
Nicole Kidman	6801 Hollywood Blvd.
Orlando Bloom	6927 Hollywood Blvd.
Penelope Cruz	6834 Hollywood Blvd.
Pharrell Williams	6270 Hollywood Blvd.
Phil Collins	6834 Hollywood Blvd.
P!NK	6801 Hollywood Blvd.
Pitbull	6201 Hollywood Blvd.
Queen	6356 Hollywood Blvd.
Quentin Tarantino	6927 Hollywood Blvd.
Ray Charles	6777 Hollywood Blvd.
Ray Parker Jr.	6262 Hollywood Blvd.
Reese Witherspoon	6262 Hollywood Blvd.
Renée Zellweger	7000 Hollywood Blvd.
Rob Lowe	6667 Hollywood Blvd.
Robin Williams	6925 Hollywood Blvd.
Ronald Reagan	6374 Hollywood Blvd.
Russell Crowe	6801 Hollywood Blvd.
Ryan Reynolds	6801 Hollywood Blvd.
Sandra Bullock	6801 Hollywood Blvd.
Sessue Hayakawa	1645 Vine St.
Sharon Stone	6925 Hollywood Blvd.
Shrek	6931 Hollywood Blvd.
Snoop Dogg	6840 Hollywood Blvd.
Snoopy	7021 Hollywood Blvd.
Sophia Loren	7060 Hollywood Blvd.
Steve McQueen	6834 Hollywood Blvd.
Steven Spielberg	6801 Hollywood Blvd.
Stevie Wonder	7050 Hollywood Blvd.
Sting	6834 Hollywood Blvd.
Sylvester Stallone	6712 Hollywood Blvd.
The Beatles	7080 Hollywood Blvd.
The Carpenters	6931 Hollywood Blvd.
The Jacksons	1500 Vine St.
The Simpsons	7021 Hollywood Blvd.
Tom Cruise	6912 Hollywood Blvd.
Tom Hanks	7000 Hollywood Blvd.
Toshiro Mifune	6912 Hollywood Blvd.
Usher	6201 Hollywood Blvd.
Walt Disney	7021 Hollywood Blvd.
Whoopi Goldberg	6801 Hollywood Blvd.
*NSYNC	7080 Hollywood Blvd.

Hollywood Blvd.

住所の数字の末尾が奇数は道路の北側、偶数は南側。

6100～6300 Gower St.～Vine St.
6300～6500 Vine St.～Wilcox Ave.
6500～6800 Wilcox Ave.～Highland Ave.
6800～7100 Highland Ave.～La Brea Ave.

Vine St.

住所の数字の末尾が奇数は道路の西側、偶数は東側。

1500～1600 Sunset Blvd.～Selma Ave.
1600～1700 Selma Ave.～Hollywod Blvd.
1700～1800 Hollywood Blvd.～Yucca St.

↘でマーク・アンソニー、アーヴィング・アゾフ、シーラ・E、ジョナス・ブラザーズ、レニー・クラヴィッツ、ブレイク・シェルトン、チャーリー・ウィルソン、ジェニー・リヴェラ、舞台・演劇部門でペンタトニックスなどが登場予定だ。

ハリウッド・ルーズベルト・ホテル
住7000 Hollywood Blvd., Los Angeles
☎(1-323)856-1970
URL www.thehollywoodroosevelt.com
ホテルのデーター→P.401

ACCESS
メトロレイル・Bライン(レッド)のHollywood/Highland駅を出てHollywood Blvd.を右に500m。TCLチャイニーズ・シアターの斜め向かい。

ヒップなブティックホテルとしてセレブにも人気

ハリウッドの歴史を知るホテル

MAP P.74-A4

ハリウッド・ルーズベルト・ホテル

★★ Hollywood Roosevelt Hotel

TCLチャイニーズ・シアターの斜め向かいに位置するおしゃれなホテル。1927年オープンと歴史は古く、映画産業とのつながりが深い。当初の経営者のなかに映画界の有力者がいたこともあって、オープニングセレモニーにはチャップリンやグレタ・ガルボらが顔を揃えた。また、最初のアカデミー賞（1929年）が開催されたのもこのホテルだ。ここのシネグリル・ラウンジに作家フィッツジェラルドやヘミングウェイが入り浸っていたり、クラーク・ゲーブルとキャロル・ロンバードが逢瀬を楽しんでいたり、マリリン・モンローが2年間ホテル住まいをしていたなど、有名人にまつわるエピソードはたくさん残っている。しかし、建物の老朽化のため大改装を行い、1986年にモダンなブティックホテルとして再びオープンした。ホテル内のプールの底には人気アーティスト、デイビッド・ホックニーが手がけた絵があり、そちらも必見だ。さらに、プールサイドのトロピカーナ・バー（→P.288）は若者に人気のナイトスポットになっている。

ハリウッドミュージアム
住1660 N. Highland Ave., Los Angeles
☎(1-323)464-7776
URL thehollywoodmuseum.com
営水～日10:00～17:00
休月火
料大人$15、シニア（65歳以上）・学生$12、子供（5歳以下）$5

ACCESS
メトロレイル・Bライン(レッド)のHollywood/Highland駅を出て、Highland Ave.を南に50m。

映画ファンなら、ぜひ訪れたい

MAP P.74-B4

ハリウッドミュージアム

★ The Hollywood Museum

ハリウッドの黄金期を支えた有名メークアップアーティストのマックス・ファクター氏が所有したビルを博物館にリニューアルした。4つのフロアからなるギャラリーには、さまざまなハリウッド映画で使われた衣装、セット、スターたちのお宝など約1万点が展示されている。エルビス・プレスリーが着用したバスローブやマリリン・モンローが愛用していたドレス、映画『ロッキー』で使用されたグローブなども見逃せない。

マリリン・モンローに関する展示は国内最大級

DATA ハリウッドB級（?）アトラクション

ハリウッドには日本の温泉街にあるようなB級のアトラクションもある。時間があるならのぞいてみよう。どちらもHollywood Blvd.沿いにある。

●ハリウッドろう人形館
Hollywood Wax Museum
セレブに似ていないろう人形もあり、おもしろい。シアターで上映されているフィルムがおすすめ。
MAP P.74-B3
住6767 Hollywood Blvd., Los Angeles
☎(1-323) 462-5991
URL www.hollywoodwaxmuseum.com/hollywood
営毎日9:00～24:00
料大人$25.99～29.99（時期により異なる）、子供（4～11歳）$15.99、3歳以下無料

●ギネス・ワールド・レコード・ミュージアム
Guinness World Records Museum
あのギネスブックを、人形、ハイテク、レーザーを用いた展示にしてしまったという、何とも安直で突飛なハリウッドらしいアトラクション。
MAP P.74-B3
住6764 Hollywood Blvd., Los Angeles
☎(1-323) 463-6433
URL www.guinnessmuseumhollywood.com
営毎日9:00～24:00
料大人$25.99～29.99（時期により異なる)、子供(4～11歳)$15.99、3歳以下無料

ギネスの博物館

MEMO **リプリーズ・ビリーブ・イット・オア・ノット！** アメリカの漫画家かつ冒険家であったロバート・リプリーが世界を駆け巡って集めた珍しいグッズを展示する博物館。Ripley's Believe It or Not! MAP P.74-B3 住6780 Hollywood Blvd., Los↗

映画のプレミア上映も行われる　MAP P.74-B3

エル・キャピタン・シアター
The El Capitan Theatre

ドルビーシアターやオベーションハリウッドの目の前に立つエル・キャピタン・シアターは、TCLチャイニーズ・シアターができる1年前の1926年、レビューなどを上演するハリウッドで初の本格的な劇場としてオープンした。当時はスパニッシュ・コロニアル様式の外観、東インド風の豪華なインテリアで飾られていたそうだ。1942年、映画館に転向した際にハリウッド・パラマウントシアターと名を改めた。その後、ウォルト・ディズニー・スタジオが購入し改装され、名前はエル・キャピタン・シアターに戻った。現在はディズニー作品をメインに上映し、1階にはギラデリチョコレートのショップが入る。

オベーションハリウッドの目の前にある

エル・キャピタン・シアター
住6838 Hollywood Blvd., Los Angeles
Free(1-800)347-6396
URLelcapitantheatre.com
ACCESS
オベーションハリウッド(→P.214)の向かい。

Ghirardelli Soda Fountain & Chocolate Shop
☎(1-323)466-0399
営月～金11:00～21:00(金～22:00)、土日10:00～22:00。時期により異なる
カードAMV

人気ミュージカルも上演　MAP P.75-D3

パンテージシアター
Pantages Theatre

1930年にオープンしたアールデコ様式の劇場。メトロレイル・Bライン(レッド)のHollywood/Vine駅の向かいにある。おもにバレエやブロードウエイミュージカルなどの上演が多く、観客席からラウンジ、階段、化粧室にいたるまで、贅の限りを尽くしたという感じ。1940年代後半には、億万長者のハワード・ヒューズが所有した。1950年から10年間は、ここでアカデミー賞授賞式も行われていた。華やかなりし頃のハリウッドをしのばせる劇場だ。

2023年は、「Disney's The Lion King」(2/2～3/26)、「Taylor Tomlinson」(4/29～30)、「Six」(5/9～6/10)、「Tina - The Tina Turner Musical」(6/13～7/9)、「Beetlejuice」(7/11～30)などの上演が予定されている。

ミュージカル鑑賞はパンテージシアターで

パンテージシアター
住6233 Hollywood Blvd., Los Angeles
☎(1-323)468-1770
URLhollywoodpantages.com
営チケットオフィスは基本的に火～土12:00～20:30、日11:00～19:00。時期により異なる
カードAMV
※5歳未満入場不可。
ACCESS
メトロレイル・Bライン(レッド)のHollywood/Vine駅を出た向かい。

かつてはハリウッドの"単館系"映画館としてにぎわった　MAP P.74-B3

エジプシャンシアター
Egyptian Theatre

1922年にオープンした映画館。アカデミー賞の時期には過去の受賞作を上映したりシンポジウムを開催するなど、独自のプログラムを実施する映画通好みのシアターでもあった。

2020年Netflixが買収し、大規模な改修工事に着手した。1922年創建当初のエジプト復興建築様式の映画館に復元する予定だ。2023年以降の再オープン後、月～木曜はNetflixの作品を、金～日曜は以前と同様にアメリカンシネマテークが選ぶ作品を上映する。これにより、Netflixのオリジナル作品がロスアンゼルスで7日間連続商業上映され、アカデミー賞の出品条件を満たすことになりそうだ。

エジプシャンシアター
住6712 Hollywood Blvd., Los Angeles
URLamericancinematheque.com
ACCESS
メトロトレイル・Bライン(レッド)のHollywood/Highland駅を出て左に進み、交差点を斜めに渡り、150m進む。Hollywood Blvd.沿いのMcCadden Pl.とLas Palmas Ave.の間。

↘Angeles ☎(1-323)466-6335 URLwww.ripleys.com/hollywood 営毎日10:00～23:00(金土～24:00) 料大人・子供$25.99

ハリウッド・ヘリテージ・ミュージアム
住2100 N. Highland Ave., Los Angeles
☎(1-323)874-4005
URL www.hollywoodheritage.org
営金～日11:00～15:00。時期により異なる
休月～木、イベント開催日(→脚注)
料$10、子供(12歳以下)無料

ACCESS
徒歩：メトロレイル・Bライン(レッド) のHollywood / Highland駅 から Highland Ave.を約1km北上する。ハリウッドボウル入口のすぐ手前、右側にある。約15分。
車 LAダウンタウンからUS-101 (Hollywood Fwy.) を北西へ10km、出口9Bで下り、Odin St.を南西に300m行った左側。約25分。

ひっそりとたたずむ博物館

MAP P.64-A3

ハリウッド・ヘリテージ・ミュージアム
Hollywood Heritage Museum

ハリウッドで現存する最も古い映画スタジオ。といっても、もとは1901年に建てられたただの納屋だ。1913年、ニューヨークからやってきた映画監督セシル・B・デミルCecil B. DeMilleとパートナーのジェシー・ラスキーJessy Lasky、サミュエル・ゴールドウィンSamuel Goldwynの3人は、ハリウッドで西部劇を撮るのにぴったりの納屋を見つけた。ここを借りて撮影された作品『The Squaw Man』はハリウッドで初めての本格的な映画だといわれている。1926年、デミルは、この記念すべき納屋を残したいと考えて、現在のパラマウント映画裏に移築した。ここでもまた西部劇のセットとして使われたり、ジムになったりし、ゲイリー・クーパーやカーク・ダグラスといったスターたちが体を鍛えたそうだ。1983年にはハリウッドボウルそばの現在の場所へ移され、内部はサイレント映画の歴史の博物館となっている。2014年にはカリフォルニア州の歴史的建造物にも指定された。

デミルの納屋だったものが博物館になっている

COLUMN LAを短時間で満喫！　感動たっぷりのヘリツアー

ダウンタウンの摩天楼、間近で見るHOLLYWOODの文字、プールやテニスコート付きのお城のように豪華なセレブの豪邸の数々、太陽の光に照らされて光る美しいビーチ。

LAに広がる数ある見どころを、欲張りにコンパクトに楽しめるのがヘリコプターツアーだ。上空からLAの街並みを眺めるとサンタモニカやハリウッド、ダウンタウンの位置関係もよくわかり、広大なLAがぐっと身近に感じられるはずだ。右記の会社は日本人の経営で、パイロット兼ガイドも日本人スタッフが中心なので安心。空から眺めるLAは格別。ひと味違った観光が楽しめるだろう。

● JJヘリコプターズ
JJ Helicopters, Inc.
MAP P.50-B3　住3405 Airport Dr., Torrance
☎(310)257-8622(日本語可)
URL www.la-jjheli.com
E info@jjheli.com(日本語可)
営365日無休。ツアーの時間は相談を
料LA1周（55～60分）1人$350、豪華LA1周（70～75分）1人$480、ハリウッド＆ダウンタウン（40～45分）1人$300、サンタモニカ＆LAX（25～30分）1人$240、ほかにサンセット＆夜景フライトなどもある。観光ルートはおもに5種類だが、希望するルートの設定（カスタムツアー）も可能だ。

ハリウッドサインも目の前だ！

日本語のガイドで安心

MEMO **ハリウッド・ヘリテージ・ミュージアムは休館日に注意**　ハリウッドボウルのイベントなどの影響で休館することがある。開館しているか事前に電話で確認することをすすめる。

COLUMN ハリウッド130年の歩み

ハリウッドの始まり

今から約130年前、すでに大きな街として発展していたロスアンゼルスダウンタウンから西へ8kmほど離れた所に、中西部から移ってきた数家族の人々が住みついた。そこは豆畑やオレンジの果樹園などが広がる牧歌的な土地だった。1887年、この土地にハリウッドという名前が登場する。ハリウッドとはクリスマスツリーに使うヒイラギ（holly）の森（wood）の意。住民のひとり、カンザスから来たハーベイ・ウィルコックスHarvey Wilcoxが、所有していた広大な土地を1エーカーにつき$150で分譲した際に妻が名づけたという。彼女がたまたま会った婦人に東部のヒイラギの森の話を聞かされ、印象に残っていたからだとか。聖なる森holy-woodとも間違えられるが、これも悪くない説だ。

禁酒法と初期の映画人

ウィルコックスの土地開発によってハリウッドの住民は少しずつ増え、1903年には人口700人ほどになり、市としての行政も行われるようになる。当時の住民は非常に保守的で禁酒主義の人が多く、ハリウッド市が最初に制定した条例は酒場やビリヤード場の営業時間を制限するものだった。

やがて1910年には上下水道を完備するためにロスアンゼルス市と合併した。

初期のハリウッドが保守的だったなんて、その後の歴史を知る者には想像もつかないが、ハリウッドが映画の都になるきっかけは、皮肉にも禁酒法とおおいに関係があるのだ。

ニュージャージー州のNester Film Corporationという映画会社が、1911年、この町の酒場に目をつけた。ハリウッドでは厳しい法律のために酒場はすっかり廃れてしまっていたが、そんなひなびた様子が西部劇の撮影にぴったりだったのだ。そして、1週間のうちに3本の短い映画が作られた。翌年にはユニバーサル映画の創設者であるカール・レムリCarl Laemmelがやってきてオフィスを開設。その翌年にはセシル・B・デミルCecil B. DeMilleら3人が初めての長編映画『The Squaw Man』を撮影した。

この頃映画制作者たちは、保守的な地元の人々にあまり歓迎されなかったようだ。当時、貸家の窓には「犬と映画俳優お断り」という貼り紙があったという。しかし、最初のうちは映画をバカにしていた人々も、映画産業とともに町が発展していくにつれて考えを変えざるを得なくなっていった。映画によって雇用は増え、レストランなどは繁盛し、ハリウッドは活気づいたのだ。古ぼけた建物、広々とした土地、そして雨の降らない気候。映画制作者たちは続々とハリウッドに集まり、1920年には人口3万6000人、1930年には15万人以上と爆発的に増加した。

栄華、衰退、復興

1930年、トーキー時代の幕開けとともにハリウッドは全盛期を迎える。その中心であったハリウッドブルバードHollywood Blvd.の大通りには次々に映画館が建てられ、ホテルやレストランなど、どの建物も富と権力を象徴して絢爛豪華に飾り立てられた。それから数十年の間、ハリウッドは数々のスターを生み出す夢の街となり、Hollywood Blvd.はアメリカで最もにぎやかな通りとして栄えていく。

ところが、1960～1970年代はハリウッド衰退の時期となる。テレビの隆盛に押されて映画産業は低迷し、Hollywood Blvd.は輝きを失った。そして浮浪者や売春婦が増え、紙くずが舞う街へと変わってしまった。一時はチャイニーズ・シアターの周辺でさえ悪臭が漂っていたという。

しかし、1984年のロスアンゼルスオリンピック開催をきっかけに、ハリウッドは見違えるほどきれいになった。廃れきった映画の都を何とか復興させたいと願う人々の期待が、少しずつ実現していったのだ。多くの映画館やレストランが修復され、通りは頻繁に清掃されるようになる。衰退の時期に歴史的な建物が取り壊されずに残っていたのも幸いだった。ハリウッドを国の史跡にして保存してほしいという声も長年あがっている。

さらに、1990年代後半にはアメリカの好景気を受けて、ハリウッドに、これまで以上の大復興が始まった。メトロレイル・レッドライン（現在のBライン）がダウンタウンから開通し、チャイニーズ・シアターの周辺には“ハリウッド＆ハイランドHollywood & Highland（現在のオベーションハリウッド）”と銘打ったエンターテインメント・コンプレックスが建設された。そして映画界最高のアカデミー賞授賞式が行われる地となったのだ。

「映画の都ハリウッド」がよみがえり、世界各地から観光客が訪れるようにもなった。かつてのアメリカンドリームの街ハリウッドは、現在再びスポットライトに照らされ輝きを増している。

Hollywood Blvd.とHighland Ave.の交差点がハリウッドの中心

MEMO **ハリウッドサインの麓で乗馬体験**　馬に乗ってハリウッドサインの近くまで行けるガイドツアーがある。Sunset Ranch Hollywood
URL www.sunsetranchhollywood.com　料 1時間ツアー：$65、2時間ツアー：$125

ハリウッドボウル
住2301 N. Highland Ave., Los Angeles
☎(1-323)850-2000
URL www.hollywoodbowl.com
チケット予約
☎(1-323)850-2000
URL www.ticketmaster.com
ACCESS
徒歩:メトロレイル・Bライン(レッド)のHollywood/Highland駅から、Highland Ave.を北に20分。
🚗 LAダウンタウンからUS-101(Hollywood Fwy.)を北西へ10km、出口9Bで下り、標識に従う。約25分。
ハリウッドからは、Highland Ave.を北に1.5km。約5分。
ハリウッドボウル博物館
営〈6月～9月中旬〉火～土10:00～開演時刻、日月は開演4時間前～開演時刻、〈9月下旬～5月〉火～金10:00～17:00 料無料

MEMO
ボウルシャトル
オベーションハリウッドからハリウッドボウルへ行くシャトルバス。コンサート開始2時間30分前からコンサート開始時刻まで10分～1時間間隔で出発する。
料 往復$6

グリフィスパーク
住4730 Crystal Springs Dr., Los Angeles
☎(1-323)644-2050
URL www.laparks.org/griffithpark
営毎日5:00～22:30
グリフィス天文台
MAP P.65-C2
住2800 E. Observatory Rd., Los Angeles
☎(1-213)473-0800
URL griffithobservatory.org
営火～日12:00～22:00(土日10:00～)
休月、おもな祝日
料無料
ACCESS
🚌 メトロレイル・Bライン(レッド)のVermont/Sunset駅から、ダッシュのシャトルバスObservatoryあり[営毎日10:00～22:00、15～20分ごとに運行]。
プラネタリウムショー
営木金13:45～20:45の7回。土日は11:45～20:45の9回開催。所要約40分。
プラネタリウム見学時の注意!
5歳以下の子供は各日、初回以外は観賞不可。

一部の客席からはハリウッドサインも見える MAP P.64-A2

ハリウッドボウル

★ Hollywood Bowl

ハリウッドの北1.5kmにある野外劇場。7月4日の独立記念日には盛大な花火大会が行われることでも有名だ。丘の斜面を利用して座席が造られており、前列は4～6人用のボックス席、後列は木製のベンチ席になっている。また、会場にはピクニックエリアもあり、イベント前に会場に来て食事をすることもできるので、おすすめだ(ピクニックエリアは開演4時間前からオープン、エリアは先着順)。食べ物や飲み物を持ち込むこともできるし、売店やカフェで食べ物を購入することもできる。コンサートは6～9月に集中して行われ、ロスアンゼルス・フィルハーモニックを中心にクラシック、ジャズなどの演奏が繰り広げられる(→P.285)。ほとんどは夜、暗くなってから(18:00～20:30頃)の開演だ。日没後は寒くなるので上着を持参すること。ボックスオフィスは会場の入口にあり、基本的にコンサートがある日のみのオープン。園内には、ハリウッドボウルの歴史がわかる**ハリウッドボウル博物館Hollywood Bowl Museum**もある。

夏のお楽しみ、ハリウッドボウルでのコンサート

見どころが詰まった巨大な公園 MAP P.65-C1～D2

グリフィスパーク

★★★ Griffith Park

ハリウッドの北に広がる丘陵をそのまま生かした自然公園、グリフィスパーク。敷地面積は、4210エーカー(約17km^2)と東京ドーム365個分、ニューヨークのセントラルパークの5倍の広さだ。ロスアンゼルスという大都市のなかだとは信じられないほど豊かな自然と静寂が保たれている。そのLA市民の憩いの場所には、天文台、動物園、劇場、ゴルフ場、テニスコート、ハイキングコース、乗馬コースなど、誰もが楽しめる施設が広大な敷地内に整っている。散歩やハイキング、ピクニックを楽しむローカルも多い。

グリフィス天文台　Griffith Observatory

アールデコ調の天文台で、最新技術を使って満天の星空を再現したプラネタリウムの**Samuel Oschin Planetarium**[料大人$10、シニア(60歳以上)・学生$8、子供(5～12歳)$6]などがあり人気のスポットになっている。ここから見る**LAの夜景**の美しさも有名だ。プラネタリウムは、時間指定のチケットの購入が必要なので、天文台に着いたら、すぐにチケットを購入しよ

天文台は入場無料

VOICE グリフィスパークへ車で行った　クリスマスシーズンの19:00頃グリフィス天文台に向かった。グリークシアター周辺で渋滞にはまったうえ、駐車スペースも空いておらず、天文台に着いたのはそれから1時間30分後だった。ダッシュのバスで行ったほうがよかったかも。(東京都　プリン　'18)['23]

う。館内にはプラネタリウムのほかにも、天文学関連の展示コーナー（無料）が上下階に分かれてある。月や太陽と人間の結びつきに注目した**アーマンソン・ホール・オブ・ザ・スカイAhmanson Hall of the Sky**、惑星や宇宙飛行、宇宙について解説した**ガンサー・デプス・オブ・スペースGunther Depths of Space**のほか、地球やソーラーシステム、流星群にまつわる展示も豊富だ。

また、グリフィス天文台は、さまざまな映画に登場するロケ地でもある。2017年日本公開の『ラ・ラ・ランド』をはじめ、古くは、ジェームス・ディーンの『理由なき抵抗』が撮影され、それを記念したジェームス・ディーンの彫像も野外に展示されている。さらに、館内にはカフェやギフトショップもある。天文台駐車場そばから始まるマウント・ハリウッド・ハイキング・トレイルMt. Hollywood Hiking Trailを20分ほど歩けば、LAの大パノラマ、巨大ハリウッドサインが見られる。

この夜景をぜひ見てほしい！

ジェームス・ディーンの彫像も必見

グリークシアター
The Greek Theatre

おもにロックやポップスのコンサートが行われる野外劇場で、正面入口がギリシア風になっている。ボックスオフィスは基本的に金曜の10:00〜16:00、ショーの上演日の12:00〜20:00までオープン。

アメリカン・ウエスト・オートリー博物館
Autry Museum of the American West

アメリカ西部（ウエスタン）の歴史や文化を紹介する博物館で、50万点のコレクションをもつ。期間限定の特別展がメインだが、2023年1月現在、ウエスタン文化に影響を受けたアーティストによる絵画や彫刻などを展示する「Art of the West」やカウボーイの生活やチャックワゴンについて解説する「Cowboy Gallery」、スミス＆ウェッソンやコルト製の拳銃が並べられた「Western Frontiers: Stories of Fact and Fiction」などが開催されている。

ロスアンゼルス動物園＆植物園
Los Angeles Zoo & Botanical Gardens

270種、2100頭以上の動物と800種、7400本の植物がアジア、北米、アフリカ、ヨーロッパなど生息地域別に分かれて生息している。北米では珍しい両生類や爬虫類を集めた大規模な展示コーナーThe LAIRや熱帯雨林を再現したレインフォレスト・オブ・アメリカRainforest of the Americasの展示に人気が集まっている。2020年1月にはゴリラの赤ちゃん、2022年4月にはマサイキリンの赤ちゃんが誕生した。

ギフトショップ
The Stellar Emporium Bookstore and Gift Shop
営木〜日12:00〜20:00(土日10:00〜)　休月〜水

カフェ
The Café at the End of the Universe
営木〜日10:00〜18:00
休月〜水

グリークシアター
MAP P.65-D2
住2700 N. Vermont Ave., Los Angeles
Free (1-844)524-7335
URL www.lagreektheatre.com

ACCESS
メトロレイル・Bライン(レッド）のVermont/Sunset駅から、ダッシュのシャトルバスObservatoryで約10分。LAダウンタウンからはメトロレイル・Bライン（レッド）でVermont/Sunset駅まで行き、上記参照。

アメリカン・ウエスト・オートリー博物館
MAP P.65-D1外
住4700 Western Heritage Way, Los Angeles
☎(1-323)667-2000
URL theautry.org
営火〜日10:00〜16:00(土日〜17:00)
休月、おもな祝日
料大人$14、シニア（60歳以上）・学生（13〜18歳）$10、子供(3〜12歳)$6、2歳以下無料

ACCESS
LAダウンタウンからは、ユニオン駅周辺のMain St. & W. Cesar E. Chavez Ave.からメトロバス#96でAutry National Center下車。約45分。
ハリウッドからは、いったんLAダウンタウンに出る。
LAダウンタウンからI-5を北へ約20分、出口144Aで下りるとグリフィスパークやロスアンゼルス動物園への標識がある。
ハリウッドからはFranklin Ave.、Los Feliz Blvd.を東へ進み、Crystal Spring Dr.を5km北上。約25分。

ロスアンゼルス動物園＆植物園
MAP P.65-D1外
住5333 Zoo Dr., Los Angeles
☎(1-323)644-4200
URL www.lazoo.org
営毎日10:00〜17:00（入場は閉園1時間前まで）
休サンクスギビング、クリスマス　料大人$22、シニア(62歳以上) $19、子供（2〜12歳)$17

ACCESS
※アメリカン・ウエスト・オートリー博物館の目の前。

VOICE **グリフィス天文台の閉館時間**　グリフィス天文台は、19:00 過ぎに閉まってしまうことがある。せっかく訪れたのに夜景を見られない、ということにならないように閉門時間を確認して訪れましょう。（神奈川県　Halohalo　'18）［'23］

ハリウッドの宣伝部長

MAP P.64-B1

ハリウッドサイン

★★

Hollywood Sign

ハリウッドサインは1文字の高さが約14m、幅は10mほどもある巨大な看板。不動産屋の広告として1923年に工費2万1000ドルをかけて立てられたときは“HOLLYWOODLAND”であった。ハリウッドランドとはこの山の斜面に売り出し中の造成地の名称で、「ハリウッドの街に漂うスモッグより上にある住宅地」とうたわれていた。

1932年に、新人女優が仕事の失敗を苦にして“H”の上から飛び降り自殺をしたのは、あまりにも有名な話（→下記コラム）。その後、土地の開発に成功してからは、ハリウッドサインは手入れもされず荒れ放題になってしまった。1949年になって見かねた地元の商工会議所が修復し、“LAND”の文字を撤去、現在の“HOLLYWOOD”になった。この9文字の“H”から“D”までの幅は約106mもある。1973年にはロスアンゼルス市の史跡に指定された。

オベーションハリウッドからの眺め

アーティストが愛する街

MAP P.65-D4

シルバーレイク

★

Silver Lake

ハリウッドとダウンタウンの間に位置するシルバーレイクは、地名にもなっているシルバーレイクという湖の周辺に広がる閑静な住宅街で、アーティストをはじめ、今人気のエリアだ。特ににぎわっているのは、Sunset Blvd.とSanta Monica Blvd.の交差点あたり。おしゃれなショップやレストラン、カフェが集まっている。また、フランク・ロイド・ライトの弟子、ルドルフ・シンドラーが手がけたミッドセンチュリー（1950年代）の建築が多く残る場所なので、建築ツアー（→脚注）に参加してこのエリアを探索するのもいい。

Sunset Junctionの看板がある所がシルバーレイクの中心

ハリウッドサイン
住オベーションハリウッドの北東6km。Beachwood Dr.、Ledgewood Dr.、Deronda Dr.、Mt. Lee Dr.の先。
URL hollywoodsign.org

ACCESS
バス ハリウッドからはVine St. & Hollywood Blvd.からダッシュのBeachwood Canyonに乗車。Beachwood Dr. & Westshire Dr.で下車し、徒歩1時間。
車 Highland Ave.を北に進み、Franklin Ave.を東に1.5km。Beachwood Dr.を北上し、徒歩約30分。

サインはどこから見る？
オベーションハリウッド（→P.214）のバビロンコートや豪邸ツアー（→P.43）の参加時、ハリウッドの丘の上から見ることができる。グリフィス天文台(→P.222)、グリフィスパークのトレイルなどからも大きくきれいなサインが見られる。もしくは、サインが真正面に見えるBeachwood Dr.やGower St.沿いから。

シルバーレイク

ACCESS
バス LAダウンタウンのBroadwayからメトロバス#4でSunset Blvd. & Hyperion Ave.下車。約30分。
電車 ハリウッドからは、メトロレイル・Bライン(レッド)でVermont/Sunset駅まで行く。メトロバス#2に乗車し、Sunset Blvd. & Sanborn Ave.で下車。約25分。
車 LAダウンタウンからはGrand Ave.を北に行き、Sunset Blvd.を北西に5km。所要約20分。
ハリウッドからはSunset Blvd.を東に6km。約15分。

COLUMN

その死はドラマよりドラマチックだった

1932年にハリウッドサインから飛び降りて自殺した女優のエピソードを紹介しよう。

彼女の名前はペグ・エントウィスルPeg Entwistle。生まれはイギリス・ウェールズ。ブロードウエイのショーで注目を浴びた舞台女優で、最初の頃は成功への道を着実に歩んでいるかに見えた。しかし、ハリウッドへ移るとともに運勢が衰えてしまう。彼女自身の評判はよかったものの仕事に恵まれず、ただ1度だけ出演した映画もヒットしなかった。ついには何の仕事も見つからなくなって数週間後、夢破れたペグは、撮影所やハリウッドの街を見下ろすあの看板から身を投げてしまう。

当時のハリウッドサインはHOLLYWOODLANDと13文字あった。“H”の看板に、その夜たまたま作業員が残していったハシゴが架けられていたのだ。そして、ペグが死んだその夜、彼女の部屋には新しい舞台の出演を依頼する手紙が届いていたという。それは自殺する少女の役だった……。

（出典：ケネス・アンガー『ハリウッド・バビロンⅡ』 提供：京都府　大江美和子）

MEMO **建築ツアー** ロスアンゼルスの有名な建築をバスで巡るガイドツアー。シルバーレイク、ハリウッド、ウエストハリウッド、パサデナなどエリアごとに分かれ、それぞれ所要2～3時間、$80～。**Architecture Tours LA** URL www.architecturetoursla.com

ウエストハリウッド
West Hollywood

ハリウッドからサンセットブルバードSunset Blvd.を西へ進むとLAにしては珍しく曲がりくねった道路が続き、両側に大きなビルボード（広告板）が目立つようになる。サンセットストリップと呼ばれるきらびやかなこのエリアには、おしゃれなショップやレストランが並ぶ。日が落ちると通りの様子は一変。クラブやライブハウスなどに人が集まり、深夜まで熱気に包まれる。

おしゃれな人たちを眺めるのも楽しい　MAP P.63-C1

サンセットプラザ
★★　Sunset Plaza

Sunset Blvd.沿いの、東はAlta Loma Rd.から西の Horn Ave.までの3ブロックには、レストランやショップが50軒以上集まっている。ビバリーヒルズの近くという場所柄、洗練されたファッションの人々が行き交うエリアだ。高級感の漂う店が多いが、気軽に入れるカフェなどもある。周辺にはライブハウスやクラブなどのナイトスポットも多く、夜になると、さらににぎわいをみせる。

近隣に住むセレブがよく目撃されている

LAのファッションストリート　MAP P.66-A1～67-C1、P.79-A1～A4

メルローズアベニュー
★★★　Melrose Avenue

メルローズアベニューMelrose Ave.沿いの、東はLa Brea Ave.から西のLa Cienega Blvd.あたりまでの3kmは、ビンテージショップ、セレクトショップ、レストランやカフェなどが並ぶ、LAの流行の発信地のひとつ。中心はFairfax Ave.との交差点で、レニー・クラビッツやデミ・ムーアが通ったフェアファックス高校がある。西に行くほど高級ショップが増えてくる。

Fairfax Ave.より東側は、若者向けのショップが並ぶ

サンセットプラザ
URL www.sunsetplaza.com

ACCESS
🚌 LAダウンタウンからは、メトロバス#4に乗車し、Sunset Blvd. & Hyperion Ave.でメトロバス#2に乗り換える。Sunset Blvd. & Sunset Plaza Dr.下車。約1時間20分。
ハリウッドからは、メトロバス#217に乗車し、Fairfax Ave. & Sunset Blvd.でメトロバス#2に乗り換える。約30分。
🚗 LAダウンタウンからは、US-101（Hollwood Fwy.）を北へ向かい、出口8Aから、Sunset Blvd.を西へ6km。約50分。
ハリウッドからはSunset Blvd.を西へ4km。約15分。

メルローズアベニュー

ACCESS
🚌 LAダウンタウンからはメトロバス#10で、La Brea Ave. & Melrose Ave.下車。約50分。
ハリウッドからはメトロバス#212で、La Brea Ave. & Melrose Ave.下車。約20分。
🚗 LAダウンタウンからはUS-101（Hollywood Fwy.）を北へ向かい、出口6B（Melrose Ave.）からMelrose Ave.を西へ。約30分。
ハリウッドからはLa Brea Ave.を南に2km。約10分。

COLUMN　世界最大規模のハロウィンカーニバル

LAのLGBTタウンとして名高いウエストハリウッドで行われるハロウィンの仮装パレード。毎年10月31日、Santa Monica Blvd.沿いに世界各国から50万人ほどが集まる。アニメのキャラクターや警察官などのコスチュームに身を包んだ男女が通りを練り歩く。ウエストハリウッド市がその年のクイーンを発表するときには紙吹雪が舞い、盛り上がりは最高潮に。この日は近隣のレストランやバーが特別なメニューを提供し、ナイトクラブやホテルでは、さまざまなイベントが開催される。

● **West Hollywood Halloween Carnaval**
住 Santa Monica Blvd.沿いのDoheny Dr.からLa Cienega Blvd.までの約1.6km
URL www.visitwesthollywood.com/halloween-carnaval
営 10月31日18:00～23:00
※2022年は中止。2023年は未定。

MEMO Sunset Blvd. のシャトー・マーモント・ホテル・アンド・バンガローズ（→P.403）　バンガローやペントハウスがあり、マリリン・モンローやロバート・デ・ニーロが住んでいた。今でもスターの出没率が高い。

映画の都、ロスアンゼルスを実感！

「映画の撮影所を見学する」スタジオツアーに行ってみよう！

　現在ハリウッドには、パラマウント映画のスタジオしか残っていないが、ちょっと足を延ばせば、メジャー映画会社のソニー・ピクチャーズやワーナー・ブラザーズが所有するスタジオがあり、ツアーに参加することができる。映画やTV番組の撮影が行われているスタジオでは、運がよければハリウッドスターに会えるかもしれない！

※各ツアーとも内容、見られるセットなどは、時期により異なる。どのツアーも荷物検査あり。

スタジオツアー参加時の注意点
★写真付きのID（パスポートでOK）が必要
★すべてのポイントで写真の撮影ができるわけではない
★基本的にビデオカメラなどでの動画撮影は不可
★ツアー開始時間の30分前には各受付に到着していること

ハリウッドに残る唯一の現役スタジオ

パラマウント映画スタジオ
PARAMOUNT PICTURES STUDIOS

　100年以上の歴史をもつパラマウント映画がハリウッドに所有するスタジオは、ハリウッドに残る唯一の現役の撮影所だ。古くは『ティファニーで朝食を』や『タイタニック』、最近では『ウルフ・オブ・ウォールストリート』『インターステラー』『クワイエット・プレイス』などの映画で知られる、パラマウント映画の歴史や映画制作の裏側をツアーで見て回る。情報番組の収録も定期的に行われていて、タイミングが合えばスタジオ内で撮影の見学も可能だ。中庭には、『フォレスト・ガンプ　一期一会』で使用されたベンチが設置されている。

上／ハリウッドに残る唯一の現役スタジオ
左／映画『十戒』の撮影に使用されたスポット
右／『フォレスト・ガンプ　一期一会』に登場したベンチ

Paramount Pictures Studios
MAP P.67-D1
住5515 Melrose Ave., Los Angeles
☎(1-323)956-1777（ゲストリレーション）
URL www.paramountstudiotour.com
営ツアーは毎日9:00、9:30、10:00、10:30、11:00、11:30、12:00、12:30、13:00、13:30、14:00、14:30、15:00、15:30出発（時期により異なる）。
料1人$63。10歳未満は不可。ウェブサイトで事前にチケットを購入しておいたほうがいい。所要約2時間。ゲートにてIDの確認あり。
VIP Studio Tour（1人$199、ランチ、軽食付き。月～金9:30出発、所要約4時間30分）もある。
カード A M V

ACCESS
🚌 LAダウンタウンからはメトロバス#10でLarchmont Blvd. & Melrose Ave.下車、約45分。
ハリウッドのHollywood Blvd. & Vine St.からメトロバス#210でMelrose Ave.まで行き、東へ600m歩く。約25分。
🚗 LAダウンタウンからはUS-101（Hollywood Fwy.）を北西に向かい、出口6Bを下りて、Melrose Ave.を西へ2km。約20分。

若者でにぎわうエリア、カルバーシティにある

ソニー・ピクチャーズ・スタジオ

SONY PICTURES STUDIOS

ツアーは約15人のグループで歩いて回る。『チャーリーズ・エンジェル』『ソーシャル・ネットワーク』などで使用された小道具が集められたスタジオ博物館から出発。『オズの魔法使』や『ラ・ラ・ランド』『カーズ／クロスロード』の映画音楽が収録されたスコアリングステージ、『スパイダーマン』で主人公が通う学校の校舎として使われた建物など、さまざまな映画に登場した通りなどを巡る。ギフトショップに立ち寄ったあと、TV番組『Jeopardy!』の撮影スタジオを見学。

上／Overland Ave.沿いにあるゲートから入場する。左の建物はMorita Building　左／ツアー途中で立ち寄るショップでおみやげを探そう　右／いろいろな映画に登場する通り

Sony Pictures Studios
MAP P.48-B3
住10202 W. Washington Blvd., Culver City
☎(310)244-8687　URL www.sonypicturesstudiostours.com
営ツアーは月～金の9:30、10:30、13:30、14:30の1日4回出発(時期により異なる)。要事前予約。
料1人$50。12歳未満は不可。　カード AMV
所要約2時間。ツアー受付でIDの確認あり。

ACCESS
🚌 LAダウンタウンからメトロバス#33に乗り、Venice Blvd. & Overland Ave.で下車。Overland Ave.を500m南東へ進むと右側にゲートがある。約1時間20分。駐車場横のツアーオフィスでチェックインする。
🚗 LAダウンタウンからI-10を南西に進み、出口4で下りる。Overland Ave.を東に2km。約40分。
※2023年1月現在、ワクチン接種証明書(英語)が必要。

『ハリー・ポッター』で使われた衣装も展示されている

ワーナー・ブラザーズ・スタジオ

WARNER BROS. STUDIOS

上／『フレンズ』のセットで記念撮影を　下／トラムで広いスタジオ内を見て回る

ハリウッドから車で20分ほど北に行ったバーバンク市にあるスタジオ。ツアーは15人ほどの小グループに分かれ、ワーナー・ブラザーズの名シーンを集めた約10分間のフィルム鑑賞からスタートする。

ニューヨークやシカゴ、サンフランシスコの街や、西部劇の家並みをトラムは進んでいく。このスタジオはこれまで『マイフェアレディ』『ブレードランナー』『ラスト・サムライ』『バットマン』などの撮影に使われてきた。

ツアーの最後にはテレビ番組『フレンズ』のセットCentral Perkも見ることができる。

ガイドが楽しく解説してくれる

Warner Bros. Studios
MAP P.46-B1
住3400 Warner Blvd., Burbank
☎(818)977-8687
URL www.wbstudiotour.com
8歳未満は不可。ツアー受付でIDの確認あり。ウェブサイトで事前にチケットを購入しておいたほうがいい。
営ツアーは毎日8:30～15:30の30分ごと(春夏は延長あり)。所要約2時間30分。
料13歳以上$69、5～10歳$59。
見応えたっぷりのデラックスツアーDeluxe Tour：営月～金9:00、9:30出発(時期により異なる)。所要約6時間　料1人$299(昼食付き)
カード AMV

ACCESS
🚌 ハリウッドのHollywood Blvd. & Vine St.からメトロバス#222に乗り、Hollywood Way & Alameda Ave.下車。Hollywood Way、Warner Blvd.を南東に300m。約45分。LAダウンタウンからはメトロレイル・Bライン（レッド）のHollywood/Vine駅まで行き、Hollywood Blvd. & Vine St.からは上記参照。約1時間10分。
🚗 US-101(Hollywood Fwy.)を北上し、出口11Aで下りて、Barham Blvd.、Olive Ave.を北に3km。右手に ワーナー・ブラザーズ・スタジオを見ながら走る。Riverside Dr.で右折し、Avon St.も右折。Warner Blvd.に入ったら、Tour Parkingのサインに従い駐車場へ。LAダウンタウンから約25分、ハリウッドから約20分。駐車場は（住3400 Warner Blvd., Burbank)にあり、$15。

ファッション誌の撮影にも使われる
ロスアンゼルスカウンティ美術館

美術館や博物館が
集まるエリア

Exploring Los Angeles

ミッドウィルシャー
Mid Wilshire

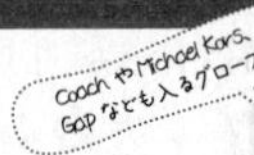

Coach や Michael Kors,
Gap なども入るグローブ

ハリウッド Hollywood
パサデナ Pasadena
ウエストサイド Westside
ミッドウィルシャー Mid Wilshire
ダウンタウン Downtown
ビーチシティズ Beach Cities
ロスアンゼルス国際空港
ロングビーチ&サウスベイ Long Beach & South Bay
オレンジカウンティ Orange County
0 20km

いち押し見どころベスト3

1. アカデミー映画博物館 → P.230
2. ロスアンゼルスカウンティ美術館 → P.231
3. オリジナル・ファーマーズマーケット → P.232

ミッドウィルシャー(ロスアンゼルスカウンティ美術館)へのアクセス

出発点	路線バス/メトロレイルなど		レンタカー		タクシー	そのほかの交通機関
サンタモニカ	Ⓜ720	60分	I-10 + Fairfax Ave.	40分	$45	——
ロデオドライブ	Ⓜ20, 720	25分	Wilshire Blvd.	15分	$20	——
ハリウッド	Ⓜ217	40分	Hollywood Blvd. + Fairfax Ave.	20分	$25	——
ダウンタウン	Ⓜ20, 720	50分	Wilshire Blvd.	30分	$40	——
パサデナ	ⓇAライン(ブルー), Lライン(ゴールド) + Ⓜ20, 720	80分	CA-110 + I-10 + Fairfax Ave.	50分	$70	——
ロングビーチ	ⓇAライン(ブルー) + Ⓜ20, 720	120分	I-710 + I-405 + I-10 + Fairfax Ave.	60分	$110	——
LAX	Ⓒ6 + Ⓜ20, 720	110分	I-105 + I-405 + I-10 + Fairfax Ave.	50分	$58	ドア・トゥ・ドア・シャトル
ディズニーランド周辺	Ⓜ460 + 20, 720	180分	I-5 + I-10 + Fairfax Ave.	70分	$120	——

※表内の所要時間、料金はおおよそのもの。交通事情によって変動する
Ⓜメトロバス、Ⓡメトロレイル、Ⓒカルバーシティバス
読み方の例：Ⓜ212, 217+4, 720=メトロバスの#212か217を使い、途中でメトロバスの#4か720に乗り換える

Model Plan for Mid Wilshire

ダウンタウンから▶5th St. & Grand Ave.からM720に乗車し、Wilshire Blvd. & Crescent Heights Blvd.下車。約50分

10:00 アカデミー映画博物館 ❶

2021年9月にオープンした博物館。映画製作にスポットを当て、ハリウッド映画で使われた衣装や小道具などを展示している。

2時間30分→P.230

Wilshire Blvd.を東へ300m。徒歩4分

12:35 ロスアンゼルスカウンティ美術館 ❷

西海岸で最大規模を誇る美術館には、アンディ・ウォーホルやピカソ、リキテンシュタインなどの有名作品が並ぶ。ランチは、併設するカフェのテラス席で。

2時間25分→P.231

Wilshire Blvd.を西へ160m行き、交差点を渡った左側。徒歩5分

15:10 ピーターセン自動車博物館 ❸

映画に使用された自動車やハリウッドスターが乗っていたクラシックカーなどを集めた博物館。

1時間30分→P.232

カーマニア必訪

Fairfax Ave. & 8th St.からM217に乗車し、Fairfax Ave. & 3rd St.下車。約10分

16:50 オリジナル・ファーマーズマーケット&グローブ ❹

食料品店から、みやげ物屋、クレープショップの屋台などまで約100軒集まった市場。併設するショッピングモールのグローブで、買い物や映画鑑賞を。近くにあるWhole Foods MarketやTrader Joe'sでおみやげを探してもいい。

1時間40分→P.232、P.345

小腹がすいたら屋台で軽食を

3rd St. & Fairfax Ave.からM16に乗車し、Western Ave. & 3rd St.下車。M207に乗り換え、Western Ave. & Wilshire Blvd.周辺で下車。約40分

19:10 コリアタウン ❺

Wilshire Blvd. & Western Ave.周辺の韓国レストランで、カルビやスンドゥブ、ビビンパなどをたらふく食べよう。

1時間→P.378〜379

ボリューム満点の韓国料理で栄養補給

ミッドウィルシャーの歩き方

美術館や博物館が多く集まるエリア。屋台やレストランが並ぶオリジナル・ファーマーズマーケットと人気ブランド店が揃うグローブは、1年をとおして観光客でにぎわう。W. 3rd St.やコリアタウンは、レストランやカフェが軒を連ね、夜でも地元の人が集まるスポット。移動はメトロバスで。

ミッドウィルシャー

Mid Wilshire

ダウンタウンとサンタモニカを結ぶLAの幹線道路の役目は、かつてウィルシャーブルバードWilshire Blvd.が担っていた。1920年代に全盛を極めた栄華は、荘重なアールデコ調の建物にしのばれる。ミッドウィルシャーの中心、ウィルシャーブルバード5500から6500番地あたりには現在美術館や博物館が集まり、ミュージアムロウMuseum Rowと呼ばれているアカデミックな雰囲気をもつエリアだ。

P.378〜P.379

アカデミー映画博物館
住6067 Wilshire Blvd., Los Angeles
☎(1-323)930-3000
URL www.academymuseum.org
営毎日10:00〜18:00（金土〜20:00）
休クリスマス
料大人$25、シニア（62歳以上）$19、学生（18歳以上）$15、17歳以下無料。オスカーエクスペリエンス$15
※事前にウェブサイトから日時指定のチケットを予約すること。

ACCESS
バス LAダウンタウンからはメトロバス#20、720でWilshire Blvd. & Ogden Ave.下車。約55分。
ハリウッドからはメトロバス#217で南下して、Wilshire Blvd. & Fairfax Ave.下車。約35分。
サンタモニカ、ビバリーヒルズ方面からはメトロバス#720でWilshire Blvd. & McCarthy Vista下車。サンタモニカから約1時間15分、ビバリーヒルズから約25分。
車 LAダウンタウンからはWilshire Blvd.を西に11km。約40分。
ハリウッドからは、Highland Ave.を4km南下し、Wilshire Blvd.を右折し2km、約20分。駐車場はロスアンゼルスカウンティ美術館裏の6th St.とLACMA Wayとの角。
料$20。

アメリカ最大規模の、映画に特化した博物館 MAP P.66-B3

アカデミー映画博物館

★★★ **Academy Museum of Motion Pictures**

アカデミー賞を主宰する映画芸術科学アカデミーAcademy of Motion Picture Arts and Sciencesが中心となって設立した、映画製作に特化した博物館が、2021年9月30日に開館した。ウィルシャーブルバードとフェアファックスアベニューの角に立つ1939年竣工のサバンビルを修復し、新たにガラス張りの球体ビルを建設。ふたつの建物をガラスの橋が結んでいる。関西国際空港ターミナルビルやパリのポンピドゥーセンター、ロスアンゼルスカウンティ美術館内のブロード現代美術館などを手がけた世界的建築家のレンゾ・ピアノがデザインを担当した。1992年までメイ・カンパニー・デパートが入っていたサバンビルは、ストリームライン・モダン様式の歴史的ビル。35万枚の金箔モザイクタイルが貼られた円柱が豪華さを物語る。

サバンビルの1〜4階が展示ギャラリー、地下1階はシアター（Ted Mann Theater）とシャーリー・テンプル教育スタジオになっている。球体ビルには、シアター（David Geffen Theater）のほか、屋上にテラス（The Dolby Family Terrace）があり、ハリウッドサインも見渡せる。

展示は、企画展と常設展からなっている。2021年のオープニング特別展では、スタジオジブリ協力のもと「宮崎駿展」が開催され、宮崎駿監督の直筆ストーリーボードやキャラクターデザイン原画など300点が展示された。博物館のメインの常設展示であるストーリーズ・オブ・シネマStories of Cinemaは、1〜3階のギャラリーで展開。ハリウッド映画で実際に使われた衣装や小道具、撮影機材が展示され、映画製作のプロセスや撮影技術の歴史などを知ることができる。なかでも、20体のオスカー像が並べられたコーナーと現在までのアカデミー賞の歴史が時系列で紹介されているギャラリー（Academy Awards History）は必見。歴史に残る有名な受賞スピーチが視聴できるほか、授賞式に出席した俳優が着たドレスを間近で見ることができる。

アカデミー映画博物館ならではの体験として、オスカーエクスペリエンスThe Oscars® Experienceが挙げられる。アカデミー賞授賞式を舞台に、拍手喝采の観客やフラッシュをたくカメラマンの前で受賞の瞬間を体験できる。本物のオスカー像を手に取って受賞スピーチをし、喜ぶ姿をスタッフが撮影してくれ、その動画をeメールで送ってもらうことができる。

ギフトショップも充実している

西海岸で最大規模の総合美術館 MAP P.66-B2〜B3

ロスアンゼルスカウンティ美術館

★★★ Los Angeles County Museum of Art (LACMA)

ハンコックパークのなかに立つロスアンゼルスカウンティ美術館（略称LACMA、ラクマ）は、14万9000ほどの作品を所蔵する西海岸で最大の規模と充実したコレクションを誇る総合美術館だ。現在、2024年のデイビッド・ゲッフェン・ギャラリーThe David Geffen Galleriesオープンに向け、敷地東側で大規模な改修工事が行われている。

ウィルシャーブルバード沿いの美術館正面に立つのがクリス・バーデンによる彫刻作品のUrban Light。202本の街灯が碁盤の目のように立ち並び、記念撮影スポットとして朝から晩までにぎわっている。正面左側にある建物が、ブロード現代美術館Broad Contemporary Art Museum（BCAM）とリンダ・スチュアート・レズニック・エキシビション・パビリオンThe Lynda and Stewart Resnick Exhibition Pavilion。ブロード現代美術館は、世界的に有名な建築家で、関西国際空港ターミナルを設計したレンゾ・ピアノRenzo Pianoによるもの。3階の展示コーナーにLACMAが所有する代表的な現代アート作品が集められている。アンディ・ウォーホルAndy Warholの『Campbell's Soup Canキャンベルのスープ缶』やパブロ・ピカソPablo Picassoの『Weeping Woman with Handkerchief』、アメデオ・モディリアーニAmedeo Modiglianiの『Young Woman of the People』、ロイ・リキテンスタインRoy Lichtensteinの『Cold Shoulder』は見逃せないものだ。

クリス・バーデンの彫刻作品

ブロード現代美術館の1、2階とリンダ・スチュアート・レズニック・エキシビション・パビリオンは、3〜12ヵ月ごとに内容が変わる企画展のコーナー。2022〜2023年にかけては、LACMA所有の陶磁器にフォーカスをあて、それらが作られた時代の歴史的背景や意味、作成技法などを取り上げた展示「Conversing in Clay: Ceramics from The LACMA Collection」（2022年8/7〜2023年5/21）や、15〜19世紀にかけて大西洋を挟む3大陸のもとアフリカ黒人が売買された大西洋奴隷貿易をテーマにした作品を取り扱う展示「Afro-Atlantic Histories」（2022年12/11〜2023年9/10）が開催されている。

ランド・アートで有名なマイケル・ハイザーの『Levitated Mass』

ロスアンゼルスカウンティ美術館
住 5905 Wilshire Blvd., Los Angeles
☎ (1-323)857-6010
URL www.lacma.org
営 月火木金11:00〜18:00（金〜20:00）、土日10:00〜19:00
休 水、サンクスギビング、クリスマス
料 大人$25、シニア（65歳以上）・学生$21、子供（3〜17歳）$10、2歳以下無料
毎月第2火曜は入場無料
※事前にウェブサイトでチケットを購入しておいたほうがいい。

ACCESS
バス LAダウンタウンからはメトロバス#20、720でWilshire Blvd. & Ogden Ave.下車。約55分。
ハリウッドからはメトロバス#217で南下して、Wilshire Blvd. & Fairfax Ave.下車。約35分。
サンタモニカ、ビバリーヒルズ方面からはメトロバス#720でWilshire Blvd. & McCarthy Vista下車。Wilshire Blvd.を東に600m。サンタモニカから約1時間20分、ビバリーヒルズから約30分。
車 LAダウンタウンからはWilshire Blvd.を西に11km。約40分。
ハリウッドからは、Highland Ave.を4km南下し、Wilshire Blvd.を右折し2km、約20分。
駐車場は美術館裏の6th St.とLACMA Wayとの角。
料 $20。

ギフトショップ
LACMA Store
住 リンダ・スチュアート・レズニック・エキシビション・パビリオン
☎ (1-323)857-6146
営 月火木金11:00〜18:00（金〜20:00）、土日10:00〜19:00
休 水

MEMO **展示物の情報** 展示物の紹介は、2023年1月現在のものです。改装工事を行っているため、ギャラリーの展示物が頻繁に変更されることをご考慮ください。

オリジナル・ファーマーズマーケット
住6333 W. 3rd St., Los Angeles
☎(1-323)933-9211
Free (1-866)993-9211
URL farmersmarketla.com
営毎日10:00〜20:00（金土〜21:00）。店舗により異なる

ACCESS
🚌 LAダウンタウンからメトロバス#16でFairfax Ave. & W. 3rd St.下車。約50分。
ハリウッドからメトロバス#217でFairfax Ave. & W. 3rd St.下車。約30分。
🚗 LAダウンタウンからW. 3rd St.を西に11km。約30分。
ハリウッドからはHighland Ave.を3.5km南下し、W. 3rd St.を右折し2km進む。約15分。

「常設」のファーマーズマーケット　MAP P.66-B3〜B4

オリジナル・ファーマーズマーケット

★★★　The Original Farmers Market

時代の最先端やセンスのよさを売りものにしているLAの観光地のなかで、いちばん素朴で気取りのないのがここ。もともとは、1934年の大恐慌に苦しめられた農民たちが、新鮮な野菜や果物を持ち寄って始めた市場だったのだが、安さと新鮮さが評判を呼んで地元の人や観光客までもが集まるようになった。現在では、八百屋、果物屋、精肉店など生鮮食料品店、ハンバーガーからメキシコ料理、アイスクリーム、クレープなどの屋台、銀細工、革製品、みやげ物屋など100店近くが軒を並べている。活気に満ちた市場の雰囲気は見て回るだけでも楽しい。同じ敷地内には、レストランやショップ、映画館などが入るショッピングモールの**グローブThe Grove**（→P.345）もある。

フードコートではひと休みできる

ピーターセン自動車博物館
住6060 Wilshire Blvd., Los Angeles
☎(1-323)930-2277
URL www.petersen.org
営毎日10:00〜17:00
休サンクスギビング、クリスマス
料大人$19、シニア(62歳以上) $17、子供（4〜17歳）$12、3歳以下無料
ガイドツアー（→脚注）もある。

ACCESS
アカデミー映画博物館の向かい。
🚌 アカデミー映画博物館（→P.230）を参照。

車社会ロスアンゼルスならではの博物館　MAP P.66-B3

ピーターセン自動車博物館

★★　Petersen Automotive Museum

約13ヵ月の改装工事を終え、2015年リニューアルオープンした。波のように流れるアルミニウムのデザインは、六本木ヒルズ森タワーを設計したコーン・ペダーセン・フォックスが担当。

館内には、常時150台の自動車とバイクが展示されている。目玉は、チューンナップされた1930〜1950年代のフォード車や映画『バットマン』『バットマン リターンズ』に使用されたBatmobileなど。そのほか、アニメ映画『カーズ』で登場したライトニング・マックイーンのモデルになったフォードGT40や、ハイブリッドカーの次の世代の自動車といわれている電気自動車や燃料電池車も展示されている。

ハリウッド映画に使用された車も展示されている

クラフト現代美術館
住5814 Wilshire Blvd., Los Angeles
☎(1-323)937-4230
URL www.craftcontemporary.org
営火〜日11:00〜17:00
休月、おもな祝日
料大人$9、シニア（65歳以上）・学生・子供$7。日曜は寄付制

ACCESS
ピーターセン自動車博物館（→上記）からWilshire Blvd.を東に500m。
🚌 ピーターセン自動車博物館（→上記）を参照。

美的センスを磨くのに最適　MAP P.66-B3

クラフト現代美術館

★　Craft Contemporary

1965年にオープンして以来、ロスアンゼルスの文化に多大なる影響を与えてきた美術館。世界中から集められた民芸品や工芸品を展示している。数ヵ月ごとに展示作品は変わるので、ウェブサイトでスケジュールを確認してから訪れるといい。毎週、アーティストや学芸員によるトークイベントやワークショップ、読書会なども開催されている。

ラ・ブレア・タールピッツ＆博物館の目の前

MEMO ピーターセン自動車博物館のガイドツアー Vault Tours　一般に公開されていない地下フロアに収蔵されている約250台の車をガイドと一緒に見学する。写真撮影禁止。毎日10:15、15:00出発。所要約2時間。料入場料込みで大人$54、シニア$52、↗

タール独特の臭いが立ち込める

MAP P.66-B2〜B3

ラ・ブレア・タールピッツ＆博物館

★ La Brea Tar Pits & Museum

博物館のあるハンコックパーク周辺では、地下の深い層からタール（低レベルの天然の石油、アスファルト）が、大小合わせて数十もの沼から噴き出している。独特の臭いが立ち込めるこのタールの沼は、ラ・ブレア・タールピッツLa Brea Tar Pitsと呼ばれている。タールは日光が当たるときらきらと輝くため、虫が集まりやすい。その虫たちがタールにはまってもがけば、それを狙って小動物がやってきて、ともに沼にのまれる。その死臭によって大きな動物にも連鎖が起き、ここは死の沼となった。

1900年初頭、このタールの沼を調査したところ、大量の化石が発見された。ほとんどが今から約4万〜1万1000年前の動物や鳥類のもので、バイソン、ラクダ、マンモスなど約650種の動植物の化石は当時の北米大陸の生態系を知るうえでも貴重なものばかり。現在までに350万個の化石が発掘されているという。

タールピッツから発見された化石を展示しているのが併設する博物館だ。館内に展示されているものの90％は本物で、この公園内で見つかったもの。2006年ロスアンゼルスカウンティ美術館の改装工事の際には氷河期時代のマンモスの化石が発見され、話題を集めた。

実際に掘削している場所を見学できる無料のガイドツアーExcavator Tour（所要45分、月〜金13:00、土日10:30、13:00出発）も毎日催行されている。

動物がタールの沼にはまってしまった様子を見ることができる

ラ・ブレア・タールピッツ＆博物館
住 5801 Wilshire Blvd., Los Angeles
☎ (1-213)763-3499
URL tarpits.org
営 毎日9:30〜17:00
休 毎月第1火曜、おもな祝日
料 大人$15、シニア・学生$12、子供(3〜12歳)$7、2歳以下無料。

ACCESS
ロスアンゼルスカウンティ美術館（→P.231）からWilshire Blvd.を東へ1ブロック。
🚌 LAダウンタウンからメトロバス#20でWilshire Blvd. & Curson Ave.下車。約50分。
ハリウッドからはメトロバス#217で、Fairfax Ave. & Wilshire Blvd.下車、東へ600m。約40分。
サンタモニカからはメトロバス#720でWilshire Blvd. & McCarthy Vista下車。東に1km。約1時間10分。
🚗 LAダウンタウンからWilshire Blvd.を西に10km。約35分。
ハリウッドからはHighland Ave.を4km南下し、Wilshire Blvd.を右折。1.5km行った右側。約20分。
駐車場は博物館裏にあり、Curson Ave.から入る。
料 $15

ロスアンゼルスにある韓国

MAP P.68-A3

コリアタウン

★ Koreatown

アメリカ国内でも最大級の規模を誇る韓国人街は、ダウンタウンの西5km、北のビバリーブルバードBeverly Blvd.、南のピコブルバードPico Blvd.、東のバーモントアベニューVermont Ave.、西のウエスタンアベニューWestern Ave.に囲まれたかなり広いエリアを指す。通りはハングル文字にあふれ、LAにいながら韓国に迷い込んだような気分になるだろう。コリアンBBQ（焼肉）、サムギョプサル、スンドゥブ専門店などのレストランがひしめき、本場さながらの韓国料理が満喫できる。また、韓国スパやサウナもあり、LA在住の日本人や旅行者の間でも話題になっている。

クリスマスや元日もオープンしているレストランが多いコリアタウン

コリアタウン

ACCESS
🚌 LAダウンタウンからはWilshire Blvd.沿いを走るメトロバス#20、720で。約25分。
ハリウッドからはメトロバス#210でWilshire Blvd. & Western Ave.下車か、#212、217でWilshire Blvd.まで南下して#20、720に乗り換えて東へ。約40分。
サンタモニカからはWilshire Blvd.を走る#720で。約1時間30分。
🚆 メトロレイル・Dライン(パープル)のWilshire / Western、Wilshire / Normandie、Bライン(レッド)、Dライン(パープル)のWilshire / Vermont駅下車。

↘子供（10〜17歳）$47。10歳未満は不可。

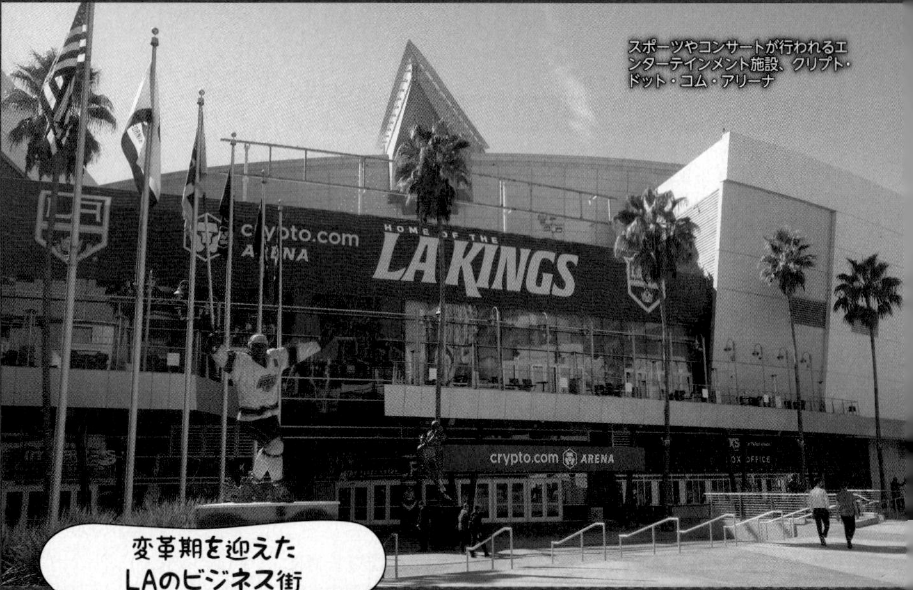

crypto.com ARENA
HOME OF THE LA KINGS
crypto.com ARENA
スポーツやコンサートが行われるエンターテインメント施設、クリプト・ドット・コム・アリーナ

変革期を迎えたLAのビジネス街

Exploring Los Angeles

ダウンタウン
Downtown

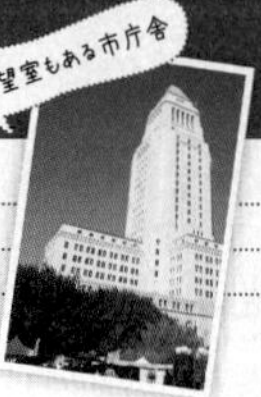

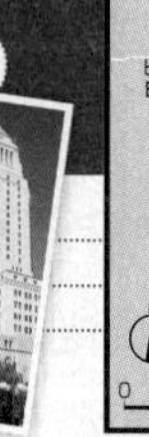

展望室もある市庁舎

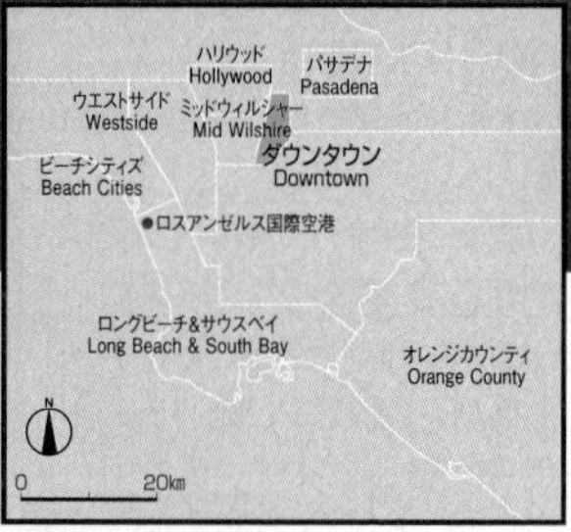

ハリウッド
Hollywood
パサデナ
Pasadena
ウエストサイド
Westside
ミッドウィルシャー
Mid Wilshire
ダウンタウン
Downtown
ビーチシティズ
Beach Cities
ロスアンゼルス国際空港
ロングビーチ&サウスベイ
Long Beach & South Bay
オレンジカウンティ
Orange County
N
0
20km

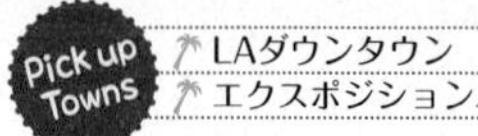

Pick up Towns
- LAダウンタウン
- エクスポジションパーク

ロスアンゼルス観光局　ダウンタウン案内所
Los Angeles Tourism & Convention Board
Downtown Visitor Information Center

MAP P.72-B1　住900 Wilshire Blvd., Los Angeles
（インターコンチネンタル・ロスアンゼルス・ダウンタウン1階）
URL www.discoverlosangeles.com（英語）
営毎日9:00～20:00（時期により異なる）
※2023年1月現在、一時休業中。

いち押し見どころベスト3
1. カリフォルニア・サイエンス・センター → P.242
2. ブロード → P.237
3. グランド・セントラル・マーケット → P.239

ダウンタウン（7th St./メトロセンター駅）へのアクセス

出発点	路線バス／メトロレイルなど		レンタカー		タクシー	そのほかの交通機関
サンタモニカ	R Eライン（エクスポ）、Lライン（ゴールド）	50分	I-10+CA-110	40分	$60	——
ロデオドライブ	M 20,720	70分	Wilshire Blvd.	40分	$50	——
ハリウッド	R Bライン（レッド）	25分	US-101	20分	$40	——
ミッドウィルシャー	M 20, 720	50分	Wilshire Blvd.	30分	$40	——
パサデナ	R Aライン（ブルー）、Lライン（ゴールド）	40分	CA-110	25分	$50	——
ロングビーチ	R Aライン（ブルー）	60分	I-710 + I-405 + I-110 + CA-110	50分	$90	——
LAX	R Cライン（グリーン）+ Jライン（シルバー）、Aライン（ブルー）	80分	I-105 + I-110 + CA-110	45分	$60	ドア・トゥ・ドア・シャトル、フライアウエイ
ディズニーランド周辺	M 460	130分	I-5 + I-10 + CA-110	60分	$105	——

※表内の所要時間、料金はおおよそのもの。交通事情によって変動する
R メトロレイル、M メトロバス
読み方の例：M 212, 217＋4, 720＝メトロバスの＃212か217を使い、途中でメトロバスの＃4か720に乗り換える

MEMO **公共交通機関でサンタモニカからLAダウンタウンへ行くなら**　メトロバスや＃4や720などで行ける（所要約1時間30分）が、メトロレイル・Eライン（エクスポ）、Lライン（ゴールド）ならDowntown Santa Monica駅からダウンタウンまで↗

ダウンタウンから▶7th St./Metro Center駅からメトロレイル・Eライン(エクスポ)、Lライン(ゴールド)でExpo Park/USC駅下車、目の前。約20分

10:00 カリフォルニア・サイエンス・センター ❶

日本人も搭乗したスペースシャトル、エンデバーの展示は見逃せない。そのほか、科学や宇宙について、体験しながら学ぶことができるコーナーもある。

1時間→P.242

Exposition Blvd. & Trousdale Pkwy.からダッシュのルートFで、Figueroa St. & 11th St.下車。約30分

11:30 グラミー博物館 ❷

グラミー賞の歴史をたどりながら、あらゆるジャンルの音楽を楽しむことができる。

1時間30分→P.236

LA ライブの一角にあるグラミー博物館

Figueroa St. & Olympic Blvd.からⓂ81でHill St. & 4th St.下車。約10分

13:10 グランド・セントラル・マーケット ❸

野菜やフルーツ、香辛料を販売する店のほか、フードコートもある。ランチはここで食べよう。

1時間→P.239

エンゼルズフライト(→P.238)で、Olive St.まで上がる。Grand Ave.を北へ150m。約7分

14:20 ブロード ❹

アンディ・ウォーホルや村上隆など人気のアーティストの作品が並ぶ。事前にウェブサイトでチケットの予約をしておくように。

1時間30分→P.237

Hope St. & 1st St.からダッシュのルートAでTraction Ave. & Hewitt St.下車。約20分

16:10 アーツディストリクト ❺

近年、再開発で変化著しいエリア。倉庫街におしゃれなカフェやショップ、ブリュワリーが続々とオープンし、若者を中心に地元の人たちでにぎわっている。時間に余裕があればロウDTLA(→P.239脚注)に立ち寄ってもいい。

1時間30分→P.241

さまざまなグラフィティを見れる

1st St. & Vignes St.からⓂ30でPico Blvd. & Figueroa St.下車。約40分

18:20 LAライブ ❻

レストランや映画館、ナイトクラブ、コンサートホールが集まるエリア。時期によっては、NBA(バスケットボール)やNHL(アイスホッケー)観戦を楽しめる。

2時間→P.236、P.380

本場のスポーツを観戦しよう

近年はショップやレストランが増え、夜でもにぎわっている。ただし、リトルトーキョーの南にあるスキッドロウ(MAP P.72-B2～B4)は、ロスアンゼルスでいちばん危険なエリアなので、昼間でも立ち入らないように。リトルトーキョーには日本語が通じるレストランやショップがある。移動にはメトロバスやメトロレイル、ダッシュ、タクシーで。

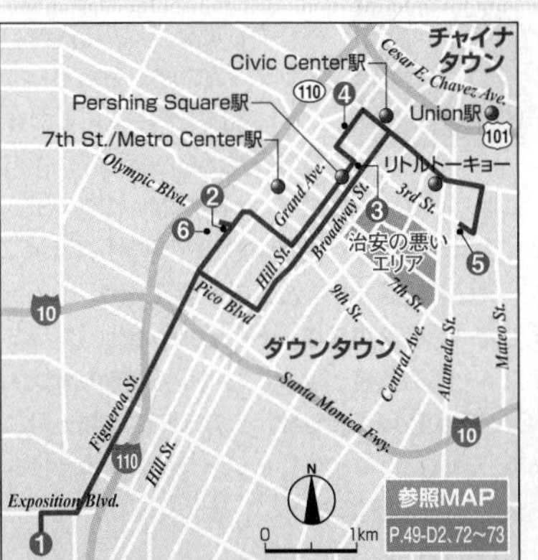

↘約50分で行ける。これがいちばん速い。

ダウンタウン
Downtown

ダウンタウンは、ここ15年の間でいちばん変貌を遂げたエリアだ。LAライブのオープンをきっかけに、印象ががらりと変化した。現在はとても活気に満ち、にぎわっている。LAきってのビジネス街でありながら、意外に見どころも多く、さまざまな表情をもつ。

LAライブ
住800 W. Olympic Blvd., Los Angeles
☎(1-213)763-5483
URL www.lalive.com
営施設や店舗により異なる

ACCESS
メトロレイル・Aライン(ブルー)、Eライン（エクスポ)、Lライン（ゴールド）でPico駅下車、北西に400m。もしくは、メトロレイル・Bライン(レッド)、Dライン(パープル)の7th St./Metro Center駅 下車、Figueroa St. を南へ1km。
ダッシュのルートFでCrypt.com Arena下車。

LAライブのライブ&コンサート会場→P.286

グラミー博物館
住800 W. Olympic Blvd., Los Angeles
☎(1-213)725-5700
URL grammymuseum.org
営月 水 木 金 日11:00～17:00、土10:00～18:00
休火
料大人$18、シニア（65歳以上)$15、子供(5～17歳)$12、4歳以下無料

ACCESS
LAライブ(→上記)を参照。

グラミー賞とは？
音楽業界で最も栄誉ある賞と評される。受賞者に贈られるトロフィーが、グラモフォン(蓄音機)の形をしていることから、グラミー賞と名づけられた。授賞式は、通常毎年1月または2月頃に行われる。2004年から2017年まではステープルスセンター(現クリプト・ドット・コム・アリーナ→P.237）で、2018年はニューヨークで、2019年、2020年はステープルスセンター、2021年はロスアンゼルス・コンベンションセンター、2022年はラスベガスのMGMグランド・ガーデン・アリーナ、2023年はクリプト・ドット・コム・アリーナで開催された。「年間最優秀楽曲賞」「最優秀新人賞」など約80の部門がある。

LAのエンターテインメントスポットといえばここ！ MAP P.72-A1

LAライブ

★★ LA Live

ライブやコンサート会場のマイクロソフトシアターMicrosoft Theaterや、赤西仁やきゃりーぱみゅぱみゅ、m-flo、登坂広臣も登壇したノボThe Novoのほか、高級ホテルのリッツ・カールトン・ホテルとJWマリオットなどが集まる。リーガル・LAライブ Regal LA Liveは有名映画のプレミアもよく行われている14のスクリーンをもつ映画館。ほかに、**グラミー博物館Grammy Museum**やバリエーション豊かなレストラン、ナイトスポットやボウリング場などの娯楽施設が集まり、まさにエンターテインメントの宝庫だ。冬季には、中央にスケートリンクが登場する。隣接して、クリプト・ドット・コム・アリーナ（→P.237）やロスアンゼルス・コンベンションセンターもある。

LA でコンサートといえばここ

音楽の魅力を体感できる MAP P.72-A1

グラミー博物館

★★ Grammy Museum

体験しながら音楽を知る

音楽界最高の名誉といわれるグラミー賞が2008年に創設50周年を迎え、その記念にできたのがこの博物館。グラミー賞の歴史をたどりながら、音楽をテーマにした体験型の展示をとおして、あらゆる角度から音楽の魅力に触れることができる。博物館は、1階のエントランスからエレベーターで4階へ向かい、下階に降りて見学していく。

目玉の展示は、グラミー賞受賞曲はもちろん、あらゆる時代、ジャンルの音楽を聴くことができる4階の**クロスロードCrossroads**とグラミー賞授賞式時のアーティストたちの衣装が展示されている3階の**オン・ザ・レッド・カーペットOn The Red Carpet**。そのほかに、数ヵ月ごとに変わる特別展示もある。過去にはマイケル・ジャクソンやホイットニー・ヒューストンの追悼展なども開催された。

その土地らしさ　博物館＆美術館＆公園　買い物＆食事　★おすすめ度

アメリカのエンターテインメントを体験する MAP P.72-A1

クリプト・ドット・コム・アリーナ

★★ Crypto.com Arena

LAライブの向かいにある巨大な宇宙船のような近未来的な建物で、コンサートやスポーツなどに使われる多目的イベント会場だ。4億ドルをかけて建設されたこのアリーナの収容人数は約2万人。NBAのロスアンゼルス・レイカーズとロスアンゼルス・クリッパーズ、女性版NBA、WNBAのロスアンゼルス・スパークス、NHLのロスアンゼルス・キングスの本拠地だ。2021年12月25日ステープルスセンターからクリプト・ドット・コム・アリーナに名称が変更された。

一流のエンターテインメントを楽しむ MAP P.73-C1

ミュージックセンター

★ Music Center

ダウンタウンの北西、バンカーヒルの丘の上にある、ロスアンゼルスの音楽と演劇の中心地。Grand Ave.沿いにはクラシックのコンサートが行われるウォルト・ディズニー・コンサートホールWalt Disney Concert Hall、オペラやバレエのドロシー・チャンドラー・パビリオンDorothy Chandler Pavilion（→P.286）、ミュージカルのアーマンソンシアターAhmanson Theatre（→P.286）などが並ぶ。

ウォルト・ディズニー・コンサートホール Walt Disney Concert Hall

ロスアンゼルス・フィルハーモニック（→P.285）の本拠地。LAを代表する建築家、フランク・ゲーリーが2003年に手がけた斬新な外観から、ダウンタウンの名所のひとつとなっている。また、音響は日本人設計家の豊田泰久氏が手がけ、ステージの周りを客席が360度囲むビンヤード形式を採用している。

美しい曲線のウォルト・ディズニー・コンサートホール

有名アーティストの作品が無料で楽しめる MAP P.73-C1

ブロード

★★★ The Broad

2015年にオープンした現代美術館。慈善家であるエリ＆エディス・ブロード夫妻Eli & Edythe Broad が設立した。幅広い世代に楽しんでもらいたいという趣旨のもと、当面の間は常設展のみ入館無料。村上隆やアンディ・ウォーホルAndy Warhol、ジャスパー・ジョーンズJasper Johnsなどの現代作品が2000点以上収蔵され、常時約200点が展示されている。見逃せない作品は、アンディ・ウォーホルの『キャンベル・スープ缶 Campbell's Soup Can』や村上隆の『DOB in the Strange Forest (Blue DOB)』など。建物の設計は、NYのハイラインをデザインしたディラー・スコフィディオ＋レンフロ。

2023年1月現在、混雑緩和のため入場は時間指定制になっている。事前にウェブサイトから時間予約チケットを入手する必要がある。

館内に太陽光が入るように設計されている建物

クリプト・ドット・コム・アリーナ
住1111 S. Figueroa St., Los Angeles
☎(1-213)742-7340（ボックスオフィス）
URL www.cryptoarena.com
営ボックス・オフィス／火12:00～16:00。イベント開催日はイベント開始3時間前からオープン
ACCESS
LAライブ（→P.236）参照。

プロスポーツ→P.290

ミュージックセンター
住135 N. Grand Ave., Los Angeles
☎(1-213)972-7211
URL www.musiccenter.org

ウォルト・ディズニー・コンサートホール
MAP P.73-C1
住111 S. Grand Ave., Los Angeles
☎(1-323)850-2000
URL www.laphil.com

ウォルト・ディズニー・コンサートホール・セルフガイド・ツアー
オーディオガイド使用
営毎日10:00～15:00（所要1時間。時期により異なる） 料無料

コンサート前のプレトークイベント
当日行われるコンサートについて、専門家が30分～1時間ほど解説する。チケット所有者を対象に、グランドアベニュー・ロビーでコンサート開演1時間～1時間30分前にスタート。
ACCESS
メトロレイル・Aライン(ブルー)、Lライン（ゴールド）のGrand Ave. Arts / Bunker Hill駅下車、東へ50m。
※周辺は比較的治安がいいが、夜は必ずタクシーを使うように。舞台が終わると劇場の前にタクシーが並ぶ。
ダッシュのルートA、BでGrand Ave. & 1st St.下車。徒歩：Grand Ave.を北上し、2nd St.からTemple St.にかけての左側。

LAオペラ→P.286

ブロード
住221 S. Grand Ave., Los Angeles
☎(1-213)232-6200
URL www.thebroad.org
営火～金11:00～17:00（木～20:00）、土日10:00～18:00
休月、サンクスギビングデイ、クリスマス
料無料
ACCESS
ウォルト・ディズニー・コンサートホール（→上記）の隣。

日本人が設計した現代美術の美術館

MAP P.72-B1

ロスアンゼルス現代美術館（モカ）

★★ The Museum of Contemporary Art, Los Angeles (MOCA)

展示ギャラリーは地下にある

アメリカ現代美術のコレクションでは西海岸有数を誇り、ニューヨークの近代美術館MoMA（モマ）に対して、こちらは**MOCA（モカ）**と呼ばれている。

れんが色の建物は、日本人建築家の磯崎新氏によるもので、設計にあたっては、古代と現代の建築様式の調和を目指したとのこと。また、入口や受付カウンターの白い曲線はマリリン・モンローへのオマージュだという。

展示は3～6ヵ月ごとにテーマが変わる企画展が中心で、現代美術館らしく、収蔵品は単なる絵画やオブジェにとどまらないおもしろさがある。収蔵品の中心は1950年から1990年代のアメリカ人アーティストによるもので、20世紀美術の大家から新人までの約7000点と幅広い。アンディ・ウォーホルAndy Warholやロイ・リキテンシュタインRoy Lichtenstein、バスキアBasquiatなどの作品がある。

ロスアンゼルス現代美術館
住250 S. Grand Ave., Los Angeles
☎(1-213)626-6222
URL www.moca.org
営火～日11:00～17:00(土日～18:00)
休月、おもな祝日
料無料。特別展は、大人$18、シニア・学生$10
※事前に日時指定のチケットをウェブサイトから入手すること。

ACCESS
メトロレイル・Aライン(ブルー)、Lライン(ゴールド)のGrand Ave. Arts / Bunker Hill駅下車、南東に100m。
ダッシュのルートBでGrand Ave. & 3rd St. 下車。

ガイドツアー
第3土曜の13:00、15:00に行われている。ロビーから出発し、所要約45分。予約不要、無料。

MOCA Store
☎(1-213)621-1710
営火～日11:00～17:00(土日～18:00)
休月、おもな祝日

広大な敷地のなかにある教会

MAP P.73-C2

天使のマリア大聖堂

★ Cathedral of Our Lady of the Angels

ダウンタウン北にあるモダンな外観のカトリック教会。スペインの有名建築家ホセ・ラファエル・モネオJosé Rafael Moneoによってデザインされた教会は、1.3エーカー（約5388m²）の広さを誇り、総工費1億9000万ドルをかけて2002年に完成した。特徴は3000人収容可能な巨大なチャペルで、外部から差し込むやわらかい日差しと特殊なライティング設備により、明るく新鮮な雰囲気が漂う。前方の正面右側には6019本ものパイプをもつパイプオルガンが備えられ、ミサ（Mass）の時間には天井全体に施された音響効果で教会内が荘厳な空気に包まれる。

建築物としても、興味深い造り

天使のマリア大聖堂
住555 W. Temple St., Los Angeles
☎(1-213)680-5200
URL www.olacathedral.org
営毎日8:00～18:00（土9:00～、日7:00～）
料無料
ミサ／月～金7:00、12:10、日8:00、10:00、12:30

ACCESS
メトロレイル・Bライン(レッド)、Dライン(パープル)のCivic Center/Grand Park駅下車、北西に300m。
ダッシュのルートBのGrand Ave. & Temple St.で下車。

映画『ラ・ラ・ランド』にも登場した

MAP P.72-B2

エンゼルズフライト

★★ Angels Flight

走行距離が90mで「世界でいちばん短い鉄道」といわれている。バンカーヒル周辺が栄えていた1900年代、坂を楽に移動できるように造られた。2010年に待望のリニューアルオープンを果たし、幅広い世代に人気。

あっという間に到着

エンゼルズフライト
住351 S. Hill St., Los Angeles
☎(1-213)626-1901
URL www.angelsflight.org
営毎日6:45～22:00
料$1。50¢以上のチャージがあるメトロのtapカード所有者は50¢

ACCESS
メトロレイル・Bライン(レッド)、Dライン(パープル)のPershing Square駅下車、北に2ブロック。3rd St.と4th St.の間、グランド・セントラル・マーケット(→P.239)の斜め前が丘の下の駅。乗り場は2ヵ所あり、丘の下が上記の住所で、丘の上が住350 S. Grand Ave., Los Angeles。

MEMO スモーガスバーグLA 2016年から始まったフードマーケット。シーフードやBBQのほか、中国料理やおにぎりなど約100のベンダーが出店している。 MAP P.72-A4 住777 S. Alameda St., Los Angeles URL la.smorgasburg.com 営日10:00～16:00

LAの官庁街 MAP P.73-C1～C2

シビックセンター

Civic Center

市庁舎City Hallを中心に、連邦、州、郡、市の行政機関が集中する地域。ミュージックセンターからリトルトーキョーあたりまでの約10ブロックに裁判所、連邦ビル、LA市警察などが集まるLAの心臓部だ。ひときわ目立つ白い建物が市庁舎で、1928年に建てられたもの。

市庁舎27階にある**展望室Observation Deck**からは、市内を眺められる（無料）。入口でセキュリティチェックを済ませ、エレベーターを乗り継いで行く。

また、市庁舎からミュージックセンターまでの3ブロック（Temple St.、Grand Ave.、1st St. & Spring St.）には**グランドパークGrand Park**が広がる。芝生が敷き詰められた12エーカー（約4万8560m²）の公園は、噴水もあり、涼を取る会社員の憩いの場になっている。

展望室からはハリウッドサインが見える

1917年からずっとロスアンゼルス市民の台所 MAP P.72-B2

グランド・セントラル・マーケット

Grand Central Market

約40のレストランやカフェ、ショップが入るマーケットでは、新鮮な野菜や果物、ナッツや香辛料などさまざまな生鮮品が揃う。そのほか、メキシコ料理や中国料理、ベーカリーなどのファストフード店もあるので、近くに勤める会社員が昼食を取る姿をよく見かけるだろう。

映画のワンシーンにも登場したことがある

ロスアンゼルスが始まった場所 MAP P.73-C2～D2

エルプエブロ州立史跡公園（オルベラ街）

El Pueblo de Los Angeles State Historic Park (Olvera Street)

アムトラック・ユニオン駅そばにあるロスアンゼルス発祥の地。メキシコ風の家並みが続くエリアは、メキシコ料理レストランや民芸品店が集まる**オルベラ街Olvera Street**として知られている。Olvera St.を中心としたエルプエブロ州立史跡公園のなかにあり、歴史的建造物も数多い。一帯にはカラフルな色使いの民芸品や人形、帽子などからおもちゃの店までが並び、1年中にぎわっている。

サンダルや覆面プロレスマスク、革製品などが並ぶ

シビックセンター

ACCESS

メトロレイル・Bライン（レッド）、Dライン（パープル）のCivic Center/Grand Park駅下車、目の前。

ダッシュのルートAなら1st St. & Main St.で下車。ルートBならTemple St. & Spring St.で下車。

市庁舎

MAP P.73-C2
住 200 N. Spring St., Los Angeles
☎ (1-213)473-3231
URL www.lacity.org

市庁舎の展望室

営 月～金10:00～17:00
建物入口で手荷物検査がある。要ID。

グランドパーク

MAP P.73-C1～C2
住 200 N. Grand Ave., Los Angeles
☎ (1-213)972-8080
URL grandparkla.org
営 毎日5:30～22:00

グランド・セントラル・マーケット

住 317 S. Broadway, Los Angeles
☎ (1-213)359-6007
URL grandcentralmarket.com
営 毎日8:00～21:00（店舗により異なる）

ACCESS

メトロレイル・Bライン（レッド）、Dライン（パープル）のPershing Square駅下車、Hill St.を北へ2ブロック。

ダッシュのルートAで1st St. & Broadway下車。2ブロック南へ。

エルプエブロ州立史跡公園

住 125 Paseo de la Plaza, Los Angeles
☎ (1-213)485-6855
URL elpueblo.lacity.org

ACCESS

メトロレイル・Aライン（ブルー）、Bライン（レッド）、Dライン（パープル）、Lライン（ゴールド）のUnion駅下車。西口の目の前。

ダッシュのルートBが、公園周辺を通る。

オルベラ街

MAP P.73-D2
URL www.olvera-street.com

ガイドツアー

☎ (1-213)628-1274
営 木～土10:00、11:00、12:00
公園南東にある事務所El Pueblo Officeから出発。所要50分。無料。

MEMO **ロウ DTLA** アメリカン・アパレルの工場跡地にできた商業施設。レストランやショップが約35軒集まる。**Row DTLA** MAP P.72-A4 住 777 S. Alameda St., Los Angeles URL rowdtla.com

チャイナタウン

ACCESS

🚃 メトロレイル・Aライン(ブルー)、Lライン（ゴールド）のChinatown駅下車、徒歩5分。
🚌 ダッシュのルートBがチャイナタウンを1周している。
徒歩：オルベラ街から徒歩15分。夜間は必ずタクシーを利用すること。

リトルトーキョー

住1st St.、3rd St.、Alameda St.、Los Angeles St.に囲まれたエリア。
URL littletokyola.org
URL visitlittletokyo.com
●Japanese Village Plaza
住335 E. 2nd St., Los Angeles
URL japanesevillageplaza.net
●Weller Court Shopping Center
住123 Astronaut E. S. Onizuka St., Los Angeles

ゴー・フォー・ブローク全米教育センター

MAP P.73-C3
住355 E. 1st St., #200, Los Angeles
☎(310) 328-0907
URL www.goforbroke.org
営土日11:30～17:00
休月～金、サンクスギビング、クリスマス、元日
料大人$10、シニア$5、学生(要ID)・5歳以下無料

ACCESS

🚃 メトロレイル・Aライン(ブルー)、Lライン（ゴールド）のLittle Tokyo/Arts District駅下車、徒歩1分。
🚌 ダッシュのルートAがリトルトーキョーを1周している。

全米日系人博物館

住100 N. Central Ave., Los Angeles
☎(1-213)625-0414
URL www.janm.org
営火水金土日11:00～17:00、木12:00～20:00
休月、ジューンティーンス(6/19)、独立記念日、「市民の自由法」成立記念日(8/10)、サンクスギビング、クリスマス、元日
料大人$16、シニア（62歳以上）・学生・子供（6～17歳）$9、5歳以下無料
毎月第3木曜は終日無料。その他の木曜は17:00～20:00無料
※Bloomberg Connectsのアプリには、博物館の展示について英語の解説（音声ガイド）があるほか、受付で無料の日本語音声ガイドを借りられる。

ACCESS

🚃 ゴー・フォー・ブローク全米教育センター(→上記)前

リーズナブルにおいしい食事もできる

MAP P.73-D2

チャイナタウン

★

Chinatown

　ダウンタウンの北の端、Broadway とCollege St.の交差点を中心に、南はW. Cesar E. Chavez Ave. から北はBernard St. 、東はSpring St.、西はYale St.あたりまでのエリア。通り沿いには漢字の看板が並び、夜になれば中華料理店のネオンが派手に輝く。なかでもおすすめは、レストランや商店の集まった**セントラルプラザCentral Plaza**（住951 N. Broadway, Los Angeles）**周辺**。お手頃価格で飲茶が食べられる店も多い。

バンブープラザ周辺

日本の物なら何でも揃う

MAP P.73-C3

リトルトーキョー

★

Little Tokyo

　LAの日本人コミュニティのひとつ。なかでも**日本村プラザJapanese Village Plaza**と**ウェラーコート・ショッピング・センターWeller Court Shopping Center**周辺には、日本料理店、日本の雑貨を売るショップや書店、スーパーマーケット、日系ホテル、観光案内所などが集まっている。第2次世界大戦中に日系人が強制収容され、日系人がいなくなった時期もあったが、戦後日系人らが戻りビジネスを再開。さらに、日本からも新たな企業が進出し、日本人街として隆盛を誇った。また、1980年から1990年代には全米日系人博物館（→下記）や日米文化会館などの日系の文化施設も造られた。その後、衰退の時期もあったが、現在はLAの人々の日本文化への関心が高まってきたこともあり、夜遅くまでにぎわっている。2016年には、第2次世界大戦を戦った日系人部隊に焦点を当てた展示が話題の**ゴー・フォー・ブローク全米教育センターGo For Broke National Education Center**がオープンした。

日系アメリカ人の歴史に触れる

MAP P.73-C3

全米日系人博物館

★★

Japanese American National Museum

　日本からアメリカに渡った日本人とその子孫である日系人の約150年にわたる歴史を展示する博物館。常設展の「コモングラウンド―コミュニティの心Common Ground：The Heart of Community」では、そうした移民の歴史や第2次世界大戦中の日系人の強制収容、収容所を出て生活を再建しアメリカに民主主義を取り戻した経緯、そして日系人が作ってきた独自の文化やコミュニティなどを紹介している。当時の写真や生活用品、収容所から移築された木造のバラックなど貴重な資料が並ぶ展示には、日本語の解説パネルや音声ガイド（→側注）があるので、理解がより深まる。常設展のほか、日系人のアートや文化などを紹介する特別展も随時開催している。

移民初期からの日系コミュニティの変遷が貴重な資料とともに展示されている

MEMO **リトルトーキョー南側の治安**　リトルトーキョーの南側にある4th St.、Los Angles St.、7th St.、Central Ave.に囲まれたエリア（MAP P.72-B2～B4）は、スキッドロウと呼ばれ、かなり治安が悪いエリアだ。絶対に立ち入らないこと。

現代美術館の別館

MAP P.73-C3

ゲッフェン現代美術館

The Geffen Contemporary at MOCA

★

ロスアンゼルス現代美術館（MOCA）の別館としてリトルトーキョー（→P.240）の、LA市警察の倉庫だった建物に1983年オープンした。中は広々として天井も高く、ロフト感覚のラフな雰囲気が自由奔放なアメリカン・モダン・アートによくマッチしている。改装はフランク・ゲーリーが担当。1年をとおして期間限定の展示イベントを開催しているが、常設展示はないので、事前に開館日を確認すること。

ダウンタウンで近年、開発中のエリア

MAP P.73-C3〜C4

アーツディストリクト

Arts District

★★

リトルトーキョーの南東、Alameda St.、1st St.、8th St.とLos Angeles Riverに囲まれたエリアが、最近活気づいている。以前は倉庫街で閑散としていたが、アートギャラリーやおしゃれなレストラン、カフェ、ブリュワリー、セレクトショップが続々とオープンした。また、コンドミニアムも建ち始め、地元の人でにぎわう場所になってきている。ただし、**周辺は開発中の場所や暗い道も多いので治安には十分注意を。**また、夜遅くの移動はタクシーや配車アプリを利用しよう。

いたるところにグラフィティアートが

ゲッフェン現代美術館
住152 N. Central Ave., Los Angeles
☎(1-213)625-4390
URL www.moca.org/visit/geffen-contemporary
営火〜日11:00〜17:00(土日〜18:00)。時期により異なる
休月、おもな祝日
料無料。特別展は大人$18、シニア・学生$10。
※事前に日時指定のチケットをウェブサイトから入手すること。

ACCESS
ゴー・フォー・ブローク・全米教育センター（→P.240）と全米日系人博物館（→P.240）の間の道の奥。

アーツディストリクト

ACCESS
メトロレイル・Aライン（ブルー）、Lライン（ゴールド）のLittle Tokyo/Arts District駅からAlameda St.を南に400m行った東側。
ダッシュのルートAでTraction Ave. & Hewitt St.下車。

COLUMN 問屋街でショッピング

ダウンタウンの南、3rd St.、I-10、Hill St.、San Pedro St.に囲まれたエリアは問屋街になっている。服飾関係の**ファッションディストリクト**、おもちゃや雑貨などの**トイディストリクト**、宝飾を扱う**ジュエリーディストリクト**。多くが卸売り専門だが、小売りを行っている店も多く、手頃な値段で買い物ができる。ただ、支払いは現金のみの店がほとんど。**治安に不安があるエリアなので、人が歩いている通りを選び、朝早くと夜遅くはなるべく避けて日中に訪れるように。**また、スリにも注意。

ファッションディストリクトFashion District

7th St.、I-10、Main St.、San Pedro St.に囲まれた約100ブロックには、1000を超すアパレルショップが並ぶ。生地やボタンといったものから、アパレルメーカーのサンプル商品などさまざまなものが販売されている。人気があるのは、サンテアレーSantee Alleyと呼ばれるストリート（Santee St.とMaple Ave.、Olympic Blvd.と12th St.の間）。
MAP P.72-A2　営毎日9:00〜17:00（店舗により異なる）URL fashiondistrict.org

ACCESS
メトロレイルの7th St./Metro Center駅から7th St.と9th St.を南東に約1km。
ダッシュのルートEでLos Angeles St. & Olympic Blvd.下車。

トイディストリクトToy District

おもちゃだけでなく、お香やゲーム、キャラクターのフィギュアなども販売している。Los Angeles St.、San Pedro St.、3rd St.、5th St.の約10ブロック。いちばんにぎやかなのは3rd St.と5th St.、Wall St.沿い。
MAP P.72-B3　営毎日9:00〜17:00（店舗により異なる）

ACCESS
メトロレイル・Bライン（レッド）、Dライン（パープル）のPershing Square駅から5th St.を東に700m。

ジュエリーディストリクトJewelry District

5th St.、8th St.、Olive St.、Broadwayに囲まれたエリアに、約3000以上の宝石店がある。
MAP P.72-B2　営月〜土10：00〜18：00（店舗により異なる）

ACCESS
メトロレイル・Bライン（レッド）、Dライン（パープル）のPershing Square駅下車、目の前のHill St.沿い。
※4th St.、Los Angeles St.、7th St.、Central Ave.に囲まれたエリアは、浮浪者が多く集まっているので、立ち入らないようにすること。

MEMO **アーツディストリクトのギャラリー**　2016年にオープンしたハウザー&ワース。レストランやギフトショップも集まる。**Hauser & Wirth** MAP P.73-C4 住901 E. 3rd St., Los Angeles URL www.hauserwirth.com 営火〜日 11:00〜18:00 休月 料無料

エクスポジションパーク
Exposition Park

過去に2度（1932、1984年）、オリンピックのメイン会場となったロスアンゼルス・メモリアル・コロシアムがある広大な公園。敷地内には博物館やローズガーデンなどがあり、週末にはたくさんの家族連れでにぎわう。また、公園の北口を出て、Exposition Blvd. を挟んだ正面に、映画関係者を数多く輩出している西海岸きっての名門校、南カリフォルニア大学がある。

エクスポジションパーク
MAP P.49-D2
住700 Exposition Park Dr., Los Angeles
URL expositionpark.ca.gov

ACCESS
メトロレイル・Eライン（エクスポ）、Lライン（ゴールド）のExpo Park/USC駅下車、目の前。
ダウンタウンからダッシュのルートFで、Exposition Blvd. & Trousdale Pkwy. 下車。
LAダウンタウンからFlower St.を南に5km。

カリフォルニア・サイエンス・センター
住700 Exposition Park Dr., Los Angeles
☎(1-323)724-3623
URL californiasciencecenter.org
営毎日10:00～17:00
休サンクスギビング、クリスマス、元日
料無料

※IMAXの入場料金：大人$9.79、シニア(65歳以上)・学生$8.79、子供(4～12歳)$7.59
※プログラムは3～4ヵ月に1度変更される
※IMAXのスケジュールや上映作品はウェブサイトで確認を。

体験しながら学べる

MAP P.49-D2

カリフォルニア・サイエンス・センター
★★★ California Science Center

科学や宇宙、環境のほか、身近な題材を「科学」という視点で捉えた博物館。見るだけでなく、触れたり、作ったりといった体験を通じて学べる展示が中心で、地元の人々にも高く支持されている。

エンデバーの展示もあわせて半日は時間を取りたい

エコシステムズEcosystemsでは、森や川など、さまざまな自然をテーマに自然環境の多様性、いろいろな自然現象を紹介。**エクストリーム・ゾーンExtreme Zone**では、砂漠や南極、北極などの局地の自然のなかで起こる自然現象やそこにすむ生物たちに注目し、過酷な環境下で生物がどのように暮らしているか、自然現象が発生する仕組みやそれが及ぼす影響などを詳しく知ることができる。**LAゾーンLA Zone**では、スモッグやごみといった身近な題材をもとに、自分たちの住む街を取り囲む環境問題、環境のために何をしていけばいいのかを、子供にも理解しやすいように紹介している。

日本人に最もなじみがあるといわれている**スペースシャトルのエンデバーEndeavour**が、サミュエル・オスチン・スペースシャトル・エンデバー・パビリオンSamuel Oschin Space Shuttle Endeavour Pavilionに展示されている。エンデバーは、1992年の初飛行から2011年6月まで25回の飛行を行い、日本人宇宙飛行士の毛利衛氏、若田光一氏、土井隆雄氏が搭乗した。

カリフォルニア・アフリカン・アメリカン博物館
住600 State Dr., Los Angeles
☎(1-213)744-2084
URL caamuseum.org
営火～日10:00～17:00(日11:00～)
休月、サンクスビギング、クリスマス、元日
料無料

アフリカ系アメリカ人について知る

MAP P.49-D2

カリフォルニア・アフリカン・アメリカン博物館
★ California African American Museum

アフリカ系アメリカ人の芸術家による作品が、期間ごとの企画展によって紹介されている。おもに、19世紀後半から現代美術までの作品が陳列され、それぞれの時代、制作者、出身地などを対比させて作品を鑑賞するのもおもしろい。

45億年分の地球と人類の歴史が詰まっている　MAP P.49-D2

ロスアンゼルス自然史博物館

Natural History Museum of Los Angeles County

見応え十分のコレクションが揃う

1913年にオープンした歴史ある博物館。展示はアフリカやアメリカに生息した哺乳類、太古の化石、アメリカンインディアンのズニ族の呪物、海の生物、鳥類のコーナーなどに分かれている。いちばん人気があるのは、**恐竜ホールDinosaur Hall**。恐竜たちがどこからやってきて、どんな環境で暮らし、絶滅していったかを、実際に古生物学者が行っている研究をもとに展示しており、古生物学者になったような気分で、恐竜の謎解きができるような構成になっている。広い展示室には、20以上の恐竜の骨格が並び、迫力たっぷり。タッチパネルのクイズなどゲーム感覚で楽しめる展示もある。化石の展示は300種以上もあり、ティーレックスT-Rexの化石には触れることができるのもうれしい。

ロスアンゼルスの歴史をテーマにした**ビカミング・ロスアンゼルスBecoming Los Angeles**も人気のコーナー。LAの歴史を大恐慌時代、第2次世界大戦以降など6つの時代に分け、写真とともに解説してくれる。また、約600種の動植物に親しめる野外展示のネイチャーガーデンNature Gardensは家族連れでにぎわっている。展示数が多いので、最低でも半日は時間を取りたい。

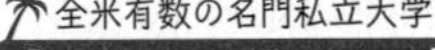

全米有数の名門私立大学　MAP P.49-D2

南カリフォルニア大学

University of Southern California

南カリフォルニア大学University of Southern Californiaが創立されたのは1880年。カリフォルニア州の私立大学のなかで最も古い。地元では単に"USCユー・エス・シー"と略して呼ばれている。創立当時わずか53人だった学生は、2023年1月現在約4万9000人在籍するほどのマンモス大学のひとつになった。学部の専攻には、建築、医、法律、教育、芸術、映画、音楽などがある。特に映画芸術学部は世界的にも有名で、ジョージ・ルーカス、ロバート・ゼメキス、ロン・ハワード、ジョン・シングルトンら有名映画監督がここで学んだ。ノーベル賞受賞者もこれまでに複数人輩出している。229エーカー（約92万6700m²）のキャンパスには、200近くの建物が並び、テレビのショー番組や映画のワンシーンにしばしば登場する。構内の見どころは、ロマネスク調の**ドヒニー記念図書館Doheny Memorial Library**と構内で最も古い建物の**ウィドニー・アルムニ・ハウスWidney Alumni House**。また、映画芸術学部校舎School of Cinematic Arts Complexは、ジョージ・ルーカスの寄付金によって建てられた。さらに、キャンパス内にある**USCフィッシャー美術館USC Fisher Museum of Art**ではカリフォルニアやラテンアメリカの現代美術などを鑑賞できる。

ブックストアで大学グッズをおみやげに購入するのもいい

ロスアンゼルス自然史博物館
住 900 Exposition Blvd., Los Angeles
☎ (1-213)763-3466
URL nhm.org
営 毎日9:30〜17:00
休 毎月第1火曜、独立記念日、サンクスギビング、クリスマス、元日
料 大人$15、シニア（62歳以上）・学生$12、子供（3〜12歳）$7
ACCESS
エクスポジションパーク（→P.242）参照。

ツアーやプログラムも豊富
館内では毎日、ギャラリーツアーや、子供向けのイベント、動物たちに会えるプログラムなどを実施している。詳細はチケット窓口やウェブサイトで確認を。

南カリフォルニア大学
住 3535 S. Figueroa St., Los Angeles
☎ (1-213)740-2311
URL www.usc.edu
ACCESS
エクスポジションパーク（→P.242）の向かい。

ドヒニー記念図書館
住 3550 Trousdale Pkwy., Los Angeles
営 月〜土9:00〜22:00（金土〜17:00）、日12:00〜20:00。時期により異なる

USCフィッシャー美術館
住 823 Exposition Blvd., Los Angeles
☎ (1-213)740-4561
URL fisher.usc.edu
営 火〜土12:00〜17:00（土〜16:00）
休 日月
料 無料

MEMO USCのブックストア　USC Bookstore　MAP P.49-D2　住 840 Childs Way, Los Angeles　Free (1-800)447-8620　URL www.uscbookstore.com　営 月〜金 7:45〜20:00、土日 9:00〜17:00（日 10:00〜）。時期により異なる

中国庭園や植物園もあり、すべてを回るには１日では足りないほどの広さをもつハンティントン

洗練されたアカデミックな街

Exploring Los Angeles

パサデナ
Pasadena

彫刻アート巡りが楽しめる

パサデナ観光局
Pasadena Convention & Visitor Bureau
MAP P.70-B2 住300 E. Green St., Pasadena
☎(626)793-2122 URL www.visitpasadena.com
営月～金9:00～16:00（時期により異なる）

いち押し見どころベスト3

1 ハンティントン → P.250
2 ノートン・サイモン美術館 → P.247
3 オールドパサデナ → P.246

パサデナ（メモリアルパーク駅）へのアクセス

出発点	路線バス／メトロレイルなど		レンタカー		タクシー	そのほかの交通機関
サンタモニカ	R Lライン（ゴールド）	80分	I-10 + CA-110	60分	$90	——
ロデオドライブ	M20, 720 + RAライン（ブルー）、Lライン（ゴールド）	100分	Santa Monica Blvd. + US-101 + CA-110	55分	$80	——
ハリウッド	RBライン（レッド）+ Aライン（ブルー）、Lライン（ゴールド）	70分	US-101 + CA-110	40分	$60	——
ミッドウィルシャー	M20, 720 + RAライン（ブルー）、Lライン（ゴールド）	80分	Fairfax Ave. + I-10 + CA-110	50分	$70	
ダウンタウン	RAライン（ブルー）、Lライン（ゴールド）	30分	CA-110	25分	$50	——
ロングビーチ	RAライン（ブルー）	90分	I-710 +I-5 + CA-110	50分	$110	——
LAX	RCライン（グリーン）+ Aライン（ブルー）	80分	I-105 + I-110 + CA-110	60分	$100	ドア・トゥ・ドア・シャトル
ディズニーランド周辺	M460 + RAライン（ブルー）、Lライン（ゴールド）	180分	I-5 + CA-110	75分	$140	——

※表内の所要時間、料金はおおよそのもの。交通事情によって変動する
R メトロレイル、M メトロバス
読み方の例：M212, 217+4, 720＝メトロバスの＃212か217を使い、途中でメトロバスの＃4か720に乗り換える

Model Plan for Pasadena

ダウンタウンから▶ユニオン駅からメトロレイル・Aライン(ブルー)、Lライン(ゴールド)でMemorial Park駅 下 車。Arroyo Pkwy.、Colorado Blvd.を南東に700m。約40分

10:00 パセオ ❶

ショップやレストランが30軒ほど入るショッピングモールで、ウインドーショッピング。

30分→P.345

オープンエアの開放感あふれるモール

Colorado Blvd. & Marengo Ave.からパサデナトランジット#10で、Allen Ave. & Del Mar Blvd.下車。Allen Ave.を南へ1km。約30分

11:00 ハンティントン ❷

広大な敷地に美術館や植物園、日本庭園などが集まる、パサデナでいちばんの見どころ。図書館には、世界初の印刷物グーテンベルクの聖書や希少本などが展示されている。園内のカフェでランチを。

3時間30分→P.250

Allen Ave.を1km北上。Del Mar Blvd. & Allen Ave.からパサデナトランジット#10で、Colorado Blvd. & Los Robles Ave.下車。約30分

15:00 USCパシフィック・アジア美術館 ❸

歌川広重や葛飾北斎などの浮世絵のほか、中国・韓国美術が集められている。

30分→P.248

Colorado Blvd. & Los Robles Ave.からⓂ180で、Colorado Blvd. & Orange Grove Blvd.下車。約10分

15:40 ノートン・サイモン美術館 ❹

ルノワールやセザンヌなどの印象派の作品からロダンの「考える人」まで名作がめじろ押し。

1時間20分→P.247

モネの絵画にヒントを得て造られた庭園

Colorado Blvd.を東に800m。徒歩約10分

17:10 オールドパサデナ&ワンコロラド ❺

夜遅くまで営業しているショップやレストランが多く、街歩きを楽しめる。

2時間→P.246、P.338～339、P.385～386

パサデナの歩き方

中心のオールドパサデナやワンコロラドは、ショップやレストラン、カフェが集まる。日没後も人通りが多く、夜遅くなっても街歩きが楽しめるエリアだ。ハンティントンをはじめとする郊外の見どころへ行く公共交通機関は、便が少ない場合もあるので注意するように。移動はパサデナトランジット(→P.246)かメトロバスで。

人気のカフェもあるオールドパサデナ

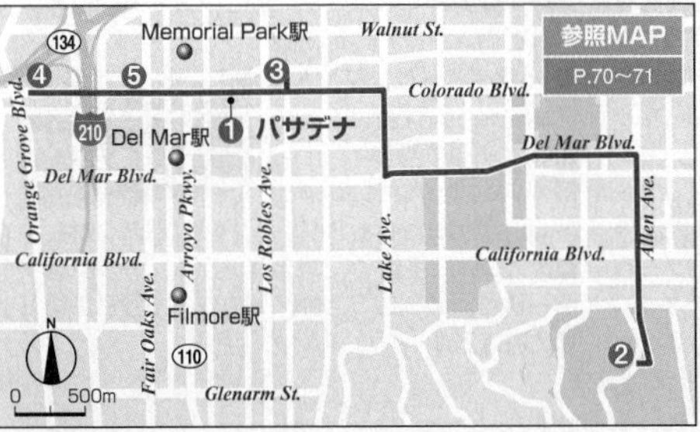

オールドパサデナの中心にあるワンコロラド

MEMO パサデナのタクシー会社 ユナイテッドタクシー United Taxi Free(1-888)414-8294

パサデナ

Pasadena

LAダウンタウンから北東へ約15km、サンガブリエルバレーの裾野に広がる静かな街、パサデナ。古くから高級住宅街として開けていたが、再開発によってオールドパサデナやサウス・レイクアベニューといったショッピングゾーンができて人気を集めている。LAのなかでも治安がいいことで有名で、夜間でも街歩きが楽しめるエリアだ。また、大学や美術館が多くアカデミックな一面もある。

オールドパサデナ
URL www.oldpasadena.org
ACCESS
LAダウンタウンのUnion駅から、メトロレイル・Aライン(ブルー)、Lライン(ゴールド)で、Memorial Park駅下車。Arroyo Pkwy.を南下し、Colorado Blvd.を西に200m。約40分。
ハリウッドからは、メトロレイル・Bライン(レッド)でUnion駅まで行き、Aライン(ブルー)、Lライン(ゴールド)に乗り換え、Memorial Park駅下車。続きは上記参照。約1時間10分。もしくは、Hollywood Blvd. & Argyle Ave.からメトロバス#180に乗り、Colorado Blvd.沿いの、Fair Oaks Ave.周辺で下車。所要約1時間20分。
LAダウンタウンからCA-110を北上。Arroyo Pkwy.を北上してColorado Blvd.で左折する。約30分。
ほかのエリアからも1度ダウンタウンへ出てCA-110に乗るといい。

ワンコロラド
URL www.onecolorado.com
ACCESS
オールドパサデナ(→上記)を参照。

散策が楽しいれんが造りの街並み

MAP P.70-B2

オールドパサデナ

★★

Old Pasadena

パサデナ市の西側、コロラドブルバードColorado Blvd.とフェアオークスアベニューFair Oaks Ave.の交差点を中心にした数ブロックがオールドパサデナ。夜気軽に歩ける街がほとんどないLAのなかで、ここは比較的治安がいいことから週末の夜など多くの人でにぎわう。レストランのほか、クラブやバーなどのナイトスポット、映画館、ギャラリー、ショップなど約300店舗が軒を連ねる。なかでも再開発の中核となったのが、ワンコロラド(→下記)だ。

1日中、人通りが多いコロラドブルバード沿い

新しさと古さが調和した

MAP P.78-F

ワンコロラド

★★

One Colorado

オールドパサデナの一角、コロラドブルバードColorado Blvd.とフェアオークスアベニューFair Oaks Ave.の北西角のブロックが、ショッピング&アミューズメントスポットのワンコロラドだ。19世紀末から20世紀初頭に建てられた建物の外観をそのまま生かし、約30のショップ、レストラン、映画館などが集まっている。

DATA

パサデナ内の移動に便利なパサデナトランジット

パサデナ内を走る路線バスが**パサデナトランジット**。全部で8路線あるなかで、旅行者に便利な路線はルート10とルート20。バス停は数ブロックごとにあり、利用しやすい。ただし、夕方以降や週末には運休となる路線もあるので注意しよう。

○ルート 10
Colorado Blvd.とDel Mar Blvd.を東西に、Lake Ave.とAllen Ave.を南北に走る。オールドパサデナ、ノートン・サイモン美術館、ギャンブルハウス、ハンティントンなどへ。

○ルート 20
Lake Ave.やFair Oaks Ave.沿いなどを南北に、California Blvd.とWoodbury Rd.を東西に走る。オールドパサデナ、カリフォルニア工科大学などへ。

● パサデナトランジット
Pasadena Transit
☎(626)744-4094
URL www.cityofpasadena.net/pasadena-transit
料 大人75¢、子供(12歳以下)50¢、トランスファー無料。メトロバスやメトロレイルからの乗り換え時は25¢

パサデナ観光に便利

巨匠が名を連ねる作品群

MAP P.70-A2

ノートン・サイモン美術館

★★ Norton Simon Museum

にぎやかなオールドパサデナから西へ1km行った静かな一画にあるのが、ノートン・サイモン美術館だ。17世紀から20世紀に活躍した巨匠の美術作品、ロダンやヘンリー・ムーアの彫刻など所蔵コレクション数は群を抜く。1万2000の収蔵品のなかから1000点余りを展示している。

正面入口前の彫刻も見逃さないように

館内案内

美術館は2階建てになっており、正面入口があるのは2階部分。入って目の前にある中庭は彫刻庭園で、カフェ**Garden Cafe**も併設されており、美術鑑賞の合間に立ち寄るのにぴったりだ。館内は開放的な造りで、光がたっぷりと差し込み、気持ちがいい。

正面から入ると、右側に14～16世紀、17～18世紀、左側に19世紀、20世紀以降の美術が展示されている。ルネッサンス期では宗教画の大家ジョバンニ・パオロ・パニーニGiovanni Paolo Panni、やわらかい聖母子像が印象的なラファエロRaphael、17～18世紀に活躍したルーベンスRubens、レンブラントRembrandtや印象派のモネMonet、セザンヌCezanne、ルノワールRenoirなどを、20世紀以降では、ピカソPicasso、アンディ・ウォーホルAndy Warhol、イサム・ノグチなどを収蔵。なかでも数多く展示されているものはドガDegasの作品で、100点以上収蔵する。パステル画、スケッチ、ブロンズ像などが並び、彼の作品のファンでなくても一見に値する。

地下は東洋美術のコレクション。インド、パキスタン、カンボジア、タイ、ネパールなど、アジアの美術品が展示されている。薄暗い部屋に浮かび上がるガンダーラの石像が神秘的だ。時期によっては、葛飾北斎や歌川広重の浮世絵が展示される。

また、ノートン・サイモン美術館で見逃せないのが、中庭の彫刻庭園Sculpture Gardenだ。モネのジヴェルニーの庭にヒントを得たもので、池を囲む木々や植物が季節ごとに変化する。ロダンやヘンリー・ムーアの彫刻作品も並び、周囲の緑とうまく融合している。

ノートン・サイモン美術館
住411 W. Colorado Blvd., Pasadena
☎(626)449-6840
URL www.nortonsimon.org
営木～月12:00～17:00
休火水、サンクスギビング、クリスマス、1/2
料大人$15、シニア（62歳以上）$12、学生・18歳以下無料
無料のガイドツアー／土13:00から。インフォメーションデスクから出発。当日、インフォメーションデスクで予約すること。

ACCESS
🚃🚌 LAダウンタウンのUnion駅からメトロレイル・Aライン(ブルー)、Lライン（ゴールド）でMemorial Park駅下車。
Arroyo Pkwy.をColorado Blvd.まで南下する。徒歩なら、Colorado Blvd. を西に1km進む。もしくは、Colorado Blvd. & Arroyo Pkwy.からメトロバス#180でColorado Blvd. & Terrace Dr.下車。約50分。ハリウッドからは、メトロレイル・Bライン(レッド)でUnion駅まで行き上記参照、またはメトロバス#180でColorado Blvd. & Orange Grove Blvd.下車。約1時間20分。
🚗 オールドパサデナからColorado Blvd.を西に1km。

オーディオガイド
ホームページのAudio Tourのページでは、コレクションのうち約400点の作品を英語の解説で聞ける。

Garden Cafe/Museum Store
営木～月12:00～17:00
休火水、サンクスギビング、クリスマス、1/2

週末の建築ツアーに参加したい

MAP P.70-A2

パサデナ歴史博物館

★ Pasadena Museum of History

1924年にオープンした歴史博物館では、1830年代から現在までパサデナの街がどのように発展していったのかを知ることができる。3～6ヵ月ごとに変わる特別展がメインだが、写真や地図、書籍などを100万点以上所有し、特にローズパレードの変遷についての資料が豊富だ。さらに、博物館隣に立つ**フェンイ・マンションFenyes Mansion**は、1907年に完成した歴史的建造物で、フェンイ家が4世代にわたって住んだ。170万ドルかけて行われた修復工事が2012年に終わり、現在はツアーでのみ見学できる（→脚注）。

パサデナ歴史博物館
住470 W. Walnut St., Pasadena
☎(626)577-1660
URL pasadenahistory.org
営金～日12:00～17:00
休月～木、おもな祝日
料大人$9、シニア$7、18歳未満無料

ACCESS
オールドパサデナからColorado Blvd.を西に進み、ノートン・サイモン美術館を過ぎ、Orange Grove Blvd.を右折。500m北上した右側。

MEMO フェンイ・マンション・ツアー　Fenyes Mansion Tours　所要1時間30分。ウェブサイトから事前予約すること。営月1回の開催。基本的に日曜の11:00出発　料$25（パサデナ歴史博物館の入場券込み）

パサデナ市庁舎
住100 N. Garfield Ave., Pasadena
☎(626)744-7311
URL www.cityofpasadena.net

ACCESS
徒歩：ワンコロラドからColorado Blvd.を東に4ブロック行き、Garfield Ave.を北へ2ブロック。

パサデナは有名建築の宝庫
パサデナには市庁舎をはじめ、名だたる建築家が手がけた有名建築がたくさん残っている。パサデナ観光局（→P.244）には、セルフガイドツアーで巡る建築ツアーのパンフレットがあるので、立ち寄った際に入手しておこう。

6階建てのドームをもつクラシックな市庁舎　MAP P.70-B2

パサデナ市庁舎
Pasadena City Hall

ワンコロラドからColorado Blvd.を東へ4ブロック、北へ2ブロック行くと、ヨーロッパの寺院を思わせるバロック様式の赤いドームが見えてくる。これがパサデナの市庁舎だ。西海岸としては比較的早く開けたパサデナだが、市庁舎が完成したのは1927年。16世紀のイタリア、ルネッサンス様式を取り入れたデザインで、有名建築家のジョン・ベイクウェルJohn Bakewellとアーサー・ブラウンArthur Brownが手がけた。パサデナを代表する建物のひとつだ。

美しいパサデナによく合う建築物だ

USCパシフィック・アジア美術館
住46 N. Los Robles Ave., Pasadena
☎(626)787-2680
URL pacificasiamuseum.usc.edu
営水～日11:00～17:00
休月火、おもな祝日
料大人$10、シニア(60歳以上)・学生$7、17歳以下無料。毎月第2日曜は無料

ACCESS
徒歩：ワンコロラドからColorado Blvd.を東へ7ブロック行き、Los Robles Ave.を北へ半ブロック。

アジアの美術を再発見　MAP P.70-B2

USCパシフィック・アジア美術館
USC Pacific Asia Museum

パサデナを代表する美術館といえば、ノートン・サイモン美術館（→P.247）とハンティントン（→P.250）が有名だが、このUSCパシフィック・アジア美術館も小さいながら、ほかのふたつの美術館とは違ったコレクションを誇る。中国をはじめ韓国や日本などの東アジア、太平洋諸島などの美術作品を1万7000点以上収蔵している。歌川広重や葛飾北斎、喜多川歌麿など江戸時代に活躍した浮世絵師の作品も充実。中国の故宮を思わせる博物館の建築は、パサデナの建築家マーストン、ヴァンペルト＆メイベリーMarston, Van Pelt & Mayburyが担当した。

2017年に改装工事を終え再オープンした

サウス・レイクアベニュー
URL www.southlakeavenue.org

ACCESS
🚌 オールドパサデナのColorado Blvd. & Fair Oaks Ave.からメトロバス#180に乗車し、Lake Ave. & Colorado Blvd.で下車。所要10分。もしくは、メトロレイル・Aライン(ブルー)、Lライン（ゴールド）Lake駅から、パサデナトランジット#20で。
🚗 ワンコロラドからColorado Blvd.を東へ約2km。約5分。

緑の多い通りに、センスのいい店が集まる　MAP P.71-C2～C3

サウス・レイクアベニュー
South Lake Avenue

ワンコロラドからColorado Blvd.を13ブロック東へ行った南北に走る通り。グリーンストリートGreen St.から南のカリフォルニアブルバードCalifornia Blvd.の間にショップやレストランが70以上並ぶ。デパートやインテリア専門店など、バラエティ豊かなショッピングが楽しめるだろう。

散歩がてらショッピングできる

MEMO **映画も撮影されたギャンブルハウス**　ギャンブルハウスは、映画『バック・トゥ・ザ・フューチャー』のドク（エメット・ブラウン博士）の家として撮影に使われたこともある。

木造建築の美しさに触れる　MAP P.70-A2

ギャンブルハウス

★★ The Gamble House

アメリカの国定歴史建造物にも指定されている建物。ギャンブルという名前は、賭け事の意味ではなく、この家の所有者だった、プロクター&ギャンブルP&G創業者一族のデイビッド・ギャンブルDavid Gamble氏の名前に由来する。アメリカンアートとクラフト建築の権威としても知られていた建築家、チャールズ&ヘンリー・グリーン兄弟Charles & Henry Greenによって1908年に建てられた。パサデナには、彼らが建てた家が40近く残っているが、そのなかでも最高傑作との呼び声が高いのが、ギャンブルハウスだ。

日本の寺の建築と、スイスの別荘建築のふたつのスタイルをヒントにしたデザインで、随所に日本建築の要素を発見できる。周囲の自然とうまく調和するように建てられており、1世紀以上も前に造られたとは思えないほど、洗練されたセンスのよさが感じられる。**館内はガイドによるツアーでのみ見学可能。**

今見ても新鮮でモダンな建築だ

ギャンブルハウス
住4 Westmoreland Pl., Pasadena
☎(626)793-3334
URL gamblehouse.org
〈ガイドツアー〉
営火木11:15～15:00の45分おき、金12:00～15:00の45分おき、土11:30～15:00の30分おき、日12:00～14:30の30分おき。時期により異なる。所要約1時間。チケットは敷地内のBookstore(営火木～日10:00～16:00)やウェブサイトにて購入可。
※ツアー参加時はヒール靴は避け、平らな靴で。
休月水、おもな祝日
料大人$15、シニア（65歳以上）・学生$12.50、12歳以下無料

ACCESS
バス ノートン・サイモン美術館(→P.247)までバス#180で行き、Orange Grove Blvd.を北に600m。

西海岸でいちばん有名な工科大学　MAP P.71-C3

カリフォルニア工科大学

★ California Institute of Technology

1891年に創立された理科系の名門大学で45人以上のノーベル賞受賞者を輩出する。朝永振一郎氏とともに1965年ノーベル物理学賞を受賞したリチャード・P・ファインマン博士が教壇に立っていた。通称**カルテックCaltech**。大学生と大学院生をあわせて2200人ほどと、こぢんまりとしているが、124エーカー（0.5km^2）の広さのキャンパスをもつ。特に、ジェット推進研究所Jet Propulsion Laboratory（JPL）は、NASAと共同で太陽系の惑星探査計画や調査を行っていることで有名だ。

カリフォルニア工科大学
住1200 E. California Blvd., Pasadena
☎(626)395-6811
URL www.caltech.edu

ACCESS
バス オールドパサデナのColorado Blvd. & De Lacey Ave.からパサデナトランジット#10でDel Mar Blvd. & Wilson Ave.下車。約20分。

月1回のフリーマーケットと年1回のローズボウルが名物　MAP P.70-A1

ローズボウル・スタジアム

★ Rose Bowl Stadium

アメリカンフットボール大学リーグに所属するUCLAブルーインズの本拠地で、9万人ほどを収容する大スタジアム。ローズボウルの名前のとおり、バラをあしらった正面入口のデザインが特徴だ。周辺にも100種以上の真紅のバラがたくさん植えられ、毎年1月1日に行われるカレッジフットボールの試合「ローズボウル」で、アメリカ中にその名を知られている。NFLのスーパーボウルも5度開催されており、ほかにも、マラソン大会、自転車レース、人気バンドのライブなどの会場にも使われている。ここのもうひとつの名物が、**毎月第2日曜に開かれるローズボウル・フリーマーケットRose Bowl Flea Market**(→P.349)。試合のない日は閑散としているスタジアムも、この日ばかりは早朝から車が続々と集まり、朝7:00頃にはスタジアム前の広大な駐車場が無数の露店で埋まってしまう！

ロッカールームやプレス席、フィールドを見て回るスタジアムツアーStadium Tour(→脚注)もある。

ローズボウル・スタジアム
住1001 Rose Bowl Dr., Pasadena
☎(626)577-3100
URL www.rosebowlstadium.com

ACCESS
鉄道・バス LAダウンタウンからは、メトロレイル・Aライン（ブルー）、Lライン（ゴールド）に乗りMemorial Park駅下車。パサデナトランジット#51、52（土日のみの運行）に乗り換え、Seco St. & Arroyo Blvd.(ローズボウル前)下車。約1時間10分。
もしくは、Memorial Park駅そばのRaymond Ave. & Holly St.からメトロバス#256でLincoln Ave. & Seco St.下車、徒歩10分。
車 LAダウンタウンからCA-110を北上し、出口31Aで下りる。Orange Grove Ave.を4km北へ進み、Rosemont Ave.を左折。1km行った左側。約30分。

MEMO スタジアムツアー　URL www.rosebowlstadium.com/tours　営毎月最終金曜 10:30、12:30（イベント時はなし）。所要1時間30分～2時間。料大人$20、シニア・子供$17。チケットはウェブサイト、ゲートBのチケットブースで購入可。

ハンティントン
住1151 Oxford Rd., San Marino
☎(626)405-2100
URL www.huntington.org
営水〜月10:00〜17:00、(最終入場は16:00)
休火、独立記念日、サンクスギビング、クリスマスイブ、クリスマス、1/2
料月水〜金は大人$25、シニア(65歳以上)・学生(12〜18歳)$21、子供(4〜11歳)$13。土日祝日は大人$29、シニア(65歳以上)・学生(12〜18歳)$24、子供$13
毎月第1木曜の10:00〜17:00は入場無料(ただし、事前にウェブサイトからチケットを予約すること)
※土日と祝日はウェブサイトから事前に時間指定のチケットを購入すること。現地でチケットを購入、入館することはできない。

ACCESS
🚌 LAダウンタウンのUnion駅からメトロレイル・Aライン(ブルー)、Lライン(ゴールド)でAllen駅下車。Allen Ave. & Corson St.からパサデナトランジット#10に乗車。Del Mar Blvd. & Allen Ave.下車。Allen Ave.を南へ1km。約1時間10分。オールドパサデナからはパサデナトランジット#10でAllen Ave. & Del Mar Blvd.下車。そのままAllen Ave.を南へ約1km。約1時間10分。
🚗 LAダウンタウンからCA-110を終わりまで北上し、Arroyo Pkwy.に変わってからCalifornia Blvd.で右折。さらにAllen Ave.を右折すればハンティントンに着く。約35分。

所蔵品だけでなく庭園もすばらしい MAP P.71-C3〜D4

ハンティントン

★★★ The Huntington

ハンティントンは、207エーカー(0.83km²)ほどの広大な土地に図書館、複数の美術館、10以上の庭園、温室などをもつ一大施設で、年間75万人以上もの人々が訪れる。莫大なコレクションの多くが鉄道事業などで富を築いたヘンリー・ハンティントンHenry Huntingtonの個人所有というのも驚きだ。喧騒とは無縁の、静かな雰囲気も魅力のひとつ。

1日では回りきれないほどの広さ

ハンティントン図書館 The Huntington Library

ハンティントンのなかでも特に有名なのが、この図書館。1100万点を超える作品を収蔵し、その規模だけでも個人のものだったとは思えない迫力で、学術的にも貴重なコレクションの数々には目を見張るほどだ。世界初の印刷物グーテンベルクの聖書、オーデュボンの『バード・オブ・アメリカ(アメリカの鳥類)』、シェイクスピアの戯曲、ジョージ・ワシントンやエイブラハム・リンカーン元大統領の日記、ヘンリー・デイビッド・ソローの『ウォールデン――森の生活』など、どれも一見の価値があるものばかり(時期により展示物は異なる)。

美術館とコレクション Art Galleries & Collection

おもに3つのギャラリーがあり、美術品はコレクションのテーマごとに収められている。

それぞれのギャラリーを見比べてみよう

ハンティントン・アート・ギャラリー Huntington Art Gallery

もとはヘンリー・ハンティントン自身の住居であったところが、1928年美術館としてオープンした。15〜20世紀のヨーロッパ美術を1200点展示。ハンティントンきっての有名作品である、トマス・ゲインズバラThomas Gainsboroughの『ブルーボーイBlue Boy』、トーマス・ローレンスThomas Lawrenceの『ピンキーPinkie』などが公開されている。

バージニア・スティール・スコット・ギャラリーズ・オブ・アメリカンアート The Virginia Steele Scott Galleries of Amercan Art

南カリフォルニアの植民地時代から20世紀中頃までのアメリカ絵画と彫刻、彫像を展示する。メアリー・カサットMary Cassattの『ブレックファスト・イン・ベッド

メアリー・カサットの『ブレックファスト・イン・ベッド』

MEMO **築320年の古民家が日本庭園に移築される** 香川県丸亀市にある敷地面積356坪(1180㎡)に立つ木造平屋。古くは庄屋の持ち物だったが、現在の所有者がロスアンゼルス在住のため空き家となっており、ハンティントンに移築することになったという。↗

Breakfast in Bed』やエドワード・ホッパーEdward Hopperの『ロングレッグThe Long Leg』などアメリカを代表する作品は見逃せない。**ドロシー・コリンズ・ブラウン・ウィングThe Dorothy Collins Brown Wing**では、ギャンブルハウス（→P.249）を設計した建築家チャールズ&ヘンリー・グリーン兄弟のモデルルームも再現されている。

メリールゥ・アンド・ジョージ・ブーンギャラリー The MaryLou and George Boone Gallery

もとはヘンリー・ハンティントン氏の車庫だった建物で、2000年にギャラリーとしてよみがえった。アメリカとイギリス美術の特別展用のスペースには、希少価値のある本や手書きの原稿などが収蔵されている。

植物園　Botanical Gardens

130エーカー（$0.52km^2$）もの広さをもつ植物園は、タイプ別に16のガーデンに分かれ、1万5000種、83000の植物が植えられている。特に見応えがあるのはバラ園や日本庭園、サボテンや多肉植物が群生するデザートガーデン。そして、中国庭園の流芳園は、柱や天井など細部にまでこだわった中国建築を中心に、中国原産の松や蓮などを配置し、情緒たっぷりだ。さらに、シェイクスピアの作品に出てくる植物を集めたコーナーのシェイクスピアガーデンまである。

1年を通してさまざまな花が咲く

ツアー
ハンティントンの広大な植物園を、ボランティアのガイドと見学する。バラ園やシェイクスピアガーデン、中国庭園、日本庭園など主要の庭園を巡る庭園ツアーGarden Tourやアメリカンアートに焦点を当てた15分のツアーAmerican Art Spotlight Conversationsなどがある。時間は曜日や時期により異なるので、ウェブサイトやインフォメーションデスクで確認を。

ティールームで優雅なひとときを
約1200種以上のバラが咲き誇るローズガーデン。そのなかに、上品な雰囲気のティールーム、ローズ・ガーデン・ティールームThe Rose Garden Tea Roomがあり、アフタヌーンティーが楽しめる。特にバラが見頃な4月中旬から7月がおすすめ。要事前予約。※2023年1月現在、改修工事のため、休業中。2023年春に再オープン予定。下記は休業前のデータ。
☎(626)405-2236
営月水～金11:00～16:00、土日10:30～17:00
休火
料$31～
カードAMV

COLUMN　隠れショッピングスポット、グレンデール

LAダウンタウンの北約15kmの所に位置する**グレンデールGlendale**（MAP P.46-B1）。パサデナとグリフィスパークに挟まれたエリアには、全米最大規模のアルメニア人コミュニティがある。今まで観光客が足を運ぶ機会はあまりなかったが、ホリデイシーズンでも混雑していないのでLA在住者には人気がある街だ。ショッピングモールのアメリカーナ・アット・ブランド（→P.346）とグレンデールギャレリア（→P.346）があるほか、2016年にダウンタウンから移転してきた**ネオンアート博物館Museum of Neon Art**もある。世界中のネオンアートが集められた博物館では、コレクションのなかから選ばれた作品が、期間限定の企画展として展示されている。グレンデールは、メトロバスでアクセスできるうえ、レストランやカフェも充実しているので、ダウンタウンの喧騒から離れるのにいいスポットだ。

●ネオンアート博物館
MAP P.46-B1
住216 S. Brand Blvd., Glendale
☎(818)696-2149
URL www.neonmona.org
営木～日12:00～19:00（日～17:00）
休月～水、おもな休日
料大人$10、シニア $8、子供(12歳以下)無料

ACCESS
🚌 パサデナからメトロバス#180でBroadway & Brand Blvd.下車。所要約50分。LAダウンタウンのSpring St. & Temple St.からは、メトロバス#92でBrand Blvd. & Colorado St.下車。所要約45分。
🚗 パサデナからCA-134を西へ進み、出口7Bで下りる。Brand Blvd.を約600m南へ。所要約15分。LAダウンタウンからI-5を北上し、出口142で下り、Colorado St.を東へ2km。所要約25分。

館内入口には、1930～1980年代にロスアンゼルス市内のレストランやホテルで使用されていたネオンサインが飾られている

↘2023年秋～冬にオープン予定。

パシフィック水族館は、
ロングビーチーいちの観光スポット

LAで最大級の港湾都市

Exploring Los Angeles

ロングビーチ&サウスベイ
Long Beach & South Bay

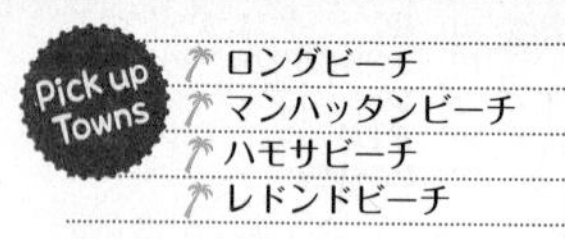

- ロングビーチ
- マンハッタンビーチ
- ハモサビーチ
- レドンドビーチ

ダウンタウンのインフォメーションセンター

ロングビーチ観光局
Long Beach Convention & Visitors Bureau
MAP P.51-C3 住301 E. Ocean Blvd., Long Beach
☎(562)436-3645 URL www.visitlongbeach.com
営毎日9:00〜17:00(時期により異なる)

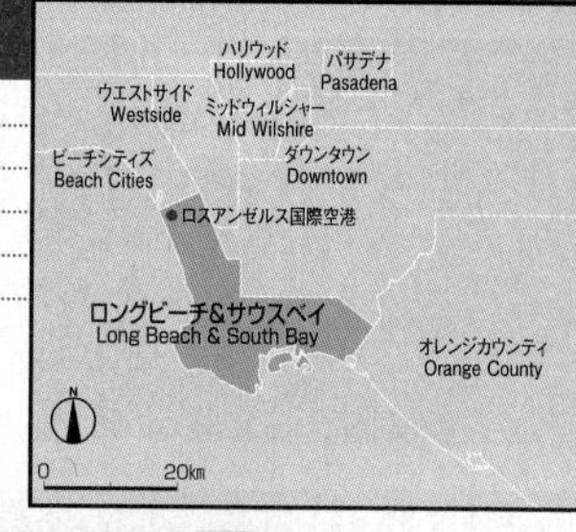

いち押し見どころベスト3

1. パシフィック水族館 → P.254
2. ホエールウオッチング・ツアー → P.255
3. レトロロウ → P.255

ロングビーチ(ダウンタウンロングビーチ駅)へのアクセス

出発点	路線バス/メトロレイルなど		レンタカー		タクシー	そのほかの交通機関
サンタモニカ	R Eライン(エクスポ), Lライン(ゴールド)+Aライン(ブルー)	110分	I-10 +I-405 + I-710	60分	$110	——
ロデオドライブ	M 20, 720 + R Aライン(ブルー)	120分	Santa Monica Blvd. + I-405 + I-710	70分	$120	——
ハリウッド	R Bライン(レッド) + Aライン(ブルー)	90分	US-101 + I-5 + I-710	60分	$110	——
ミッドウィルシャー	M 20,720 + R Aライン(ブルー)	120分	Fairfax Ave. + I-10 + I-405 + I-710	60分	$110	——
ダウンタウン	R Aライン (ブルー)	60分	CA-110 + I-110 + I-405 + I-710	50分	$90	——
パサデナ	R Aライン(ブルー)	90分	CA-110 + I-5 + I-710	50分	$110	——
LAX	R Cライン (グリーン) + Aライン(ブルー)	80分	I-105 + I-405 + I-710	45分	$95	ドア・トゥ・ドア・シャトル、フライアウエイ
ディズニーランド周辺	OCTA 50 + L 91, 92, 93	120分	I-5 + CA-22 + E. 7th St.	45分	$80	——

※表内の所要時間、料金はおおよそのもの。交通事情によって変動する
R メトロレイル、M メトロバス、OCTA OCTAバス、L ロングビーチ・トランジット
読み方の例:M 212, 217+4, 720=メトロバスの#212か217を使い、途中でメトロバスの#4か720に乗り換える

 MEMO ロングビーチのタクシー会社 ロングビーチ・イエロー・キャブ Long Beach Yellow Cab ☎(562)444-4444

Model Plan for Long Beach

ダウンタウンから▶7th St./Metro Center駅からメトロレイル・Aライン（ブルー）でDowntown Long Beach駅下車。約60分。駅前から徒歩12分

10:15 パシフィック水族館 ❶

海の生物を見るだけでなく、野外にあるシャークラグーンではサメに触れることができる。ショーも行われている。

2時間40分→P.254

ショーも盛んだ

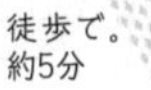
徒歩で。約5分

13:00 パイクアウトレットでランチ、ショッピング ❷

Hooters（→P.386）やBubba Gump Shrimp Co.など人気レストランとForever21、H&M、Converseなどのアウトレット店が30軒近く入るモール（→脚注）。

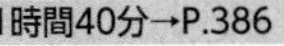
1時間40分→P.386

レストランも充実する

シーフード料理をランチに

徒歩で。5分

14:45 ホエールウオッチング・ツアー ❸

パシフィック水族館そばから出港するクルーズ船に乗って、イルカやクジラを見に行こう。南カリフォルニア沖に12～4月はコククジラが、5～11月はシロナガスクジラがやってくる。

2時間30分→P.255

約150人乗りのクルーズフェリー

徒歩で。15分

18:00 ロングビーチダウンタウン ❹

メトロレイルのDowntown Long Beach駅周辺やPine Ave.沿いには、レストランやバーが軒を連ね、夜はとてもにぎやかになる。1st. St.沿いにはセンスのよいショップもあり。

1時間

駅前は店も多くにぎやか

ロングビーチの歩き方

ロングビーチのダウンタウンはメトロレイル・Aライン（ブルー）のDowntown Long Beach駅周辺。日没後は治安があまりよくないエリアもあるので注意するように。移動は、ロングビーチ・トランジットのバスやタクシーで。

MEMO パイクアウトレット The Pike Outlets MAP P.51-C3 住 95 S. Pine Ave., Long Beach URL thepikeoutlets.com 営 毎日10:00～21:00（日～19:00）。店舗により異なる。

ロングビーチ
Long Beach

LAの35km南にあり、古くから美しい海岸があったことからリゾート地としてにぎわっていた。現在は日本、中国などからの貨物船が到着する貿易港や軍港として栄えている。ロングビーチ観光の目玉はパシフィック水族館。また、沖合のサンタ・カタリナ・アイランド観光の基地となる街でもある。

P.339 P.386

パシフィック水族館
住100 Aquarium Way, Long Beach
☎(562)590-3100
URL www.aquariumofpacific.org
営毎日9:00〜18:00
休クリスマス
料大人$36.95、シニア(62歳以上)$33.95、子供(3〜11歳)$26.95
ほかにホエールウオッチング・ツアーやハーバークルーズ・ツアー、プログラム付きのチケットもある。混雑する夏季は時間指定入場を行うこともあるので注意すること。
※土日はウェブサイトから事前に日時指定の入場券を購入すること。

ACCESS
🚌 メトロレイル・Aライン(ブルー)のDowntown Long Beach駅からPine Ave.を500m南下し、ハーバー沿いを西へ400m行った所。徒歩約12分。
🚗 LAダウンタウンからI-710を南へ向かい、出口1Cで下りる。Shoreline Dr.を約2km南下し、Aquarium Wayの突き当たり。

1万2000種以上の生き物がいる巨大水族館 MAP P.51-C3

パシフィック水族館
★★ Aquarium of the Pacific

南カリフォルニア最大級の水族館で、年間170万人以上が訪れる人気の観光スポット。館内には500種、1万2000以上の海洋動物が生息し、小さいもので1万9000ℓ、大きなものでは130万ℓの水槽がある。1階と2階の展示エリアは大きく3つに分かれ、南太平洋がメインの**トロピカルパシフィックTropical Pacific**、LAを中心とした南カリフォルニアを紹介する**サザンカリフォルニア／バハSouthern California / Baja**、日本北部から北極までの北の海をカバーする**ノーザンパシフィックNorthern Pacific**と名づけられている。注目は、ノーザンパシフィックのエリアにあるサンタバーバラ近郊からやってきたラッコの展示、**シーオッター・ハビタットSea Otter Habitat**。ラッコが泳ぐ姿を眺められるのがいい。さらに、迫力満点のクジラの映像ショー、**ホエールズ：ボイシズ・イン・ザ・シーWhales : Voices in the Sea**も見逃せない。屋外にはサメに触れられるタッチプールや、インコの森などがあり、間近に生物を見ることができるので好評だ。

週末は家族連れでにぎわう

戦艦アイオワ博物館
住250 S. Harbor Blvd., San Pedro
Free (1-877)446-9261
URL www.pacificbattleship.com
営毎日10:00〜17:00。閉館1時間前までに入館のこと。
休おもな祝日
料大人$23.95、シニア(62歳以上)$20.95、子供(3〜11歳)$15.95

ACCESS
🚌 ロングビーチダウンタウンのPacific Ave. & Ocean Blvd.から、LADOTのCommuter Express #142(料$1.50)で7th St. & Palos Verdes St.下車。Harbor Blvd.を北へ1km。約35分。
🚗 LAダウンタウンからI-110を南へ向かうと道はGaffey St.に変わる。W. 1st St.で左折した突き当たり。約40分。

2012年にオープンした戦艦の博物館 MAP P.50-B4

戦艦アイオワ博物館
★ Battleship USS Iowa Museum

1940年代初頭から1990年代まで活躍したアメリカ海軍の戦艦アイオワ（USSアイオワ）が2012年に博物館としてオープンした。USSアイオワは、第2次世界大戦時に沖縄や九州、関東、北海道で日本に対して砲撃した過去をもつ。さらに、日本が降伏した際もUSSミズーリとともに東京湾に入ってきていた。その後、朝鮮戦争でも主力戦艦として活躍。アメリカでは史上最高の軍艦のひとつとして知られている。ここで見逃せないのは、前部甲板に鎮座する直径41cmの砲口をもつ大砲16"/50だろう。

戦艦内ではボランティアスタッフによるガイドツアーも随時行われている

宿泊もできる豪華客船

MAP P.51-C3

クイーンメリー号

★★ The Queen Mary

1934年に完成した世界最大級の豪華客船。全長約311m、8万1237トンの白い優雅な姿を誇り、速さ（時速約53km）でも当時世界一だった。第2次世界大戦ではヨーロッパ戦線への輸送船として使われるなど、数奇な運命をたどり、1966年に現役を引退。1967年12月からロングビーチのＪ桟橋に係留されている。船内には豪華なレストランやバー、ギフトショップ、ホテルなどがあり、船内の見学も可能だ。2020年5月、コロナ禍のため休館。2022年2月から500億ドルの改修工事が始まった。2023年1月現在、一時休業中。2023年秋に再開予定。

1936～1967年に、北大西洋を横断していた

カラフルな建物が目印

MAP P.51-D3

ラテンアメリカ美術館

★ Museum of Latin American Art

アメリカ西海岸では珍しいラテンアメリカのアーティストによる現代作品を中心に展示している美術館。中南米の気候や風土を感じさせる色使いや力強い作品が多い。彫刻や写真、絵画など1300点以上を収蔵する。

ラテンアメリカの陽気さを感じるユニークな建物

アンティークショップと古着店が並ぶ

MAP P.51-D3

レトロロウ

★ Retro Row

ロングビーチダウンタウンから東へ3km行った4th St.沿い、Cherry Ave.とJunipero Ave.の間の約5ブロックは、近年ロングビーチのおしゃれな人たちが集まるエリアとして注目を集めている。「レトロロウ」と呼ばれる通りには、ミッドセンチュリーのインテリアやアンティークショップ、古着店、レストランなどが100軒ほど並ぶ。

新しいショップやカフェが続々とオープンしている

クイーンメリー号
下記は休業前（2020年1月）のデータ
住 1126 Queens Hwy., Long Beach
Free (1-877)342-0742
URL queenmary.com
営 毎日10:00～18:00（時期により異なる）
料 大人$40、子供（4～11歳）$20
〈ホテル〉
料 Ⓢ Ⓓ Ⓣ $119～319、Su$189～599
カード A D J M V

ACCESS
🚌 ロングビーチダウンタウンから、ロングビーチ・トランジットの無料シャトルバス（パスポート、営金～日6:38～22:07、15～30分間隔）がクイーンメリー号まで走る。
🚗 I-710を出口1Aで下りる。Harbor Scenic Dr.を南下。そのあと、交通標識に従って進むとクイーンメリー号の駐車場へ着く。

ラテンアメリカ美術館
住 628 Alamitos Ave., Long Beach
☎ (562)437-1689
URL molaa.org
営 水～日11:00～17:00
休 月火、おもな祝日
料 大人$15、シニア・学生$10。日は無料

ACCESS
🚌 ロングビーチダウンタウンのLong Beach Blvd. & 6th St.から東に1km。もしくはロングビーチ・トランジット#91～94(料$1.25)の6th St. & Olive Ave. で下車。

レトロロウ
URL 4thstreetlongbeach.com

ACCESS
🚌 ロングビーチダウンタウン のLong Beach Blvd. & 1st St. からロングビーチ・トランジット#151（料$1.25）で、4th St.とCherry Ave.下車。所要約15分。
※周辺の治安はあまりよくないので、なるべく日没前に訪れるようにしよう。

COLUMN ロングビーチで楽しむホエールウオッチング・ツアー

1年を通してロングビーチ沖にはイルカやクジラが回遊している。**ハーバー・ブリーズ・クルーズHarbor Breeze Cruises**が催行するホエール・ウオッチング・クルーズに参加すれば、高い確率で冬から春はコククジラ、夏から秋はシロナガスクジラを見ることができる。パシフィック水族館そばのマリーナから出航。所要約2時間30分。

● **Harbor Breeze Cruises**
MAP P.51-C3
住 100 Aquarium Way, Dock #2, Long Beach
☎ (562)432-4900
URL 2seewhales.com
営 毎日12:00、15:00。時期により異なる
料〈月～金〉大人$45、子供$30、〈土日〉大人$50、$30（オンライン事前購入は割引あり）

MEMO **ベルモント・ショア・セカンド・ストリート** ロングビーチダウンタウンから5km東にある2nd St.のLivingston Dr.からBay Shore Ave.の間、約1kmにショップやカフェ、レストランが集まっている。MAP P.51-D3 URL www.belmontshore.org

COLUMN サウスベイ近郊の見どころ

トーランス&ガーデナ Torrance & Gardena

日系企業や日本食レストラン、日系のスーパーマーケットなどもあり、LAで最大級の日系コミュニティとして知られている。日本人経営のホテルも多い。観光地というよりは、住宅地としての印象が強い。LAダウンタウンからトーランストランジット#4Xや、LAXからトーランストランジット#8でアクセスできる。

MAP P.50-A1～B2

ワッツ Watts

LAダウンタウンの15km南にある。治安があまりよくないエリアなので、必ず日中に訪れるようにすること。

MAP P.49-D4

●ワッツタワー Watts Towers

タイル職人であったひとりの男性が、34年という長い年月をかけて造った一風変わったタワー。高くそびえ立つ塔に、ガラスや陶器、タイルなどが埋め込まれている。2023年1月現在、改修工事のため内部の見学はできない。

MAP P.49-D4
住1727 E. 107th St., Los Angeles
☎(1-213)847-4646
URL www.wattstowers.org/tours
外観ツアー／木～日10:30～15:00（日12:30～）の30分ごと

あまり治安がよくないので日中に訪れたい

サンペドロ San Pedro

ロングビーチの西に位置し、ロスアンゼルス港を抱えるサンペドロ。サンタ・カタリナ・アイランドへ行くカタリナエクスプレス（→P.267）のフェリー乗り場がある。

MAP P.50-B4

●ロスアンゼルス海洋博物館 Los Angeles Maritime Museum

ロングビーチ周辺のコンテナ港の歴史を解説している博物館。ロスアンゼルス港とロングビーチ港を合わせると北米一のコンテナ取扱量を誇り、太平洋や中南米へ向けたアメリカの拠点として機能している。

MAP P.50-B4
住600 Sampson Way, San Pedro
☎(310)548-7618
URL www.lamaritimemuseum.org
営水～日10:00～17:00 休月火、おもな祝日
料寄付制(大人$5、シニア$3、子供無料)

ランチョ・パロスバーデス Rancho Palos Verdes

LAエリアの南西端、太平洋に突き出した半島。海と丘に恵まれた環境で、高級住宅地としても名高い。この半島をドライブで1周して、カリフォルニアの陽光を十分に味わおう（→P.35）。

MAP P.50-A3～A4

●ウェイフェアーズチャペル Wayfarers Chapel

美しいガラス張りの教会。建築デザインをフランク・ロイド・ライトの息子ロイド・ライトが手がけた。通称「グラスチャーチ」だ。

MAP P.50-A4
住5755 Palos Verdes Dr. S., Rancho Palos Verdes
☎(310)377-1650
URL www.wayfarerschapel.org
営毎日9:00～17:00（ビジターセンター木～日10:00～）

日本の芸能人も結婚式を挙げた教会

●ポイント・ビセンテ・インタープリティブ・センター Point Vicente Interpretive Center

ランチョ・パロスバーデス半島の南西端、雄大な景色を望めるビセンテ岬にある資料センター。沖合は12月から5月にかけてコククジラが大移動するルートになり、肉眼でも見ることができる。多いときには30分で4回も潮吹きが観測できるそうだ。センターでは、クジラの移動が始まる12月から毎日観測記録をつけており、行動観測の資料も館内に展示している。双眼鏡の無料レンタルあり（要ID）。

MAP P.50-A4
住31501 Palos Verdes Dr. W., Rancho Palos Verdes
☎(310)544-5375
URL www.rpvca.gov
営毎日10:00～17:00
休サンクスギビング、クリスマスイブ、クリスマス、元日
料無料

クジラの標本が天井からつり下げられている

MEMO 眺めのいいスタバ ウェイフェアーズチャペルの近くにある。Starbucks Coffee MAP P.50-A3 住31202 Palos Verdes Dr. W., Rancho Palos Verdes ☎(310)265-7230 営毎日5:30～20:30（土日～21:00）

地球の歩き方 旅の図鑑シリーズ

見て読んで海外のことを学ぶことができ、旅気分を楽しめる新シリーズ。
1979年の創刊以来、長年蓄積してきた世界各国の情報と取材経験を生かし、
従来の「地球の歩き方」には載せきれなかった、
旅にぐっと深みが増すような雑学や豆知識が盛り込まれています。

W01
世界244の国と地域
¥1760

W07
世界のグルメ図鑑
¥1760

W02
世界の指導者図鑑
¥1650

W03
世界の魅力的な
奇岩と巨石139選
¥1760

W04
世界246の首都と
主要都市
¥1760

W05
世界のすごい島300
¥1760

W06
世界なんでも
ランキング
¥1760

W08
世界のすごい巨像
¥1760

W09
世界のすごい城と
宮殿333
¥1760

W11
世界の祝祭
¥1760

- W10 世界197ヵ国のふしぎな聖地&パワースポット ¥1870
- W13 世界遺産　絶景でめぐる自然遺産　完全版 ¥1980
- W16 世界の中華料理図鑑 ¥1980
- W18 世界遺産の歩き方 ¥1980
- W20 世界のすごい駅 ¥1980
- W22 いつか旅してみたい世界の美しい古都 ¥1980
- W24 日本の凄い神木 ¥2200
- W26 世界の麺図鑑 ¥1980
- W28 世界の魅力的な道 178 選 ¥1980
- W31 世界のすごい墓 ¥1980
- W12 世界のカレー図鑑 ¥1980
- W15 地球の果ての歩き方 ¥1980
- W17 世界の地元メシ図鑑 ¥1980
- W19 世界の魅力的なビーチと湖 ¥1980
- W21 世界のおみやげ図鑑 ¥1980
- W23 世界のすごいホテル ¥1980
- W25 世界のお菓子図鑑 ¥1980
- W27 世界のお酒図鑑 ¥1980
- W30 すごい地球! ¥2200

※表示価格は定価（税込）です。改訂時に価格が変更になる場合があります。

ロスアンゼルス近郊のビーチ

Beach Paradise in Los Angeles

LAの太平洋に面した海岸線には75マイル（112km）以上にわたり、大小合わせて90以上のビーチがある。1年中、観光客でにぎわうビーチから、地元の人しか訪れない落ち着いた所までさまざまだ。ただし、日本より乾燥しているので水分補給を忘れずに。なお、公共の場での飲酒は禁止されている。

サウスベイのビーチ South Bay →P.259

住みたいビーチナンバー1
マンハッタンビーチ
Manhattan Beach

ショッピングも楽しい
ハモサビーチ
Hermosa Beach

のんびりとした雰囲気が魅力
レドンドビーチ
Redondo Beach

オレンジカウンティのビーチ OC (Orange County)

サーファーの憧れ
ハンティントンビーチ
Huntington Beach

→P.262

クルーズにも挑戦できる
ニューポートビーチ
Newport Beach

→P.264

芸術家がこよなく愛す
ラグナビーチ
Laguna Beach

→P.265

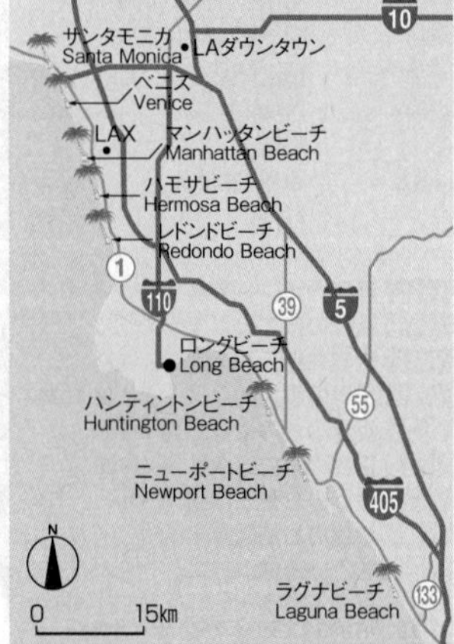

Check!
各ビーチの詳細はDATA部分で紹介している。ビーチの設備については以下の記号で表している。
- ライフガード
- トイレ
- シャワー
- ピクニックエリア
- バスケットコート
- ビーチバレーコート
- ピア

近郊のビーチへのアクセス方法とおおよその所要時間

	サウスベイ			ハンティントンビーチ			ニューポートビーチ			ラグナビーチ		
	距離	公共交通機関	車	距離	公共交通機関	車	距離	公共交通機関	車	距離	公共交通機関	車
サンタモニカ	30km	90分	50分	73km	180分	70分	86km	230分	80分	100km	240分	85分
LAダウンタウン	35km	90分	55分	63km	140分	75分	75km	180分	75分	90km	190分	80分

MEMO マンハッタンビーチからレドンドビーチへの移動 ビーチ沿いのストランド（遊歩道）を歩いてもいいし（約5km、約1時間）、ビーチシティズ・トランジット#109（約15分、→P.103）を利用してもいい。

ロスアンゼルス
国際空港からも近い

サウスベイのビーチ
The beaches at South Bay

サイクリングやジョギングしている地元の人が多いビーチ

ロスアンゼルス国際空港から約6km南にあるマンハッタンビーチ、その先約3kmにハモサビーチ、さらに南へ3km行くとレドンドビーチにたどり着く。遊歩道のストランドThe Strandで結ばれた3つのビーチは、地元の人々のお気に入り。のんびり過ごすのにぴったりだ。 モデルコース→P.35

マンハッタンビーチ
Manhattan Beach

夏にはビーチバレーのトーナメントが開催されるビーチ。ピアには赤い屋根の水族館がある。マンハッタンビーチ・ブルバードManhattan Beach Blvd.やハイランドアベニューHighland Ave.、マンハッタンアベニューManhattan Ave.が中心。

MAP P.50-A1

設備：
アクティビティ：サイクリング、サーフィン、ウインドサーフィン、ビーチバレー、釣り

マンハッタンビーチ商工会議所
Manhattan Beach Chamber of Commerce
☎(310) 545-5313
URL www.manhattanbeachchamber.com

ハモサビーチ
Hermosa Beach

ハモサはスペイン語で「美しい」の意味で、美しい砂浜と海で知られている。ピアアベニューPier Ave.とハモサアベニューHermosa Ave.が中心。

MAP P.50-A1〜A2

設備：
アクティビティ：サイクリング、インラインスケート、サーフィン、ダイビング、ビーチバレー

ハモサビーチ商工会議所&観光局
Hermosa Beach Chamber of Commerce & Visitors Bureau
☎(310) 376-0951　URL www.hbchamber.net

楽しみいっぱいの遊歩道

レドンドビーチ
Redondo Beach

ピアにはレストランもありシーフード料理を食べられる。桟橋の上では釣りを楽しむ人が多い。

MAP P.50-A2

設備：
アクティビティ：サイクリング、インラインスケート、サーフィン、ウインドサーフィン、ダイビング、ビーチバレー、釣り

レドンドビーチ商工会議所
Redondo Beach Chamber of Commerce & Visitors Bureau
☎(310) 376-6911　URL www.redondochamber.org

ACCESS
LAダウンタウンからは、メトロレイル・Aライン（ブルー）、もしくはJライン（シルバー）と、Cライン（グリーン）でAviation/LAX駅まで行き、Beach Cities Transit#109に乗り換える。サンタモニカからはビッグ・ブルー・バス#3またはrapid3に乗り、Aviation/LAX駅へ行き、Beach Cities Transit#109に乗り換える。 →P.35のモデルコース参照

ビーチシティズ・トランジット　Beach Cities Transit
料$1　URL www.redondo.org/depts/recreation/transit/beach_cities_transit/default.asp

MEMO 映画『ラ・ラ・ランドLa La Land』の撮影地　ハモサビーチピアや、ハモサビーチにある**ライトハウスカフェThe Lighthouse Cafe**（MAP P.50-A2 住30 Pier Ave., Hermosa Beach URL www.thelighthousecafe.net）で撮影が行われた。（→P.17）

Shopping

サウスベイのビーチは
歩いてぶらぶらできるエリアも多い。
ウインドーショッピングも楽しめる。

人気店が集まった小さなモール

メトロックス Metlox

ダウンタウンにあるメトロックスは、人気カフェやレストラン、ショップが約10店舗集まる。

MAP P.50-A1
住 451 Manhattan Beach Blvd., Manhattan Beach
URL metloxmb.com　営 店舗により異なる
ACCESS　マンハッタンビーチのピア周辺からManhattan Blvd. を徒歩約 8 分。

小さいが充実している

おしゃれ心をくすぐるセレクトショップ

キャットウオーク Katwalk

西海岸らしいリラックス感あふれるカリフォルニアのビーチガールスタイルを提案しているショップ。人気アイテムであるロンパースやジャンプスーツ、ドレスを豊富に揃えている。

MAP P.50-A1
住 312 Manhattan Beach Blvd., Manhattan Beach
☎ (310) 798-7399　URL shopkatwalk.com
営 毎日11:00～19:00（土10：00～、日～18:00）
カード A M V

ビーチスタイルで全身コーデしたい

ACCESS　マンハッタンビーチのピア周辺からManhattan Beach Blvd.を徒歩約5分。

ローカルがコーディネートの参考にする

ビーチ&ビバリー Beach & Beverly

ビーチでくつろげるワンピース（$128～）やパーティ用のミニドレス（$198～）、街着として最適なバンドTシャツ（$52～）など幅広いセレクションのファッションアイテムを取り揃えるレディス専門のセレクトショップ。扱っているブランドは、Free PeopleやMarine Layer、Life Clothing Co.、Spellなど。香水やルームフレグランスなどの雑貨もある。

MAP P.50-A1
住 135 Pier Ave., Hermosa Beach
☎ (310) 379-9630　URL beachandbeverly.com
営 毎日10:00～18:00　カード A M V
ACCESS　ハモサビーチのピア周辺からPier Ave.沿いを徒歩3分。

センスのいい商品が並ぶ

センス抜群の雑貨店

ガムツリー Gum Tree

おしゃれなインテリアやキッチン雑貨などがセンスよく並び、買い物をしながら、インテリアのヒントも得られそう。環境に優しい商品も多く、自然を愛するオーナーのこだわりが感じられる。ヘルシーなメニューが豊富なカフェも併設。

MAP P.50-A1
住 238 Pier Ave., Hemosa Beach
☎ (310) 376-8744（ショップ）　☎ (310) 376-8733（カフェ）
URL www.gumtreela.com　営 ショップ：毎日 10:00 ～ 18:00、カフェ：毎日 7:30 ～ 16:00　カード A M V
ACCESS　ハモサビーチのピア周辺からPier Ave.沿いを徒歩約5分。

ポップなグッズも揃う

日差しがたっぷり入る、心地よい店内

MEMO ビーチそばの公共駐車場　マンハッタンビーチ：住 451 Manhattan Beach Blvd., Manhattan Beach（メトロックス内）、ハモサビーチ：住 1101 Hermosa Ave., Hermosa Beach、住 59 13th Ct., Hermosa Beach、↗

Café

ビーチ周辺には、朝食のおいしいカフェも多い。週末には行列必至の人気店を紹介しよう。

パンケーキがおいしい

アンクルビルズ・パンケーキ・ハウス Uncle Bill's Pancake House

地元の人がいち押しする人気のカフェレストラン。大きくて、ふわふわのパンケーキ($10～)は、生地のキメが細かく、口の中で溶けてしまう。新鮮な卵をたっぷり使ったミッチズ・スクランブル($13) もおすすめ。

MAP P.50-A1
住1305 Highland Ave., Manhattan Beach
☎(310)545-5177 URLwww.unclebills.net
営毎日7:00～15:00 カード ADMV
ACCESS マンハッタンビーチのピアからManhattan Beach Blvd.を直進、Highland Ave.を左折して、3ブロック行った左側。徒歩10分。

左上／テラス席も大人気　右上／人気メニューのミッチズ・スクランブル Mitch's Scramble
右下／地元の常連客が多く、和やかな雰囲気

日光を浴びつつ、ブランチを

マーサズ Martha's

週末の朝には行列ができ、こぢんまりとした店は客でいっぱいになる。オムレツ（$15.50～）やフレンチトースト（$8.50～）、エッグベネディクト（$15.50～）など朝食メニューはボリューム満点。ランチ時は、グリルドチキン・サンドイッチ（$11.95）やチーズバーガー（$15.50）、サーモンサラダ（$19.50）にハウスワインやカクテルを合わせて。隣には、コーヒーやパンのテイクアウト店Martha's Cornerもある。

MAP P.50-A1
住25 22nd St., Hermosa Beach ☎(310) 376-7786
営毎日7:00～15:00 カード AMV
ACCESS 🚗 ハモサビーチのピア周辺からビーチ沿いのストランドを北へ1km、22nd を右折。徒歩約15分。

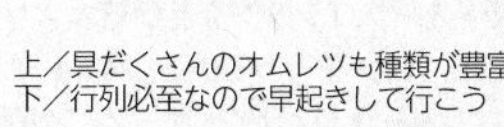

上／具だくさんのオムレツも種類が豊富
下／行列必至なので早起きして行こう

Activity

気軽に楽しめるアクティビティといえば、サイクリング！海沿いの遊歩道、ストランドThe Strandは、海からの風もさわやかで気持ちいい。

レンタサイクルの店

ハモササイクルリー Hermosa Cyclery

ハモサビーチピアの近くにあるレンタルサイクル店。ビーチクルーザーやマウンテンバイク、子供用自転車（12～24インチ）などのほか、ビーチパラソルやビーチチェアのレンタルもしている。自転車をレンタルしたときにヘルメットやかご、鍵などの無料の貸し出しあり。パスポートなどのIDとクレジットカードを提示し、IDを預ける必要がある。

MAP P.50-A1
住20 13th St., Hermosa Beach ☎(310) 374-7816
URLwww.hermosacyclery.com 営毎日9:00～19:00 カード AMV
料自転車：1時間$10～、1日（9:00～19：00）$30～。
ACCESS ハモサビーチ・ピアの目の前。Beach Dr.と13th St.の角。

海沿いでサイクリングを楽しもう

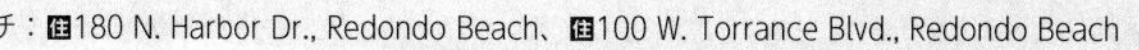

↘レドンドビーチ：住180 N. Harbor Dr., Redondo Beach、住100 W. Torrance Blvd., Redondo Beach

サーファーの聖地

ハンティントンビーチ
Huntington Beach

「サーフシティUSA」と呼ばれるハンティントンビーチでは、夏のバンズ・USオープン・オブ・サーフィンVans US Open of Surfingをはじめ、1年をとおして多くのサーフィン大会が開催されている。毎年1100万人が訪れるビーチ近くにはハンティントンビーチ・インターナショナル・サーフィン博物館やサーフィン・ウオーク・オブ・フェイム（手形、足形やサイン）があり、伝説的サーファーの銅像も立つ。中心はPCH（Pacific Coast Hwy.）とMain St.が交差するピア周辺。サーフショップやレストラン、カフェなどが6ブロックにわたり並ぶ。余暇を過ごす人で1年中にぎわっているが、特に冬季はビッグウエイブを求めて、世界中から多くのサーファーが集まるエリアだ。

デューク・カナハモクの像

場所：LAXから南東へ40マイル（約64km）。PCHとMain St.が交差した所　MAP P.52-A2～B2
設備：　**アクティビティ**：サイクリング、サーフィン、ビーチバレー、インラインスケート

ハンティントンビーチ観光局　Visit Huntington Beach
MAP P.52-B2　住155 5th St., #111, Huntington Beach　☎(714) 969-3492
URL www.surfcityusa.com　営月～金10:00～17:00（金～13:00）　休土日

ACCESS
🚌 メトロリンク・オレンジカウンティ・ラインと91/ペリスバレー・ラインのBuena Park駅からOCTAバス#25で約1時間30分。
🚗 LAXからI-405を南へ48km行き、出口16でCA-39(Beach Blvd.)に移り南進。突き当たりのPCHを右折する。約1時間。アナハイムからはI-5を南へ行き、CA-22 を西へ11km。出口8でCA-39(Beach Blvd.)に移り、南進。PCHを右折する。約45分。
駐車：Main St.沿いのパーキングメーターか、PCH沿いの駐車場、Main St.とOlive Ave.の角にあるPlaza Almeriaの駐車場。

サーフシティならではの見どころやショップ、レストラン

Main St.沿いにはサーフショップやレストラン、カフェが集まっている。サーフショップではサーフボードやウエットスーツ、Tシャツなどが日本よりも格安で手に入るほか、毎日初心者向けサーフレッスンを行っている。Main St.から1ブロック北にあるハンティントンビーチ・インターナショナル・サーフィン博物館は、サーフィンをしない人でも楽しめる。

※ PCH沿いにいくつかのパブリックビーチがあるが、冬季は閉鎖している所もある。Main St.付近ならいつでもサーフィンを楽しむことが可能。

Museum

多彩なサーフィンカルチャーに触れる

ハンティントンビーチ・インターナショナル・サーフィン博物館
Huntington Beach International Surfing Museum

PCHとMain St.の交差点から2ブロック北東の、Olive Ave.を北に入った所にある小さな博物館。館内にはサーフボードが進化してきた過程や、サーフミュージックとサーフィン映画をとおしてサーフカルチャーがどのようにして創られていったかがわかる展示がある。

外壁のアートも見逃せない

MAP P.52-B2
住411 Olive Ave., Huntington Beach
☎(714) 960-3483
営火～日11:00～17:00　休月　料寄付制（$3）

MEMO **ハンティントンビーチからラグナビーチまでバス移動** OCTA バス #1 は、ロングビーチの東端にある VA Long Beach Healthcare System（住5901 E. 7th St., Long Beach）から、Pacific Coast Hwy. を南下し、ハンティントンビーチ↗

Shopping

ハンティントンビーチを代表するサーフショップ

ジャックスサーフボード
Jack's Surfboards

店内は明るい雰囲気で、オリジナルのサーフボードやボディボードから、Tシャツなどまで品揃えは豊富だ。

ピアの目の前にある

MAP P.52-B2
住 101 Main St., Huntington Beach ☎ (714) 536-4516
URL jackssurfboards.com 営 毎日8:00〜21:00（金土〜22:00）
カード A J M V

PCH沿いにあるモール

買い物も食事も楽しめるモール

フィフス＆ピーシーエイチ
5th & PCH

ホテルやショップ、レストランが集まるショッピングモール。若者に人気のRip CurlやJolynなどのショップ、観光案内所が入る。

MAP P.52-B2 住 155 5th St., Huntington Beach
URL www.5thandpch.com 営 月〜土10:00〜21:00（土〜20:00）、日11:00〜18:00（店舗により異なる）

Activity

サーフィンの本場で本格レッスンを！

HBサーフスクール
HB Surf School

ハンティントンビーチでチャレンジしたいアクティビティといえば、やっぱりサーフィン。日本よりすいていて波質がよいので、短時間でも上達すること間違いない。初心者から上級者までレベル別のレッスンがある。30年以上のコーチ歴があるスタッフが親切に教えてくれるので安心だ。

サーフィンに挑戦しよう

MAP P.52-B2 住 285 Pacific Coast Hwy., Huntington Beach ☎ (714) 658-6873 URL www.hbsurfschool.com
料 1人$160〜（1時間30分） カード M V
※事前にウェブサイトから申し込むこと

4人乗りの自転車もある

ビーチそばの遊歩道をサイクリング

ウィール・ファン・レンタルズ Wheel Fun Rentals

さわやかな風を感じながら海沿いを自転車で走りたい。徒歩とは違った雰囲気を感じられるかも。

MAP P.52-B2
住 21100 Pacific Coast Hwy., Huntington Beach
The Waterfront Beach Resort, A Hilton Hotel （→P.416）
☎ (714) 845-8000 URL wheelfunrentals.com
料 1時間$12〜 営 毎日日の出から日没まで カード M V

Dining

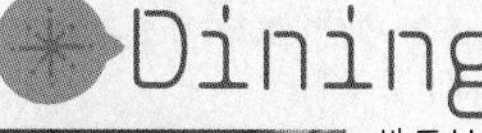

オムレツとポテトが典型的なアメリカの朝食

地元サーファーがおすすめする店

シュガーシャック・カフェ
The Sugar Shack Cafe

パンケーキやオムレツ（$13〜）などが手頃な値段で食べられる家族経営の老舗カフェ。いつも地元の人でにぎわっている。

MAP P.52-B2
住 213 1/2 Main St., Huntington Beach
☎ (714) 536-0355
URL hbsugarshack.com
営 毎日6:00〜14:00
カード A J M V

S'mores

一度は試してみたいスモア

ハンティントンビーチの名物のひとつは、たき火を囲んでスモア（マシュマロサンド）を作ること。ビーチにはファイアーピット（Bonfire Pit、Fire Ring）がある。

Chillax!

サーフシティで、チラックス

ローカルみたいにのんびり、リラックス。これこそ、まさにハンティントンビーチスタイル！

※ChillaxはChill out「落ち着く」とRelax「のんびりする」をかけたサーフィン用語。

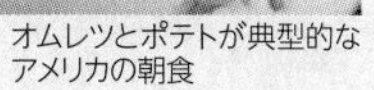

↘やニューポートビーチ、ラグナビーチ、メトロリンク・オレンジカウンティ・ラインのSan Clemente駅を結ぶ。約1時間間隔で運行。

あらゆるビーチアクティビティを体験できる

ニューポートビーチ
Newport Beach

オレンジカウンティ（OC）のなかでも随一の高級住宅地として有名なニューポートビーチ。LAの若者の間でも近年絶大な人気を誇っている。かつて人気を博したドラマ『The OC』の舞台となっただけでなく、まるでカリフォルニアのビーチのイメージからそのまま抜け出したようなビーチの美しさ、食事やショッピングなどアフタービーチのお楽しみが充実していることが人気の理由だ。

PCH（Pacific Coast Hwy.）をNewport Blvd.かBalboa Blvd.で下りて東に向かうと、海岸線に沿って細長く延びたバルボア半島に入る。ここにはビーチライフの中心、ニューポート、バルボアのふたつのピアがあり、レストランやカフェ、サーフショップが集まっている。また、バルボアピアの北側にあるバルボア湾では、数々のヨットやボートを横目に、ハーバークルーズやカヤックを楽しむことができる。

ニューポートビーチ
Newport Beach

場所：Oceanfront沿いのニューポートピア周辺　MAP P.53-C3
設備：
アクティビティ：サイクリング、サーフィン、ビーチバレーなど

バルボアビーチ
Balboa Beach

場所：Balboa Blvd.沿いのバルボアピア周辺　MAP P.53-C3
設備：
アクティビティ：サイクリング、サーフィン、ビーチバレーなど

ニューポートビーチ観光局　Visit Newport Beach
Free (1-855) 563-9767
URL www.visitnewportbeach.com

ACCESS
アムトラックやメトロリンク・オレンジカウンティ・ライン、91/ペリスバレー・ラインのFullerton駅からOCTAバス#47で約2時間。
LAXからI-405、CA-55を南へ進むとニューポートビーチ。約1時間10分。アナハイムからはI-5を南へ行き、CA-55に乗り換える。約40分。
駐車：ピア周辺の路上のパーキングメーター

ホエールウオッチングとショッピングを楽しもう

クルーズが盛んなニューポートビーチでは、セレブの豪邸を巡るものやサンセットクルーズなどさまざまなツアーが催行されている。なかでも、ぜひ体験してみたいのはドルフィン&ホエールウオッチング。運がよければ、イルカの大群を目にすることができる。そのあとは、バルボアビーチの北東にある巨大ショッピングモールで買い物を楽しもう。

Activity

ホエールウオッチングに参加するなら

デイビーズロッカー
Davey's Locker

クジラのほかに、イルカ、アザラシ、海鳥などの生態を、ナレーターの解説付きで見られる、ホエールウオッチングのクルーズ。1日2～9回の催行。所要時間は2時間。事前に要予約。

イルカの群れに遭遇できる

MAP P.53-C3
住 400 Main St., Newport Beach（バルボアパビリオン内）　☎ (949) 673-1434
URL www.daveyslocker.com　料〈月～金〉大人$34、シニア（60歳以上）・子供（12歳以下）$28、〈土日〉大人$38、シニア（60歳以上）・子供（12歳以下）$32　カード M V

Shopping

若者に人気のブランドが入るショッピングモール

ファッションアイランド
Fashion Island

じっくりと時間を取りたいショッピングモール

4つの有名デパートに加え、約170のショップとレストランが揃うファッションアイランド（→P.347）は、SplendidやVictoria's Secret、Whole Foods Marketなど人気のショップが豊富。

ACCESS
バルボアピアからバルボアアイランド・フェリー（→脚注）に乗り、バルボアアイランドへ渡る。Agate Ave.、Park Ave.、Marine Ave.、Jamboree Rd.、Santa Barbara Dr.を進む。所要約15分。

MEMO **バルボアアイランド・フェリー**　バルボアピア（住 309 Palm St., Newport Beach）とバルボアアイランド（住 410 S. Bay Front, Newport Beach）を結ぶ小型のフェリー。**Balboa Island Ferry**　URL www.balboaislandferry.com ↗

穏やかで風光明媚な
芸術家のコミュニティ

ラグナビーチ
Laguna Beach

オレンジカウンティの南、山並みが海まで迫った狭い土地に開けた芸術家のコミュニティがラグナビーチだ。湾曲したビーチに沿って、ボードウオークのある公園が続き、海を望む山腹には別荘風の家々が並んでいる。このビーチはビーチアクティビティとあわせて、アートを楽しむこともできるのが特徴だ。1900年代初頭から、アーティストが住み始め、現在はPCH (Pacific Coast Hwy.) 沿いやForest Ave.沿いにギャラリーが集中している。

ギャラリー散策とアートイベントに参加しよう

芸術家が多く住んでいるだけあり、この街にはギャラリーや美術館が豊富だ。地元アーティストがギャラリーやショップで直接作品を販売していることもあり、制作秘話など作品への情熱やこだわりが聞けるかも。

場所：ロスアンゼルスから南へ50マイル（約80km）。PCHとLaguna Canyon Rd.（Broadway St.）の交差した所 MAP P.53-D4
設備：
アクティビティ：サーフィン、ビーチバレー、バスケットボール
ラグナビーチ観光局　Visit Laguna Beach Visitors Center
MAP P.53-D4
住 381 Forest Ave., Laguna Beach　☎ (949) 497-9229
URL www.visitlagunabeach.com　営 毎日10:00～17:00。夏季は延長あり。
ACCESS
バス ハンティントンビーチやニューポートビーチからOCTAバス#1で。
車 LAXからは、P.264のニューポートビーチのACCESSを参照し、PCHをさらに20km南へ向かう。約1時間20分。アナハイムからは、I-5を南東へ進み、出口95でCA-133 Southに移る。14km南へ行くと突き当たりがPCHだ。約40分。
駐車：Ocean Ave.やBroadway St.沿いの路上のパーキングメーターか、Broadway St.とForest Ave.の角の公共駐車場

Museum & Galleries

OCで最も歴史のある美術館

ラグナ美術館
Laguna Art Museum

アメリカ美術のなかでも、カリフォルニアのアートに特化した展示を行う美術館。19世紀前半から現代までの作品を3600点所蔵する。カリフォルニアの風土を反映したような、自由で、型にはまらない作品が多い。

カリフォルニアの現代アートについて学ぼう

MAP P.53-D4
住 307 Cliff Dr., Laguna Beach
☎ (949) 494-8971
URL lagunaartmuseum.org
営 火～日10:00～17:00（第1木曜～21:00）　休 月、おもな祝日
料 大人$12、シニア・学生$9、17歳未満無料。毎月第1木曜の18:00～21:00は無料

散歩もかねてギャラリー巡り

ギャラリーロウ
Gallery Row

地元アーティストの作品を見学

ラグナビーチには、100以上のギャラリーやスタジオがある。絵画や彫刻、ガラスなど、取り扱うアートの種類もさまざま。ラグナ美術館の周辺1ブロックのほか、Broadwayの南側にも点在している。散歩がてら、気軽に立ち寄ってみよう。

MAP P.53-D4周辺
住 300～500 S. Pacific Coast Hwy., Laguna Beach

Let's enjoy the art at the festivals!

アートをもっと楽しむ！
おすすめのアートイベント

ラグナビーチでは年間を通じてさまざまなアートイベントが行われている。ここでは注目すべき3つのイベントを紹介しよう！

● **ソーダスト・アート&クラフト・フェスティバル Sawdust Art & Craft Festival**
地元のアーティストの作品が多く展示されるアートのお祭り（2022年は6/24～8/28）。
住 935 Laguna Canyon Rd., Laguna Beach
☎ (949) 494-3030
URL sawdustartfestival.org
営 毎日11:00～19:00（金土～22:00）
料 大人$10、シニア$7、子供$5

● **ラグナ・アート・フェア・フェスティバル Laguna Art-Fair Festival**
地元のアーティストにとどまらず、世界中のアーティストが参加する（2022年は7/1～9/4）。金～日曜はライブ演奏もあり。
住 777 Laguna Canyon Rd., Laguna Beach
☎ (949) 494-4514　URL art-a-fair.com
営 毎日10:00～19:00（金土～20:00）
料 大人$10、シニア$8、12歳以下無料

● **フェスティバル・オブ・アーツ／ページェント・オブ・ザ・マスターズ Festival of Arts/Pageant of the Masters**
イベントの目玉は、名画の人物に扮してそっくり度を競うショー。ユニークなアートイベントだ（2023年は7/7～9/1）。
住 650 Laguna Canyon Rd., Laguna Beach
Free (1-800) 487-3378　URL www.foapom.com
営 毎日16:00～23:30（金～日10:00～）
料 〈月～金〉大人$10、学生$7、子供$5。〈土日〉大人$15、学生$11、子供$5

↘ 営 毎日6:30～24:00　料 大人$1.50、子供（5～11歳）50¢、車1台（運転手1人込み）$2.50

ちょっと足を延ばして、魅力的な街へ

LAからのエクスカーション

Excursion from Los Angeles

ハリウッド俳優らも別荘をもち、
良質なワインの産地でもあるサンタバーバラ。
砂漠のリゾートで、避寒地として知られるパームスプリングス。
ワインの生産地として注目を集める、のどかなテメキュラ。
小さいながらも自然にあふれた、サンタ・カタリナ・アイランド。
大都市LAから、ちょっと足を延ばして、魅力的な街を訪れてみよう。

※いずれも料金は2023年1月のもの。所要時間はおおよそのもの

サンタバーバラ Santa Barbara

LAから車で約2時間。映画の舞台になるほどワイナリーも多く、カリフォルニアを代表するリゾートのひとつだ。

潮風が気持ちいいスターンズワーフ

サンタバーバラへの行き方

起点	レンタカー	アムトラック	グレイハウンドバス
ロスアンゼルスダウンタウン	US-101 + Cabrrillo Blvd. & State St.（スターンズワーフ）。120分	住209 State St., Santa Barbara 料片道$20～。150分	住224 Chapala St., Santa Barbara 料片道$10～。150分

パームスプリングス Palm Springs

セレブの避寒地として有名。風力発電用の巨大風車群の景色にも圧倒される。

LA っ子お気に入りのリゾート地

パームスプリングスへの行き方

起点	レンタカー	アムトラック
ロスアンゼルスダウンタウン	I-10 + CA-111 + N. Palm Canyon Dr.。150分	住190 N. Indian Canyon Dr., Palm Springs 料片道$19～。Pacific Surfliner号などでフラートンまで行き、アムトラックの連絡バスに乗り換え。180分

テメキュラ Temecula

ワインの産地としても有名。ウエスタンの雰囲気たっぷりのオールドタウンなどがある。

歴史的建築物が並ぶオールドタウン

テメキュラへの行き方

起点	レンタカー	グレイハウンドバス
ロスアンゼルスダウンタウン	I-5 + CA-91 + I-15 + Rancho California Rd.。150分	住28410 Old Town Front St., Temecula 料片道$12～。サンバーナディーノまで行き、テメキュラ行きに乗り換え。220分

MEMO **ドイツで誕生した格安バスサービス** ロスアンゼルスとサンタバーバラやパームスプリングスを結ぶ。ロスアンゼルス発サンタバーバラ行き１日２～３便、$13.99～、ロスアンゼルス発パームスプリングス行き１日２～３便、$19.99～。↗

サンタ・カタリナ・アイランド
Santa Catalina Island

自然の豊かな小さな島で、車の利用を規制し、ゴルフカートでの移動を推奨している。

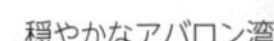
穏やかなアバロン湾

サンタ・カタリナ・アイランドへの行き方

運行会社名	出発地（MAP）	所要時間	料 金	連絡先
カタリナ エクスプレス Catalina Express （高速船）	ロングビーチ （MAP P.51-C3） 住320 Golden Shore, Long Beach	アバロンへ 60分	毎日運航 片道大人$42、 シニア（55歳以上）$38.50、 子供（2～11歳）$34.25。 往復大人$83.50、 シニア（55歳以上）$76.50、 子供（2～11歳）$68	Free (1-800) 613-1212 営www.catalinaexpress.com
	サンペドロ（※1） （MAP P.50-B3） 住95 Berth, San Pedro	アバロンへ 75分、 トゥーハーバーへ 75分	毎日運航（10月下旬～4月上旬は火・木運休） 料金はロングビーチ発着と同額（トゥーハーバー行きも同様）	
IEX ヘリコプターズ IEX Helicopters （ヘリコプター※2）	ロングビーチ（MAP P.51-C3） 住1175 Queens Hwy., Long Beach	アバロンへ 15分	片道1人$159 往復1人$298	（要予約） Free (1-800) 228-2566 営iexhelicopters.com
	サンペドロ（MAP P.50-B3） 住95 Berth, San Pedro	アバロンへ 15分	片道1人$189 往復1人$378	
	サンタアナ（MAP P.53-C2） 住19301 Campus Dr. Santa Ana（ジョン・ウェイン空港）	アバロンへ 18分	片道1人$259 往復1人$518	
	バーバンク（MAP P.46-B1） 住2800 N. Clybourn Ave., Burbank	アバロンへ 28分	片道6人まで$2290 往復6人まで$2290～3290	
カタリナフライヤー Catalina Flyer （高速船）	ニューポートビーチ （MAP P.53-C3） 住Balboa Pavilion	アバロンへ 75分	往復大人$78、 シニア（60歳以上）$73、 子供（3～12歳）$61、2歳以下$7	☎(949) 673-5245 営www.catalinainfo.com

※1 トゥーハーバー行きもある。
※2 ヘリコプターは最少催行人数あり。

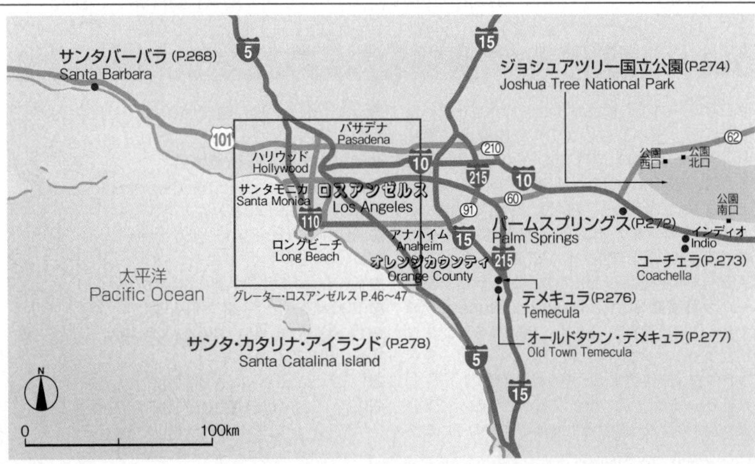

サンタバーバラ
Santa Barbara

LAから北西へ車で約2時間。鉄道のアムトラックやバスのグレイハウンドでもアクセスできる、南カリフォルニアきっての人気リゾート地だ。サンタイネスバレーと太平洋に囲まれた街には穏やかな空気が流れている。ビーチでのんびりしたり、ワイナリー巡りを楽しんだりと過ごし方もさまざま。歩いて回れるダウンタウンには見どころも多い。

サンタバーバラへの行き方
→P.266

サンタバーバラ・カウンティ・コートハウス
住1100 Anacapa St., Santa Barbara
☎(805)962-6464
URL www.sbcourthouse.org
営毎日8:00～17:00（土日10:00～）
休おもな祝日
料無料

ACCESS
徒歩：スターンズワーフ方面からはState St.とFiguroa St. の角を右折。

サンタバーバラ・エル・プレシディオ歴史公園
住123 E. Canon Perdido St., Santa Barbara
☎(805)965-0093
URL www.sbthp.org/presidio
営毎日10:30～16:30
休おもな祝日
料大人$5、シニア(62歳以上)$4、16歳以下無料

ACCESS
徒歩：スターンズワーフ方面からはState St.とCanon Perdido St.の角を右折。

美しい街並みを一望できる
MAP P.269-A2
サンタバーバラ・カウンティ・コートハウス
★★ Santa Barbara County Courthouse

1929年の完成以来、現在でも郡裁判所として使用されている白い時計台が目印の建物。内部は自由に見学できるが、法廷で裁判が行われていることもあるので、静かに見て回ろう。無料のガイドツアー（毎日14:00～、月～金は10:30～もあり、所要約1時間）は、2階のMural Roomからスタート。ダウンタウンでいちばん高い時計台からは、太平洋とサンラファエル山地をバックに、サンタバーバラの街並みが一望できる。1925年に大地震の被害を受けたサンタバーバラ市は、街の建物をスペインのアンダルシア風に統一する計画を立て、建築物の高さ、屋根や壁などに規制を設けた。その結果、統一感のある、自然と調和した美しい街が誕生したのだ。

スペイン・コロニアル文化の発祥地
MAP P.269-A2
サンタバーバラ・エル・プレシディオ歴史公園
★★ El Presidio de Santa Bárbara State Historic Park

1782年、先住民との争いに対して、スペイン軍が築いた要塞。サンタバーバラで最も古く、カリフォルニア州でも2番目に古い建物だ。当時のカリフォルニアには4つの要塞があり、1846年までここを本部としていた。またスパニッシュコロニアルの文化の中心でもあった。現在は要塞内の修復された建物を見学することができる。

COLUMN サンタバーバラの歩き方

サンタバーバラの観光ポイントやショップ、レストランは、ダウンタウンの中心を南北に貫くState St. 周辺に集まっている。ダウンタウン自体はそれほど広くないので、徒歩で十分見て回れるだろう。レンタカーで訪れた人は、Anacapa St. 沿いやウオーターフロントの駐車場に車を停めて散策するといい。街なかには、マティスやモネ、ルノワールなど幅広いコレクションを誇る**サンタバーバラ美術館 Santa Barbara Museum of Art**（→ P.269 脚注）もある。自転車をレンタルして、サイクリングを楽しむのもいい。ビーチとダウンタウン間は徒歩 20 分ほどの距離だ。

オールド・ミッション・サンタバーバラ（→ P.270）はダウンタウンからやや離れた所にあるので、車か市バス（MTD バス URL sbmtd.gov）を利用しよう。

●サンタバーバラ観光案内所
Santa Barbara Visitor Centers
URL santabarbaraca.com

● State Street Visitor Center
MAP P.269-B3
住120 State St., Santa Barbara
☎(805) 869-2632 営 毎日 11:00 ～ 17:00

● Garden Street Visitor Center
MAP P.269-B3
住1 Garden St., Santa Barbara
☎(805) 965-3021 営 土日 10:30 ～ 16:30

MEMO この本でも紹介！『地球の歩き方 B02 アメリカ西海岸』でもサンタバーバラを紹介していますので、ご活用ください。

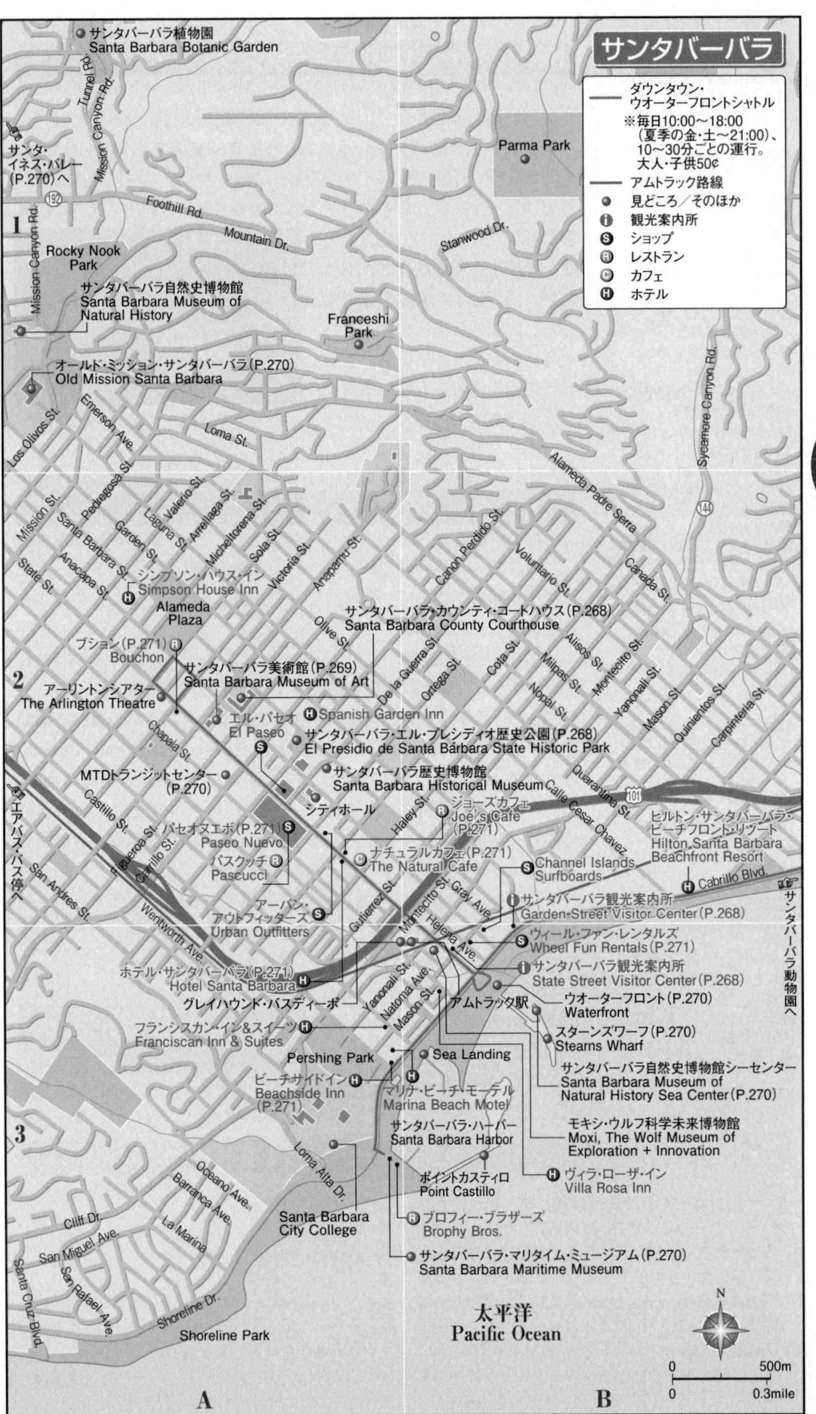
サンタバーバラ
ダウンタウン・ウオーターフロントシャトル
※毎日10:00～18:00（夏季の金・土～21:00）、10～30分ごとの運行。大人・子供50¢
アムトラック路線
見どころ／そのほか
観光案内所
ショップ
レストラン
カフェ
ホテル
サンタバーバラ植物園
Santa Barbara Botanic Garden
サンタ・イネス・バレー（P.270）へ
Rocky Nook Park
サンタバーバラ自然史博物館
Santa Barbara Museum of Natural History
Franceshi Park
Parma Park
オールド・ミッション・サンタバーバラ（P.270）
Old Mission Santa Barbara
シンプソン・ハウス・イン
Simpson House Inn
Alameda Plaza
サンタバーバラ・カウンティ・コートハウス（P.268）
Santa Barbara County Courthouse
ブション（P.271）
Bouchon
サンタバーバラ美術館（P.269）
Santa Barbara Museum of Art
アーリントンシアター
The Arlington Theatre
エル・パセオ
El Paseo
Spanish Garden Inn
サンタバーバラ・エル・プレシディオ歴史公園（P.268）
El Presidio de Santa Bárbara State Historic Park
MTDトランジットセンター（P.270）
サンタバーバラ歴史博物館
Santa Barbara Historical Museum
シティホール
エアバス・バス停へ
パセオヌエボ（P.271）
Paseo Nuevo
パスクッチ
Pascucci
ジョーズカフェ（P.271）
Joe's Cafe
ナチュラルカフェ（P.271）
The Natural Cafe
アーバン・アウトフィッターズ
Urban Outfitters
Channel Islands Surfboards
ヒルトン・サンタバーバラ・ビーチフロント・リゾート
Hilton Santa Barbara Beachfront Resort
サンタバーバラ観光案内所
Garden Street Visitor Center（P.268）
ウィール・ファン・レンタルズ
Wheel Fun Rentals（P.271）
サンタバーバラ観光案内所
State Street Visitor Center（P.268）
サンタバーバラ動物園へ
ホテル・サンタバーバラ（P.271）
Hotel Santa Barbara
グレイハウンド・バスディーポ
アムトラック駅
ウオーターフロント（P.270）
Waterfront
フランシスカン・イン＆スイーツ
Franciscan Inn & Suites
スターンズワーフ（P.270）
Stearns Wharf
Pershing Park
Sea Landing
サンタバーバラ自然史博物館シーセンター
Santa Barbara Museum of Natural History Sea Center（P.270）
ビーチサイドイン
Beachside Inn（P.271）
マリナ・ビーチ・モーテル
Marina Beach Motel
サンタバーバラ・ハーバー
Santa Barbara Harbor
モキシ・ウルフ科学未来博物館
Moxi, The Wolf Museum of Exploration + Innovation
ポイントカスティロ
Point Castillo
ヴィラ・ローザ・イン
Villa Rosa Inn
Santa Barbara City College
ブロフィー・ブラザーズ
Brophy Bros.
サンタバーバラ・マリタイム・ミュージアム（P.270）
Santa Barbara Maritime Museum
太平洋
Pacific Ocean
Shoreline Park
Tunnel Rd.
Mission Canyon Rd.
Foothill Rd.
Mountain Dr.
Stanwood Dr.
Loma St.
Emerson Ave.
Los Olivos St.
Mission St.
Pedregosa St.
Valerio St.
Arrellaga St.
Michelorena St.
Sola St.
Victoria St.
Anapamu St.
Canon Perdido St.
Alameda Padre Serra
Sycamore Canyon Rd.
Voluntario St.
Canada St.
Santa Barbara St.
Garden St.
Laguna St.
Anacapa St.
State St.
Olive St.
De la Guerra St.
Ortega St.
Cota St.
Alisos St.
Milpas St.
Nopal St.
Montecito St.
Yanonali St.
Mason St.
Quinientos St.
Carpinteria St.
Chapala St.
Castillo St.
Figueroa St.
Carrillo St.
San Andres St.
Haley St.
Quarantina St.
Calle Cesar Chavez
Gutierrez St.
Gray Ave.
Helena Ave.
Cabrillo Blvd.
Wentworth Ave.
Natoma Ave.
Loma Alta Dr.
Oceano Ave.
Barranca Ave.
La Marina
Cliff Dr.
San Miguel Ave.
San Rafael Ave.
Santa Cruz Blvd.
Shoreline Dr.
192
144
101
1
2
3
A
B
N
0
500m
0.3mile

MEMO サンタバーバラ美術館　Santa Barbara Museum of Art　MAP P.269-A2　住 1130 State St., Santa Barbara　☎(805) 963-4364　URL www.sbma.net　営 火～日 11:00～17:00（木～20:00）　休 月、おもな祝日

オールド・ミッション・サンタバーバラ
住2201 Laguna St., Santa Barbara ☎(805)682-4149
URL www.santabarbaramission.org 営毎日9:30〜17:00 休おもな祝日
料大人$15、シニア(65歳以上)$13、子供(5〜17歳)$10

ACCESS
MTDトランジットセンター(MAP P.269-A2)からMTDバス#6、11でState St. & Pueblo St.下車、5ブロック東へ。

ウオーターフロント
ACCESS
徒歩:State St.を南東へ。

サンタバーバラ自然史博物館シーセンター
住211 Stearns Wharf, Santa Barbara
☎(805)962-2526
URL www.sbnature.org
営毎日10:00〜17:00
休おもな祝日
料大人$13、シニア（65歳以上）・学生（13〜17歳）$11、子供(2〜12歳)$10

サンタバーバラ・マリタイム・ミュージアム
住113 Harbor Way, Santa Barbara ☎(805)962-8404
URL www.sbmm.org
営木〜火10:00〜17:00
休水、元日、8月第1金曜、サンクスギビング、クリスマス
料大人$8、シニア（65歳以上）・学生(6〜17歳)$5、5歳以下無料

ホエールウオッチング Condor Express
住301 W. Cabrillo Blvd., Santa Barbara
☎(805)882-0088
URL www.condorexpress.com
営春季は約2時間30分のツアーを1日3便（9:00、12:00、15:00）、夏〜冬季は約4時間30分のツアーを1日1便(10:00) 催行している
料〈春季〉大人$70、子供$50、〈夏〜冬季〉大人$119、子供$70

エキゾチックな歴史建造物

MAP P.269-A1

オールド・ミッション・サンタバーバラ

★★★ Old Mission Santa Barbara

美しい建築様式から “The Queen of Missions” と呼ばれている。サンタバーバラのパンフレットなどにもよく登場する有名な建物だ。1786年12月4日、聖バーバラの祭礼の日、サンタバーバラ周辺に住んでいたチュマシュ族をキリスト教に改宗させる目的で、スペイン宣教師により創立された。その後、地震による崩壊などがあったが、1820年に現在の姿になった。内部は伝道所の歴史をたどる博物館になっていて、宣教時代に使用された衣服や道具などが展示されている。

サンタバーバラのランドマーク的建物のひとつ

海に行かなきゃ始まらない

MAP P.269-B3周辺

ウオーターフロント

★★★ Waterfront

サンタバーバラの海岸線は、ヤシの木が並ぶ美しいビーチだ。自転車専用道路もあるので、サイクリングを楽しんだり、ヨットやクルーズを体験するのもいい。

State St.を突き当たった所が**スターンズワーフStearns Wharf**。1872年おもに貨物船用の埠頭として建てられ、現在はギフトショップやレストランが並ぶ。桟橋の中央にある**サンタバーバラ自然史博物館シーセンターSanta Barbara Museum of Natural History Sea Center**は、体験型の展示が多く子供たちに人気がある博物館。また、桟橋からの眺めは最高で、パームツリーの向こうにオレンジ色の屋根と白い壁が続く街並みが眼下に広がる。特に夕暮れどきはたくさんの人が集まるスポットだ。スターンズワーフの西には、一般のヨットハーバーと漁港が一緒になっているサンタバーバラ・ハーバーSanta Barbara Harborや**サンタバーバラ・マリタイム・ミュージアムSanta Barbara Maritime Museum**もあり家族連れでにぎわう。また、**ホエールウオッチング**も1年中楽しめる。

ウオーターアクティビティも楽しみたい

COLUMN ワイナリーでワインを堪能!

サンタバーバラの周辺は言わずと知れたカリフォルニアワインの産地。周辺には100以上ものワイナリーが点在し、ワイナリー巡りが楽しめる。最もワイナリーが集中しているのは、サンタバーバラ Santa Barbara とソルバング Solvang の間、**サンタ・イネス・バレー Santa Ynez Valley**（MAP P.269-A1 外）。観光案内所にはワイナリーのマップもある。ワイナリーツアーに参加して、いろいろなワイナリーを巡るのも楽しい。

●ワイナリーツアー
グレープライン・ワイン・ツアーズ
Grapeline Wine Tours
☎(951)693-5755
URL gogrape.com
ワイナリーツアー $159〜169（ピクニックランチ付き）を毎日催行。要事前予約。
サンタバーバラのワイナリーやイベント情報は URL www.sbcountywines.com で確認できる。

MEMO ブームの火つけ役『サイドウェイ』（2005年日本公開）は、サンタバーバラを舞台に中年男女の恋愛模様とワインの魅力を描いた恋愛映画だ。映画のヒットでワイナリー巡りも一大ブームに。

ショッピングモール

ダウンタウンいちのショッピング街　サンタバーバラ　MAP P.269-A2

Paseo Nuevo・パセオヌエボ

ダウンタウンのState St.沿いにあるモール。GapやHollister、Victoria's Secretなどのアパレルショップからコスメのavedaやsephora、レストランのCalifornia Pizza KitchenやPanda Expressまで約60店舗が集まる。

買い物はここで

住651 Paseo Nuevo, Santa Barbara
☎(805)963-7147
URL paseonuevoshopping.com
営毎日10:00～19:00
カード店舗により異なる

カリフォルニア料理

地元の食材にこだわったキュイジーヌ　サンタバーバラ　MAP P.269-A2

Bouchon・ブション

$40～
予約したい

シーフードと地元産の有機野菜で作られる料理が人気。サンタバーバラ近郊産のワインの取り揃えも豊富。フレンチオニオンスープ（$16）、地魚のグリル（時価）、ローストチキン（$28）など、シンプルだが味わい深いメニューが多い。

サービス面の評価も高い

住9 W. Victoria St., Santa Barbara
☎(805)730-1160
URL www.bouchonsantabarbara.com
営毎日17:00～21:00(金土～22:00)
カード A J M V

アメリカ料理

ベジタリアンのメニューが充実　サンタバーバラ　MAP P.269-A2

The Natural Cafe・ナチュラルカフェ

$10～
予約不要

自然食が売りのカフェレストラン。カリフォルニアの陽光をたっぷり浴びた有機野菜の料理は、地元の人にも大人気だ。完熟トマトのソースがたっぷり使われたラザニアVeggie Lasagna（$13.50）はベジタリアンに人気の1品。

野菜のスムージーもおいしい

住508 State St., Santa Barbara
☎(805)962-9494
URL thenaturalcafe.com
営毎日11:00～21:00
カード A M V

1928年創業の老舗レストラン　サンタバーバラ　MAP P.269-A2

Joe's Cafe・ジョーズカフェ

$20～
予約不要

朝早くから夜までやっているので、中途半端に小腹がすいたときなどにも重宝する。朝食メニューはオムレツ（$13.50～）やチキン＆ワッフル（$18）、ランチやディナー時には、プライムリブ・サンドイッチ（$24）やハンバーガー（$14）などがある。

サンタバーバラ最古のレストラン

住536 State St., Santa Barbara
☎(805)966-4638
URL www.joescafesb.com
営毎日7:30～22:00(金土～24:00)
カード A M V

中級

ダウンタウンの真ん中にあるホテル　サンタバーバラ　MAP P.269-A2

Hotel Santa Barbara・ホテル・サンタバーバラ

1925年の大地震の翌年に建てられたホテル。State St.とCota St.の角とロケーション抜群なうえ、手頃な値段がうれしい。目抜き通りのState St.に面しているが、室内はとても静かで快適、広さも十分。

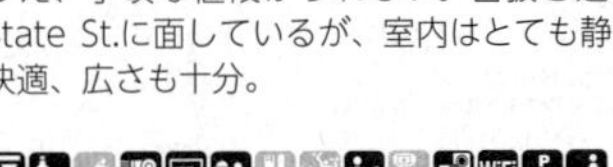

ゆったりとした広さの客室

住533 State St., Santa Barbara, CA 93101
☎(805)957-9300
FAX(805)962-2412
URL www.hotelsantabarbara.com
料SDT$186～434、Su$389～454
駐$30　Wi無料
カード A D J M V　室数75室

ビーチアクティビティ好きにはたまらない　サンタバーバラ　MAP P.269-A3

Beachside Inn・ビーチサイドイン

目の前がサンタバーバラ・ハーバーという絶好のロケーション。ワッフルや新鮮な果物が提供されるコンチネンタルブレックファスト（毎日7:00～10:00）が無料で付く。ダウンタウン中心部から1.6km、スターンズワーフから徒歩10分。

オーシャンビューを満喫しよう

住336 W. Cabrillo Blvd., Santa Barbara, CA 93101
☎(805)965-6556
FAX(805)966-6626
URL www.beachsideinn.com
料SDT$149～379、Su$158～400
駐無料　Wi無料
カード A D J M V　室数69室

MEMO サンタバーバラでレンタサイクル　Wheel Fun Rentals　MAP P.269-B3　住24 E. Mason St., Santa Barbara　☎(805)966-2282　URL wheelfunrentalssb.com　営毎日 9:00～17:00（金～日～18：00）。夏季は延長あり　料1時間 $13.95～

パームスプリングス

Palm Springs

ロスアンゼルスの東、約180kmに位置する砂漠のリゾート。太陽がさんさんと輝き、時間がゆったりと過ぎていくパームスプリングスは避寒地としてセレブに親しまれている。エルビス・プレスリーやフランク・シナトラらハリウッドスターたちが休暇を過ごした場所だ。砂漠のオアシスでもあるこの地には、100を超えるチャンピオンシップ・ゴルフコースがあるほか、大型のリゾートホテルも多い。

パームスプリングスへの行き方→P.266

グレーターパームスプリングス観光局
Greater Palm Springs Convention & Visitors Bureau
MAP P.272-B外
住70100 CA-111, Rancho Mirage
☎(760)700-9000
URL www.visitgreaterpalmsprings.com
営月〜金8:00〜17:00

パームスプリングス観光案内所
Palm Springs Visitors Center
MAP P.272-A
住2901 N. Palm Canyon Dr., Palm Springs
☎(760)778-8418
URL www.visitpalmsprings.com 営毎日9:00〜17:00

サンライン・トランジット・エージェンシー
URL www.sunline.org

背の高いパームツリーが並ぶ

パームスプリングスダウンタウン

MAP P.272-A

★★★ **Palm Springs Downtown**

ダウンタウンの中心は、パーム・キャニオン・ドライブPalm Canyon Dr.（南向き一方通行）とその東を走るインディアン・キャニオン・ドライブIndian Canyon Dr.。南北がそれぞれラモンロードRamon Rd.、アレホロードAlejo Rd.に囲まれたエリアだ。通り沿いには、ヤシの木が並び、リゾート地の開放感に包まれている。ショップやレストランにカフェ、ギャラリーが並び、必ず訪れるスポットだ。ダウンタウン中心部の観光には、サンライン・トランジット・エージェンシーSunLine Transit Agencyのバス#1（営毎日5:00〜21:00、20分間隔の運行、料$1）を利用するといい。

そぞろ歩きが楽しいダウンタウン

木曜日の夕方には、名物イベントの**ビレッジフェスト Villagefest**（→脚注）が開催され、数ブロックの間に、屋台や手作りの雑貨店などが集まる。

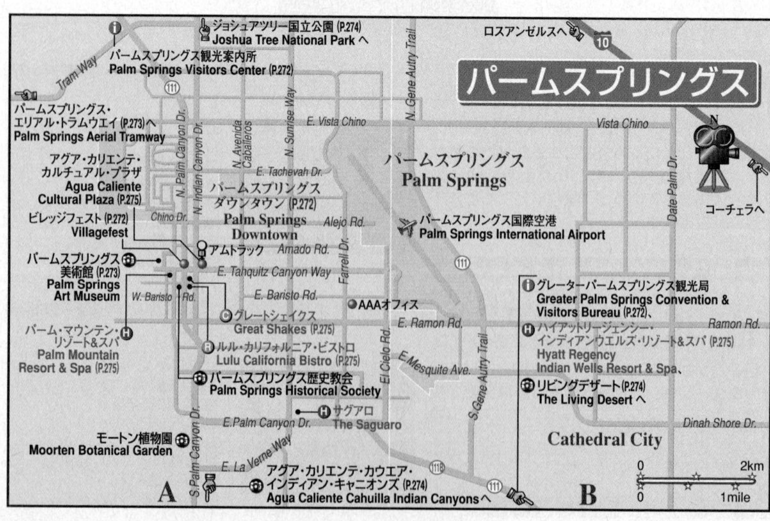

MEMO ビレッジフェスト MAP P.272-A URL villagefest.org 営毎週木曜の18:00〜22:00(10〜5月)、19:00〜22:00(6〜9月) 住Palm Canyon Dr.の通り(Amado Rd.とBaristo Rd.間)周辺 休サンクスギビング、クリスマス

砂漠のなかでアートに触れる

MAP P.272-A

パームスプリングス美術館

★ Palm Springs Art Museum

19世紀以降のカリフォルニアの美術品やヨーロッパの現代アート、ミッドセンチュリーの建築物や写真などを中心に展示する。ネイティブアメリカンの作品も豊富。ヘンリー・ムーアHenry Mooreの彫刻『Woman (Seated Torso or Parze)』や、アレクサンダー・カルダーAlexander Calderの彫刻『Lizard』、デイル・チフリーDale Chihullyの彫刻『End of the Day #2』、ロバート・マザーウェルRobert Motherwellの絵画『The Big 4』などは必見だ。館内には、ギフトショップやカフェもある。地下にある劇場では、ジャズやクラシックのコンサート、ダンスのパフォーマンスなども行われている。

美術館はミッドセンチュリーの建築物

パームスプリングス美術館
住101 Museum Dr., Palm Springs
☎(760) 322-4800
URL www.psmuseum.org
営木12:00～20:00、金～日10:00～17:00
休月～水、おもな祝日
料大人$16、シニア（62歳以上）$14、学生$8、12歳以下無料
毎週木曜の17:00～20:00は入場無料。

ACCESS
N. Palm Canyon Dr.から2ブロック西へ行った所。

床が回転、大パノラマのロープウエイ

MAP P.272-A外

パームスプリングス・エリアル・トラムウエイ

★★★ Palm Springs Aerial Tramway

サンハシント山の麓にあるバレーステーションValley Stationを出発し、標高差1800mを10分ほどで一気に登る。ロープウエイは床が回転する仕組みで、周辺の景色を360度眺めながら登っていく。頂上にあるマウンテンステーションMountain Stationには、小さな博物館や、ギフトショップ、レストランがある。

いちばんの見どころは、マウンテンステーションにある展望台からの眺め。北東側を見下ろせば、荒涼たる砂漠の中にパームスプリングスの街並みがオアシスのように見える。南側の針葉樹林帯にはトレイルがあり、家族連れや若いグループでにぎわう。冬はそり滑りやクロスカントリースキーが楽しめる。山の上と下では気温差が15℃以上もあるので、夏でも上着を忘れずに。冬は防寒対策を万全にしよう。

ハイキングトレイルも整っている

パームスプリングス・エリアル・トラムウエイ
住1 Tram Way, Palm Springs
Free (1-888) 515-8726
URL www.pstramway.com
営月～金10:00～、土日祝8:00～30分間隔の出発。なお、上りの最終は20:00、下りの最終は21:30。時期により変更あり。
料往復：大人$29.95、シニア（62歳以上）$27.95、子供（3～10歳）$17.95

ACCESS
Palm Canyon Dr.沿いのTram Wayへ曲がる所に大きな標識が出ている。ここを曲がって約5kmほど行くと、トラム乗り場の駐車場に出る。

MEMO トラム乗り場までの道
見た目以上に急勾配で、夏は車のオーバーヒートが続出する。水温計に気を配り、水温が上がってきたらエアコンを切るなどの配慮も必要だ。

COLUMN 西海岸を代表する野外の音楽フェス、コーチェラ

世界中の音楽ファンが注目する音楽フェスが、コーチェラCoachella（MAP P.267）で開催される**コーチェラバレー・ミュージック・アンド・アート・フェスティバルThe Coachella Valley Music and Arts Festival**（2023年は4月14～16日、21～23日に開催）だ。これまでにマドンナやジャック・ジョンソン、きゃりーぱみゅぱみゅ、宇多田ヒカルなども出演した大人気イベント。2023年はフランク・オーシャンやビョークなどが出演する予定。規模も大きく、独特の雰囲気は砂漠で開催されるコーチェラならでは。チケットは3日通し券$474～。周辺のホテルから会場までシャトルが運行される（公式ウェブサイトから申し込み可）。

● The Coachella Valley Music and Arts Festival
住81-800 Ave. 51, Indio
URL www.coachella.com
料$474～
※ロスアンゼルス国際空港からコーチェラへ行く日本語ツアー（含チケット、ホテル、移動）もある。
TOURPAK USA, INC.
住340 E. 2nd St., Los Angeles
☎(310)292-0293
URL go-coachella.com
E tourpakusa@gmail.com

MEMO パームスプリングスの気候 乾燥していて高温。年間の日中平均気温は31℃と高いが、カラッとしているので快適だ。ただし、夏の日中は、40℃近くになることも珍しくないので注意が必要。帽子、日焼け止め、サングラスは必携だ。水分補給も忘れずに。

アグア・カリエンテ・カウエア・インディアン・キャニオンズ
住38500 S. Palm Canyon Dr., Palm Springs
☎(760)323-6018
URL www.indian-canyons.com
営毎日8:00～17:00（入場は16:00まで） ※7月上旬～9月は金～日のみオープン
料大人$12、シニア（62歳以上）・学生$7、子供（6～12歳）$6
レンジャーによるツアー（金～日10:00、13:00）も実施されている。所要約1時間30分。

ACCESS
パームスプリングスダウンタウンからPalm Canyon Dr.を南へ約8km、所要約15分。

映画『ライオンキング』の制作者も訪れたアグア・カリエンテ・カウエア・インディアン・キャニオンズ

ジョシュアツリー国立公園
☎(760)367-5500
URL www.nps.gov/jotr
営24時間
料車1台$30(7日間有効)

ビジターセンター（西口） Joshua Tree Visitor Center
住6554 Park Blvd., Joshua Tree
営毎日7:30～17:00

ACCESS
パームスプリングスのダウンタウンからIndian Canyon Dr.とCA-62を北東へ50km行く。所要約55分。

リビングデザート
住47900 Portola Ave., Palm Desert
☎(760)346-5694
URL www.livingdesert.org
営〈10～5月〉毎日8:00～17:00、〈6～9月〉毎日7:00～13:30
休クリスマス
料大人$29.95、シニア（62歳以上）$27.95、子供（3～12歳）$19.95、2歳以下無料

ACCESS
パームスプリングスのダウンタウンからPalm Canyon Dr.(CA-111B)を南東へ20km行き、Portola Ave.を南へ2km。所要約40分。

パームスプリングスのパワースポット MAP P.272-A外

アグア・カリエンテ・カウエア・インディアン・キャニオンズ

★★ **Agua Caliente Cahuilla Indian Canyons**

パームスプリングスの南には、アグア・カリエンテ・カウエア・インディアン・キャニオンズと呼ばれる居留地がある。この場所は、約100年前にアグア・カリエンテ・カウエア（Kaw-we-ah）というネイティブアメリカンの部族が住み着いた、潤沢な水資源と豊かな自然に囲まれた所。トレイルを進むと、その頃の彼らの生活ぶりがうかがえる。

キャニオン内には、アンドレアスキャニオンAndreas Canyon、マーレーキャニオン Murray Canyon、パームキャニオンPalm Canyonなどのエリアがあるが、なかでもすばらしいのがパームキャニオンだ。ワシントニアフィリフェラWashingtonia Filifera (California Fan Palm)と呼ばれる巨大なヤシが群生しており、力強い生命力が感じられる。

迫力あるワシントニアフィリフェラ

宇宙的な景色が広がる砂漠地帯 MAP P.272-A外

ジョシュアツリー国立公園

★★★ **Joshua Tree National Park**

パームスプリングスの東に広がるジョシュアツリー国立公園は、ふたつの砂漠で構成され、それぞれ異なる生態系を見ることができる。公園の東半分は乾燥したコロラド砂漠で、クレオソートブッシュやチョーヤという背の低いサボテンが多く、西半分のモハーベ砂漠は公園名に由来するジョシュアツリーが植えられている。10～4月がシーズン。ワイルドフラワーが見頃になる2月～４月下旬はハイキングに訪れる人々で非常ににぎわう。また、ロッククライマーが好む岩が多いことでも知られ、ゴツゴツとした奇岩が大地から突き出ている光景が印象的だ。

広さ約80万エーカー（約3237km^2）の園内には３つのゲートがあり、大きなビジターセンターがある西口から南口に縦断するだけで、車で約2時間はかかる。初心者や中級者向けのトレイルやハイキングコースが多くあり、立ち寄りながら回るとなると最低半日は必要だ。

ユニークな形状のジョシュアツリー

砂漠に生きる動植物を観察しよう MAP P.272-B外

リビングデザート

★★ **The Living Desert**

過酷な砂漠に生息する動物を集めた動物園。植物園や博物館、動物病院などを併設し、環境教育、野生動物のリハビリ、動植物の繁殖などを行っている。キリンの餌づけ（料$8）やサイとの触れ合い（料$45）など、体験型のコーナーが人気。シャトルバスツアー（This is How We Zoo It Tour、所要30分、料$15）に参加して、この動物園がどのようにして600頭以上いる動物を世話しているのかを学ぶのもいい。

MEMO **ジョシュアツリー国立公園の気候** 夏の日中は38℃を超えるため、6～9月は要注意。夏以外は朝晩の寒暖差が激しいので、体温調整できる服装で。なお、1年中乾燥しているので水は必携。園内には食料品を扱う売店がないので、事前に購入しておこう。

アメリカ料理

トレンディなダイニング　パームスプリングス　MAP P.272-A

Lulu California Bistro•ルル・カリフォルニア・ビストロ

$20～
予約したい

ランチやディナー時のミートローフ（$24.99）、チキンピカタ（$21.99）が人気。週末のブランチ（9：00～14：00）は、前菜とメイン、デザートの3品で$24.99。ベジタリアン、グルテンフリーのメニューも豊富に取り揃えている。

テラス席が人気

住200 S. Palm Canyon Dr., Palm Springs
☎(760)327-5858
URL www.lulupalmsprings.com
営月～金11:00～21:00（金～22:00）、土日9:00～22:00(日～21:00)
カード A M V

スイーツ

ほどよい甘さのアメリカンシェイク　パームスプリングス　MAP P.272-A

Great Shakes•グレートシェイクス

$7～
予約不要

ポップな雰囲気のカフェ。クラシックなアイスシェイクをはじめ、オレオクッキーや焼きマシュマロをトッピングしたシェイクなど、風変わりなメニューを豊富に揃えている。ベースのアイスクリームはデイリーフリー（乳製品不使用）もある。Sサイズは$7.25。

人気メニューの塩キャラメルシェイク

住160 S. Palm Canyon Dr., Palm Springs
☎(760)327-5300
URL www.greatshakes.com
営毎日12:00～21:00(土～22:00)
カード A M V

エコノミー

静かな環境にあるリゾートホテル　パームスプリングス　MAP P.272-A

Palm Mountain Resort & Spa•パーム・マウンテン・リゾート & スパ

パームスプリングスのメインストリートから1ブロック西へ行った、美術館も徒歩ですぐの場所にある。ブーゲンビリアの鮮やかな花がゲストを迎えてくれ、中庭の美しいプールを囲むように客室が並ぶ。リゾートフィーは1泊につき$19。

ヨーロピアンな雰囲気の客室

住155 S. Belardo Rd., Palm Springs, CA 92262
☎(760)325-1301
URL www.palmmountainresort.com
料夏季SDT$129～409、Su$229～450、冬季SDT$119～449、Su$199～450
駐無料　Wi無料
カード A D J M V　部屋142室

高級

緑に囲まれた砂漠のオアシス　パームスプリングス周辺　MAP P.272-B外

Hyatt Regency Indian Wells Resort & Spa•ハイアットリージェンシー・インディアンウエルズ・リゾート&スパ

パームスプリングスのダウンタウンから、CA-11Bを南へ27km（車で約35分）。2018年3月、大坂なおみ選手が優勝したBNPパリバ・オープン・テニス大会が開催されることで知られるインディアンウエルズ市にある。ゴルフ、テニス、プールなど、アクティビティ施設が充実。客室はスタンダード、スイーツ、ヴィラのタイプがある。

外からの光が差し込む明るい客室

住44600 Indian Wells Ln., Indian Wells, CA92210
☎(760)776-1234
URL indianwells.regency.hyatt.com
料夏季SDT$471～598、Su$585～1016、ヴィラ$775～1520、冬季SDT$314～654、Su$442～882、ヴィラ$612～1274
駐$27～32
Wi無料
カード A D J M V
部屋530室

DATA　パームスプリングスのユニークなツアー

●スモーク・ツリー・ステーブルス
Smoke Tree Stables
ガイドが誘導する乗馬ツアー。馬に揺られ、サンハシント山脈を望む砂漠地帯の乗馬トレイルをゆっくりと進む。1時間ツアーや1時間40分ツアー、プライベートツアーなどがある。
住2500 S. Toledo Ave., Palm Springs
☎(760)327-1372
URL www.smoketreestables.com
営毎日8:00～14:00の毎時出発（天候により異なるため要確認）　料1時間ツアー$80～、1時間40分ツアー$150～、プライベートツアー$200～

●風車ツアー
Windmill Tour
パームスプリングス名物でもある風力発電。風力発電の仕組みや使われ方についても説明してくれる。所要約2時間。
The Best of the Best Tours
☎(760)320-1365
URL thebestofthebesttours.com
営時期によって異なるので、予約時に希望時間を伝えること
料大人$45、シニア（65歳以上）$40、13～17歳$20、12歳以下$15

MEMO アグア・カリエンテ・カルチュアル・プラザ　博物館やスパ施設、庭園、ウオーキングトレイルが集まるエリアが2023年春にオープン。Agua Caliente Cultural Plaza MAP P.272-A 住The corner of N. Indian Canyon Dr. & E. Tahquitz Canyon Way, Palm Springs

テメキュラ
Temecula

太平洋岸から内陸に約50kmほど入ったテメキュラバレーは、19世紀末の面影を色濃く残す、素朴でレトロな雰囲気が漂うエリア。谷間の温暖な気候を利用して、1970年代から本格的にワイン生産も行われている。現在ではロスアンゼルスからワインを買い付けに来る固定ファンも多い。

アットホームな雰囲気でテイスティング　MAP MAP外

ワイナリー巡り
★★★　Wineries

お気に入りのワインを探してみよう

テメキュラを東西に走るRancho California Rd.沿いを中心に40以上のワイナリーが点在している。多くのワイナリーでは$10～30で、ワインのテイスティングができるとあって、どこも混み合う。効率よくワイナリーをはしごするなら、ピクニック風ランチ付きで数ヵ所のワイナリーを訪問できる**グレープライン Grapeline**のツアーが便利。テメキュラのホテル数ヵ所から送迎シャトルが出ている。

空中散歩を楽しむ　MAP MAP外

熱気球ツアー
★★　Hot Air Balloon Tour

テメキュラの人気アクティビティのひとつが熱気球ツアーに参加すること。1時間の飛行とシャンパン、朝食、記念写真がセットになったテメキュラ・サンライズ・シェアード・バスケット・バルーン体験飛行Temecula Sunrise Shared Basket（料$139～）がおすすめ。

テメキュラのオールドタウンから約5kmの所にある　MAP MAP外

ペチャンガ・リゾート・カジノ
★★　Pechanga Resort Casino

ホテルやレストラン、スパも併設するリゾート。ロスアンゼルスなどでチケット入手困難な人気アーティストの公演も行われている。

テメキュラへの行き方
→P.266

グレープライン
☎(951)693-5755
URL www.gogrape.com
料 テイスティング付きのツアー：1人$129～169

MEMO
テメキュラのワイナリー情報
テメキュラバレー・ワイングローワー協会のウェブサイトは、ワイナリーやツアーの情報が充実している。Temecula Valley Winegrowers Association URL www.temeculawines.org

熱気球ツアー
マジカルアドベンチャーズ
Free (1-866)365-6987
URL www.hotairfun.com
※要事前予約。31963 Rancho California Rd., Temeculaで待ち合わせ。
※2歳未満不可。
カード A M V

ペチャンガ・リゾート＆カジノ
住 45000 Pechanga Pkwy., Temecula, CA 92592
Free (1-888)732-4264
URL www.pechanga.com

ACCESS
🚗 オールドタウン・テメキュラからOld Town Front St.、Temecula Pkwy.(CA-79)、Pechanga Pkwy.を南東へ7km。約15分。

DATA　サウスコースト・ワイナリー・リゾート&スパ South Coast Winery Resort & Spa

カリフォルニア州のワインコンクールで幾度も受賞しているワインを育てているワイナリーに併設して、レストラン、バーなどの設備が充実しているホテル。ヴィラスタイルの宿泊棟は、全室に暖炉やジャクージ、プライベートテラスあり。
住 34843 Rancho California Rd., Temecula, CA 92591
Free (1-855)821-9431
URL www.southcoastwinery.com
料 スイート$215～、ヴィラ$233～
駐 Wi リゾートフィー（1泊$19）に含まれる
カード A M V　部屋数 76室

おいしいワインを味わい、スパでリフレッシュできるサウスコースト・ワイナリー・リゾート&スパ

MEMO テメキュラ観光案内所 Visit Temecula Valley Visitors Center MAP P.277 住 28690 Mercedes St., 2nd Floor, Temecula Free (1-888)363-2852 URL www.visittemeculavalley.com 営 月～土9:00～15:00 休 日

オンリーワンにこだわるショップがめじろ押し!

オールドタウン・テメキュラ

1880年代の旧市街を復元したオールドタウンは、古きよき西部の街並みが満喫できる人気のスポット。レストランやアンティークショップが立ち並び、ワインやオリーブオイルの販売店ではテイスティングも楽しめる。

Rancho California Rd.
ロスアンゼルスへ↑
15
6th St.
Mercedes St.
5th St.
4th St.
シビックセンター
観光案内所
N
0 100m
3rd St.
2nd St.
Main St.
Old Town Front St.
サンディエゴへ↓

1 オールドタウン・アンティーク・フェア
OLD TOWN ANTIQUE FAIRE

複数のベンダーが出店するアンティークショップ。ビンテージのガラス製品や食器、アンティークジュエリーが豊富。

住28601 Old Town Front St., Temecula ☎(951)694-8786
営毎日10:00〜17:00。時期により異なる
カード店舗により異なる

2 オリーブディピティ
OLIVEDIPITY

イタリア産エクストラバージンオリーブオイルとバルサミコ酢の専門店。アレンジ次第で料理のグレードが上がるフレーバーオイルが人気。テイスティングは無料。
住42072 5th St., Suite 104, Temecula
☎(951)694-1230 URLolivedipity.com
営毎日10:30〜16:00(火〜木11:00〜、金土〜18:00、日〜17:30)
カードADJMV

3 テメキュラバレー・チーズ・カンパニー
TEMECULA VALLEY CHEESE COMPANY

ローカルチーズのほか、ヨーロッパ産チーズも豊富。パティオでいただくワイン(グラス$12〜)とチーズプレート($29.95〜)は最高のペアリング。サンドイッチ($15.95〜)も人気。週末はライブパフォーマンスあり。
住42072 5th St., Suite 101, Temecula
☎(951) 285-4151 営火〜日11:30〜22:00(土12:00〜) 休月 カードAMV

4 テメキュラ・ラベンダー・カンパニー
TEMECULA LAVENDER CO.

ラベンダーファームの直営店。バスソルト($12.95)や石鹸($5.95〜9.95)、ハンドローション($9.95〜)、エッセンシャルオイル($18〜)など、手頃な価格も魅力的。
住28561 Old Town Front St., Temecula ☎(951)676-1931
URLwww.temeculalavenderco.com
営日〜木10:00〜18:00、金土9:00〜20:00 カードAMV

5 テメキュラ・オリーブオイル・カンパニー
TEMECULA OLIVE OIL COMPANY

家族経営のオリーブ農園で生産される、100%カリフォルニア生まれのオリーブオイルを販売。バルサミコ酢、調味料、コスメ、雑貨など幅広く扱う。フレッシュなオリーブオイルのテイスティング(無料)を楽しもう!
住28653 Old Town Front St., Temecula
☎(951)693-4029 URLwww.temeculaoliveoil.com
営毎日10:00〜18:00(金土〜19:00) カードAMV

6 ナインティーン・オー・ナイン・テメキュラ
1909 TEMECULA

ハンバーガー($18)やグリルドチキン・バーガー($18)、ステーキ($22)などボリュームたっぷりのメニューが味わえるアメリカ料理レストラン。エールやIPAなど20種類以上の樽生ビールもある。
住28656 Old Town Front St., Temecula
☎(951)252-1909 URLwww.1909temecula.com
営月〜金9:00〜22:00(金〜翌2:00)、土日8:30〜翌2:00(日〜22:30)
カードAMV

MEMO オールドタウン・テメキュラへの車での行き方　テメキュラを縦横するI-15の西側を走るOld Town Front St.沿いのRancho California Rd.と1st St.の間にあるので、I-15の出口59で下りるといい。

サンタ・カタリナ・アイランド
Santa Catalina Island

ロングビーチの南約40kmの沖合に浮かぶ美しい島。長さ34km、幅13kmの島全体が起伏に富んでいて、複雑に入り組んだ海岸線がいくつもの自然の港を形作っている。島の南部にあるアバロンが唯一ともいえる街で、あとは入江を利用したヨットハーバーやビーチが続く。島の内部には手つかずの自然が残されている。

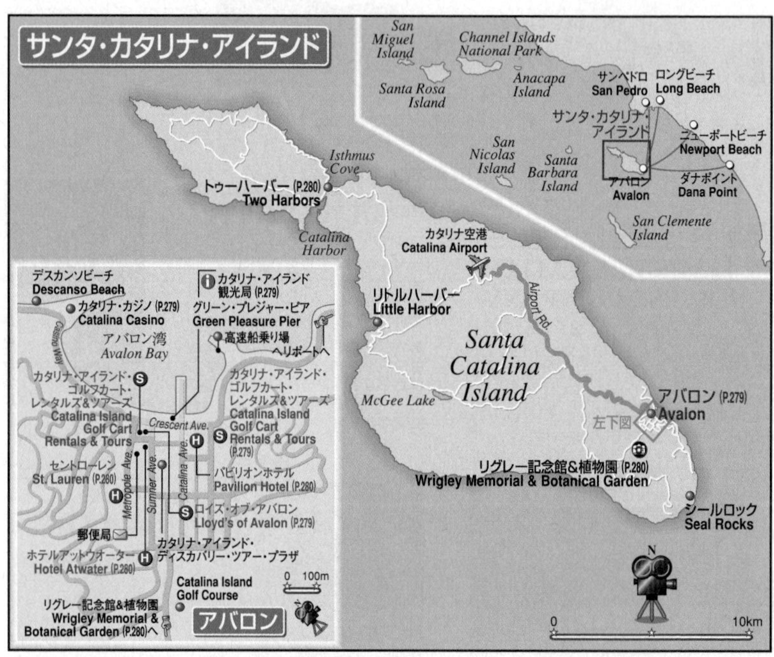

COLUMN サンタ・カタリナ・アイランドの楽しみ方

ツアーバス、自転車、ボート……と、サンタ・カタリナ・アイランドでの楽しみ方はいろいろある。アバロンにはホテルやB&Bもたくさんあるので、1泊か2泊して陽気なカリフォルニアンと一緒に島の休日を楽しもう。

この島では、バッファロー、ヤギ、ハクトウワシ、ハミングバードなど、草原、砂漠、海岸部それぞれの場所によって、さまざまな動植物を見ることができる。ここでしか見ることのできない珍しい種類の植物も多い。また、海の中にも美しい自然を見ることができる。入江の中は絶好のダイビングポイント。船の底から海中をのぞくグラスボトム・ボート・ツアーも楽しい。

南カリフォルニアの人気リゾート

サンタ・カタリナ・アイランドの拠点 MAP P.278

アバロン

★★★ Avalon

島で唯一ともいえる街で、すべての観光の拠点になっている。入江に面して、白い壁に赤い屋根の家々が立ち並ぶ。そのすぐ後ろには山が迫っている。人口3400人ほどの小さな街だが、夏には本土から観光客が押し寄せて人の数が約3倍にも膨れ上がる。

フェリーを降りたら、まずビーチ沿いのPebbly Beach Rd.を街へ向かって歩こう。やがてにぎやかなグリーン・プレジャー・ピアGreen Pleasure Pierがあり、このそばに観光案内所がある。ここでは島内を巡るバスツアーやクルーズ、ホテルリストや各種アクティビティの情報まで豊富に揃う。

アバロンのメインストリートがCresent Ave.。ショップやレストランが並び、にぎやかだ。おみやげにもいい名物のカタリナ・ソルトウオーター・タフィーを量り売りする店の**ロイズ・オブ・アバロンLloyd's of Avalon**などがある。

「ゲーミング」はできないが「カジノ」？ MAP P.278左下図

カタリナ・カジノ

★★ Catalina Casino

グリーン・プレジャー・ピアから入江に沿って10分ほど歩くと、白い瀟洒（しょうしゃ）なカジノが海に面して立っている。カジノという名だが、今も昔も、とばく場として使われたことは一度もない。この建物は、1929年にこの島の所有者だったウィリアム・リグレーによって建てられたアールデコ様式の劇場、宴会場だった。現在は島の歴史を展示した博物館、映画館などとして使われている。ツアー（→側注）は事前予約をすすめる。

赤い屋根の建物がカジノ

サンタ・カタリナ・アイランドへの行き方→P.267

カタリナ・アイランド観光局
Love Catalina Island Tourism Authority
MAP P.278左下図
住1 Green Pleasure Pier, Avalon
☎(310)510-1520
URL www.lovecatalina.com
営〈6～9月〉毎日8:00～17:00(日9:00～)、〈10～5月〉月～土8:00～17:00、日9:00～15:00。毎日12:00～13:00は休み

ロイズ・オブ・アバロン
MAP P.278左下図
住315 Crescent Ave., Avalon
☎(310)510-7266
営毎日7:00～22:00。時期により異なる
カード A M V

カタリナ・カジノ
住1 Casino Way, Avalon
☎(310)510-0179
URL www.visitcatalinaisland.com/things-to-do/catalina-casino

ディスカバー・ザ・カジノ・ツアー
Discover the Casino Tour
営毎日10:30、14:00。時期により異なる
料大人$24.95、シニア・子供$22.95。ウェブサイトやカタリナ・アイランド・ディスカバリー・ツアー・プラザ（住10 Island Plaza, Avalon）、パビリオンホテル（→P.280）、ホテルアットウオーター（→P.280）でツアー予約ができる。
所要約45分

DATA ゴルフカートで島内を巡る

島内の交通機関には、タクシー、トラム、サファリバス、ゴルフカート、オートバイがある。アバロンはカリフォルニアで唯一、車両総量規制が行われており、レンタカーはない。そのため、観光客が気軽に利用できる足としては、4～6人が乗れるレンタル・ゴルフカートが便利だ。

運転は25歳以上で、国外運転免許証が必要。6歳未満はチャイルドシートが義務づけられている。Crescent Ave.とPebbly Beach Rd. の角に大きなレンタルオフィスがある。

アトラクションとしても一番人気のゴルフカート

●カタリナ・アイランド・ゴルフカート・レンタルズ&ツアーズ
Catalina Island Golf Cart Rentals & Tours
MAP P.278左下図　住625 Crescent Ave., Avalon
☎(310)510-0369　URL www.catalinaislandgolfcart.com
営毎日8:00～17:00。時期により異なる　料2時間:4人乗り$120（オンライン予約可）、6人乗り$160（先着順）

25歳から利用できる

MEMO サンタ・カタリナ・アイランドのタクシー会社 Catalina Taxi & Tours ☎(310)510-0025 URL www.catalinataxiandtours.com 営毎日7:00～20:00(金土～21:00)

リグレー記念館&植物園
住1400 Avalon Canyon Rd., Avalon
☎(310)510-2897
営毎日8:00～17:00
料$10、シニア(60歳以上)$8、子供(5～12歳)・学生$5、5歳未満無料

Garibaldi City Bus
☎(310)510-0081
URL www.cityofavalon.com/transit
営毎日8:00～18:00。20～60分間隔
料$2
※アプリ(transit URL transitapp.comとToken Transit URL tokentransit.com)を入れておくと便利。

トゥーハーバー
URL www.visitcatalinaisland.com/things-to-do/two-harbors

ACCESS
サンペドロからCatalina Expressのフェリー(→P.267)で、もしくは、アバロンからタクシー(→P.279脚注)を利用。

緑と海を満喫できる贅沢な植物園

MAP P.278

リグレー記念館&植物園

★★ Wrigley Memorial & Botanical Garden

アバロン中心部の南西、緩やかな山道を40分ほど登った所にある。全米で最も有名なチューインガム会社のひとつ、ウィリアム・リグレー・ジュニア・カンパニーThe Wm. Wrigley Jr. Companyの創設者、ウィリアム・リグレー・ジュニアをたたえて造られた記念館だ。リグレーは、ホテルやカジノを建設するなど、カタリナアイランドの発展に多大な貢献を果たした。彼の死後、妻のエイダが設立に携わったのがリグレー植物園。世界中から集められた珍しいサボテンがある植物園からの海の眺めがすばらしい。アイランドプラザから市バスのガリバルディ・シティバスGaribaldi City Busで約15分。

ゆったりとした時間を過ごすならここ

MAP P.278

トゥーハーバー

★★★ Two Harbors

アバロンからサンタ・カタリナ・アイランドを縦断して島の北西へ行くと、島の両岸が極端に狭くなった場所がある。ここがトゥーハーバーと呼ばれる場所で、北側のイスムスコーブIsthmus Coveと南側のカタリナハーバーCatalina Harborとの間は800mしか離れていない。アウトドア派なら、トゥーハーバーにあるキャンプサイトでキャンピングに挑戦したり、さまざまなアクティビティを満喫するのがいい。スクーバダイビングやスノーケリングが楽しめる。アバロンのにぎやかさが苦手な人にはぜひおすすめだ。夜空に広がる満天の星も魅力。

自然が残るトゥーハーバー

DATA アバロンのホテル

6月～9月上旬のシーズン、特に週末となるとどのホテルも満室状態。予約なしでもキャンセル分などで部屋が見つかることもあるが、なるべく事前に予約をしよう。シーズン中や週末は料金がグンとはね上がる。夏の週末は金、土の連泊が基本で、最低2泊からの予約しか受けないホテルもある。ホテルタックスは12%。

各ホテルのMAP→P.278左下図

● Pavilion Hotel
パビリオンホテル

グリーン・プレジャー・ピアのはす向かいにあり、「ビーチまで14歩」というのがここの謳い文句。朝食、夕方はワインとチーズの無料サービスあり。Wi-Fi無料。

住513 Crescent Ave., Avalon, CA 90704
Free(1-877)778-8322
URL www.visitcatalinaisland.com/lodging/avalon/pavilion-hotel
料SDT$199～709、Su$779～1019。リゾートフィー$40 カードAMV 部屋数71室

● St. Lauren
セントローレン

Metropole Ave.を少し登った丘の中腹にあるビクトリア様式のホテル。屋上のパティオからの眺望がすばらしいほか、海の見える部屋もある。Wi-Fi無料、全館禁煙。

住231 Beacon St., Avalon, CA 90704
☎(310)510-2299 URL www.stlauren.com
料SD$289～ カードMV 部屋数42室

● Hotel Atwater
ホテルアットウオーター

2019年夏、改装工事を終えた、家庭的な雰囲気のホテル。自転車の無料貸し出しあり。Wi-Fi無料。朝食、夕方はワインの無料サービスあり。

住125 Sumner Ave., Avalon, CA 90704
Free(1-877)778-8322
URL www.visitcatalinaisland.com/lodging/avalon/hotel-atwater
料SDT$209～749、Su$339～1025。リゾートフィー$40 カードAMV 部屋数95室

エンターテインメント&スポーツ

SoFi Stadium

LAで
エンターテインメントを楽しむ
Entertainment

LAはニューヨークに次いでショービジネスが盛んな街。映画はもちろんのこと、コンサート、ライブ、ミュージカル、オペラ、白熱するプロスポーツなど、ありとあらゆるエンターテインメント＆スポーツを1年中楽しむことができる。事前に情報収集をして、効率よく滞在時間を楽しみたい。

情報を集める

LAのイベントや映画、コンサート、スポーツなどの最新情報を知るには、インターネットが便利だ。観光局や各会場の公式ホームページ、イベントやコンサート情報の総合サイトを見れば、最新の情報が手軽に入手できる。

→P.420便利なウェブサイト

紙媒体なら、新聞や雑誌、フリーペーパーなどいろいろある。インターネットに比べると速報性はないが、現地でインターネットに接続できないときに重宝する。観光案内所には、各観光局が発行するパンフレットのほかに日本語のフリーペーパーを置いていることもあるので、立ち寄りたい。

→P.190などの各エリアガイドの最初のページ

インターネット

◆ロサンゼルス観光局　Los Angeles Tourism & Convention Board

ホームページのメニューにある「Find Events」の項で、ロスアンゼルスで行われる、さまざまなイベントを紹介している。

URL www.discoverlosangeles.com

◆チケットマスター Ticketmaster

チケットのオンライン販売も行う。日本でいう、「チケットぴあ」のような存在。

URL www.ticketmaster.com

◆タイムアウト　TimeOut

LAで開催されるイベント情報が月別にリストされているほか、映画やコンサートのカテゴリーから検索もできる。

URL www.timeout.com/los-angeles/events-calendar

新　聞

◆ロスアンゼルス・タイムズ
Los Angeles Times

Los Angeles Times
Homelessness growing among L.A.'s Latinos

▶新聞・日刊
▶入手場所：歩道にある販売ポスト、書店、中級以上のホテルなど
▶英語

西海岸最多の発行部数を誇る新聞で、日曜版は特に利用価値が高い。注目はCALENDAR欄。ここには、エンターテインメント関係、アート関係、イベントなど、1週間のLAのスケジュールが掲載されている。

料 毎日$3.66　URL www.latimes.com

雑　誌

◆ロスアンゼルス・マガジン
Los Angeles Magazine

▶情報誌・月刊
▶入手場所：書店など
▶英語

LAのイベント、コンサート、映画、美術展、スポーツなど、あらゆる情報を網羅する。ショッピングやレストランの情報も充実していて利用価値大。

料 $5.95　URL www.lamag.com

MEMO ダウンタウンにある日系スーパーマーケット　日本の食材を販売するほか、日本語のフリーペーパーも置いてある。Marukai Market MAP P.73-C2　住 123 Astronaut E. S. Onizuka St., #105, Los Angeles　☎(1-213)893-7200

フリーペーパー各種

◆観光局のパンフレット

▶季刊、年刊
▶入手場所：観光案内所など
▶英語

ロスアンゼルスやサンタモニカ、パサデナなどの各観光局が発行するガイドブックにもイベント情報が掲載されている。観光案内所に行って、スタッフにイベント情報を聞くのもおすすめ。

料無料

◆LAウイークリー LA Weekly

▶新聞・週刊(木曜発行)
▶入手場所：観光案内所、書店、映画館、カフェ、レストランなど
▶英語

LAで毎週行われるエンターテインメント情報が詳細に掲載されている、代表的な無料紙。音楽、映画に関するページは読み物としても◎。最新の映画情報やクラブでのライブ情報も入手できる。

料無料　URL www.laweekly.com

◆ウエア Where

▶観光客向け情報誌・月刊
▶入手場所：中級以上のホテルの客室、観光案内所など
▶英語

全米の都市で見かける観光ガイドパンフレット。「Hot Dates」では、その月に行われる注目のイベントを掲載。そのほか、各エリアの代表的な見どころやレストラン、ショップ、博物館、スパなども紹介している。

料無料　URL www.wheretraveler.com/los-angeles

◆ウイークリー・ラララ Weekly LaLaLa

▶現地在住者・観光客向け情報誌・週刊
▶入手場所：日本食レストランや日系書店、日系スーパーマーケットなど
▶日本語

ロスアンゼルスと東京の最新情報を掲載する。なかでも、ロスアンゼルスの週間ニュースやイベント情報は重宝する。

料無料　URL lalalausa.com

◆ライトハウス・ロスアンゼルス Lighthouse Los Angeles

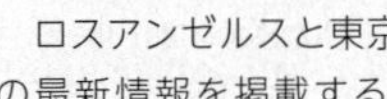

▶現地在住者・観光客向け情報誌・隔週刊
▶入手場所：日系スーパーマーケットなど
▶日本語

ロスアンゼルスと東京の最新情報を掲載する。なかでも、ロスアンゼルスのイベント情報、日本食を中心としたレストランガイドと巻頭特集は現地在住の日本人に好評。

料無料　URL www.us-lighthouse.com

◆USフロントライン US FrontLine

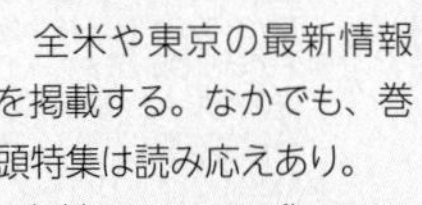

▶現地在住者・観光客向け情報誌・月刊
▶入手場所：日系スーパーマーケットなど
▶日本語

全米や東京の最新情報を掲載する。なかでも、巻頭特集は読み応えあり。

料無料　URL www.usfl.com

通りのポストで情報収集！

通りを歩いていると、目にするポスト。『Los Angeles Times』などの新聞は有料だが、『LA Weekly』は無料で手に入る。

無料のものはポストを開けて取り出すだけ

映画

Movies

「映画の都」LAに来たからには、映画の1本は観て帰りたいというもの。本場だけあって映画館もたくさんあり、料金は日本よりも若干安い。映画によっては観客の盛り上がり方も日本とは違う。そんな雰囲気のなかで観るハリウッドムービーは、多少英語がわからなくたって間違いなく楽しい。

★映画館は、基本的に入れ替え制で、立ち見はない。特に週末は混雑するので、封切りされたばかりのものや人気の作品は、オンラインでチケットを予約するか、早めに行ってチケットを購入しておこう。

★大型のショッピングモール(→P.340)は、映画館をもつところが多い。

料金		料金は1本が大人$14～17.50、子供$10～13というのが一般的。また、平日の17:30までと土日の初回の上映はマチネと呼ばれ、ロードショーの封切り日でも割安になる所が多い。
エリア別の代表的な映画館	ダウンタウン	●リーガル・LAライブ　Regal LA Live ダウンタウンのLAライブ内にある映画館。最新の設備を整えている。 MAP P.72-A1　住1000 W. Olympic Blvd., Los Angeles Free(1-844)462-7342　URLwww.lalive.com/movies ●アラモ・ドラフトハウス・シネマ　Alamo Drafthouse Cinema MAP P.73-D4　住700 W. 7th St., Unit U240, Los Angeles ☎(1-213)217-9027　URLdrafthouse.com/los-angeles
	ハリウッド	TCLチャイニーズ・シアターが有名。 ●TCLチャイニーズ・シアター　TCL Chinese Theatres (→P.214) メインシアターはワールドプレミアの上映で頻繁に利用されるため、932名収容の巨大劇場になっている。 MAP P.74-B3　住6925 Hollywood Blvd., Hollywood ☎(1-323)461-3331　URLwww.tclchinesetheatres.com ●エル・キャピタン・シアター　The El Capitan Theatre (→P.219) MAP P.74-B3　住6838 Hollywood Blvd., Los Angeles Free(1-800)347-6396　URLelcapitantheatre.com ●AMCグローブ14　AMC The Grove14 MAP P.66-B2　住189 The Grove Dr., Los Angeles ☎(1-323)879-6948　URLwww.amctheatres.com ●ロスフェリッツ3・シネマ　The Los Feliz 3 Cinemas 1935年にオープンしたクラシックな雰囲気の映画館。 MAP P.65-D3　住1822 N. Vermont Ave., Los Angeles ☎(1-323)664-2169　URLwww.vintagecinemas.com
	ユニバーサルシティ	●ユニバーサル・シネマ・AMC (→P.167) Universal Cinema AMC 映画のテーマパーク、ユニバーサル・スタジオ・ハリウッドに隣接している。 MAP P.64-A1　住100 Universal City Plaza, Universal Ctiy (ユニバーサル・シティウォーク内) ☎(818)508-0711
	ウエストサイド	●リージェンシービレッジ・シアター　Regency Village Theatre TCLチャイニーズ・シアターと並んでワールドプレミアが開催される。 MAP P.60-A3　住961 Broxton Ave., Los Angeles ☎(310)208-5576　URLwww.regencymovies.com ●アイピックシアター・ウエストウッド　Ipic Theaters Westwood MAP P.60-A3　住10840 Wilshire Blvd., Los Angeles ☎(310)307-7003　URLwww.ipic.com
	センチュリーシティ	●AMCセンチュリーシティ15　AMC Century City 15 ショッピングモールのウェストフィールド・センチュリーシティに入る。 MAP P.60-B3　住10250 Santa Monica Blvd., Los Angeless ☎(310)277-2262　URLwww.amctheatres.com
	サンタモニカ	●AMCサンタモニカ7　AMC Santa Monica 7 サード・ストリート・プロムナードで毎夜列ができているほどにぎわっている。 MAP P.76-A2　住1310 3rd St., Santa Monica ☎(310)451-9440　URLwww.amctheatres.com
	パサデナ	●アイピックシアター・パサデナ　Ipic Theaters Pasadena オールドパサデナにあり、ショッピングの合間に映画鑑賞ができる。 MAP P.78-F　住42 Miller Alley, Pasadena ☎(626)639-2260　URLwww.ipic.com

 MEMO 映画監督のクエンティン・タランティーノがオーナーを務める名画座 ▶旧作映画や彼の所有する作品を上映する。New Beverly Cinema MAP P.67-C4 住7165 Beverly Blvd., Los Angeles URLwww.thenewbev.com

LAは、有名ミュージシャンの公演やLAフィルハーモニックなど、さまざまなジャンルのコンサートはもちろん、ミュージカルや演劇、オペラなど、あらゆるエンターテインメントが楽しめる。ミュージックセンターで行われるクラシックのコンサートやオペラもレベルが高い。LAで一流の芸術を堪能しよう。

チケットの購入方法

ウェブサイトで	各会場の公式ホームページには、"Ticket" の項目があり、クレジットカードの情報などを入力すれば、簡単にチケットの予約、購入ができる。チケットは、(1) 購入した際に登録したeメールアドレスに送られてきたリンク先をクリックし、スマートフォンにチケットをダウンロードするか、(2) スマートフォンで各会場のアプリにアクセス、ログインし、チケット情報を表示するか、(3) 当日、現地のボックスオフィス（ウィルコール Will Call）で受け取る。(※当日ウィルコールで受け取る場合、予約時に利用したクレジットカードとパスポートなどのIDの提示を求められるので忘れずに)。また、ライブやコンサートの情報はLive Nation URLwww.livenation.comで、会場やアーティスト別にコンサートの検索やチケットの購入ができる。
各会場のボックスオフィス	時間がある人におすすめ。速く、正確なうえ、チケットがその場で手に入るから確実。電話では、ある程度の英会話力がないと難しいが、ここなら目の前で座席表を見ながらチケットを購入できる。 ※ただし、人気の公演の場合は、ウェブサイトなどで事前の購入が確実。
チケットエージェント	大手エージェントの「チケットマスター」や「AXS」で購入するのが最も一般的。ウェブサイトでチケットを購入（クレジットカード番号が必要）。チケットは、(1) 購入した際に登録したeメールアドレスに送られてきたリンク先をクリックし、スマートフォンにチケットをダウンロードするか、(2) スマートフォンでチケットマスターやAXSのアプリにログインしてチケット情報を表示するか、(3) スマートフォンでチケットマスターのウェブサイトにアクセス、ログインし、My Ticketのカテゴリーからチケット情報を表示する。 ●**チケットマスター** URLwww.ticketmaster.com ●**AXS** URLwww.axs.com
チケットブローカー	手間がかからず席の確保がいちばん早い。 □日本語 ●**オール・アメリカン・チケット**（→P.297） リトルトーキョーにオフィスがある。チケット入手の強力な助っ人。 MAP P.73-C3 住340 E. 2nd St., Little Tokyo Plaza #405, Los Angeles ☎(1-213)217-5130 URLwww.allamerican-tkt.com
チケット転売サイト	□英語のみ ●**StubHub** Free(1-866)788-2482 URLwww.stubhub.com ●**SeatGeek** URLseatgeek.com ●**Vivid Seats** Free(1-833)228-5143 URLwww.vividseats.com
ホテルのコンシェルジュ	中～高級ホテルには、コンシェルジュと呼ばれるお客様係が専用デスクを構えている。エンターテインメントの情報はもちろん、チケットの入手までしてくれるのでとても便利。ただ、入手困難なチケットほどお礼としてチップをはずまなければならないので、ある程度お金に余裕が必要だが、時間には代えられないときなど、利用する価値は十分ある。

ロスアンゼルス・フィルハーモニック Los Angeles Philharmonic

1919年に創立、西海岸を代表する交響楽団。若手指揮者グスタボ・ドゥダメル Gustavo Dudamel が率いる。ダウンタウンにある、ウォルト・ディズニー・コンサートホール（→P.237）が本拠地で、9月下旬～6月上旬がシーズン。夏には、ハリウッドボウル（→P.222）で恒例の野外コンサートを開催する。

●**ウォルト・ディズニー・コンサートホール Walt Disney Concert Hall**（→P.237）
MAP P.73-C1 住111 S. Grand Ave., Los Angeles ☎(1-323)850-2000 URLwww.laphil.com

●**ハリウッドボウル Hollywood Bowl**（→P.222）
MAP P.64-A2 住2301 N. Highland Ave., Los Angeles ☎(1-323)850-2000 URLwww.hollywoodbowl.com

MEMO **LA発のストリートウエアブランド Brain Dead の映画館** ▶カフェやラウンジ、ショップなども併設する。**Brain Dead Studios** MAP P.79-A3 住611 N. Fairfax Ave., Los Angeles URLstudios.wearebraindead.com

ライブ&コンサート会場　Live & Concert Venues

おもな会場

●マイクロソフトシアター Microsoft Theater
MAP P.72-A1　住777 Chick Hearn Ct., Los Angeles　☎(1-213)763-6030　URL www.microsofttheater.com
LA ライブにある大規模エンターテインメントスポット（7100 人収容）。→ P.236

●ノボ The Novo
MAP P.72-A1　住800 W. Olympic Blvd., Los Angeles　☎(1-213)765-7000　URL www.thenovodtla.com
LA ライブ内にある中規模のライブ会場（2300 人収容）。2019 年 7 月に行われた「OTAQUEST（オタクエスト）LIVE」に m-flo、きゃりーぱみゅぱみゅ、登坂広臣などが出演した。→ P.236

●ミュージックセンター Music Center
MAP P.73-C1　住135 N. Grand Ave., Los Angeles　☎(1-213)972-7211　URL www.musiccenter.org
ウォルト・ディズニー・コンサートホールを本拠地とするロスアンゼルス・フィルハーモニックはもちろん、ワールドミュージックやジャズなどのコンサートが開催される。→ P.237

●クリプト・ドット・コム・アリーナ Crypto.com Arena
MAP P.72-A1　住1111 S. Figueroa St., Los Angeles　Free (1-888)929-7849　URL www.cryptoarena.com
NBA や NHL などのスポーツ会場としておもに使われているが、コンサートやライブも開催される。→ P.237

●ドルビーシアター Dolby Theatre
MAP P.74-B3　住6801 Hollywood Blvd., Hollywood　☎(1-323)308-6300　URL dolbytheatre.com
ハリウッドの中心地、オベーションハリウッド内にあるシアターで、アカデミー賞授賞式の会場だ。→ P.215

●エル・レイ・シアター　El Rey Theatre
MAP P.66-B3　住5515 Wilshire Blvd., Los Angeles　☎(1-323)936-6400　URL www.theelrey.com
アールデコ調のクラシカルな会場（770 人収容）。こぢんまりとした会場ながら、人気ミュージシャンの公演も数多く開催される。2021 年 10 月、ギタリストの Miyavi が公演を行った。

●ハリウッドパラディウム　Hollywood Palladium
MAP P.75-D4　住6215 Sunset Blvd., Los Angeles　☎(1-323)962-7600　URL www.thehollywoodpalladium.com
有名アーティストも数多く公演してきた由緒ある場所。2022 年 10 月 20 日、ONE OK ROCK がライブを行った。

●フォンダシアター　The Fonda Theatre
MAP P.75-D3　住6126 Hollywood Blvd., Los Angeles　☎(1-323)464-6269　URL www.fondatheatre.com
コンサートや映画上映のほか、ラジオの収録も行われる。2022 年 4 月、きゃりーぱみゅぱみゅが公演を行った。

ミュージカル&演劇劇場　Musical & Drama Theater

　ブロードウエイのミュージカルやトニー賞受賞作の作品などが、バラエティに富んだ劇場で観られる。名優たちが舞台に立った、ハリウッドの黄金時代を思わせる劇場で「生」の芝居を楽しめるのも LA ならではだ。

●ドルビーシアター　Dolby Theatre
MAP P.74-B3　住6801 Hollywood Blvd., Hollywood　☎(1-323)308-6300　URL dolbytheatre.com
オベーションハリウッド内にあるシアター。2023 年のシーズンは、4/18 ～ 23「Riverdance」、5/2 ～ 21「Hairspray」を上演予定。

●パンテージシアター　Pantages Theatre
MAP P.75-D3　住6233 Hollywood Blvd., Los Angeles　☎(1-323)468-1770
URL www.broadwayinhollywood.com
アールデコ様式の歴史ある劇場。2023 年のシーズンは、2/2 ～ 3/26「Disney' s The Lion King」、5/9 ～ 6/10「Six」、6/13 ～ 7/9「Tina - The Tina Turner Musical」、7/11 ～ 30「Beetlejuice」を上演予定。

●アーマンソンシアター　Ahmanson Theatre
MAP P.73-C1　住135 N. Grand Ave., Los Angeles　☎(1-213)628-2772　URL www.centertheatregroup.org
ミュージックセンター内にあり、有名女優や俳優の演劇、コメディなどを上演。ブロードウエイミュージカルの引っ越し公演も行われる。2023 年のシーズンは、3/3 ～ 4/10「The Lehman Trilogy」、4/26 ～ 5/29「Hadestown」、5/31 ～ 6/12「Come From Away」、8/9 ～ 9/11「The Prom」を上演予定。

●マーク・テーパー・フォーラム　Mark Taper Forum
MAP P.73-C1　住135 N. Grand Ave., Los Angeles　☎(1-213)628-2772　URL www.centertheatregroup.org
アーマンソンシアターと同じミュージックセンター内にある。席数約 740 と、ミュージックセンターのなかでは最も小さい。おもにトニー賞の作品を上演。2023 年のシーズンは、3/8 ～ 4/9「Twilight」、5/20 ～ 6/25「A Transparent Musical」、8/2 ～ 9/3「Fake It Until You Make It」を上演予定。

LA オペラ　LA Opera

　1986 年にデビュー以降、ハイクオリティのオペラを上演する。本拠地は、ミュージックセンター（→ P.237）内のドロシー・チャンドラー・パビリオン。年間を通じて 5 ～ 10 のオペラが鑑賞できる。豪華な内装、カクテルラウンジからの眺めも見逃せない。

●ドロシー・チャンドラー・パビリオン　Dorothy Chandler Pavilion
MAP P.73-C1　住135 N. Grand Ave., Los Angeles　☎(1-213)972-7211　URL www.laopera.com
2023 年のシーズンは、3/25 ～ 4/16「Pelléas & Mélisande」、5/13 ～ 6/4「Otello」を上演予定。

MEMO　**ロスアンゼルス郊外にある、ライブコンサートも行われる屋内競技場**　2022 年、ビリー・アイリッシュやハリー・スタイルズがコンサートを行った。Kia Forum MAP P.49-C4　URL thekiaforum.com

ナイトスポットの楽しみ方
How to Enjoy the Night Club

ハリウッドやウエストハリウッドを中心に、LAにはクラブやバー、ラウンジなどナイトスポットがたくさんある。セレブが訪れたり、人気DJがプレイするところも多い。夜も楽しみが満載のLAで思う存分ナイトライフを楽しもう。

ホテルのルーフトップバーで楽しむのが最近のはやり

ナイトスポットでの注意点

LA では基本的に 21 歳以上でないと入店できない。入口で身分証明書を提示する必要があるので、パスポートを忘れずに。これは全員が対象で、明らかに 21 歳以上だとわかる人でも提示する必要がある。

ナイトスポットを楽しむために

ドレスコード（※）を確認する

店ごとにドレスコードを定めているナイトスポットが多い。店の基準に合わない場合は入店を拒否されることもあるので注意が必要だ。どの店でもほぼ間違いなく入店拒否の対象となるのは、ギャングの典型的ファッション。男性のバギーパンツ、スニーカー、ハット、スポーツウエア（ジャージ）など。短パン、T シャツ、サンダルも避けたほうがいい。女性については、個別のアイテムを細かくチェックされることは少ないが、夜遊びにふさわしくない、カジュアル過ぎる服装は避けよう。

※**ドレスコード**：服装の決まりのこと。

人気クラブになればなるほど、客もハイセンスなので、できるだけおしゃれをして行こう。逆にいえば、きちんとドレスアップをして行けば、入店拒否にあうことはまずない！

ナイトスポットでは

クラブやラウンジバーの前には、深夜近くにもなると長い行列ができる。どこのクラブでも、入場するためには、行列に並んで待たなければならず、1時間待ちということが常だ。クラブのなかには「一見さんお断り」というところも多く、何時間も並んだのに結局入れなかった、ということもある。入口にはスタッフが立っているので、わからないことがあったら聞いてみよう。

スムーズに、また確実に入店するためには、オープンの30分ほど前に来店するのがよい。また、ホテル内のナイトスポットであれば、宿泊客が優先して入場できるところもある。

カバーチャージ

クラブやラウンジバーは、通常カバーチャージ（席料）を課している。料金は$10～50程度で、日によって異なる。

店内で飲み物の注文

カウンターのとき　バーテンダーにオーダーするたびに、その場で支払う、キャッシュ・オン・デリバリーが基本。1杯ごとに＄1～2程度のチップを渡すのがマナーだ。

テーブルのとき　ウエーター、ウエートレスにオーダーし、支払いは最後に行う。チップは、総額の 15～20%を目安に。

ホテルに戻るときは

遊び終わってホテルに戻る際は、タクシー（タクシー会社→ P.104）や配車サービスのウーバーやリフト（→ P.89）を利用しよう。「すぐそこだから」と、歩いて帰るのは危険だ。

ホテル内のクラブであれば、フロントでタクシーを呼んでもらうことができて便利だ。

宿泊しているホテルの名称と住所をスマートフォンなどのメモに記しておくとよい。

LAで「遊ぶ」

ホテルの人気バー&おすすめナイトスポット

最近のLAで旬な遊び場として人気があるのは、スタイリッシュなデザイナーズホテルのルーフトップバーだ。宿泊客でなくても利用できるし、宿泊ホテルならば帰りの心配もない。
ナイトクラブはハリウッドの中心地やダウンタウンに、
ライブハウスはウエストハリウッドのサンセットブルバード沿いに集まっている。
注意☆夜間に出歩くときは、周囲の安全に十分注意し、タクシーや配車サービスを利用すること。

ホテルの人気バー

ハリウッドのアイコン的ホテルにある　ハリウッド　MAP●P.74-A4

Tropicana Bar　トロピカーナ・バー

ハリウッドの中央に位置する瀟洒（しょうしゃ）なブティックホテル、ハリウッド・ルーズベルト・ホテルのプールサイドバー。デビッド・ホックニーが底に絵を描いたことで有名なプール周辺が、日暮れとともにウルトララウンジに早変わりする。ファイアープレイスをあちこちに配したユニークなオープンエア式バーがある。

住7000 Hollywood Blvd., Los Angeles　（ハリウッド・ルーズベルト・ホテル内→P.401）　☎(1-323)466-7000
URLwww.thehollywoodroosevelt.com　営毎日11:00～22:00（金土～23:30）。雨天時、イベント時は異なる　カードADMV

カウンターでおいしいカクテルを

ダウンタウンのおしゃれスポット　ダウンタウン　MAP●P.72-A2

Cara Cara Rooftop　カラカラ・ルーフトップ

2021年10月に開業したダウンタウンLA・プロパーホテルの最上階にあるルーフトップバー&レストラン。ダウンタウン中心部からほんの少し離れたファッションディストリクトにあるため、金融街にそびえ立つ摩天楼を一望できる。料理界のアカデミー賞といわれているジェームズ・ビアード賞を受賞したシェフのスザンヌ・ゴインが作り出す料理を味わえるのもいい。

住1100 S. Broadway, Los Angeles(ダウンタウンLA・プロパーホテル内→P.406)　☎(1-213)806-1027
URLwww.properhotel.com/downtown-la/restaurants-bars/cara-cara/　営毎日11:00～23:00(金土～24:00)　カードAMV

ファイヤーピットもある

食事も楽しめるバーラウンジ&レストラン　ミッドウィルシャー　MAP●P.68-A3

Openaire　オープンエア

コリアタウンの中心に立つデザイナーズホテル、ラインホテルの2階にある。2018年に一部改装工事を終え、リニューアルオープンした。ミシュランの星を獲得したシェフが手がけるメニューはどれも人気。日没後は夜空からの月光が入り込む。

住3515 Wilshire Blvd., Los Angeles(ラインホテル内→P.404)
☎(1-213)368-3065
URLwww.thelinehotel.com
営朝食月～金7:30～11:00、ランチ水～金11:30～14:30、ブランチ土日10:00～15:00、ディナー水～日17:30～22:00
カードAMV

お酒を飲まなくても気楽に立ち寄れるのがいい

見事な夜景も侮れない　ウエストハリウッド　MAP●P.63-D1

Skybar　スカイバー

瀟洒（しょうしゃ）なブティックホテル、モンドリアン・ロスアンゼルスのプールサイドにある。セレブ御用達スポットの代名詞的存在だ。世界的に有名なDJも訪れ、注目度もおしゃれ度も満点。

住8440 Sunset Blvd., West Hollywood（モンドリアン・ロスアンゼルス内→P.403）
☎(1-323)848-6025
URLwww.mondrianhotel.com
営毎日11:00～23:00(金土～翌2:00)
カードAMV

MEMO　ウーバーとリフト（→P.89）　危険なことに巻き込まれる可能性が高くなるので、夜間、女性ひとりでの配車サービスを利用することは極力避けたい。

おすすめナイトスポット

最新のLAナイトシーンを感じられるクラブ　ダウンタウン MAP P.72-B2

Exchange Los Angeles　エクスチェンジ・ロスアンゼルス

かつてロスアンゼルス株式取引所があった建物が、ナイトクラブとして生まれ変わった。1500人を収容する巨大クラブでは、人気DJがレコードを回すと評判がいい。映画『ソーシャル・ネットワーク』もここで撮影された。

住618 S. Spring St., Los Angeles　☎(1-213)627-8070
URLexchangela.com　営金土22:00～翌3:00。イベントにより異なる
休日～木　料イベントにより異なる　カードMV　21歳未満入場不可

ダウンタウンで人気のクラブ

ラテンな夜が楽しめるクラブ　ダウンタウン MAP P.72-A1

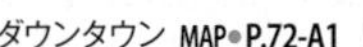

The Conga Room　コンガルーム

Jeniffer LopezやJimmy Smits、Will I Amらが出資している。ラテン音楽のほか、ジャズ、R&Bなどがメイン。LAライブ内にあるので、夜遅くなっても人でにぎわっているので安心だ。

住800 W. Olympic, Blvd., Los Angeles
☎(1-213)745-0162
URLwww.congaroom.com
営木～土21:00～翌1:45(金土22:00～)
休日～水
料イベントにより異なる　カードAMV

エレクトロ・ポップとヒップホップが中心　ハリウッド MAP P.75-C3

Avalon Hollywood　アバロン・ハリウッド

TiestoやCalvin Harris、Eric Prydzなど世界的に有名なDJがプレイした、現在ハリウッドでいちばん注目されているクラブ。2フロアからなり、常時数人のDJが異なるジャンルの音楽を流している。

住1735 Vine St., Hollywood
☎(1-323)462-8900
URLavalonhollywood.com
営金土22:00～翌3:00。イベントにより異なる
休日～木
料イベントにより異なる　カードMV

ハリウッドの老舗ジャズクラブ　ハリウッド MAP P.74-B4

Catalina Bar & Grill　カタリナバー&グリル

かつては、Ray BrownやJimmy Scottなどのレジェンドがライブを行った。ライブは通常月～土は20:30、日は19:30、21:30に行われるが、日によって異なる。入口はMcCadden Pl.沿い。

住6725 Sunset Blvd., Hollywood
☎(1-323)466-2210
URLwww.catalinajazzclub.com
営毎日19:00～(閉店時間はイベントにより異なる)
料イベントや時間帯により異なる
カードAMV

Neil Youngがオープニングを飾ったライブハウス　ウエストハリウッド MAP P.63-C1

The Roxy Theatre　ロキシーシアター

今までステージに立った有名アーティストは数知れず。オープン初年度の1973年からBruce Springsteen、Sex Pistols、Maroon 5、近年ではVanessa Carltonが出演し、あらゆるジャンルの音楽を楽しめる。

住9009 Sunset Blvd., West Hollywood
URLwww.theroxy.com
営イベントにより異なる
料イベントにより異なる
カードAMV

有名アーティストが出演したライブハウス　ウエストハリウッド MAP P.61-D1

Troubadour　トルバドール

Elton John、Guns'n Roses、Billy Joel、Sheryl Crow、Coldplay、Sam Smithらがここのステージに立った。The Eaglesがこの店のバーのカウンターで結成されたのも有名な逸話のひとつ。

住9081 Santa Monica Blvd., West Hollywood
☎(310)276-1158
URLtroubadour.com
営イベントにより異なる　料イベントにより異なる。当日券を購入する際は現金のみ、バーはカードAMV

ロック系ライブハウスの中心的存在　ウエストハリウッド MAP P.63-C1

Whisky A Go Go　ウイスキー・ア・ゴーゴー

古くはDoorsからVan Halenまで、数々の人気バンドを世に送り出したことでも有名だ。上記のトルバドールとともにロスアンゼルスのロックシーンを支える老舗。

住8901 Sunset Blvd., West Hollywood
☎(310)652-4202
URLwww.whiskyagogo.com
営イベントにより異なる
料イベントにより異なる。当日券を購入する際は現金のみ、バーはカードADMV

ジャズの名店　ユニバーサルシティ MAP P.64-A1外

The Baked Potato　ベイクドポテト

ジャズファンならおさえておきたい有名店。音楽はもちろん、店自慢の24種類あるベイクドポテト（$9.50～19）を食べながら、一流のジャズを楽しもう。ライブは通常20:00、22:00からスタート。

住3787 Cahuenga Blvd., Studio City　☎(818)980-1615
URLwww.thebakedpotato.com
営毎日18:00～翌1:00
料イベントにより異なる
カードAJMV

LAで観戦するスポーツ
Watching Sports

プロスポーツの数チームが本拠地をおくエンターテインメントの本場LAでは、1年中何かのプロスポーツがシーズンを迎えている。生のスポーツ観戦は迫力もあって、見応えも十分だ。

クリプト・ドット・コム・アリーナ前にあるシャキール・オニールの像

本場アメリカでスポーツ観戦を楽しむ！

スポーツ大国アメリカでは、プロのスポーツを思う存分堪能することが可能だ。アメリカで俗に4大スポーツと呼ばれるMLB（メジャーリーグベースボール、野球）、NBA（バスケットボール）、NFL（アメリカンフットボール）、そしてNHL（アイスホッケー）はそれぞれ世界最高峰の地位を誇っており、世界中のアスリートがアメリカへ挑戦しにやってくる。

西海岸最大の都市であるロスアンゼルスおよびアナハイムには、MLB2チーム、NBA2チーム、NFL2チーム、NHL2チームが本拠地をおいているので、短い旅行滞在中でも何かしらのスポーツの試合を観戦することができる。

試合開始前に行って練習やイベントを楽しもう

まず、感動、熱狂のなかに飛び込んで行くには情報収集やチケット購入など事前の準備が必要だ。次のページに紹介しているウェブサイトや情報誌でチェックしてみよう。

そして、観戦するときは、アメリカ人と一緒に観戦を楽しむコツをぜひ知っておきたい。LAでメインのふたつの会場、ドジャースタジアム（→P.293）、クリプト・ドット・コム・アリーナ（→P.300）については、あとのページに観戦ガイド付きで紹介している。

アメリカ4大スポーツ公式ホームページ

- MLB（→P.292）
  URL www.mlb.com
- NBA（→P.298）
  URL www.nba.com
  URL www.nba.co.jp（日本語）
- NFL（→P.298）
  URL www.nfl.com
  URL nfljapan.com（日本語）
- NHL（→P.299）
  URL www.nhl.com

ロスアンゼルス・スポーツ・カレンダー

	4月	5月	6月	7月	8月	9月	10月	11月	12月	1月	2月	3月
ベースボール	MLB（ドジャース、エンゼルス）			オールスターゲーム			プレイオフ	ワールドシリーズ				
バスケットボール	プレイオフ		ファイナル				NBA（レイカーズ、クリッパーズ）				オールスターゲーム	
		WNBA（スパークス）				プレイオフ	ファイナル					
アイスホッケー	プレイオフ		スタンレーカップ				NHL（キングス、アナハイム・ダックス）			オールスターゲーム		
アメリカンフットボール						NFL（ラムズ、チャージャーズ）				プレイオフ	スーパーボウル	
					カレッジフットボール					ローズボウル		
そのほか	サッカー（MLS、LAギャラクシー、ロスアンゼルスFC）							MLSカップ				
				USオープン・オブ・サーフィン（ハンティントン）								ロスアンゼルス・マラソン

MEMO **スポーツ観戦する際の注意事項**　ほとんどのスタジアムで、入場の際に金属探知機による検査と手荷物検査がある。さらに、持ち込みできる荷物の大きさに制限（→P.297）があるので、事前にウェブサイトでチェックしておきたい。

情報収集

日本で	ウェブサイト	日本語でアメリカンスポーツの総合情報が入手できる。 **日刊スポーツ新聞社** URL www.nikkansports.com **MSN スポーツ** URL www.msn.com/ja-jp/sports/sports-index
現地で	Los Angeles Times (→P.282)	地元の新聞。日曜版は10cmほどの厚みがあり、なかでも「CALENDAR」という束を見れば、最新スポーツ情報が入手可能だ。平日版のスポーツ欄では、各チームの予定が確認できる。
現地で	LA Weekly (→P.283)	毎週木曜発行の無料週刊紙。内容は『Los Angeles Times』の「CALENDAR」と似ているが、発行日のずれにより『Los Angeles Times』よりも情報を先取りできることもある。
現地で	フリーペーパー (→P.283)	日本語の『Weekly LaLaLa』『Lighthouse Los Angeles』や英語の『Where』などでは、イベントの最新情報が入手可能だ。

チケットの購入方法

		購入方法など
日本で	公式ホームページ	旅行前に日本から予約するなら、各チームのホームページの「Ticket」から購入するのが一般的だ。チケットは、購入した際に登録したeメールアドレスに送られてきたリンク先をクリックし、(1) スマートフォンにチケットをダウンロードするか、(2) スマートフォンで各チームのアプリにログインしチケット情報を表示する。
日本で	チケットエージェント	大手チケットエージェントの「チケットマスター」や「AXS」のウェブサイトから購入する(クレジットカード番号が必要)。チケットは、(1)購入した際に登録したeメールアドレスに送られてきたリンク先をクリックし、スマートフォンにチケットをダウンロードするか、(2) スマートフォンでチケットマスターやAXSのアプリにログインしてチケット情報を表示するか、(3) スマートフォンでチケットマスターのウェブサイトにアクセス、ログインし、My Ticketのカテゴリーからチケット情報を表示する。
日本で	チケットブローカー	プレミア付きのチケットを売る会社がチケットブローカーだ。アメリカでは正規に認められている。試合の人気度にもよるが、券面の約2～10倍の値段でチケットを販売。ほかの手段で入手できないものでも、なぜかここではほとんど手に入る。注意すべき点は料金と座席。あとでトラブルにならないように詳しく確認しておこう。 **●オール・アメリカン・チケット（現地・日本語OK）→P.297** ☎(1-213)217-5130 URL www.allamerican-tkt.com
日本で	チケット転売サイト	□英語のみ **●StubHub** Free (1-866)788-2482 URL www.stubhub.com **●SeatGeek** URL seatgeek.com **●Vivid Seats** Free (1-833)228-5143 URL www.vividseats.com
現地で	会場のボックスオフィス	席の場所や料金を確かめながら購入することができる。手数料もかからない。試合当日は会場で、試合が始まる3時間前から当日券を売り出すことが多い。ただし、当日までチケットが残っていて、必ず買えるとは限らないし、購入直前まで座席がどこになるかわからないという不安はある。前売りもしているので時間があれば事前に会場のボックスオフィスで購入するほうがいい。ただし、紙製のチケットは廃止され、すべてデジタルチケットに移行した。そのため、ボックスオフィスで自分のeメールアドレスを英語で伝えなければいけないので、英語に不安がある人は避けたほうがいい。
現地で	チケットブローカー	**●オール・アメリカン・チケット（日本語OK）→P.297** ☎ (1-213)217-5130 URL www.allamerican-tkt.com
現地で	旅行会社	LAダウンタウンにある日系の旅行会社でも、チケットを手配してくれる。 **●エレファントツアー（日本語OK）→P.42** MAP P.72-B1 住 404 S. Figueroa St., #506, Los Angeles（ウェスティン・ボナベンチャー・ホテル&スイーツ内） ☎(1-213)612-0111
現地で	ホテルのコンシェルジュ	中～高級ホテルに在中しているコンシェルジュもチケットの入手を手助けしてくれる。ただ、入手困難なチケットほどお礼としてチップをはずまなければならない。

MEMO **公式ホームページとチケットマスター** 各チームの公式ホームページからチケットの購入をしようとしても、チケットマスターやAXSのウェブサイトにつながることが多い。

種目別　ホームチームガイド

MLBの公式ホームページ
🅤www.mlb.com

フリーウエイシリーズ
ドジャースの本拠地ドジャースタジアムとエンゼルスの本拠地エンゼル・スタジアム・オブ・アナハイムがハイウエイ（I-5）で結ばれていることから、このふたつのチームの対戦は「フリーウエイシリーズ」と呼ばれている。

ロスアンゼルス・ドジャース
🅤www.mlb.com/dodgers
★ホーム
ドジャースタジアム
Dodger Stadium→P.293

ドジャースのスタジアムツアー
Stadium Tour
昼のホームゲームがないときは見学ツアーが行われていて、ダグアウト、VIPラウンジやプレス席など、普段は入れない場所へ案内してくれる。
🅜大人$25、シニア（55歳以上）・子供（14歳以下）$20、3歳以下無料
🅔ナイトゲームのある日は10:00、11:00、12:00、13:00、ナイトゲームのない日は15:00もあり。所要1時間30分。
🅣おもな祝日および、ホームゲーム（12:10および13:10開始）の日
ウェブサイトから事前にチケットを購入しておくこと。駐車場のサインPそばにあるチームストアTop of the Parkから出発。

ロスアンゼルス・エンゼルス
🅤www.mlb.com/angels
★ホーム
エンゼル・スタジアム・オブ・アナハイム
Angel Stadium of Anaheim→P.296

エンゼルスのスタジアムツアー
Ballpark Tour
☎(714)940-2230
🅜大人$12、シニア・学生・子供$10、2歳以下無料
🅔3月下旬〜9月のホームゲームが開催されない火水金の10:30、12:30、14:30。所要1時間15分。
ホームプレートゲートから出発。ウェブサイトから事前にチケットを購入しておくこと。

ベースボール
Major League Baseball (MLB)

メジャーリーグベースボール（MLB）は、アメリカンリーグ（AL）に所属する15チームと、ナショナルリーグ（NL）に所属する15チームを合わせた全30チームから成り立つ。それぞれのリーグは、さらに東、中、西の3地区（ディビジョン）ずつに分かれている。ロスアンゼルスに本拠地をおくドジャースはNL西地区、アナハイムのエンゼルスはAL西地区に所属。

各チームは3月下旬〜10月上旬にかけて年間162試合を行い、ディビジョン（地区）ごとに優勝チームを決める。各リーグごとに、地区優勝の3チーム、そして地区優勝した3チームを除いた最高勝率1位〜3位のチーム（ワイルドカード）の計6チームがプレイオフへ進出。AL、NLのプレイオフを勝ち抜いたチーム同士が対戦するのが、10月中旬〜下旬に開催されるワールドシリーズだ。

メジャーリーグならではの“Take Me Out to the Ball Game”を一緒に歌って、本場の雰囲気を体験したい。

ロスアンゼルス・ドジャース
Los Angeles Dodgers

かつてNYのブルックリンに本拠地をおいた伝統あるチーム。ブルックリンが「ブルーカラー（肉体労働者）」の街であることから、チームカラーがブルーになったという。1958年のLA移転により、メジャーリーグで初めて西海岸に本拠地をおいた。国際色豊かなチームで、初の黒人選手の登用をしたり、野茂英雄投手、石井一久投手、斎藤隆投手、黒田博樹投手、前田健太投手などの日本人選手も在籍した。

2013年から8年連続で地区優勝。2020年にはワールドシリーズでタンパベイ・レイズを4勝2敗で下し7回目の優勝を果たした。2021年は地区2位、2022年は地区1位で終えたが、ワールドシリーズには進出できず。2023年はワールドシリーズ制覇を目指す。

ドジャースタジアムでメジャーリーグ観戦

ロスアンゼルス・エンゼルス
Los Angeles Angels

2018年ポスティングシステムにより北海道日本ハムファイターズから**大谷翔平選手**が加入したことで、近年日本で最も注目を集めているチーム。かつて、長谷川滋利投手や松井秀喜外野手、高橋尚成投手が在籍した。

2022年は、73勝89敗でア・リーグ西地区3位に終わり、8年連続でプレイオフ進出を逃した。二刀流の活躍が期待された大谷選手。投手としては28試合に登板し、15勝9敗、219奪三振。打者としては157試合に出場し、打率2割7分3厘、34本塁打、95打点。1900年以降では初の同一シーズンでの規定打席＆規定投球回のダブル達成という快挙も成し遂げた。

MEMO **MLBは紙のチケットを廃止した**　ドジャースやエンゼルスのウェブサイトからチケットを購入した場合、スタジアムに入場の際MLBの公式アプリ MLB Ballpark App が必要になる。チケットを購入したときに使用したeメールアドレスとアプリをリンクさせること。

ドジャースタジアム Dodger Stadium

広大な緑に囲まれたドジャースタジアムは、観光スポットのひとつにもなっている。高台に位置していて、チームが遠征中で試合がなくても、ギフトショップは営業している。特にスタジアム内のギフトショップは球場の最上階にあり、眺めは全米一美しい。

MAP P.69-D2
住 1000 Vin Scully Ave., Los Angeles
チケットインフォメーション
Free (1-866) 363-4377
URL www.mlb.com/dodgers

■ドジャースのチケットは上記の球団公式ホームページ、チケットマスター、または、スタジアム窓口などで購入できる。
スタジアム窓口
試合開催日：10:00〜6回裏終了時までオープン
試合非開催日：月〜土9:00〜17:00までオープン
料 $22〜1350

ホームチーム
ロスアンゼルス・ドジャース（→P.292）

ACCESS

🚗 LAダウンタウンからCA-110(Pasadena Fwy.)を北へ、出口24で下りてすぐ。ただし、駐車場がとても広いので、自分が停めた駐車場の場所の番号を覚えておくのを忘れずに。駐車場は、入場ゲートにより異なり、Sunset Gate A(1、2、3番)、Scott Gate B(2、3番)、Golden State Gate C（3、4、15番）、Academy Gate D（4、5、6、7、15番）、Downtown Gate E（4、5、6、7、8、10、11、12、15番）を利用する。駐車料金は$5〜50。駐車場は試合開始2時間30分前にオープン。
🚌ドジャースタジアム・エクスプレス（→脚注）に乗れば球場ゲートまで行ける。または、LAダウンタウンのBroadway & 1st St.からメトロバス#4に乗り、Sunset Blvd. & Vin Scully Ave.の角のバス停で下車。そこから、Vin Scully Ave.の坂を15分ほど登ると、ドジャースタジアムの入口（Sunset Gate A）に着く。料 $1.75
🚃 メトロレイル・Aライン（ブルー）、Lライン（ゴールド）のChinatown駅からCollege St.、Yale St.、Stadium Wayを北西へ約2km。
★帰りのタクシー：タクシーは、駐車場Gに待機している。（タクシー→P.104）
★ウーバーとリフト（→P.89）はSunset Gate A（Vin Scully Ave.方面）そばのLot 11にあるUber Zoneから乗車する。

COLUMN スタジアムのシート事情 どの席から観戦するか？

席にこだわらなければ、5階のトップデッキがおすすめ。チケット料金もお手頃で、席からは球場全体を見渡すことができる。安くかつフィールドに近い席なら、ブリーチャーと呼ばれる外野席に座る手もある。おすすめは1階フィールド席。ドジャースのダッグアウトがある3塁側内野席も人気がある。

MEMO **ドジャースタジアム・エクスプレス** ユニオン駅西口のタクシー乗り場と球場を結ぶシャトル、Dodger Stadium Express。行きは試合開始の90分前から10分間隔、帰りは試合終了の45分後まで走る。無料。

ドジャースグッズを
身に着けていれば、
隣の人と話もはずむ

ドジャース観戦
パーフェクトガイド

©KIYOSHI MIO /ALL AMERICAN SPORTS

1 スタジアムへ向かう

ダウンタウンのすぐ近くにありながらも、アクセス方法が不便な球場。以下に3種類の交通手段を紹介する。往復の送迎とチケット代が含まれたオプショナルツアーも便利だ（→P.43）。

●メトロバス

P.293 ACCESS欄のバスの項参照。ただし、治安のことを考えると、せめて帰りだけでもタクシーや配車サービスを利用したい。

●ドジャースタジアム・エクスプレス

P.293脚注参照。

●タクシー

ダウンタウンからだと$18～30。ダウンタウン地区以外のホテルに宿泊している場合は、メトロレイルでダウンタウンのユニオン駅まで行き、そこからタクシーを利用すると比較的安く行ける。

●レンタカー

P.293 ACCESS欄の車の項参照。

2 開門と同時に入場しよう

開門は試合開始の2時間前、駐車場のオープンは試合開始2時間30分前からだ。入口は座席ごとに分かれているので、必ず事前に確認すること（右記参照）。利用する駐車場は入場ゲートによって異なるので（　）内のゲートから入場するようにしたい。球場への荷物持ち込みはたいへん厳しい（→P.297）。小さいポーチなどに必要最小限の荷物を入れて持っていくように。ビデオカメラ、カメラは持ち込めるが、試合中のビデオ撮影は禁止されている。大きなかばんや傘、瓶、缶の持ち込みは不可。

球場では、試合開始前の練習も見学したい。ドジャース、相手チームの打撃練習、両チームの守備練習の順で行われる。1階席に座れば、練習中に選手からサインをもらえるチャンスもある。場所は、1階席のなかでもベンチの両脇の最前列がベストだ。

〈入場口の一覧表、（　）はゲートを表す〉

1塁側席⇒8、10番駐車場（Downtown Gate E）
外野ライト側席⇒6、7番駐車場（Academy Gate D、Downtown Gate E）
外野センター側席⇒4、5、6番駐車場（Academy Gate D、Downtown Gate E）
外野レフト側席⇒3、4番駐車場（Sunset Gate A、Scott Gate B、Golden State Gate C、Academy Gate D）
3塁側席⇒1、2番駐車場（Sunset Gate A、Scott Gate B）
バックネット裏⇒10、12番駐車場（Downtown Gate E）

3 試合前に腹ごしらえ

プレイボール後の売店は混雑することが多いので、食事を取るならば試合前の時間がおす

MEMO **ドジャースタジアムのチームストア**　駐車場のサインPそば、スタジアムのトップデッキ（最上部）にあるチームストア Top of the Park が、いちばん品揃え豊富。営 毎日 10:00 ～ 17:00、試合がある日は試合終了までオープン。

タイミングをみて、腹ごしらえをしておこう

すめ。売店ごとに扱っているメニューが異なるのでお好みの店を見つけよう。スタジアム名物は、パンからはみ出るほどのソーセージが入ったドジャードッグ。ビールなどアルコール類の購入には、パスポートなどの身分証明書が必要だ(21歳未満不可)。

4 国歌斉唱

試合開始直前になると国歌斉唱が行われる。このときは必ず席から立ち上がり、センター後方でたなびいている星条旗を見つめながら国歌を聴いてみよう。売店のスタッフも忙しい手を止めて聴き入っている。開幕戦などの大きな試合では人気歌手が歌うことが多いが、ほとんどの試合ではオーディションで選ばれた地元住民がプロ顔負けの歌声とパフォーマンスで、自慢ののどを披露している。

国家斉唱は起立して脱帽するのがマナー

Play Ball!

5 1回から3回まで

始球式が終わると、球審が高らかに「Play Ball」と宣言して、いよいよ試合が始まる。野球にあまり興味がなくても、初めの3回くらいは試合を真剣に観てみよう。

6 4回から6回まで

もし試合に飽きてきたら、球場内を散策してみるといい。ただし、自分の持っているチケットの階より下への移動はできない。1階席に座っているのであれば、ぜひ最上階のトップデッキへ行こう。高い位置から球場全体を見渡すことができ、1階とは違った視点でゲームを眺めることができる。

バックネット裏最高部のトップデッキには、球場内でいちばん大きなギフトショップがある。球場内のどのショップよりも品揃えが豊富。試合前は大勢のファンで混雑しているが、この時間ならかなりすいている。それに、試合前におみやげを買ってしまうと動きづらいこともあるのでこの時間帯がベストだろう。

おみやげを調達したら、トップデッキの1塁側通路からダウンタウン方面を見てみよう。ここから見えるダウンタウンの眺めは全米でいちばん美しいといわれている。

選手たちの記念品が並んでいるコーナー

7 7回

7回裏のドジャースの攻撃前までには自分の席に戻っているようにしたい。7回表の相手チームの攻撃が終わると、観客がいっせいに座席から立ち上がり、オルガンの演奏に合わせて"テイク・ミー・アウト・トゥ・ザ・ボールゲームTake Me Out to the Ball Game"を大合唱する。アメリカの第2の国歌といわれるこの歌を歌わなければメジャー観戦は完成しない!

スクリーンに映し出されるセリフに合わせて応援しよう

8 8回、9回

試合も終盤になり、この時点で大量の点差がついていれば、観客は続々と帰路に着く。観客の9割以上が車で来ているので、試合終了後の渋滞を避けるためだ。それほど試合終了後の渋滞はひどく、満席の試合になると30分以上も駐車場から抜け出せないこともある。

エンゼル・スタジアム・オブ・アナハイム
Angel Stadium of Anaheim

ディズニーランド・リゾートの南東約4kmに位置する。レフト側後方にはアムトラックの鉄道駅があるため、アクセスしやすい。デイゲームならロスアンゼルスのダウンタウンから日帰りで観に行くこともできるが、個人でナイターを観戦する場合はアナハイムに宿泊することをすすめる。

観戦ツアー→P.43

MAP P.55-D3
住2000 E. Gene Autry Way, Anaheim
☎(714)940-2000
URL www.mlb.com/angels

■球場内のチームストア　Angels Team Store
MAP P.55-D3
☎(714)940-2618
営ゲーム開催日：毎日10:00〜試合開始5時間前。試合開始1時間30分前〜試合終了までは当日チケット所有者のみ入場できる。
ゲーム非開催日：月〜土10:00〜17:00

■エンゼルスのチケットは上記の球団公式ホームページ、チケットマスター、スタジアム窓口などで購入可能。
ホームプレートゲートにあるスタジアム窓口
　試合開催日：10:00〜6回の裏終了時までオープン
　試合非開催日：月〜土10:00〜15:00までオープン
料$9〜275

ホームチーム

ロスアンゼルス・エンゼルス（→P.292）

ACCESS

🚗LAダウンタウンからはI-10、I-5を南へ約40km。Katella Ave.の出口109Aで下りて、Katella Ave.を東に1km行き、State College Blvd.で右折、しばらく進むと、左側に駐車場がある。約1時間20分。駐車料金$10〜20。駐車場は試合開始2時間30分前に開く。

🚌ディズニーランド・リゾート周辺からは、Katella Ave.を走るOCTAバス#50で約25分。料$2

🚆LAダウンタウンのユニオン駅からアムトラック（パシフィック・サーフライナーPacific Surfliner）でアナハイム駅下車。所要約40分。料$16〜。

もしくは、同じLAダウンタウンのユニオン駅からメトロリンクのOrange County Lineでアナハイム駅下車、約45分。料大人$8.75

★帰りのタクシー：試合終了後には、フロントゲートの前で待機している。7回の表までは、Guest Relations Center（セクション101）へ行ってタクシーを呼んでもらおう。ダウンタウンへは料$95〜。
Yellow Cab Co.　☎(714)999-9999

★ウーバーとリフト（→P.89）はState College Blvd.にあるGate1そばのRideshare Pick-Up Zoneから乗車。

COLUMN　スタジアムのシート事情　どの席から観戦するか？

レフトに設置されているブルペンの上に位置するレフトフィールド・パビリオンLeft Field Pavilion席は、値段も格安なうえに、ブルペンでウオームアップする投手が間近で見られておすすめ。

MEMO 観戦時の日差し　ロスアンゼルスをはじめアナハイムはすごく日差しが強いので、デイゲームの観戦には帽子が必要だろう。日焼け止めを事前に塗っておくといい。

COLUMN スポーツ観戦を楽しむコツ

スタジアムに行くときは

プロスポーツの応援に行くときは、応援するチームのロゴが入ったものやチームカラーの衣類を身に着けていくといい。アメリカではホームチームを応援するのが鉄則だから、応援にも熱がこもるはず。ドジャースは青、エンゼルスは赤だ。

「サインして」「握手して」を何と言う?

サインが欲しいときには、"May I have your autograph?" と声をかけてみよう!("Autogragh" という単語を使うので注意して)

あわせて、握手を求めるときには "Could you shake hands with me?" と手を出そう。

スタジアムへの持ち込み荷物制限

スタジアムやアリーナには、バックパックやトートバッグ、ショッピングバッグなど、大きなかばんを持ち込むことはできない。以下は、2023年1月現在、持ち込みのできるサイズ。シーズンが変わるごとに、持ち込み可能なかばんのサイズは変更されるので、事前にウェブサイトで確認するように。

ドジャースタジアムは、30cm×30cm×15cm以内の透明なかばんか、12cm×20cm×5cm以内のクラッチバッグ。

エンゼル・スタジアム・オブ・アナハイムは、32cm×32cm×6.5cm以内の透明なかばんか、30cm×30cm以内のクラッチバッグ。

クリプト・ドット・コム・アリーナは、12cm×22cm×2cm以内の小さいかばん。

ソーファイスタジアムは、30cm×30cm×15cm以内で透明なビニール製のかばんか、10cm×15cm以内のクラッチバッグ。

ホンダセンターは、22cm×12cm×5cm以内の小さいかばん。

ディグニティ・ヘルス・スポーツ・パークは、30cm×30cm×15cm以内の透明なかばんか、11cm×16cm以内のクラッチバッグ。

バンク・オブ・カリフォルニア・スタジアムは、30cm×30cm×15cm以内の透明なかばん。

メジャーリーグのプロモーション・ギブアウェイ・デイ

ドジャースとエンゼルスのウェブサイトのスケジュール欄にPromotionやGiveawayと書かれている日は、プロモーション・ギブアウェイ・デイPromotions/Giveaways Dayと呼ばれる特別な試合の日。球場や年によって異なるが、シーズンを通して20日ほどプロモーション・ギブアウェイ・デイがあり、球団が先着1万〜4万人のゲストに、トートバッグやTシャツ、キャップ、マグネット、ボブルヘッド(首振り)人形などを無料配布する。

ドジャースのムーキー・ベッツ外野手のボブルヘッド人形もプレゼントに!

スタジアムやアリーナもキャッシュレスに

ほとんどの会場のギフトショップや売店では、現金で支払うことができず、クレジットカードやデビットカード、プリペイドカードでの決済になる。そのため、現金をプリペイドカードにチャージするキオスクが会場内にある。

日本語が通じる現地チケットブローカー、オール・アメリカン・チケット All American Tickets, Inc.

全米のあらゆるスポーツ、コンサートなどのチケット手配を専門的に行う。問い合わせから申し込みまですべて日本語でOK。

MAP P.73-C3

住340 E. 2nd St., Little Tokyo Plaza #405, Los Angeles, CA 90012

☎(1-213)217-5130 FAX(1-213)217-5135

URL www.allamerican-tkt.com

カード A J M V

日本からの問い合わせ、申し込み方法

ファクス、ホームページのチケットお問い合わせフォーム、またはウェブサイト内の検索エンジンからチケットを購入する。オンラインでチケットを購入する場合、身分証明書(写真付き)コピーをFAXまたはeメールで送付しなければならないときもある。申し込み後、リクエストしたチケットの確認証がeメールアドレスに届く。

MEMO **ドジャースタジアム入場の際に気をつけること** スタジアム内にライターや紙巻きたばこ、可燃式たばこ、傘、三脚などを持ち込むことは禁止されている。

ロスアンゼルス・レイカーズ
URL www.nba.com/lakers
ロスアンゼルス・クリッパーズ
URL www.nba.com/clippers
ロスアンゼルス・スパークス
URL sparks.wnba.com
★ホーム
3チームともに
クリプト・ドット・コム・アリーナ
Crypto.com Arena
→P.300

★チケット事情
料 $15〜3500
※ホームゲームは1シーズン約40試合と試合数は多いが、1試合の座席数が約1万9000と少ないため、やや高め。
※近年はレイカーズ、クリッパーズともにチケットは入手しやすい。ただし、事前にウェブサイトから購入しておくのが無難だ。チケットが完売した試合をどうしても観戦したい場合は、チケットブローカー(→P.291)頼みに。

★NBAの日本語専門誌
「DUNK SHOOT」

バスケットボール
National Basketball Association (NBA)

全30チームは、東と西ふたつのカンファレンス、さらに3つのディビジョンに分かれ、公式戦82試合を戦う。レイカーズとクリッパーズはともにウエスタン・カンファレンスのパシフィック・ディビジョンに所属。カンファレンス上位8チームでトーナメント形式のプレイオフを行い、「NBAファイナル」で東西のチャンピオンが対決する。

ロスアンゼルス・レイカーズ
Los Angeles Lakers

2018年、レブロン・ジェームズが加入。翌2019-2020シーズンにNBAファイナルを制覇、17度の優勝回数でセルティックスと肩を並べた。2021-2022開始前にアンソニー、ハワードらベテラン勢を獲得。2023年1月には八村塁がトレードで移籍した。共演が楽しみだ。

ロスアンゼルス・クリッパーズ
Los Angeles Clippers

かつての「ドアマット」チームも2011-2012シーズンから9度のプレイオフ進出を果たす強豪に変貌。2020-2021年はプレイオフでエース・カワイを欠き、初のNBAファイナル直前で苦汁を飲んだ。2022-2023はブラックのステイトメント・ユニホームを採用。アリーナに新風を巻き起こす。

ロスアンゼルス・スパークス
Los Angeles Sparks

2001、2002、2016年の3度のWNBAファイナル制覇。プレイオフ常連の強豪チームも主軸のパーカーが去り、低迷の一途に。元NBA選手のHCフィッシャーとも2022シーズン序盤で決別、厳しい状況が続いている。

ロスアンゼルス・ラムズ
URL www.therams.com
ロスアンゼルス・チャージャーズ
URL www.chargers.com
★ホーム
2チームともに
ソーファイスタジアム
SoFi Stadium
MAP P.49-C4
住 1001 Stadium Dr., Inglewood

ACCESS
🚃 LAダウンタウンからメトロレイル・Jライン(シルバー)でHarbor Transitway / Manchester下車。Manchester/Harbor Transitwayからメトロバス#115でManchester / Inglewood Cemetery下車、徒歩10分。
🚗 LAダウンタウンからI-110を南下し、出口16で下りる。Manchester Ave.を5km西に進み、Prairie Ave.を800m行った左側。

★チケット事情
料 $43〜1300
※ソーファイスタジアムは約7万人収容できることから、基本的に売り切れになることは少ない。ただし、事前にウェブサイトから購入しておくのが無難だ。ホームゲームは1シーズン約10試合。

アメリカンフットボール
National Football League (NFL)

全32チームは、アメリカン・フットボール・カンファレンス（AFC）とナショナル・フットボール・カンファレンス（NFC）に分けられ、さらに東・西・南・北の4地区に4チームずつが所属する。ラムズはNFC西地区、チャージャーズはAFC西地区に所属。公式戦16試合を行い、地区優勝とワイルドカードのチームで一戦必勝のプレイオフを戦い、勝ち上がった両カンファレンスの優勝チームがスーパーボウルで対峙する。

ロスアンゼルス・ラムズ
Los Angeles Rams

LA復帰3年目で第52回スーパーボウルに出場するも完敗。2021年、エースQB同士の電撃トレードで周囲を驚かせると「ホストチームは出場できない」というNFLのジンクスも破り、第56回スーパーボウルに出場、制覇を遂げた。最年少HCマクベイとメンバーは臥薪嘗胆で栄冠を手にした。

ロスアンゼルス・チャージャーズ
Los Angeles Chargers

2017年、長年愛されたサンディエゴに別れを告げ、誕生の地LAに舞い戻った。再建中のチームは2020年のドラフト全体6位指名QBハーバートに命運を委ねる。翌年、3シーズンぶりの勝ち越しに。プレイオフにも手がかかっていたが最終戦の延長で敗れ、再興に課題を残した。

MEMO 2021年11〜12月、BTSがコンサートを行ったSoFi Stadium　2022年2月には第56回スーパーボウルも開催された。2028年のロスアンゼルスオリンピックでは、開閉会式やサッカーの試合が行われる予定。

アイスホッケー
National Hockey League (NHL)

NHLは1917年に創設されたアメリカ、カナダの2ヵ国にまたがる世界最高レベルのプロアイスホッケーリーグ。北米のみならずロシア、北欧、東欧など世界中から有力選手が集う。2021-2022年シーズンにシアトルが加わり現在32チーム。リーグは東西カンファレンスに分かれ、それぞれの勝ち点上位8チームがトーナメント方式のプレイオフに進出する。約1ヵ月半続く長いプレイオフを勝ち抜いた両カンファレンスチャンピオンが伝統のスタンレーカップをかけてファイナルを戦う。

ロスアンゼルス・キングス
Los Angeles Kings

1967年にリーグ初の西海岸のチームとして誕生。2006-2007年に日本人選手・福藤豊がプレイしたチームとしても知られる。2010年代に2度ファイナルを制したが近年はプレイオフに出たり出なかったり、また出ても1回戦負けを繰り返し今や完全に再建モードに。以前のように毎試合ソールドアウトにはほど遠い状態で観戦しやすくなった。

アナハイム・ダックス
Anaheim Ducks

1993年に創設された際はマイティ・ダックスという名前だったが2006年にオーナーが変わり現在の名称になった。同年チーム史上初めてファイナルを制し強豪の仲間入り。2013年から地区5連覇を達成しピークを迎えたが、長年攻撃の中心を担ったペリーとゲツラフが揃ってチームを去って現在は再建の真っ最中。アリーナは空席が目立つ。

サッカー
Major League Soccer (MLS)

メジャーリーグサッカー（MLS）は、1996年に10チームで発足。2023年にセントルイス・シティSCが加入し、29チームで戦われる。東・西カンファレンスのプレイオフを勝ち抜いた2チームがMLSカップで優勝を決める。

LAギャラクシー
LA Galaxy

MLSカップをリーグ最多の5回獲得し、レギュラーシーズンの順位トップは4回。2000年には北中米カリブ海のチャンピオンズカップでも優勝した。2010年代後半は低迷するも、2022年に3年ぶりにプレイオフ進出。ハビエル・エルナンデス（チチャリート）らベテランを中心とし、若手を育てている。平均2万3000人の観衆を集める。

ロスアンゼルスFC
Los Angeles Football Club

23番目のチームとして西カンファレンスに参入するなりプレイオフに進出し、2022年は2019年以来2度目のシーズン成績1位で、さらにプレイオフでは初めてMLSカップを獲得した。カルロス・ベラ（メキシコ）やガレス・ベイル（ウェールズ）などのスーパースターが所属し、2万2000人収容のスタジアムは毎試合大観衆で埋まる。

ロスアンゼルス・キングス
URL www.nhl.com/kings
★ホーム
クリプト・ドット・コム・アリーナ
Crypto.com Arena
→P.300
★チケット事情
料 $20〜2433
※ホームゲームは1シーズン約20試合と少ないが、2〜3階席なら当日券が残っていることもある。

アナハイム・ダックス
URL www.nhl.com/ducks
★ホーム
ホンダセンター
Honda Center
MAP P.55-D3
住 2695 E. Katella Ave., Anaheim
Free (1-877)945-3946
ACCESS
🚃 LAダウンタウンのユニオン駅からアムトラックPacific Surflinerか、メトロリンクのOrange County Lineでアナハイム駅下車、徒歩約10分。
🚗 LAダウンタウンからI-5を南へ進み、出口109AのKatella Ave.で下りて東へ。
★チケット事情
料 $17〜595
※ホームゲームは1シーズン約20試合と少ないが、当日券が残っていることもある。

MLSの公式ホームページ
URL www.mlssoccer.com

LAギャラクシー
URL www.lagalaxy.com
★ホーム
ディグニティ・ヘルス・スポーツ・パーク
Dignity Health Sports Park
MAP P.51-C1
住 18400 S. Avalon Blvd., Carson
ACCESS
🚃 LAダウンタウンからメトロレイル・Jライン（シルバー）でHarbor Gateway Transit Center下車。メトロバス#205か#246に乗り換え、Avalon Blvd. / 184th St.下車。徒歩2分。
★チケット情報
料 $24〜515
ホームゲームは1シーズン約20試合。当日券は比較的残っていることが多い。

ロスアンゼルスFC
URL www.lafc.com
★ホーム
バンク・オブ・カリフォルニア・スタジアム
Banc of California Stadium
MAP P.49-D2
住 3939 S. Figueroa St., Los Angeles

MEMO **バンク・オブ・カリフォルニア・スタジアムへのアクセス** LAダウンタウンからメトロバス#81でFigueroa St. & Martin Luther King Jr. Blvd.下車、徒歩4分。

クリプト・ドット・コム・アリーナ
Crypto.com Arena

ダウンタウンの南側に位置するクリプト・ドット・コム・アリーナは、プロスポーツ4チーム（ロスアンゼルス・レイカーズ、ロスアンゼルス・クリッパーズ、ロスアンゼルス・スパークス、ロスアンゼルス・キングス）がホーム（本拠地）として使用している。

MAP P.72-A1
住1111 S. Figueroa St., Los Angeles

チケットインフォメーション
☎(1-213)742-7340 URL www.cryptoarena.com
■チケット事情→P.298、299側注、チケットの購入方法→P.291。

ボックスオフィス
営試合がある日は試合開始3時間前からオープン、試合がない日は火曜のみ12:00～16:00までオープン。

ACCESS
メトロレイル・Aライン（ブルー）、Eライン（エクスポ）、Lライン（ゴールド）のPico駅下車、徒歩4分。夜はタクシーや配車サービスを利用すること。

注目のスター選手!

▶ロスアンゼルス・レイカーズ　Los Angeles Lakers
八村塁　Rui Hachimura #28（フォワード）
2019年、NBAドラフト一巡目全体9位で日本人史上初の指名を受け、ウィザーズ入団。シーズンを追うごとに成長を見せ、2023-24シーズン途中にトレードで加入。レブロン・ジェームズとのプレイを注視したい。

▶ロスアンゼルス・クリッパーズ　Los Angeles Clippers
カワイ・レナード　Kawhi Anthony Leonard　#2（フォワード）
スパーズで2014年NBAファイナル優勝、ファイナルMVP。2018年、移籍のラプターズで2度目の優勝とファイナルMVPに。その翌年、電撃移籍。2020-2021、3度目のファイナルを目指すもプレイオフで右膝靭帯を断裂、復帰が待たれる。

▶ロスアンゼルス・スパークス　Los Angeles Sparks
ネカ・オグミケ　Nneka Ogwumike　#30（フォワード）
2012年のドラフト全体1位指名で入団し、新人王を獲得した。2016年にはリーグMVPに輝き、WNBAファイナル優勝の立役者でもある。「ネカ」はナイジェリアのイボ語で「母は最高」という意味だとか。

▶ロスアンゼルス・ラムズ　Los Angeles Rams（ホームはソーファイスタジアム）
アーロン・ドナルド　Aaron Donald　#99　（ディフェンシブ・タックル＝DT）
2014年ドラフト1位、全体13巡指名で入団すると先発として活躍。守備新人賞に輝くとプロボウルにも選出された。リーグ屈指の存在であると同時に第52回スーパーの敗戦をバネに第56回を制覇するなどチームの「魂」も担う選手。

▶ロスアンゼルス・チャージャーズ　Los Angeles Chargers（ホームはソーファイスタジアム）
ジャスティン・ハーバート　Justin Herbert　#10（クォーターバック＝QB）
2020年ドラフト1位、全体6巡指名。エースQBの病欠で急遽2週目から先発起用、6勝9敗でシーズンを終えたが、新人記録の28TDパスを刻み、攻撃新人賞に。2021年は3シーズンぶりの勝ち越し、今後はプレイオフの活躍に期待がかかる。

▶ロスアンゼルス・キングス Los Angeles Kings
アンジェ・コピター　Anze Kopitar　#11（センター）
NHLでは珍しい旧ユーゴスラビア出身選手。2005年のデビュー以来すべてのキャリアをキングスで過ごすベテランだが直近の2021-2022年シーズンでもチーム最多ポイントをマークするなど衰えは感じさせない。

▶アナハイム・ダックス Anaheim Ducks（ホームはホンダセンター）
トロイ・テリー　#19（ライトウイング）
チーム再建の中心になるであろう若手の注目株。NHLに定着した2020-2021年シーズンは7ゴールしかあげられなかったが、翌シーズンはいきなり37ゴールと大躍進し次世代のスター候補に躍り出た。

MEMO クリプト・ドット・コム・アリーナにあるチームストア　Team LA MAP P.72-A1 住1111 S. Figueroa St., Los Angeles ☎(1-213)742-7852 営水～土 10:00～16:00。試合やイベント開催時は試合開催 2 時間 30 分前に閉まる。 休日～火　カード A M V

バスケットボール (NBA)

1 サインをもらう

選手からサインをもらうなら、試合前の練習時間がおすすめ。会場には試合開始の約1時間30分前から入ることができる。

2 国歌斉唱

試合開始は必ず国歌斉唱から始まる。席から立ち上がって、掲げられた星条旗を見ながら国歌に聴き入ろう。

3 試合開始

いよいよ試合開始。LAのファンは、試合開始後に会場に到着するのんびり派が多いが、気がつけば会場内は満員に。

4 試合を楽しむ

2mを超える大男たちが、身軽にコートを舞い、ボールをリングにたたきつける姿は想像を絶する迫力だ。

5 休憩

試合は12分間のクオーターが4回。第2クオーターと第3クオーターの間にハーフタイムがあり、ハーフタイムショーなどが行われる。

6 フリースロー

試合も後半戦に入ると、ファンの応援にも熱が入ってくる。ゴール裏に陣取り、大声を出して相手選手の集中力を乱し、会場は騒然となる。

試合終了

アイスホッケー (NHL)

1 国歌斉唱

試合前に館内の照明が落とされ、ハイライトシーンが映し出される。対戦相手がカナダのチームだと、カナダ国歌も斉唱する。

2 試合開始

リンクの中央に選手が集まり、審判が氷にたたきつけたパックを奪い合うのがフェイスオフ。相撲のように、精神的な駆け引きも行われる。

3 試合を楽しむ

防具に身を包んだ大男たちが体を使って小さなパックを奪い合うアイスホッケーは、まさしく氷上の格闘技だ。

4 選手の入れ替わり

ゴーリー以外の5選手は、1分ごとに目まぐるしく入れ替わり、何度でも試合に出場することができる。

5 休憩

試合は20分のピリオドが3回あり、ピリオド間には約15分の休憩がある。写真は休憩中の演出を楽しむ子供のファン。

6 乱闘シーン

NHLでは1対1の場合に限って乱闘も認めている。どちらかの選手が氷上に倒れるまで、レフェリーも止めに入らない。

試合終了

アクティビティ Activities

輝く太陽が魅力のLA。青空の下でアクティビティに挑戦すれば、ひと味違うLAが見えてくるはず。

サイクリング Cycling

気軽に楽しめるアクティビティとして観光客にも人気が高いレンタサイクル。LAでおすすめのサイクリングロードは、サンタモニカやベニスをはじめとしたビーチ沿いだ。ビーチ沿いにはサイクリングロード（自転車専用道路）があるところも多く、車の通行を気にすることなく、気ままにさわやかな海岸の雰囲気を楽しむことができる。レンタサイクルの店はビーチの周辺にあり、1時間や1日単位で自転車を借りられる。サンタモニカの観光案内所（→P.190）にはサイクリングマップが置いてあるので立ち寄るといい。また、ダウンタウンやハリウッド、ベニス、コリアタウンでは**バイクシェアBike Share**というレンタルサービスがある。

ゴルフ Golf

LAにはさまざまなレベルのゴルフコースがある。ほとんどのゴルフコースのプレイフィーは日本よりも安いので、気軽にゴルフが楽しめるだろう。人気のゴルフ場だと、1週間以上前の予約が必要だが、特にこだわりがなければ前日の予約でも可能だ。夏なら20:00過ぎまでプレイできるし、夕方16:00頃から料金が半額になるコースもある。

おすすめのゴルフコースのリスト→P.303

ゴルフ場では

予約時間の30分ほど前にチェックイン。時間と名前を伝えてプレイフィーを支払う。何番目のスタートかを確認し、1番ホールのティーグラウンドへ。アナウンスで自分の番号が告げられたらスタートする。前後のパーティのペースを自分たちで確認して、最低限のマナーを守ること。ボールがプレイヤーに危険なエリアに飛んだ場合は、即座に「フォア～」と大声で周りに知らせるように。

レンタサイクルに必要なもの
パスポートなどの身分証明書の提示や預けを求められることも多い。その場合、自転車返却時に返却される。

サンタモニカ周辺のレンタサイクル店
サンタモニカダウンタウンにバイクセンター（→P.194）があるほか、ピアやビーチ沿いにレンタサイクル店が集まる。

Perry's Cafe & Beach Rentals
MAP P.74-B2
住2400 Ocean Front Walk, Santa Monica
☎(310)452-7609
URL perryscafe.com
営月～金9:30～17:00、土日9:00～17:30。天候や時期により変更あり
料1時間$12～、1日$40～。デポジットとしてクレジットカード（AMV）が必要

バイクシェア Bike Share
街なかのバイクステーションにある自転車を借りることができるシステム。事前にウェブサイトでアカウントを入手する必要がある。

ダウンタウン、コリアタウン、ハリウッド、ベニス Metro Bike Share
URL bikeshare.metro.net

おすすめのゴルフコース

	コース名	コース案内	マップ・住所・電話	料金	アクセス(車)
お手頃料金でビギナー向け	アルハンブラ・ゴルフコース Alhambra Golf Course	コース自体は簡単。民間の公園、市営グラウンド、野球場、バスケット、テニスコートが隣接しており、地元の人々の日常を垣間見ることができる。5478ヤード／パー71	MAP P.47-C1 住630 S. Almansor St., Alhambra ☎(626)570-5059	月～金$30、 土日$38.50、 カート$15～30 ※メタルスパイク禁止	ダウンタウンから北東へ約10マイル(20分)、LAXからは北東へ約30マイル(55分)
	サンタアニタ・ゴルフコース Santa Anita Golf Course	閑静な住宅地の中に位置し、競馬場が隣接している。「ゴルフ帰りにちょっとギャンブル」も日によっては可能。6368ヤード／パー71	MAP P.47-C1 住405 S. Santa Anita Ave., Arcadia ☎(626)447-2331	月～木$38、 金$39、 土日$48、 カート1人$15.50	ダウンタウンから北東へ約20マイル(35分)、LAXからは北東へ約35マイル(60分)
お手頃料金で中・上級者向け	ウィッティアーナローズ・ゴルフコース Whittier Narrows Golf Course	アジア系の利用客が多いことで有名なゴルフコース。全27ホール。6837ヤード／パー72(Pine Course)	MAP P.47-C1 住8640 Rush St., Rosemead ☎(626)288-1044	月～金$30、 土日$40、 カート1人$15	ダウンタウンから東へ約12マイル(25分)、LAXからは北東へ約30マイル(50分)
	リンクス・アット・ビクトリア・ゴルフコース The Links at Victoria Golf Course	I-405とI-110のジャンクションに近く便利。平坦でやや距離がある。6804ヤード／パー72	MAP P.50-B2 住340 Martin Luther King Jr. St., Carson ☎(310)323-4174	月～金$25～、 土日$30～、 カート$14～	ダウンタウンから南へ約17マイル(40分)、LAXから南東へ約14マイル(40分)
	フラートン・ゴルフコース Fullerton Golf Course	有名コースデザイナーであるウィリアム・F・ベルが設計した起伏に富んだコース。ディズニーランドの12km北にある。5159ヤード／パー67	MAP P.47-C2 住2700 N. Harbor Blvd., Fullerton ☎(714)578-9201	月～金$37、 土日$49、 カート$15	ダウンタウンから南東へ約28マイル(55分)、LAXから東へ約35マイル(1時間10分)
標準価格の中・上級者向けコース	ブルックサイド・ゴルフクラブ Brookside Golf Club	かつてプロトーナメントも開催された名門コース。ローズボウルに隣接する36ホールはどれも長距離。7104ヤード／パー72 (C.W.Koinerゴルフコース)	MAP P.70-A1 住1133 Rosemont Ave., Pasadena ☎(626)585-3594	月～金$38、 土日$49～53、 カート$18	ダウンタウンから北東へ約12マイル(30分)、LAXからは約28マイル(1時間10分)
	ウエストリッジ・ゴルフクラブ Westridge Golf Club	アナハイムに近い住宅地にある新しくて眺めの美しいコース。フェアウェイは起伏が激しく、グリーンも難しい。6256ヤード／パー72	MAP P.47-C2 住1400 S. La Habra Hills Dr., La Habra ☎(562)690-4200	月～木$54、 金$55、 土日$75 (カート付き)	ダウンタウンから南東へ約22マイル(55分)、LAXからは東へ約30マイル(1時間10分)
高級コース	エンゼルス・ナショナル・ゴルフクラブ Angeles National Golf Club	ジャック・ニクラウスが設計したコース。プロゴルファーが練習にプレイするほどコースはよく練られている。フェアウェイを外すと、ペナルティになりやすい。7174ヤード／パー72	MAP P.46-B1外 住9401 Foothill Blvd., Sunland ☎(818) 951-8771	月～水$95～、 木$105～、 金$155～、 土$180～、 日$170～ (カート付き)	ダウンタウンから北西へ約21マイル(45分)、LAXから北へ約35マイル(1時間20分)
	トランプ・ナショナル・ゴルフクラブ Trump National Golf Club	パロスバーデス半島南岸にある全ホールから太平洋が望めるすばらしいコース。有名空間デザイナー、ピート・ダイによる設計。フェアウエイは狭く難しい。7242ヤード／パー71	MAP P.50-B4 住1 Trump National Dr., Rancho Palos Verdes ☎(310)265-5000	毎日$80～395 (カート付き)	ダウンタウンから南へ約30マイル(55分)、LAXから南へ約24マイル(40分)

※ 2023 年 1 月現在
※上記コースの掲載順は、ダウンタウンまたは LAX からのアクセスが近い順となっている

マラソン
Marathon

LAマラソンは、1984年のロスアンゼルスオリンピック開催を記念して1986年から始まった。42.195kmのフルマラソンと5kmマラソンがある。フルマラソンは、ドジャースタジアムをスタートし、ダウンタウン、ハリウッド、ビバリーヒルズを走り、センチュリーシティがゴールという魅力的なコース。ランニングしながらLAの魅力をより楽しめると、日本から参加するランナーも多い。2023年は3月19日に開催。

ゴルフ場でのマナー
- 会員制クラブはビジターのみでの利用不可。
- たいていキャディはいないので、電動カートを使用してのセルフプレイになる。
- 昼食休憩はほぼない。
- ほとんどのコースではスパイクシューズの使用を禁止。
- パブリックコースなら、短パンでもプレイ可能。

LAマラソン
URL www.lamarathon.com

地球の歩き方 関連書籍のご案内

アメリカ各地への旅を「地球の歩き方」が応援します!

地球の歩き方 ガイドブック

- B01 アメリカ ¥2,090
- B02 アメリカ西海岸 ¥1,870
- B03 ロスアンゼルス ¥2,090
- B04 サンフランシスコ ¥1,870
- B05 シアトル ポートランド ¥1,870
- B06 ニューヨーク マンハッタン&ブルックリン ¥1,980
- B07 ボストン ¥1,980
- B08 ワシントンDC ¥1,870
- B09 ラスベガス セドナ ¥2,090
- B10 フロリダ ¥1,870
- B11 シカゴ ¥1,870
- B12 アメリカ南部 ¥1,980
- B13 アメリカの国立公園 ¥2,090
- B14 ダラス ヒューストン ¥1,980
- B15 アラスカ ¥1,980
- B25 アメリカ・ドライブ ¥1,980

地球の歩き方 aruco

- 09 aruco ニューヨーク ¥1,320
- 35 aruco ロスアンゼルス ¥1,320

地球の歩き方 Plat

- 02 Plat ニューヨーク ¥1,320
- 25 Plat サンフランシスコ ¥1,320

地球の歩き方 リゾートスタイル

- R16 テーマパーク in オーランド ¥1,870

地球の歩き方 旅と健康

地球のなぞり方 旅地図 アメリカ大陸編 ¥1,430

地球の歩き方 BOOKS

100 NEW YORK – MY BEST ¥1,760
GIRL'S GETAWAY TO LOS ANGELES ¥1,760
ニューヨーク ランキング&マル得テクニック! ¥1,100

※表示価格は定価(税込)です。改訂時に価格が変更になる場合があります。

Where to Shop in LA

ショッピングガイド

特集

アメリカン＆高コスパなアイテムがざっくざく！

スーパーマーケットでおみやげ探し

健康志向が高く環境問題に関心をもつ住民が多いLAには、オーガニック・スーパーマーケットが各エリアにある。特に、オーガニック食材を数多く取り扱うホールフーズ・マーケットやオリジナルのスナック菓子が豊富なトレーダージョーズ、サプリや健康食品、デリカテッセンが充実するエレウォンマーケットは、LAで必ず訪れたいスーパーマーケットチェーンだ。お手頃価格のアイテムも揃っているので、おみやげ探しにもいい。 協力：池田樹美

ホールフーズ・マーケット Whole Foods Market

1980年、テキサス州オースチンで誕生した。全米に展開するオーガニック・スーパーマーケットの雄として、2023年1月現在カナダやイギリスを含め、510以上の店舗をもつ。米国農務省(USDA)のオーガニック認定を受けた農作物が多いうえ、地元の農家から取り寄せた新鮮な食材を販売している。特に、オーガニック調味料やアロマセラピーの品揃えが充実。2017年にアマゾン・ドット・コムがホールフーズ・マーケットを買収して、商品の販売価格が下がった。

Daily Use

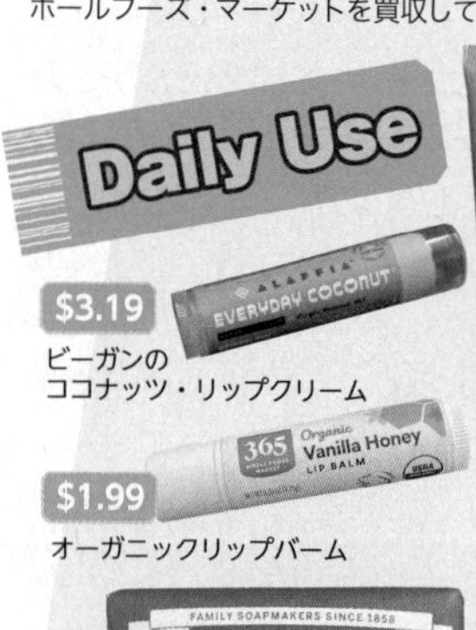

$3.19 ビーガンのココナッツ・リップクリーム

$1.99 オーガニックリップバーム

$16.99 LA 旅行に必須。ナチュラル原料の日焼け止め

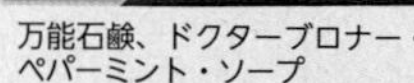

$5.49 万能石鹸、ドクターブロナー・ペパーミント・ソープ

$2.99 ローズの花びら入りバスボム(入浴剤)

Food

$1.69 ペパーミント味のタブレット

$4.69 ハイビスカスベリーのハーバルティー

$4.99 時差ボケにも◎睡眠サポートグミ

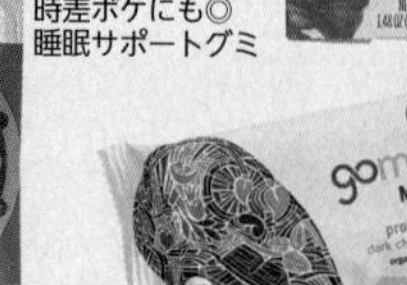

$3.49 オーガニック、ビーガン、グルテンフリーのプロテインバー

$2.19 ベリー味のインスタントオートミール

$4.99 グルテンフリーパスタ

BATH BOMB ROSE PETAL

ホールフーズ・マーケット Whole Foods Market URL www.wholefoodsmarket.com

▶Santa Monica MAP P.56-B2
住 1425 Montana Ave., Santa Monica
☎ (310)576-4707
営 毎日7:00～21:00

▶Westwood MAP P.60-A3
住 1050 S. Gayley Ave., Los Angeles
☎ (310)824-0858
営 毎日7:00～22:00

▶Beverly Hills MAP P.61-C2
住 239 N. Crescent Dr., Beverly Hills
☎ (310)274-3360
営 毎日7:00～22:00

▶West Hollywood MAP P.63-D4
住 7871 Santa Monica Blvd., West Hollywood
☎ (1-323)848-4200
営 毎日7:00～22:00

▶Fairfax MAP P.66-B4
住 6350 W. 3rd St., Los Angeles
☎ (1-323)964-6800
営 毎日7:00～22:00

▶Downtown MAP P.73-C4
住 788 S. Grand Ave., Los Angeles
☎ (1-213)873-4745
営 毎日7:00～22:00

 MEMO いずれのスーパーマーケットも、紹介した商品は時期や店舗により取り扱っていないこともある。

トレーダージョーズ
Trader Joe's

1967年、パサデナにオープンしたグルメ・グローサリーストアで、2023年1月現在全米で約560店舗展開している。自社ブランドのオリジナル商品が多いのが特徴だが、そのほかの商品も製造業者から直接購入し、中間マージンを省いているので、販売価格が安く設定されている。特に、良質なカリフォルニアワインやナッツ、ドライフルーツの品揃えが豊富だ。

Food

$3.99 グルテンフリーパンケーキミックス

99¢ エスプレッソ豆のチョコレートがけ

$1.99 ジンジャー味のミントタブレット

$6.99 シグネーチャーのJoeシリーズコーヒー豆

$1.99 トレジョといえばシーズニング

$3.49 さっぱりとした風味のレモンカード（レモン・バター・クリーム）

$3.99 大人気Everything but the Bagelのナッツ

$2.99 18種類のフレーバーが入ったジェリービーンズ

$2.99 バターのうま味たっぷり、バター・ワッフルクッキー

$1.99 チョコレートが詰まったココア・バトンクッキー

Daily Use

$3.99 無香料の手足用バーム

$4.99 ココナッツオイル＆ヘンプオイルのハンドクリーム

$6.99 オーガニックアルガンオイル

$4.99 ココナッツの香りのヘアセラム

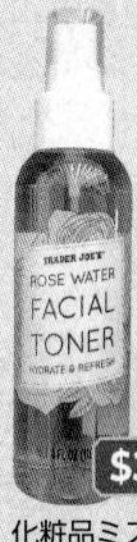

$3.99 化粧品ミスト、フェイシャル・ローズウオーター

トレーダージョーズ　Trader Joe's　URL www.traderjoes.com

▶**Santa Monica** MAP P.74-A1
住 500 Broadway, Santa Monica
☎ (310)912-6877
営 毎日8:00～21:00

▶**Westwood** MAP P.60-A3
住 1000 Glendon Ave., Los Angeles
☎ (310)824-1495
営 毎日8:00～21:00

▶**West Hollywood** MAP P.63-C4
住 8611 Santa Monica Blvd., West Hollywood
☎ (310)657-0152
営 毎日8:00～21:00

▶**Hollywood** MAP P.75-C4
住 1600 N. Vine St., Los Angeles
☎ (1-323)856-0689
営 毎日8:00～21:00

▶**3rd & Fairfax** MAP P.66-B3
住 175 S. Fairfax Ave., Los Angeles
☎ (1-323)931-4012
営 毎日8:00～21:00

▶**La Brea** MAP P.67-C4～D4
住 263 S. La Brea Ave., Los Angeles
☎ (1-323)965-1989
営 毎日8:00～21:00

エレウォンマーケット
Erewhon Market

　1966年に日系移民の久司夫妻がボストンで、マクロビオティックと自然食を中心とした店をオープンしたのが始まり。その後、夫妻はロスアンゼルスへ移り、1968年ビバリーブルバードに西海岸第1号店を開く。2011年にアントシ夫婦が当時1店舗しかなかったエレウォンマーケットを買収。2023年1月現在LA周辺に8店舗展開している。サプリメントやプロテインなどの健康食品、コールドプレスジュースの品揃えがすばらしい。

Food

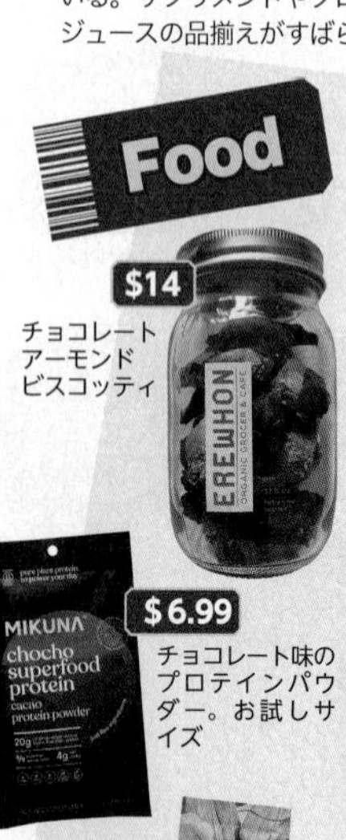

$14
チョコレートアーモンドビスコッティ

$6.99
チョコレート味のプロテインパウダー。お試しサイズ

$9.50
ドライイチジク

$9
チリライム味のドライマンゴー

$6.99
70% カカオチョコレート

$8.99
スピルリナポップコーン

各 $1.99
LA で大ブームのマッシュルームドリンクのコーヒーとカフェラテ。お試しサイズ

$4.50
プラントベースのプロテインパウダー。お試しサイズ

$12
小ぶりなサイズのオリーブオイル

$11.99
はちみつ

$4.49
シナモンパウダー

$5.49
ピンクソルト

Daily Use

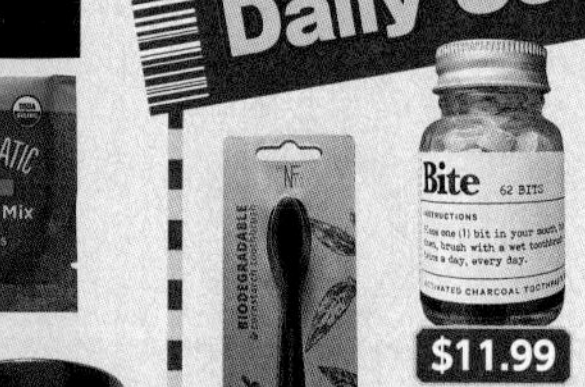

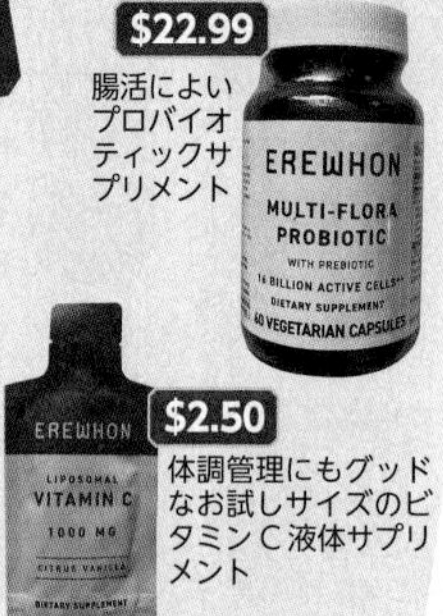

$11.99
プラスティックを使わない、噛むハミガキ粉のタブレット

$22.99
腸活によいプロバイオティックサプリメント

$9.99
コーンからできた堆肥化可能な歯ブラシ

EREWHON
VITAMIN C
1000 MG

$2.50
体調管理にもグッドなお試しサイズのビタミンC液体サプリメント

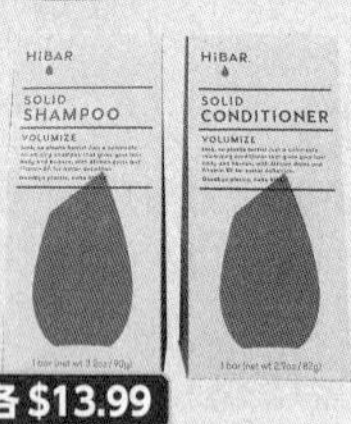

各 $13.99
プラスティックを使わないシャンプーバーとコンディショナーバー

エレウォンのネーム入りタンブラー
$42

Erewhon Market URL www.erewhonmarket.com

▶**Beverly Blvd.** MAP P.66-B2 住 7600 Beverly Blvd., Los Angeles ☎ (1-323)937-0777 営 毎日7:00～23:00	▶**Santa Monica** MAP P.57-C2 住 2800 Wilshire Blvd., Santa Monica ☎ (424)433-8111 営 毎日7:00～22:00	▶**Venice** MAP P.78-D2 住 585 Venice Blvd., Venice ☎ (310)362-3062 営 毎日7:00～23:00
▶**Beverly Hills** MAP P.77-B3 住 339 N. Beverly Dr., Beverly Hills ☎ (424)313-1962 営 毎日7:00～22:00	▶**Silver Lake** MAP P.65-D4 住 4121 Santa Monica Blvd., Los Angeles ☎ (1-213)758-7854 営 毎日7:00～22:00	▶**Pacific Palisades** MAP P.48-A2 住 15285 W. Sunset Blvd., Pacific Palisades ☎ (310)561-8898 営 毎日7:00～21:00

スーパーマーケットの活用法

- スーパーマーケットでは買い物袋が有料。ビニール袋はほとんどなく、紙製の手提げ袋が多い。
- レジは、購入点数によりレーンが分かれていることが多い。購入点数が少ない場合は、エクスプレスレーンExpress Laneを利用するといい。店舗によっては、セルフチェックレジ(Self-Checkout)もある。
- 野菜や果物、調理済みの温かい肉や魚類が集まるデリやサラダバーのコーナーでは、自分の好きな量だけ購入できる。
- 日本で人気のエコバッグは、Reusable Bag、Eco Friendly Shopping Bagと呼ばれている。

サラダバー＆デリ

●ホールフーズ・マーケットには、サラダバーやフルーツバーのコーナーがある。テイクアウト用のボックスに入れてキャッシャーに持っていけば、量り売りで販売してくれる。

●**エレウォンマーケット**ではデリのコーナーがある。ショーケースに並んだ総菜をスタッフに取ってもらうシステム。

ホールフーズ・マーケットにあるフルーツバー。メロンやブルーベリーなど好みの量を取ろう

エレウォンマーケットのデリのコーナー。オーガニック野菜の総菜が並ぶ

チキンとポテト、スティックセニョールのコンボ（$22、左）とラップサンドイッチ（$15、右）

トレーダージョーズにはドレッシング付きのカット野菜ミックスが並ぶ

ジュースバー

●**エレウォンマーケット**には、ジュースバーがあり、注文するとその場で生の野菜や果物を搾ってジュースを作ってくれる。

エレウォンマーケットにあるジュース・トニック・バー

オーガニック・スムージーのStrawberry Probiotic（$22、左）とオーガニック・フレッシュジュース The Big Green（$12、右）

オリジナルのコールド・プレス・ジュースも20種類以上ある

セルフレジ

●自分で商品のバーコードをスキャンして、会計する

ホールフーズ・マーケットにあるセルフレジ

エコバッグ各種

●ホールフーズ・マーケットや**トレーダージョーズ**、**エレウォンマーケット**はそれぞれ、自社ブランドのロゴ入りトートバッグを販売している。材質や値段もさまざま。

ホールフーズ・マーケットのポリプロピレン製エコバッグ（$2.19）

トレーダージョーズのコットン製エコバッグ（$2.99）

エレウォンマーケットのコットン製エコバッグ（$75）

イートインコーナー

●ホールフーズ・マーケットと**エレウォンマーケット**には、店内や屋外にベンチと椅子が置かれているので、買った商品をその場で食べることができる。

屋外イートインコーナーがあるエレウォンマーケット

MEMO スーパーマーケットで見かける重さの単位　ozはオンスと読み、1oz＝約28.3g。lbはポンドと読み、1lb＝16oz＝約454g。

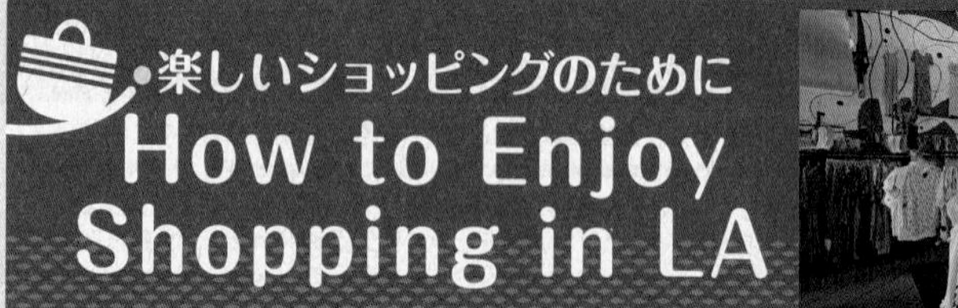

楽しいショッピングのために
How to Enjoy
Shopping in LA

広いエリアに多くの見どころが点在するLAでは、買い物スポットも広範囲に及ぶ。しかし、エリアごとの特徴を知れば、効率よくショッピングが楽しめるはず。各エリアの説明とマップ、ショッピングのポイントを確認して、さっそくショッピングに出かけよう！

賢くショッピングするポイント

どこで買い物する？

短時間で一度に買い物を済ませたいなら、ショッピングモール（→P.340 ～）へ。アウトレットモール（→P.346 ～ 348）なら、ブランド品をディスカウント価格で購入できる。それぞれのエリアの特徴は→P.312～313。

営業時間は？

月～土は10:00 ～ 19:00、日は12:00 ～ 17:00が一般的。ショッピングモールは月～土は21:00、日は19:00まで開いているところが多い。

入店～購入する前の注意

店員に声をかけられたら、「Hello」「Hi」と返事をしよう。買う前には必ず試着して、フィット感や縫製のほつれなどを確認すること。試着する際は店員に「May I try this on?」とひと声かけて許可を得よう。アメリカと日本のサイズ比較表（→P.311）で事前に自分のサイズを知っておくといい。

支払いは？

Cashは現金、Chargeはクレジットカードによる支払い方法のこと。さらに、Chargeの場合、Creditはクレジットカード、Debitは即時決済のデビットカードを意味する。近年、**クレジットカードの支払いには、PIN（暗証番号）を入力する必要があることが多い**。旅行前に番号を確認しておきたい。新型コロナウイルス感染症の影響で現金での支払いができない店が増えてきた。クレジットカードを複数持っていくようにしたい。

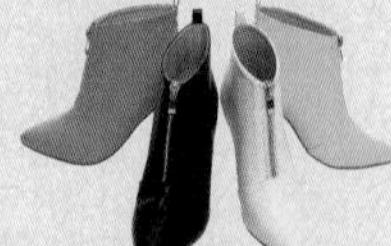

税金（セールスタックス）

日本でいう消費税。州や市によって異なり、**ロスアンゼルス市、ビバリーヒルズ市は9.5%。サンタモニカ市、ウエストハリウッド市、パサデナ市は10.25%（2023年1月現在）**。

交換・返品

基本的にセール商品以外は、どの店舗でも購入した商品の交換や返品を受け付けている。購入時にもらうレシートの裏側に交換・返品についての条件や注意事項が書いてあることが多いので、確認するように。交換・返品の際は、レシートが必要になるので、捨てずに保管しておくこと。

年間の大きなセール時期は３回！

６～7月のサマーセール、11月第4金曜～クリスマスまでのアフターサンクスギビングセール、クリスマス翌日から年明けまでのアフタークリスマスセール。特に11月第4金曜（ブラックフライデイ）は早朝から大型ショッピングセンターがオープンし、多くの人が駆けつける。

おもなバーゲン情報

- ▶有名ブランド＆デパートは、基本的に6月のサマーセールとクリスマス前後の年2回。
- ▶ディスカウントショップ＆アウトレットモールはアメリカの祝日（→P.9）に合わせて頻繁に行われる。
- ▶カジュアルブランド（H&MやForever21など）では、季節が変わるごとにシーズン外れの商品が20 ～ 40% OFFになる。

アメリカと日本のサイズ比較表

●身長

フィート／インチ（ft/in）	4'8"	4'10"	5'0"	5'2"	5'4"	5'6"	5'8"	5'10"	6'0"	6'2"	6'4"	6'6"
センチメートル（cm）	142.2	147.3	152.4	157.5	162.6	167.6	172.7	177.8	182.9	188.0	193.0	198.1

●体重

ポンド（lbs）	80	90	100	110	120	130	140	150	160	170	180	190	200
キログラム（kg）	36.3	40.9	45.4	50.0	54.5	59.0	63.6	68.1	72.6	77.2	81.7	86.3	90.8

●紳士服標準サイズ

	Small		Medium		Large		X-Large	
首回り（inches）	14	14½	15	15½	16	16½	17	17½
日本サイズ（cm）	35.5	37	38	39	40.5	42	43	44.5
胸囲（inches）	34	36	38	40	42	44	46	48
日本サイズ（cm）	86.5	91.5	96.5	101.5	106.5	112	117	122
胴回り（inches）	28	30	32	34	36	38	40	42
日本サイズ（cm）	71	76	81	86.5	91.5	96.5	101.5	106.5
袖丈（inches）	32½	33	33½	34	34½	35	35½	36
日本サイズ（cm）	82.5	84	85	86.5	87.5	89	90	91.5

●婦人服標準サイズ

アメリカサイズ	X-Small	Small		Medium		Large	X-Large		
	0~2	4	6	8	10	12	14	16	18
日本サイズ	5、7	7	9	11	13	15	17	19	-

●靴サイズ

紳士用	アメリカサイズ	6½	7	7½	8	9	10	10½
	日本サイズ（cm）	24.5	25	25.5	26	27	28	28.5
婦人用	アメリカサイズ	4½	5	5½	6	6½	7	7½
	日本サイズ（cm）	22	22.5	23	23.5	24	24.5	25
子供用	アメリカサイズ	1	4½	6½	8	9	10	12
	日本サイズ（cm）	9	10	12	14	15	16	18

●靴の幅

AAA AA A	B C D	E EE EEE
狭い	標準	広い

●ジーンズなどのサイズ

紳士用	ウエストサイズ（inches）	29	30	31	32	33	34	36
	ウエストサイズ（cm）	73.5	76	78.5	81	84	86	91.5
婦人用	ウエストサイズ（inches）	26	27	28	29	30	31	32
	ウエストサイズ（cm）	56	58	61	63	66	68	71

●その他のサイズ

●乾電池
単1=D　単2=C　単3=AA　単4=AAA　単5=N

●用紙サイズ
アメリカの規格は日本と異なる国際判（レターサイズ）
- Letter Size=8.5 inch × 11 inch=215.9 mm × 279.4 mm
- Legal Size=8.5 inch × 14 inch=215.9 mm × 355.6 mm（日本のA4は210 mm ×297 mm）

●ボーイズサイズ

アメリカサイズ	X-Small	Small	Medium	Large	X-Large	XX-Large
	5	6～7	8	10～12	14～16	18
日本サイズ 身長（cm）	110	120	130	140	150～160	160～170

●ガールズサイズ

アメリカサイズ	X-Small	Small	Medium	Large	X-Large	XX-Large
	5	6～7	8	10～12	14	16
日本サイズ 身長（cm）	110	120	130	140	150	160

●幼児サイズ

アメリカサイズ	2歳	3歳	4歳	5歳	6歳	7歳
	2T	3T	4T、4	5T、5	6	7
日本サイズ 身長（cm）	90	100	110	110	120	120

●ヨーロッパ・サイズ比較表

	洋服					靴					
日本	7	9	11	13	15	22.5	23.0	23.5	24.0	24.5	25.0
フランス	34	36	38	40	42	35	35½～36	36½	37～37½	38	38½～39
イタリア	36	38	40	42	44						

※メーカーによりサイズ表示法が異なるので、上記は目安

度量衡

◆距離・長さ
1インチ（inch）≒2.54cm
1cm≒0.393インチ
1フット（foot）＝12インチ≒30.48cm
1m≒3.28フィート（複数形はフィートfeet）
1ヤード（yard）＝3フィート≒91.44cm
1マイル（mile）≒1609.3m
1km≒0.6214マイル

◆重さ・質量
1オンス（ounce）≒28.3g
1ポンド（pound）=16オンス≒454g
1kg≒2.204ポンド≒35.27オンス
1パイント（pint）≒0.473ℓ
1クオート（quart）＝2パイント≒0.95ℓ
1ガロン（gallon）＝4クオート≒3.78ℓ

MEMO **アメリカの単位**　スーパーなどで、肉や野菜の価格には金額のほかにEaとかlbの記号が付いている。Eaはイーチで1個当たり、lbはラテン語でポンドと読む。

Shopping Area Guide

ショッピングエリア案内

幅広いエリアにまたがるLAでは、エリアを絞ってショッピングを楽しむのが効率的だ。下記を参考に計画を立てよう。

LA で誕生したブランドを扱うセレクトショップも多い

憧れのロデオドライブ

ビーチシティズ Beach Cities

1 カジュアルブランドのチェーン店が多い
サード・ストリート・プロムナード
Third Street Promenade →P.314

2 サンタモニカとベニスの間
メインストリート
Main St. →P.315
約1kmの通りにおしゃれな雑貨店やセレクトショップが並ぶ。

3 落ち着いた雰囲気
モンタナアベニュー
Montana Ave. →P.316
地元の人が通う個人経営のショップが多い。

4 ローカルに大人気
アボット・キニー・ブルバード
Abbot Kinney Blvd. →P.316
個性豊かなショップが集まる。

5 開放感あふれるモール
サンタモニカプレイス
Santa Monica Place →P.342

ウエストサイド Westside

6 セレブ御用達の流行発信地
ロバートソンブルバード
Robertson Blvd. →P.320

7 散歩気分でセレクトショップ巡り
ウエスト・サード・ストリート
West Third St. →P.321

8 高級ブランドが勢揃い
ロデオドライブ
Rodeo Drive →P.322

9 高級感漂うモール
ビバリーセンター
Beverly Center →P.343

10 幅広いレベルのブランドが揃うモール
ウエストフィールド・センチュリーシティ
Westfield Century City →P.344

左／スタッフに流行を聞いてもいい
上／試着をして自分に合ったものを入手したい

ハリウッド
Hollywood

11 洗練された大人のストリート
サンセットストリップ
Sunset Strip →P.325

12 LAの名物ストリート
メルローズアベニュー
Melrose Ave. →P.326

13 ストリート系ファッションブランドが並ぶ
フェアファックスアベニュー
Fairfax Ave. →P.330

14 日本人に人気のブランドが集まるモール
グローブ
The Grove →P.345

15 古着店や家具店が並ぶ
ラ・ブレア・アベニュー
La Brea Ave. →P.331

16 駅の上にあり、便利なショッピングモール
オベーションハリウッド
Ovation Hollywood →P.344

17 ユニークな店が集まる
ロスフェリッツ
Los Feliz →P.333

18 おしゃれな個性派が通う
シルバーレイク
Silverlake →P.333

LA ショッピングマップ

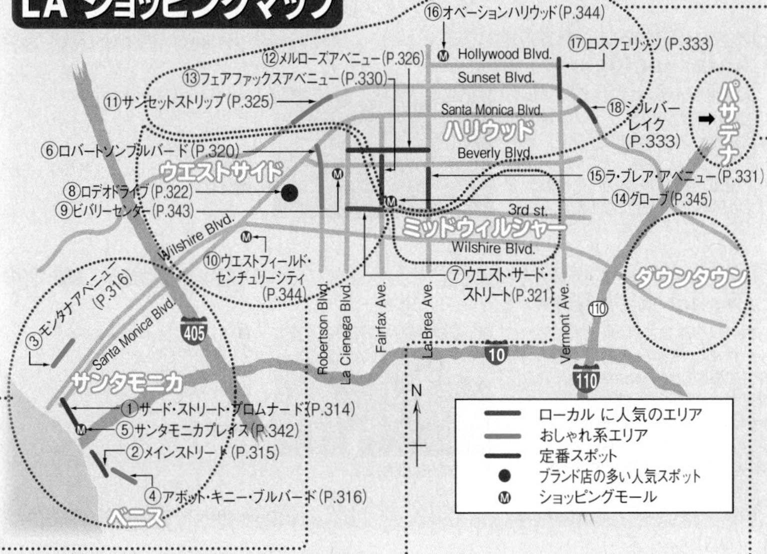

⑯オベーションハリウッド(P.344)
⑰ロスフェリッツ(P.333)
⑫メルローズアベニュー(P.326)
⑬フェアファックスアベニュー(P.330)
⑪サンセットストリップ(P.325)
⑱シルバーレイク(P.333)
⑥ロバートソンブルバード(P.320)
⑧ロデオドライブ(P.322)
⑨ビバリーセンター(P.343)
⑩ウエストフィールド・センチュリーシティ(P.344)
⑮ラ・ブレア・アベニュー(P.331)
⑭グローブ(P.345)
⑦ウエスト・サード・ストリート(P.321)
③モンタナアベニュー(P.316)
①サード・ストリート・プロムナード(P.314)
⑤サンタモニカプレイス(P.342)
②メインストリート(P.315)
④アボット・キニー・ブルバード(P.316)
Hollywood Blvd.
Sunset Blvd.
Santa Monica Blvd.
Beverly Blvd.
3rd st.
Wilshire Blvd.
Robertson Blvd.
La Cienega Blvd.
Fairfax Ave.
La Brea Ave.
Vermont Ave.
ハリウッド
ウエストサイド
ミッドウィルシャー
ダウンタウン
パサデナ
サンタモニカ
ベニス
405
10
110
N

ローカル に人気のエリア
おしゃれ系エリア
定番スポット
● ブランド店の多い人気スポット
Ⓜ ショッピングモール

ミッドウィルシャー
Mid Wilshire

アメリカ国内で最大規模のコリアタウンがある。韓国人が経営するスーパーマーケットや化粧品店では、オーガニックコスメや日本のお菓子、飲み物が割安で購入できる。

ダウンタウン
Downtown

ビジネス街だが、宝石類や花、おもちゃなどの卸業者が集まるエリアがあり、手頃な値段で買える。またファッションディストリクトと呼ばれるエリアでは、有名ブランドのサンプル品を週末に販売することが多い。近年リトルトーキョーの南東にあるアーツディストリクトに、雑貨屋やセレクトショップが続々オープンしている。→P.335

パサデナ
Pasadena

古い街並みを残したパサデナの中心であるオールドパサデナは、チャーミングな雰囲気が魅力。カジュアルブランドのチェーンが多い。歩いて買い物ができるのがいい。
→P.338

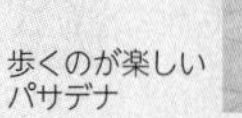

歩くのが楽しい
パサデナ

ファッション

アウトドアの本格派から絶大なる支持を得ている　サード・ストリート・プロムナード　MAP P.76-A2

Athleta●アスレタ

1998年にサンフランシスコ郊外で誕生した女性向けフィットネスウエアブランド。ヨガやダンス、ランニングなど激しい動きにも対応する。デザインがおしゃれでかわいいうえ、着心地のよさで評判がいい。

街着としても使える

住1318 3rd St. Promenade, Santa Monica
☎(310)393-3040
URL athleta.gap.com
営月～土10:00～19:00、日11:00～18:00
カード M V

日本でも有名なブランド　おすすめ!　サード・ストリート・プロムナード　MAP P.76-B2

Victoria's Secret●ビクトリアズシークレット

カラフルなランジェリーはもちろん、ロゴ入りのTシャツ、ルームウエア、水着などを販売している。なかでも人気の商品は、香りのよいボディクリームやコロンなどのビューティアイテム。まとめて買うとさらにお得だ。

ボディケアアイテムは見逃せない

住1311 3rd St. Promenade, Santa Monica
☎(310)451-4570
URL www.victoriassecret.com
営月～土10:00～20:00、日11:00～19:00
カード M V

アーバン・アウトフィッターズの姉妹ブランド　サード・ストリート・プロムナード　MAP P.76-A3

Anthropologie●アンソロポロジー

30～40歳代の女性がターゲットで、大人かわいいデザインの洋服が人気のライフスタイルブランド。靴やアクセサリー、家具、インテリア雑貨まで幅広い商品が並ぶ。花柄のエプロンは日本でも話題になった。

日本の芸能人にもファン多数

住1402 3rd St. Promenade, Santa Monica
☎(310)393-4763
URL www.anthropologie.com
営月～土10:00～19:00、日11:00～18:00
カード A M V

ＬＡのティーンエイジャーに大人気　おすすめ!　サード・ストリート・プロムナード　MAP P.76-B3

Brandy Melville●ブランディメルビル

イタリア生まれだが、西海岸テイストがあふれるレディスブランド。すべての製品がMade in Italyで、品質のよさはファストファッションをはるかにしのぐ。パリス・ヒルトンやリンジー・ローハン、マイリー・サイラスがよく着用することで全米で人気に。

お手頃価格もうれしい

住1413 3rd St. Promenade, Santa Monica
☎(310)434-1945
URL www.brandymelvilleusa.com
営毎日10:00～20:00
カード A M V

スポーツ

サーファーもスケーターも御用達　サード・ストリート・プロムナード　MAP P.76-A3

Vans●バンズ

サンタモニカ&ベニスのスケートボードカルチャーを牽引したショップ。定番のオールドスクールやオーセンティック、スリッポンなど、日本人に人気のスニーカーが豊富に揃う。Tシャツやスケートボードの販売も行っている。

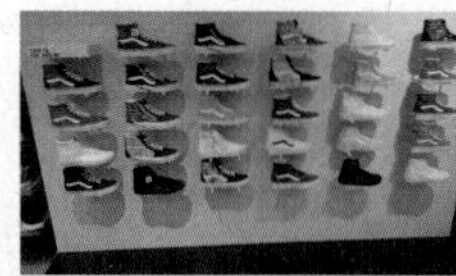
カラーバリエーション豊かなハイカット

住1416 3rd St. Promenade, Santa Monica
☎(424)330-8744
URL www.vans.com
営月～土10:00～20:00、日11:00～19:00
カード A M V
※クレジットカードでの支払いには、写真付きIDが必要。

雑貨

知る人ぞ知るキャラクターショップ　サード・ストリート・プロムナード　MAP P.76-B3

Puzzle Zoo●パズルズー

店の奥に行くにつれ、コミックや人気テレビ番組のキャラクターたちが登場する。スターウォーズ、スーパーマン、バットマンといったフィギュアが豊富。なかには驚くほどの値段がついているものもある。

アメリカン・コミックファン必訪

住1411 3rd St. Promenade, Santa Monica
☎(310)393-9201
URL www.puzzlezoo.com
営月～土10:00～20:00（土～21:00）、日11:00～19:00
カード A M V

MEMO パズルズーの他店舗情報　サンタモニカ・メインストリート店 MAP P.79-B3 住2910 Main St., Santa Monica ☎(310)396-4331 営毎日11:00～19:00

アウトドア

本格的なキャンピンググッズも揃う　サード・ストリート・プロムナード周辺 MAP P.76-B3

REI•アール・イー・アイ

全米に展開するアウトドアグッズの専門店。The North FaceやPatagoniaのジャケットから、New BalanceやAsicsのスニーカーまで幅広い品揃えを誇る。サンタモニカ周辺でワークショップやランニング、ウオーキングのレッスンも開催している。

メンズ、レディスともに充実

住402 Santa Monica Blvd., Santa Monica
☎(310)458-4370
URL www.rei.com
営毎日10:00〜21:00(日〜19:00)
カード A M V

雑貨・文房具

クオリティの高いデザイン＆質の高い紙製品が豊富　サード・ストリート・プロムナード周辺 MAP P.76-B1

Paper Source•ペイパーソース

グリーティングカードをはじめ手帳、カレンダー、ラッピングペーパーなど紙に関する商品を多数揃える。おちゃらけたメッセージ付きの靴下や、サンタクロースやスノーマンが付いたボールペンなどアメリカらしいアイテムはおみやげに最適。

文房具好きにはたまらない

住309 Wilshire Blvd., Santa Monica
☎(310)255-7988
URL www.papersource.com
営月〜土10:00〜19:00(水〜金〜20:00、土〜18:00)、日11:00〜18:00
カード A M V

靴

ボストン発の老舗靴メーカー　サンタモニカ MAP P.57-C2

New Balance•ニューバランス

扁平足を直す矯正靴を作り有名になった靴メーカー。店内では一人ひとりの足のサイズや形を計測して、いちばん歩きやすいものをすすめてくれる。日本では高価なMade in USAの型番990（$203〜）も日本より多少割安の値段だ。

カジュアルファッションにも合う

住2600 Wilshire Blvd., Santa Monica
☎(310)829-2900
URL www.newbalance.com
営毎日10:00〜20:00(土日〜18:00)
カード A J M V

スポーツ

ローカルサーファーが集う　メインストリート MAP P.79-B3

ZJ Boarding House•ZJ ボーディング・ハウス

1988年創業のサンタモニカを代表するサーフショップ。サーフボードやウエットスーツのほか、ビーチサンダル、短パン、Tシャツ、スニーカー、スケートボードなどを取り揃える。ボードのレンタルやサーフィンのレッスンも行っている。

オリジナルアイテムもあり

住2619 Main St., Santa Monica
☎(310)392-5646
営毎日10:00〜19:00(日〜18:00)
カード A M V

ジュエリー

手作りのアクセサリーを探している人に最適　メインストリート MAP P.79-B3

Accents Jewelry Design•アクセンツジュエリー・デザイン

1987年サンタモニカにオープンしたジュエリーショップ。ベニス生まれのオーナーでデザイナーのスティーブン・ハナが作るジュエリーは唯一無二のもの。展示会やクラフトマーケットで入手した作品もある。

ハリウッドセレブも愛用する

住2900 Main St., Santa Monica
☎(310)396-2284
URL www.accentsjewelry.com
営毎日11:00〜18:00
カード A M V

雑貨

サンタモニカでぜひ立ち寄ってほしい　メインストリート MAP P.79-B3

Ten Women•テンウィメン

店名のとおり、10人の女性デザイナーがデザインしたかわいい雑貨、陶器、ジュエリーなどを販売している。女性へのギフトや、ちょっとしたおみやげに最適。ほかではあまり見ないユニークなものも見つかるはず。

一点物を探すならここ

住2719 Main St., Santa Monica
☎(424)433-8116
URL www.tenwomengallery.com
営月火12:00〜18:00、水〜土10:00〜19:00、日11:00〜18:00
カード A M V

MEMO ペイパーソースの他店舗情報　パサデナ店 MAP P.78-E 住163 W. Colorado Blvd., Pasadena ☎(626)577-3825 営月〜土10:00〜19:00(水〜金〜20:00)、日11:00〜18:00

ファッション

素材のよさが光るニットがウリ　モンタナアベニュー　MAP P.56-B2

Margaret O'Leary・マーガレットオーレリー

アイルランド出身のマーガレットがサンフランシスコで始めたニットブランド。肌触りのいいセーターやカーディガン($178〜)は、マドンナやケイト・ハドソン、ハル・ベリーなど有名芸能人も愛用する。日本未入荷ブランド。

着心地抜群のニットが手に入る

住1605 Montana Ave., Santa Monica
☎(310)496-1800
URLwww.margaretoleary.com
営火〜土10:00〜18:00
休日月
カードAMV

ジュエリー

ジュエリー界の最新の流行を知ることができる　モンタナアベニュー　MAP P.56-B2

Heist Jewelry・ヘイストジュエリー

ジュエリー業界で20年以上働くオーナーが選ぶ貴金属品は一見の価値あり。14金ネックレスやイヤリング、ブレスレット、ペンダントなど高級品が並ぶ。高級住宅街に店を構えているだけあり、地元民からの信頼度も高い。

リペアサービスも行っている

住1230 Montana Ave., #104, Santa Monica
☎(310)395-3205
URLwww.heist-jewelry.com
営毎日10:00〜17:00(日11:00〜)
カードAMV

コスメ

ニューヨーク生まれのコスメブランド　モンタナアベニュー　MAP P.56-B2

Kiehl's・キールズ

全米中に展開する人気のスキンケアブランド。自然の素材にこだわったナチュラルな製品はどれも安心して使える。赤ちゃん用、男性用の製品もある。LAではブルーミングデールズ、ノードストロームにも入っていることが多い。

メンズ用品も種類が豊富

住1516 Montana Ave., Santa Monica
☎(310)255-0055
URLwww.kiehls.com
営毎日11:00〜19:00(日〜18:00)
カードAMV

キッチン雑貨

ハリウッドセレブや有名シェフも愛用する高級キッチン用品　モンタナアベニュー　MAP P.56-B2

Williams Sonoma・ウィリアムズ・ソノマ

3ヵ月のヨーロッパ旅行から帰国したチャック・ウィリアムズが、1956年カリフォルニア州ソノマの金物屋を買い取り、フランスから仕入れた台所用具を集めた店としてオープンしたのが始まり。現在全米に約600の店舗を展開する。

おしゃれでハイセンスな商品が並ぶ

住1600 Montana Ave., Santa Monica
☎(310)586-1018
URLwww.williams-sonoma.com
営月〜土10:00〜19:00、日11:00〜17:00
カードAMV

ファッション

20〜40歳代の働く女性に最適のセレクトショップ　アボット・キニー・ブルバード　MAP P.78-C1

Heist・ヘイスト

オーナーえりすぐりの洗練されたデザインの洋服が並ぶ。ちょっと値は張るが、素材がよく、流行に左右されないベーシックなものが多い。LAで注目を集めているRaquel Allegraのトップス（$145〜）やThe GreatのTシャツ（$125〜）などを扱う。

ＯＬが週末に着たくなるような服だ

住1100 Abbot Kinney Blvd., Venice
☎(310)450-6531
URLwww.shopheist.com
営月〜土11:00〜18:00、日12:00〜17:00
カードAMV
※クレジットカードでの支払いには、写真付きIDが必要。

インターネット販売から火がついた　アボット・キニー・ブルバード　MAP P.78-D1

Everlane・エバーレーン

2010年サンフランシスコで創業。最高品質の素材を使いながら、お手頃価格の靴やニット、ジャケットは、アンジェリーナ・ジョリーやジェシカ・アルバも愛用する。商品の製造工程や原価を公表しているのも人気の理由。

ニットは $58〜

住1101 Abbot Kinney Blvd., Venice
☎(424)529-0291
URLwww.everlane.com
営月〜土10:00〜20:00、日11:00〜19:00
カードAMV

MEMO ウィリアムズ・ソノマの他店舗情報　パサデナ店 MAP P.71-C2 住142 S. Lake Ave., Pasadena ☎(626)795-5045 営月〜土10:00〜20:00、日11:00〜18:00

ファッション

柔らかな肌触りにこだわった洋服　アボット・キニー・ブルバード　MAP P.78-C1

Marine Layer•マリンレイヤー

サンフランシスコに拠点をおくカジュアルウエアブランド。ブナの木から取れるマイクロモダールという素材を使ったソフトな肌触りのTシャツやスウェット、下着の評判がいい。100%リサイクル素材で作られたTシャツも販売する。

環境にも配慮するブランド

住1144 Abbot Kinney Blvd., Venice
☎(310)314-4041
URL www.marinelayer.com
営毎日11:00～19:00(日～18:00)
カード A M V

カルバーシティで生まれたアパレルメーカー　アボット・キニー・ブルバード　MAP P.78-D1

Industry of All Nations•インダストリー・オブ・オール・ネイションズ

生地や糸を生産する国で、洋服の製造から縫製まで一貫して行う。アルパカセーターはボリビア、トレンチコートはイギリス、デニムはインドで製造するという強いこだわりをもつ。ファストファッションを嫌悪するLAっ子のお気に入りブランド。

インディゴ染めのTシャツは$48～

住1121 Abbot Kinney Blvd., Venice
☎(310)392-6000
URL industryofallnations.com
営毎日11:00～19:00
カード M V

おしゃれ女子が注目している　おすすめ!　アボット・キニー・ブルバード　MAP P.78-D1

LCD•エル・シー・ディー

Awake NYやAriesのトップスのほか、Sandy Liang、Wales Bonnerのジャケットなど、スタイリッシュできれいめアイテムが並ぶセレクトショップ。日本では入手困難なブランドのジュエリーやサングラスもある。

新ブランド発掘に最適

住1121 Abbot Kinney Blvd., #2, Venice
☎(424)280-4132
URL www.shoplcd.co
営毎日11:00～18:00
カード A M V

地元サーファーから人気に火がついた　アボット・キニー・ブルバード　MAP P.78-C2

Aviator Nation•アビエーターネイション

創業者でデザイナーのペイジ・マイコスキーが2006年に立ち上げたファッションブランド。1970～1980年代のサーフスタイルにビンテージ感を加えつつ、きめ細かく縫製する。サーファーである彼女が作り出す洋服は、LAならではの鮮やかな色使いが特徴だ。

男女兼用のスウェットは$148～

住1224 Abbot Kinney Blvd., Venice
☎(310)396-9400
URL www.aviatornation.com
営毎日10:00～21:00
カード A M V

双子の兄弟がニューヨークで2013年にスタートさせたブランド　アボット・キニー・ブルバード　MAP P.78-C2

Faherty Brand•ファリティブランド

金融業界で働いていた兄のアレックスとデザイナーとしてラルフローレンに勤めていた弟マイクが立ち上げた。オーガニックコットンや、ペットボトルを再利用したリサイクル素材を使用したTシャツは日本のサーファーからあつい支持を集めている。

アメカジ好きはマストチェック

住1338 Abbot Kinney Blvd., Venice
☎(310)314-8301
URL fahertybrand.com
営毎日11:00～18:00
カード A M V

大人ガーリースタイルのワンピース　アボット・キニー・ブルバード　MAP P.78-D2

Christy Dawn•クリスティダウン

モデルとしても活躍しているクリスティ・ダウンがデザインするドレスは、着心地のよさから日本人にもファンが多い。創業当時はビンテージの生地を使用していたが、現在は種から育てたオーガニックコットンの生地をメインに採用する。

毎日着られるドレスがテーマ

住1337 Abbot Kinney Blvd., Venice
☎(310)422-8990
URL christydawn.com
営毎日11:00～19:00
カード A M V

MEMO ファリティブランドの他店舗情報　マリブ店 MAP P.46-A2 住3835 Cross Creek Rd., #5A, Malibu ☎(310)317-0103 営毎日10:00～18:00

ファッション

LA発のデニムといえばここ　アボット・キニー・ブルバード　MAP P.78-C2

The Stronghold • ストロングホールド

1895年に誕生したデニムブランド。1940年代に大量生産のあおりを受け倒産したが、2004年にベニスで復活した。12オンスのしっかりとした素材で作られたオリジナルデニム（$295～）のほか、Aldenの靴なども並ぶ。

アメカジでトータルコーディネートを

住1625 Abbot Kinney Blvd., Venice
☎(310)399-7200
URL thestronghold.com
営毎日11:00～18:00
カード A M V

古きよきカリフォルニアの雰囲気がいっぱい　アボット・キニー・ブルバード　MAP P.78-C2

Buck Mason • バックメイソン

1万ドルの貯金を元手に2013年、サッシャ・コーエンとエリック・アレンがベニスビーチで立ち上げたブランド。流行に左右されることなく、定番のデニムやシャツ、ニットを作り続けることをモットーとする。

LA で製造されているデニム

住1638 Abbot Kinney Blvd., Venice
☎(424)744-8508
URL www.buckmason.com
営月～土10:00～19:00、日10:00～18:00
カード A M V

靴

サンフランシスコで誕生した　アボット・キニー・ブルバード　MAP P.78-D2

Allbirds • オールバーズ

アメリカの雑誌『Time』が世界一快適なシューズと取り上げたブランド。ニュージーランドのメリノウールを使ったウールランナー（$110～）やユーカリの木の繊維からできたツリーランナー（$105）など定番のアイテムが揃う。

軽くて履き心地がいい

住1335 Abbot Kinney Blvd., Venice
☎(424)295-9968
URL www.allbirds.com
営毎日11:00～19:00
カード A M V

時計&革製品

Made in USAの復活を目指して　アボット・キニー・ブルバード　MAP P.78-C2

Shinola • シャイノーラ

ゴーストタウンと化した2011年のデトロイトで生まれた時計ブランド。スイスから部品を取り寄せ、すべてデトロイトで製造を行っている。 近年は、自転車や財布、かばん、文房具、ジュエリー、めがね、洋服などの販売も始めた。

品質のよさではピカイチ

住1623 Abbot Kinney Blvd., Venice
☎(424)322-2177
URL www.shinola.com
営毎日11:00～18:00(日～17:00)
カード A M V

インテリア&雑貨

一軒家の中はアイデアの宝庫　アボット・キニー・ブルバード　MAP P.78-C2

Tumbleweed & Dandelion • タンブルウィード&ダンデライオン

おもに個人宅のインテリアデザインを手がけるリジーが1997年にオープンした。センスのよさが感じられる店内は、数々の雑誌に取り上げられているのも納得。ブランケットや枕、ラグなどは日本でも使えそうだ。

ライフスタイルをまねしたくなる

住1502 Abbot Kinney Blvd., Venice
☎(310)450-4310
URL tumbleweedanddandelion.com
営火～日11:00～18:00(金土～19:00)
休月
カード A M V

雑貨

センスのいい雑貨を探すなら　おすすめ!　アボット・キニー・ブルバード　MAP P.78-D2

Burro • ブーロ

カードや石鹸、ビーチサンダルなど、ポップなデザインのおしゃれな雑貨が多いショップ。サーファーの写真集や料理本、アクセサリーも揃う。アメリカらしいおみやげが見つかるかも。

日本の TV 番組でも取り上げられた

住1409 Abbot Kinney Blvd., Venice
☎(310)450-6288
URL burrogoods.com
営毎日10:30～18:00
カード A M V

MEMO **バックメイソンの他店舗情報**　センチュリーシティ店 MAP P.60-B3 住10250 Santa Monica Blvd., #1760, Los Angeles（ウエストフィールド・センチュリーシティ内→P.344） ☎(424)284-3417 営月～土10:00～21:00、日11:00～20:00

ファッション

コーヒーを飲みながらショッピングできる　ベニス MAP P.59-C1

Deus Ex Machina•デウス・エクス・マキナ

2014年日本にも上陸したが、ベニスでも話題のショップ。バイクやサーフィン、スケートボードをテーマにTシャツやサーフボード、バイク用品を販売する。店内には、カスタムバイクが展示してあるほか、カフェも併設。

買い物の合間にコーヒーブレイクを

住1001 Venice Blvd., Venice
Free(1-888)515-3387
URL us.deuscustoms.com
営毎日9:00〜16:00(カフェは7:00〜)
カード A M V

サーフィン

おしゃれなサーフショップ　ベニス MAP P.75-D2

Mollusk Surf Shop•モラスク・サーフショップ

サーフボードやサーフパンツ、Tシャツなどはもちろん、サーフムービーのDVDや、ビンテージ本などサーフカルチャーにまつわる商品も多く揃えている。グラフィックのおしゃれなTシャツ（$38〜）はおみやげにもいい。

フレンドリーなオーナーが魅力的な店

住1600 Pacific Ave., Venice
☎(310)396-1969
URL mollusksurfshop.com
営毎日10:00〜18:30
カード A M V

インテリア&雑貨

ベニスで今、最も注目を浴びているショップ　ベニス MAP P.58-B1

General Store•ジェネラルストア

地元の作家が作ったジュエリーや雑貨から、ビンテージ家具まで幅広い商品を取り扱うセレクトショップ。世界各地から厳選して取り寄せた衣服やシャンプー、石鹸なども見逃せない。一点物のビンテージデニムも要チェック。

開放感あふれる店内

住1801 Lincoln Blvd., Venice
☎(310)751-6393
URL shop-generalstore.com
営毎日11:00〜17:00(日12:00〜)
カード A M V

古着

セレブも愛する有名店　ベニス MAP P.75-D2

Animal House•アニマルハウス

ビンテージのTシャツや、デニムを探すなら、この店へどうぞ。ところ狭しと並べられたアイテムは、状態もよく、値段も手頃。Vansなどの人気ブランドを含め、靴の種類も多い。新品のアイテムもあるので、そちらもチェックしてみよう。

カジュアルな古着や小物が豊富

住66 Windward Ave., Venice
☎(310)392-5411
URL www.animalhousevenice.com
営毎日10:00〜18:00
カード A M V

アンティークショップ

サンタモニカ最大級の品揃えを誇るアンティークショップ　ベニス MAP P.58-B1

The Mart Collective•マートコレクティブ

特に1950〜1960年代製の家具や食器が多い。長年、中古品の取り扱い業務に携わってきたオーナーが在駐しているだけに、適正価格で販売しているのがうれしい。Fire-Kingのボウルやお皿などがあることも。

じっくりと掘り出し物を探し出そう

住1600 Lincoln Blvd., Venice
☎(310)450-5142
URL www.themartcollective.com
営毎日10:00〜18:00
カード A M V

ファッション&雑貨

カリフォルニアのライフスタイルがわかる　マリブ MAP P.46-A2

Surfing Cowboys•サーフィンカウボーイズ

ファッション写真家として活躍したウェインとアートディレクターのダナ夫妻が、全米中を旅して見つけてきたミッドセンチュリーの家具や雑貨を中心に扱う。アメリカ西海岸風のインテリアは部屋作りの参考になる。

地元のサーファーも立ち寄る

住3844 Cross Creek Rd., Malibu
☎(310)915-6611
URL surfingcowboys.com
営毎日10:00〜18:00
カード A M V

MEMO ブーロ(→P.318)の他店舗情報　モンタナアベニュー店 MAP P.56-B2 住1533 Montana Ave., Santa Monica ☎(310)319-2304 営毎日10:30〜18:00

コスメ

日本未上陸のオリジナルブランドが若者に人気　ウエストウッド MAP P.60-A3

Ulta Beauty・アルタビューティ

全米に1300以上の店舗を展開するコスメ専門店。お手頃価格から高額のハイブランドコスメまで、幅広い価格帯の商品を取り揃える。店内ではメイクアップアーティストによるメイク体験もできる。カイリーコスメティックスの取り扱いあり。

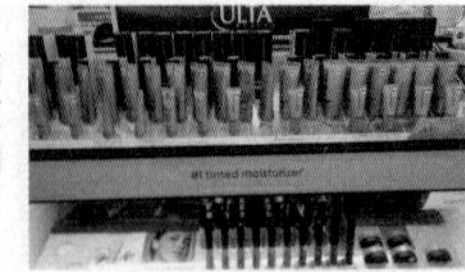

ボディローションやシャンプーも

住10925 Kinross Ave., Los Angeles
☎(310)443-0007
URL www.ulta.com
営月〜土10:00〜20:00(木〜土〜21:00)、日11:00〜18:00
カード A M V

ファッション

アクセサリーは不動の人気を誇る　ロバートソンブルバード MAP P.61-D1

Chrome Hearts・クロムハーツ

重量感あふれるシルバーアクセサリーは、多くのハリウッドセレブに愛されている。隅々まできめ細かい彫刻が施され、手作りならではのこだわりが満載だ。Robertson Blvd.とMelrose Ave.の角、うっそうと木々が茂るなかにある。

シルバーアクセサリーの老舗

住600 N. Robertson Blvd., Los Angeles
☎(310)854-9800
URL www.chromehearts.com
営月〜土11:00〜19:00、日12:00〜17:00
カード A M V
※2023年1月現在、入店には電話での事前予約が必要。

ＬＡセレブも御用達　ロバートソンブルバード MAP P.61-D1

H. Lorenzo・Hロレンゾ

日本を含め世界中からえりすぐりのファッションアイテムを取り扱うセレクトショップ。時代の最先端を行くオーナーのセンスや先見性に、多くのスタイリストやファッショニスタが注目をしている。高級ブランドが多いのも一流の証。

業界人も注目する１軒

住474 N. Robertson Blvd., West Hollywood
☎(310)652-0064
URL www.hlorenzo.com
営月〜土11:00〜19:00、日12:00〜18:00
カード A M V

モダンアートがプリントされたアイテムが多い　ロバートソンブルバード MAP P.78-A1

Lauren Moshi・ローレンモシ

2005年モシ姉弟によって誕生したブランド。パリス・ヒルトンやリンジー・ローハンが着用して、注目されるようになった。すべてのものをオーナーのローレン自身がデザインし、Tシャツ（$100〜）やパーカー（$160〜）、キャップ（$68〜）が人気。

セレクトショップでも好評のブランド

住107/109 N. Robertson Blvd., Los Angeles
☎(310)903-3252
URL www.laurenmoshi.com
営毎日11:00〜19:00
カード A M V

フェミニン＆カジュアル　ロバートソンブルバード MAP P.78-B1

Curve・カーブ

色別に分かれた店内にはブラウス、キャミソール、ワンピースなどのアイテムが並ぶ。人気のデニムブランドも豊富に取り揃えているので、最新のデニムを手に入れたい人にもおすすめ。普段着からハイエンドまで揃い、平日はセレブが訪れることも多い。

スタッフの着こなしも参考になる

住154 N. Robertson Blvd., Los Angeles
☎(310)360-8008
URL www.shopcurve.com
営月〜土11:00〜19:00、日12:00〜18:00
カード A M V

ハイエンドブランドを多く扱う　ロバートソンブルバード MAP P.78-B1

Intermix・インターミックス

NYに本店をもつセレクトショップ。Alexander Wangのバッグや、L'agence、Ksubi、Motherのデニムなどを扱っている。また、カラフルなドレスも豊富だ。靴はManolo Blahnik、Balmainなど。

よりトレンドを意識したい人向けの店

住110 N. Robertson Blvd., Los Angeles
☎(310)860-0113
URL www.intermixonline.com
営毎日11:00〜18:00(日12:00〜)
カード A M V

MEMO インターミックスの他店舗情報　ビバリーヒルズ店 MAP P.77-B2 住400 N. Beverly Dr., Beverly Hills ☎(310) 623-1619 営毎日11:00〜18:00(日12:00〜)。ブレントウッド・カントリー・マート店 MAP P.56-B1 住225 26th St., #52, Santa ↗

ファッション

パリス・ヒルトンやニコール・リッチーも愛用する　ロバートソンブルバード　MAP P.78-A2

Chaser•チェイサー

1988年、LAの小さなガレージでロックバンドのTシャツを作り始めたのが、ブランド誕生のきっかけ。現在はコットン製のシンプルなデザインのVネックTシャツ（$62～）やドレス（$88～）なども取り扱っている。

スウェットは $79 ～

住113 S. Robertson Blvd., Los Angeles
☎(310)461-1200
URLwww.chaserbrand.com
営月～土10:00～18:00、日11:00～17:00
カードAMV

ファッション&雑貨

西海岸を感じられる雰囲気　ロバートソンブルバード　MAP P.78-A2

Kitson•キットソン

惜しまれながら2015年に閉鎖したセレクトショップが復活。Kitsonの創業者とクリエーターチームが新たに立ち上げた。おみやげによさそうなかわいらしい雑貨をメインに、Tシャツやデニムなどの洋服も豊富に揃える。

2016 年に再オープンした

住115 S. Robertson Blvd., Los Angeles
☎(424)245-4003
URLwww.kitsonlosangeles.com
営毎日10:00～20:00
カードAMV

雑貨&家具

色鮮やかな花柄のコーヒーカップやプレートがおすすめ　ロバートソンブルバード　MAP P.78-B2

Indigo Seas•インディゴシーズ

数多くのセレブが目撃されているレストラン、アイビーの共同経営者を務めるリン・カースティングの趣味がたっぷり感じられるショップ。1930年代のフランス家具や絵画が並べられ、アイビーで使用されている食器も販売している。

センスのいい雑貨が見つかるかも

住140 S. Robertson Blvd., Los Angeles
☎(310)550-8758
URLtheivyrestaurants.com/indigo-seas
営月～金10:30～16:30、土11:00～17:00
休日
カードAMV

ファッション

日本のセレクトショップのスタッフも注目する　ウエスト・サード・ストリート　MAP P.66-A3

Lot, Stock and Barrel•ロット・ストック・アンド・バーレル

デニムやビンテージTシャツ、ミリタリージャケットなど、アメカジ好きにはたまらないショップ。なかでも、背中に人気キャラクターやどくろを刺繍したカスタムメイドのデニムジャケットは、種類も豊富で人気がある。

目の前でカスタムしてくれる

住8363 W. 3rd St., Los Angeles
☎(1-323)879-9896
URLwww.lotstockandbarrel.com
営月～土11:00～18:00
休日
カードAMV

雑貨

ロハスな雑貨店　ウエスト・サード・ストリート　MAP P.66-A3

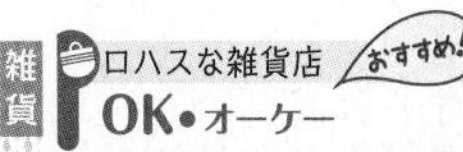

OK•オーケー

シンプルかつモダンな雑貨が揃っている雑貨店。プレゼントにしても喜ばれそうなインテリア雑貨やPippa Small、Margaret Solowなど日本でも人気のジュエリーなどを取り扱う。日本製の商品もある。

センスの光る商品が多数

住8303 W. 3rd St., Los Angeles
☎(1-323)653-3501
URLwww.okthestore.com
営毎日11:00～17:00
カードAMV

ファッション

日本未上陸ブランドのひとつ　センチュリーシティ　MAP P.60-B3

Oak + Fort•オーク+フォート

2010年、カナダ・バンクーバーに誕生したファッション・ライフスタイルブランドで、2023年現在、全米に約10店舗展開する。リーズナブルな価格帯の商品が多く、大学生をはじめ20～30歳代の男女から支持を受けている。

シンプルなデザインが多い

住10250 Santa Monica Blvd., #1860, Los Angeles(ウエストフィールド・センチュリーシティ→P.344)
☎(424)335-0686
URLwww.oakandfort.com
営月～土10:00～21:00、日11:00～20:00
カードAMV

↘Monica ☎(310) 576-1342 営毎日12:00～17:00。マリブ店 MAP P.46-A2 住3939 Cross Creek Rd., Suite B110, Malibu ☎(310) 456-7809 営毎日11:00～18:00

一流ブランドが集結！

ロデオドライブ
Rodeo Drive

ロデオドライブには高級車が似合う

ビバリーヒルズの高級ショッピングスポット。ゴールデントライアングルと呼ばれる、Santa Monica Blvd.、Wilshire Blvd.、Beverly Dr.に囲まれた三角形のエリアに、一流ブランドやデパートが集まっている。なかでもロデオドライブRodeo Dr.沿いには人気の有名ブランドが多い。そのほか、ロデオコレクションRodeo Collectionと呼ばれる小さなショッピングモール、Wilshire Blvd.との角にはトゥーロデオTwo Rodeoというゾーンもある。ショッピングの合間の休憩や食事には、レストランやカフェも充実しているBeverly Dr.沿いへ行くといい。

ロデオドライブ →P.202
ストリートマップ MAP P.77-A1～B3
広域マップ MAP P.61-C2

ACCESS

メトロバス#20、720でRodeo Dr.かPeck Dr.で下車。

ロデオドライブで買い物を楽しむために

名だたる高級ブランドが軒を連ねるロデオドライブ。地元の人々はもちろん、世界中から観光客がやってくる。まずは、ロデオドライブのマップ（→ P.77）や次のページの一覧で、お目当てのブランド店の場所と営業時間をチェックし、効率よく買い物に繰り出そう。

また、高級ブランド店の袋をたくさん持っていると、スリの標的になりやすい。移動するときは、タクシーを利用するようにしたい。

左上／ヤシの木が並び絶好の撮影スポット
左／ロデオドライブ沿いにメーターパーキングがある

ロデオドライブ周辺のブランドショップリスト

ショップ名はアルファベット順　※2023年1月現在

ショップ名	電話	営業時間	カード	日本語を話せるスタッフの有無	マップ P.77
ボッテガヴェネタ Bottega Veneta	(310) 858-6533	毎日 10:00 ～ 18:00 (日 12:00 ～)	AJMV	▲	B3
バーバリー Burberry	(310) 550-4500	月～土 11:00 ～ 19:00、日 12:00 ～ 18:00	AMV	×	A3
ブルガリ Bvlgari	(310) 858-9216	月～土 11:00 ～ 18:00、日 12:00 ～ 17:00	AJMV	×	A2
カルティエ Cartier	(310) 275-4272	月～土 10:00 ～ 18:00、日 12:00 ～ 17:00	AJMV	×	A2
シャネル Chanel	(310) 278-5500	月～土 10:00 ～ 18:00、日 12:00 ～ 17:00	ADJMV	×	A3
クリスチャンルブタン Christian Louboutin	(310) 652-5700	月～土 11:00 ～ 18:00、日 12:00 ～ 17:00	AJMV	×	A1
ディオール Dior	(310) 859-4700	月～土 10:00 ～ 18:00、日 12:00 ～ 17:00	ADMV	▲	A3
ドルチェ & ガッバーナ Dolce & Gabbana	(310) 888-8701	毎日 10:00 ～ 18:00 (日 12:00 ～)	ADMV	×	B3
ゴヤール Goyard	(310) 237-5745	月～土 10:00 ～ 18:00、日 12:00 ～ 17:00	AMV	×	A2
グッチ Gucci	(310) 278-3451	毎日 11:00 ～ 19:00	AJMV	×	A2
エルメス Hermes	(310) 278-6440	火～土 10:00 ～ 18:00 休 日月	AJMV	▲	B2
ジミーチュー Jimmy Choo	(310) 860-9045	月～土 11:00 ～ 18:00 (金土～ 19:00)、日 12:00 ～ 17:00	AJMV	×	B3
ルイヴィトン Louis Vuitton	(310) 859-0457	毎日 10:00 ～ 19:00 (土日～ 17:00)	AMV	×	A3、B2
マックスマーラ MaxMara	(310) 385-9343	月～土 10:00 ～ 18:00、日 12:00 ～ 17:00	AMV	×	A1
プラダ Prada	(310) 278-8661	毎日 10:00 ～ 18:00 (水～土～ 19:00)	ADMV	×	A2 ～ A3
ラルフローレン Ralph Lauren	(310) 281-7200	毎日 10:00 ～ 18:00 (日 12:00 ～)	AMV	×	B1 ～ B2
リモワ Rimowa	(310) 888-8686	毎日 10:00 ～ 18:00 (金土～ 19:00)	AMV	▲	A3
サンローラン Saint Laurent	(310) 271-4110	月～土 10:00 ～ 19:00、日 12:00 ～ 18:00	ADMV	×	A1、B3
サルバトーレフェラガモ Salvatore Ferragamo	(310) 273-9990	毎日 11:00 ～ 18:00 (木～土～ 19:00、日 12:00 ～)	AJMV	×	A2
ティファニー Tiffany & Co.	(310) 273-8880	毎日 10:00 ～ 18:00 (日 11:00 ～)	ADMV	▲	B3
トッズ Tod's	(310) 285-0591	月～土 11:00 ～ 19:00 日 12:00 ～ 18:00	ADJMV	×	A3
トリーバーチ Tory Burch	(310) 274-2394	月～土 11:00 ～ 18:00、日 12:00 ～ 17:00	AMV	▲	B2
ヴァンクリーフ&アーペル Van Cleef & Arpels	(310) 276-1161	月～土 11:00 ～ 17:00 休 日	AJMV	×	B3
ヴェルサーチ Versace	(310) 205-3921	月～土 10:00 ～ 18:00、日 11:00 ～ 17:00	ADJMV	×	B3

※日本語を話せるスタッフの有無は「●：毎日いる、▲：毎日ではないがいる、×：いない」を表す
※シャネルは、事前に電話での予約が必要

ファッション

セレブ御用達のブティック　ロデオドライブ周辺　MAP P.77-A2

What Goes Around Comes Around•ワット・ゴーズ・アラウンド・カムズ・アラウンド

ビンテージファッションの品揃えではLAでも随一のセレクトショップ。バイヤーが世界各地から買い集めてくるアイテムは、一点物ばかりだ。そのシーズンの流行に沿ったディスプレイは、多くのスタイリストも参考にするほど。

ファッション業界人も注目の店

住9520 Brighton Way, Beverly Hills
☎(310)858-0250
URL www.whatgoesaroundnyc.com
営毎日10:00～18:00(日12:00～)
カード A M V
※クレジットカードでの支払いには、写真付きIDが必要。

世界的に話題になりそう　おすすめ!　ロデオドライブ周辺　MAP P.77-B2

& Other Stories•&アザー・ストーリーズ

ファストファッションのH&Mの姉妹ブランド。パリとストックホルムにアトリエがあり、ヨーロッパをメインに展開されている。30歳代の女性がオン・オフどちらでも着用できるものが多い。靴やかばん、アクセサリー、コスメも幅広い品揃えだ。

コスパのいい商品が多い

住370 N. Beverly Dr., Beverly Hills
☎(424)359-3218
URL www.stories.com
営毎日11:00～18:00(金土～19:00)
カード A M V

フランス・パリ発のファッションブランド　ロデオドライブ周辺　MAP P.61-C2

Maison Margiela•メゾンマルジェラ

レザー財布やアクセサリー、ハンドバッグなど小物商品が日本人に人気のブランド。マルタン・マルジェラが1988年に設立し、2008年までデザイナーとして活躍した。現在はジョン・ガリアーノがクリエイティブディレクターとして、独自のスタイルを踏襲する。

ロデオドライブから徒歩約15分

住9970 S. Santa Monica Blvd., Beverly Hills
☎(310)284-8093
URL www.maisonmargiela.com
営月～土11:00～19:00、日12:00～17:00
カード A J M V

スポーツ

ハリウッドセレブも愛用する　ロデオドライブ周辺　MAP P.77-B2

Alo Yoga•アローヨガ

テイラー・スウィフトやシンディ・クロフォード、ジジ・ハディッドなど有名人も着用しているヨガウエア。ハイウエストレギンス（$88～）やブラトップ（$58）は日本人にも評判がいい。

LA生まれのブランド

住370 N. Canon Dr., Beverly Hills
☎(310)295-1860
URL www.aloyoga.com
営毎日10:00～19:00
カード A M V

書籍

フィリップ・スタルクが手がけた内装も見事　おすすめ!　ロデオドライブ周辺　MAP P.77-B2

Taschen•タッシェン

名だたるアーティストの画集を出版しているタッシェンの店。画集の販売はもちろんイベントも多彩で、人気俳優ショーン・ペン、ベニチオ・デル・トロらによる朗読会も開かれた。サンドラ・ブロックをはじめ、この店を訪れるセレブも多い。

来店時にはイベントをチェック

住354 N. Beverly Dr., Beverly Hills
☎(310)274-4300
URL www.taschen.com
営月～土10:00～18:00、日12:00～17:00
カード A M V

デパート

種類豊富なブランド品を見たいなら　ロデオドライブ周辺　MAP P.77-A3

Saks Fifth Avenue•サックス・フィフス・アベニュー

ニューヨーク・マンハッタンを拠点にした高級デパート。ヨーロッパやアメリカのデザイナーズブランドが豊富に揃っている。最先端のファッショントレンドをいち早く紹介し、最新コレクションのイベントをよく行っている。

流行ブランドをまとめて見られる

住9600 Wilshire Blvd., Beverly Hills
☎(310)275-4211
URL www.saksfifthavenue.com
営月～土11:00～19:00、日12:00～18:00
カード A D J M V

MEMO アローヨガの他店舗情報　サンタモニカ・サード・ストリート・プロムナード店 MAP P.76-A4 住1422 3rd St. Promenade, Santa Monica ☎(424)252-2660 営毎日11:00～20:00(日～19:00)

ファッション

若い男性に人気のセレクトショップ　ハリウッドブルバード　MAP P.75-C3

Drip LA • ドリップ LA

ストリート系ファッションにぴったりの靴をメインに、Tシャツやキャップなど20～30歳代の男性向けのものを取り扱う。AdidasやNikeなどの日本で入手できない靴が多数揃っているので、ぜひ立ち寄りたい。そのほかVans、Pumaなどもあり。

最新のカジュアルスタイルをチェック

住6376 Hollywood Blvd., Los Angeles
☎(1-323)468-1881
URL dripla.com
営月～土11:00～19:00
休日
カード A J M V

コスメ

おみやげ探しにもいい　ハリウッドブルバード　MAP P.74-B3

Sephora • セフォラ

コスメ好きは、要チェックのお店。Nars、Laura Mercierなどメークアップアーティスト系ブランドから、Muradのようなドクターズコスメまで幅広く揃い、自由に試すことができるのがうれしい。人気ブランドの香水も揃っている。

閉店時間が遅いのもうれしい

住6801 Hollywood Blvd., Hollywood
(オベーションハリウッド内→P.344)
☎(1-323)462-6898
URL www.sephora.com
営月～土10:00～20:00、日11:00～19:00
カード A M V

書籍

芸能関係の一大コレクション　おすすめ!　ハリウッドブルバード　MAP P.74-B3

Larry Edmunds Bookshop • ラリー・エドモンズ・ブックショップ

映画、芝居関連の本なら最新刊から絶版まで揃っている。珍しい映画ポスターやかつての人気スターの自伝まで手に入る。芸能関係で探している本がある人は、まずここに行こう。Cherokee Ave.とHollywood Blvd.の交差点すぐの所にある。

映画ファンならぜひ訪れたい

住6644 Hollywood Blvd., Hollywood
☎(1-323)463-3273
URL larryedmunds.com
営毎日11:00～18:00(日12:00～)
カード A M V

CD&レコード

探していたCDがここにあるかも　おすすめ!　ハリウッドブルバード　MAP P.75-D3

Amoeba Music • アメーバミュージック

新譜、中古ともに取り揃え、そのストック数は全米No.1という充実したCDショップ。広い店内の奥にはステージがあり、週末は無料でライブやDJが楽しめる（内容はウェブサイトで確認のこと）。

音楽マニア必訪！

住6200 Hollywood Blvd., Hollywood
☎(1-323)245-6400
URL www.amoeba.com
営毎日11:00～20:00(金～日～21:00)
カード M V

コスチューム&雑貨

1950年オープンの老舗店　ハリウッド　MAP P.75-C3

Hollywood Toys & Costumes • ハリウッド・トイズ&コスチュームズ

スパイダーマンやドラキュラ、ダースベーダーなど、人気映画に出てくるキャラクターのマスクから、カラフルなウィッグ、宴会芸で定番の付け耳などが並ぶ。アメリカならではのブラックジョークたっぷりのアイテムはおみやげにいいかも。

５万点もの商品を取り揃える

住6600 Hollywood Blvd., Hollywood
☎(1-323)464-4444
URL hollywoodtoysandcostumes.com
営毎日10:00～19:00(日10:30～)
カード A M V

ファッション

セレクトショップの先駆け　サンセットストリップ　MAP P.63-C1

Fred Segal • フレッドシーガル

アパレルショップのほか、カフェやベーカリーなども集まるセレクトショップ。南カリフォルニアのライフスタイルを紹介するディスプレイも見ものだ。日本のブランドとコラボしたアイテムも販売する。

日本では入手困難なアイテムが多い

住8500 Sunset Blvd., Los Angeles
☎(310)432-0560
URL www.fredsegal.com
営毎日11:00～19:00
カード A M V

ファッション

スニーカー好きは外せない店　サンセットストリップ　MAP P.63-C1

Kith•キス

2011年ニューヨークでスニーカーをメインに取り扱うセレクトショップとしてオープン。その後、アパレルも取り扱うようになる。人気キャラクターやAdidas、Nikeとコラボした限定アイテムはすぐに完売する。

日本の若手俳優にもファンが多い

住8500 Sunset Blvd., West Hollywood
☎(414)512-2800
URL kith.com
営月～土10:00～20:00、日11:00～19:00
カード A M V

楽器

観光名所でもあるギター専門店　サンセットブルバード　MAP P.63-D4

Guitar Center•ギターセンター

大物ミュージシャンもギターを求めて訪れる有名店。ここの名物が、ロックの殿堂、ロックウオークだ。有名ミュージシャンの手形やサインなどが展示されている。2007年にはB'zが日本人アーティストとして初めて殿堂入りを果たした。

博物館に訪れるような気分で楽しめる

住7425 Sunset Blvd., Hollywood
☎(1-323)874-1060
URL www.guitarcenter.com
営毎日11:00～21:00(日～19:00)
カード A M V

ファッション

Tシャツから始まったLA生まれのブランド　おすすめ!　メルローズアベニュー　MAP P.61-D1

James Perse•ジェームスパース

シンプルで洗練されたデザインで、セレブにも大人気のLAブランド。看板商品のTシャツ（$80～）は、抜群のフィット感と着心地のよさに定評がある。オーガニックコットンを使用するなど、素材にもこだわっている。ビバリーヒルズなどにも店舗あり。

カシミアのTシャツもある

住8914 Melrose Ave., West Hollywood
☎(310)276-7277
URL www.jamesperse.com
営月～土11:00～18:00、日12:00～17:00
カード A M V

おしゃれカジュアルの代名詞　メルローズアベニュー　MAP P.66-A1

Rag & Bone•ラグ&ボーン

2002年、NYで誕生した。カジュアルなTシャツやジャケットからワンピース、デニム、靴までトータルコーディネートを楽しめる。デザインと着心地のよさ、フィット感などが日本人にも愛されている理由だ。

シルエットも美しいデニムの代表

住8533 Melrose Ave., West Hollywood
☎(424)245-4816
URL www.rag-bone.com
営毎日11:00～19:00(日～18:00)
カード A M V

NYで誕生したファッションブランド　メルローズアベニュー　MAP P.79-A4

Alice + Olivia•アリス・アンド・オリビア

女性の魅力を引き出しつつ、自立した大人の雰囲気も漂わせる服作りで一躍有名になったブランド。デザイナー自身がはきたいパンツ作りから始まり、現在はスカートやワンピース、靴、アクセサリーなどまで幅広く展開する。

デザインのよさが決め手

住8501 Melrose Ave., West Hollywood
☎(310)775-8376
URL www.aliceandolivia.com
営月～土11:00～18:00、日12:00～17:00
カード A M V

高級ブランド商品が安く手に入るかも　メルローズアベニュー　MAP P.66-A1

The RealReal•リアルリアル

高級ブランド品のリセールショップ（委託販売店）。創業当初はインターネットのみの取り扱いだったが、ニューヨークに次ぐ店舗として2018年ロスアンゼルスにオープンした。ファッションスタイリストが要チェックする店のひとつ。

2800万人の顧客をもつ

住8500 Melrose Ave., West Hollywood
☎(310)695-1795
URL www.therealreal.com
営月～土10:00～19:00、日11:00～18:00
カード A M V

MEMO ジェームスパースの他店舗情報　アボット・キニー・ブルバード店 MAP P.78-C2 住1617 Abbot Kinney Blvd., Venice ☎(424)214-5351 営水～土11:00～18:00、日12:00～17:00 休月火。ビバリーヒルズ店 MAP P.77-B2 住357 N. Canon Dr., Beverly Hills↗

日本のセレクトショップとコラボしたストリートブランド　メルローズアベニュー　MAP P.79-A4

Cherry LA • チェリー LA

2022年6月メルローズアベニューにオープンした。ジョセフ・ペレスとデイビッド・レビーがデザイナーを務める。ふたつの実がひとつの房でつながっているさくらんぼが、ふたりを表していると感じたことからチェリーと名づけたそう。

ハリウッドセレブ御用達

住8475 Melrose Ave., Los Angeles
☎(310)243-6213
URLcherryla.com
営火～日11:00～19:00(日～17:00)
休月
カードAMV

日本の芸能人にもファンが多い　メルローズアベニュー　MAP P.79-A4

The Row • ザ・ロウ

アメリカのTV番組『フルハウス』で活躍した元女優のオルセン姉妹が2006年に創業した。ブランド名の「ザ・ロウ」は、スーツ発祥の地と呼ばれ、名門高級紳士服が集まるイギリス・ロンドンのサヴィルロウに由来する。

上質でシンプルなアイテムが豊富

住8440 Melrose Pl., Los Angeles
☎(310)853-1900
URLwww.therow.com
営月～土11:00～18:00
休日
カードAMV

LAでも評判がいい　メルローズアベニュー　MAP P.79-A4

Paul Smith • ポールスミス

ロンドン生まれで、トラッドにポップさを加えたユニークなデザインで有名。カジュアルなアイテムからスーツまで幅広いアイテムが並ぶ。シューズやバッグなども揃っている。おしゃれなディスプレイにも注目。

ピンク色の建物はインスタジェニック！

住8221 Melrose Ave., Los Angeles
☎(1-323)951-4800
URLwww.paulsmith.com
営毎日11:00～18:00(日～17:00)
カードAMV

ポロ・ラルフローレンの人気ライン　メルローズアベニュー　MAP P.79-A3

RRL & Co. • ダブルアールエル & カンパニー

ラルフ・ローレンがプロデュースする高級カジュアルブランドで、ビンテージの風合いを感じさせる洋服が中心。センスあふれるワーク服、ミリタリーのものも多く、洗練されたリラックススタイルが楽しめる。

品のよいカジュアルが楽しめる

住8150 Melrose Ave., Los Angeles
☎(1-323)944-0301
URLwww.ralphlauren.com
営毎日11:00～19:00(日～18:00)
カードAMV

LAファッションの典型　メルローズアベニュー　MAP P.79-A3

Ron Herman • ロンハーマン

何でも揃うセレクトショップ。有名デザイナーの商品のほか、ここにしかない地元の新進デザイナーの商品もあり、今いちばん新しいデザインをチェックできる。LAならではのサーフ系の洋服がおすすめ。裏にはセレブもよく訪れるカフェも併設する。

LAファッションの代表格

住8100 Melrose Ave., Los Angeles
☎(1-323)651-4129
URLwww.ronherman.com
営毎日11:00～18:00(木～土～19:00)
カードAMV

DATA ロスアンゼルスで開催されている有名なフリーマーケット

LA市内で最大規模を誇るといわれているフリーマーケットの**メルローズ・トレーディング・ポスト Melrose Trading Post**。メルローズアベニュー沿いにあるフェアファックス高校で毎週日曜に開かれている。Tシャツやデニムから、ジュエリー、レコード、食器類まで、いろいろな物が売られていて、商品のレベルも高い。日本の古着屋バイヤーさんも買い付けに訪れるとか。

Melrose Trading Post
MAP P.79-A2
住7850 Melrose Ave., Los Angeles (Fairfax High School)　URLmelrosetradingpost.org
営日9:00～17:00　料$5(現金のみ)
カード店舗により異なるが、基本的に現金のみ
行き方LAダウンタウンからメトロバス#10でMelrose Ave. & Ogden Dr.下車、徒歩約1分。

↘☎(310)776-7100 営月～土10:00～18:00、日12:00～17:00。ロバートソンブルバード店 MAP P.78-A1 住143 N. Robertson Blvd., Los Angeles ☎(310)746-4044 営月～土11:00～18:00、日12:00～17:00

ファッション

上質な素材を使った下着　メルローズアベニュー　MAP P.79-A3

Else●エルス

トルコ・インスタンブール生まれのランジェリーショップが2019年夏にロスアンゼルスに進出した。なめらかな肌ざわりとシンプルなデザインは、LAの女性に評判がいい。ブラジャーは$100～。

バスローブもあり

住7967 Melrose Ave., Los Angeles
☎(1-323)424-3222
URL elselingerie.com
営月～土11:00～18:00、日12:00～17:00
カード A M V

スポーツブランドとのコラボアイテムも見逃せない　メルローズアベニュー　MAP P.79-A3

Daniel Patrick●ダニエルパトリック

ジャスティン・ビーバーや有名スポーツ選手が着用していたことで話題になったストリート系ファッションブランド。厳選された素材を使用しつつ着心地にもこだわっているアイテムは街歩きに最適で、20歳代の男子から高い評価を得ている。

シンプルなデザインの商品が人気

住7969 Melrose Ave., Los Angeles
☎(1-323)879-9805
URL www.danielpatrick.us
営毎日11:00～19:00
カード A M V

ちょっと変わったTシャツを探しているなら　メルローズアベニュー　MAP P.79-A2

World of Vintage T-Shirts●ワールド・オブ・ビンテージ・Tシャツ

ビンテージTシャツ好きのオーナーが1999年に始めたショップ。店内には、車や音楽、アニメ、スポーツなど幅広いジャンルのTシャツが所狭しと並ぶ。ハリウッドのスタイリストも映画やTV番組で使うものを探しにくるとか。

日本のバイヤーも立ち寄る

住7701 Melrose Ave., Los Angeles
☎(1-323)651-4058
URL world-of-vintage-t-shirts.business.site
営毎日11:00～19:00
カード A M V

ファッション好きは必訪の店　メルローズアベニュー　MAP P.79-A1

Round Two●ラウンドツー

Nikeとコラボしたことで有名になったクリエーターのショーン・ウェザースプーンがオーナーを務めるリセールショップ。SupremeやNike Air JordanのTravis Scottモデルなど、レアものが揃っている。隣にはビンテージを取り扱う系列店あり。

掘り出し物があるかも？

住7320 Melrose Ave., Los Angeles
URL roundtwostore.com
営毎日12:00～19:00
カード A M V

古着

LA近郊に7店舗ある　メルローズアベニュー　MAP P.79-A1

Crossroads Trading Co.●クロスローズ・トレーディング・カンパニー

人気ブランドの古着が多いと好評な店。お客さんが持ち込んだ古着を買い取り、販売している。そのため、商品は随時異なる。特に人気のハイブランドは極力在庫を置くようにしているとのこと。比較的、状態のいいものが揃っている。

人気ブランドを幅広く揃えている

住7409 Melrose Ave., Los Angeles
☎(1-323)782-8100
URL crossroadstrading.com
営毎日11:00～20:00(日～19:00)
カード A M V

靴

限定品の入荷個数が多い　メルローズアベニュー　MAP P.79-A2

Shoe Palace●シューパレス

NikeやAdidas、Converse、New Balanceなどおしゃれスニーカーを豊富に取り揃える。特に、Air JordanやAir Maxなどは、日本人に合うサイズも残っている。他ブランドとのコラボアイテムはウェブサイトで発売日を確認しよう。

頻繁に限定グッズの販売をする

住7725 Melrose Ave., Los Angeles
☎(1-323)556-3310
URL www.shoepalace.com
営毎日11:00～19:00(土10:00～)
カード A M V

MEMO クロスローズ・トレーディング・カンパニーの他店舗情報　サンタモニカ店 MAP P.76-B4 住1449 B 4th St., Santa Monica ☎(310)255-0500 営毎日11:00～20:00(日～19:00)。ウエストハリウッド店 MAP P.63-C4 住8315 Santa Monica↗

コスメ

全米の20～30歳代女子が注目 おすすめ! メルローズアベニュー MAP P.66-A1

Glossier • グロッシアー

雑誌『Vogue』のアシスタントであったエミリー・ワイスが立ち上げたコスメブランド。周りの人たちが本当に欲しがっているスキンケアを作りたいと思い、インターネットで販売したのがきっかけ。ナチュラルで上品に仕上げてくれるマスカラが話題に。

保湿クリーム（$24）が人気

住8523 Melrose Pl., Los Angeles
URL www.glossier.com
営毎日10:00～19:00(日11:00～)
カード A M V

高品質の自然派スキンケア メルローズアベニュー MAP P.79-A4

Santa Maria Novella • サンタ・マリア・ノッヴェラ

フィレンツェで誕生した世界最古の薬局で、伝統を守りながら高品質のプロダクツを生み出している。ハーブの効果や効能を徹底的に研究し作られた香水やハーブウオーター、石鹸($18～)は、天然成分がベースで肌にも優しい。

香りもよいと評判だ

住8411 Melrose Pl., Los Angeles
☎(1-323)651-3754
URL www.smnovella.com
営月～土11:00～18:00
休日
カード A M V

ジュエリー

どんな洋服にも合いそうなデザインが人気 メルローズアベニュー MAP P.79-A4

Mejuri • メジュリ

カナダ・トロント生まれのアクセサリーブランド。高品質の素材を使用し、洗練されたデザインにもかかわらず、お手頃価格が20～30歳代女子から高い評価を得ている。ネックレスやピアス、リングなどはLA旅行の記念にいいかも。

日本未上陸ブランドは即ゲット

住8404 Melrose Ave., Los Angeles
☎(1-323)847-5015
URL mejuri.com
営毎日11:00～19:00(日～18:00)
カード A M V

雑貨

日本のテレビ番組でも取り上げられた メルローズアベニュー MAP P.79-A1

Maya • マヤ

世界中で買い付けられたジュエリーや雑貨、マスクなどを扱う。特にメキシコ雑貨やアクセサリーが豊富で、イヤリングやネックレス、ピンキーリングからサングラスやヘッドアクセサリーなどまで、日本でも違和感なく着用できるものが多い。

メキシコ刺繍ワンピースは一点物が多い

住7360 Melrose Ave., Los Angeles
☎(1-323)655-2708
URL mayahollywood.com
営毎日11:00～19:00(金土～20:00)
カード A M V
※クレジットカードでの支払いには、写真付きIDが必要。

インテリア

センスが光るインテリアショップ メルローズアベニュー MAP P.79-A3

Jonathan Adler • ジョナサンアドラー

「誰もがくつろげる家、皆がほほ笑みを絶やさず生活できる家」をコンセプトにするショップ。家具やリネン類は、アジア、中近東、アフリカなど世界各地のテイストが盛り込まれている。

色使いもいい雑貨が揃う

住8125 Melrose Ave., Los Angeles
☎(1-323)658-8390
URL www.jonathanadler.com
営毎日10:00～18:00
カード A M V

コミック

LA随一のコレクションが自慢 メルローズアベニュー MAP P.67-C1

Golden Apple Comics • ゴールデン・アップル・コミックス

かつては、マイケル・ジャクソンも通ったという店。マーベル・コミックやDCコミックなどのほか、キャラクターグッズなども販売している。コミック作家のサイン会や新刊本の限定発売などさまざまなイベントには、全米からファンが集う。

ホットドッグ Pink's の近くにある

住7018 Melrose Ave., Los Angeles
☎(1-323)658-6047
URL goldenapplecomics.com
営日 月12:00～17:00、火～土11:00～19:00
カード A D J M V

↘Blvd., West Hollywood ☎(1-323)654-0505 営毎日11:00～20:00(日～19:00)。パサデナ店 MAP P.78-G 住104 E. Colorado Blvd., Pasadena ☎(626)793-2000 営毎日11:00～20:00(日～19:00)

ファッション

Nikeやhufなどとのコラボアイテムで話題 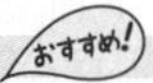

フェアファックスアベニュー MAP P.66-B1

Diamond Supply Co.●ダイヤモンド・サプライ・カンパニー

LAのストリートファッションを牽引するブランド。ジェイ・Zやクリス・ブラウンなど大物アーティストが着用したことで有名になった。定番のTシャツやスウェットシャツから、パンツ、デニム、靴などまでトータルコーディネートできる。

日本の雑誌にも取り上げられた

住447 N. Fairfax Ave., Los Angeles
☎(1-323)966-5970
URL www.diamondsupplyco.com
営月〜土11:00〜19:00、日12:00〜18:00
カード A M V

LAのスケーターいち押し フェアファックスアベニュー MAP P.66-B1

Ripndip●リップンディップ

2009年フロリダ州オーランドで誕生したスケートボードブランドがLAに本社を移し、オープンした。猫のイラストが象徴的で、日本人の若者に人気がある。Tシャツ（$32〜）やスウェット（$70〜）はお手頃価格で手が届きやすい。

スニーカーやステッカーもある

住441 N. Fairfax Ave., Los Angeles
☎(1-323)424-4504
URL www.ripndipclothing.com
営毎日11:00〜19:00
カード A M V

人気のストリートブランド フェアファックスアベニュー MAP P.66-B1

Supreme●シュプリーム

NY生まれのストリートブランド。スケーター御用達のブランドのひとつ。赤地に白のロゴがポイントになったセンスのいいTシャツやジャンパー、パンツなどが揃う。有名ブランドとのコラボアイテム発売の際は、長蛇の列ができる。

人気アイテムはロゴ入りTシャツ

住439 N. Fairfax Ave., Los Angeles
☎(1-323)655-6205
URL www.supremenewyork.com
営月〜土11:00〜19:00、日12:00〜18:00
カード A M V
※クレジットカードでの支払いには、写真付きIDが必要。

ポップなデザインが好評 フェアファックスアベニュー MAP P.66-B1

Golf Wang●ゴルフワン

ラッパー兼プロデューサーのタイラー・ザ・クリエイターが手がけるアパレルブランド。ミントグリーンやスカイブルーなどカラフルな色使いが特徴だ。近年VansやConverse、Suicokeとコラボアイテムを出したことで、日本でも注目を集めている。

入場制限があり常に行列ができている

住350 N. Fairfax Ave., Los Angeles
☎(1-323)879-9770
URL www.golfwang.com
営月〜土11:00〜19:00、日12:00〜18:00
カード A M V

古着

レアアイテムが充実 フェアファックスアベニュー MAP P.66-B1

Catwalk●キャットウオーク

ロックスターのもとスタイリストが始めたビンテージショップ。店内には1930〜1990年代に作られた、Gucci、Dior、Givenchyなどもある。スタイリストがよく立ち寄ることで有名だ。ビンテージ好きにはおすすめの1軒。

掘り出し物が見つかるかも

住459 N. Fairfax Ave., Los Angeles
☎(1-323)951-9255
URL catwalkdesignervintage.com
営月〜土13:00〜18:00
休日
カード A M V
※2023年1月現在、入店には電話での事前予約が必要。

靴

日本人バイヤーも立ち寄る有名店 フェアファックスアベニュー MAP P.79-A3

Flight Club●フライトクラブ

ロスアンゼルス一の在庫数を誇ると呼び声高いスニーカーのリセールショップ。Air Jordan 1やAir Jordan 23、Nike Air Max、Nike Air Force 1など、日本で完売したものが残っている可能性大。

壁一面に並べられたスニーカー

住535 N. Fairfax Ave., Los Angeles
URL www.flightclub.com
営毎日11:00〜19:00
カード A M V

 MEMO アンディフィーテッド（→P.332）の他店舗情報 サンタモニカ店 MAP P.79-B3 住2654 Main St., #B, Santa Monica ☎(310)399-4195 営月〜土11:00〜19:00、日12:00〜18:00。シルバーレイク店 MAP P.65-D4 住3827 Sunset Blvd., ↗

食器&雑貨

アメリカ限定のものも見つかるはず　フェアファックスアベニュー周辺　MAP P.66-B1

Heath Ceramics•ヒースセラミックス

1948年サンフランシスコ近郊のサウサリートで誕生した人気の陶器メーカー。現在もすべての商品がサウサリートの工場で製造されている。時期によっては、小ロット生産の限定アイテムも販売している。

日本のセレクトショップにもある

住7525 Beverly Blvd., Los Angeles
☎(1-323)965-0800
URL www.heathceramics.com
営火～土10:00～17:00
休日月
カード A M V

ファッション

LAの定番商品をチェックできる　ラ・ブレア・アベニュー　MAP P.67-C4

General Quarters•ジェネラルクオーターズ

有名セレクトショップが並ぶラ・ブレア・アベニューに2010年オープン。オーナーが自ら着用して選んだ着心地のいい洋服や靴だけを厳選して取り揃える。オリジナルアイテムのほか、Free & EasyやFilsonなどアメリカブランドが多い。

アメカジ初心者は立ち寄りたい店

住153 S. La Brea Ave., Los Angeles
☎(1-323)937-5391
URL generalquarters.com
営毎日12:00～17:00
カード A M V

あらゆるグッズが揃うセレクトショップ　ラ・ブレア・アベニュー　MAP P.67-C4

American Rag Cie•アメリカン・ラグ・シー

広々とした店内にはファッションアイテムはもちろん、ビューティ用品、本やキッチングッズにいたるまで、あらゆる商品が揃っている。見逃せないのは、デニムバー。シルエットや色など、さまざまなブランドのものを一度に見られるのがうれしい。

西海岸のライフスタイルショップ

住150 S. La Brea Ave., Los Angeles
☎(1-323)935-3154
URL www.americanrag.com
営日～木12:00～18:00、金土11:00～19:00(土～20:00)
カード A M V
※クレジットカードでの支払いには、写真付きIDが必要。

日本のミュージシャンも愛用している　ラ・ブレア・アベニュー　MAP P.67-C4

STAMPD•スタンプド

2009年クリス・スタンプがLAで立ち上げた高級路線のストリート系ファッションブランド。モノトーンをベースにしたデザインが特徴で、ミュージシャンのジャスティン・ビーバーやカニエ・ウエストが着用し話題になった。

コラボアイテムにも注目

住130 S. La Brea Ave., Los Angeles
☎(1-323)525-1443
URL www.stampd.com
営水～日11:00～18:00
休月火
カード A M V

LA限定商品をゲットしたい　ラ・ブレア・アベニュー　MAP P.67-C4

Champion•チャンピオン

1919年ニューヨーク州ローチェスターで誕生したスポーツウエアブランド。大学名を前面にプリントしたスウェットシャツは、日本でも街着として人気がある。ラ・ブレア・アベニュー店では、スウェットのロゴをカスタマイズでき、当日受け取ることが可能。

ロゴのカスタマイズは数パターンあり

住123 S. La Brea Ave., Los Angeles
☎(1-323)692-1426
URL www.champion.com
営毎日11:00～18:00(日12:00～)
カード A M V

ストリートファッションを代表するショップ　ラ・ブレア・アベニュー　MAP P.67-C4

Stussy•ステューシー

1980年にラグナビーチで誕生したステューシー。サーファーやスケーターに人気があり、LAファッションを語るうえで欠かせないブランドだ。ここはその1号店で、運がよければTシャツなどのLA限定グッズを入手できるかも。

ロゴ入りキャップは定番のアイテム

住112 S. La Brea Ave., Los Angeles
☎(1-323)933-2251
URL www.stussy.com
営月～土11:00～19:00、日12:00～18:00
カード A M V

↘Los Angeles ☎(1-323)668-1315 営月~土11:00~19:00、日12:00~18:00

ファッション

LA発祥のストリート系ブランド　ラ・ブレア・アベニュー　MAP P.67-C4

Undefeated●アンディフィーテッド

2002年スニーカーショップとしてオープン。ショップ名は、2001年に起こったアメリカ同時多発テロ事件の影響を受け、何者にも屈しないという思いが込められている。現在は、スウェットやTシャツ、キャップなどのオリジナル商品の取り扱いもあり。

日本の芸能人も愛用する

住111 S. La Brea Ave., Los Angeles
☎(1-323)937-6077
URL undefeated.com
営月〜土11:00〜19:00、日12:00〜18:00
カード A M V
他店舗情報→P.330脚注

ストリートファッションの老舗　ラ・ブレア・アベニュー　MAP P.67-C4

Union●ユニオン

LAのストリートファッションを知るには必訪のセレクトショップ。Vansなどスケーターファッションのほか、最近はThom BrowneやJunya Watanabe、Comme des Garçonなどきれいめ路線のブランドを多く取り入れるようになった。

きれいなカジュアルスタイルが決まる

住110 S. La Brea Ave., Los Angeles
☎(1-323)549-6950
URL store.unionlosangeles.com
営月〜土11:00〜19:00、日12:00〜18:00
(毎日14:00〜15:00ランチ休憩あり)
カード A M V

ＬＡのスタイリストも御用達　おすすめ!　ラ・ブレア・アベニュー周辺　MAP P.67-C4

Mister Freedom●ミスターフリーダム

LAだけでなく、全米のファッショニスタが一目置いているセレクトショップ。オーナー自らが買い付けるビンテージ商品とデニムやジャケットを中心としたオリジナルワークウエアを取り揃える。バンダナやスカーフ（$130〜）など小物もあり。

日本人に合うサイズが多く揃う

住7161 Beverly Blvd., Los Angeles
☎(1-323)653-2014
URL www.misterfreedom.com
営毎日11:00〜17:00
カード A M V

美術館に来たようなアートにあふれたセレクトショップ　ラ・ブレア・アベニュー周辺　MAP P.64-A4

Just One Eye●ジャスト・ワン・アイ

ChloeやEtro、Valentino、Yohji Yamamotoなどの高級ブランドのファッションアイテムからジュエリー、ビンテージ家具などまで、幅広く取り揃える。注目は、ダミアン・ハーストやアンディ・ウォーホル、村上隆のアート作品。

有名スタイリストも注目する店

住915 N. Sycamore Ave., Los Angeles
☎(1-323)969-9129
URL justoneeye.com
営月〜土11:00〜19:00
休日
カード A M V

日本未上陸ブランド　ラーチモント　MAP P.67-D2

Corridor●コリドー

2013年ニューヨークで誕生したメンズ・ファッションブランド。アメリカ東海岸で人気のプレッピースタイルを着崩してラフに仕上げたデザインが好評だ。シャツ（$165〜）やカーディガン（$325〜）のカラーバリエーションが豊富。

素材や縫製がよく、長く着られそう

住141 N. Larchmont Blvd., Los Angeles
☎(1-323)380-7357
URL corridornyc.com
営月〜土11:00〜19:00、日10:00〜17:00
カード A M V

コスメ

ユニセックス・スキンケアブランド　ラーチモント　MAP P.67-D2

Malin + Goetz●マリン・アンド・ゴッツ

有名化粧品会社Kiehl'sの出身のマシューが2004年NYで立ち上げたコスメブランド。天然植物を使って作り上げたスキンケアは年齢を問わず男女に評判がいい。着色料や人工香料を使用していないので、敏感肌の人や天然の香りを好む人に最適。

男性でも気軽に立ち寄れる

住238 N. Larchmont Blvd., Los Angeles
☎(1-323)391-1884
URL www.malinandgoetz.com
営毎日10:00〜18:00
カード A M V

MEMO マリン・アンド・ゴッツの他店舗情報　センチュリーシティ店 MAP P.60-B3 住10250 Santa Monica Blvd., Los Angeles（ウエストフィールド・センチュリーシティ内→P.344）☎(424)278-9441 営日〜金11:00〜19:00、土10:00〜20:00

コスメ チープなコスメ探しならココ！ ラーチモント MAP P.67-D2

Larchmont Beauty Center•ラーチモント・ビューティ・センター

基礎化粧品からメークアップ、ヘアケア、ネイルグッズまで、きれいになりたい女の子のためのグッズが、ぎっしり詰まったコスメショップ。人気のオーガニック、自然派化粧品も充実していて、お手頃価格な品物が揃っている。

さまざまなブランドが一堂に揃う

住208 N. Larchmont Blvd., Los Angeles
☎(1-323)461-0162
URL www.larchmontbeauty.com
営月～土8:30～19:00、日10:00～18:00
カード A M V

香水 セレブ御用達のフレグランスブランド ラーチモント MAP P.67-D2

Diptyque•ディプティック

1961年フランス・パリで、画家・インテリアデザイナー・舞台美術家の3人のアーティストたちによって創設された。『ディプティック』はフランス語で「ふたつ折りの絵屏風」を意味する。香水やキャンドルなどを取り扱う。

すてきな香りに包まれたい

住202 N. Larchmont Blvd., Los Angeles
☎(1-323)962-3622
URL www.diptyqueparis.com
営毎日10:00～19:00(日～18:00)
カード A M V

古着 女の子らしい古着を探すなら ロスフェリッツ MAP P.65-D3

SquaresVille•スクエアズビル

赤の看板が目立つ、ロスフェリッツで人気の古着店。レース使いや刺繍がかわいらしいワンピース、人気ブランドのデニム、状態のよいバッグ類やアクセサリーもあり、品数も豊富。Tシャツ、ワンピースは安いもので$20前後から探せる。メンズあり。

ガーリー、レトロな古着がたくさん

住1800 N. Vermont Ave., Los Angeles
☎(1-323)669-8464
URL www.squaresvillevintage.com
営毎日11:00～20:00(日～19:00)
カード A M V

ジュエリー ハンドメイドの婚約指輪が人気 ロスフェリッツ MAP P.65-D3

Artisan LA Jewelry•アーティザン・LAジュエリー

工房を兼ねる店舗には、結婚指輪やブレスレットなどハンドメイドのジュエリーがところ狭しと並べられている。ネックレス（$48～）やイヤリング（$32～）は、LA訪問の記念によさそう。ゴールドからプラチナ、シルバーなどまで幅広いセレクションを誇る。

ここでしか入手できない物ばかり

住1856 N. Vermont Ave., Los Angeles
☎(1-323)644 5699
URL artisanla.com
営火～土11:00～17:00
休日月
カード M V

雑貨 雑貨店とギャラリーが合体した有名店 ロスフェリッツ MAP P.65-D3

Soap Plant/Wacko•ソーププラント／ワッコ

人気アーティストのTシャツ、キャンドル、写真立て、昔懐かしいおもちゃやフィギュアが並ぶ雑貨店が手前で、奥にギャラリーもある。ショップでお手頃な小物を物色したり、ギャラリーに飾られた新進気鋭の作品の数々を見るだけでも楽しい。

ユニークな雑貨が豊富

住4633 Hollywood Blvd., Los Angeles
☎(1-323)663-0122
URL www.wackola.com
営毎日11:00～19:00(日～18:00)
カード A M V
※クレジットカードは$10以上の購入時のみ利用可

ファッション LAのファッショニスタ御用達 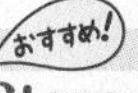 おすすめ！ シルバーレイク MAP P.65-D4

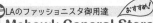

Mohawk General Store•モホーク・ジェネラル・ストア

Dries Van NotenやIsabel Marantなどパリコレやミラノコレクションで話題のブランドを数多く取り揃えるセレクトショップ。そのほか、日本のブランドとコラボした靴下やジャケットなどもある。隣接するレディスのショップには、陶磁器や雑貨なども並ぶ。

シルバーレイクいちの有名店

住4017 Sunset Blvd., Los Angeles
☎(1-323)669-1601
URL www.mohawkgeneralstore.com
営毎日11:00～18:00
カード A J M V

MEMO ディプティックの他店舗情報 ビバリーヒルズ店 MAP P.77-B3 住312 N. Beverly Dr., Beverly Hills ☎(310)385-5941 営月～土11:00～19:00、日12:00～18:00

ファッション

アパレルのほか、ホームグッズもある　シルバーレイク　MAP P.65-D4

General Admission・ジェネラルアドミッション

ベニス発のライフスタイルブランド。ベニスビーチ特有のメローでゆったりとした時間が流れている空間で作り出される半袖シャツやパンツは、リラックス感満載。スケートボードブランドとコラボしたTシャツは、日本でも話題になった。

カジュアルだがおしゃれ

住3815 Sunset Blvd., Los Angeles
☎(1-323)522-3884
URL generaladmission.com
営毎日11:00～18:00
カード A M V

オーナーのセンスが光るセレクトショップ　シルバーレイク　MAP P.69-C1

Lake Boutique・レイクブティック

ヨーロッパのブティックを模して、オーナーのメリッサが2007年にオープンした。洋服から靴、アクセサリー、食器、雑貨までさまざまなものが並ぶ。オーガニックやハンドメイド製品を積極的にセレクトし、ほかでは取り扱っていないものばかり。

友達の家のような店内も魅力

住1618 1/2 Silver Lake Blvd., Los Angeles
☎(1-323)664-6522
URL www.lakeboutique.com
営毎日11:00～18:00
カード A M V

革製品

ジョニー・デップも愛用する革グッズ　シルバーレイク　MAP P.68-B1

Dean.・ディーン

ビンテージ感を出しつつ、革本来の輝きを残す製品が人気。多くのハリウッドセレブが支持し、経年変化を楽しんでいる。ショルダーバッグやトートバッグ（$335～）、カード入れ（$35～）は売れ筋商品。

日本の雑誌でも取りあげられた

住3233 Sunset Blvd., Los Angeles
☎(1-323)665-2766
URL dean-accessories.myshopify.com
営火～日12:00～18:00(日～17:00)
休月
カード A M V

雑貨

地元の人がプレゼント探しに訪れる　シルバーレイク　MAP P.65-D4

Yolk・ヨーク

日常生活に彩りを与えてくれる雑貨やキッチングッズが並ぶ。Marimekkoやiittalaなど北欧ブランドのほか、エコフレンドリーな物、世界各地からオーナーのおめがねにかなったアイテムが集められている。

子供向けのおもちゃも豊富

住3910 Sunset Blvd., Los Angeles
☎(1-323)426-9391
URL shopyolk.com
営日～金11:00～17:00、土10:00～18:00
カード A M V

1950年代の雑貨屋にタイムトリップ　おすすめ！　シルバーレイク　MAP P.65-D4外

Broome Street General Store・ブルームストリート・ジェネラルストア

ニューヨーク・マンハッタンのおしゃれな通りBroome St.の雰囲気をLAで再現したいと願ったオーナーがオープンしたショップ。洋服やかばん、インテリアグッズ、キッチングッズなどジャンルを問わず生活必需品を取り揃えている。カフェも併設。

シルバーレイク住民にも大人気

住2912 Rowena Ave., Los Angeles
☎(1-323)570-0405
URL www.broomestgeneral.com
営月～土8:00～18:00、日9:00～17:00
カード A M V

ファッション

日本のファッション誌も取り上げる店　シルバーレイク周辺　MAP P.68-B1

Virgil Normal・バージルノーマル

デザイナー兼スタイリストのシャーリーとファッション＆スケートボードに精通しているチャーリーが2015年に始めたショップ。LAのアーティストや大手セレクトショップとコラボするアイテムは、世界中のファッショニスタが注目している。

オリジナル商品やビンテージもあり

住4157 Normal Ave., Los Angeles
☎(1-323)741-8489
URL www.virgilnormal.com
営毎日11:00～17:00
カード A M V

MEMO アーバンアウトフィッターズ（→P.335）の他店舗情報　メルローズアベニュー店 MAP P.79-A2 住7650 Melrose Ave., Los Angeles ☎(1-323)653-3231 営毎日10:00～20:00(日11:00～)。↗

革製品

使い込むほどになじんでいく革アクセサリー　シルバーレイク周辺 MAP P.65-D4

Made Solid・メイドソリッド

2014年ロスアンゼルスで誕生したレザーアクセサリーブランド。ミズーリ州の老舗タンナー、ハーマンオークレザー社の革を使う。ミシンを使用しない、カウボーイのサドルメーキング製法で手作業にこだわることから、日本にもファンが多い。

経年変化を楽しめるアイテムが多い

住4855 Fountain Ave., Los Angeles
☎(1-213)373-1062
URL www.madesolidinla.com
営木〜日12:00〜17:00
休月〜水
カード A M V

ファッション

20歳代女子の間でマフラーが話題に　ダウンタウン MAP P.72-A2

Acne Studios・アクネ・ストゥディオズ

1996年にスウェーデンで誕生したファッションハウス。上品でラグジュアリーな雰囲気を醸しながら、着心地がよく、ちょっとがんばれば手の届く価格帯が評判になった。さまざまなバリエーションのシルエットをもつデニムが人気。

シンプルで飽きのこないデザインがいい

住855 S. Broadway, Los Angeles
☎(1-213)243-0960
URL www.acnestudios.com
営月〜土11:00〜19:00、日12:00〜18:00
カード A M V

ストリートカジュアルが揃う　おすすめ！　ダウンタウン MAP P.72-A2

Urban Outfitters・アーバンアウトフィッターズ

ストリートカジュアルのウエア類から下着、小物、室内装飾のアクセサリー、本まで幅広く陳列されている。手頃な価格の雑貨も充実し、ジョークの利いた笑えるアイテムも揃う。日本未入荷の化粧品も多数あり。

カジュアルファッションの代表格

住810 S. Broadway, Los Angeles
☎(1-213)627-7469
URL www.urbanoutfitters.com
営毎日11:00〜19:00(木〜土〜20:00)
カード A M V

屋上にはバスケットコートもあり、自由にプレイできる　ダウンタウン MAP P.72-B2

Jumpman・ジャンプマン

靴メーカーのNikeが展開するジョーダンブランドが、2018年ダウンタウンに路面店をオープンした。脚を大きく広げて、ダンクシュートをするマイケル・ジョーダンのデザインが印象的で、Tシャツやスニーカーなどを取り揃える。

キャップやスウエットのサイズも豊富だ

住620 S. Broadway, Los Angeles
☎(1-213)629-8379
営毎日11:00〜19:00
カード A M V

日本のファッションブランドがLAに上陸！　ダウンタウン MAP P.72-B2

Visvim Exposition・ビズビムエクスポジション

日本だけでなく欧米でも人気のブランドが2018年ブラッドベリービルディングに路面店をオープンさせた。メインラインの「ビズビム」やウィメンズブランドの「WMV」、「F.I.L. Indigo Camping Trailer」のほか、LA限定のライン「Contrary Dept」も取り扱う。

ビズビムの世界観が広がる店内

住304 S. Broadway, Los Angeles
☎(1-213)265-7901
URL www.visvim.tv
営月〜土10:00〜18:00、日11:00〜17:00
カード A M V

作っている工程を見学できる　ダウンタウン MAP P.73-D3外

Matteo・マテオ

LA在住の日本人に評判のアパレルショップ。シャツやシーツ、タオルなどを製造する工場に併設している。最高級素材を使っているので、何度洗濯機にかけてもダメージが少ないのがいい。

店舗奥にはセール商品も並ぶ

住1000 E. Cesar E. Chavez Ave., Los Angeles
☎(1-213)617-2813
URL matteola.com
営毎日10:00〜18:00
カード A M V

↘パサデナ店 MAP P.78-E 住139 W. Colorado Blvd., Pasadena ☎(626)449-1818 営毎日11:00〜20:00(日〜19:00)。サンタモニカ店 MAP P.76-A4 住1440 3rd St. Promenade, Santa Monica ☎(310)394-1404 営月〜土10:00〜20:00、日11:00〜19:00

めがね

ハリウッドでもサングラス愛用者多数　ダウンタウン MAP P.72-A2

Gentle Monster●ジェントルモンスター

2011年韓国で誕生したアイウエアブランド。韓国で2013年から2014年まで放映されたTVドラマ『星から来たあなた』で主人公のチョン・ジヒョンが身につけていたことで話題になった。日本にはまだ直営店がないので、マストチェックの店。

さまざまなデザインが揃う

住816 S. Broadway, Los Angeles
Free(1-213)935-8114
URL gentlemonster.store
営毎日11:00～19:00
カード A M V

インテリア

シンプルでモダンな家具が勢揃い　おすすめ！　ダウンタウン MAP P.72-A2

West Elm●ウエストエルム

キッチン用品からバス周りのものまで豊富に揃う。特に、マグカップやプレート（$12～）はお手頃価格なので日常使いにいい。オフホワイトの食器はアメリカらしさが感じられる。かわいらしいおみやげを探すのに最適。

人気ブランドとのコラボ商品もある

住928 S. Broadway, Los Angeles
☎(1-213)683-4885
URL www.westelm.com
営月～土10:00～19:00、日11:00～18:00
カード A M V

古本屋

写真集や絵本も充実の品揃え　ダウンタウン MAP P.72-B2

The Last Bookstore●ラストブックストア

カリフォルニア州最大規模の新書と古本を取り扱っている書店。1階と2階あわせて2万2000平方フィート（2043m²）の売り場には、25万冊を超える書籍のほかビンテージレコードも並べられている。希少本のコーナーやアートギャラリーも併設。

最近話題のインスタスポット

住453 S. Spring St., Los Angeles
☎(1-213) 488-0599
URL lastbookstorela.com
営毎日11:00～20:00
カード A M V

家電機器

インテリアを見るだけの価値はある　ダウンタウン MAP P.72-A2

Apple Store●アップルストア

MacやiPhone、iPad、Apple Watchなどを取り揃えるアップルストアの旗艦店。ロスアンゼルス初のトーキー映画（映像と音声が同期した映画）向けの劇場として1927年にオープンした建物に入る。

バルコニーからの景色

住802 S. Broadway, Los Angeles
☎(1-213)655-1200
URL www.apple.com
営毎日10:00～20:00
カード A M V

サプリメント

全米に展開するチェーン店　ダウンタウン MAP P.72-B1

GNC●ジー・エヌ・シー

ビタミンやサプリメントを扱う専門店。アンチエイジングやダイエット、美肌用のものをメインに、アスリート向けのものなどが多数揃う。スタッフはフレンドリーなので、用途に合うものを聞くといい。

バラエティ豊かな品揃え

住510 W. 6th St., Los Angeles
☎(1-213)622-2078
URL www.gnc.com
営月～金10:00～18:00、土11:00～17:00
休日
カード A M V

書籍

日本の本が読みたくなったら　リトルトーキョー MAP P.73-C2

Kinokuniya●紀伊國屋書店

リトルトーキョーのWeller Court Shopping Center2階にある書店。最新のファッション雑誌や漫画から、文芸、ビジネス、旅行ガイドブックなどまであらゆるジャンルの本を取り揃える。日本語のフリーペーパーも置いてあるので、立ち寄るといい。

リトルトーキョーの中心にある

住123 Astronaut E. S. Onizuka St., #205, Los Angeles
☎(1-213)687-4480
URL usa.kinokuniya.com
営毎日11:00～20:00
カード A J M V

MEMO ウエストエルムの他店舗情報　サンタモニカ店 MAP P.76-B4 住1427 4th St., Santa Monica ☎(310)260-1073 営月～土10:00～20:00、日11:00～18:00

ファッション

きれいめカジュアルを目指す男子に最適 アーツディストリクト MAP P.73-C4

Wittmore・ウィトモア

洋服だけでなくバッグやアクセサリー、雑貨も取り揃えているセレクトショップ。大手デパートやショップではあまり取り扱いのないNative Unionのスマートフォンケース、Baxter of Californiaの石鹸などが並ぶ。

幅広いセレクションがうれしい

住300 S. Santa Fe Ave., #X, Los Angeles(The Yards at One Santa Fe)
☎(1-213)626-0780
URL shopwittmore.com
営毎日11:00～18:00
カード AMV

LAのファッショニスタが訪れる定点観測スポット アーツディストリクト MAP P.72-B4外

Dover Street Market・ドーバー・ストリート・マーケット

コム・デ・ギャルソンの川久保玲がディレクションするセレクトショップが、アーツディストリクトの外れに2018年オープンした。ワンフロアからなる店内に、GucciやStussy、Undercover、Sacai、Balenciagaなど、注目のブランドが集まっている。

川久保玲がインテリアも手がけた

住606-608 Imperial St., Los Angeles
☎(310)427-7610
URL losangeles.doverstreetmarket.com
営月～土11:00～18:00、日12:00～17:00
カード AMV
※クレジットカードの支払いには、写真付きIDが必要。

カジュアルながら、おしゃれ感のあるアイテムが多い アーツディストリクト MAP P.72-B4外

Commonwealth・コモンウェルス

ワシントンDCやバージニアビーチにも店舗をもつセレクトショップ。VansやAdidasからWacko MariaやComme des Garçons、Engineered Garments、A.P.C.などのブランドのスウェットシャツや靴が並ぶ。

オリジナルのパーカーは $120 ～

住2008 E. 7th St., Los Angeles
☎(1-213)537-0584
URL commonwealth-ftgg.com
営月～土12:00～19:00
休日
カード AMV

ストリート系のファッション好きが集まる アーツディストリクト MAP P.72-A4

Bodega・ボデガ

ボストン発のライフスタイルショップが2018年アーツディストリクト外れの複合施設ロウDTLAに登場した。NikeやAdidas、Air Jordanなど、スニーカーの在庫は豊富。TシャツやアウターはA.P.C.やCarhartt WIPなどもあり。

Bodega オリジナル T シャツは $45

住1320 E. 7th St., Suite 150, Los Angeles
Free(1-866)852-6334
URL bdgastore.com
営毎日11:00～19:00(日～18:00)
カード AMV

センスのいいグッズを扱う アーツディストリクト MAP P.73-C4

Hatchet Outdoor Supply・ハチェット・アウトドア・サプライ

2013年ニューヨーク・ブルックリンで誕生したアウトドア専門のセレクトショップ。BarbourやBach、Filson、Karrimor、Mountain Smith、Pendleton、Snow Peakなど日本人にも人気のブランドを取り揃える。

Yeti のマグカップも豊富

住941 E. 2nd St., Los Angeles
☎(1-213)221-7459
URL hatchetsupply.com
営毎日11:00～17:00(日12:00～)
カード AMV

香水

新鮮な状態で購入できるのがグッド アーツディストリクト MAP P.73-C3

Le Labo・ル ラボ

2006年ニューヨーク・マンハッタンに誕生したフレグランスブランド。目の前で香水をブレンドする販売形式が人気を集め、全米だけでなく、アジアやヨーロッパにも店舗をもつまでになった。サンタル33やローズ31は日本人からの評価が高い。

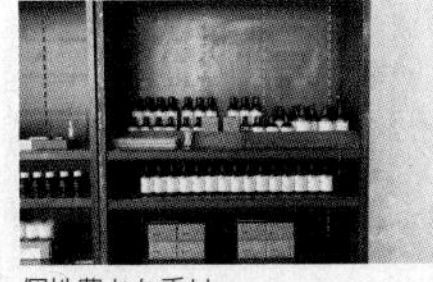
個性豊かな香り

住744 E. 3rd St., Los Angeles
Free(1-323)968-3817
URL www.lelabofragrances.com
営月～土11:00～19:00、日12:00～18:00
カード AMV

MEMO フリーピープル(→P.338)の他店舗情報 サンタモニカ・メインストリート店 MAP P.79-B4 住2925 Main St., Santa Monica ☎(310)399-0141 営月～土10:00～19:00、日11:00～18:00

ファッション

キュートなボヘミアンスタイル　おすすめ!　オールドパサデナ　MAP P.78-E

Free People・フリーピープル

ディテールにも凝った、ボヘミアン風アイテムが豊富。水着、雑貨なども人気だ。リラックス感のある、カジュアルスタイルが好きな人におすすめ。サンタモニカプレイス（→P.342）、アメリカーナ・アット・ブランド（→P.346）などにも店舗がある。

スポーツアイテムも展開

住139 W. Colorado Blvd., Pasadena
☎(626)844-9201
URL www.freepeople.com
営月〜土10:00〜20:00、日11:00〜19:00
カード A M V
他店舗情報→P.337脚注

日本未上陸の話題のブランド　オールドパサデナ　MAP P.78-E

Madewell・メイドウェル

J. Crewの姉妹ブランドで、20〜30歳代の女性がメインターゲット。ちょっとおしゃれをしたいが、高級ブランドで着飾りたくない人に人気がある。しっかりとした縫製で、流行に左右されないデザインがいい。ニット$75〜、ワンピース$98〜。

ベーシックで着まわしやすい

住126 W. Colorado Blvd., Pasadena
☎(626)792-1261
URL www.madewell.com
営月〜土10:00〜20:00、日11:00〜19:00
カード A J M V

チームカナダのオリンピック公式ユニホームを担当する　パサデナ　MAP P.78-E

Lululemon Athletica・ルルレモン・アスレティカ

1998年カナダ・バンクーバーでヨガウエアブランドとして誕生した。ランニングやトレーニング、ダンスに最適なパンツやシャツ、ショーツなどのほか、街着としても通用するおしゃれなワンピースやジャンプスーツ、レギンスなども展開する。

ヨガマットやグローブなども豊富

住103 W. Colorado Blvd., Pasadena
☎(626)603-8385
URL shop.lululemon.com
営月〜土10:00〜20:00、日11:00〜19:00
カード A M V

日本再上陸が待ち遠しい　パサデナ　MAP P.78-F

J. Crew・ジェイクルー

オバマ元大統領夫人も御用達のアメリカを代表するファッションブランド。カジュアルながらも洗練されており、ちょっとおしゃれしたいときにもいい。ニット（$98〜）やスカート（$80〜）は値段も手頃で、20〜40歳代の男女ともにファンが多い。

手頃な価格も魅力のブランド

住3 W. Colorado Blvd., Pasadena
☎(626)568-2739
URL www.jcrew.com
営月〜土11:00〜19:00、日12:00〜18:00
カード A M V

雑貨

シンプルなこだわり家具なら　オールドパサデナ　MAP P.78-E

Restoration Hardware・レストレーションハードウエア

生活雑貨、バス用品、ガーデニング用品などを扱っているお店。特にインテリア用品のランプなどがおしゃれ。シンプルなデザインながら、素材や細部の造りにこだわったものが揃っている。

シンプル、シックな雑貨が豊富

住127 W. Colorado Blvd., Pasadena
☎(626)795-7234
URL www.restorationhardware.com
営月〜土10:00〜19:00、日11:00〜18:00
カード A M V

ホーム用品&雑貨

カジュアルハウスウエアのチェーン店　オールドパサデナ　MAP P.78-E

Crate & Barrel・クレート&バレル

シンプルでモダンなデザインのものが多い、カジュアルハウスウエアのブランド店。価格もお手頃で、ランチョンマット、ナプキンあたりはおしゃれなおみやげにぴったりだ。パスタ鍋といった調理用具、グラス類も充実している。

色鮮やかなグッズが揃っている

住60 W. Colorado Blvd., Pasadena
☎(626)683-8000
URL www.crateandbarrel.com
営月〜土10:00〜20:00、日11:00〜19:00
カード A M V

MEMO ジェイクルーの他店舗情報　センチュリーシティ店 MAP P.60-B3 住10250 Santa Monica Blvd., #1750, Los Angeles（ウエストフィールド・センチュリーシティ内→P.344）☎(310)552-5320 営月〜土10:00〜21:00、日11:00〜20:00

家具

落ち着いた色使いの商品は日本の家屋にも合う　パサデナ　MAP P.78-F

Pottery Barn●ポッタリーバーン

1949年ニューヨークで生まれたインテリアブランド。寝具やソファ、ダイニングテーブルから、ディナープレートやマグカップなどまで幅広いアイテムを取り揃える。アメリカのTV番組『フレンズ』や『サインフェルド』などでもここのブランドの家具が使われた。

シンプルモダンなインテリア

住1 E. Colorado Blvd., #363, Pasadena
☎(626)577-1474
URL www.potterybarn.com
営月〜土10:00〜20:00、日11:00〜18:00
カード A M V

コスメ

ナチュラルな手作りソープ　オールドパサデナ　MAP P.78-F

The Soap Kitchen●ソープキッチン

肌にも体にも優しい自然派石鹸を取り揃える店。店舗の一画で、オーナー自らが手作業で作っている。ラベンダーやローズマリーなどハーブの香り付きオリーブオイルの石鹸が人気。シャンプーやアロマ効果が期待できるリップバーム（$8）もある。

石鹸は重さによって値段が異なる

住25 N. Fair Oaks Ave., Pasadena
☎(626)396-9996
URL www.thesoapkitchen.com
営水〜日12:00〜17:00
休月火
カード A J M V

ファッション

ロングビーチの最注目ショップ　ロングビーチ　MAP P.51-D3

Port Long Beach●ポート・ロングビーチ

2011年にロングビーチでスタートしたセレクトショップ。Tシャツやパーカー、ハットなどのオリジナル商品に加え、セレクトの商品も展開する。オリジナル商品のほとんどがMade in USAで、着心地も抜群。

ロングビーチで必ず立ち寄りたい店

住402 St. Louis Ave., Long Beach
☎(562)434-7678
URL www.portlbc.com
営木〜日12:00〜16:00(金土〜18:00)
休月〜水
カード A M V

雑貨

レトロロウを代表する店　ロングビーチ　MAP P.51-D3

The Hangout●ハングアウト

ビンテージレコードや古本、アンティーク家具、ジュエリー、洋服など、あらゆるものを扱うジェネラルストア。マグカップやキーホルダーはおみやげによさそう。ワークショップやイベントも開催している。

個人店ならではのセレクション

住2122 E. 4th St., Long Beach
☎(562)676-6810
URL www.shopthehangout.com
営火〜日11:00〜19:00
休月
カード A M V

DATA サンプルセールで、お得なショッピング！

LA ダウンタウンにある**ファッションディストリクト Fashion District** では、毎月サンプルセールが行われている。普段は卸売りのみだが、この日だけは一般客を対象にショールームに展示されていた商品や生産段階のサンプルが格安で販売される。有名ブランドのものが並ぶこともあるので、タイミングが合えばチェックしたい。

Fashion District Sample Sale
MAP P.72-A2 （カリフォルニア・マーケット・センター）
住155 E. Olympic Blvd., Los Angeles (California Market Center)
URL fashiondistrict.org/shop/sample-sales
URL www.californiamarketcenter.com/events-calendar
営毎月最終金曜9:00 〜15:00。営業時間は店舗により異なる
店舗により異なるが、基本的に現金のみ
行き方 メトロレイルの7th St./Metro Center駅下車、徒歩約15分。

ほかに、**Fashion Institute of Design & Merchandising (FIDM)** というファッション・デザインの専門大学に併設するショップでは、有名ブティックから寄付された洋服やアクセサリーなどを卸売り価格以下で販売している。

FIDM Scholarship Store
MAP P.73-C4
住919 S. Grand Ave., Los Angeles
☎(1-213)452-5010
営火〜土11:00〜16:00　休日月
カード A M V ($5以上購入時のみ利用可)

MEMO ポッタリーバーンの他店舗情報　ビバリーヒルズ店　MAP P.77-B3 住300 N. Beverly Dr., Beverly Hills ☎(310)860-9506 営月〜土10:00〜19:00、日11:00〜18:00

ショッピングモール&アウトレット
Shopping Malls & Outlets

効率よく買い物をしたい旅行者にぴったりなのが、
ショッピングモールだ。
テナントが十数店舗から200を超える超巨大なものまで、
規模はさまざまだが、大きなところだと数軒のデパート、
映画館やレストランまで揃っている。
モールごとに特徴があるので、
自分のホテルから遠くても足を延ばす価値大だ。

上／ファストファッションならフィグ・アット・セブンスで
下／女性に人気のモールといえばグローブ

アクセス

ショッピングモールへは、周辺のホテルからシャトルサービスを行っているところもある。旅行者がアクセスしづらい所へは、オプショナルツアー（→P.43）を利用するのもいい。

歩き方

モール内には、Directoryなどと呼ばれるモールの案内板がある。また、たいていのモールにはインフォメーションセンターがあるので、わからないことがあったら、そちらへ行って聞いてみよう。日本語のパンフレットを用意してある所もある。

LAショッピングモールマップ

Ⓢショッピングモール

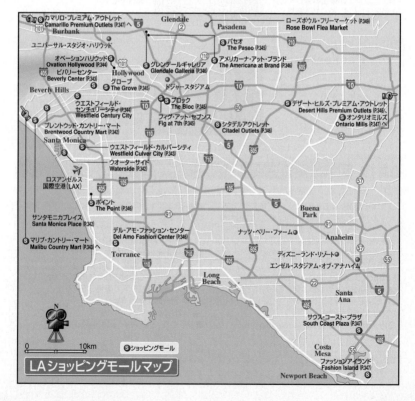

カマリロ・プレミアム・アウトレット Camarillo Premium Outlets (P.347) へ
ローズボウル・フリーマーケット (P.349) Rose Bowl Flea Market
パセオ The Paseo (P.345)
アメリカーナ・アット・ブランド The Americana at Brand (P.346)
グレンデールギャレリア Glendale Galleria (P.346)
ユニバーサル・スタジオ・ハリウッド
オベーションハリウッド Ovation Hollywood (P.344)
ビバリーセンター Beverly Center (P.343)
グローブ The Grove (P.345)
ドジャースタジアム
ウエストフィールド・センチュリーシティ (P.344) Westfield Century City
ブロック The Bloc (P.345)
フィグ・アット・セブンス Fig at 7th (P.345)
ブレントウッド・カントリー・マート Brentwood Country Mart (P.342)
デザート・ヒルズ・プレミアム・アウトレット Desert Hills Premium Outlets (P.348)、
オンタリオミルズ Ontario Mills (P.347) へ
シタデルアウトレット Citadel Outlets (P.346)
ウエストフィールド・カルバーシティ Westfield Culver City (P.343)
ウオーターサイド Waterside (P.342)
ロスアンゼルス国際空港（LAX）
ポイント The Point (P.346)
サンタモニカプレイス Santa Monica Place (P.342)
デル・アモ・ファッション・センター Del Amo Fashion Center (P.346)
マリブ・カントリー・マート Malibu Country Mart (P.343) へ
ナッツ・ベリー・ファーム
ディズニーランド・リゾート
エンゼル・スタジアム・オブ・アナハイム
サウス・コースト・プラザ South Coast Plaza (P.347)
ファッションアイランド Fashion Island (P.347)

Glendale, Pasadena, Burbank, Hollywood, Beverly Hills, Santa Monica, Buena Park, Anaheim, Torrance, Long Beach, Santa Ana, Costa Mesa, Newport Beach

0 10km

モール別　主要ショップ一覧

ブランド名はアルファベット順。系列店も含む　※2023年1月現在

ブランド名	おもなカテゴリー	サンタモニカプレイス(→P.342)	ビバリーセンター(→P.343)	ウエストフィールド・センチュリーシティ(→P.344)	オベーションハリウッド(→P.344)	グローブ(→P.345)	アメリカーナ・アット・ブランド(→P.346)	サウス・コースト・プラザ(→P.347)
AIXアルマーニエクスチェンジ AIX Armani Exchange	洋服		●					●
アバクロンビー&フィッチ Abercrombie & Fitch	洋服			●				●
オールセインツ All Saints	洋服	●		●				●
アンソロポロジー Anthropologie	洋服(女性)			●			●	●
アップルストア Apple Store	コンピューター		●	●		●	●	●
アヴェダ Aveda	コスメ			●				●
バナナリパブリック Banana Republic	洋服		●	●		●		
ブルーミングデールス Bloomingdale's	デパート		●	●				●
バーバリー Burberry	洋服		●					●
コーチ Coach	かばん	●	●			●		●
コールハーン Cole Haan	靴			●				●
ディーゼル Diesel	洋服		●					●
フォーエバー21 Forever21	洋服	●	●		●			●
フリーピープル Free People	洋服(女性)	●		●			●	●
ギャップ Gap	洋服			●		●		●
グッチ Gucci	洋服		●					●
エイチ&エム H&M	洋服		●	●			●	●
ヒューゴボス Hugo Boss	洋服(男性)	●	●					●
ジェイクルー J. Crew	洋服			●				●
ジミーチュー Jimmy Choo	靴(女性)							●
ケイト・スペード・ニューヨーク Kate Spade New York	かばん(女性)			●				●
キールズ Kiehl's	コスメ			●			●	●
ロクシタン L'Occitane	コスメ			●				●
ルイヴィトン Louis Vuitton	かばん	●	●					●
ルルレモン・アスレティカ Lululemon Athletica	洋服			●		●	●	●
マック M.A.C. Cosmetics	コスメ			●	●			●
メイシーズ Macy's	デパート		●	●				●
メイドウェル Madewell	洋服			●		●	●	●
マイケルコース Michael Kors	洋服		●	●		●		●
ナイキ Nike	洋服・靴	●				●	●	●
ノードストローム Nordstrom	デパート	●		●		●	●	●
オメガ Omega	時計		●					●
ポロ・ラルフローレン Polo Ralph Lauren	洋服		●	●				●
プラダ Prada	かばん		●					●
ロレックス Rolex	時計	●						●
セフォラ Sephora	コスメ		●	●	●	●	●	●
スワロフスキー Swarovski	宝飾		●	●				●
ティファニー Tiffany & Co.	宝飾	●		●			●	●
トリーバーチ Tory Burch	かばん	●					●	●
トゥミ Tumi	かばん	●	●	●			●	●
ビクトリアズシークレット Victoria's Secret	洋服(女性)		●		●			●
ザラ Zara	洋服		●	●				●

ショッピングモール

サンタモニカ観光に来たら、ぜひ寄りたい　サンタモニカ　MAP P.74-A1～A2

Santa Monica Place • サンタモニカプレイス

サンタモニカの中心、Broadway、2nd St.、Colorado Ave.、4th St.に囲まれたブロックにある。人気ブランドショップ、各国料理のレストラン、そしてオープンエアで雰囲気抜群と3拍子揃ったショッピングモールだ。1、2階にショップやデパートNordstromが並び、3階にレストランやフードコートがある。3階はダイニングデッキになっていて、オーシャンビューも満喫できる。

主要ショップリスト→P.341

観光のついでに寄りたいスポット

住395 Santa Monica Place, Santa Monica
☎(310) 260-8333
URL www.santamonicaplace.com
営月～土10:00～20:00、日11:00～19:00。デパートやレストランは異なる
🚃 LAダウンタウンからはメトロレイル・Eライン（エクスポ）、Lライン（ゴールド）のDowntown Santa Monica駅下車、目の前。約50分。
🚌 LAダウンタウンからはメトロバス#33、720、ビッグ・ブルー・バス#10で約1時間20分。ハリウッドからはメトロバス#4で約1時間10分。
🚗 LAダウンタウンからはI-10を西へ進み、出口1Aで下りて、4th Ave.を直進。駐車場はColorado Ave.とBroadwayに入口がある。

3階にはフードコートやレストランが集まる

おもなショップ&ダイニング

Ⓢ Aesop	Ⓢ Pandora
Ⓢ Air By Nishikawa	Ⓢ Rimowa
Ⓢ Banter By Piercing Pagorla	Ⓢ 7 For All Mankind
Ⓢ Bath & Body Works	Ⓢ Solstice Sunglasses
Ⓢ Brilliant Earth	Ⓢ Uniqlo
Ⓢ Cariloha	Ⓡ Johnny Rockets
Ⓢ Elie Tahari	Ⓡ LouLou
Ⓢ Johnny Was	Ⓡ The Cheesecake Factory
Ⓢ Paige	Ⓡ The Dude's Brewing Company

創業1948年、地元の人に愛されているモール　サンタモニカ　MAP P.56-B1

Brentwood Country Mart • ブレントウッド・カントリー・マート

流行が生まれては消えるLAで70年以上も地元の人たちに愛され続けているショッピングモール。赤いカントリースタイルの建物が印象的で、おしゃれなレストランやショップが約30店舗集まる。Christian Louboutinや、Claire V.、Diesel、A Bookstore、Intermix、James Perse、Jenni Kayneなどが入店。ショッピングモールでありながら、地元のカルチャースクールのイベントの会場にもなり、地域のコミュニティの活性化に大きな役割を果たしている。

こぢんまりとして、ローカル感が漂う

住225 26th St., Santa Monica
☎(310) 458-6682
URL www.brentwoodcountrymart.com
営店舗によって異なる。
🚌 サンタモニカからビッグ・ブルー・バス#2でWilshire Blvd. & 26th St.へ行き、#43に乗り換え、San Vicente Blvd. & 26th St.下車。約35分。もしくは、ビッグ・ブルーバス#18でMontana Ave. & 26th St.へ行き、徒歩約15分。
🚗 I-10の出口1CのCloverfield Blvd.で下りて、Cloverfield Blvd.を右折。26th St.を西に進むと、右側にブレントウッド・カントリー・マートが見えてくる。

スーパーマーケットのラルフスもある　マリナ・デル・レイ　MAP P.59-C2

Waterside • ウオーターサイド

マリナ・デル・レイにある、こぢんまりとしたショッピングモール。L'OccitaneやSephoraをはじめとしたショップ、約25店舗が集まる。ダイニングも数は多くはないが、Pinkberry、California Pizza Kitchenなど日本人にも人気の店がある。また、深夜遅くまでオープンしているスーパーマーケットRalphsがあるのがうれしい。車ならSan Diego Fwy.（I-405）からCA-90に移り西へ。Mindanao Way出口を出て南へ。Admiralty WayとMindanao Wayの角。

住4700 Admiralty Way, Marina del Rey
☎(818) 637-8921
URL shopwaterside.com
営月～土10:00～19:00（金土～20:00）、日11:00～18:00。店舗により異なる
🚌 サンタモニカからビッグ・ブルー・バス#3でLincoln Blvd. & Mindanao Way下車、約25分。

言わずと知れた人気のモール　マリブ　MAP P.46-A2

Malibu Country Mart • マリブ・カントリー・マート

サンタモニカの北西、マリブの心地よい空気感があふれるショッピングモール。Ron HermanやMadisonなどの人気セレクトショップや、Chrome HeartsやJohn Varvatos、RRL & Co.、Faherty Brand、Brandy Melville、Oliver Peoplesなどが入る。モール内のマーケット、Malibu Kitchen Gourmetも大人気。そのほか、ハリウッドセレブも通うレストランのLucky's SteakhouseやJohn's Garden、カフェのAlfred Coffee、Sun Life Organicsなどもある。

近くに住む芸能人も頻繁に目撃されている

住3835 Cross Creek Rd., Malibu
☎(310)456-7300
URLwww.malibucountrymart.com
営店舗により異なるが、基本は月～土10:00～18:00、日11:00～17:00(夏季は延長あり)
バス サンタモニカからメトロバス#534でCross Creek Rd. & Malibu Theatre下車、目の前。約35分。
車 サンタモニカからCA-1 (PCH) を北西に約20km。Cross Creek Rd.を右折、約25分。

日本に上陸したブランドもある

ショップやレストランが約150店集まる　カルバーシティ　MAP P.48-B3

Westfield Culver City • ウエストフィールド・カルバーシティ

ロスアンゼルス国際空港の北5kmにあるモール。デパートのMacy'sとJC Pennyを中心に電化製品店のBest BuyやアパレルのFoot Locker、H & M、Hollister Co.、コスメティックのM.A.C. Cosmetics、アウトレットのNordstrom Rackなどが入る。観光地から少し離れているせいか、旅行者よりも地元の人が多く訪れるので、日本人に合うサイズの服が残っている可能性が高い。車ならLAダウンタウンからI-10を西に進み、出口3BでI-405 Sに移る。出口50Bで下りる。約45分。

住6000 Sepulveda Blvd., Culver City
☎(310)390-7833
URLwww.westfield.com/culvercity
営月～土10:00～21:00、日11:00～19:00
バス LAダウンタウンからメトロレイル・Eライン、LラインのLa Cienega/Jefferson駅下車。La Cienega Blvd. & Jefferson Blvd.からカルバーシティバス#4でCulver City Transit Center下車、約1時間10分。

セレブもよく訪れる　おすすめ!　ウエストサイド　MAP P.66-A3

Beverly Center • ビバリーセンター

ロバートソンブルバードやウエスト・サード・ストリート、メルローズアベニューなど人気スポットも近い。8階建てのビルの中には、デパートのBloomingdale's、Macy'sをキーテナントとし、約90の専門店が入る。La Cienega Blvd. 沿いの入口にあるエスカレーターで6階まで上ろう。5階までが駐車場になっている。レストランは少ないが、Eggslut（→P.380）やPitchoun Bakery & Cafe、Tocaya Organica、Noor Cafe、Oleada、H & H Brazilian Steakhouse、Yardbirdがある。主要ショップリスト→P.341

高級ブランドからお手頃価格のショップまで幅広い

住8500 Beverly Blvd., Los Angeles
☎(310)854-0070
URLbeverlycenter.com
営日～金10:00～20:00、土11:00～18:00
バス LAダウンタウンからはメトロバス#14でBeverly Blvd. & La Cienega Blvd.下車、約50分。もしくはメトロバス#16でW. 3rd St. & La Cienega Blvd.下車、約50分。ハリウッドからは#217で南へ行き、Beverly Blvd. & Fairfax Ave.で#14に乗り換え、Beverly Blvd. & La Cienega Blvd.下車、約40分。
車 Beverly Blvd.とLa Cienega Blvd.の角。駐車場へはLa Cienega Blvd.、San Vincente Blvd.、Beverly Blvd.から入る。

おもなショップ

S Aldo	S Montblanc
S Balenciaga	S Robin's Jean
S Bath & Body Works	S Saint Laurent
S Brooks Brothers	S Salvatore Ferragamo
S Club Monaco	S Sandro
S Dolce & Gabbana	S Steve Madden
S Foot Locker	S Uniqlo
S Golden Goose	S Vans
S MCM	S Versace

観光のついでに訪れたい

ショッピングモール

オープンエアの開放感もいい　ウエストサイド　MAP P.60-B3

Westfield Century City•ウエストフィールド・センチュリーシティ

ウエストサイドにあるこのモールは、LAのなかではかなりの古株。高層ビルの間にあるオープン型モール（つまり、ひとつの屋根付きの建物内ではない）では、陽光を浴びながら買い物を楽しめる。2017年に10億ドルの改装工事を終え、約230店がオープン。イタリア食材を扱うマーケットとレストランがある「Eataly」は、近隣に勤める会社員で、とてもにぎわっている。Tiffany & Co.、Tumiなど日本人に人気の店も多い。2階には、フードコートや映画館のAMC Century City 15もある。主要ショップリスト→P.341

セレブが買い物する姿が目撃されている

住10250 Santa Monica Blvd., Los Angeles
☎(310) 277-3898
URL www.westfield.com/centurycity
営月〜土10:00〜21:00、日11:00〜20:00
🚌 LAダウンタウンからはメトロバス#28でCentury Park W. & Santa Monica Blvd.下車、約1時間。ハリウッドからはメトロバス#217を南へ、Fairfax Ave. & Santa Monica Blvd.で#4に乗り換える。Santa Monica Blvd. & Avenue of the Starsで下車、約1時間。
🚗 Santa Monica Blvd.沿い。Century ParkとAvenue of the Starsの間。駐車場の入口は、Avenue of the StarsやSanta Monica Blvd.、Century Park W.、Constellation Blvd.にある。

ロデオドライブとセットで訪れるといい

おもなショップ&ダイニング

Ⓢ Aldo	Ⓢ Warby Parker
Ⓢ Allen Edmonds	Ⓡ California Pizza Kitchen
Ⓢ Fresh	Ⓡ Chipotle
Ⓢ John Varvatos	Ⓡ Din Tai Fung
Ⓢ Jonny Was	Ⓡ Panda Express
Ⓢ Samsonite	Ⓡ Shake Shack
Ⓢ See's Candies	Ⓡ Tocaya Modern Mexican
Ⓢ Steven Madden	Ⓒ Blue Bottle Coffee
Ⓢ Vineyard Vines	Ⓒ Pressed

ハリウッド&ハイランド駅に直結　ハリウッド　MAP P.74-B3

Ovation Hollywood•オベーションハリウッド

ハリウッドの中心地Hollywood Blvd.とHighland Ave.の交差点そばにあるモール。有名ブランドショップや人気のレストラン、観光案内所が入る。また、ボウリング場のLucky Strike Liveなどのエンターテインメントスポットも充実。TCLチャイニーズ・シアターとも直結しているので観光とあわせて訪れたい。建物の西奥には、スターラインツアーズの窓口とツアーバス乗り場がある。駐車料金は20分＄2、1日最大＄20。主要ショップリスト→P.341

カジュアルファッションの店が並ぶ

住6801 Hollywood Blvd., Hollywood
URL www.ovationhollywood.com
営毎日10:00〜22:00（日〜19:00）。レストランやボウリング場などは異なる
🚇 メトロレイル・Bライン（レッド）のHollywood／Highland 駅真上。
🚗 Highland Ave.沿いとOrange Dr.沿いに駐車場の入口がある。

交通の便がいいモール

おもなショップ&ダイニング

Ⓢ Aldo	Ⓡ Cho Oishi
Ⓢ Baly's	Ⓡ Dave & Buster's
Ⓢ Dodgers Clubhouse Store	Ⓡ Hard Rock Cafe
Ⓢ Footlocker	Ⓡ Jinya Ramen Express
Ⓢ Lids	Ⓡ Johnny Rockets
Ⓢ Pink	Ⓒ Chado Tea Room
Ⓢ Shoe Palace	Ⓒ Cold Stone Creamery
Ⓡ Cabo Wabo Cantina	Ⓒ Cookie Dough Dreams
Ⓡ California Pizza Kitchen	Ⓒ The Tea & Coffee Exchange

テーマパークのような明るい雰囲気も魅力　おすすめ!　ミッドウィルシャー　MAP P.66-B2、P.66-B3～B4

The Grove•グローブ

1930～1940年代のLAの街並みが再現されている、オリジナル・ファーマーズマーケットに隣接したモール。ファーマーズマーケットとの間には、1950年代製のレトロなトロリーが走っている。映画を観て食事や買い物を楽しむ地元の人々でいつもにぎわう。W. 3rd St.を挟んだ向かいには自然派のスーパーマーケットWhole Foods MarketやドラッグストアのCVS Pharmacy、ディスカウントストアのRoss Dress for Less、Fairfax Ave.を挟んだ向かいにはスーパーマーケットのTrader Joe'sがある。

主要ショップリスト→P.341

隣接するファーマーズマーケットと一緒に買い物をするといい

おもなショップ&ダイニング	
Ⓢ Alo Yoga	Ⓢ Vince
Ⓢ Aritzia	Ⓡ Alma
Ⓢ Backcountry	Ⓡ Chill Since '93
Ⓢ Barns & Noble	Ⓡ Edo Bites
Ⓢ Brandy Melville	Ⓡ La Piazza
Ⓢ Charlotte Tilbury	Ⓡ Maggiano's Little Italy
Ⓢ Diptyque	Ⓡ The Cheesecake Factory
Ⓢ Frame	Ⓡ Umami Burger
Ⓢ Janie and Jack	Ⓒ Pressed

住189 The Grove Dr., Los Angeles
☎(1-323)900-8080
URL thegrovela.com
営月～土10:00～21:00(金土～22:00)、日11:00～20:00
🚌 LAダウンタウンからはメトロバス#16で3rd St. & Ogden Dr.下車、約45分。ハリウッドからは#217で3rd St. & Fairfax Ave.下車、約35分。
🚗 ダウンタウンからはI-10を西へ約10km行き、出口7Bで下りる。Fairfax Ave.を北に約4.5km。約30分。駐車場の入口はFairfax Ave.とThe Grove Dr.の2カ所。

映画館もあり1日楽しめる

ダウンタウンでの買い物なら　おすすめ!　ダウンタウン　MAP P.73-C3～D3

Fig at 7th•フィグ・アット・セブンス

ビジネス街の真ん中にある小さなモール。フードコートはファストフードが充実している。スーパーマーケットのTarget、Zara、H&M、Victoria's Sercret、M.A.C. Cosmetics、Sephora、Bath & Body Works、Nordstrom Rackなどがあり便利だ。

ファストファッションの店が多い

住735 S. Figueroa St., Los Angeles
☎(1-213)955-7170
URL www.figat7th.com
営毎日10:00～21:00(土日～19:00)店舗により異なる
徒歩:LAダウンタウンのFigueroa St.沿い、7th St.と8th St.の間。メトロレイルの7th St. / Metro Center駅から徒歩3分。

メトロレイル駅に直結するモール　ダウンタウン　MAP P.73-D4

The Bloc•ブロック

デパートのMacy'sを中心に、Paper SourceやUniqlo、レストランのHatch、District、Joey DTLA、Marugame Udon、カフェのStarbucks CoffeeやCafe Balzac、郵便局、映画館のAlamo Drafthouse Cinemaがある。

中庭には椅子もあり、くつろげる

住700 W. 7th St., Los Angeles
URL www.theblocla.com
営毎日11:00～20:00(金土～21:00、日～19:00)。店舗により異なる
徒歩:メトロレイルの7th St./Metro Center駅前。LAダウンタウンの7th、Hope、8th、Flower Sts.に囲まれたブロック。

パサデナ観光とあわせて訪れたい　パサデナ　MAP P.70-B2

The Paseo•パセオ

南カリフォルニアらしいオープンエアのショッピングモール。約35のショップ、レストランなどがある。テナントはH&MやBath & Body Works、Tommy Bahama、West Elm、有名ブランドの靴を揃えるDSW Shoesなど。

週末、広場には屋台も出る

住280 E. Colorado Blvd., Pasadena
☎(626)795-9100
営店舗により異なるが、基本は月～土10:00～21:00、日11:00～18:00
🚌 →P.246オールドパサデナのACCESS参照。オールドパサデナから東へ徒歩7分。
🚗 Colorado Blvd.沿いMarengo Ave.とLos Robles Ave.の間。

ショッピングモール

2015年にオープンした人気モール　サウスベイ　MAP P.50-A1

The Point•ポイント

オープン当初から人気のショッピングモール。Madewell、Allbirds、Warby Parkerなどの人気ショップのほか、Sugarfina、Hopdoddy Burger Bar、True Food Kitchenなど話題のスイーツショップやレストランも揃っている。オープンエアの開放的な雰囲気も居心地抜群で、定期的にヨガやピラティスの無料レッスンも行われている。マンハッタンビーチからは車で約10分、ロスアンゼルス国際空港やサウスベイ周辺からもアクセスしやすい。

住850 S. Pacific Coast Hwy., El Segundo
☎(310)414-5280
営月〜土10:00〜21:00、日11:00〜19:00。店舗によって異なる
🚗 LAダウンタウンからはI-110を南下し、I-105を西、I-405を南へ進む。出口43Bで下りて、Rosecrans Ave.を西へ2km進む。約50分。

250店舗以上ありサウスベイ最大　トーランス　MAP P.50-B2

Del Amo Fashion Center•デル・アモ・ファッション・センター

日本人が多く住むトーランスにあるモール。American Eagle Outfitters、Anthropologie、Bath & Body Works、Coach、Crate & Barrel、Free People、Victoria's Secret、紀伊國屋書店やブックオフ、Mitsuwa Marketplaceなどがある。

オープンエアで気持ちがいい

住3525 W. Carson St., Torrance
☎(310)542-8525
URL www.simon.com
営月〜土10:00〜21:00、日11:00〜19:00
🚗 LAダウンタウンからI-110を南下、出口7BのCarson St.で下りて西へ。約1時間10分。

アウトレット

地元の人にも人気のアウトレット　おすすめ!　ロスアンゼルス郊外　MAP P.46-B2

Citadel Outlets•シタデルアウトレット

LAダウンタウンからいちばん近いアウトレットモール。約110のブランドショップが集まり、常時30〜70%オフ。American Eagle OutfittersやBanana Republic、Bally、Calvin Klein、Coach、H & M、Kate Spade New York、Michael Kors、New Balance、Nike、Samsonite、Swarovski、True Religion、Tumi、Ugg、Vansなどが入る。ユニオン駅やリトルトーキョー、パーシングスクエア周辺、LAライブなどから無料のシャトルバスが45〜75分間隔で運行（詳細はウェブサイトで確認を）。

ダウンタウンから無料のシャトルバスを利用して行けるのがありがたい

住100 Citadel Dr., Los Angeles
☎(1-323)888-1724
URL www.citadeloutlets.com
営毎日10:00〜21:00
🚌 LAダウンタウンの6th St. & Hill St.からメトロバス#62でTelegraph Rd. & Citadel Dr.下車。約45分。
🚗 LAダウンタウンからはI-5を南東へ約6km、出口129で下りてEastern Ave.とTelegraph Rd.を右折。約20分。

ショッピングモール

旬のブランドが大集結　グレンデール　MAP P.46-B1

The Americana at Brand•アメリカーナ・アット・ブランド

Brandy MelvilleやUrban Outfitters、& Other Stories、Warby Parkerなど約40の人気ショップが集まり、テーマパークのような楽しさが魅力。グローブ（→P.345）と同じデザイナーが手がけた。グローブよりも観光客が少ないので、じっくりと時間をかけ買い物ができる。ハリウッドからはメトロバス#180に乗れば約45分でアクセス可能だ。遅くなったときはタクシーを利用しよう。コンシェルジュ・デスクでは、タクシー乗り場を案内してくれる。

主要ショップリスト→P.341

夜遅くになってもにぎわう

住889 Americana Way, Glendale
☎(818)637-8982
URL americanaatbrand.com
営月〜土10:00〜21:00(金土〜22:00)、日11:00〜20:00。時期により異なる
🚌 メトロレイル・Bライン（レッド）のHollywood/Vine駅からメトロバス#180で約45分。下記のグレンデールギャレリアの向かい。
🚗 LAダウンタウンからはCA-110、I-5を北上し、出口142のColorado St.で下りて東へ。約40分。

ディスカウントストアのターゲットもある　グレンデール　MAP P.46-B1

Glendale Galleria•グレンデールギャレリア

LAの北、グレンデールのダウンタウン、BroadwayとColorado Blvd.、Columbus Ave.とCentral Ave.に囲まれたエリアにあり、約200の店舗が入っている。TargetやMacy's、Bloomingdale'sなど4つの大型店のほか、レストラン、フードコートも充実。Banana Republic、Clarks、Coach、Hollister Co.、Lucky Brand、Michael Kors、Swarovski、Vans、Victoria's Secretなど人気のブランドが多い。アメリカーナ・アット・ブランド（→上記）向かい。

住100 W. Broadway, Glendale
☎(818)459-4184
URL www.glendalegalleria.com
営月〜木11:00〜20:00、金土10:00〜21:00、日11:00〜19:00
🚌🚗 アメリカーナ・アット・ブランド（→上記）参照のこと。

ショッピングモール

高級ブランドが勢揃い

オレンジカウンティ MAP P.53-C2

South Coast Plaza • サウス・コースト・プラザ

LAのダウンタウンから車で1時間ほど、ディズニーランドからなら20〜30分で行ける高級ショッピングモール。4つのデパート、250ものショップ、30以上のレストランが集まる。BurberryやCoach、Louis Vuittonなど日本人に人気のブランドが勢揃い。高級ブランドショップを1ヵ所で見て回ることができるので、効率的だ。すべての店を見るには1日では足りないので、事前に訪れたいブランドをリストアップしておこう。買い物好きなら、オプショナルツアーに参加して訪れる価値あり。

主要ショップリスト→P.341

1日ではすべて回りきれないほど大きいモール

住3333 Bristol St., Costa Mesa
Free (1-800) 782-8888
URL www.southcoastplaza.com
営月〜土10:00〜20:00、日11:00〜19:00
LAダウンタウンからはオプショナルツアーの利用が便利(→P.43)。
LAダウンタウンからは、I-5、I-605、I-405を南東に進み、出口9BのBristol St.で下り左折する。約1時間10分。

おもなショップ&ダイニング

Ⓢ Balenciaga	Ⓢ Dolce & Gabbana
Ⓢ Bally	Ⓢ Harry Winston
Ⓢ Berluti	Ⓢ Hermes
Ⓢ Bottega Veneta	Ⓢ Max Mara
Ⓢ Bvlgari	Ⓢ Miu Miu
Ⓢ Cartier	Ⓢ Salvatore Ferragamo
Ⓢ Chanel	Ⓡ Boudin SF
Ⓢ Christian Louboutin	Ⓡ Din Tai Fung
Ⓢ Dior	Ⓡ The Capital Grille

カリフォルニア州で最大のモール

OCの人気モールといえばここ

オレンジカウンティ MAP P.53-C3

Fashion Island • ファッションアイランド

ニューポートビーチでぜひ寄りたい、高級感あふれるモール。Bloomingdale's、Macy's、Neiman Marcus、Nordstromの4つのデパートに、Alice + Olivia、Brady Melville、Free People、Splendid、Urban Outfitters、Victoria's Secretなど約150の専門店、約35のレストランが集まる。車なら、LAダウンタウンからはI-5を南へ行き、CA-55S、CA-73Sに移って、出口14AのMacArthur Blvd.で下りて5kmほど。約1時間20分。

住401 Newport Center Dr., Newport Beach
☎(949) 721-2000
URL www.fashionisland.com
営月〜土10:00〜20:00、日11:00〜18:00

アウトレット

有名ブランドが揃う

オンタリオ MAP P.47-D1外

Ontario Mills • オンタリオミルズ

約200のテナントをもつLA近郊で最大規模を誇るアウトレットモール。Bath & Body Works、Calvin Klein、Coach、DKNY、H&M、Hollister Co.、Kate Spade New York、Michael Kors、Tory Burch、Tumi、Victoria's Secretなどが集まる。

インターステート沿いにある

住1 Mills Cr., Ontario
☎(909) 484-8300
URL www.simon.com
営毎日10:00〜20:00(金土〜21:00)
LAダウンタウンからI-10を東へ行き、出口57のMilliken Ave.で下りる。約1時間20分。

LAとサンタバーバラの間にある

カマリロ MAP P.46-A1外

Camarillo Premium Outlets • カマリロ・プレミアム・アウトレット

LAダウンタウンから北西に55マイル(約88km)行ったカマリロの町にあるアウトレットモール。Banana RepublicやBrooks Brothers、Coach、J. Crew、Polo Ralph Lauren、Swarovski、Tory Burch、Tumiなど人気のブランドが約160店入る。

高級ブランドショップが多い

住740 E. Ventura Blvd., Camarillo
☎(805) 445-8520
URL www.premiumoutlets.com
営毎日10:00〜20:00
LAダウンタウンからUS-101を北西に約86km行き、出口54で下りた所。約1時間30分。

高級ブランドが充実した、人気アウトレット

デザート・ヒルズ・プレミアム・アウトレット
Desert Hills Premium Outlets

LA近郊でも有数のリゾート地、パームスプリングスの近くに高級ブランドが勢揃いしたアウトレットモールがある。入っているテナントは約180にも及び、毎日25～65%OFFなので、絶対に見逃せない。

アクセスは、車がない旅行者はオプショナルツアー(→P.43)の利用が便利。ダウンタウンから車で約2時間の距離だけに、ショップを見て歩く時間、往復の時間を入れると1日がかりになることを覚悟しよう。おもなテナントは、下の表でおおよそ紹介しているので、自分の気になるブランドが入っているかどうかの参考にしてほしい。

MAP P.47-D1外
住48400 Seminole Dr., Cabazon
☎(951)849-6641 URL www.premiumoutlets.com
営毎日10:00～20:00、祝祭日前後は別のスケジュールなので要確認
🚗 LAダウンタウンからはI-10を東へ85マイル（約136km）。出口103で下りて、左折。突き当たりを右折した右側。所要1時間30分～2時間。

ショッピングをさらに楽しむヒント

セールもお見逃しなく！▶アメリカの祝日（サンクスギビングや独立記念日など→P.9）を中心としたセール期間中は、さらに割引され、最高70%OFFのスペシャルプライスになる。バーゲン情報はウェブで確認を。

さらに50%引き！

デザート・ヒルズ・プレミアム・アウトレット　有名ブランド一覧表

※2023年1月現在

イーストビレッジ	カテゴリー
A|X アルマーニエクスチェンジ　A|X Armani Exchange	洋服
アレキサンダー・マックイーン　Alexander McQueen	洋服
アリス・アンド・オリビア　Alice + Olivia	洋服
バナナリパブリック・ファクトリー・ストア　Banana Republic Factory Store	洋服
ボッテガヴェネタ　Bottega Veneta	かばんなど
ブルックスブラザーズ・ファクトリー・ストア　Brooks Brothers Factory Store	洋服
バーバリー　Burberry	洋服
カルバンクライン　Calvin Klein	洋服
コーチ　Coach	かばんなど
コールハーン　Cole Haan	靴など
ドルチェ&ガッバーナ　Dolce & Gabbana	洋服
フェンディ　Fendi	洋服
フォーエバー21　Forever 21	洋服
グッチ　Gucci	洋服
ジミーチュー　Jimmy Choo	靴
ケイト・スペード・ニューヨーク　Kate Spade New York	洋服
マイケルコース　Michael Kors	洋服
モンクレール　Moncler	洋服
ナイキ・ファクトリー・ストア　Nike Factory Store	洋服
プラダ　Prada	かばん
ラルフローレン・ファクトリー・ストア　Ralph Lauren Factory Store	洋服
サンローラン　Saint Laurent	洋服
サルバトーレフェラガモ　Salvatore Ferragamo	靴など
タグホイヤー　TAG Heuer	時計
ノースフェイス　The North Face	洋服
セオリー　Theory	洋服
トッズ　Tod's	靴
トミーヒルフィガー　Tommy Hilfiger	洋服
トリーバーチ　Tory Burch	洋服
トゥルー・レリジョン　True Religion	洋服
トゥミ　Tumi	かばん

ウエストビレッジ	カテゴリー
アルド　Aldo	靴
アローヨガ　Alo Yoga	洋服
アンテイラー・ファクトリー・ストア　Ann Taylor Factory Store	洋服
バス&ボディ・ワークス　Bath & Body Works	コスメ
ビラボーン　Billabong	洋服
チコス　Chico's	洋服
クラークス　Clarks	靴
ディーゼル　Diesel	洋服
エクスプレス・ファクトリー・ストア　Express Factory Store	洋服
ギャップ・ファクトリー・ストア　Gap Factory Store	洋服
ジェイクルー　J. Crew	洋服
リーバイス・アウトレット・ストア　Levi's Outlet Store	洋服
ロクシタン　L'Occitane	コスメ
ラッキーブランド　Lucky Brand	洋服
ルルレモン・アスレティカ　Lululemon Athletica	洋服
エム・シー・エム　MCM	かばん
ノーティカ　Nautica	洋服
ニーマン・マーカス・ラスト・コール　Neiman Marcus Last Call	デパート
プーマ　Puma	靴など
クイックシルバー　Quiksilver	洋服
サックス・オフ・フィフス　Saks Off 5th	デパート
サムソナイト　Samsonite	かばん
サングラスハット　Sunglass Hut	めがね
スケッチャーズ　Skechers	靴
アグ　UGG	靴
バンズ　Vans	靴
ビクトリアズシークレット　Victoria's Secret	洋服など
ボルコム　Volcom	洋服
セブン・フォー・オール・マンカインド　7 For All Mankind	洋服

※ブランド名はアルファベット順。有名ブランドのおもな店舗のみ記載

月に一度の買い物天国

ローズボウル・フリーマーケット

巨大スタジアムで、毎月第2日曜に開催されるのが、このフリーマーケットだ。店舗数2500以上、来客数は約2万人（！）と、スケールがとにかく大きく、古着や家具、アンティークから食器、おもちゃにいたるまで何でも売っている。大道芸人やミュージシャンのパフォーマンスもあり、雰囲気はまさにお祭り！ あらゆるものが揃うマーケットには、プロのバイヤーも訪れ、お宝探しに目を光らせている。第2日曜にLAに滞在するなら、その日の旅のプランは、パサデナのローズボウル・フリーマーケット行きに決まり！

持ち物リスト

- ☑袋（購入時にもらえるが、買ったものをまとめたい）
- ☑現金。小銭も用意しよう（支払いは、現金がほとんど。入口にATMもある）
- ☑好奇心（時間があるなら、会場を1周するだけでなく、2、3周してみよう）

古着の数が、とにかくすごい！ ブーツやバッグなどの小物も豊富

日本でも大人気のファイヤーキング。種類にもよるが、マグカップは＄20くらいから

名作映画のポスターなども販売している

ミッドセンチュリーのおしゃれな家具も揃っている

ユニークなワッペンも、ひとつ$1～。お気に入りを探してみよう

再入場を希望するときは、ハンドスタンプを押してもらうのを忘れずに！

ローズボウル・フリーマーケット
Rose Bowl Flea Market

MAP P.70-A1
住 1001 Rose Bowl Dr., Pasadena
☎ (1-323) 560-7469（事務局）
営 毎月第2日曜5:00～15:00
料 5:00～8:45は$20、9:00～は$12。12歳以下無料。
※事前にウェブサイトからチケットを購入し、送られてきたメールをクリック。バーコードをスタッフに見せて入場。
※会場の地図（本来は、出店者向けのもの）は、ウェブサイト（URL www.rgcshows.com）で入手できる。

ACCESS
ローズボウル・スタジアム（→P.249）参照のこと。

スパ

ショッピングのあとに立ち寄れる　サード・ストリート・プロムナード周辺　MAP P.76-B4

Tikkun Holistic Spa • ティックン・ホリスティック・スパ

韓国エステとサウナ、セラピーをミックスした施術をするスパ。ボディマッサージのSwedish Massageは30分（$75）、60分（$120）、90分（$170）の3パターンある。そのほか、足と手のマッサージをするReflexology（30分、$85）も人気。

ビーチで遊んだあとにリラックスしたい

住1460 4th St., Santa Monica
☎(310) 319-1111
URL www.tikkunspa.com
営毎日10:00～20:00
カード A J M V

オーガニック製品にこだわったスパ　サンタモニカ　MAP P.79-B1

Alchemie Spa • アルケミースパ

100%天然成分のオイルを使ったマッサージが評判のスパ。フェイシャル（60分、$165～）やボディ（50分、$125～）など。CBDクリームでマッサージするCBD Recovery Massage（50分、$150）もある。

ウェブサイトから予約できる

住2021 Main St., Suite B, Santa Monica
☎(310)310-8880
URL www.alchemiespa.com
営月～金10:30～19:30、土日10:00～20:00
カード A M V

ハリウッド女優もお忍びで訪れる　メインストリート周辺　MAP P.79-B4

The Raven Spa • レイブンスパ

タイ古式の伝統的なマッサージTraditional Thai Massage（60分、$77）は、ヨガをとおして全身をほぐしリラックスできる。フェイシャル（60分、$95）やハマム（アカスリ＋マッサージ。90分、$175）も人気。

本格的マッサージで男女ともに満足

住208 Pier Ave., Santa Monica
☎(310) 399-4747
URL theravenspa.com
営毎日10:00～21:00
カード A M V

24時間滞在する人もいる韓国サウナ　コリアタウン　MAP P.68-B3

Wi Spa • ウィースパ

サウナやネイルサロン、フードコート、仮眠室がある大型スパ。指圧マッサージAcupressure（55分、$100～）や足マッサージFoot Massage（30分、$55）などがおすすめ。サウナのみの利用も含めて入場料は$30。館内にはレストランもある。

LAX から直行する人もいるスパ

住2700 Wilshire Blvd., Los Angeles
☎(1-213) 487-2700
URL www.wispausa.com
営24時間
カード A J M V

アットホームな雰囲気の韓国スパ　コリアタウン　MAP P.68-B3

Grand Spa • グランドスパ

フィンランド式や韓国式など数種類のサウナがある。ミネラル・オイル・マッサージ・ウィズ・スクラブMineral Oil Massage With Scrub（70分、$90）やアロママッサージ・ウィズ・スクラブAroma & Massage With Scrub（90分、$120）など。入場料$20～30。

サウナでゆっくりするだけでもいい

住2999 W. 6th St., Los Angeles
☎女性（3階）：(1-213) 380-8889、男性（2階）：(1-213) 380-8887
URL grandspala.com
営24時間
カード M V

ラグジュアリーなスパで至福のひととき　ダウンタウン　MAP P.72-A1

The Ritz-Carlton Spa • リッツカールトン・スパ

シャンパンで迎えてくれる高級スパ。スタイリッシュな空間で極上のトリートメントやマッサージが楽しめる。シャンパン＆シマー・ボディトリートメント（80分、＄320）やレッドカーペット・ラディエンス・フェイシャル（80分、＄335）などロスアンゼルスならではのメニューが人気。遅くとも予約時間の30分前には到着を。サービスの前後にスチームルームやラウンジでのんびりリフレッシュできるのも魅力だ。ウェブサイトからの予約をすすめる。

住900 W. Olympic Blvd., Los Angeles（リッツ・カールトン・ロスアンゼルス内→P.405）
☎(1-213)763-4400
URL www.ritzcarlton.com
営月木9:30～17:00、金土9:30～20:00、日9:30～18:00
休火水　カード A M V

MEMO **サウナやソルトルーム、カフェがあるスパ**　ボディスクラブ（35分、$50）やフェイシャルマッサージ（55分、$80）など。**Crystal Spa** MAP P.68-A3 住3500 W. 6th St., #321, Los Angeles ☎(1-213) 487-5600 URL crystalspala.com 営毎日7:00～22:00

ダイニングガイド

特集

エリア別レストランリスト

©Jakob Layman

アンダー$15で食べられる
絶品グルメ

日本よりも物価が高いロスアンゼルスでも、リーズナブルでおいしいご飯が食べられる。健康志向の人に好評のヘルシーフードやボリュームたっぷりのアメリカ料理、お手軽メキシコ料理などバリエーションも豊か。ここでは、地元の人もおすすめする、とびっきりの7品をご紹介。

SUPERFOOD

アサイーボウル
Acai Bowl
$12

アサイーやバナナ、マンゴー、ココナッツミルク、パイナップルジュースが入った Island Bowl

新鮮なフルーツが盛りだくさん
バックヤードボウル

できるかぎりオーガニック食材を使っているボウル類は、アンチエイジングや美白に効きそう。ビタミン豊富で栄養満点。ハリウッドセレブも立ち寄るとか。

Backyard Bowls
エリア ビバリーブルバード
MAP P.66-A1
住 8303 Beverly Blvd., Los Angeles
☎ (1-323)746-5404
URL www.backyardbowls.com
営 毎日8:00～17:00 カード A M V
行き方 メトロバス#14でBeverly Blvd. & Sweetzer Ave.下車、徒歩約1分。

HEALTHY & VEGAN FOOD

フラットブレッド
Flatbread
$13.50

トリュフハチミツ、カボチャ、リコッタチーズがのったピザ Roasted Acorn Squash Flatbread

罪悪感なくアメリカ料理を食べられる
トゥルー・フード・キッチン

代替医療の権威アンドリュー・ワイル博士の提唱するダイエット法に基づいてメニューが作られている。野菜と果物をメインに取ることで基礎代謝をアップできる。

True Food Kitchen
エリア サンタモニカ
MAP P.56-B4
住 395 Santa Monica Pl., #172, Santa Monica (サンタモニカプレイス内)
☎ (310)593-8300
URL www.truefoodkitchen.com
営 月～金11:00～21:00(金～22:00)、土日10:00～22:00(日～21:00) カード A M V
行き方 メトロレイル・Eライン(エクスポ)、Lライン(ゴールド)でDowntown Santa Monica駅下車、徒歩約3分。

オムレツ
Omelette
$14.50

アボカドや豆、コーンが添えられたキューバ風オムレツ Huevos Cancun

ベジタリアンも納得のメニューが豊富
クリエーションカフェ

「地産地消、オーガニック食品」をキーワードに、地元の農家と契約し、新鮮な食材を使っている。オリジナルのコールド・プレス・ジュースも人気。

Kreation Kafe
エリア ウエスト・サード・ストリート
MAP P.66-A3
住 8428 W. 3rd St., Los Angeles
☎ (1-323)782-1777
URL www.kreationjuice.com
営 毎日7:00～21:00 カード A M V
行き方 メトロバス#16で3rd St. & Orlando Ave.下車、徒歩約1分。

JAPANESE FOOD

和定食
Japanese Plate
$15

照り焼きチキンやサーモンのロールすし、サラダ、スープ、デザートがのったChicken Plate

毎日食べたくなるおいしさ
ユーコキッチン

LA在住の日本人も太鼓判を押す日本料理店。カジュアルな雰囲気のなか、定食(プレート)や丼(ボウル)、サラダなどをお手頃価格で味わえる。

Yuko Kitchen
エリア ダウンタウン
MAP P.72-B2
住101 W. 5th St., Los Angeles
☎(1-213)266-0046
URL www.yukokitchen.com
営月～土11:00～20:00(木～土～21:00)
休日　カード A M V　行き方 メトロレイル・Bライン(レッド)、Dライン(パープル)Pershing Square駅下車、徒歩5分。

HAWAIIAN FOOD

ポキ丼
Poke Bowl
$11.90

白米の上に醤油とラー油で味付けされたマグロやアボカド、ごま、玉ねぎがのったClassic Tuna

海鮮丼ならココへ
スイートフィン

ハワイの代表的な料理であるポキ丼をファストフード感覚で、気軽に食べられる店。ご飯は白米か玄米、メインの海鮮はマグロかサーモン、スズキから選べる。

Sweetfin
エリア サンタモニカ
MAP P.74-A1　住829 Broadway, Santa Monica
☎(424)408-1080
URL www.sweetfin.com　営毎日11:30～20:30
カード A M V　行き方 メトロレイル・Eライン(エクスポ)、Lライン(ゴールド) Downtown Santa Monica駅下車、徒歩約9分。

AMERICAN FOOD

オニオンリングやベーコン、チェダーチーズがのったPaniolo

ハンバーガー
Hamburger
$13.50

厳選された素材のこだわりを味わえる
ポノバーガー

地元で取れた野菜と、牧草地で育ったビーフを使ったハンバーガーは新鮮。ポテトを含め、冷凍食品をまったく使っていない。

Pono Burger
エリア サンタモニカ
MAP P.74-A1
住829 Broadway, Santa Monica
☎(310)584-7005
URL ponoburger.com
営毎日11:30～20:00(金土～21:00)　カード A M V
行き方 メトロレイル・Eライン(エクスポ)、Lライン(ゴールド) Downtown Santa Monica駅下車、徒歩約9分。

MEXICAN FOOD

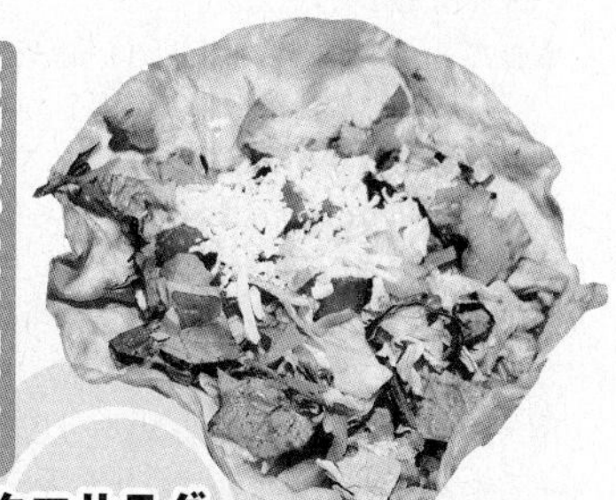

タコサラダ
Taco Salad
$14.75

レタスやトマト、オリーブ、チェダーチーズにスパイシーソースがミックスされたChicken Taco Salad

野菜のうま味とピリ辛スパイスのミックスがやみつきに
エル・コヨーテ・カフェ

1931年にオープンした老舗。LAを代表するメキシコ料理レストランで、ハリウッドセレブも頻繁に訪れている。昔ながらのレシピをもとに作られており、伝統的な家庭料理が楽しめる。

El Coyote Cafe
エリア ビバリーブルバード
MAP P.66-B2
住7312 Beverly Blvd., Los Angeles
☎(1-323)939-2255
URL elcoyotecafe.com
営水～日12:00～21:00(金土～22:00)
休月火　カード A M V　行き方 メトロバス#14でBeverly Blvd. & Poinsettia Pl.下車、徒歩約1分。

楽しいダイニングのために How to Enjoy Dining in LA

全米でもユニークなほどの人種と文化をもち、理想的な気候に恵まれたロスアンゼルス。そこで味わうことのできる料理もさまざまだ。新鮮な素材を使い、自由な発想で作られた料理がこんなに豊富なのは、この街ならでは。

賢く食事をするポイント

どのエリアで食事をする?

◆ビーチシティズ Beach Cities (→P.358)

サンタモニカ(→P.192)では、海沿いのOcean Ave.に高級からカジュアルまで幅広いタイプのレストランが並ぶ。サンタモニカプレイスやサード・ストリート・プロムナード周辺には、旅行者も気軽に利用できるような店が多い。地元の人々に交じって食事を楽しむなら、Montana Ave. (→P.195)やベニスのAbbot Kinney Blvd. (→P.198)もおすすめだ。

◆ウエストサイド Westside (→P.365)

ビバリーヒルズ周辺は、高級店が並ぶLa Cienega Blvd. (→P.203)が有名だ。ウエストサイドのSanta Monica Blvd.やBeverly Blvd.沿いにはおしゃれなカフェやレストランも多い。

◆ハリウッド Hollywood (→P.369)

ショッピングモールのオベーションハリウッド(→P.214)内に気軽に入れるレストランがあるほか、タイ料理屋が集まるタイタウン(MAP P.65-C3)がハリウッド中心部の東3kmにある。

◆ミッドウィルシャー Mid Wilshire(→P.378)

韓国レストランが集まるコリアタウン(→P.233)は、夜遅くまで営業している店が多い。

◆ダウンタウン Downtown (→P.379)

近年、おしゃれなレストランが急増している。なかでもLAライブ(→P.236)内には、さまざまなタイプのレストランがあり便利。中国料理店が軒を連ねるチャイナタウン(→P.240)や日本食レストランが集まるリトルトーキョー(→P.240)もおすすめ。

◆パサデナ Pasadena (→P.385)

オールドパサデナ(→P.246)周辺やColorado Blvd.沿いにレストランやカフェ、バーが並ぶほか、ショッピングモールのパセオ(→P.345)にチェーン系レストランが入る。

※さささっと食事をしたいときやひとりの場合は、ショッピングモール内にあるフードコートやスーパーマーケットのイートインコーナーなどを利用するのもひとつの方法だ。

どうやって探す?

店のドア周辺に、定評のあるグルメガイド『ザガット・サーベイZagat Survey』(URL www.zagat.com)や、人気のクチコミサイト『イェルプYelp』(URL www.yelp.com)のステッカーが貼ってある店は評判のよいところであることが多い。現地発行の『Where』や観光案内所に常備されたフリーペーパー (→P.283)なども参考になる。

また、店のウインドーに貼られたA、Bなどのマークは、市の公衆衛生局がそのレストランの衛生状況をチェックしたもの。Aのほうが、Bより清潔であることを示す。

営業時間は?

レストランの営業時間は、ランチ11:30～14:30、ディナー17:30～22:00が一般的。バーや韓国料理店は24:00頃まで開いている。カフェは、7:00頃からオープンする。

ドレスコードは?

ほとんどのレストランでは、入店に際し厳格なドレスコードはない。地元の人はカジュアルな服装で食事を楽しんでいる。ただし、中級から高級レストランでは、ワンピースやジャケット、チノパン、革靴を着用したい。短パンやデニム、ビーチサンダルは避けたい。

MEMO **レストランウィーク** 4月上旬と10月中旬の約2週間にわたり、LAにある300以上のレストランが参加するイベント。期間中、参加レストランではプリフィックスメニューが提供され、通常よりお得に料理を楽しめる。通常2～5品のコースメニューで、ランチ、↗

ハッピーアワーとは？

お酒を取り扱うレストランやバーなどで、夕食前に通常より割安価格でアルコールや食事メニューを提供している。時間帯は店によって異なるが、平日の16:00 ～ 18:00が多い。

アルコールについて

カリフォルニア州では、飲酒は21歳から。レストランなどで注文するときに身分証明書の提示を求められることはほとんどないが、アルコールを買うときには確認されることがある(→P.11)。

レストランの利用の仕方

1 予約

人気のレストランや週末の夜は予約をしておくと安心だ。予約は、直接店に電話(→P.445、P.450)するのが一般的だが、ウェブサイトから予約できる場合もある。レストラン予約の総合サイトOpen Table (URL www.opentable.com)でレストランの検索、予約もできるので最近はこちらを利用する人も多い(※メールアドレス、電話番号が必要)。

2 レストランへ

予約していれば、店の人に名前を告げる。していない場合は名前と人数を告げて、店の人の案内を待とう。

満席の場合、席が空いたらポケベルで知らせてくれる店もある

3 席へ。注文する

案内された席に着くと、そこのテーブル担当者がメニューを持ってきて、今日のおすすめ料理(Today's Special)、日替わりの料理などを簡単に説明してくれる。レストランでの料理は日本に比べひと皿の量が多いので、注文をし過ぎないように注意したい。

たいてい、まずは飲み物をオーダーする

4 料理を楽しむ

食事中テーブルの担当者がテーブルに来て"Is everything OK?"などと聞いてくるので、おいしければ"Good""Excellent"などと答えよう。食後のタイミングを見て「デザートメニュー」を持ってきてくれる。不要なときは"No, thank you."などと伝える。

5 支払い

会計はテーブルで

支払いはテーブルで行うのが一般的。"May I have a check, please?"と言うと担当者が勘定書き(チェックCheck)を持ってきてくれる。

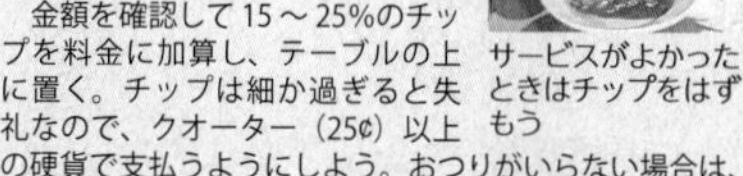

サービスがよかったときはチップをはずもう

●支払いの方法

▶現　金

金額を確認して15 ～ 25%のチップを料金に加算し、テーブルの上に置く。チップは細か過ぎると失礼なので、クオーター（25¢）以上の硬貨で支払うようにしよう。おつりがいらない場合は、支払いをテーブルに残してお店を出てもよい。

▶クレジットカード

勘定書きに目を通したら、カードをその上に置くか、ホルダーに挟む。担当者がそれを持って下がり、カードと伝票、ボールペンを持ってくる。食事代の下にチップを記入する欄（Tips や Gratuity などと書かれている）があるので、そこに15 ～ 25%のチップを記入、その下に合計金額を書いてサインする。2枚あるので1枚は店に残し、Customer's Copy などと書かれたものを自分の控えとして持ち帰る。

※チップだけ現金で支払う場合は、カード伝票のチップ欄に斜線を引く。

※ミールタックス
ロスアンゼルス市　9.5%（2023年1月現在）

調理法に関する英語

揚げた	deep fried（ディープフライド）
油で軽く炒めた	sauteed（ソウティド）
あぶり焼きにした	broiled（ブロイルド）
泡立てた	whipped（ウィップト）
炒めた	fried（フライド）
炒めて蒸した	braised（ブレイズド）
薄切りにした	sliced（スライスト）
～を詰めた	stuffed（スタッフト）
オーブンで焼いた	roasted（ロースティド）
串焼き	brochette（ブロシェット）
燻製にした	smoked（スモークト）
凍らせた	frozen（フローズン）
直火で焼いた	grilled（グリルド）
添えた	garnished（ガーニッシュト）
つぶした	mashed（マッシュト）
とろ火で煮込んだ	stewed（ステュード）
熱湯でゆでた	poached（ポウチト）
冷やした	chilled（チルド）
風味付けした	flavored（フレイヴァード）
ぶつ切りにした	chopped（チョップト）
骨付き	boned（ボウンド）
ほんのり焦がした	dore（ドレ）
蒸した	steamed（スティームド）
ムニエル	meuniere（ムニエル）
焼いた	baked（ベイクト）
ゆでた	boiled（ボイルド）

↘ディナーとも$15、25、35、45、55、65以上の価格が設定されている。過去参加レストラン：Blue Plate Oysterette、Gracias Madre、Lawry's The Prime Rib、Water Grill など。URL www.discoverlosangeles.com/dinela

Gourmet 6 LAのご当地グルメ6

※本書で紹介している、代表的な店を掲載。写真はイメージです。

カリフォルニア料理

その定義はいろいろあるが、野菜をふんだんに使い、味つけも軽めで、各国料理のエッセンスをうまくミックスする、などの特徴がある。日本の食材もさりげなく使われていたりする。

▶ Akasha（→ P.365）
▶ Spago Beverly Hills（→ P.368）

ビーガン料理 ベジタリアン料理

ベジタリアン料理は、ひとつのジャンルとして確立されている。肉や魚を使わず、野菜だけでも料理にバラエティが生まれるのだと驚かされる。最近では、地産地消にこだわる店も増えてきた。

▶ True Food Kitchen（→ P.352）
▶ Urth Caffe（→ P.361）
▶ Real Food Daily（→ P.366）
▶ M Cafe（→ P.373）

ガッツリ肉を食べたい

コリアンBBQ

いわゆる焼肉。全米最大のコリアタウンの焼肉は、日本より量も多く、値段も手頃。ナムルも大量に付いて、ボリューム満点だ。注文は、おなかと相談しつつ、少しずつオーダーすることをすすめる。たいてい、肉は店のスタッフが焼いてくれる。

▶ Soowon Galbi（→ P.378）
▶ Chosun Galbee（→ P.378）
▶ Soot Bull Jeep（→ P.378）

スンドゥブチゲ

コリアタウンで食べたい、大人気のメニューのスンドゥブチゲ（辛い豆腐鍋）。ナムルのおかずも付いて、おなかも大満足。コリアタウンにはスンドゥブチゲの専門店も多い。

▶ Hodori（→ P.378）
▶ MG Tofu House（→ P.383）

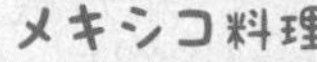

メキシコ料理

メキシコ系の移民が多いLAでは、メキシコ料理も本場さながらの味。値段も比較的手頃で、野菜たっぷりで日本人の口にも合う。店もファストフードのようなものから正統派のレストランまで幅広い。

▶ El Coyote Cafe（→ P.353）
▶ Tocaya Modern Mexican（→ P.371）
▶ Cielito Lindo（→ P.382）
▶ Guerrilla Tacos（→ P.384）

日本人の口にも合うおいしさ

カリフォルニアロール

寿司がアメリカ流になると、こんなふう。一般的なカリフォルニアロールにはアボカドとカニなどが入っている。コンビニやスーパーでもパックになったものを販売している。シャリに玄米を使用したものもある。日本の寿司とは違えど、おいしい。

▶ Koi（→ P.367） ▶ Katana（→ P.372）

MEMO フードトラック（→ P.357）に関するウェブサイト どこに出店しているかを日ごとに知ることができる。Best Food Trucks URL www.bestfoodtrucks.com Roaming Hunger URL roaminghunger.com

Fast Foods 編集室のいち押し！ B級グルメ

基本的にチップも不要。ささっと食事がしたいときの、強い味方がファストフード。
日本にはないファストフード店で、B級グルメを楽しもう！

注文を受けてから作るハンバーガー・チェーン

イン・アンド・アウト・バーガー In-N-Out Burger

西海岸を中心に店舗を展開。アニマルポテトなど裏メニューなるものも存在するので試してみよう（→下記脚注、P.370）。

MAP P.59-C1、P.74-A4 ほか

ファットバーガー Fatburger

ボリューム大のハンバーガーは自分好みにカスタマイズできる。ポテトはもちろん Fat（ファット。太め）で。

MAP P.59-C2、P.65-D3 ほか

カールスジュニア Carl's Jr.

パテのおいしさに定評がある。サワードゥ生地のパンがあるのも珍しい。赤と星形の看板が目印。

MAP P.57-C2、P.72-B2 ほか

ホットドッグ

ピンクス Pink's

LAで食べたい名物といえば、これ。LAの超有名店のホットドッグは並ぶ価値あり！（→ P.370）

MAP P.79-A1

メキシコ料理

バハフレッシュ Baja Fresh

ボリューム満点のメキシコ料理が$10前後で食べられる。辛さが異なるソースやトマト、ライムが取り放題のサルサバーが充実。

MAP P.48-B3、P.66-A3 ほか

タコベル Taco Bell

バハフレッシュ Baja Fresh と並ぶ人気のメキシコ料理店。ベルのロゴが目印だ。タコスはもちろん、ブリトーも好評。

MAP P.64-B4、P.66-A2 ほか

中国料理

パンダエクスプレス Panda Express

中国料理のチェーン店。ライスと好きなおかずを数品選ぶセットがお得。フォーチューンクッキーが付いてくるのもうれしい。テーマパークやショッピングモールでよく見かける。

MAP P.56-B3、P.65-C4 ほか

スムージー

ジャンバ Jamba

新鮮なフルーツを使ったスムージーの専門店。おすすめはバナナとイチゴなどを合わせたバナナベリー Banana Berry Smoothie。サイズや種類も多いので好みのものを探してみよう。

MAP P.65-C3、P.66-A3

フードトラック

近年アメリカで大流行中のフードトラック＝屋台。店舗は曜日や時間によって場所が変わるので、ウェブサイトやツイッターで確認を。

Kogi BBQ（韓国風タコス）
URL kogibbq.com
Richeeze（サンドイッチ）
URL www.richeeze.net

MEMO **In-N-Out Burger の裏メニュー** アニマルスタイル Animal Style（ハンバーガーにピクルスや玉ねぎ、特製ソースが載ったもの）やプロテインスタイル Protein Style（バンズの代わりにレタスで挟んだもの）などがある。

シーフード

テラスでビールと一緒に軽くつまめるメニューが多い　サード・ストリート・プロムナード周辺　MAP P.74-A2

The Albright・オルブライト

$18〜
予約不可

カウンターで注文して、自分で料理をテーブルに持っていくカジュアルシーフードレストラン。定番のロブスターロール（$22.50）やダンジェネスクラブ（時価）などもあるが、ここではカラマリ（$13.50）などのフライを頼みたい。

ムール貝の酒蒸しは $17.50

住258 Santa Monica Pier, Santa Monica
☎(310)394-9683
URL www.thealbright.com
営毎日11:30〜20:00
カード A M V

夕日を見るのに最適なレストラン　サード・ストリート・プロムナード周辺　MAP P.74-A2

The Lobster・ロブスター

$50〜
予約したい

サンタモニカピアの入口にあり、いつもにぎわっているレストラン。ロブスター（時価/ポンド=約454g売り）をはじめ、カニのすり身を固めて軽く表面を焼いたクラブケーキ（$45）やロブスターロール（$36）などのシーフードがメニューの中心。

ロブスターはバターをつけて

住1602 Ocean Ave., Santa Monica
☎(310)458-9294
URL www.thelobster.com
営月〜木12:00〜21:00、金〜日11:30〜22:00(日〜21:30)
カード A J M V

映画『フォレスト・ガンプ　一期一会』がレストランに　サード・ストリート・プロムナード周辺　MAP P.74-A2

Bubba Gump Shrimp Co.・ババガンプ・シュリンプ

$20〜
予約必須

店名は映画のなかでガンプが設立した水産会社の名前。ソースにこだわったシュリンプカクテルTraditional Shrimp Cooktail（$15.38）やフィッシュ&チップスとフライドシュリンプの盛り合わせのForrest's Seafood Feast（$28.58）が人気の品。

ファミリーにおすすめの店

住301 Santa Monica Pier, Building 9, Santa Monica
☎(310)393-0458
URL www.bubbagump.com
営毎日11:00〜21:00(金土〜22:00)
カード A M V

ビールとシーフードを気軽に楽しむのにベスト　サード・ストリート・プロムナード周辺　MAP P.74-A1

Lobster & Beer・ロブスター&ビアー

$30〜
予約不可

店内はテーブル数卓とこぢんまりとしているが、テラス席もあるのでくつろげる店。ロブスタータコス（$14.25）やロブスターロール（$20.45）が食べられる。グラスワインは5種類以上、カクテルも10種類ほどある。

身が詰まったロブスターロール

住530 Wilshire Blvd., Santa Monica
☎(1-213)247-3556
URL www.ilovelobsterandbeer.com
営毎日11:30〜21:00(金土〜22:00)
カード A M V

アメリカ料理

イメージを覆すさっぱりさがいい　サード・ストリート・プロムナード　MAP P.76-A3

Bruxie・ブルクシー

$18〜
予約不要

フライドチキンをベルギーワッフルで挟んだFried Chichekn & Waffle Sandwich（$14.21）が看板メニュー。抗生物質やホルモン剤を使用しない鶏肉を使っているので食にこだわりのある人にも好評だ。オーダーが入ってから揚げるのもいい。

アツアツのうちに食べたい

住1412 3rd St. Promenade, Santa Monica
☎(310)260-3300
URL bruxie.com
営毎日10:00〜21:00(木〜土〜22:00)
カード A M V

カフェとして気軽に利用してもいい　サード・ストリート・プロムナード周辺　MAP P.74-A1

Blue Daisy・ブルーデイジー

$23〜
予約不可

朝食とランチを提供する家族経営のレストラン。クレープ（$14〜19）やフレンチトースト（$16）、サラダ（$14〜）など軽食が人気。週末は並ぶこともあるので、早めの時間に訪れたい。

素材にこだわったメニューが豊富

住609 Broadway, Santa Monica
☎(310)395-9777
URL www.bluedaisycafe.com
営毎日8:00〜16:00
カード A M V

MEMO モンティーズ・グッド・バーガー（→P.359）の他店舗情報　コリアタウン店 MAP P.68-A2 住516 S. Western Ave., Los Angeles 営毎日11:00〜23:00(木〜土〜24:00)。エコパーク店 MAP P.69-C2 住1533 Sunset Blvd., Los Angeles ↗

アメリカ料理

オープンエアが気持ちいい　サード・ストリート・プロムナード周辺　MAP P.74-A2

Seaside on the Pier • シーサイド・オン・ザ・ピア

$20〜
予約不要

ハンバーガー（$14.95〜）やピザ（$13.95〜）からシーフード・パスタ（$24.50）、フィッシュタコス（$14.95）までバラエティ豊か。1階はカジュアルで、2階は比較的フォーマル、3階はルーフトップラウンジになっている。

シュリンプサンドイッチ $16.95

住250 Santa Monica Pier, Santa Monica
☎(310)857-5073
URL seasideonthepier.com
営毎日11:00〜19:00（土日〜20:30）
カード A M V

おしゃれな雰囲気なので、記念日に利用したい　サード・ストリート・プロムナード周辺　MAP P.76-A1

Hillstone • ヒルストーン

$65〜
予約したい

BBQポークリブ（$37〜）やフィレステーキ（$49）など、上質な肉と、約30種類取り揃えるワインのペアリングが楽しめる。チーズバーガー（$21〜）やシーザーサラダ（$12〜）などもあり。長ズボンやワンピース、襟付きのシャツで入店したい。

ハワイアン・リブアイ（$41）

住202 Wilshire Blvd., Santa Monica
☎(310)576-7558
URL hillstonerestaurant.com
営毎日11:30〜22:00
カード A M V

約30種類の生ビールも味わえる　サード・ストリート・プロムナード周辺　MAP P.76-A3

Stout Burgers & Beers • スタウト・バーガー&ビアー

$20〜
予約不要

一見バーに見えるが、フードメニューも充実しているレストラン。チーズバーガー（$13）やベジバーガー（$13）などのハンバーガー類のほか、シーザーサラダ（$10）やケール&キノアサラダ（$13）、オニオンリング（$7）もある。

開放的な雰囲気

住111 Santa Monica Blvd., Santa Monica
☎(310)260-8639
URL www.stoutburgersandbeers.com
営毎日12:00〜21:00（金土〜22:00）
カード A M V

ファストフード

100%アメリカンビーフにこだわるハンバーガー　サード・ストリート・プロムナード周辺　MAP P.76-A2

Burger Lounge • バーガーラウンジ

$14〜
予約不可

牧草で飼育された牛（グラスフェッドビーフ）から作られるハンバーガーが自慢の店。パテ、チェダーチーズ、レタス、トマト、ピクルスが挟まったLounge Burger（$8.95）が一番人気。ターキーバーガーやフィッシュバーガーもある。

使われている野菜も新鮮

住213 Arizona Ave., Santa Monica
☎(424)238-8950
URL www.burgerlounge.com
営毎日11:00〜21:00（金土〜22:00）
カード A M V

植物性バーガー（牛肉を使わないハンバーガー）のチェーン店　サード・ストリート・プロムナード周辺　MAP P.76-A4

Monty's Good Burger • モンティーズ・グッド・バーガー

$20〜
予約不可

プラント・ベース・ハンバーガー（動物性原料を使用しないハンバーガー）が話題のLA。100%植物性パテと植物性のチーズで代用されたハンバーガーが食べられる。パテ1枚で$12、パテ2枚なら$15。

ポテトは3種類のソースが選べる

住123 Broadway, Santa Monica
☎(1-213) 915-0257
URL montysgoodburger.com
営毎日11:00〜23:00（木〜土〜24:00）
カード A M V

カリフォルニア料理

ユニークな料理はセレブのお墨付き　サード・ストリート・プロムナード周辺　MAP P.74-A2

Michael's • マイケルズ

$50〜
予約必須

世界各国の味を巧みに取り入れながらも、素材を生かし、手を加え過ぎないのがいい。セレブの間でも人気が高く、パーティに利用されることもある。メニューは季節ごとに変わる。ディナーのみの営業。男性は長ズボンや襟付きのシャツがドレスコード。

季節ごとに旬の味が楽しめる

住1147 3rd St., Santa Monica
☎(310)451-0843
URL michaelssantamonica.com
営ディナー火〜土17:00〜21:00
ハッピーアワー火〜土16:00〜18:00
休日月
カード A M V

↘ 営 毎日 11:00 ~ 23:00（木~土~ 24:00）

イタリア料理

イタリアの伝統料理を気軽に味わえる　サード・ストリート・プロムナード周辺　MAP P.76-A2

Uovo●ウオボ

$25〜
予約不可

イタリア・ボローニャ産の食材を使った生パスタは、乾麺では味わえないもちもちした食感がたまらない。トマトとパルメザンチーズで仕上げられたPomodoro（$17）や生ハムに卵が絡められたCarbonara（$18）が人気。

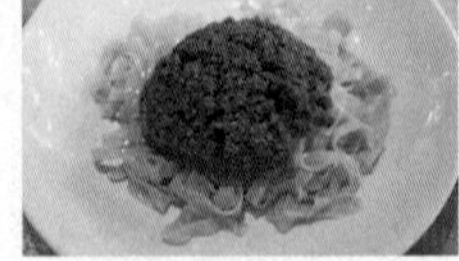
チーズは不要なほどしっかりとした味つけ

住1320 2nd St., #A, Santa Monica
☎(310)425-0064
URL uovo.la
営毎日11:30〜22:00
カード A M V

サンタモニカで注目度No.1のレストラン　おすすめ!　サード・ストリート・プロムナード周辺　MAP P.76-A3

Elephante●エレファンテ

$40〜
予約必須

テラス席からサンタモニカピアが見える、雰囲気のいいレストラン。予約なしだと1時間以上の待ちが常。サラダ（$15〜）やパスタ（$17〜）はお手頃価格がうれしい。ナスのディップWhipped Eggplant（$15）は必食の一品だ。

シーブリーズが気持ちいい

住1332 2nd St., Santa Monica
☎(424)320-2384
URL www.elephantela.com
営月〜木10:00〜24:00、金〜日9:00〜翌1:00(日〜24:00)
カード A M V

気軽に立ち寄れる　サード・ストリート・プロムナード周辺　MAP P.76-A4

North Italia●ノースイタリア

$25〜
予約不要

座席数も多くカジュアルな雰囲気。ボロネーゼ（$23）やスパゲティ・ミートボール（$20）、チキンサラダ（$16.50）など、お手頃価格でイタリア料理が味わえる。バーエリアもあり、ワインとつまみだけでの利用も可能。

ペパロニが載ったピザのビッグ($20)

住1442 2nd St., Santa Monica
☎(310)382-2460
URL www.northitaliarestaurant.com
営毎日11:00〜20:00(金土〜23:00)
カード A M V

メキシコ料理

どのメニューもボリュームたっぷり　サード・ストリート・プロムナード　MAP P.76-B2

Casa Martin●カサ・マルティン

$30〜
予約不要

メキシコ中部のハリスコ州にルーツをもつマルティン一家が経営する。アボカドやハラペーニョ、チーズなどがかかったナチョス（$15）は数人で分けたい。タコスやエンチラーダなどから2品選べるCombinaciones（$25）がお得。

週末はマリアッチの演奏もあり

住1251 3rd St. Promenade, Santa Monica
☎(424)268-4756
URL www.casamartinsm.com
営毎日11:00〜23:30(金土〜翌0:30)
カード A M V

地中海料理

野菜たっぷりでヘルシー　サード・ストリート・プロムナード周辺　MAP P.76-A2

Cava●カバ

$15〜
予約不可

基本はカウンターでカスタマイズして注文するスタイル。まず、サラダ、ボウル、ピタからベースを選び、肉や野菜、トッピング、ドレッシングなどを加えていく。最後にレモンやハーブで味付けをするといい。カスタマイズしない、プリセットメニューのボウルやピタ（$11.47〜）もあり。

健康志向の女性に人気

住1318 2nd St., Suite A, Santa Monica
☎(310)237-5591
URL cava.com/locations/santa-monica-ca
営毎日10:45〜22:00
カード A M V

カフェ

野菜をとことん味わえる　サード・ストリート・プロムナード周辺　MAP P.76-A2

Tender Greens●テンダーグリーン

$20〜
予約不要

ランチどきには長い行列ができる人気店。注文を受けてから作る野菜たっぷりの巨大なサラダ（$14.35〜）をはじめ、グリルしたチキンやステーキに野菜を挟んだサンドイッチ、総菜のプレート（$14.35〜）など野菜尽くしのメニューがいっぱい。

野菜不足も一気に解消

住201 Arizona Ave., Santa Monica
☎(310)587-2777
URL www.tendergreens.com
営毎日10:30〜21:00
カード A M V

MEMO アースカフェ（→P.361）の他店舗情報　ビバリーヒルズ店 MAP P.61-C3 住267 S. Beverly Dr., Beverly Hills ☎(310)205-9311 営毎日7:00〜22:00（金土〜23:00）。ウエストハリウッド店 MAP P.66-A1 ↗

スイーツ

人気のカップケーキ店 おすすめ!　サード・ストリート・プロムナード周辺 MAP P.74-A1

Vanilla Bake Shop・バニラ・ベイク・ショップ

$5〜
予約不要

マダガスカル産のバニラビーンズを使用しているこだわりの店。朝からカップケーキ（$4.25）を朝食代わりに買って行く人も多い。バニラやビタースイートのチョコレート味などがある。クッキーやブラウニー、マカロンなども販売。

LAXにもある人気店

住512 Wilshire Blvd., Santa Monica
☎(310)458-6644
URL www.vanillabakeshop.com
営毎日10:00〜19:00(日〜18:00)
カード A M V

アメリカ料理

日本では飲めないビールが魅力　メインストリート MAP P.79-B3

Library Alehouse・ライブラリーエールハウス

$20〜
予約不要

ベニスで遊んだあと、ビールを1杯飲みたくなったらここへ。十数種類のアメリカ各地の地ビールが飲めるのが魅力。壁に書かれたビールメニューで判断できなければ味見をお願いできる。ハンバーガーなどのフードメニューも好評。

ビールのほかグラスワインも楽しめる

住2911 Main St., Santa Monica
☎(310)314-4855
URL www.libraryalehouse.com
営毎日11:30〜22:00
カード A M V

カリフォルニア料理

ウルフギャング・パックのプロデュース　メインストリート MAP P.79-B3

Chinois on Main・シノワ・オン・メイン

$55〜
予約したい

値段的には高級店の部類に入るが、外観はカジュアルなカフェのよう。テーブルでシェアする中華料理のスタイルで食べるのがこの店の基本。おすすめはシノワ・チキン・サラダ（$31）や名物ナマズの丸揚げ（$49）。

何人かで訪れたい

住2709 Main St., Santa Monica
☎(310)392-9025
URL wolfgangpuck.com/dining/chinois-santa-monica
営水〜日17:30〜21:00(金土〜22:00)
休月火
カード A M V

カフェ

ヘルシーなオーガニックカフェ おすすめ!　メインストリート MAP P.79-B2

Urth Caffe・アースカフェ

$7〜
予約不要

オーガニックにこだわり、自然な素材に徹底したお店。ヘルシー志向の人々の間で絶大な人気があり、いつも超満員だ。無農薬のコーヒー豆を使ったカフェラテ（$4.50〜）は、泡がふわふわ。新鮮野菜がたっぷりのサラダやサンドイッチがいい。

LAを代表する人気カフェ

住2327 Main St., Santa Monica
☎(310)314-7040
URL www.urthcaffe.com
営毎日7:00〜22:00(金土〜23:00)
カード A M V

オーガニック料理が楽しめる　メインストリート周辺 MAP P.79-B4

The Rose Venice・ローズ・ベニス

$20〜
予約したい

食材はすべてオーガニックに徹底し、ヘルシーなカリフォルニア料理が楽しめる。特にアボカドトーストやブリトー、シュリンプバーガーが人気。ベニスに住む常連客が多く、いつもにぎわっている。

テラス席がおすすめ

住220 Rose Ave., Venice
☎(310)399-0711
URL www.therosevenice.la
営ランチ月〜金10:00〜15:00、ブランチ土日9:00〜16:00、ディナー毎日17:00〜22:00
カード A M V

アメリカ料理

バーエリアでひとり飯も可能　モンタナアベニュー MAP P.56-B2

R + D Kitchen・R + D キッチン

$25〜
予約不要

サンタモニカの住民が気兼ねなく、ふらりと訪れるレストラン。近隣の農家で取れた食材を使ったメニューが豊富で、チキンやベーコン、ウォルナッツが入ったサラダThe Newporter（$21）が人気だ。約20種類のワインを取り揃える。

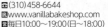

見た目も楽しませてくれる

住1323 Montana Ave., Santa Monica
☎(310)395-3314
URL rd-kitchen.com
営毎日11:00〜21:00(木〜土〜22:00)
カード A M V

↘ 住8565 Melrose Ave., West Hollywood ☎(310)659-0628 営毎日7:00〜22:00（金土〜23:00）。ダウンタウン・アーツディストリクト店 MAP P.72-B4 住459 S. Hewitt St., Los Angeles ☎(1-213)797-4534 営毎日7:00〜22:00（金土〜23:00）

イタリア料理

約60種類あるチーズは、ワインによく合う　モンタナアベニュー　MAP P.56-B2

Forma Restaurant & Cheese Bar●フォルマ・レストラン&チーズ・バー

$25～
予約したい

イタリア語のチーズ（Formaggio）に敬意を表してFormaと名づけられた。生ハムとブッラータ（チーズ）、トマトのピザProsciutto Pizza（$14～）やナスやオリーブがのったピザSiclian Pizza（$14～）がおすすめ。

ワインとのペアリングも楽しめる

住1610 Montana Ave., Santa Monica
☎(424)231-2868
URLformasantamonica.com
営毎日11:00～22:00(金土～22:30)
カードAMV

カフェ

食べ物や飲み物は100%オーガニック　おすすめ!　モンタナアベニュー　MAP P.56-B2

La La Land Kind Cafe●ラ・ラ・ランド・カインド・カフェ

$7～
予約不可

カフェラテ（$6～）や抹茶ラテ、ミルク&ハニーラテなど20種類以上あるラテが人気だ。白を基調としたインテリアでおしゃれ感100%。アボカドトースト（$8.90）やストロベリージャムトースト（$9.90）などもある。

店内もテラス席も1日中満席になる

住1426 Montana Ave., #1, Santa Monica
☎(310)393-2656
URLlalalandkindcafe.com
営毎日6:30～19:00
カードAMV

ブランチメニューが1日中楽しめる　モンタナアベニュー　MAP P.56-B2

Bardonna●バードンナ

$7～
予約不可

平日は出社前に、週末は家族連れが通うカフェレストラン。LA発のコーヒー店Groundwork Coffeeが経営するだけあり、高品質の豆を使ったカフェラテ（$5）が味わえる。サンドイッチやサラダなどフードメニューも豊富。

サーモンのトースト（$16.50）

住1601 Montana Ave., Santa Monica
☎(310)899-9500
URLbardonna.com
営毎日10:00～17:00
カードAMV

ハンバーガー

地元誌も絶賛のハンバーガー　モンタナアベニュー　MAP P.56-B2

Father's Office●ファーザーズオフィス

$20～
予約不可

この店自慢のジューシーなハンバーガーとスイートポテト（サツマイモの一種）のフライはやみつきになるおいしさ。レストランではなくバー（ガストロパブ）のため入口で身分証明書の確認があるので、パスポートなどを忘れずに持参しよう。

クラフトビールも味わえる

住1018 Montana Ave., Santa Monica
☎(310)736-2224
URLwww.fathersoffice.com
営火～日17:00～22:00（金～23:00、土日12:00～）
休月
カードAMV
※21歳以上のみ入店可

アメリカ料理

ローストチキンの老舗　サンタモニカ　MAP P.56-B1

Reddi Chick●レディチック

$18～
予約不要

食欲をそそる香ばしい匂いがあたりに漂い、店の前で足を止めずにいられない。チキンの丸焼き（ハーフサイズもあり）とフライドポテトのチキンバスケットが定番。チキンは余分な油が落ちて、意外にさっぱりしている。チキンバスケットは$15.07～。

ふっくらジューシーなチキンをぜひ

住225 26th St., #23, Santa Monica
☎(310)393-5238
URLreddichickbbq.com
営毎日10:00～19:00
現金のみ

カリフォルニア料理

朝から晩まで大人気！　おすすめ!　サンタモニカ　MAP P.56-B1

Farmshop●ファームショップ

$25～
予約不要

スターシェフが手がけるカジュアルなレストラン。選び抜かれた素材で作る、洗練されたカリフォルニア料理に定評がある。ポーチドチキンサラダPoached Jidori Chicken Salad（$25）が人気だ。ベーカリーもあり、スコーンやクッキーも販売する。

いつも混んでいる人気店

住225 26th St., #25, Santa Monica
☎(310)566-2400
URLwww.farmshopca.com
営朝食・ランチ月～金7:30～14:30、ブランチ土日9:00～14:30、ディナー水～日17:00～21:30
カードAMV

MEMO フォルマ・レストラン&チーズ・バーの他店舗情報　ベニス店 MAP P.79-B4 住110 Navy St., Venice ☎(424)330-2464 営月～金 16:00～21:30（金～22:30）、土日 11:00～22:30（日～21:30）

カフェ（ベーカリー）

続々とお客さんがやってくる　サンタモニカ MAP P.74-A1

Huckleberry Bakery & Cafe●ハックルベリー・ベーカリー&カフェ

$15～
予約不要

サンフランシスコの人気ベーカリーで修業したパン職人のクロワッサンやスイーツは、甘過ぎず、日本人の口にも合う。Dad's Pancakes（$15.50）やFried Egg Sandwich（$17）が人気。ビッグ・ブルー・バス#2でWilshire Blvd. & 11th St.下車。

食事にもお茶にもいいカフェ
©Jakob Layman

住1014 Wilshire Blvd., Santa Monica
☎(310)451-2311
URL www.huckleberrycafe.com
営毎日7:00～15:00
カード A M V

カフェ

できたてのドーナツにかぶりつきたい　おすすめ!　サンタモニカ MAP P.74-A1

Sidecar Doughnuts●サイドカードーナツ

$5～
予約不可

食品添加物を一切使用せず、新鮮な食材を使って練り上げられたドーナツは、子供から大人まで幅広い層に人気。常時約10種類取り揃えるが、旬の食材を使ったメニューもあり、毎月バリエーションは異なる。

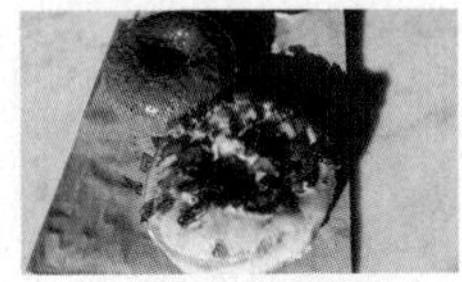

ベーコンの塩っけがいいアクセント

住631 Wilshire Blvd., Santa Monica
☎(310)587-0022
URL www.sidecardoughnuts.com
営毎日6:30～18:00(金土～21:00)
カード M V

スイーツ

絶品なめらかアイスクリーム　サンタモニカ MAP P.56-B1

Sweet Rose Creamery●スイートローズ・クリーマリー

$8～
予約不要

定番のほか月ごとに季節のフレイバーが登場する。旬の味がぎゅっと詰まったアイスクリームは絶品で地元の人々にも愛されている。人気はフレッシュミントチップとソルティッドキャラメル。サクサクのワッフルコーンでぜひ試したい。

甘過ぎないのがうれしい
©Erica Allen

住225 26th St., Unit 51, Santa Monica
☎(310)260-2663
URL www.sweetrosecreamery.com
営毎日12:00～22:00(金～日～23:00)
※営業時間は時期により異なるので、事前にウェブサイトで確認すること。
カード A J M V

ベジタリアン料理

NYで人気のレストランがLAに登場　アボット・キニー・ブルバード MAP P.78-D1

The Butcher's Daughter●ブッチャーズドーター

$25～
予約したい

地元農家で作られた食材をふんだんに使ったサラダが人気のレストラン。ケールやアボカドなどをハリッサ・シーザードレッシングで絡めたSpicy Kale Salad（$16）がおすすめ。カリフラワーピザ（$20～）やベジバーガー（$19～）などもあり。

女性客率がかなり高め

住1205 Abbot Kinney Blvd., Venice
☎(310)981-3004
URL thebutchersdaughter.com
営毎日8:00～22:00
カード A M V

アメリカ料理

ベジタリアンやビーガンに人気　アボット・キニー・ブルバード MAP P.78-D1

Greenleaf Kitchen & Cocktails●グリーンリーフ・キッチン&カクテル

$20～
予約不可

キヌアやケール、アボカド、トマトが入ったLa La Bowl（$12.50）が一番人気。じっくりと煮込まれた豚肉にアボカド、ギリシャヨーグルトなどがのったKeto Carnitas（$14.50）も捨てがたい。

奥にはテラス席もある

住1239 Abbot Kinney Blvd., Venice
☎(310)399-9400
URL www.eatdrinkgreenleaf.com
営毎日11:00～21:00
カード A M V

地元のおしゃれな人が夜遅くまで通う　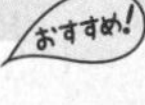

アボット・キニー・ブルバード MAP P.78-D2

Gjelina●ジェリーナ

$20～
予約したい

アボット・キニー・ブルバードで話題の店。週末のランチどきは、長い行列ができる。鴨のコンフィCrispy Duck Confi（$36）は絶品。野菜のロースト（$15～）やピザ（$18～）もある。奥にはパティオ席もあり。

週末のブランチも人気

住1429 Abbot Kinney Blvd., Venice
☎(310)450-1429
URL www.gjelina.com
営朝食月～金8:00～11:00、ランチ月～金11:30～15:00、アフタヌーン月～金15:00～17:00、ブランチ土日8:00～15:00、ディナー毎日17:30～23:00
カード A M V

カフェ

LAの抹茶ブームに火をつけた　アボット・キニー・ブルバード　MAP P.78-D2

Cha Cha Matcha・チャ・チャ・マッチャ

$6〜
予約不可

ジャスティン&ヘイリー・ビーバー夫妻もファンだという抹茶カフェ。京都府宇治市から取り寄せた抹茶を使用している。一番人気の抹茶ラテ($6)から抹茶レモネードやパープルドリンク（ラベンダードリンクに抹茶を入れたもの）まである。

ミルクは９種類から選べる

住1401 Abbot Kinney Blvd., Venice
URL chachamatcha.com
営毎日8:00〜20:00
カード A M V

気楽に立ち寄れるおしゃれなカフェ&レストラン　アボット・キニー・ブルバード　MAP P.78-C2

Lemonade・レモネード

$10〜
予約不要

シンプルなレモン味のレモネード($3.75〜）が看板メニューだが、そのほかにブラッドオレンジ味など9種類ある。サンドイッチ（$10.95〜）もおすすめ。グリルチキン丼やポキ丼などもある。店内の雰囲気も明るく、カジュアルで居心地もいい。

アボット・キニー・ブルバードの端

住1661 Abbot Kinney Blvd., Venice
☎(310)452-6200
URL www.lemonadela.com
営毎日10:00〜21:00
カード A M V

アメリカ料理

ファーマーズマーケットで仕入れる食材を使う　ベニス　MAP P.75-C2

Gjusta・ジュスタ

おすすめ!

$20〜
予約不可

ショーケースに並ぶ総菜やサンドイッチなどをカウンターで注文する、デリカテッセンスタイルのカフェ。Gjelina（→P.363）の姉妹店だけあり、どの品もハズレがない。アンチョビのトースト（$14）が定番メニュー。

ピザはひと切れから注文可能

住320 Sunset Ave., Venice
☎(310)314-0320
URL gjusta.com
営毎日7:00〜20:00
カード A M V

カフェ

ベニスサインの目の前にある　ベニス　MAP P.75-D2

Great White・グレイトホワイト

$20〜
夜は予約したい

ベニスに住むローカルがおすすめするランチスポット。朝からしっかり食べたい人には、ブレックファストブリトー（$17）やブレックファストサンドイッチ（$16）がおすすめ。11:00からは、ハンバーガーやポキ丼などが食べられる。

ボリュームたっぷりのチキンサンドイッチ

住1604 Pacific Ave., Venice
☎(424)252-9099
URL greatwhite.cafe
営毎日8:00〜22:00(金土〜23:00)
カード A M V

アメリカ料理

ベジタリアン向けのメニューもある　ベニス　MAP P.59-C1

Superba Food + Bread・スパーバ・フード+ブレッド

$25〜
予約したい

週末は開店時間から満席になる。朝食メニューが充実していて、ベーコンや目玉焼き、アボカド、ターキーソーセージがワンプレートにのったKeto Plate（$23）、スモークサーモンとゆで卵、ルッコラのLox + Schmear + Salad（$19）が人気。

クロワッサンなどのテイクアウトもできる

住1900 S. Lincoln Blvd., Venice
☎(310)907-5075
URL lifesuperba.getbento.com
営毎日8:00〜21:00(金土〜22:00)
カード A M V

ヨットを眺めながら食事を取れる　マリナ・デル・レイ　MAP P.59-C2

The Warehouse Restaurant・ウェアハウスレストラン

$25〜
予約不要

1969年にオープンしたマリナ・デル・レイを代表するレストラン。クラムチャウダー（$7）やローストビーフ・サンドイッチ（$19）、ハンバーガー（$18）から、チキンピカタ($24）やステーキ（$36〜）などまでメニューも豊富。

ハーバー沿いに立つ

住4499 Admiralty Way, Marina Del Rey
☎(310)823-5451
URL www.mdrwarehouse.com
営月〜金12:00〜21:00(金〜22:00)、土11:30〜15:00（ブランチ）、15:00〜22:00、日11:30〜15:00（ブランチ）、15:00〜21:00　カード A M V

MEMO レモネードの他店舗情報　サンタモニカ店 MAP P.76-B2 住301 Arizona Ave., Santa Monica ☎(310)409-2435 営毎日 10:00〜21:00。ダウンタウン店 MAP P.73-D4 住505 S. Flower St., Los Angeles ↗

アメリカ料理

テラス席は気持ちのいい風がそよぐ　おすすめ！　マリブ　MAP P.48-A2外

Malibu Farm • マリブファーム

$20〜
予約不要

景色のよさと料理のおいしさで食事どきは常に行列ができる店。道路沿いのレストランでは、ピザやローストチキンなど、ピアの先端のカフェではパンケーキやサラダなどを味わえる。地元の農家と契約しているので、毎日新鮮な食材を使っている。

ピアの上にあるレストラン＆カフェ

住23000 Pacific Coast Hwy., Malibu
☎カフェ：(310)456-1112
レストラン：(310)456-8850
URL www.malibu-farm.com
営カフェ／月〜金9:00〜15:00（金〜18:00）、土日8:00〜18:00、レストラン／毎日11:00〜20:00（土日9:00〜）
カード A J M V

カリフォルニア料理

奥行きのある味に「サプライズ」　カルバーシティ　MAP P.48-B2

Akasha • アカーシャ

$35〜
予約したい

メニューは季節ごとに異なるが、オーガニックの野菜をふんだんに使い、イタリア、インド、中東などの多国籍な料理のエッセンスを取り混ぜたユニークなものがメイン。カフェもあり、気軽にコーヒーを飲める。

地元の食材にこだわっている

住9543 Culver Blvd., Culver City
☎(310)845-1700
URL www.akasharestaurant.com
営ランチ火〜金11:30〜14:30、ブランチ土日10:00〜15:00、ディナー火〜日17:30〜21:30（金土〜22:30）
休月
カード A M V

アメリカ料理

1950年代にフラッシュバック　ウエスト・ロスアンゼルス　MAP P.57-D1

Cafe 50's • カフェ・フィフティーズ

$20〜
予約不可

昔のハリウッド映画に出てきそうな雰囲気たっぷりのアメリカンダイナー。店内にはジュークボックスやサイダーの自動販売機が置かれている。40種類以上あるシェイク（$7.49〜）も有名で、ほとんどの人が頼むという。

アメリカ好きなら必訪の店

住11623 Santa Monica Blvd., Los Angeles
☎(310)479-1955
URL www.cafe50sla.com
www.cafe50s.menu
営毎日8:00〜24:00
カード A M V

スイーツ

若い女性必訪のカフェ　ウエスト・ロスアンゼルス　MAP P.60-A4

B Sweet Dessert Bar • ビー・スイート・デザートバー

$8〜
予約不要

紫芋のアイスクリーム・ドーナツサンドイッチで一躍有名になったカフェ。LAのインフルエンサーがSNSで取り上げたことから、地元雑誌などにも掲載された。アイスクリームは甘さ控えめ。月ごとにフレーバーは異なり、ケーキやドリンクもあり。

男性も好きになるスイーツ

住2005 Sawtelle Blvd., Los Angeles
☎(310)963-9769
URL www.mybsweet.com
営金〜日12:00〜23:00（日〜22:00）
休月〜木
カード A M V

シーフード

セレブ出没スポット　ウエスト・サード・ストリート　MAP P.66-A3

Son of a Gun • サン・オブ・ア・ガン

$35〜
予約したい

新鮮なシーフードがお手頃価格で食べられると評判の店。ロブスターロール（$13）や生ガキ（$4〜）、ウニのパスタ（$31.25）などのほか、日替わりメニューもある。浮き輪やいかりが飾られたインテリアもおしゃれだ。ショッピングのあとに訪れたい。

フィッシングがテーマ

住8370 W. 3rd St., Los Angeles
☎(1-323)782-9033
URL www.sonofagunrestaurant.com
営毎日12:00〜21:00
カード A M V

カリフォルニア料理

有名シェフやセレブもこぞって訪れる　ウエスト・サード・ストリート　MAP P.66-A2

A.O.C. • エー・オー・シー

$30〜
予約必須

ワイン通をもうならせる充実したワインが揃っている店。フランス、カリフォルニア、セントラルコーストのものなど約25種のワインをグラスで楽しめる。ボトルは約150種ある。旬の食材を使った料理も評判がいい。バー以外は要予約。

ワインと小皿料理が人気

住8700 W. 3rd St., Los Angeles
☎(310)859-9859
URL www.aocwinebar.com
営ディナー毎日17:00〜22:00（金土〜23:00）、ブランチ土日10:00〜14:30
カード A M V

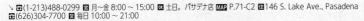

↘☎(1-213)488-0299 営月〜金 8:00〜15:00 休土日。パサデナ店 MAP P.71-C2 住146 S. Lake Ave., Pasadena ☎(626)304-7700 営毎日 10:00〜21:00

フランス料理

ロマンティックな雰囲気　ウエスト・サード・ストリート　MAP P.66-B3～B4

The Little Door Restaurant & Bar●リトル・ドア・レストラン&バー

$50～
予約したい

ファーマーズマーケットでていねいに選んだ厳選素材を使った、フレッシュなおいしさの料理が楽しめる1軒。ハーブなどを使った料理は、素材を華やかに、見た目にも美しいひと皿に仕上げられている。人気のラムチョップ入りのクスクスは$48。

インテリアもおしゃれ

住8164 W. 3rd St., Los Angeles
☎(1-323)951-1210
URL thelittledoor.com
営月～木18:00～22:00、金～日17:00～23:00(日～22:00)
カード A M V

イタリア料理

気兼ねなくがっつり食べられる　ウエスト・サード・ストリート　MAP P.66-B4

Andre's Italian Restaurant & Pizzeria●アンドレズ・イタリアン・レストラン&ピッツェリア

$10～
予約不可

1963年創業の老舗イタリアレストラン。ファストフード形式でお手頃価格なため、常に行列ができている。看板メニューはスパゲティやラビオリで$10以下。大人でもスモールサイズで満腹になること間違いなし。

日本人好みのミートソースパスタ

住6332 W. 3rd St., Los Angeles
☎(1-323)935-1246
URL andresitalian.com
営毎日11:00～19:30(金～日～20:30)
現金のみ

スイーツ

土日は行列ができる　ウエスト・サード・ストリート　MAP P.78-B2

Lady M Cake Boutique●レディエム・ケーキ・ブティック

$10～
予約不可

クレープを何枚も重ねて、間にクリームを挟んだミルクレープが有名な店。抹茶やチョコレートなどがあるが、シンプルなシグネチャーミルクレープ（$9.50）を味わいたい。モンブラン（$9）やエクレア（$5.50）などもあり。

ふわふわの食感がたまらない

住8718 W. 3rd St., Los Angeles
☎(1-323)825-8888
URL www.ladym.com
営毎日11:00～18:00
カード A M V

カフェ

人気のブランチスポット　おすすめ!　ウエスト・サード・ストリート　MAP P.66-A3

Toast Bakery Cafe●トースト・ベーカリー・カフェ

$23～
予約不要

メニューにはサラダやサンドイッチなどがあるなか、いちばんのおすすめは朝食やブランチだ。オムレツやエッグサンドイッチ（$17.95～）、パンケーキ（$13.50～）など種類も豊富。週末の朝はとても混むので、早めに行って、テラス席で食事を楽しもう。

ピープルウオッチングも楽しめる

住8221 W. 3rd St., Los Angeles
☎(1-323)655-5018
URL www.toastbakerycafe.net
営毎日7:30～16:30(金～日～17:00)
カード A M V

NYの人気ベーカリー　ウエスト・サード・ストリート　MAP P.66-A3

Magnolia Bakery●マグノリアベーカリー

$7～
予約不要

NYで抜群の知名度を誇るベーカリーのLA支店。食べるのが惜しいほど、見た目もキュートなカップケーキは、ひとつ$4.15～。一番人気はバニラ味。週ごとに限定カップケーキも登場する。

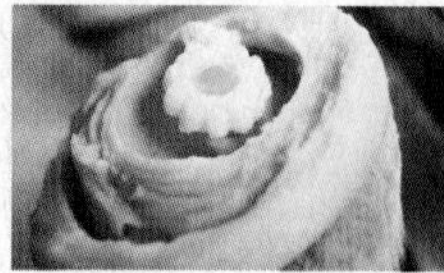
チーズケーキもある

住8389 W. 3rd St., Los Angeles
☎(1-323)951-0636
URL www.magnoliabakery.com
営毎日9:00～20:00(金土～21:00)
カード A M V

オーガニック料理

グルメなビーガンフードの人気店　ラ・シエネガ・ブルバード　MAP P.66-A1

Real Food Daily●リアル・フード・デイリー

$20～
予約不要

メニューは、どれも肉や魚、乳製品を一切使わないヘルシーなもの。ビーガンでも食べられる徹底した菜食料理で、老若男女に好評だ。一番人気は玄米、豆、野菜など、自分好みにカスタムできるボウル（$11～）。

ヘルシーな多国籍料理が楽しめる

住414 N. La Cienega Blvd., Los Angeles
☎(310)289-9910
URL www.realfood.com
営月～金11:00～22:00 (月～21:00)、土日10:00～22:00(日～21:00)
カード A M V

MEMO リアル・フード・デイリーの他店舗情報　パサデナ店 MAP P.71-C3 住899 E. Del Mar Blvd., Pasadena ☎(626)314-2655 営 水～日 11:00～21:00（土日 10:00～）休 月火

ウエストサイド

プライムリブ

全米でも有数の最高級ステーキレストラン

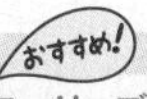

ラ・シエネガ・ブルバード MAP P.66-A4

Lawry's The Prime Rib • ローリーズ・プライムリブ

$65〜
予約したい

1938年に創業されたプライムリブの名店。本場のステーキを豪勢に堪能したいという人に最適だ。ビジネスディナーやお祝いの席として利用されているほど格調高い。短パンやスウェット、デニムなどは避けよう。プライムリブ$49〜85、リブアイステーキ$77。

LA の有名店のひとつ

住100 N. La Cienega Blvd., Beverly Hills
☎(310)652-2827
URLwww.lawrysonline.com
営月〜金17:00〜21:00、土16:00〜21:30、日ブランチ11:30〜14:30、ディナー16:00〜21:00
カードAJMV

ブラジル料理

肉とサラダが食べ放題

ラ・シエネガ・ブルバード MAP P.66-A4

Fogo de Chão • フォゴ・デ・シャオ

$70〜
予約したい

食べ放題にもかかわらず、高級感漂うブラジリアンレストラン。メインのシュハスコ（牛や豚、鶏肉の炭火焼き）は、スタッフがそのつど切り分けてくれる。ランチ$44.95、ディナー$69.95（サラダバーのみはランチ$15、ディナー$33.95）。

ジューシーな肉を満喫できる

住133 N. La Cienega Blvd., Beverly Hills
☎(310)289-7755
URLfogodechao.com
営ランチ月〜金11:30〜14:00、ブランチ土日11:30〜14:00、ディナー月〜金17:00〜22:00（金〜22:30）、土日14:00〜22:30(日〜21:00)
カードAJMV

日本料理

ＬＡの日本料理店の先駆けで有名

ラ・シエネガ・ブルバード MAP P.66-A4

Matsuhisa • 松久（マツヒサ）

$200〜
予約必須

ノブ・マツヒサの拠点は今でもこの1号店。初心者なら、シェフのお任せを頼むのがこの店の正しい体験の仕方だ。お任せのランチ、ディナーともにひとり最低$200〜、予算や好みに合わせて、6〜7品の料理を少しずつ味わえる。

握りは１貫$4〜

住129 N. La Cienega Blvd., Beverly Hills
☎(310)659-9639
URLwww.matsuhisabeverlyhills.com
営ランチ毎日11:45〜14:15、ディナー毎日17:45〜22:15
カードAMV

禅スタイルを基調としたインテリアがすてき

ラ・シエネガ・ブルバード MAP P.79-A4

Koi • 鯉

$65〜
予約必須

LAのおしゃれな若者でいつもにぎわうトレンディな日本食レストラン。ここの自慢は、お寿司や巻き寿司。カルパッチョや刺身のほか、ロブスタータコスなどの変わり種もある。セレブの出没率も高い。

寿司の種類も豊富

住734 N. La Cienega Blvd., Los Angeles
☎(310)659-9449
URLkoirestaurant.com
営毎日17:30〜22:00(金土〜22:30)
カードAMV

ベトナム料理

さっぱりとした料理を食べたいなら

ラ・シエネガ・ブルバード MAP P.66-A1

Absolutely Phobulous • アブソルートリーフォービュラス

$15〜
予約不可

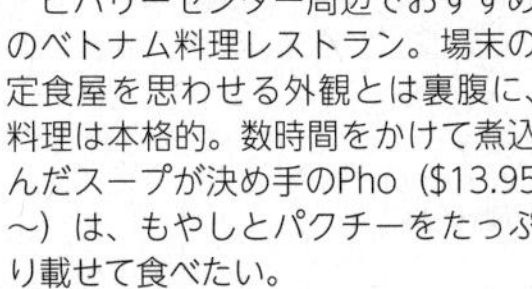

ビバリーセンター周辺でおすすめのベトナム料理レストラン。場末の定食屋を思わせる外観とは裏腹に、料理は本格的。数時間をかけて煮込んだスープが決め手のPho（$13.95〜）は、もやしとパクチーをたっぷり載せて食べたい。

牛肉やシーフードなどがあるフォー

住350 N. La Cienega Blvd., Los Angeles
☎(310)360-3930
営毎日11:00〜21:00(土日15:00〜)
カードMV

スペイン料理

大人数でいろいろな料理を楽しみたい

ラ・シエネガ・ブルバード周辺 MAP P.66-A4

La Paella • ラ・パエーリャ

$40〜
予約不要

LAでスペイン料理を食べたくなったら、まず向かいたい店。タパスはスペインオムレツやエビのアヒージョ、イカのニンニク炒めなど30種類以上ある。パエリア（$53）は一皿にふたり分以上の量があるので注意するように。

店内はスペイン語が飛び交う

住476 S. San Vicente Blvd., Los Angeles
☎(1-323)951-0745
URLwww.usalapaella.com
営月〜金11:30〜14:30、17:30〜21:30、土17:00〜22:00
休日
カードMV

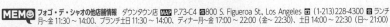

MEMO フォゴ・デ・シャオの他店舗情報 ダウンタウン店 MAP P.73-C4 住800 S. Figueroa St., Los Angeles ☎ (1-213)228-4300 営ランチ月〜金 11:30〜14:00、ブランチ土日 11:30〜14:00、ディナー月〜金 17:00〜22:00（金〜22:30）、土日 14:00〜22:30（日〜21:00）

アメリカ料理

ビバリーヒルズの住民も通う

ロデオドライブ周辺 MAP P.77-B2

The Farm of Beverly Hills・ファーム・オブ・ビバリーヒルズ

$18〜
予約不要

新鮮な食材をふんだんに使ったメニューが好評のレストラン。朝早くからしっかりと食事を取りたい地元の人たちでにぎわっている。Avocado Toast（$14.50）やButtemilk Pancakes（$14.50）が人気。

エッグベネディクト（$15.45）

住439 N. Beverly Dr., Beverly Hills
☎(310) 273-5578
URL www.thefarmofbeverlyhills.com
営毎日8:00〜15:00
カード A M V

カリフォルニア料理

ＬＡのベストレストラン

ロデオドライブ周辺 MAP 77-B4

Spago Beverly Hills・スパゴ・ビバリーヒルズ

$100〜
予約必須

アメリカを代表する有名シェフ、ウルフギャング・パックのお店。2012年にインテリアとメニューを一新してリニューアルオープンした。有名人も数多く通い詰め、映画にもたびたび登場している。予算はひとり$100くらいが目安だ。

カリフォルニア料理の先駆け

住176 N. Canon Dr., Beverly Hills
☎(310) 385-0880
URL wolfgangpuck.com/dining/spago/
営火〜日17:00〜22:00(金土〜22:30)
休月
カード A D J M V

イタリア料理

ロデオドライブでイタリアンが食べたくなったら

ロデオドライブ周辺 MAP P.77-B2

Il Pastaio・イルパスタイオ

$30〜
予約したい

カジュアルな店だが、料理は本格的でパスタ（$22.95〜）、リゾット（$24.95〜）が豊富。豪華なランチを取りたいときは6品付きのテイスティングメニュー（ひとり$78。2名からの注文）がおすすめ。

フレンドリーなスタッフも魅力

住400 N. Canon Dr., Beverly Hills
☎(310) 205-5444
URL ilpastaiobeverlyhills.com
営毎日11:30〜23:00（金土〜24:00、日〜22:00）
カード A M V

中国料理

ハリウッドの大物たちに支持される

ロデオドライブ周辺 MAP P.77-A2

Mr. Chow・ミスターチャウ

$75〜
予約必須

この店のオーナー、マイケル・チャウは、映画やアート、エンターテインメント業界ではその名を広く知られた有名人だ。料理はスタンダードな中国料理。味、雰囲気ともに評判がよく、値段は高め。

ディナーどきはセレブの出没率高し

住344 N. Camden Dr., Beverly Hills
☎(310) 278-9911
URL www.mrchow.com
営毎日17:30〜23:30
カード A M V

スイーツ

ショッピングの合間にふらっと寄りたい

ロデオドライブ周辺 MAP P.77-A1

Sprinkles Cupcakes・スプリンクルズカップケークス

$7〜
予約不要

ここ数年アメリカで定番スイーツとして人気を集めているカップケーキ。オリジナル以外では、季節もの、日替わりでバナナや、カボチャなどのフレーバーがあり、全部で20種類。ひとつ$4.95〜。

日替わりのフレーバーを試したい

住9635 S. Santa Monica Blvd., Beverly Hills
☎(310) 274-8765
URL sprinkles.com
営毎日10:00〜21:00（金土〜22:00、日〜20:00）
カード A M V

アメリカ料理

自家製アップルパイがご自慢

ウエストウッド MAP P.60-B4

The Apple Pan・アップルパン

$15〜
予約不要

店内はアメリカの古きよき時代を感じさせるダイナー風で、カウンターのみの造りになっている。平日の夜や週末は地元の人々でいっぱいだ。ここの手作りパイ（$8）とアイスクリームは1度食べたら忘れられないおいしさ。

スタッフもフレンドリー

住10801 W. Pico Blvd., Los Angeles
☎(310) 475-3585
URL theapplepanla.com
営火〜日11:00〜23:00(金土〜24:00)
休月
カード A M V

MEMO ル・パン・コティディアン（→P.369）の他店舗情報　ビバリーヒルズ店 MAP P.77-A1 住9630 S. Santa Monica Blvd., Beverly Hills ☎(310) 859-1100 営 毎日 7:00 〜 16:30。↗

カフェ

ベルギー生まれのチェーン店　　ウエストウッド　MAP P.60-A3

Le Pain Quotidien・ル・パン・コティディアン

$15～
予約不要

オーガニックにこだわったパンが自慢。サラダやオムレツを注文すると、パンが籠に盛られてサーブされる。大きなテーブルをカウンターのように使って、知らない人同士が並んで座るというのも、ここならでは。

朝食もおすすめ

住1122 S. Gayley Ave., Los Angeles
☎(310)824-7900
URL www.lepainquotidien.com
営毎日7:00～16:00
カード A M V

ジュース

LAセレブも通うジュース販売店　おすすめ！　　ウエストウッド　MAP P.60-A3

Pressed・プレスド

$7～
予約不要

体内の毒素を排出し、ダイエットにも効くというオーガニックジュースを販売する。ほうれん草やケール、レタス、レモンなどの野菜や果物を低温低速回転で圧力をかけ、本来の味を保ちつつ栄養素を凝縮したもの。メニューは30種類以上あり、$6.95～。

LA 全域に店舗をもつ

住10878 Kinross Ave., Los Angeles
☎(310)443-1414
URL pressed.com
営毎日9:00～18:00
カード M V
他店舗情報→P.370脚注

アメリカ料理

ハリウッドでいちばんの老舗　　ハリウッド　MAP P.74-B3

The Musso & Frank Grill・ムッソー&フランク・グリル

$40～
予約したい

ハリウッド全盛期からの老舗レストラン。作家のフィッツジェラルドやヘミングウェイなど、有名人がよくこの店を訪れたそうだ。1919年のオープン以来、サービスと味のよさで好評を博している。

古きよきハリウッドの雰囲気

住6667 Hollywood Blvd., Hollywood
☎(1-323)467-7788
URL www.mussoandfrank.com
営火～土17:00～23:00、日16:00～22:00
休月
カード A M V

人気のカジュアルダイニング　　ハリウッド　MAP P.74-B3

California Pizza Kitchen・カリフォルニア・ピザ・キッチン

$20～
予約不要

家族連れに人気のカジュアルレストラン。複数人で気軽に食事を楽しむにはぴったり。ピザ（$16.99～）はもちろん、サラダやパスタなどのメニューも充実している。キッズメニューの種類も多く、ピザにのせる具を選べるBuild Your Own Kits（$5）もある。

ピザはさくっとした薄い生地もある

住6801 Hollywood Blvd., Hollywood
（オベーションハリウッド内→P.344）
☎(1-323)460-2080
URL www.cpk.com
営毎日11:00～22:00
カード A M V

アメリカンな雰囲気が満載　　ハリウッド　MAP P.74-B4

Mel's Drive-In・メルズ・ドライブイン

$20～
予約不要

オベーションハリウッドから歩いて5分の所にある。1950年代のダイナー（軽食堂）の雰囲気が感じられるレストラン。定番のハンバーガーやBLTサンドイッチ（$17前後）にソーダで、思いっきりアメリカらしさを味わおう。

パンケーキなど朝食メニューも充実

住1650 N. Highland Ave., Hollywood
☎(1-323)465-3111
URL melsdrive-in.com
営毎日7:00～24:00
カード A D M V

アメリカ南部料理

アメリカのもうひとつのおふくろの味　　ハリウッド　MAP P.75-D4

Roscoe's・ロスコーズ

$20～
予約不要

R&Bシンガー、NBAプレイヤーなど、アフリカ系セレブに人気のソウルフードの店。名物はフライドチキンとワッフルのコンビネーション（$16.99～）。ちょっとヘビーな組み合わせだが、ダイエットを返上しても試す価値は十分ある。

典型的なアメリカ南部料理を味わう

住1514 N. Gower St., Hollywood
☎(1-323)466-7453
URL roscoeschickenandwaffles.com
営毎日8:00～24:00
カード A M V

↘ラーチモント店 MAP P.67-D2 住113 N. Larchmont Blvd., Los Angeles ☎(1-323)461-7701 営 毎日7:00～17:00

カフェ&バー

お酒を軽く一杯飲むだけでもいいし、ちゃんとランチも取れる　ハリウッド　MAP P.74-B3

Snow White Cafe●スノー・ホワイト・カフェ

$13～
予約不可

ハリウッドの中心部にあるこぢんまりとしたカフェ。ディズニー映画『白雪姫』にちなみ、店内は『白雪姫』のキャラクターのイラストが飾ってある。ハンバーガー（$9.95）やボロネーゼ・スパゲティ（$12.95）はお手頃価格がうれしい。

1946年オープンのカフェバー

住6769 Hollywood Blvd., Los Angeles
☎(1-323)465-4444
URL snowwhitecafe.com
営毎日12:00～24:00(金土～翌2:00)
カード A M V

ファストフード

売り切れ必至のサンドイッチ　ハリウッド　MAP P.75-C3

Popeye's●ポパイズ

$10～
予約不可

全米に展開しているフライドチキンの店。バンズにレタス、フライドチキン、ピクルスが挟まったチキンサンドイッチ（$4.49）が一番人気。フライドチキンとビスケット、ドリンクが付いたセット（2ピース$11.29、3ピース$12.19）もある。

ハリウッドの中心部にある

住6384 Hollywood Blvd., Los Angeles
☎(1-323)467-7909
URL www.popeyes.com
営毎日10:00～22:00
カード A M V

連日行列の人気店　おすすめ!　ハリウッド　MAP P.79-A1

Pink's●ピンクス

$10～
予約不要

1939年の創業以来、LA市民を中心に愛されてきた。名物のホットドッグはなんと40種類。定番は、ほどよい辛さのチリとソーセージが載ったボリュームたっぷりのチリドッグ（$5.95）。ユニークなホットドッグも多い。

有名人にちなんだホットドッグもある

住709 N. La Brea Ave., Los Angeles
☎(1-323)931-4223
URL www.pinkshollywood.com
営毎日9:30～24:00(金土～翌2:00)
カード A J M V

西海岸で大人気のハンバーガーチェーン　おすすめ!　ハリウッド　MAP P.74-A4

In-N-Out Burger●イン・アンド・アウト・バーガー

$8～
予約不要

ここのハンバーガーは、肉の厚みと肉質のよさ、新鮮なトマトやレタスのフレッシュ感がたまらない。$8ほどでハンバーガーとポテト、ドリンクのセットが食べられる。裏メニューなるものもある（→P.357脚注）。ミルクシェイクも人気。

ファストフードとは思えないおいしさ

住7009 Sunset Blvd., Hollywood
Free (1-800)786-1000
URL www.in-n-out.com
営毎日10:30～翌1:00(金土～翌1:30)
カード A M V

モスバーガーが手本にしたハンバーガーショップ　ハリウッド　MAP P.64-B3

Original Tommy's●オリジナルトミーズ

$11～
予約不可

チリソースがたっぷり入ったチリハンバーガー（$3.70）やチリホットドッグ（$5.25）が有名。ギリシャ移民の息子のトム・クラークスが1946年にダウンタウン郊外に1号店を開いた。現在LAを中心に30以上の店舗がある。

チリバーガーのコンボ（$10.25）

住5873 Hollywood Blvd., Los Angeles
☎(1-323)467-3792
URL originaltommys.com
営毎日8:00～24:00(金土～翌1:00)
カード A M V

メキシカン・チキンのチェーン店　ハリウッド　MAP P.64-B4

El Pollo Loco●エル・ポヨ・ロコ

$15～
予約不可

網焼きすることで、油が落ちて皮がパリパリになるチキンが人気の店。3つの部位のチキンとトルティーヤ、ブラックビーンズやライスなどのサイド2品が付いた3 Piece Chicken Meal（$12.49）やタコサラダ（$10.99）がおすすめ。

油少なめでヘルシーなチキンの店

住1260 N. Vine St., Hollywood
Free (1-323)464-0860
URL www.elpolloloco.com
営毎日9:30～21:30(日10:00～)
カード A M V

MEMO プレスド（→P.369）の他店舗情報　サンタモニカ・メインストリート店 MAP P.79-B2 住2409 Main St., Santa Monica ☎(424)280-4238 営毎日9:00～18:00。ビバリーヒルズ店 MAP P.77-A2 住430 N. Bedford Dr., Beverly Hills ↗

ステーキ

素材に自信ありのステーキ店　サンセットストリップ　MAP P.62-B1

Boa Steakhouse • ボアステーキハウス

$70〜
予約必須

シンプルな塩こしょうだけでもジューシーなうま味がじんわり伝わるほど、お肉の質がよいステーキ店。リブアイステーキ（$68〜）やニューヨークストリップ（$69）、フィレステーキ（$56〜）など納得できる味に出合える。

少しおしゃれして訪れたい

住9200 Sunset Blvd., West Hollywood
☎(310)278-2050
URLwww.boasteak.com
営毎日17:00〜22:30(金土〜23:30)
カード A M V

アメリカ料理

映画で見たようなアメリカンダイナー　サンセットストリップ　MAP P.63-C4

Barney's Beanery • バーニーズビーナリー

$15〜
予約不要

樽生ビールを約40種類取り揃えているので、地元のビール好きが通う有名店。料理は名物のチリ（$8.50〜）、自家製のピザ（$11〜）、サンドイッチ（$14.50〜）、ハンバーガー（$13〜）など。店内には、ビリヤード台、エアホッケーなどが並ぶ。

平日はランチスペシャルあり

住8447 Santa Monica Blvd., West Hollywood
☎(1-323)654-2287
URLwww.barneysbeanery.com
営毎日11：30〜翌2：00(土10:00〜、日9:00〜)
カード A M V

中西部の牧場がテーマ　サンセットブルバード　MAP P.63-D1

Saddle Ranch Chop House • サドルランチ・チョップハウス

$25〜
予約不要

名物のBBQベビーバックリブ（$23.99）やフレッシュサーモン（$22.99）を中心に、BBQチキンサンドイッチ（$18.99）やステーキサンドイッチ（$23.99）などがある。テラス席にはファイヤーピットもあり、スモア（焼きマシュマロ）が味わえる。

典型的なアメリカ料理店

住8371 Sunset Blvd., West Hollywood
☎(1-323)656-2007
URLwww.thesaddleranch.com
営毎日16:00〜翌2:00(土日10:30〜)
カード A M V

ハリウッドセレブ予備軍が働いている　サンセットストリップ　MAP P.63-C1

The Butcher, The Baker & The Cappuccino Maker • ブッチャー・ベーカー&カプチーノ・メーカー

$25〜
予約したい

西海岸の雰囲気たっぷりのインテリアが映えるレストラン。エッグベネディクト（$24）やアボカドトースト（$18）から、グリルド・サーモンサラダやチキンサンドイッチなどがある。おしゃれな人が多いので、カジュアル過ぎる服装は避けたい。

ベーコン&チーズ・サンドイッチ($16)

住8653 Sunset Blvd., West Hollywood
☎(310)360-6900
URLwww.bbcmcafe.com
営毎日8:00〜16:00(金〜日〜17:00)
カード A M V

40年以上、ハリウッド市民に愛されている　サンセットストリップ　MAP P.63-D1

Carneys • カーニーズ

$12〜
予約不可

サンセットストリップでひときわ目立つ黄色い客車がレストランとして営業している。内部は改装され、映画に出てくるアメリカンダイナーそのものの雰囲気。チリドッグ（$5.90）やハンバーガー（$4.35）などお手軽フードが味わえる。

ウエストハリウッドのシンボル

住8351 Sunset Blvd., Los Angeles
☎(1-323)654-8300
URLwww.carneytrain.com
営毎日11:00〜22:30
カード A M V

メキシコ料理

ハリウッドセレブも立ち寄る　サンセットブルバード　MAP P.63-C1

Tocaya Modern Mexican • トカヤ・モダン・メキシカン

$17〜
予約不要

2016年ベニスに1号店をオープンし、カリフォルニア州を中心に20店舗を展開する。ヘルシーなメキシコ料理を食べたいLAっ子に好評。野菜好きには、カリフラワーライスにアボカドがのったKeto Bowl（$14.25）がいい。

おしゃれな雰囲気もグッド

住8720 Sunset Blvd., West Hollywood
☎(424)288-4871
URLtocaya.com
営毎日10:30〜22:00
カード A M V

↘ ☎(310)247-8488 営毎日8:00〜19:00（土日10:00〜）。パサデナ店 MAP P.78-G 住59 E. Colorado Blvd., Pasadena ☎(626)696-3593 営毎日7:00〜21:00

日本料理

炉端焼きやお寿司をモダンに楽しめる　サンセットストリップ　MAP P.63-D1

Katana・カタナ

$35〜
予約必須

炉端焼きをメインにお寿司やおつまみが充実している。セレブ出没率も高く、ひょっこり有名人に出合える可能性が大。メニューには、9種ある巻き寿司、握り、居酒屋風の串焼きが並ぶ。なかでも、キュウリで巻かれたカタナロール（$23）がおすすめ。

スタイリッシュな居酒屋

住8439 Sunset Blvd., West Hollywood
☎(1-323)650-8585
URL innovativedining.com
営毎日17:30〜22:30(木〜土〜24:00)
カード A M V

カフェ

ハリウッドセレブも朝から通う　サンセットストリップ周辺　MAP P.63-D4

The Griddle Cafe・グリドルカフェ

$20〜
予約不要

カジュアルな雰囲気で、おしゃれとは言いがたい店構え。しかし、看板メニューのパンケーキを求めて、セレブも通う店なのだ。お皿からはみ出さんばかりの特大パンケーキは、アメリカ人でも食べ残すほど。1〜3枚まで選べるが、日本人は1枚で十分かも。

バナナ入りパンケーキ（$17.95）

住7916 Sunset Blvd., Hollywood
☎(1-323)874-0377
URL www.thegriddlecafe.com
営水〜日8:00〜15:00
休月火
カード A M V

シーフード

家族連れでも楽しめる　サンセットストリップ周辺　MAP P.63-D4

Connie & Ted's・コニー&テッド

$30〜
予約したい

ニューイングランド地方の漁師町に存在するような家庭的であたたかみのある雰囲気が醸し出されている。カジュアルながら、料理の質はかなりハイレベル。フィッシュ&チップス($26)やロブスターロール($36)、生ガキ(時価)など新鮮な魚を使った料理が楽しめる。

フライドカラマリ（$16）

住8171 Santa Monica Blvd., West Hollywood
☎(1-323)848-2722
URL www.connieandteds.com
営ランチ金〜日11:30〜15:00、ディナー水〜日17:00〜21:30（金土〜22:00、日〜21:00）　休月火
カード A M V

イタリア料理

夏はテラス席がおすすめ　メルローズアベニュー　MAP P.79-A2

Spartina・スパルティーナ

$23〜
予約したい

NYで長年シェフとして活躍してきたステファン氏が腕を振るうレストラン。チーズの盛り合わせやミートボール、ピザなどワインに合うメニューが並ぶ。カリフォルニアやイタリア産のワインを常時50種類以上取り揃えている。

ピザは $18 〜

住7505 Melrose Ave., Los Angeles
☎(1-323)782-1023
URL www.spartina.la
営月〜金12:00〜21:00(金〜22:00)、土日11:00〜22:00(日〜21:00)
カード A D M V

アルゼンチン料理

手頃に南米の味にトライ　メルローズアベニュー　MAP P.79-A1

Lala's Argentine Grill・ララズ・アルゼンチン・グリル

$15〜
予約不要

カジュアルなアルゼンチン料理のお店。ボリュームがあるのでしっかり食べられる。パスタや魚料理もあるが、素朴なアルゼンチン料理をぜひオーダーしたい。サラダ（$8.50〜）やアルゼンチン風ソースのハンバーガー（$16.95）と、値段もお手頃。

明るくにぎやかな雰囲気も魅力

住7229 Melrose Ave., West Hollywood
☎(1-323)934-6838
URL www.lalasgrill.com
営毎日11:00〜23:00(金土〜24:00)
ハッピーアワー毎日16:00〜19:00
カード A M V

カフェ

ロンハーマンの裏にある隠れ家的カフェ　メルローズアベニュー　MAP P.79-A3

Mauro Cafe・マウロカフェ

$22〜
予約不要

LAの最先端ファッションを取り扱うセレクトショップRon Herman（→P.327）に併設するカフェ。メルローズアベニューで買い物したあとに立ち寄るスポットとして人気だ。ファッション関係者がよく訪れる。

グルテンフリーのパスタもある

住8112 Melrose Ave., Los Angeles
☎(1-323)653-7970
URL maurosca fe.com
営毎日10:00〜19:00(木〜土〜21:00)
カード A M V

MEMO アルフレッドコーヒー（→P.373）の他店舗情報　アボット・キニー・ブルバード店 MAP P.78-C2 住1653 B Abbot Kinney Blvd., Venice ☎(424)390-7200 営毎日7:00〜17:00。↗

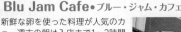

カフェ

未来のハリウッドスターが働く おすすめ!　メルローズアベニュー MAP P.79-A1

Blu Jam Cafe●ブルー・ジャム・カフェ

$23〜
予約不要

新鮮な卵を使った料理が人気のカフェ。週末の朝は入店まで1〜2時間待ちにもなる、メルローズアベニューで最も混み合う店だ。2006年にオープンしてから、ハリウッド在住者をはじめアパレルやマスコミ業界で働く人たちの間で評判がいい。

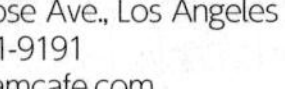
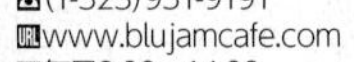

早起きして列に並ぼう

住7371 Melrose Ave., Los Angeles
☎(1-323)951-9191
URL www.blujamcafe.com
営毎日9:00〜14:00
カード A M V

おいしくてヘルシー、大満足のカフェ　メルローズアベニュー MAP P.79-A1

M Cafe●エムカフェ

$17〜
予約不要

マクロビオティック料理をカジュアルに楽しめる。どのメニューも見た目が美しく、ヘルシー。丼ものやいなり寿司など、ご飯もののほか、うどんやラーメンもある。肉やチーズなどを使用しないハンバーガーのThe New Big Macro Burgerが人気。

弁当や寿司もおすすめ

住7119 Melrose Ave., Los Angeles
☎(1-323)525-0588
URL www.mcafedechaya.com
営毎日10:00〜20:00
カード A M V

スイーツ

大人気のデザートショップ　メルローズアベニュー MAP P.79-A4

Sweet Lady Jane●スイート・レディ・ジェーン

$15〜
予約不要

地元紙で「ベストウエディングケーキ」と評されたケーキが人気の店。ジェニファー・ロペスの2度目の結婚式のケーキを担当したことでも知られている。アップルやピーカンナッツなどがたっぷりと入ったパイ($9〜)も紅茶とよく合うおいしさ。

ブルーベリーパイ（$9）

住8360 Melrose Ave., West Hollywood
☎(1-323)653-7145
URL www.sweetladyjane.com
営毎日10:00〜16:00(金土〜17:00)
カード A M V

カフェ

ベーカリーやスイーツも豊富 おすすめ!　メルローズアベニュー周辺 MAP P.79-A4

Alfred Coffee●アルフレッドコーヒー

$7〜
予約不要

2013年のオープン以来、数々の雑誌に取り上げられているカフェ。ハリウッドセレブや有名ブロガーが頻繁に立ち寄っていることから話題を集めている。周辺には、ピンク色のインテリアがかわいらしい紅茶専門店Alfred Tea Room（MAP P.79-A4）もあり。

人気のインスタスポット

住8428 Melrose Pl., Los Angeles
☎(1-323)870-1100
URL alfred.la
営毎日6:30〜19:00
カード A M V

イタリア料理

ランチは肩ひじ張らずに楽しめる　メルローズアベニュー周辺 MAP P.67-C1

Pizzeria Mozza●ピッツェリアモッツァ

$25〜
予約したい

2014年、ジェームズ・ビアード賞を受賞したナンシー・シルバートンがオーナーを務めるレストラン。看板メニューのピザ（$21〜）は15種あり、パリパリした薄生地で1枚完食できるおいしさ。カジュアルな雰囲気なので立ち寄りやすい。

テイクアウトもできる

住641 N. Highland Ave., Los Angeles
☎(1-323)297-0101
URL pizzeriamozza.com
営毎日17:00〜21:00(土日〜22:00)
カード A M V

アメリカ料理

1931年創業の老舗レストラン　フェアファックスアベニュー MAP P.66-B1

Canter's Deli●カンターズ・デリ

$23〜
予約不要

ベーカリー、デリカテッセンも併設する家族経営のファミリーレストラン。多くのメディア関係者が立ち寄ることでも有名だ。コンビーフサンドイッチ（$19.95）やパストラミサンドイッチ（$19.95）がおすすめ。

長年愛されている味つけ

住419 N. Fairfax Ave., Los Angeles
☎(1-323)651-2030
URL www.cantersdeli.com
営24時間営業
休ユダヤ教の祝日
カード A D J M V

↘ビバリーヒルズ店 MAP P.77-B1 住490 N. Beverly Dr., Beverly Hills ☎(424)346-6200 営毎日7:00〜18:00。ロバートソンブルバード店 MAP P.78-B2 住320 Robertson Blvd., Los Angeles ☎(424)300-4080 営毎日6:00〜17:00

アメリカ料理

ラッパーのナズとコラボしたレストラン　フェアファックスアベニュー　MAP P.66-B1

Sweet Chick・スイートチック

$20〜
予約不要

ニューヨークで人気のレストランがLAにも登場した。アメリカ南部のソウルフードといわれているフライドチキンとワッフルを組み合わせたChicken & Waffles（$16）は、甘さとしょっぱさがミックスした店自慢の1品。

思ったほどヘビーではない

住448 N. Fairfax Ave., Los Angeles
☎(1-323)592-3423
URL www.sweetchick.com
営毎日11:00〜22:00(土日10:00〜)
カード A M V

イタリア料理

若者に人気急上昇中　フェアファックスアベニュー　MAP P.66-B1

Jon & Vinny's・ジョン&ビニーズ

$30〜
予約したい

カウンター席とテーブル席からなるこぢんまりとしたカジュアルレストラン。カウンター越しにキッチンがあるので、シェフが料理する姿を見ることができる。定番のサラダGem Lettuce & Calabrian Chili Dressing（$16.50）はピリ辛でお酒が進む。

ボリュームたっぷりのミートボール（$21.25）

住412 N. Fairfax Ave., Los Angeles
☎(1-323)334-3369
URL jonandvinnys.com
営毎日8:00〜22:00
カード A M V

アメリカ料理

早朝から深夜まで開いている　ビバリーブルバード　MAP P.66-A2

Swingers・スウィンガーズ

$20〜
予約不要

1960年代のアメリカンダイナーを彷彿させるインテリアが好評のレストラン。ベーコンかソーセージにトーストとオムレツが付いたAll American（$13.25）やコブサラダ（$15.95）などが看板メニュー。

日本のファッション誌にも登場した

住8020 Beverly Blvd., Los Angeles
☎(1-323)591-0046
URL swingersdiner.com
営毎日8:00〜翌2:00
カード A M V

イタリア料理

ハリウッドセレブや政府の要人も訪れる　ビバリーブルバード　MAP P.66-B1

Angelini Osteria・アンジェリーニオステリア

$30〜
予約必須

超高級イタリアレストランで腕を振るった名シェフによる、イタリアンレストラン。地元誌がこぞって「LAナンバー1」と絶賛するだけあって、料理はどれも絶品。特にラザニア（$24）が人気だ。ドレスアップの必要はないが、予約は忘れずに。

ランチのメインは$20前後

住7313 Beverly Blvd., Los Angeles
☎(1-323)297-0070
URL www.angelinirestaurantgroup.com
営毎日11:00〜22:00
カード A D M V

中国料理

おしゃれに中華を楽しみたい　ビバリーブルバード　MAP P.66-A2

BAO Dim Sum House・バオ・ディムサム・ハウス

$18〜
予約不要

チャイナタウンに行かなくても飲茶が楽しめるとあって、ハリウッドセレブにも人気の店。営業時間をとおして、小籠包や餃子、シュウマイ（$9.57〜）などが味わえる。チャーハンや焼きそば（$17.94〜）もおすすめ。

ふたり以上でシェアするのがお得

住8256 Beverly Blvd., Los Angeles
☎(1-323)655-6556
URL www.baodimsum.com
営毎日12:00〜21:00（金土〜22:00、日11:00〜）
カード A M V

アメリカ料理

テキサススタイルのBBQが食べられる　ラ・ブレア・アベニュー　MAP P.79-A1

Bludso's Bar & Que・ブラッドソス・バー&キュー

$18〜
予約不可

低温で長時間じっくり焼き上げたBBQは、口の中でとろけるほど柔らかい。ランチタイムのPulled Pork Sandwich（$14）は肉のうま味が存分に味わえて人気がある。ディナータイムはアラカルトで肉やサイドを頼むシステム。

ランチのBrisket Sandwich（$15）

住609 N. La Brea Ave., Los Angeles
☎(1-323) 931-2583
URL www.barandque.com
営月〜金11:30〜21:30（金〜22:00）、土日11:00〜22:00(日〜21:00)
カード A M V

アメリカ料理

フレンドリーなスタッフの対応も好印象　ラ・ブレア・アベニュー　MAP P.66-B3

Met Her At A Bar・メット・ハー・アット・ア・バー

$23～
予約したい

週末は地元の人たちで長蛇の列ができる朝食スポット。コンクリート打ちっぱなしで配管むき出しのインテリアは、おしゃれ度たっぷり。ランチのFrench Toast（$17）やFried Chicken & Waffle（$21）が売れ筋のメニュー。

食事どきを外して訪れたい

住759 S. La Brea Ave., Los Angeles
☎(1-323)847-5013
URL www.metheratabar.com
営毎日8:00～15:00(土日～16:00)
カード A M V

カフェ&ベーカリー

太陽がさんさんと降り注ぐテラス席が気持ちいい　ラ・ブレア・アベニュー　MAP P.67-C4

The Sycamore Kitchen・シカモアキッチン

$20～
予約不可

セレクトショップが並ぶ通りにあるカフェ。週末は朝から朝食を取るローカルでにぎわっている。ランチタイムは、Roasted Chicken Sandwich（$15.50）やGrilled Short Rib Sandwich（$17）など、約10種類あるサンドイッチがおすすめ。

パンのテイクアウトもできる

住143 S. La Brea Ave., Los Angeles
☎(1-323) 939-0151
URL www.thesycamorekitchen.com
営毎日10:00～16:00(土日9:00～)
カード A M V

フランス料理&カフェ

1日中、行列ができている　おすすめ！　ラ・ブレア・アベニュー　MAP P.67-D4

Republique・リパブリック

$25～
予約必須

カフェとベーカリー、レストラン、バーをミックスさせたダイニングプレイス。朝食メニューのリコッタチーズが載ったトースト（$17）から、昼のグリルドチキンサラダ（$21）やショートリブ・サンドイッチ（$21）など、どれも外れなし。

混雑時にはテイクアウトも○

住624 S. La Brea Ave., Los Angeles
☎(310)362-6115
URL republiquela.com
営朝食・ランチ毎日8:00～14:00、ディナー火～土17:30～22:00(土17:00～)
カード A M V

ブリュワリー

LAの地ビールを味わいたい　ラ・ブレア・アベニュー　MAP P.67-C3

All Season Brewing Company・オールシーズン・ブリューイング・カンパニー

$7～
予約不可

ファイアストン・タイヤ販売所の跡地に2021年にオープンしたブリュワリー。ピルスナー（$7）やラガー（$7～）、IPA（$8～）など、約15種類の樽生ビールが1年を通して楽しめる。メキシコ料理店Chicas Tacosのタコスやブリトーも注文可能。

テラス席で飲むビールは格別

住800 S. La Brea Ave., Los Angeles
☎(1-213)817-5321
URL www.allseasonbrewing.com
営月～木15:00～24:00、金～日12:00～翌2:00(日～24:00)
カード A M V

ファストフード

白いご飯が食べたくなったら立ち寄りたい　ラ・ブレア・アベニュー周辺　MAP P.66-B3

Ono Hawaiian BBQ・オノ・ハワイアン BBQ

$15～
予約不可

パイナップルの甘味と酸味を調整して味つけしたハワイアンBBQの専門店。ハワイでは有名なプレートランチの状態で提供される。鶏肉やキャベツ、ライスがのったHawaiian BBQ Chicken（$11.79）がアメリカ人に人気。

Hawaiian BBQ Mix（$14.99）

住5550 Wilshire Blvd., #101, Los Angeles
☎(1-323)525-1688
URL onohawaiianbbq.com
営毎日11:00～21:00(金土～21:30)
カード A M V

イタリア料理

地元民に愛される家族経営のレストラン　ラーチモント　MAP P.67- D2

Vernetti・バーネッティ

$30～
予約したい

天井が高く、壁一面ガラス張りの開放感あふれる店内は、いつまでも長居できそうな心地よさ。トマトとブッラータのカプレーゼ（$25）とパスタ（$21～）、パニーニ（$15～）をふたりで分けるといい。ワインは40種類以上取り揃える。

Spaghetti Con Polpette（$25）

住225 N. Larchmont Blvd., Los Angeles
☎(1-323)798-5886
URL vernetti.la
営火～金11:30～14:30、17:30～22:00、土日10:00～15:00、17:30～22:00
休月
カード A M V

カフェ

ベニスビーチ発祥のコーヒー店 ラーチモント MAP P.67-D2

Groundwork Coffee•グラウンドワークコーヒー

$5〜
予約不可

ロスアンゼルスエリアに約10店舗展開しているコーヒーショップ。農薬や化学肥料を使わずに栽培されたコーヒー豆を使っているのが特徴で、健康志向の高い地元っ子に非常に人気がある。タコス（$13）やブレックファストブリトー（$13）もあり。

最近話題のオーツミルクもある

住150 N. Larchmont Blvd., Los Angeles
☎(1-323)843-4920
URL www.groundworkcoffee.com
営毎日7:00〜15:00(土日〜16:00)
カード A M V

スイーツ

散策に疲れたら、足休めにぜひ ラーチモント MAP P.67-D2

Salt & Straw•ソルト&ストロー

$8〜
予約不要

オレゴン州ユージーンの酪農家からオーガニックな乳製品を直接取り寄せて作るアイスクリームは新鮮そのもの。乳脂肪分17%と脂質たっぷりで、香りも濃厚だ。フレイバーにはバニラやキャラメル、ラベンダーなどのほか、月限定のものもある。1スクープ$5.95。

やみつきになるおいしさ

住240 N. Larchmont Blvd., Los Angeles
☎(1-323)466-0485
URL saltandstraw.com
営毎日11:00〜23:00
カード A M V

アメリカ料理

ロスフェリッツで必訪の1軒 ロスフェリッツ MAP P.65-D3

Fred 62•フレッド 62

$15〜
予約不要

若者に人気のダイナー。1960年代風のインテリアと、おいしい料理が地元の若者たちの人気を集めている。メニューはアメリカ料理が中心。おすすめは「LAで一番」とグルメ雑誌に絶賛された特大のパンケーキ（$10.99）やワッフル（$10.99〜）。

ふわふわのパンケーキは必食

住1850 N. Vermont Ave., Los Angeles
☎(1-323)667-0062
URL www.fred62.com
営毎日7:30〜翌1:00(木〜土〜翌3:00)
カード A J M V

バラのオブジェが目印 ロスフェリッツ MAP P.65-D3

Desert Rose•デザート・ローズ

$15〜
予約不要

アメリカ料理をメインに地中海料理をミックスしたメニュー。サンドイッチやパスタは$17からでボリュームがある。土日のブランチはエッグベネディクト（$14〜）やクラブケーキのベネディクトもある。

土日のブランチメニューは$10〜

住1700 N. Hillhurst Ave., Los Angeles
☎(1-323)666-1166
URL www.desertroserestaurant.com
営月〜金16:00〜24:00（金〜翌1:00)、土日11:00〜翌1:00(日〜24:00)
カード A M V

何時間でもくつろいでいたい雰囲気 ロスフェリッツ MAP P.65-D3

Home•ホーム

$20〜
予約不要

まるで自分の家にいるようなカジュアルな雰囲気で、家族連れもゆっくり落ち着ける。40席ほどあるパティオは緑に囲まれ、さんさんと降り注ぐ太陽の下でも涼しい。サンドイッチ$15〜。ハンバーガー$16〜。

カジュアルで気軽に立ち寄れる

住1760 Hillhurst Ave., Los Angeles
☎(1-323)669-0211
URL www.homerestaurantla.com
営月〜金9:00〜22:00（〜金23:00)、土日8:00〜23:00(日〜22:00)
ハッピーアワー月〜金15:00〜19:00
カード A M V

イタリア料理

ボリュームたっぷりの家庭料理 ロスフェリッツ MAP P.65-D3

Palermo Ristorante Italiano•パレルモ・リストランテ・イタリアーノ

$25〜
予約したい

ロスフェリッツで家族連れに大人気のレストラン。メインのパスタやピザには、ガーリックブレッドのほかに、サラダかスープが付いてくる。ベジタリアン用のメニューも豊富。どの品もボリュームが多いので、数人でシェアするのがいい。

ボロネーゼ（$23.25）

住1858 N. Vermont Ave., Los Angeles
☎(1-323)663-1178
URL www.palermorestaurant.net
営水〜日11:00〜21:30
休月火
カード A M V

MEMO ソルト&ストローの他店舗情報 アボット・キニー・ブルバード店 MAP P.78-D2 住1357 Abbot Kinney Blvd., Venice ☎(310)310-8429 営 毎日 12:00〜23:00。ウエストハリウッド店 MAP P.61-D1 住8949 Santa Monica Blvd.,↗

アメリカ料理

ウォルト・ディズニーも通ったレストラン　ロスフェリッツ周辺　MAP P.65-D2外

Tam O'Shanter • タム・オーシャンター

$50～
予約したい

1922年にオープンした老舗。ローリーズ・プライムリブ（→P.367）と同じ経営でプライムリブ（$43～）はLA随一との評価を得ている。店内には、ウォルト・ディズニーが描いた作品も飾られている。ウォルトのお気に入りは31番テーブルだったそう。

多くの著名人が愛した店

住2980 Los Feliz Blvd., Los Angeles
☎(1-323)664-0228
URL www.lawrysonline.com/tam-o-shanter
営月～金11:00～14:00、17:00～21:00、土日11:00～14:00、16:00～21:00
カード A M V

タイ料理

カップルでも家族連れでも楽しめる　シルバーレイク　MAP P.68-B1

Night + Market Song • ナイト+マーケット・ソング

$20～
予約不可

本格的なタイ料理が食べられるとLA在住のタイ人にも人気のカジュアルレストラン。定番のグリーンカレー（$18）やパッタイ（$17）など、どれも外れなし。裏メニューのフライドチキン・サンドイッチもおすすめ。

フライドチキン・サンドイッチ（$16）

住3322 Sunset Blvd., Los Angeles
☎(1-323)665-5899
URL www.nightmarketsong.com
営ランチ金土13:00～15:00、ディナー金～火17:00～22:00
休水木
カード A M V

カフェ&デリ

おしゃれなデリをどうぞ　シルバーレイク　MAP P.65-D4外

Forage • フォラージ

$15～
予約不要

昔ながらのアメリカの定番料理をモダンにアレンジしたメニューが中心。一番人気はジューシーなローストチキン（$7～）。そのほかアボカドサンドイッチ（$13）や甘さ控えめのスイーツもおすすめ。

ていねいに作られた料理が自慢

住2764 Rowena Ave., Los Angeles
☎(1-323)407-6377
URL www.foragela.com
営火～土11:30～21:00
休日月
カード A M V

カフェ

隠れ家カフェで極上のコーヒーを味わう　シルバーレイク　MAP P.69-C1

Lamill Coffee Boutique • ラミル・コーヒーブティック

$7～
予約不要

「ラミル」の愛称で親しまれているコーヒーブランドが、有名フレンチレストラン「プロビデンス」とコラボレーションして誕生したカフェ。香り豊かですっきりとした味わいのコーヒーとクロワッサンやベーコンと卵のエッグサンドイッチなどが楽しめる。

地元誌でも評価が高い

住1636 Silver Lake Blvd., Los Angeles
☎(1-323)663-4441
URL lamillcoffee.com
営毎日7:00～16:00(金～日～17:00)
カード A M V

ベーカリー&カフェ

サンフランシスコ（SF）No.1のパンがLAでも食べられる　シルバーレイク　MAP P.65-D4

Tartine • タルティーン

$10～
予約不可

2002年にSFにオープンするや、すぐに地元紙からエリアNo.1ベーカリーに選出された。2008年には料理界のアカデミー賞であるジェームズ・ビアード賞を受賞。外側はサクサクだが、中はしっとりとしたクロワッサン（$6.50）がおすすめ。

パン好きでなくても試食してほしい

住3921 Sunset Blvd., Los Angeles
☎(1-213)952-1588
URL tartinebakery.com
営毎日8:00～16:00
カード A M V

アメリカ料理

地産地消をモットーに　おすすめ!　シルバーレイク周辺　MAP P.68-B1

Sqirl • スキール

$15～
予約不要

卵とバターをたっぷり使用したブリオッシュは、ほんのりとした甘さがありふわふわの生地が特徴。無農薬、有機農法で作られたフルーツを使用したジャムはLA一おいしいと評判だ。数々の料理雑誌に掲載され、開店時から行列が。早起きして出かけたい。

LA を代表する 1 店

住720 N. Virgil Ave., Los Angeles
☎(1-323)284-8147
URL sqirlla.com
営毎日8:00～16:00
カード M V

↘West Hollywood ☎(424)288-4818 営 毎日 12:00 ～ 23:00。アーツディストリクト店 MAP P.73-C4 住829 E. 3rd St., Los Angeles ☎(1-213)988-7070 営 毎日 12:00 ～ 23:00

シーフード

手づかみでシーフードにかぶりつこう　コリアタウン　MAP P.68-A3

The Boiling Crab・ボイリングクラブ

$35～
予約不可

アメリカ南部のケイジャン・シーフードレストラン。オリジナルソースで味つけされたロブスターやエビ、カニ、ザリガニがビニール袋に入って提供される。ケイジャンとレモン、ガーリックをミックスしたThe Whole Sha-Bang!のソースがおすすめ。

くせになるスパイシーさ

住3377 Wilshire Blvd., #115, Los Angeles
☎(1-213)389-2722
URL theboilingcrab.com
営毎日15:00～22:00(土日12:00～)
カード M V

韓国料理

大人数で楽しみたい　コリアタウン　MAP P.68-B3

Soowon Galbi・ソーウォンカルビ

$30～
予約不要

地元の韓国人がグループで通う店として名高い韓国料理屋。一番人気の焼肉コンボ（$125～）は少し値段がはるものの、たっぷりの量があるのでお得だ（2～4人前）。そのほかビビンパ（$20～）やカルビ（$60～）、プルコギ（$33～）などがおすすめ。

韓国焼肉を満喫できる

住856 S. Vermont Ave., Los Angeles
☎(1-213)365-9292
URL soowongalbi.com
営毎日11:30～21:30(金土～22:00)
カード M V

韓流スターファンなら絶対行きたい　コリアタウン　MAP P.68-A3

Chosun Galbee・チョソンカルビ

$20～
予約不要

おいしい焼肉をちょっと落ち着いて食べたい、というときに最適の店。肉厚でジューシー、ボリュームもたっぷり。キムチは常時2～3種類が付き、サイドオーダーのチヂミや豆腐チゲにもぜひトライしてほしい。韓流スターにも人気の店。

上質な肉で、サービスもよい

住3330 W. Olympic Blvd., Los Angeles
☎(1-323)734-3330
URL www.chosungalbee.com
営水～月11:00～21:30(木～土～22:00)
休火
カード A M V

ベスト韓国料理店に2度輝く　コリアタウン　MAP P.68-A3

Soot Bull Jeep・スー・ブル・ジープ

$25～
予約したい

本国韓国でもガスを利用するレストランが増えるなか、頑固に松の炭を使い続けている炭焼きバーベキューの店。11種に及ぶ肉の種類も、バーベキュー専門店ならでは。どれも良心的な値段なので、週末には店の前に長蛇の列ができてしまう。

LA在住の韓国人にも人気が高い

住3136 W. 8th St., Los Angeles
☎(1-213)387-3865
営毎日11:00～22:00
カード M V

客足が絶えない人気店　おすすめ!　コリアタウン　MAP P.68-A3～B3

Hodori・ホドリ

$20～
予約不要

地元の韓国系の人たちの多くがおすすめする韓国家庭料理のレストラン。24時間営業でも、朝から深夜までいつもたくさんの人でにぎわっている。おすすめは石焼きビビンパ、ユッケジャン、スンドゥブ。テイクアウトも可能。

定番のスンドゥブは$16～

住1001 S. Vermont Ave., Suite 101, Los Angeles
☎(1-213)383-3554
営24時間営業
カード A M V

韓国焼肉の食べ放題の店　コリアタウン　MAP P.68-A3

Hae Jang Chon・ハエ・ジャン・チョン

$35～
予約不要

プルコギやカルビのほか、白米、キムチチャーハン、スープ、タコやエビなど全30種が食べ放題。ランチ（週末、祝日以外の11:00～15:00）はひとり$33.99（最低2人前の注文から)、15:00以降はひとり$39.99。

おなかをすかせて行きたい

住3821 W. 6th St., Los Angeles
☎(1-213)389-8777
URL www.haejangchon.com
営月～土11:00～24:00
休日
カード A M V

MEMO ウオーターグリル(→P.379)の他店舗情報　サンタモニカ店 MAP P.74-A2 住1401 Ocean Ave., Santa Monica ☎(310)394-5669 営毎日11:00～22:00(金土～23:00)

韓国料理

韓国出身のアイドルグループ、BTSお気に入りレストラン　コリアタウン　MAP P.68-A3

Ahgassi Gopchang • アガシコプチャン

$45〜
予約不可

BTSのメンバー、ジョングクが作った動画「G.C.F in USA」のなかでメンバーが食事をしているレストラン。ホルモンや牛肉のコンボ（$66）がおすすめ。どれもふたり分の量があるので、注文しすぎに注意するように。

30分以上待つことは覚悟したい

住3744 W. 6th St., Los Angeles
☎(1-323)902-6328
営毎日11:30〜24:00(金土〜翌1:00)
カードAMV

シーフード

ランチからディナーまで客足が絶えない人気店　おすすめ！　ダウンタウン　MAP P.73-D4

Water Grill • ウオーターグリル

$35〜
予約必須

昔からあるシーフードレストランだが、数年前にメニューも一新され、おいしさを増して変わらずの人気を集めている。前菜には生ガキやクラムチャウダー（ランチ$14、ディナー$14）を。グラスワインに新鮮な生ガキとくれば、それだけでもう満足だ。

新鮮なシーフードが楽しめる

住544 S. Grand Ave., Los Angeles
☎(1-213)891-0900
URL www.watergrill.com
営毎日11:30〜22:00(金土〜23:00)
カードAMV

ステーキ

ＬＡのグルマンの間でも評判が高い　ダウンタウン　MAP P.72-B1

Nick + Stef's Steakhouse • ニック＋ステッフス・ステーキハウス

$50〜
予約したい

ここの人気の理由は最高級のステーキ（ランチ$42〜、ディナー$56〜）と合わせて、サイドメニューがしっかりしていること。ポテト類、野菜類など約10種類。ワインの品揃えも抜群で200種類以上。カジュアルすぎる服装は避けたい。

ステーキとワインを楽しむならココ

住330 S. Hope St., Los Angeles
☎(1-213)680-0330
URL www.patinagroup.com
営ランチ火〜木11:30〜14:30、ディナー月〜金16:00〜21:00（金〜22:00)、土日17:00〜22:00(日〜21:00)
カードAMV

とことん素材にこだわった名店　ダウンタウン　MAP P.73-D4

Morton's, The Steakhouse • モートンズ・ステーキハウス

$80〜
予約したい

全米に60店舗以上展開している有名ステーキ店。米国農務省(USDA)が格付けした最上級「プライムUSDA Prime」ビーフを、20日間以上熟成させ、500度以上で焼き上げる。外側はパリッとしていて、中はジューシーだ。

Prime Bone-In Ribeye（$72）

住735 S. Figueroa St., Los Angeles
☎(1-213)553-4566
URL www.mortons.com/losangeles
営日〜木16:00〜21:00、金土17:00〜22:00
カードAMV

アメリカ料理

1924年創業の歴史あるレストラン　ダウンタウン　MAP P.73-C3

The Original Pantry Cafe • オリジナル・パントリー・カフェ

$15〜
予約不可

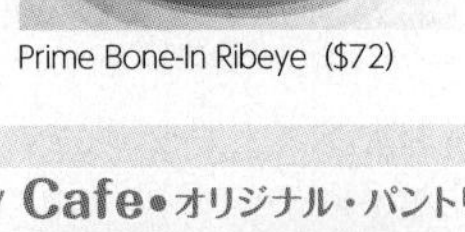

LAローカルが数世代にわたって通う老舗のダイニングプレイス。ステーキ（$20.99〜）はほとんど味付けをしていないので、肉本来の味を楽しめる。黒板にメニューが書かれているなど昔ながらのスタイルを保持する。

カウンター席なら目の前で調理してくれる

住877 S. Figueroa St., Los Angeles
☎(1-213)972-9279
URL pantrycafe.restaurant
営水〜日7:00〜15:00(土日〜17:00)
休月火
現金のみ

お手軽にガッツリと肉が食べたい　ダウンタウン　MAP P.72-B2

Horse Thief BBQ • ホースチーフ BBQ

$20〜
予約不可

グランド・セントラル・マーケット（→P.239）脇にある、テキサス流BBQが味わえる店。18時間いぶしたスモークビーフやスペアリブなど約10種類の肉から1品とサイドが2品選べるOne Meat Plate（$15.50）がいい。テラス席のみ。

脂たっぷりで肉肉しい

住324 S. Hill St., Los Angeles
☎(1-213)625-0341
URL www.horsethiefbbq.com
営毎日11:00〜21:00
※日〜木15:30〜21:00はバーメニューのみ
カードAMV

MEMO エッグスラット（→P.380）の他店舗情報　ベニス店 MAP P.75-D2 住1611 Pacific Ave., Venice ☎(424)387-8183 営毎日8:00〜14:00。ビバリーセンター店 MAP P.66-A3 住8500 Beverly Blvd., #101, Los Angeles ☎(310)975-3822 営毎日8:00〜14:00

アメリカ料理

レトロな雰囲気を味わえる　ダウンタウン　MAP P.73-D4

Engine Co. No.28 • エンジン・カンパニー・ナンバー 28

$25〜
予約したい

19世紀に築かれ、消防署として使われていた古い建物を利用したレトロなレストラン。古典的なバー&グリルのスタイルでムードがすばらしく満足度200%だ。雰囲気重視の人にはぜひおすすめしたい。ハッピーアワーはバーエリアのみ毎日16:00〜19:00。

ダウンタウンで働く人々にも人気

住644 S. Figueroa St., Los Angeles
☎(1-213)624-6996
URL www.engineco.com
営毎日11:00〜20:30(金土〜22:00)
カード A M V

開店と同時に駆け込みたい　おすすめ!　ダウンタウン　MAP P.72-B2

Eggslut • エッグスラット

$12〜
予約不可

2014年のオープン以来、グランド・セントラル・マーケットでいちばん行列ができる店。新鮮な卵を使用する数々のメニューは、近隣で働く会社員が毎日通うほどおいしいと評判だ。看板メニューは、エッグスラット（$9.50）とフェアファックス（$9.50）。

卵をつぶして食べよう

住317 S. Broadway, Los Angeles
(グランド・セントラル・マーケット内→P.239)
☎(1-213)625-0292
URL www.eggslut.com
営毎日8:00〜14:00
カード A M V
他店舗情報→P.379脚注

人気の朝食スポット　ダウンタウン　MAP P.73-C4

IHOP • アイホップ

$15〜
予約不要

オムレツやフレンチトースト、ワッフル、バターミルク・パンケーキなど朝食メニューがおすすめ。ハンバーガー（$12.99）やオムレツ（$12.99〜）、サラダ（$5.49〜）などはボリュームたっぷりで、男性でもおなかいっぱいになる。

ストロベリー・バナナ・パンケーキ($12.49)

住800 S. Flower St., Los Angeles
☎(1-213)629-1759
URL ihop.com
営毎日7:00〜24:00
カード M V

アメリカの甘さを体験　ダウンタウン　MAP P.72-B2

Nickel Diner • ニッケルダイナー

$20〜
予約不可

古きよき雰囲気が漂う、田舎町にありそうなダイナー。甘くてこってりした料理が人気で常連客も多い。特に、シナモンやバターが大量にのったフレンチトースト（$15.50）や土日のみ提供されるメープルベーコンドーナツ（$4.50）がおすすめ。

シナモンたっぷりのフレンチトースト

住524 S. Main St., Los Angeles
☎(1-213)623-8301
URL www.nickeldiner.com
営木〜日8:30〜14:00
休月〜水
カード M V

近所に勤める会社員が立ち寄る　ダウンタウン　MAP P.73-D4

Karl Strauss Brewing Company • カールストラウス・ブリューイング・カンパニー

$25〜
予約不要

LAダウンタウンで気軽にお酒と食事ができるレストラン。サンディエゴで誕生したブリュワリーの支店だけあり、常時20種類以上の樽生ビールが飲める。ビールのお供はハンバーガー（$13.95〜）やターキーバーガー（$14.95）など。

ビール好きにはたまらない

住600 Wilshire Blvd., #100, Los Angeles
☎(1-213)228-2739
URL karlstrauss.com
営火〜土11:30〜20:00(金土〜21:00)、日月12:00〜20:00
カード A M V

世界の生ビール揃ってます　ダウンタウン　MAP P.72-A1

Yard House • ヤードハウス

$23〜
予約不要

店内中央のカウンターには、世界各地の生ビールのサーバーが並んでいる。おつまみには、バッファローウイング（$14.99）がおすすめ。店内のスクリーンではスポーツの試合を観戦できる。月〜金15:00〜18:00、日〜水は22:00〜閉店までハッピーアワー。

フードメニューがとにかく豊富

住800 W. Olympic Blvd., Los Angeles
(LAライブ内→P.236)
☎(1-213)745-9273
URL www.yardhouse.com
営毎日11:00〜翌0:30
カード A M V

MEMO アイホップの他店舗情報　ウエストLA店 MAP P.57-D2 住12115 W. Ohio Ave., Los Angeles ☎(310)826-3865 営毎日7:00〜22:00

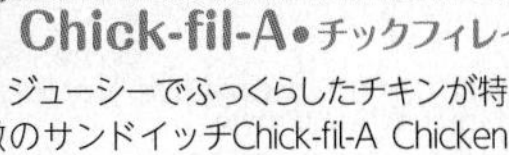

ファストフード

全米に2500店舗以上展開するチェーン店　ダウンタウン　MAP P.73-D4

Chick-fil-A•チックフィレイ

$11～
予約不可

ジューシーでふっくらしたチキンが特徴のサンドイッチChick-fil-A Chicken ($3.75) は、フライドチキンとピクルスを挟んだシンプルなもの。ソースはかかっていないので、バーベキュー、バッファロー、チックフィレイ（ハニーマスタード風味）などから選ぼう。

ポテトとドリンク付きで $9.79

住660 S. Figueroa St., Suite #100, Los Angeles
☎(1-213)624-2000
URL www.chick-fil-a.com
営月～土6:00～22:00
休日
カード A M V

イタリア料理

映画『プリティ・ウーマン』のロケで使用された　ダウンタウン　MAP P.72-B1～B2

Cicada Restaurant•シカダレストラン

$55～
予約したい

1920年代のアールデコ調の豪華なインテリアに圧倒される本格的イタリアンのお店。北イタリア出身のシェフが作り出す現代的なカリフォルニア風イタリアンはどれも日本人の口に合う。フォーマルな服装で訪れるように。

ロマンティックな雰囲気もいい

住617 S. Olive St., Los Angeles
☎(1-213)488-9488
URL www.cicadaclub.com
営水～日17:30～20:30。※イベント開催時は異なるので、事前にウェブサイトで確認を
休月火
カード A M V

カフェ

フランス・パリのおしゃれ感がにじみ出ている　ダウンタウン　MAP P.72-B1～B2

Pitchoun Bakery•ピチョンベーカリー

$10～
予約不可

フランス南部でベーカリー＆農園を営む家族のもとで育ったオーナーが手がけるカフェ。バターがふんだんに使われているクロワッサンは、さくさくとした食感がたまらない。デニッシュやバゲットのほか、タルトやケーキなどもある。

クロックムッシュ（$13.50）

住545 S. Olive St., Los Angeles
☎(1-213)689-3240
URL pitchounbakery.com
営毎日8:00～15:00
カード A M V

朝から夜まで行列ができるベーカリー　ダウンタウン　MAP P.73-D4

85°C Bakery Cafe•85ディグリーズ・ベーカリー・カフェ

$3～
予約不可

ロスアンゼルス各地にも増えてきた台湾のベーカリーカフェのチェーン。LAダウンタウン店では、ウィンナーパンやメロンパン、あんパン、クリームパンなど約20種類のお総菜パン（$2.25～）を販売する。5席ほどのイートインスペースもあり。

日本人の口に合うパン

住700 Wilshire Blvd., #A, Los Angeles
☎(1-213)623-1885
URL www.85cbakerycafe.com
営月～金7:00～18:00
休土日
カード M V

中国料理

レストラン格付けガイドブックで高評価　チャイナタウン　MAP P.73-D2

Yang Chow Restaurant•ヤン・チョウ・レストラン

$15～
予約したい

1977年にチャイナタウンにオープンした四川料理レストラン。壁一面には、元NBA選手のマジック・ジョンソンをはじめ有名人が食事をしたときの写真が飾られている。看板メニューはチャーハンやエビの甘辛煮Slippery Shrimp。

ご飯がパラパラになったチャーハン

住819 N. Broadway, Los Angeles
☎(1-213)625-0811
URL www.yangchow.com
営毎日11:30～20:30(金土～21:30)
カード A M V

チャイナタウンで飲茶を食べるなら　チャイナタウン　MAP P.73-D2

Golden Dragon Seafood Restaurant•ゴールデンドラゴン・シーフード・レストラン

$20～
予約不要

チャイナタウンに数あるレストランのなかで、地元の中国人が飲茶といえばここととおすすめする。平日は1品$4.60～とLAでは比較的お手頃価格。週末はセットメニューになる。小籠包やシュウマイ、春巻きなど、ふたりで$40もあれば満腹になる。

飲茶を手軽に楽しめる

住960 N. Broadway, Los Angeles
☎(1-213)626-2039
営毎日8:00～21:00、飲茶は毎日8:30～15:00
カード M V

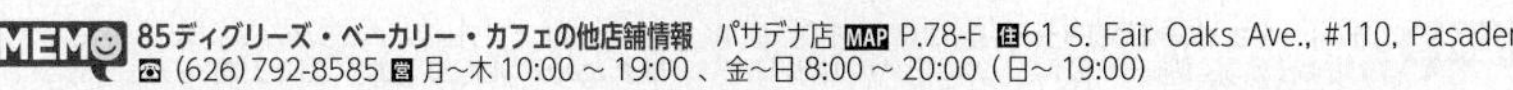
MEMO 85ディグリーズ・ベーカリー・カフェの他店舗情報　パサデナ店 MAP P.78-F 住61 S. Fair Oaks Ave., #110, Pasadena ☎ (626) 792-8585 営 月～木 10:00 ～ 19:00 、金～日 8:00 ～ 20:00（日～ 19:00）

ベトナム料理

日本の芸能人がおすすめする　チャイナタウン　MAP P.73-D2

Pho 87 • フォー 87

$15～
予約不可

チャイナタウンの端にあるうえ、きれいとはいえない外観だが、1日中行列ができているレストラン。本場ベトナム仕込みのスープは、あっさりとしているのにうま味やコクがあり、こってりした料理に飽きたときにおなかに優しい。サイズはMLの2種類ある。

サイズ M のフォー（$13）

住 1019 N. Broadway, Los Angeles
☎ (1-323) 227-0758
営 水～月11:00～20:00
休 火
カード M V

カフェ

2019年にオープンしたおしゃれな中国茶カフェ　チャイナタウン　MAP P.73-D2

Steep • スティープ

$6～
予約不可

手つみされた高級茶葉を使用した緑茶（$5～）や烏龍茶、プーアル茶が味わえるカフェ。海南鶏飯（蒸し鶏の葱油ソースがけ、$15）や牛肉麺（$17）などのフードメニューもある。16:00以降は中国茶を使ったカクテルも提供される。

ジャージャー麺（$14）

住 970 N. Broadway, #112, Los Angeles
☎ (1-213) 394-5045
URL www.steepla.com
営 火～土11:00～16:00（木～土～22:00）
休 日月
カード A M V

アメリカ料理

昔ながらの素朴な雰囲気を守り続ける老舗　おすすめ!　チャイナタウン周辺　MAP P.73-D2

Philippe the Original • フィリップ・ジ・オリジナル

$15～
予約不要

1908年のオープン当時から続く看板メニューのFrench Dipped Sandwichは、ローストビーフやローストポークをグレイビーソースで浸したものをフランスパンで挟んだサンドイッチ（$10.95～）。セルフサービス方式でお手軽だ。

10:30 までは朝食メニューもある

住 1001 N. Alameda St., Los Angeles
☎ (1-213) 628-3781
URL www.philippes.com
営 毎日6:00～22:00
カード A M V

メキシコ料理

気軽にメキシカンが食べられる　オルベラ街　MAP P.73-D2

El Paseo Inn • エル・パセオ・イン

$20～
予約不要

昼間から陽気な音楽で、テラスで食事する人たちを楽しませてくれるメキシコ料理のお店。1930年の創業で、店長自らがテーブルのお客さんに「いかがですか？」と語りかけてくるフレンドリーさも魅力だ。

フレンドリーな接客もいい

住 11 E. Olvera St., Los Angeles
☎ (1-213) 626-1361
URL www.elpaseoinn.com
営 毎日10:30～18:00（土日9:30～）
カード A M V

小腹がすいたときにさくっと食べられる　オルベラ街　MAP P.73-D2

Cielito Lindo • シエリートリンド

$6～
予約不可

オルベラ街の片隅にあるメキシコ料理スポット。タキートス（牛肉をトルティーヤで巻き、油で揚げたもの）が有名で朝から晩まで行列ができる。テーブル席は8卓ほどしかないので、混んでいるときは、店の前のベンチでどうぞ。

タキートス 2 個で $4

住 23 Olvera St ., Los Angeles
☎ (1-213) 687-4391
URL cielitolindo.org
営 毎日9:00～20:00（金土～21:00）
カード A M V

日本料理

現地在住の日本人も太鼓判を押す　リトルトーキョー　MAP P.73-C3

Tamon • 多聞

$30～
予約不要

日本料理レストランを10店舗以上展開する毘沙門グループの旗艦店。本格的な和食やステーキなどをカジュアルに楽しめる。ちらしボックス（$50）や多聞弁当（$48）は外せない。新潟県の老舗酒造「菊水酒造」で仕込んだ日本酒も美味。

刺身の盛り合わせなどもあり

住 328 E. 1st St., Los Angeles
（都ホテル・ロスアンゼルス内→P.408）
☎ (1-213) 617-7839
URL www.tamon-ten.com/restaurant
営 ランチ木～火11:30～14:30、ディナー月火木～土17:30～22:00
休 水
カード A J M V

MEMO **リトルトーキョーにある手打ちうどん屋の丸亀もんぞう**　香川県丸亀市で修業したスタッフが作るうどん屋。かけうどん（$8.25）やわかめうどん（$9.25）のほか、おにぎりや牛丼などもある。**Marugame Monzo** MAP P.73-C3 住 329 E. 1st St.,↗

日本料理

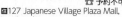

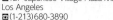

店内のカウンターはいつも満席　リトルトーキョー　MAP P.73-C3

Shabu-Shabu House・しゃぶしゃぶハウス

$30〜
予約不可

1991年にオープンしたしゃぶしゃぶ専門店。最高級のリブアイ肉のしゃぶしゃぶが楽しめる。肉、野菜、うどん、ライスのセットが人気。普通盛りは肉10枚＄28、大盛りは15枚$32。たれとライスはお代わり自由。

30分以上待つ覚悟で

住127 Japanese Village Plaza Mall, Los Angeles
☎(1-213)680-3890
営火〜土17:30〜20:30
休日月
現金のみ

安くておいしいラーメン屋発見！　リトルトーキョー　MAP P.73-C3

Daikokuya・大黒屋

$15〜
予約不要

リトルトーキョーで行列ができるラーメン店。大黒屋特製の、大黒ラーメン（$16.50）、ギョーザ（$9.50）が人気のメニュー。そのほかチャーシュー丼（$15.50）、チキン照り焼き丼（$14）もある。

ラーメン以外のメニューもある

住327 E. 1st St., Los Angeles
☎(1-213)626-1680
URL www.daikoku-ten.com
営毎日11:00〜22:00
現金のみ

日本のお寿司と変わらないおいしさ　リトルトーキョー　MAP P.73-C3

Sushi Gen・鮨元

$40〜
予約必須

現地在住の日本人がロスアンゼルスでいちばんおいしいと太鼓判を押す寿司屋。開業以降、常に行列ができている。ランチの刺身ランチ（$23）がお得。握りのほか酒のつまみ、刺身、鶏のから揚げなどもある。どのネタも新鮮で外れなし。

リトルトーキョーの東端にある

住422 E. 2nd St., Los Angeles
☎(1-213)617-0552
URL www.sushigen-dtla.com
営ランチ火〜金11:00〜14:00、ディナー火〜土17:00〜20:30(土16:00〜)
休日月
カード A J M V

韓国料理

ダウンタウンでスンドゥブを食べたいなら　リトルトーキョー　MAP P.72-B3

MG Tofu House・エムジートーフハウス

$15〜
予約不要

リトルトーキョーの東端、リトルトーキョー・ギャレリア・マーケットに入る韓国料理屋。看板メニューのスンドゥブをはじめ、カルビやプルコギ、ビビンパなどどれをとっても外れがない。男性には、スンドゥブとカルビのセットメニュー（$23.50〜）がおすすめ。

お手頃価格でおなかいっぱいになる

住333 S. Alameda St., #312, Los Angeles
☎(1-213)265-7261
営毎日11:00〜21:00
カード M V

スイーツ

10〜20歳代の若者の間で評判　リトルトーキョー　MAP P.73-C3

Bae・ベイ

$6〜
予約不可

近年アメリカのSNSで頻繁に使われている「Bae（Babyの省略形）」を店名にしたカフェ。一番人気のバニラアイスとパイナップルフレーバーをミックスしたソフトクリームMixed Feelings（$6.95〜）は白と黒のバランスがよく、写真映えする。

リトルトーキョーで人気店

住369 E. 2nd St., Los Angeles
☎(1-213)266-8899
URL baebae.co
営毎日12:00〜22:00(金〜日〜23:00)
カード A M V

カフェ

リトルトーキョーでくつろぐなら　リトルトーキョー　MAP P.73-C3

Chado Tea Room・チャド・ティールーム

$20〜
予約不要

全米日系人博物館（→P.240）に併設するカフェ。紅茶やウーロン茶、プーアル茶、日本茶など、取り揃えるお茶は200種類を超える。サンドイッチやスコーン、ケーキに紅茶が付いたアフタヌーンティーのセット（$35）がおすすめ。

テラス席でゆっくりするのがいい

住369 E. 1st St., Los Angeles
☎(1-213)258-2531
URL chadotearoom.com
営毎日11:00〜18:00
カード M V

↘Los Angeles ☎(1-213)346-9762 営 月〜金 11:30〜14:30、17:00〜22:00、土日 11:30〜22:00

シーフード

店自慢のカキは生で食べたい　アーツディストリクト周辺　MAP P.72-A4

Rappahannock Oyster Bar・ラッパハノック・オイスターバー

$30〜
予約したい

バージニア州の南に広がるチェサピーク湾に養殖場をもつ水産会社がオープンしたレストラン＆バー。自社の養殖場で育てられたカキを空輸しているため、新鮮な状態のものを安く提供できている。生ガキはひとつ$3.25。

ロブスターロール（$26）もおすすめ

住777 S. Alameda St., #154, Los Angeles（ロウDTLA内）
☎(1-323)435-4004
URL www.rroysters.com
営月〜金11:30〜21:00（金〜22:00）、土日11:00〜22:00（日〜21:00）
カード A M V

アメリカ料理

散策ついでに立ち寄りたい　アーツディストリクト　MAP P.73-C4

Eat, Drink and Americano・イート・ドリンク・アンド・アメリカーノ

$25〜
予約不要

アーツディストリクトで気軽に立ち寄れるガストロパブ。れんがむき出しで、天井が高い内装は、近隣に住む人たちの憩いの場になっている。できるだけ地元の食材を使ったメニューも豊富。

長居できるのもいい

住923 E. 3rd St., Los Angeles
☎(1-213)620-0781
URL www.eatdrinkamericano.com
営火〜金11:00〜22:00（金〜24:00）、土日10:00〜24:00（日〜22:00）
休月
カード A M V　現金不可

ホットドッグ

ベルギー風フライドポテトも美味　アーツディストリクト　MAP P.73-C3

Wurstkuche・ウーストクッへ

$13〜
予約不可

本格的なドイツのソーセージがのったホットドッグ（$9〜）の専門店。ガラガラヘビやウサギ、キジ、アヒルなど、ほかでは食べられないものもある。ベルギーやドイツの樽生ビールは10種類以上あり、バーとして利用するのもいい。

ボリュームたっぷり

住800 E. 3rd St., Los Angeles
☎(1-213)457-7462
URL www.wurstkuche.com
営毎日11:30〜22:00（金土〜翌1:00）
カード A M V

イタリア料理

日替わりメニューでいつ訪れても新鮮　アーツディストリクト　MAP P.72-B4

The Factory Kitchen・ファクトリーキッチン

$35〜
予約したい

水産加工工場を改装して2013年にオープンした。20代のカップルから、家族連れや年配の方まで幅広い層に支持されている。サラダ（$17〜）やパスタ（$26〜）、ピザ（$24〜）と80種類以上あるワインのペアリングを楽しむのがいい。

地元の情報誌でも取りあげられた

住1300 Factory Pl., #101, Los Angeles
☎(1-213)996-6000
URL thefactorykitchen.com
営ランチ月〜金11:30〜14:30、ディナー毎日17:00〜21:30（金土〜22:30）
カード A M V　現金不可

LAでいちばん予約が取りにくいといわれている名店　アーツディストリクト　MAP P.72-B4外

Bestia・ベスティア

$45〜
予約必須

ピッツェリアモッツァ（→P.373）やアンジェリーニオステリア（→.374）で修業したシェフのオリ・メナッシェ氏が腕を振るう。シンプルながらも食材のよさを生かした料理は、LA 在住の日本人からも高い評価を得ている。予約なしならカウンターが狙い目。

タクシーを使って訪れたい

住2121 E. 7th Pl., Los Angeles
☎(1-213)514-5724
URL bestiala.com
営毎日17:00〜23:00
カード A M V

メキシコ料理

フードトラックから始まった人気の店　アーツディストリクト　MAP P.72-B4外

Guerrilla Tacos・ゲリラタコス

$20〜
予約不可

ロスアンゼルスの料理学校で学んだあと、ミシュラン三つ星を獲得している有名シェフ、アラン・デュカスのもとで修業したウェス・アヴィラがオープンした店。ビーフタコス（$10）やハマチのトスターダ（$18）がおすすめ。

ビールに合うメニューが多い

住2000 E. 7th St., Los Angeles
☎(1-213)375-3300
URL www.guerrillatacos.com
営月水〜日12:00〜21:00（金土〜23:00）
休火
カード A M V

MEMO ゴー・ゲット・ゼム・タイガー（→P.385）の他店舗情報　サンタモニカ・メインストリート店 MAP P.79-B3 住2645 Main St., Santa Monica ☎(1-323)380-5359 営毎日7:00〜14:00。モンタナアベニュー店 MAP P.56-B2↗

中東料理

2018年にオープンした話題の店　アーツディストリクト　MAP P.72-B4

Bavel•バベル

$65～
予約必須

LAダウンタウンで人気のレストランBestia（→P.384）の姉妹店。伝統的な中東料理に抵抗がある人でも、スパイスなどをアレンジしてあるので、虜になること間違いない。和牛のタジン鍋Wagyu Oxtail Tagine（$46）は外せない。

バーエリアならウオークインも可能

住500 Mateo St., Los Angeles
☎(1-213)232-4966
URL baveldtla.com
営毎日17:00～23:00
カード A M V

カフェ

ロウDTLA内にある　アーツディストリクト周辺　MAP P.72-A4

Go Get Em Tiger•ゴー・ゲット・ゼム・タイガー

$7～
予約不可

近隣のオフィスで働く人で1日中混み合っている。フードメニューには、グラノーラ（$6～）やオートミール（$8）、うずら豆のブリトー（$13）、チキンサラダ・サンドイッチ（$15）、スクランブルエッグとアボカド、ベーコンの盛り合わせ朝食セット（$15）などまである。

カフェラテ（$5.25）

住777 S. Alameda St., #184, Los Angeles(ロウDTLA内)
☎(1-323)579-1368
URL gget.com
営毎日8:00～17:00(土日9:00～)
カード A M V

ブリュワリー

気楽に地ビールを味わおう　アーツディストリクト　MAP P.73-C3

Angel City Brewery•エンゼルシティ・ブリュワリー

$20～
予約不要

1997年に創業されたマイクロブリュワリーで、2013年にアーツディストリクトに移転してきた。小規模ながらも、1年をとおしてIPA、ピルスナー、エールなど約20種類のビールを提供する。

缶ビールの販売もしている

住216 Alameda St., Los Angeles
☎(1-213)537-5550
URL angelcitybrewery.com
営月～金16:00～23:00（金～翌2:00)、土日12:00～翌2:00(日～23:00)
カード A M V

ワイナリー&レストラン

約100年の歴史をもつ　ダウンタウン周辺　MAP P.73-D2外

San Antonio Winery•サンアントニオ・ワイナリー

$25～
予約不要

1917年に創業し、1920年代の禁酒法時代も営業を続けた老舗ワイナリー。テイスティング（$22)のほか無料のツアーも開催されている。チャイナタウン駅周辺からメトロバス#76やダッシュのLincoln Heights/Chinatownラインで約15分。

ワイナリーにはレストランも併設

住737 Lamar St., Los Angeles
☎(1-323)223-1401
URL sanantoniowinery.com
営毎日9:00～18:00(金～日～19:00)
ツアー：月～金11:00、13:00、15:00、土日11:00～16:00の毎正時発。レストラン:毎日9:30～17:00(金～日～18:00)
カード A M V

ステーキ

軟らかくてジューシーな極上ステーキ　パサデナ　MAP P.70-B2

Ruth's Chris Steak House•ルース・クリス・ステーキ・ハウス

$50～
予約したい

全米に展開しているステーキのチェーン店。じっくり熟成させた味わい深い肉が、アメリカのステーキのおいしさを実感させてくれる。人気は厚さ5cm以上のポーターハウス（2人前、40オンス$118)。赤身のおいしさを堪能できる。

人気のステーキチェーン

住369 E. Colorado Blvd., Pasadena
☎(626)583-8122
URL ruthschris.com
営毎日16:00～22:00（金土～22:30、日～21:00)
カード A M V

アメリカ料理

一度は食べたい朝食　おすすめ！　パサデナ　MAP P.70-B2

Marston's•マーストンズ

$18～
予約不要

1987年の開店以来、ZagatやFood Network Magazineなどの雑誌に何度も紹介されている有名店。フレンチトースト（$12.95）やオムレツ（$14.95～)、ブルーベリーパンケーキ（ハーフ$8.50、フル$11.50）がおすすめ。

地元の人にも人気が高い

住151 E. Walnut St., Pasadena
☎(626)796-2459
URL marstonsrestaurant.com
営毎日7:00～14:30(土日8:00～)
カード A M V

↘住930 Montana Ave., Santa Monica ☎(1-323)546-5805 営毎日7:00～17:00。ラーチモント店 MAP P.67-D2 住230 N. Larchmont Blvd., Los Angeles ☎(1-323)543-4321 営毎日6:30～18:00（土日7:00～）

アメリカ料理

大人気のチーズケーキを味わいたい　オールドパサデナ　MAP P.78-F

The Cheesecake Factory•チーズケーキファクトリー

$20〜
予約不要

いつも混み合っているチェーンレストラン。人気の理由はメニューの豊富さ。名物のチーズケーキだけでも常時20種類以上あり、どれにしようか迷ってしまうほど。ボリューム満点のステーキ、パスタ、ピザ、サラダなどが$15前後で味わえる。

数人でシェアして楽しみたい

住2 W. Colorado Blvd., Pasadeda
☎(626)584-6000
URL www.thecheesecakefactory.com
営毎日11:00〜22:00（金土〜23:00、日10:00〜）
カード A M V

家庭的なアメリカ料理を食べたい　オールドパサデナ　MAP P.78-F

Russell's•ラッセルズ

$15〜
予約不要

パサデナで典型的なアメリカ料理を楽しみたいなら、おすすめの店。週末は朝の6:30から開いているうえ、ブレックファストブリトーやオムレツなどメニューも充実している。ビールやワイン、シャンパンもあり。朝から行列ができるので、早めに訪れたい。

パサデナの朝食はここで

住30 N. Fair Oaks Ave., Pasadena
☎(626)578-1404
営毎日7:00〜14:00(土日6:30〜)
カード J M V

イタリア料理

NYスタイルのイタリアン　オールドパサデナ　MAP P.78-F

Mi Piace•ミ・ピアッチェ

$30〜
予約不要

Colorado Blvd.で最もにぎわっているレストラン。ニューヨークスタイルのイタリア料理を出している。スタイリッシュなインテリアも好評だ。ここでは、クリーミーなカルボナーラやシンプルなポモドーロ、ピザを楽しもう。

マルゲリータピザ（$21）

住25 E. Colorado Blvd., Pasadena
☎(626)795-3131
URL mipiace.com
営毎日11:00〜23:00
カード A D M V

カリフォルニア料理

名物サラダは特大サイズ！　パサデナ　MAP P.71-C2

Green Street Restaurant•グリーンストリート・レストラン

$25〜
予約不要

フレッシュな素材を使った繊細かつダイナミックなカリフォルニア料理が、地元の人々の間で根強い人気を集めている。名物はダイアンサラダ（$19.95）やチキンとマッシュルームソテーなどを挟んだステファンサンドイッチ（$18.50）。

表通りからちょっと入った所にある

住146 S. Shopper's Ln., Pasadena
☎(626)577-7170
URL greenstreetrestaurant.com
営毎日9:00〜20:00
カード A M V

アメリカ料理

きれいで超健康的な女性店員も名物　ロングビーチ　MAP P.51-C3

Hooters•フーターズ

$20〜
予約不要

東京にもあるカジュアルレストラン＆スポーツバー。店内には、大型テレビが備えつけられ1年中スポーツファンでにぎわっている。人気のバッファローウイングは、好みのソースを選べる。サンドイッチやハンバーガーは$14.99〜、タコスなどは$14.19〜。

にぎやかに食事をしたいときにいい店

住90 Aquarium Way, Long Beach
☎(562)983-1010
URL www.hooters.com
営毎日11:00〜23:00
カード A M V

アメリカ南部料理

アルコールがよく合うスパイスの効いたケイジャン料理を　ロングビーチ　MAP P.51-C3

Louisiana Charlie's•ルイジアナ・チャーリーズ

$30〜
予約不要

ショアラインビレッジのクイーンウェイ湾沿いにあるレストラン。ガンボ（$24）やカエルのフライ（$19）からポーボーイ（$19〜）やジャンバラヤ（$21）など、アメリカ南部のケイジャン料理が味わえる。

日中はテラス席が人気

住429 Shoreline Village Dr., Long Beach
☎(619)790-8796
URL www.louisianacharlies.com
営毎日11:00〜19:00(金土〜20:00)
カード A M V

ロッジングガイド

Where to Stay in LA

Photo by The Beverly Hilton

快適な滞在のために

How to Enjoy Staying in LA

LAは西海岸最大の都市であるとともに、リゾート地としても知られている。ホテルも最高級からエコノミー、モーテルにリゾートホテルとバラエティ豊か。宿泊料金は、ニューヨークやサンフランシスコに比べると若干安めだ。

賢く宿泊するポイント

どのエリアに泊まる？

雨が少なく、晴れの日が多い4～11月は、比較的混雑する。特に、サンタモニカのビーチ沿いやダウンタウン中心部は宿が取りにくくなるので、早めに予約したい。また、ローズパレードが行われる1月のパサデナは、何ヵ月も前から満室になるので注意するように。ただし、中心から少し離れたエリアなら、1年をとおして空室を見つけることができるので、移動のための交通手段を考慮して決めるといい。

混雑するシーズンは？

◆ビーチシティズ Beach Cities (→P.391)

カリフォルニアらしさを満喫できる。エリアごとに特徴があり、サンタモニカはビーチにも近く、オーシャンビューのおしゃれなホテルが多い。ベニスはサンタモニカよりも安め。一方マリナ・デル・レイは高級ホテルが多い。

◆ウエストサイド Westside (→P.396)

高級ホテルやデザイナーズホテルが多く、料金は高め。ホテルによっては、無料シャトルのサービスもある。サンタモニカやハリウッドにも近く、観光に便利。

◆ハリウッド Hollywood (→P.400)

Hollywood Blvd.やSunset Blvd.沿いに安いホテルやモーテルが比較的多く、観光スポットへも簡単にアクセスできる。周辺にはナイトスポットがあり、夜遅くまでにぎやかだが、夜間の外出やひと気のない場所では注意が必要。

◆ミッドウィルシャー Mid Wilshire (→P.404)

比較的安い価格のモーテルが点在するほか、近年コリアタウン周辺におしゃれなデザイナーズホテルがオープンしている。

◆ダウンタウン Downtown (→P.405)

幅広いランクのホテルが揃う。バスやメトロレイルなどの公共交通機関も利用しやすい。LAライブ周辺なら、スポーツ観戦やエンターテインメントも思いきり楽しめる。

◆パサデナ Pasadena (→P.410)

LAの中でも治安がいいエリア。Colorado Blvd.を東へ行くとモーテルもある。料金も手頃で、設備の整ったモーテルが多い。ダウンタウンまでメトロレイル・Aライン(ブルー)、Lライン(ゴールド)で約35分。

◆ロスアンゼルス国際空港(LAX)周辺 Around Los Angeles International Airport (→P.411)

多くのホテルが空港へのシャトルバスのサービスを行っているので、空港へのアクセスが楽。エコノミーから高級まで、値段の幅も広く、選択肢も多い。

◆ロングビーチやサウスベイ Long Beach & South Bay (→P.412)

時間はかかるが、メトロレイル・Aライン(ブルー)やバスを利用すれば観光スポットへも行ける。宿泊料金は比較的安い。

◆ディズニーランド・リゾート周辺 Around Disneyland Resort (→P.414)

ディズニーランド・リゾート周辺には100軒以上の宿泊施設があり、設備も整っている。ただし、ハリウッドやユニバーサル・スタジオ、LAダウンタウンなどへは遠いのがネック。

◆オレンジカウンティ Orange County (→P.416)

青空と海とビーチを満喫したいなら、このエリアが最適。ただ、ディズニーランド・リゾートやビーチへのアクセスには問題ないが、LAの中心部へはかなり遠い。

宿泊に関する豆知識

ホテルの種類

大都市LAにはさまざまなランクのホテルがある。料金の目安はエコノミー$85～、中級$160～、高級$250～、最高級$400～。P.391からのホテルリストでは、この料金と風格を目安にホテルのランク付けをしている。

◆最高級・高級ホテル

豪華な室内やロビー、高級レストラン、ラウンジ、プール、フィットネスクラブなどの施設が充実し、サービスの質も高い。

◆中級ホテル

機能性を重視したホテルが多く、豪華さはないが、必要なものは揃っている。多くは全米に広がるチェーン系列。

◆エコノミーホテル

個人営業が多く、サービスや施設の差が大きいので、ネットで調べたり、できれば自分で見て確かめて納得したうえで泊まろう。

◆モーテル

街の中心よりちょっと外れや郊外にあることが多い。"Vacancy (空室あり)"のサインが出ていればすぐに泊まることができる。

◆ユースホステル

原則として会員制。基本的に部屋はドミトリー形式で、バス、トイレ、キッチンは共同。世界中の旅行者と交流できる。

(財)日本ユースホステル協会

住〒151-0052
東京都渋谷区代々木神園町3-1
国立オリンピック記念青少年総合センター内
URL www.jyh.or.jp ☎ (03)5738-0546

エコノミーホテルのチェックポイント

1.ホテル周辺の環境
特に、ダウンタウンとハリウッド周辺では、通りをひとつ隔てるだけでがらりと雰囲気が変わることがある。あまりにも雰囲気が悪い所なら敬遠すべき。

2.フロントスタッフがホテルに入る人をチェックしているか
外部の人間が簡単に入って来られるようでは安全とはいえない。

3.客室内の設備や衛生面
ドアの鍵、チェーンロック、窓は閉まるかどうか。
部屋の清潔さ（タオル、シーツ）、共同のバス、トイレはどうか、お湯や水はちゃんと出るか。

部屋の種類

◆シングル　S

文字どおり、シングルベッドがひとつあるひとり用の部屋。アメリカでは、格安ホテルやYMCA以外ではあまり見かけることはない。

◆ダブル　D

ダブルベッドがひとつある部屋。クイーンやキングと呼ばれる、日本のダブルベッドよりも大きめのベッドが置かれている。

◆ツイン(ダブルダブルともいう)　T

ベッドがふたつある部屋で、多くの場合それぞれがダブルベッドであることが多い。少人数の家族連れならこのタイプの部屋でOK。

◆スイート　Su

寝室と居間が分かれているタイプの部屋で、中級以上のホテルに多いが、なかにはスイートルームだけのホテルもある。

料金の仕組み

料金はひとり当たりではなく、ひと部屋当たりが基本。シングル、ダブル、ツイン、スイートなどの種類で表記され、ひと部屋の料金でその部屋の定員数まで宿泊できる。料金は季節により上下し、混雑する時期は高くなり、すいている時期は安くなる。

ホテルタックスとは

通常、アメリカでは都市別に、ホテルタックスという税金がかかる。

おもなホテルタックス率(2023年1月現在)

ロスアンゼルス市16.2%
サンタモニカ市14%
ベニス市14%
マリナ・デル・レイ市15.2%
カルバーシティ市14%
ビバリーヒルズ市15.74%
ウエストハリウッド市15.695%
パサデナ市15.2%
ロングビーチ市16.4%
アナハイム市17.21%
サンタ・カタリナ・アイランド12%
パームスプリングス18.09%

※ホテルによっては、上記のほかにサービスチャージ(1泊$1～6)、リゾートフィー（1泊$5～)、アメニティフィー（1泊$10～)、ファシリティフィー・デスティネーションフィー・レジデンスフィー（1泊$20～)などが追加される場合もある。

予約&滞在時の注意点

ホテルを予約するには

▶**インターネット**：ホテルのウェブサイトから。Booking.comの「地球の歩き方」専用サイトでは、ホテルの予約が日本語で行える。
URL hotels.arukikata.com

▶**電話**：高級ホテルや、全米や世界に展開しているチェーン系ホテルは、日本の事務所(代理店)を通じて予約ができる。

インターネットでのホテル予約の注意事項

ごくまれに予約が入っていなかったり、料金を二重に請求されたなどの問題がある。現地へは予約の完了画面をプリントアウトして持参するか、コンファメーションナンバー（予約確認番号)をメモして持参するとトラブル回避になる。

ホテルのチェックイン & チェックアウト

チェックインは15:00 ～ 16:00、チェックアウトが11:00 ～ 12:00くらい。チェックイン前に部屋が空いていれば入ることができる。入れなくても、フロントデスクに荷物を預けることが可能だ。チェックアウト後も数時間なら、荷物を預かってくれるところが多い。

禁煙室と喫煙室について

現在、ロスアンゼルスのホテルは、禁煙室のほうが断然多い。予約時またはチェックインの際に必ず申し添えること。なお、禁煙室での喫煙は高額の罰金が請求されるので、くれぐれも注意するように。

チェックイン時のデポジット

チェックインの際に提示したクレジットカードに宿泊料金やセキュリティデポジット(一時的な預かり金／保証金)がいったんチャージされる。問題がなければ、セキュリティデポジットは、通常チェックアウトして3～5日後に返金される。

ホテルのアイコンについて

次ページからのホテルのリストに表示しているアイコンは、すべての部屋にサービスがある場合のみ黒で表示している。日本語を話すスタッフ、コンシェルジュは必ずしも24時間常駐しているわけではない。またルームサービスやフィットネスも24時間営業とは限らない。ユースホステルのサービスは共用の場合もある。アイコンの説明は、各ページの脚注を参照のこと。

DATA 日本にあるチェーン系ホテルの予約先

●**ハイアット・ホテルズ・アンド・リゾーツ**
Hyatt Regency、Hyatt Place
無料 0120-923-299 URL www.hyatt.com

●**ヒルトンホテルズ**
Conrad、DoubleTree、Embassy Suites、Hampton Inn、Hilton、Hilton Garden Inn、Homewood Suites、Waldorf Astoria
☎(03) 6864-1633 URL www.hilton.com

●**フォーシーズンズ・ホテルズ&リゾーツ**
Four Seasons
無料 0120-024-754 URL www.fourseasons.com

●**マリオット・インターナショナル**
Courtyard Marriott、Fairfield Inn、Marriott、Renaissance、Residence Inn、Sheraton、The Ritz Carlton、W Hotel、Westin
☎0120-142-890 URL www.marriott.com

COLUMN エアビーアンドビー Airbnb

日本にも進出している大手民泊仲介業者のエアービーアンドビー（Airbnb）。空いている部屋を貸したい人（ホスト）と部屋を借りたい人（ゲスト）とをつなぐオンラインサービスだ。アパートの一室からプールやエクササイズルーム、BBQグリル付きの一軒家などまで、さまざまな物件がリストアップされている。

メリットは、中級以上のホテルよりも割安で宿泊物件を探すことができたり、大人数なら一軒家まるごと借りることができたりする点。その反対に、デメリットとして、予約やチェックイン時にホストとやり取りをしなければならないので、英語ができないと不便。物件があるエリアの治安や建物の状況などウェブサイトからではわからない情報がある。ホストが信頼できるかどうかもわからない。突然ホストと連絡が取れなくなったり、当日ホストからキャンセルの連絡が来たり、いろいろな問題も起こっている。利用する際は、レビューや評価を参考にじっくり検討してから宿泊先を選ぶように。不安な点をなくす意味でも、ホストと綿密に連絡を取り、ローカル情報を教えてもらうといい。

Airbnb URL www.airbnb.com

コーヒーメーカー　ミニバー／冷蔵庫　バスタブ　ヘアドライヤー　室内金庫　ルームサービス　レストラン

最高級

AAAで4ダイヤモンドを獲得している　サンタモニカ　MAP P.74-A2

Fairmont Miramar Hotel & Bungalows•フェアモント・ミラマー・ホテル&バンガローズ

1921年にオープンした老舗ホテル。バンガロー、スイートルーム、ゲストルームの3タイプあり、ハリウッドセレブも立ち寄るというレストランの「The Bungalow」のほか、カフェやスパ施設、ヘアサロン、プールなども備わっている。ビーチクルーザーの無料レンタルやホテル周辺3マイル（約4.8km）以内BMWでの無料送迎サービスもあり。

オーシャンビューの部屋もある

住101 Wilshire Blvd., Santa Monica, CA 90041
☎(310)576-7777
FAX(310)458-7912
URL www.fairmont.com
料SDT$449～683、Su$719～2595、バンガロー$899～4499（+リゾートフィー$39）
駐$55～
Wi 無料
カード A D J M V
部屋数297室

セレブや有名人も利用する　おすすめ！　サンタモニカ　MAP P.74-B2

Shutters on the Beach•シャターズ・オン・ザ・ビーチ

目の前にサンタモニカビーチが広がる最高級ホテル。ホワイトハウスのインテリアデザインを手がけたマイケル・スミスが内装を担当しただけあり、落ち着いた雰囲気ながらおしゃれさも感じさせる造りだ。併設するカフェやレストラン、スパも人気で、満足のいく1日を過ごせるはずだ。

ホテルから1歩外へ出ればビーチが広がる

住1 Pico Blvd., Santa Monica, CA 90405
☎(310)458-0030
Free(1-866)527-6612
URL www.shuttersonthebeach.com
料SDT$737～1455、Su$1925～3686（+リゾートフィー$40）
駐$60
Wi 無料
カード A D J M V
部屋数198室

海辺のロマンティックなホテル　サンタモニカ　MAP P.74-B2

Hotel Casa Del Mar•ホテル・カサ・デル・マー

ホテルらしくない外観の雰囲気と同様、内装もゲストのプライベートを重視した造り。ライブラリーを思わせるロビーのバーや、友人宅にいるかのようなあたたかな印象を与える客室などは、とてもリラックスできる。料金はオーシャンビューだと一気に跳ね上がるが、波の音を聴きながらリッチな気分でくつろぎたい。

落ち着いた雰囲気が漂い、静かに1日を過ごせる

住1910 Ocean Way, Santa Monica, CA 90405
☎(310)581-5533
Free(1-844)880-1077
URL www.hotelcasadelmar.com
料SDT$617～1045、Su$1360～2320（+リゾートフィー$40）
駐$60
Wi 無料
カード A D M V
部屋数129室

都会的なのに、くつろげる　サンタモニカ　MAP P.74-B2

Viceroy Santa Monica•ヴァイセロイ・サンタモニカ

人気デザイナーが手がけたラグジュアリーなインテリアが特徴で、リゾートの非日常感を味わうことができる。滞在はぜひオーシャンビューの客室へ。バルコニーから太平洋を見渡せば、気分爽快でリフレッシュできる。中庭にあるプールはカバナやパティオもあり、ローカルに人気がある。サンタモニカの中心へは歩いて10分。

ビーチまで歩いて4分の立地のよさ

住1819 Ocean Ave., Santa Monica, CA 90401
☎(310)260-7500
Free(1-888)392-0190
URL www.viceroyhotelsandresorts.com/en/santamonica
料SDT$374～819、Su$1499～2250（+アメニティフィー$40）
駐$55
Wi 無料
カード A D J M V
部屋数162室

フィットネスセンター／プール　コンシェルジュ　日本語を話すスタッフ　ランドリー　ワイヤレスインターネット　駐車場　車椅子対応ルーム

最高級

サンタモニカのとっておきリゾート　サンタモニカ　MAP P.56-A3

Oceana Santa Monica・オシアナ・サンタモニカ

サンタモニカの中心部からモンタナアベニュー方向に徒歩7分とちょっと歩くが、喧騒とは無縁でとても静か。中庭のヤシの木とハート型のプールを囲むように客室が並び、開放的な雰囲気に包まれている。客室は、さわやかなサンタモニカらしさが十分に感じられ、とても居心地がよい。ビーチクルーザー（自転車）の無料貸し出しあり。

プールエリアもおしゃれな雰囲気

住849 Ocean Ave., Santa Monica, CA 90403
☎(310)393-0486
Free(1-800)777-0758
URL www.hoteloceanasantamonica.com
料Su$525〜2275（+リゾートフィー$45）
駐$55
Wi無料
カードADMV
部屋数70室

高級

ビーチが一望できる部屋がおすすめ　サンタモニカ　MAP P.74-B1

Le Meridien Delfina Santa Monica・ル・メリディアン・デルフィナ・サンタモニカ

オーシャンビューの部屋にはバルコニーが設置され、サンタモニカのビーチを一望できる。サンタモニカのショッピングエリアからも近いわりには、静かな住宅街にあるのもうれしい。買い物もしたいしリラックスもしたい、という宿泊客のわがままにも応えてくれる。レストラン&バーの「Longitude Bar + Restaurant」の評判もいい。

落ち着いた雰囲気の客室でゆっくり休養できる

住530 Pico Blvd., Santa Monica, CA 90405
☎(310)399-9344
Free(1-888)627-8532
FAX(310)399-2504
URL www.marriott.com
料SDT$303〜789、Su$445〜819（+デスティネーションフィー$33）
駐$52
Wi無料
カードADJMV
部屋数310室

フリーウエイI-10の出入口からすぐの便利なホテル　サンタモニカ　MAP P.74-B1

Hilton Santa Monica Hotel & Suites・ヒルトン・サンタモニカ・ホテル&スイーツ

メトロレイル・Eライン（エクスポ）、Lライン（ゴールド）のDowntown Santa Monica駅から歩いて5分ほどの立地。吹き抜けになっているロビーは広くて開放感のある空間が広がる。白とベージュを基調とした客室は落ち着いた雰囲気を醸し出し、ゆったりとくつろげるだろう。サンタモニカダウンタウンやサンタモニカピアは徒歩圏内。

徒歩で観光するのに便利な立地

住1707 4th St., Santa Monica, CA 90401
☎(310)395-3332
URL www.hilton.com
料SDT$369〜584、Su$389〜658
駐$42
Wi無料
カードADJMV
部屋数286室

目の前にはサンタモニカビーチが広がる　サンタモニカ　MAP P.74-A2

Shore Hotel Santa Monica・ショアホテル・サンタモニカ

目の前の交差点を渡ればサンタモニカピアがある、好立地のブティックホテル。サード・ストリート・プロムナードやサンタモニカプレイスへも徒歩2分。特筆すべきは、建物自体が環境にとても配慮されていること。できるだけ近隣で伐採された建築材やリサイクル材を使用している。シンプルな造りは若者に好評。

窓からビーチが見渡せる部屋を予約したい

住1515 Ocean Ave., Santa Monica, CA 90401
☎(310)458-1515
Free(1-800)452-4888
URL www.shorehotel.com
料SDT$269〜859（+デスティネーションフィー$32）
駐$50
Wiプランにより異なる
カードADJMV
部屋数164室

コーヒーメーカー　ミニバー／冷蔵庫　バスタブ　ヘアドライヤー　室内金庫　ルームサービス　レストラン

高級

熟年層が多く、静かに過ごせる　サンタモニカ　MAP P.74-A2

Huntley Santa Monica Beach•ハントレー・サンタモニカビーチ

ビーチ沿いを走るオーシャンアベニューから1ブロック北に行っただけなのに、閑静な雰囲気が漂う高級ホテル。世界中のセレブもお忍びで宿泊するほど、おしゃれなインテリアと落ち着いた客室が人気の秘訣だ。Bvlgariのバスグッズもうれしい。サード・ストリート・プロムナードまで1ブロックなので、食事も買い物にも不自由しない。

マリブを見渡せるオーシャンビューの客室

住1111 2nd St., Santa Monica, CA 90403
☎(310)394-5454
Free(1-888)532-5155
FAX(310)458-9776
URL www.thehuntleyhotel.com
料SDT$419～720、Su$709～1030（+リゾートフィー$25）
駐$55
Wi無料
カードADJMV
部屋数220室

熟年層が多く、静かに過ごせる

ビーチ沿いに立つアールデコ調のホテル　サンタモニカ　MAP P.74-A2

The Georgian Hotel•ジョージアンホテル

正面は海であるうえ、サード・ストリート・プロムナードまで徒歩2分という好ロケーションが魅力。アールデコ調のパステルカラーの建物が、とてもきれい。30～50歳代の日本人観光客にも人気で、リピーターも多い。ホテル入口にあるレストラン「Sunset Terrace」はオープンエアになっており、気持ちよく食事が取れる。

1933年オープンの老舗

住1415 Ocean Ave., Santa Monica, CA 90401
☎(310)395-9945
Free(1-800)538-8147
URL www.georgianhotel.com
料SDT$276～850、Su$409～1120（+アメニティフィー$31）
駐$52
Wi無料
カードADJMV
部屋数84室

サンタモニカで暮らすような旅を実現　サンタモニカ　MAP P.74-A2

Palihouse Santa Monica•パリハウス・サンタモニカ

サード・ストリート・プロムナードから2ブロック。ビーチに近く、アクティビティを思いきり楽しめる。ホテルはアンティーク風の建物で、入口の門をくぐると緑が美しい中庭があり、サンタモニカにいるとは思えないほど静かな空間が広がっている。キッチン付きの客室もあるので、自分で料理をすることも可能だ。

アットホームでこぢんまり

住1001 3rd St., Santa Monica, CA 90403
☎(310)394-1279
URL www.palihousesantamonica.com
料SDT$295～815、Su$430～1515
駐$55
Wi無料
カードADMV
部屋数38室

中級

部屋からの眺めは最高　サンタモニカ　MAP P.74-A2

Ocean View Hotel•オーシャン・ビュー・ホテル

ビーチ、サンタモニカプレイスなどいずれにも歩いて行ける抜群のロケーション。観光やアクティビティを思いきり楽しめる。食事や買い物で少々遅くなっても、ここなら安心だ。白色を基調とした客室はシンプルにまとめられていて落ち着ける。西側のバルコニーからは、サンタモニカの海を眺めることができる。

立地のよさで選ばれている

住1447 Ocean Ave., Santa Monica, CA 90401
☎(310)458-4888
Free(1-800)452-4888
URL www.oceanviewsantamonica.com
料SDT$189～599（+デスティネーションフィー$25）
駐$45
Wi無料
カードADJMV
部屋数67室

フィットネスセンター／プール　コンシェルジュ　日本語を話すスタッフ　ランドリー　WiFi ワイヤレスインターネット　P 駐車場　車椅子対応ルーム

ビーチシティズ

中級

公共交通機関で観光する人に最適　サンタモニカ　MAP P.74-A1

Hampton Inn & Suites Santa Monica•ハンプトンイン&スイーツ・サンタモニカ

メトロレイル・Eライン（エクスポ）、Lライン（ゴールド）のDowntown Santa Monica駅の目の前にある。サンタモニカプレイスまで1ブロック、サンタモニカピアまで徒歩10分。屋外プールやコインランドリーがあるのもうれしい。無料の朝食付き。

20～30歳代に人気

住501 Colorado Ave., Santa Monica, CA 90401
☎(310)260-1100
FAX(310)260-1128
URL www.hilton.com/en/hampton
料SDT$199～503、Su$269～584
駐$49.50
Wi無料　カードAMV　部屋143室

ビーチまで徒歩2分のロケーション　サンタモニカ　MAP P.74-B2

Sea Blue Hotel•シー・ブルー・ホテル

サード・ストリート・プロムナードまで歩いて5分という立地のわりにはお手頃価格がうれしい。室内には冷蔵庫や室内金庫などがあり便利だ。ただし、クーラーのない部屋もある。2017年にホテル・カリフォルニアから名称が変わった。

サーフボードの看板が目印

住1670 Ocean Ave., Santa Monica, CA 90401
☎(310)393-2363
FAX(310)393-1063
URL www.seabluehotel.com
料SDT$210～394、Su$237～429
駐$29　Wi無料
カードAMV　部屋27室

オールスイートでファミリーに特におすすめ　サンタモニカ　MAP P.74-A2

Cal Mar Hotel Suites•カル・マー・ホテル・スイーツ

ベッドルームのほか、リビングやキッチンを完備するホテル。各室にソファベッドがあり、家族連れでも問題ない。フロントにはレンタカーの受付もあり。サード・ストリート・プロムナードからも1ブロック、ビーチへも徒歩数分。

プールを囲んで客室がある

住220 California Ave., Santa Monica, CA 90403
☎(310)395-5555
URL www.calmarhotel.com
料Su$199～398　駐$34.10
Wi無料　カードADMV　部屋36室

エコノミー

オーシャンビューの部屋もある　サンタモニカ　MAP P.79-B1

Bayside Hotel•ベイサイドホテル

サンタモニカの海岸に沿って走るOcean Ave.に面した最高のロケーション。キッチン付きのオーシャンビューの部屋もあるので予約時に確認しよう。1ブロック北にあるメインストリート沿いには、カフェやレストランもある。サンタモニカ中心部まで徒歩20分。

オーシャンビューの客室を

住2001 Ocean Ave., Santa Monica, CA 90405
☎(310)396-6000
Free(1-800)525-4447
FAX(310)396-1000
URL baysidehotel.com
料SDT$150～552　駐$36.30
Wi無料　カードADJMV　部屋45室

人気のメインストリート沿いにある　サンタモニカ　MAP P.79-B3

Sea Shore Motel•シー・ショア・モーテル

サンタモニカとベニスの中間にあるので、どちらへも行きたい人におすすめのモーテル。目の前をビッグ・ブルー・バス#1が通る。ビーチへも2ブロックと近い。徒歩圏内には、レストランやカフェなどが集まっているので便利だ。人気があるので予約は早めに。

メインストリート観光に最適

住2637 Main St., Santa Monica, CA 90405
☎(310)392-2787
FAX(310)392-5167
URL www.seashoremotel.com
料SDT$125～285、Su$200～375
駐無料　Wi無料
カードAMV　部屋25室

ビーチに近い清潔なユース　サンタモニカ　MAP P.76-A4

Hostelling International Los Angeles Santa Monica•ホステリング・インターナショナル・ロスアンゼルス・サンタモニカ

サード・ストリート・プロムナードやビーチなどへ徒歩圏内。オフィスは24時間オープンしている。ドミトリー形式のため、部屋はもちろん、バス、トイレ、キッチンなどは共同での使用。ロッカー、ランドリー、コンピューターもある。ユースホステル会員以外は1泊につき$4の追加料金あり。

清潔で女性にも人気

住1436 2nd St., Santa Monica, CA 90401
☎(310)393-9913
FAX(310)393-1769
URL www.hiusa.org
料ドミトリー$54～65、個室$122～241　駐なし　Wi無料
カードAMV　部屋273ベッド、個室8室

コーヒーメーカー　ミニバー／冷蔵庫　バスタブ　ヘアドライヤー　室内金庫　ルームサービス　レストラン

高級

ベニスのおしゃれホテル　ベニス MAP P.75-D2

Hotel Erwin • ホテルアーウィン

LAの若者たちであふれるベニスビーチそばにあるホテル。客室からビーチが一望できるオーシャンビュー・ルームが人気だ。周辺には、カジュアルなカフェやレストランも多い。屋上には深夜までおしゃれな人たちでにぎわうバーラウンジもある。

30歳代の男女におすすめ

住1697 Pacific Ave., Venice, CA 90291
☎(310)452-1111
URL www.hotelerwin.com
料SDT$266〜659、Su$335〜959(+ファシリティフィー$28)
駐$49　Wi無料
カード ADJMV　部屋数119室

ベニスビーチまで徒歩1分　ベニス MAP P.75-D2

Venice V Hotel • ベニス・V・ホテル

ホテルを出た瞬間に海風を感じられる立地のよさが魅力的。ショップやレストランが集まるアボット・キニー・ブルバードやベニスサインまで徒歩圏内なのがうれしい。館内は30〜40歳代向けのヒップな雰囲気が漂う。サンタモニカダウンタウンからメトロバス#33で約20分。

西海岸風のおしゃれな内装

住5 Westminster Ave., Venice, CA 90291
☎(310) 912-6488
URL venicevhotel.com
料SDT$285〜720、Su$625〜770
駐$49
Wi無料(アメニティフィーに含まれる)
カード AMV　部屋数34室

エコノミー

安くベニスに泊まるなら　ベニス MAP P.75-D2

Samesun Venice Beach • セイムサン・ベニスビーチ

ベニスビーチから1ブロックの節約旅行者向けの便利な宿。シャワーが共同の大部屋とシャワー付きのひとり用の個室がある。オフィスは24時間オープン。ラウンジではコーヒー、紅茶の無料サービスがある。映画上映や観光名所へのツアーなども開催している。無料の朝食付き。

ベニスの中心部にある

住25 Windward Ave., Venice, CA 90291
☎(310)399-7649
URL samesun.com
料ドミトリー$41〜82、個室$120〜250　駐なし　Wi無料
カード AJMV　部屋数96ベッド、12室

最高級

マリナ・デル・レイで唯一の4つ星ホテル　マリナ・デル・レイ MAP P.59-C2

The Ritz-Carlton, Marina del Rey • リッツ・カールトン・マリナ・デル・レイ

LAXからいちばん近いエリアのマリナ・デル・レイにある。客室は、白色を基調としたインテリアでスタイリッシュかつモダンな雰囲気。また、ホテル内にあるレストラン「Cast & Plow」ではローカルの野菜を使った繊細なカリフォルニア料理が楽しめると好評だ。

バルコニー付きの客室もある

住4375 Admiralty Way, Marina del Rey, CA 90292
☎(310)823-1700
FAX(310)823-2403
URL www.ritzcarlton.com
料SDT$361〜979、Su$809〜3500
駐$46　Wi無料
カード ADJMV　部屋数304室

高級

ゴージャスなリゾートホテル　マリナ・デル・レイ MAP P.58-B2

Marina del Rey Marriott • マリナ・デル・レイ・マリオット

ベニスビーチやマリナ・デル・レイの観光、買い物、食事に絶好のロケーション。南カリフォルニア料理が味わえるレストラン「Sinder Lounge」もある。海側とシティ側で料金は異なるが、やはり海側の滞在がおすすめ。2022年に改装工事を終えた。

LAXとサンタモニカの中間

住4100 Admiralty Way, Marina del Rey, CA 90292
☎(310)301-3000
FAX(310)448-4870
URL www.marriott.com
料SDT$246〜669、Su$379〜
駐$45　Wi無料
カード ADJMV　部屋数370室

中級

ロスアンゼルス国際空港から車で約10分　マリナ・デル・レイ MAP P.58-B3

Courtyard Marina del Rey • コートヤード・マリナ・デル・レイ

マリナ・デル・レイのヨットハーバー沿いに立つホテル。徒歩15分ほどのベニスピア周辺まで出れば、食事やショッピングも楽しめる。館内にはランチとディナー時にカリフォルニア料理が味わえるレストラン「Brizo Bar & Restaurant」も入る。

清潔感のある客室は魅力的

住4360 Via Marina, Marina Del Rey, CA 90292
☎(310)439-2908
FAX(310)301-0014
URL www.marriott.com
料SDT$188〜541
駐$45　Wi無料
カード ADJMV　部屋数159室

フィットネスセンター／プール　コンシェルジュ　日本語を話すスタッフ　ランドリー　ワイヤレスインターネット　駐車場　車椅子対応ルーム

高級

1924年に創業した伝統あるホテル　カルバーシティ　MAP P.48-B2

The Culver Hotel・カルバーホテル

映画スタジオが近いため、数々の著名人が宿泊してきた老舗ホテル。ネオルネッサンス様式の建物は、重厚であたたかみがある。数年前に大規模なリノベーションを行った。無料の朝食付き。最寄りのメトロレイル駅（Eライン、LラインのCulver City駅）まで徒歩約10分。

年配層に人気

住9400 Culver Blvd., Culver City, CA 90232
☎(310)558-9400
URL www.culverhotel.com
料SDT$299～469、Su$349～678（+アメニティフィー$30）
駐無料　Wi無料
カード A M V　部屋数46室

メトロレイル駅の目の前　カルバーシティ　MAP P.48-B2

The Shay・シェイ

近年大規模な開発が進んでいるカルバーシティの中心部にあるブティックホテル。スーパーマーケットのTrader Joe'sやショッピングモールのPlatform、ハンバーガーショップのIn-N-Outまで歩いていける。日没後は、6階にあるルーフトッププール＆バーでくつろぎたい。

客室はシンプルでモダン

住8801 Washington Blvd., Culver City, CA 90232
☎(424)361-6700
URL www.hyatt.com
料SDT$280～547、Su$455～2397
駐$45　Wi無料
カード A J M V　部屋数148室

中級

サンタモニカとセンチュリーシティの中間に立地する　ウエスト・ロスアンゼルス　MAP P.57-C2

Sonder at FOUND Santa Monica・ソンダー・アット・ファウンド・サンタモニカ

サンタモニカ中心部までバスで20分。ロビーエリアにはビリヤード台もあり、シンプルながらおしゃれな雰囲気が若者に好評だ。メトロバスで25分のショッピングモール、ウエストフィールド・センチュリーシティ（→P.344）では、ショッピングや食事を楽しめる。

ゆったりとくつろげるロビーエリア

住12311 Santa Monica Blvd., Los Angeles, CA 90025
URL www.sonder.com
料SDT$100～258
駐無料　Wi無料
カード A M V　部屋数88室

高級

ヨーロピアン調ホテル　おすすめ！　ウエストサイド　MAP P.66-A1

Sofitel Los Angeles at Beverly Hills・ソフィテル・ロスアンゼルス・アット・ビバリーヒルズ

何といっても場所がよく、LAのどこへ行くにも車があればそれほど時間はかからない。デラックスルームとチャーミングなスイートを備えている。スパやフィットネスセンターなど設備も整っているので、満足いく滞在が楽しめるだろう。

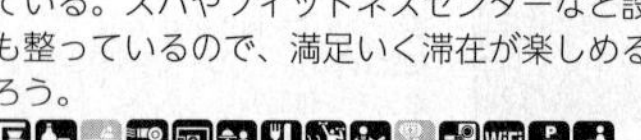

ゴージャスな内装

住8555 Beverly Blvd., Los Angeles, CA 90048
☎(310)278-5444
FAX(310)657-2816
URL www.sofitel-los-angeles.com
料SDT$289～498、Su$444～1449
駐$55　Wi無料
カード A D M V　部屋数295室

ハリウッドセレブも定宿にしていた　ウエストサイド　MAP P.66-A4

SLS Beverly Hills・SLSビバリーヒルズ

「豪華絢爛」というキャッチフレーズが最適のホテル。世界的に有名なデザイナーのフィリップ・スタルクが手がけた客室は、30～40歳代のカップルに人気がある。週末の夜、屋上のプールは、おしゃれな若者でにぎわう。

高級レストランも徒歩圏内

住465 S. La Cienega Blvd., Los Angeles, CA 90048
☎(310)246-2095
FAX(310)247-0315
URL www.marriott.com
料SDT$469～769、Su$548～6000
駐$60　Wi$14.95
カード A D J M V　部屋数297室

中級

センスのいいホテル　ウエストサイド　MAP P.66-A1

The Élan Hotel・エランホテル

人気のショッピングモール、ビバリーセンター（→P.343）まで歩いて数分という好立地とモダンな客室が魅力のホテル。全室にバスタブがあるので、日本人の宿泊者も多い。夕方はワインとチーズの無料サービスあり。部屋数が少ないので予約はお早めに。

旅の疲れも取れる

住8435 Beverly Blvd., Los Angeles, CA 90048
☎(1-323)658-6663
URL www.elanhotel.com
料SD$149～389、Su$317～478
駐$36　Wi無料
カード A D J M V　部屋数49室

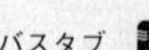
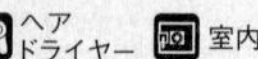

コーヒーメーカー　ミニバー／冷蔵庫　バスタブ　ヘアドライヤー　室内金庫　ルームサービス　レストラン

中級

メルローズアベニューでの買い物や観光に便利な場所　ウエストサイド　MAP P.66-B3

Short Stories Hotel・ショートストーリーズ・ホテル

ショッピングモールのグローブ（→P.345）やオリジナル・ファーマーズマーケット（→P.232）がほぼ目の前にあるので、夜遅くまで食事もショッピングも楽しめる。メトロバス1本でダウンタウンやハリウッドにアクセスできるのもいい。アカデミー映画博物館やTrader Joe's、Whole Foods Marketも徒歩圏内にある。

白を基調とした清潔感ある浴室

住115 S. Fairfax Ave., Los Angeles, CA 90036
☎(1-323)937-3930
URL www.shortstorieshotels.com
料SDT$305～392、Su$392～650
駐$45
Wi無料
カードADMV
部屋66室

最高級

すべての客室にテラスが付いている　ビバリーヒルズ　MAP P.61-C2

Waldorf Astoria Beverly Hills・ウォルドーフ・アストリア・ビバリーヒルズ

ビバリーヒルズの中心に2017年オープンした。有名インテリアデザイナーのピエール・イヴ・ロションが担当した室内は、豪華であるだけでなく、落ち着いた雰囲気を醸し出す。世界の一流ビジネスマンが宿泊したいホテルのひとつとして挙げている。ロデオドライブまで徒歩約10分。

昼から深夜までオープンしているルーフトップバー

住9850 Wilshire Blvd., Beverly Hills, CA 90210
☎(310)860-6666
FAX(310)860-6777
URL www.waldorfastoriabeverlyhills.com
料SDT$889～1475、Su$1728～7400
駐$68
Wi無料
カードADJMV
部屋170室

イーグルスのアルバムジャケットにもなった　ビバリーヒルズ　MAP P.61-C1

The Beverly Hills Hotel・ビバリーヒルズ・ホテル

広い芝生と花壇で囲まれた、ピンクの壁のこの建物は、おとぎ話のお城のようだ。このホテルのバンガロースイートは、有名人などに人気が高い。有名なレストラン「The Polo Lounge（→P.18）」をはじめ、高級ブティックも入っている。滞在すべてにおいて快適そのもの。8:00～19:00の間、最大2時間までの自転車の無料貸し出しあり。

ビバリーヒルズの高級住宅街にある

住9641 Sunset Blvd., Beverly Hills, CA 90210
☎(310)276-2251
Free(1-855)900-7009
URL www.dorchestercollection.com/en/los-angeles/the-beverly-hills-hotel
料SDT$650～2195、Su$1059～9500
駐$55
Wi無料
カードADJMV
部屋210室

贅沢尽くしの香港系のラグジュアリーホテル　ビバリーヒルズ　MAP P.61-C2

The Peninsula Beverly Hills・ペニンシュラ・ビバリーヒルズ

5つ星（Forbes）と5ダイヤモンド（AAA）両方を得ている。香港系のラグジュアリーホテルで、最高の設備を備え、レストランやスパなどの施設も充実。5階の屋上にあるプールからは、センチュリーシティのビル群が間近に望める。38室のスイート、17室のヴィラも優雅だ。全室バスタブあり。

細かい気配りが随所にみられるロスアンゼルス最高峰のホテル

住9882 S. Santa Monica Blvd., Beverly Hills, CA 90212
☎(310)551-2888
Free(1-866)382-8388
FAX(310)788-2319
URL www.peninsula.com/en/beverly-hills/5-star-luxury-hotel-beverly-hills
料SDT$895～1870、Su$1500～8500
駐$60
Wi無料
カードADJMV
部屋195室

フィットネスセンター／プール　コンシェルジュ　日本語を話すスタッフ　ランドリー　ワイヤレスインターネット　駐車場　車椅子対応ルーム

最高級

ビバリーヒルズで人気の格式あるホテル　ビバリーヒルズ MAP P.77-A4

Beverly Wilshire, A Four Seasons・ビバリー・ウィルシャー・ア・フォーシーズンズ

映画『ビバリーヒルズコップ』『プリティ・ウーマン』『バレンタインデー』などにも登場する最高級ホテル。大理石の柱や重厚なインテリアが、伝統と格式をいっそう強く感じさせる。もし、『プリティ・ウーマン』の世界を体験したいなら、Wilshire Wing側に泊まろう。全室バスタブあり。

映画の世界にトリップできる

住9500 Wilshire Blvd., Beverly Hills, CA 90212
☎(310)275-5200
FAX(310)274-2851
URL www.fourseasons.com/beverlywilshire
料SDT$780～1760、Su$1267～1万
駐$65
Wi無料
カードADJMV
部屋数395室

WiFi

ビバリーヒルズ MAP P.61-D2

落ち着いた雰囲気の最高級ホテル

Four Seasons Hotel Los Angeles at Beverly Hills・フォーシーズンズ・ホテル・ロスアンゼルス・アット・ビバリーヒルズ

ビバリーヒルズの中心部からは少し離れた場所にあるため、LAの喧騒から離れて、ゆったりとした気分で滞在することができる。窓の外にはパームツリーが並び、LAらしさがあふれる雰囲気も魅力的。レストラン2軒に、カフェ、バーラウンジ、スパなど各種設備も充実している。

1歩入るだけで高級感が感じられるロビー

住300 S. Doheny Dr., Los Angeles, CA 90048
☎(310)273-2222
FAX(310)859-3824
URL www.fourseasons.com/losangeles
料SDT$850～1355、Su$1279～8048
駐無料～$55
Wi無料
カードADJMV
部屋数285室

WiFi

ビバリーヒルズの中心地にある　ビバリーヒルズ MAP P.77-B4

The Maybourne Beverly Hills・メイボーン・ビバリーヒルズ

高級ブランド店が軒を連ねるロデオドライブから東に2ブロック行ったキャノンドライブ沿いにある。1910～1930年代頃のハリウッド黄金時代をテーマにした館内には、ミッドセンチュリー・スタイルの家具が随所に配置されていて、かなりスタイリッシュな雰囲気。床から天井まで広がる窓からはビバリーヒルズの街並みが見渡せる。

洗練されたホテル

住225 N. Canon Dr., Beverly Hills, CA 90210
☎(1-310)860-7800
Free(1-855)411-9692
URL www.maybournebeverlyhills.com
料SDT$955～1445、Su$1545～3345
駐$60
Wi無料
カードADJMV
部屋数201室

WiFi

高級

Forbesで4つ星を獲得している　ビバリーヒルズ MAP P.61-C2

The Beverly Hilton・ビバリー・ヒルトン

ビバリーヒルズ最大かつ、数あるヒルトンホテルのなかでもランクが高いホテルのひとつ。1961年からゴールデン・グローブ賞の授賞式会場となっており、その設備には定評がある。ホテル内にはカリフォルニア料理の有名レストラン「Circa 55」が入る。レストランやショップが並ぶロデオドライブまで徒歩圏内なのもうれしい。

ビバリーヒルズで最大規模の温水プールをもつ

住9876 Wilshire Blvd., Beverly Hills, CA 90210
☎(310)274-7777
Free(1-800)445-8667
URL www.beverlyhilton.com
料SDT$357～681、Su$457～4000
駐$55
Wi$14.95
カードADJMV
部屋数566室

WiFi

コーヒーメーカー　ミニバー／冷蔵庫　バスタブ　ヘアドライヤー　室内金庫　ルームサービス　レストラン

高級 クラシックなデザインホテル　ビバリーヒルズ MAP P.61-D3

Avalon Hotel Beverly Hills●アバロン・ホテル・ビバリーヒルズ

女優のマリリン・モンローをはじめ、数々の著名人が住んでいたことで有名なビバリー・カールトンが数度のリノベーションを経て誕生したおしゃれなブティックホテル。1950年代のレトロ感は残しつつ、現代風にスタイリッシュなデザインでまとめられている。プール脇にあるアメリカ料理レストラン「Viviane」の評判もいい。

曲線を描くプールが印象的

住9400 W. Olympic Blvd., Beverly Hills, CA 90212
Free(1-888)972-7823
URL www.avalon-hotel.com
料SDT$303～659、Su$431～1089
駐$49
Wi 無料
カード A D M V
部屋数84室

中級 ウエストハリウッドにも近い　ビバリーヒルズ MAP P.61-D1

Sonder Beverly Terrace●ソンダー・ビバリー・テラス

客室は明るくリラックスできる雰囲気で、花柄のカーペットがLAらしさを醸し出している。落ち着いた環境にあるので、テラスでのんびり過ごすのもいいだろう。スーパーマーケットやレストラン、ナイトスポットも徒歩圏内にある。

ロデオドライブまで徒歩20分

住469 N. Doheny Dr., Beverly Hills, CA 90210
URL www.sonder.com
料SDT$170～490、Su$227～531
駐$30 Wi 無料
カード A M V 部屋数39室

高級 ロスアンゼルスのランドマーク的な存在　センチュリープラザ MAP P.61-C3

Fairmont Century Plaza●フェアモント・センチュリー・プラザ

日系アメリカ人建築家のミノル・ヤマサキによってデザインされたセンチュリー・プラザ・ホテルが、約5年25億ドルの改修工事を経て2021年9月に再オープンした。客室には大理石の浴室やプライベートテラスがあり、豪華そのもの。レストランのほかルーフトッププール＆バーやスパもある。

全室バルコニー付き

住2025 Avenue of the Stars, Los Angeles, CA 90067
☎(310)424-3030
Free(1-888)650-1331
URL www.fairmontcenturyplaza.com
料SDT$499～735、Su$684～2175
駐$65
Wi 無料
カード A D J M V
部屋数485室

中級 ウエストウッドとビバリーヒルズの中間にある　センチュリーシティ MAP P.61-C3

Courtyard Los Angeles Century City/Beverly Hills●コートヤード・ロスアンゼルス・センチュリーシティ/ビバリーヒルズ

センチュリーシティの住宅街にあるチェーン系ホテル。目の前にスーパーマーケットがあるほか、巨大ショッピングモールのウエストフィールド・センチュリーシティ（→P.344）まで徒歩10分の距離と、使い勝手がいい。ロデオドライブへはメトロバス#4で約20分。

電子レンジや冷蔵庫があり便利

住10320 W. Olympic Blvd., Los Angeles, CA 90064
☎(310)556-2777 Free(1-888)236-2427
FAX(310)203-0563
URL www.marriott.com
料SDT$219～389、Su$279～419
駐$30 Wi 無料
カード A D J M V 部屋数136室

高級 ＵＣＬＡそばで、静かで快適な滞在を　ウエストウッド MAP P.60-A3

W Los Angeles - West Beverly Hills●W ロスアンゼルス - ウエスト・ビバリーヒルズ

周辺にバス停が多く、サンタモニカやロデオドライブ、ハリウッドなどへ行くのに便利だ。客室は広々としていて快適そのもの。アウトドアプールはラグジュリアスな雰囲気で、開放感たっぷりだ。カバナが設置されているプールも人気。

30歳代が多く利用

住930 Hilgard Ave., Los Angeles, CA 90024
☎(310)208-8765
FAX(310)824-0355
URL www.marriott.com
料SDT$289～709、Su$352～3325
駐$55 Wi $14.95～19.95
カード A D J M V 部屋数297室

フィットネスセンター／プール　コンシェルジュ　日本語を話すスタッフ　ランドリー　WiFi ワイヤレスインターネット　駐車場　車椅子対応ルーム

高級

大人の休日は、このホテルで　ウエストウッド　MAP P.60-A3

Kimpton Palomar Los Angeles/Beverly Hills•キンプトン・パロマー・ロスアンゼルス／ビバリーヒルズ

ラグジュアリーでスタイリッシュな大人のホテル。メトロバス#20のバス停が目の前にあり、観光スポットへのアクセスもよい。毎日17:00～18:00の間、無料のワインサービスがある。UCLAまで徒歩約20分。

おしゃれなブティックホテル

住10740 Wilshire Blvd., Los Angeles, CA 90024
☎(310)475-8711 FAX(310)475-5220
URL www.hotelpalomar-beverlyhills.com 料SDT$340～450、Su$440～1289（+アメニティフィー$29） 駐$67 Wi無料
カードADJMV 部屋数264室

中級

ミッドセンチュリーの家具に囲まれて過ごしたい　ウエストウッド　MAP P.60-A3

Palihotel Westwood Village•パリホテル・ウエストウッド・ビレッジ

ウエストウッドのメイン通りから2ブロックと立地がいいホテル。Diptyqueのバスアメニティを使用するなど、細部までこだわりを感じられる。毎日18:00～21:00の間、ロビーでクッキーやフルーツのサービスあり。

リラックスできる環境にある

住1044 Tiverton Ave., Los Angeles, CA 90024
☎(310)340-1234
URL www.palisociety.com
料SDT$205～510
駐$42 Wi無料
カードAMV 部屋数55室

UCLA近くの学生街にある　ウエストウッド　MAP P.60-A3

Royal Palace Westwood Hotel•ロイヤルパレス・ウエストウッド・ホテル

建物は古めかしいが、客室内にはテレビや冷蔵庫、コーヒーメーカー、電子レンジがあり満足できる。周りには夜遅くまで営業しているレストランやバーも多い。パティオやバルコニー付きの部屋もある。無料の朝食付き。

落ち着いた雰囲気

住1052 Tiverton Ave., Los Angeles, CA 90024
☎(310)208-6677
URL www.royalpalacewestwood.com
料SDT$168～254、Su$195～264
駐無料 Wi無料
カードAMV 部屋数39室

高級

おしゃれなデザイナーズホテル　ハリウッド　MAP P.75-D3

Kimpton Everly Hotel•キンプトン・エバリー・ホテル

ハリウッドの目抜き通りまで1ブロックしか離れていないのに、観光客のにぎわいを感じさせないところがいい。客室はシンプルでモダンなインテリアでまとめあげられている。ルーフトップのプールや1階のカフェは、おしゃれな雰囲気を醸し出していて人気。メトロレイル・Bライン（レッド）のHollywood/Vine駅から徒歩5分。

広々としたロビーエリア

住1800 Argyle Ave., Los Angeles, CA 90028
☎(1-213) 279-3532
Free(1-888) 327-2829
FAX(1-213)279-3533
URL www.everlyhotelhollywood.com
料SDT$346～610、SU$377～801
駐$49
Wi$12.99
カードAJMV
部屋数216室

客室の大きな窓が特徴　ハリウッド　MAP P.75-C4

Dream Hollywood•ドリーム・ハリウッド

白色を基調としたデザイナーズホテル。メトロレイル・Bライン（レッド）のHollywood/Highland駅とHollywood/Vine駅の中間にある。近くにレストランやカフェが多くあり、夜遅くなっても徒歩で帰って来られるのがいい。スーパーマーケットのTrader Joe'sへ歩いて3分ほど。

ハリウッドの夜景が楽しめるルーフトップ

住6417 Selma Ave., Hollywood, CA 90028
☎(1-323)844-6417
FAX(1-323)870-6417
URL www.dreamhotels.com/hollywood
料SDT$270～699、Su$414～1969（+ファシリティフィー$35）
駐$60
Wi無料
カードADJMV
部屋数178室

コーヒーメーカー　ミニバー／冷蔵庫　バスタブ　ヘアドライヤー　室内金庫　ルームサービス　レストラン

高級

ハリウッドでいちばん交通の便がよいホテル　ハリウッド　MAP P.75-D3

W Hollywood • Wハリウッド

メトロレイル・Bライン（レッド）のHollywood/Vine駅の上にある。白色を基調とした客室内は落ち着いた雰囲気を醸し出し、女性に人気。レコーディング機材が備わったスイートルームもある。屋上のプールやバーラウンジは若者でにぎわう。

観光に便利な場所

住6250 Hollywood Blvd., Hollywood, CA 90028
☎(1-323)798-1300
FAX(1-323)798-1305
URLwww.marriott.com
料SDT$234〜779、Su$489〜1099
駐$60.50　Wi$14.95〜24.95
カードADJMV　部屋数305室

映画の都ハリウッドを実感できるホテル　おすすめ!　ハリウッド　MAP P.74-B3

Loews Hollywood Hotel • ロウズ・ハリウッド・ホテル

オベーションハリウッドの北側にあり、モダンな雰囲気をもつ高級ホテル。オベーションハリウッドとは通路でつながっており、アクセスもスムーズだ。高級ホテルといっても、アートギャラリーを思わせる幾何学的内装のロビーや、モダンでポップな客室のデザインがとてもユニーク。

20階建てのホテルには、ルーフトッププールがある

住1755 N. Highland Ave., Hollywood, CA 90028
☎(1-323)856-1200
FAX(1-323)856-1205
URLwww.loewshotels.com
料SDT$319〜800、Su$486〜（+デスティネーションフィー$23.66）
駐$20〜54
Wi無料
カードADJMV
部屋数628室

ハリウッドを代表するホテル　ハリウッド　MAP P.74-A4

Hollywood Roosevelt Hotel • ハリウッド・ルーズベルト・ホテル

かつて、アカデミー賞授賞式の会場としても使われていたホテルで、ハリウッドのアイコン的存在だ。映画界との関わりも深く、チャップリンやクラーク・ゲーブルも宿泊した。ハリウッド全盛期を見守ってきた歴史的な場所であり、映画好きな人には憧れのホテルだろう。内装はモダンでスタイリッシュと定評がある。(→P.218)

歴史を感じさせる造りだが、設備は整っている

住7000 Hollywood Blvd., Los Angeles, CA 90028
☎(1-323)856-1970
URLwww.thehollywoodroosevelt.com
料SDT$254〜764、Su$339〜6000(+デスティネーションフィー$20)
駐$55
Wi無料
カードAMV
部屋数300室

中級

ハリウッドボウルも徒歩圏内　ハリウッド　MAP P.64-A3

Hilton Garden Inn Los Angeles/Hollywood • ヒルトン・ガーデン・イン・ロスアンゼルス/ハリウッド

オベーションハリウッドの北にあり、周囲はとても静か。客室はシンプルで使い勝手もよく快適だ。緑に囲まれた屋外のプールやジャクージは、リフレッシュできると好評で、家族連れにもぴったり。メトロレイル・Bライン（レッド）のHollywood/Highland駅まで徒歩7分。

シングルとダブルが半々

住2005 N. Highland Ave., Hollywood, CA 90068
☎(1-323)876-8600
Free(1-877)782-9444
URLwww.hilton.com/en/hilton-garden-inn
料SDT$165〜389　駐$50
Wi無料　カードADJMV　部屋数160室

ハリウッドのなかで比較的静かなエリアにある　ハリウッド　MAP P.64-B4

The Godfrey Hotel Hollywood • ゴッドフレイホテル・ハリウッド

ハリウッドの中心部から南東へ約1km。チャイニーズシアターやドルビーシアター、ウオーク・オブ・フェイムなどの観光地へも歩いて行ける。周辺には、カフェやファストフード店、レストランが集まっているので不自由しない。

ロケーションが魅力

住1400 Cahuenga Blvd., Los Angeles, CA 90028
☎(1-323)762-1000
URLwww.godfreyhotelhollywood.com
料SDT$205〜609
駐$50　Wi無料
カードADJMV　部屋数220室

フィットネスセンター／プール　コンシェルジュ　日本語を話すスタッフ　ランドリー　WiFi ワイヤレスインターネット　駐車場　車椅子対応ルーム

中級

スタイリッシュで洗練されたデザインホテル

ハリウッド MAP P.75-C4

Mama Shelter Los Angeles•ママ・シェルター・ロスアンゼルス

世界的に有名なデザイナーのフィリップ・スタルクが手がけたブティックホテル。2015年のオープン以来、おしゃれでクールな雰囲気はローカルの間で話題になっている。併設するレストランやルーフトップバーには、お忍びでハリウッドスターも訪れるとか。

すっきりとミニマムなインテリア

住6500 Selma Ave., Los Angeles, CA 90028
☎(1-323)785-6600
URL www.mamashelter.com/en/los-angeles
料SDT$229〜680、Su$459〜850（+レジデンスフィー$28.50）
駐$35 Wi無料
カード A M V 部屋数70室

エコノミー

ハリウッドの中心部にある全米チェーン系ホテル

ハリウッド MAP P.74-A4

Quality Inn Near Hollywood Walk of Fame•クオリティイン・ニア・ハリウッド・ウオーク・オブ・フェイム

メトロレイル・Bライン（レッド）のHollywood/Highland駅から観光客でにぎわう大通りを歩いて10分ほど。Burger KingやWendy'sなどのファストフード店が集まるエリアにある。ハリウッド観光の拠点としておすすめ。

簡単な無料の朝食が付く

住1520 N. La Brea Ave., Los Angeles, CA 90028
☎(1-323)203-0767
FAX(1-323)463-8115
URL www.choicehotels.com
料SDT$134〜330、Su$174〜380
駐無料 Wi無料
カード A D J M V 部屋数52室

快適なエコノミーホテル

ハリウッド MAP P.74-B3

Hollywood VIP Hotel•ハリウッド・VIP・ホテル

オベーションハリウッドのすぐ裏側にあるので食事や買い物、観光に便利なホテル。冷蔵庫や電子レンジが客室にあるほか、ビジネスセンターもある。小さなホテルなのでオーナーやスタッフがとても親切。ダブルベッドがふたつ入った客室は、家族連れに人気だ。無料の朝食付き。

日本人にも人気のホテル

住1770 Orchid Ave., Hollywood, CA 90028
☎(1-323)962-1788
URL www.hollywoodviphotel.com
料SDT$109〜229
駐$25 Wi無料
カード A M V 部屋数30室

ウオーク・オブ・フェイムまで歩いて1分

ハリウッド MAP P.75-C3

Motel 6 Hollywood LA•モーテル6・ハリウッドLA

オベーションハリウッドまで5ブロックと立地がいいホテル。お手頃価格なので、若者を中心にとても人気がある。ロビーには電子レンジやコーヒーメーカーが置いてある。コインランドリー、エレベーターなどもあり。駐車スペースには限りがあるので、早目に到着したい。

この値段なら文句は言えない

住1738 N. Whitley Ave., Hollywood, CA 90028
☎(1-323)464-6006
URL www.motel6hollywood.com
料SDT$106〜166
駐$20 Wi無料
カード A M V 部屋数140室

ハリウッドではお手頃価格

ハリウッド MAP P.74-B4

Hollywood Guest Inn•ハリウッド・ゲスト・イン

ハリウッドの中心部まで徒歩約7分。メトロレイルの駅やメトロバスのバス停が近くにあるので、公共交通機関を使って観光する人にも便利。周辺にはファストフード店やコンビニエンスストアもある。サンセットブルバード沿いにあるので、夜は車の走行音が気になるかも。

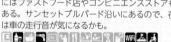

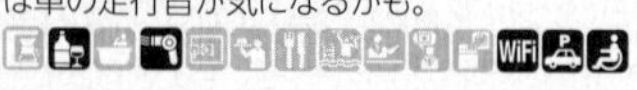

料金重視の方におすすめ

住6700 Sunset Blvd., Hollywood, CA 90028
☎(1-323)467-6137
Free(1-866)397-3027
FAX(1-323)467-0804
URL www.budgethotelhollywood.com
料SDT$95〜289 駐$20
Wi$8 カード A M V 部屋数29室

オベーションハリウッドが目の前

ハリウッド MAP P.74-B3

Samesun Hollywood•セイムサン・ハリウッド

ハリウッドブルバードの大通りに面して立つホステル。共用のキッチンエリアには冷蔵庫や電子レンジ、炊飯器があり、朝食時にはコーヒーやオレンジジュース、パンなどが並ぶ。ホステルは2階と3階にあるが、階段しかないので、ちょっと不便。

清潔感のあるドミトリー

住6820 Hollywood Blvd., Los Angeles, CA 90028
☎(1-323)463-2750
URL samesun.com
料ドミトリー$37〜50、SDT$120〜
駐なし Wi無料
カード A J M V
部屋数36ベッド、個室3室

コーヒーメーカー ミニバー／冷蔵庫 バスタブ ヘアドライヤー 室内金庫 ルームサービス レストラン

エコノミー

メトロレイル・Bライン（レッド）のHollywood/Vine駅に近いホステル　ハリウッド　MAP P.64-B3

Banana Bungalow Hollywood Hostel •バナナ・バンガロー・ハリウッド・ホステル

トイレやバス・シャワー、キッチンが共同のホステル。ドミトリーは男女混合のこともあるので要確認。宿泊客用に無料で使用できるコンピューターがある。ツアーやイベントもほぼ毎日開催しているので、スタッフに聞いてみよう。無料の朝食付き。

個室は要事前予約

住5920 Hollywood Blvd., Los Angeles, CA 90028
☎(1-323)469-2500
Free(1-844)469-2500
URL www.bananabungalows.com
料ドミトリー$34～56、個室$84～165
駐$10　Wi無料　カードAMV
部屋68ベッド、個室14室

最高級

いながらにしておしゃれなＬＡを体感できる　サンセットストリップ　MAP P.63-D1

Mondrian Los Angeles •モンドリアン・ロスアンゼルス

外観からは館内のおしゃれさがわからない小粋なホテル。白を基調とした客室はクールな印象。観光、ビジネス両方に使い勝手がよい。パティオ付きのガーデンレストランやバーの「Skybar（→P.288）」もある。

こだわりを感じさせる内装

住8440 Sunset Blvd., West Hollywood, CA 90069
☎(1-323)650-8999
料SDT$380～629、Su$407～3600（+アメニティフィー$34.65）
駐$60　Wi無料
カードADJMV　部屋236室

ハリウッドスター御用達のホテル　サンセットストリップ　MAP P.63-D1

Chateau Marmont Hotel and Bungalows •シャトー・マーモント・ホテル・アンド・バンガローズ

ハリウッドマニアにとって聖地ともいうべき、有名人の御用達ホテル。映画『ラ・ラ・ランド』をはじめ、ソフィア・コッポラが監督した『Somewhere』など、さまざまな映画作品の撮影地になっている。憧れのスターに思いをはせ、名所見学の気分で泊まってみたい。

ヨーロッパのお城を模した外観

住8221 Sunset Blvd., West Hollywood, CA 90046
☎(1-323)656-1010
URL www.chateaumarmont.com
料SDT$756～、Su$1015～1800、コテージ$1120～、バンガロー$2800～3800、ペントハウス$2500～9000
駐$45　Wi無料
カードADMV　部屋63室

高級

カジュアルながらも親切なサービスが好評　サンセットストリップ　MAP P.63-D1

1 Hotel West Hollywood •ワン・ホテル・ウエストハリウッド

サンセットストリップの高台にあるため、上層階ではLAダウタウンやハリウッドの夜景を楽しめる。近くにはカフェやレストランもあり便利。ルーフトップバーは人気があり、夜遅くまで若者でにぎわっている。

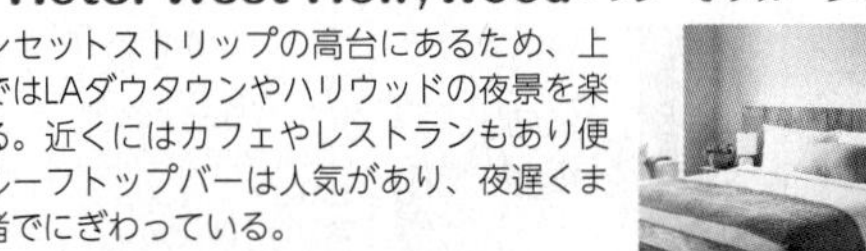

夜遊びする若者に最適

住8490 Sunset Blvd., West Hollywood, CA 90069
☎(310)424-1600　Free(1-833)623-3111
URL www.1hotels.com
料SDT$300～936、Su$749～8640（+デスティネーションフィー$35）
駐$55　Wi無料
カードAMV　部屋220室

外観のアールデコ建築が目印　サンセットストリップ　MAP P.63-D1

Sunset Tower Hotel •サンセット・タワー・ホテル

1931年創業の老舗ホテル。部屋数は少なめだが、そのぶんサービスや機能が充実している。一部の客室にはバスタブもあり、旅行中の疲れもきちんと解消できるはず。すっきりとしたインテリアがとても心地よい。

数々の映画に使用された

住8358 Sunset Blvd., West Hollywood, CA 90069
☎(1-323)654-7100
URL www.sunsettowerhotel.com
料SDT$495～1100、Su$728～2900（+アメニティフィー$29）
駐$55　Wi無料
カードADMV　部屋81室

サンセットストリップ沿いにそびえ立つ　サンセットストリップ　MAP P.63-D1

Andaz West Hollywood •アンダーズ・ウエストハリウッド

客室はスタイリッシュでモダンな雰囲気が漂う。ぜひ、ルーフトップにあるゴージャスな眺めのプールでリラックスしたい。また、ホテル内にはエレガントな雰囲気の人気レストランやバーがある。

客室からの眺めもいい

住8401 Sunset Blvd., West Hollywood, CA 90069
☎(1-323)656-1234　FAX(1-323)650-7024
URL www.hyatt.com
料SDT$290～429、Su$400～1950（+デスティネーションフィー$30.43）
駐$60　Wi無料
カードADJMV　部屋239室

フィットネスセンター／プール　コンシェルジュ　日本語を話すスタッフ　ランドリー　WiFi ワイヤレスインターネット　駐車場　車椅子対応ルーム

中級 ナイトスポットも楽しめるベストロケーション　サンセットストリップ　MAP P.63-D1

Best Western Plus Sunset Plaza Hotel・ベストウエスタン・プラス・サンセット・プラザ・ホテル

隠れ家リゾートのような雰囲気が漂う。客室には電子レンジやケーブルテレビがあり快適だ。無料の朝食が付く。プールとサンデッキチェアの並ぶ中庭はラグジュリアスで宿泊客にも好評。ホテル前にはメトロバス#2のバス停がある。

中庭を囲むように客室が並ぶ

住8400 Sunset Blvd., West Hollywood, CA 90069
☎(1-323)654-0750
URLwww.bestwestern.com
料SDT$229～379、Su$359～589
駐$27　Wi無料
カードADJMV　部屋数100室

高級 ユニバーサル・スタジオ・ハリウッドはすぐそこ　ユニバーサルシティ　MAP P.64-A1外

Sheraton Universal Hotel・シェラトン・ユニバーサル・ホテル

ゲストルームには絵画も飾られ、あたたかみのある空間が広がる。クラシックな雰囲気のロビーには大きな生花が飾られ豪華だ。もちろん、ユニバーサル・スタジオ・ハリウッドへのシャトルバスが出ている。2018年に館内の改装を終えた。

アイボリーホワイトで統一

住333 Universal Hollywood Dr., Universal City, CA 91608
☎(818)980-1212
FAX(818)985-4980
URLwww.marriott.com
料DT$226～599、Su$402～979
駐$35.20　Wi無料
カードADJMV　部屋数461室

リゾートとビジネスの機能を兼ね備えた　ユニバーサルシティ　MAP P.64-A1外

Hilton Los Angeles / Universal City・ヒルトン・ロスアンゼルス／ユニバーサルシティ

すべての客室から美しいハリウッドの丘を見られる。ビジネスセンターやフィットネスルームも完備し、ビジネス向けにもOKだ。併設するレストランの「Cafe Sierra」で、土曜の夕方に開催されるシーフード&プライムリブ・バフェも人気だ。全室禁煙。

観光にもビジネスにも最適

住555 Universal Hollywood Dr., Universal City, CA 91608
☎(818)506-2500
FAX(818)509-2058
URLwww.hilton.com
料SDT$214～659、Su$563～1545
駐$35～48　Wi$7.95
カードADJMV　部屋数495室

歌手や芸術家がよく宿泊する　ロスフェリッツ　MAP P.65-D3

Hotel Covell・ホテルコベル

2015年にオープンしたおしゃれブティックホテル。すべての部屋に冷蔵庫やソファ、デスク、レコードプレーヤーが置かれ、まるで自宅にいるかのような居心地のよさを感じられる。1階には地元の人でにぎわうバーもある。

ミニマムな設備で今風の客室

住4626 Hollywood Blvd., Los Angeles, CA 90027
☎(1-323)660-4300
URLwww.hotelcovell.com
料Su$345～650
駐無料　Wi無料
カードAMV　部屋数9室

中級 ロケーション重視の方はここ　ロスフェリッツ周辺　MAP P65-D4

Hollywood Hotel・ハリウッドホテル

メトロレイル・Bライン（レッド）のVermont/Santa Monica駅から徒歩4分の距離にあるホテル。立地がよいうえ、スタッフが親切なことから日本人観光客に人気がある。ハリウッドやダウンタウンまでメトロレイルで約13分。

シンプルで落ち着いた雰囲気

住1160 N. Vermont Ave., Los Angeles, CA 90029
☎(1-323)746-0444
URLwww.thehollywoodhotel.com
料SDT$109～790、Su$159～790
駐$29　Wi無料
カードADMV　部屋数130室

高級 ルーフトップバー&レストランが有名　コリアタウン　MAP P.68-A3

The Line Hotel・ラインホテル

メトロレイル・Dライン（パープル）のWilshire/Normandie駅前にあるブティックホテル。1964年に建てられたミッドセンチュリーの建物が、有名デザイナーによるリノベーションを経ておしゃれなホテルとしてよみがえった。数々の旅行雑誌に取り上げられている注目の1軒。

鉄筋がむき出しでクールな客室

住3515 Wilshire Blvd., Los Angeles, CA 90010
☎(1-213)381-7411
URLwww.thelinehotel.com
料SDT$209～489、Su$389～1199（+アメニティフィー$26）
駐$53.22
Wi無料　カードADJMV　部屋数384室

コーヒーメーカー　ミニバー／冷蔵庫　バスタブ　ヘアドライヤー　室内金庫　ルームサービス　レストラン

エコノミー

静かな住宅街にある　コリアタウン　MAP P.68-A2

Shelter Hotel Los Angeles • シェルターホテル・ロスアンゼルス

コリアタウンの真ん中にあるおしゃれなデザインホテル。こぢんまりとしてシンプルな造りだが、不自由しない。屋外プールのほか、卓球台もある。メトロレイル・Dライン（パープル）のWilshire/Normandie駅から歩いて5分。

鮮やかな色使いが特徴

住457 S. Mariposa Ave., Los Angeles, CA 90020
☎(1-213)380-6910
URL shelterhotels.com
料SDT$139～279（＋サービスフィー$20）
駐$30　Wi無料
カードADMV　室数48室

コリアタウンのど真ん中にある　コリアタウン　MAP P.67-D3

Ramada Los Angeles/Koreatown West • ラマダ・ロスアンゼルス／コリアタウン・ウエスト

メトロレイル・Dライン（パープル）のWilshire/Western駅から1ブロック。周囲には、夜遅くまで営業している韓国料理レストランやスーパーマーケットがあり、とても便利だ。客室はベージュ色でまとめられていて、落ち着いた雰囲気が漂っている。

カフェやバーラウンジもあり

住3900 Wilshire Blvd., Los Angeles, CA 90010
☎(1-213)984-4389
FAX(1-213)382-1702
URL www.wyndhamhotels.com
料SDT$155～199、Su$180～239
駐無料　Wi無料
カードADMV　室数86室

最高級

最上級のおもてなしで出迎えられる　ダウンタウン　MAP P.72-A1

The Ritz-Carlton, Los Angeles • リッツ・カールトン・ロスアンゼルス

LAライブの一角、JWマリオットと同じ建物の22階から26階に入る。24階にあるレストランやロビーからダウンタウンの金融街が一望できる。評判のいいレストランやラウンジのほか、26階には屋外プールやジャクージ、フィットネスセンター、スパ（→P.350）もあり。

おしゃれなスポットとして有名

住900 W. Olympic Blvd., Los Angeles, CA 90015
☎(1-213)743-8800
URL www.ritzcarlton.com
料SDT$529～1519、Su$860～（＋デスティネーションフィー$30）
駐$53.90　Wi$12.95
カードADJMV　室数123室

ヒルトンホテルの最高級ブランドのコンラッドが2022年7月にオープン　ダウンタウン　MAP P.73-C1

Conrad Los Angeles • コンラッド・ロスアンゼルス

カリフォルニア州で初となるコンラッドホテルがLAダウンタウン、ウォルト・ディズニー・コンサートホールの向かいに誕生。有名建築家フランク・ゲーリーとロンドンのデザインスタジオ「タラ・バーナード＆パートナーズ」のコラボレーションでできあがった。

LAで最も注目されているホテル

住100 S. Grand Ave., Los Angeles, CA 90012
☎(1-213)349-8585
Free(1-800)266-7237
URL www.hilton.com
料SDT$429～1157、Su$521～7799
駐$55　Wi無料
カードAMV　室数305室

高級

洗練された雰囲気が漂う　ダウンタウン　MAP P.72-A1

JW Marriott Los Angeles LA Live • JWマリオット・ロスアンゼルス・LAライブ

リッツ・カールトンが入る建物の4階から21階までを占める大型ホテル。モダンなデザインが特徴で、30～40歳代の男女に人気だ。コンベンションセンターが近く、ビジネス客の利用が多い。宿泊客はリッツ・カールトンのスパを利用できる。

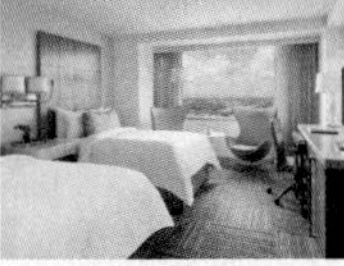
ツインの部屋が人気

住900 W. Olympic Blvd., Los Angeles, CA 90015
☎(1-213)765-8600
URL www.marriott.com
料SDT$249～709、Su$349～（＋デスティネーションフィー$30）
駐$53.90　Wi$9.95～18.95
カードADJMV　室数878室

高層階からの眺めが最高　ダウンタウン　MAP P.72-B1

InterContinental Los Angeles Downtown • インターコンチネンタル・ロスアンゼルス・ダウンタウン

ダウンタウンのショッピングモール、フィグ・アット・セブンス（→P.345）の向かいに2017年オープンした。チェックインカウンターやロビーが70階にあり、ハリウッドやダウンタウンを見下ろせる。73階にあるオープンエアのバーも人気だ。

ダウンタウンいち洗練されたホテル

住900 Wilshire Blvd., Los Angeles, CA 90017
☎(1-213)688-7777
URL www.ihg.com
料SDT$353～888、Su$865～1544（＋ファシリティフィー$34.86）
駐$56.10　Wi無料
カードADJMV　室数889室

フィットネスセンター／プール　コンシェルジュ　日本語を話すスタッフ　ランドリー　ワイヤレスインターネット　駐車場　車椅子対応ルーム

高級

LAライブまで1ブロック　ダウンタウン　MAP P.72-A1

Hotel Figueroa • ホテルフィゲロア

1926年に完成した建物を、5500万ドルをかけて約2年間改装工事を行い、2018年に再オープンした。リニューアルにより客室はスタイリッシュになり、快適に過ごせる。併設するレストランの「Sparrow」では有名シェフ監修のイタリア料理が楽しめる。

ポップな雰囲気漂う客室

住939 S. Figueroa St., Los Angeles, CA 90015
☎(1-213)627-8971
URL www.hyatt.com
料 SDT$229〜729、Su$239〜1300(+アメニティフィー−$25)
駐$48　Wi 無料
カード A D J M V　部屋数 268室

ファッションディストリクトの一角に立つ　ダウンタウン　MAP P.72-A2

Downtown LA Proper Hotel • ダウンタウン LA・プロパーホテル

1926年に完成したルネッサンス・リバイバル様式の建物を、有名インテリアデザイナーがリノベーションしたホテル。客室の漆喰の壁がアットホームな雰囲気を醸し出している。ジェームズ・ビアード賞を受賞したシェフが監修するレストランも入る。クリプト・ドット・コム・アリーナまで徒歩10分ほど。

ダウンタウンの摩天楼を眺められる部屋もある

住1100 S. Broadway, Los Angeles, CA 90015
☎(1-213)806-1010
Free (1-800)806-1947
URL www.properhotel.com
料 SDT$322〜551、Su$526〜5000
駐$49
Wi 無料
カード A D M V
部屋数 147室

ダウンタウンのMOCAのすぐ隣　ダウンタウン　MAP P.72-B1

Omni Los Angeles at California Plaza • オムニ・ロスアンゼルス・アット・カリフォルニア・プラザ

立地のよさと機能的な設備、サービスで好評を得ているホテル。部屋も華美な装飾を避け、明るく、機能性重視の造りでとても快適だ。7:00〜23:00の間、ホテル周辺3マイル（約4.8km）までは無料の送迎サービスあり。

目の前に噴水がある

住251 S. Olive St., Los Angeles, CA 90012
☎(1-213)617-3300
URL www.omnihotels.com
料 SDT$220〜609、Su$700〜1400(+デスティネーションフィー−$40)
駐$60　Wi 無料
カード A J M V　部屋数 453室

カフェやレストランが徒歩圏内にある　ダウンタウン　MAP P.72-A2

Ace Hotel Downtown Los Angeles • エースホテル・ダウンタウン・ロスアンゼルス

アメリカだけでなく日本でも注目を集めているブティックホテル。1927年に完成した歴史ある建物に、近代的なインテリアがマッチする。シンプルながらもおしゃれな雰囲気が、20〜40歳代の宿泊客に好評。メトロレイルの7th St./Metro Center駅やLAライブまで徒歩15分。

ファッション業界の人に人気

住929 S. Broadway, Los Angeles, CA 90015
☎(1-213)623-3233
URL www.acehotel.com/losangeles
料 SDT$209〜849、Su$594〜1349(+デスティネーションフィー−$28.93)
駐$55　Wi 無料
カード A D J M V　部屋数 182室

由緒あるクラシックホテル　ダウンタウン　MAP P.72-B1

The Biltmore Los Angeles • ビルトモア・ロスアンゼルス

ルネッサンス様式でまとめられ、天井から柱まで精緻で美しい彫刻が施された建物は、歴史的建造物に指定されている。1923年に開業してから、アカデミー賞授賞式典が8回ほど開かれ、数々の映画の撮影に使われてきた。客室は落ち着いた色でまとめられているので、ゆったりと疲れを癒やせる。

歴史を感じさせるしっとりとした雰囲気

住506 S. Grand Ave., Los Angeles, CA 9007
☎(1-213)624-1011
Free (1-800)245-8673
FAX (1-213)612-1545
URL www.millenniumhotels.com
料 SDT$169〜454、Su$314〜3050 (+ファシリティフィー−$29)
駐$45
Wi 無料
カード A D J M V
部屋数 683室

コーヒーメーカー　ミニバー／冷蔵庫　バスタブ　ヘアドライヤー　室内金庫　ルームサービス　レストラン

高級

SF的なユニークな外観　ダウンタウン MAP P.72-B1

The Westin Bonaventure Hotel & Suites●ウェスティン・ボナベンチャー・ホテル&スイーツ

LAダウンタウンでもひときわ目立つ、ガラス張りの円筒型のホテル。特徴的な外観ゆえ、数々の映画の撮影に使われてきた。吹き抜けになっている5階まではレストランやショップが並んでいる。34～35階にはNYスタイルのステーキハウスやラウンジがある。フリーウエイにも近く、バスの便もよい。

建物内ですべて揃う便利さ

住404 S. Figueroa St., Los Angeles, CA 90071
☎(1-213)624-1000
URL www.marriott.com
料SDT$188～499、Su$350～2500
駐$49
Wi無料
カード A D J M V
部屋数1358室

ショッピングに便利　おすすめ!　ダウンタウン MAP P.73-D4

Sheraton Grand Los Angeles●シェラトン・グランド・ロスアンゼルス

Hope St.と7th St.の角にある26階建ての高級ホテル。建物の一部がショッピングモールのブロック（→P.345）になっており買い物にも便利だ。2015年末に大型のリノベーションが終わり、きれいに生まれ変わった。コンベンションセンターやLAライブ、クリプト・ドット・コム・アリーナへも、歩いて数分で行ける。

近年改装を終え落ち着いた雰囲気の客室

住711 S. Hope St., Los Angeles, CA 90017
☎(1-213)488-3500
Free(1-888)627-8064
FAX(1-213)488-4110
URL www.marriott.com
料SDT$219～929、Su$369～1809(+デスティネーションフィー$25)
駐$54
Wi$14.95～17.95
カード A D J M V
部屋数496室

夜遅くのバスケット観戦でも安心　ダウンタウン MAP P.72-A1

Hotel Indigo Los Angeles Downtown●ホテル・インディゴ・ロスアンゼルス・ダウンタウン

2017年にオープンしたブティックホテル。LAライブやショッピングモールのフィグ・アット・セブンス（→P.345）へは1ブロックと立地がいい。鮮やかな色使いが特徴の室内は、シンプルながらも機能的。ホテル最上階にあるラウンジバーの18 Socialからは、ダウンタウンのきらびやかな夜景が楽しめる。

自由に使えるコンピュータがあるロビーエリア

住899 Francisco St., Los Angeles, CA 90017
☎(1-213)683-4855
Free(1-877)270-1392
FAX(1-213)683-4866
URL www.ihg.com
料SDT$210～539、Su$257～1200(+ファシリティフィー$20)
駐$49
Wi無料
カード A D J M V
部屋数350室

中級

NBAやNHL観戦に最適　ダウンタウン MAP P.69-C4

Moxy Downtown Los Angeles●モキシー・ダウンタウン・ロスアンゼルス

クリプト・ドット・コム・アリーナまで徒歩4分、ロスアンゼルス・コンベンションセンターの向かいにあるホテル。エッジの効いたインテリアデザインは20～30歳代の男女に人気がある。館内には、レストランやバー、カフェがあるので不自由しない。レストランやバーが集まるLAライブまで徒歩7分ほど。

スタイリッシュなホテル

住1260 S. Figueroa St., Los Angeles, CA 90015
☎(310)669-9252
FAX(310)669-9253
URL www.marriott.com
料SDT$279～749
駐$52
Wi無料
カード A D M V
部屋数380室

フィットネスセンター／プール　コンシェルジュ　日本語を話すスタッフ　ランドリー　WiFi ワイヤレスインターネット　駐車場　車椅子対応ルーム

高級

ダッシュを利用すれば、ダウンタウンの観光もスムーズ　ダウンタウン　MAP P.73-C2

DoubleTree by Hilton Los Angeles Downtown • ダブルツリー・バイ・ヒルトン・ロスアンゼルス・ダウンタウン

日本をコンセプトにした造りでホテル内に日本庭園などがある。メトロレイルの駅も近いので、ハリウッドなどの観光地へもアクセスしやすい。周辺には、日本食レストランが集まっているので不自由しない。

日本庭園は都会の中のオアシス

住120 S. Los Angeles St., Los Angeles, CA 90012
☎(1-213)629-1200
URL www.hilton.com/en/doubletree
料SDT$174〜409、Su$229〜1829
駐$42〜48　Wi $4.95
カード A D J M V　部屋数434室

中級

日本語が通じるので心配いらず　おすすめ！　ダウンタウン　MAP P.73-C3

Miyako Hotel Los Angeles • 都ホテル・ロスアンゼルス

リトルトーキョーの中心に位置し、都ホテルブランドならではの「和」のおもてなしを提供する日系のホテル。日本語の話せるスタッフがいるので、滞在中に何か困ったときには、日本語で相談できるので安心だ。館内には日本食レストランやベーカリーカフェ、バー、フィットネスルーム、ビジネスセンター、コインランドリーもあり、快適に滞在できる。全客室にはバスタブ、温水洗浄機付きトイレ、ハンドシャワーを完備。室内のテレビでは日本の番組が観られるのがうれしい。ロビーには24時間警備員が常駐している。メトロレイルのLittle Tokyo/Arts District駅から徒歩約1分。

住328 E. 1st St., Los Angeles, CA 90012
☎(1-213)617-2000
FAX(1-213)617-2700
URL www.miyakola.com
料SDT$169〜449
駐$36　Wi 無料
カード A D J M V　部屋数174室

日本人に人気のツインルーム

バスタブや温水洗浄機付きトイレもある

日本語が通じるので不自由しない

若者でにぎわうルーフトップバーも人気　ダウンタウン　MAP P.72-A2

The Hoxton • ホクストン

2019年10月、ファッションディストリクトにオープンしたブティック系ホテル。1925年に完成した建物をおしゃれに改築した。ロビーエリアにあるレストランはファッション業界人が集まるスポット。メトロレイルの7th St./Metro Center駅から徒歩20分。

落ち着いた雰囲気

住1060 S. Broadway, Los Angeles, CA 90015
☎(1-213)725-5900
URL thehoxton.com/california/downtown-la/hotels
料SDT$199〜590
駐$49　Wi 無料
カード A D M V　部屋数174室

ダウンタウンの中心という抜群のロケーション　ダウンタウン　MAP P.73-D4

Hilton Checkers Los Angeles • ヒルトン・チェッカーズ・ロスアンゼルス

LAダウンタウンの中心にありながらプライベート空間を大切にした造りがゲストをあたたかく迎えてくれる。室内はアンティークとモダンな感覚が調和した上品で落ち着いたインテリアで、バスルームには大理石が使われている。

ヒルトン系列なので安心

住535 S. Grand Ave., Los Angeles, CA 90071
☎(1-213)624-0000
URL www.hilton.com
料SDT$151〜700、Su$296〜799
駐$49　Wi $9.95
カード A D J M V　部屋数193室

ＬＡライブも徒歩圏内、とにかく便利なホテル　ダウンタウン　MAP P.73-C4

The O Hotel • オーホテル

ホテルの近くには、コーヒーショップやスーパーマーケットのRalphsもあり便利だ。リゾートフィーには、朝食、公共スペースと客室でのWi-Fi、Figueroa St.沿いにあるスポーツジムの「Gold's Gym」などの利用料金が含まれている。

建物は1925年に完成した

住819 S. Flower St., Los Angeles, CA 90017
☎(1-213)623-9904
FAX(1-213)614-8010
URL ohotelgroup.com
料SDT$168〜399、Su$259〜499（+リゾートフィー$20）　駐なし
Wi 無料　カード A J M V　部屋数67室

コーヒーメーカー　ミニバー／冷蔵庫　バスタブ　ヘアドライヤー　室内金庫　ルームサービス　レストラン

中級

チャイナタウンのど真ん中にある　ダウンタウン　MAP P.73-D2

Best Western Plus Dragon Gate Inn・ベストウエスタン・プラス・ドラゴン・ゲート・イン

メトロレイル・Aライン（ブルー）、Lライン（ゴールド）のChinatown駅から徒歩5分、中国料理レストランが集まる一角にある。アムトラックやメトロレイルのUnion駅からも歩ける距離なのがうれしい。無料の朝食付き。

中国テイストを感じさせる

住818 N. Hill St., Los Angeles, CA 90012
☎(1-213)617-3077
Free(1-800)780-7234
URL www.bestwestern.com
料SDT$159～399、Su$209～449
駐$18
Wi無料　カードADJMV　部屋数52室

ダウンタウンにあり、グランド・セントラル・マーケットまで1.5ブロック　ダウンタウン　MAP P.73-C2

Kawada Hotel・カワダホテル

Hill St.と2nd St.の角にある、赤いれんが造りのホテル。メトロレイル・Bライン（レッド）とDライン（パープル）のCivic Center/Grand Park駅も歩いてすぐなので公共交通機関を利用する旅行者にも便利。近年、客室とフロントのリノベーションを行った。

日本のツアーでも利用する

住200 S. Hill St., Los Angeles, CA 90012
☎(1-213)621-4455
URL www.kawadahotel.com
料SDT$139～279
駐$40　Wi無料
カードADJMV　部屋数116室

車利用者に便利　ダウンタウン　MAP P.68-B4

Ramada Los Angeles/Downtown West・ラマダ・ロスアンゼルス／ダウンタウン・ウエスト

ダウンタウンとコリアタウンの中間にある。客室にはコーヒーメーカー、冷蔵庫、室内金庫があり不自由しない。夏季は屋外プールがオープンする。無料の朝食付き。メトロレイル・Bライン（レッド）のWestlake/MacArthur Park駅まで徒歩8分。日没後、女性のひとり歩きは注意すること。

家族連れでも十分の広さ

住1901 W. Olympic Blvd., Los Angeles, CA 90006
☎(1-213)296-5764
FAX(1-213)385-5808
URL www.wyndhamhotels.com/ramada　料SDT$139～375、Su$175～440　駐$10
Wi無料　カードADJMV　部屋数130室

エコノミー

ダウンタウンのお手頃モーテル　ダウンタウン　MAP P.69-C3～C4

City Center Hotel・シティセンター・ホテル

各部屋に冷蔵庫、テレビもあり、室内は広くゆったりとしていてまずまず清潔。電子レンジや製氷機、コーヒーメーカーがロビーエリアにある。この値段で宿泊できる宿のなかではおすすめ。日本人大学生が多く利用している。メトロレイルの7th St./Metro Center駅から徒歩8分。

バックパッカーも利用

住1135 W. 7th St., Los Angeles, CA 90017
☎(1-213)627-2581
URL www.citycenterlosangeles.info
料SD$87～
駐無料　Wi無料
カードADJMV　部屋数42室

ドジャースタジアムの近くにある　ダウンタウン　MAP P.69-D2

Super 8 Los Angeles Downtown・スーパー 8・ロスアンゼルス・ダウンタウン

ドジャースのナイターを試合終了まで観戦し、歩いて帰ってこられる、MLB好きにおすすめのホテル。目の前にメトロバスが停まるので、サンタモニカやビバリーヒルズなどへ乗り換えなしで行くことができる。ダウンタウンからは、メトロバス#4で約10分。無料の朝食付き。

電子レンジも完備

住1341 Sunset Blvd., Los Angeles, CA 90026
☎(1-213)250-2233
URL www.wyndhamhotels.com/super-8
料SDT$111～280
駐無料　Wi無料
カードADJMV　部屋数32室

オルベラ街の目の前　ダウンタウン　MAP P.73-D2

Metro Plaza Hotel・メトロ・プラザ・ホテル

アムトラックやメトロレイルのUnion駅から徒歩4分と立地がいいホテル。レストランが集まるチャイナタウンへは徒歩圏内なので、食事の心配をする必要がない。20歳代男性の宿泊が多い。

リクエストすれば喫煙室も

住711 N. Main St., Los Angeles, CA 90012
☎(1-213)680-0200
URL www.metroplazahotel-losangeles.us
料SDT$99～169
駐$5　Wi無料
カードADJMV　部屋数80室

フィットネスセンター／プール　コンシェルジュ　日本語を話すスタッフ　ランドリー　WiFi ワイヤレスインターネット　駐車場　車椅子対応ルーム

エコノミー

リトルトーキョーの真ん中にある　ダウンタウン　MAP P.73-C3

Little Tokyo Hotel・リトル東京ホテル

基本的には長期利用者向けの格安ホテルで、語学学校などに通う学生の利用が多い。日本語を話すスタッフもいるので、英語に不安のある人でも心配ない。バスやトイレは共同で、アイロンやドライヤーなどはフロントで貸し出ししている。

日本料理レストランの隣

住 327 1/2 E.1st St., Los Angeles, CA 90012
☎ (1-213)617-0128
料 S$109～、D$119～
駐 なし　Wi 無料
カード A M V　部屋数 22室

ダウンタウンでの宿泊費を安く済ませたいなら　ダウンタウン　MAP P.72-A2

Freehand Los Angeles・フリーハンド・ロスアンゼルス

男女兼用か女性専用のドミトリーとキングルーム、スイートの部屋があるホステル。インテリアがとてもおしゃれで、日本人の若者に人気がある。屋上のバーでは、頻繁にイベントが開かれて、夜遅くまでにぎわっている。ドミトリー宿泊者は無料の朝食付き。

数人でシェアしたいスイート

住 416 W. 8th St., Los Angeles, CA 90014
☎ (1-213)612-0021
FAX (1-213)612-0095
URL freehandhotels.com/los-angeles
料 ドミトリー$39～115、個室$238～
駐 $45　Wi 無料
カード A D J M V　部屋数 226室

中級

南カリフォルニア大学（USC）が経営する　エクスポジションパーク　MAP P.49-D2

USC Hotel・USCホテル

USCの目の前にあり、大学のスポーツチームが頻繁に利用している。24時間利用できるビジネスセンターやレストラン、バーラウンジ、屋外プールがあり、あらゆる客層に対応している。メトロレイル・Eライン（エクスポ）、Lライン（ゴールド）のJefferson/USC駅から徒歩5分。

USCの目の前にある

住 3540 S. Figueroa St., Los Angeles, CA 90007
☎ (1-213)748-4141
Free (1-833)226-6587
FAX (1-213)746-3255
URL uschotel.usc.edu
料 SDT$143～309　駐 $28
Wi 無料　カード A D J M V　部屋数 240室

高級

ビジネスマンにも人気　パサデナ　MAP P.70-B2

The Westin Pasadena・ウェスティン・パサデナ

パティオのある部屋から見渡せるパサデナ市街の夜景がとてもロマンティックなホテル。小さな噴水や生い茂るグリーンでオアシスのような空間が広がる中庭も、ここのセールスポイントだ。ゲストルームのベッドはHeavenly Bedと呼ばれ、ウェスティン系列のホテルで広く使用されている最上級のもの。

日没後もホテル敷地内を歩き回りたい

住 191 N. Los Robles Ave., Pasadena, CA 91101
☎ (626)792-2727
FAX (626)792-3755
URL www.marriott.com
料 SDT$172～509、Su$459～2500
駐 $15～21
Wi 無料
カード A D J M V
部屋数 350室

オールドパサデナも近い　パサデナ　MAP P.70-B2

Hilton Pasadena・ヒルトン・パサデナ

スタイリッシュなインテリアも好評のホテル。ホテル内にはレストラン、バー、フィットネスセンター、会議室まで揃っていて、観光からビジネスまでカバーできる施設が整う。また、オールドパサデナまでも歩いて行ける距離でロケーションもよい。全室禁煙。

治安がいいエリアにあるので日没後も安心

住 168 S. Los Robles Ave., Pasadena, CA 91101
☎ (626)577-1000
URL www.hilton.com
料 SDT$164～504、Su$279～807
駐 $25
Wi $9.95
カード A D J M V
部屋数 296室

コーヒーメーカー　ミニバー／冷蔵庫　バスタブ　ヘアドライヤー　室内金庫　ルームサービス　レストラン

パサデナ／ロスアンゼルス国際空港（LAX）周辺

高級

パサデナ・コンベンションセンターの裏にある　パサデナ　MAP P.70-B2

Sheraton Pasadena Hotel ● シェラトン・パサデナ・ホテル

ショッピングモールのパセオ（→P.345）まで1ブロックと立地のいいホテル。パサデナ・コンベンションセンターの南側にある。夜遅くまで開いているレストランやカフェ、バーが近くにあるので、夜遊びも楽しめる。

大きな机もあるので客室内で仕事がはかどりそう

住303 Cordova St., Pasadena, CA 91101
☎(626) 469-8100　Free (1-800) 457-7940　FAX(626)666-6998
URLwww.marriott.com
料SDT$164～593、Su$244～791
駐$30　Wi無料
カードAMV　部屋数311室

中級

Del Mar駅から徒歩5分　パサデナ　MAP P.70-B3

GreenTree Pasadena Inn ● グリーンツリー・パサデナ・イン

メトロレイル･Aライン（ブルー）、Lライン（ゴールド）のDel Mar駅から歩いて行ける場所にある。付近は静かな住宅街で、スーパーマーケットのWhole Foods Marketまで徒歩3分。無料の朝食付き。毎年12月下旬から1月上旬の期間は満室になるので、早目に予約を入れること。

アットホームな雰囲気がホテル全体に漂う

住400 S. Arroyo Pkwy., Pasadena, CA 91105
☎(626) 795-8401　Free (1-844) 447-8733　FAX(626)577-2629
URLwww.greentreeinn.com/hotels/ca/pasadena
料SDT$109～209　駐無料
Wi無料　カードAMV　部屋数69室

エコノミー

Colorado Blvd.沿いのモーテル　パサデナ　MAP P.71-C2

Howard Johnson Pasadena ● ハワード・ジョンソン・パサデナ

レンタカー利用者に最適だが、車のない旅行者でも、目の前のColorado Blvd.にはメトロバス#180が通っているので、オールドパサデナに行くのも不自由しない。各部屋には冷蔵庫、コーヒーメーカー、ヘアドライヤーが付いている。コインランドリーもある。無料の朝食付き。

オールドパサデナへ車で３分

住1599 E. Colorado Blvd., Pasadena, CA 91106
☎(626)808-4500
URLwww.wyndhamhotels.com/hojo
料SDT$99～159、Su$119～179
駐無料　Wi無料
カードADJMV　部屋数60室

高級

ヒルトンならではの快適な滞在ができる　LAX周辺　MAP P.80-B2

Hilton Los Angeles Airport ● ヒルトン・ロスアンゼルス・エアポート

空港ホテルとしては世界でも有数の規模だ。レストランやプール、フィットネスセンターがあるうえ、全室バスタブ付き。24時間サービスの空港送迎シャトルがあるのもありがたい。LAXまで車で約6分。

ビジネス客が多く利用する

住5711 W. Century Blvd., Los Angeles, CA 90045
☎(310)410-4000
URLwww.hilton.com
料SDT$126～354、Su$232～471
駐$44～54　Wi無料
カードADJMV　部屋数1234室

近年改装工事を終えた　LAX周辺　MAP P.80-A2

Renaissance Los Angeles Airport Hotel ● ルネッサンス・ロスアンゼルス・エアポート・ホテル

Century Blvd.からAirport Blvd.を北に入ってすぐのルネッサンス系の高級ホテル。ゲストルームはベージュを基調としたインテリアで、落ち着いた雰囲気だ。レストラン、プール、フィットネスセンターなど、充実した施設が整う。空港からの送迎シャトルサービスあり。

アート作品も飾られている

住9620 Airport Blvd., Los Angeles, CA 90045
☎(310)337-2800
FAX(310)216-6681
URLwww.marriott.com
料SDT$119～299、Su$169～344
駐$52～62　Wi$14.95～17.95
カードADJMV　部屋数502室

ＬＡＸが目の前に広がる　LAX周辺　MAP P.80-A2

Hyatt Regency Los Angeles International Airport ● ハイアット・リージェンシー・ロスアンゼルス国際空港

LAXにいちばん近いホテル。ラウンジからは離発着する飛行機を眺めることができる。24時間、LAXからの送迎シャトルサービスがあるので、夜遅い便で到着しても心配ない。アジアフュージョン料理レストラン＆バーの「Unity LA」も人気がある。

LAX を客室から見られる

住6225 W. Century Blvd., Los Angeles, CA 90045
☎(424)702-1234
URLwww.hyatt.com
料SDT$179～315、Su$279～785
駐$45～55　Wi無料
カードAJMV　部屋数580室

フィットネスセンター／プール　コンシェルジュ　日本語を話すスタッフ　ランドリー　ワイヤレスインターネット　駐車場　車椅子対応ルーム

ロスアンゼルス国際空港（LAX）周辺／ロングビーチ

中級

ハイアットグループのなかではお手頃価格　LAX周辺　MAP P.80-A2

Hyatt Place LAX / Century Blvd.●ハイアットプレイス・LAX／センチュリーブルバード

LAX空港近くのホテルが集まるセンチュリーブルバード沿いにある。客室はスタイリッシュにまとめあげられ無駄のない造り。レストランやバーのほか屋外プールやフィットネスルームもある。LAXから車で約5分。無料の朝食付き。

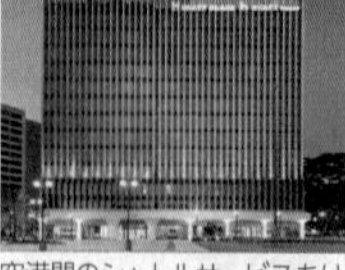

空港間のシャトルサービスあり

住5959 W. Century Blvd., Los Angeles, CA 90045
☎(310)258-9000
URL www.hyatt.com
料SDT$176～269、Su$226～299
駐$45　Wi無料
カードAJMV
部屋数272室

LAXから徒歩でも約10分　LAX周辺　MAP P.80-A2

Homewood Suites Los Angeles International Airport●ホームウッドスイーツ・ロスアンゼルス国際空港

すべての客室が、ベッドルームとリビングルームに分かれたスイートタイプで、キッチンや冷蔵庫、電子レンジが付いている。無料の朝食が毎日付くほか、水曜の夕方は、ドリンク1杯無料。空港から無料のシャトルバスで約5分。

家族連れに好評

住6151 W. Century Blvd., Los Angeles, CA 90045
☎(310)215-3300
URL www.hilton.com
料Su$179～689
駐$53.90　Wi無料
カードADMV　部屋数122室

ＬＡＸ周辺で快適な滞在が期待できる　LAX周辺　MAP P.80-B2

Best Western Plus Suites Hotel●ベストウエスタン・プラス・スイーツ・ホテル

ベストウエスタン系列でも上位に位置するホテル。部屋は全室スイートで、無料の朝食付き。ロビーには宿泊客が利用できるコンピューターがある。フリーウエイI-405の出口からすぐなので、レンタカー利用者にとってありがたい。

大通りに面して立つ

住5005 W. Century Blvd., Inglewood, CA 90304
☎(310)677-7733
FAX(310)671-7722
URL www.bestwestern.com
料Su$149～285
駐$10　Wi無料
カードADJMV　部屋数70室

無料の空港シャトルサービスあり　LAX周辺　MAP P.80-A4

Cambria Hotel LAX●カンブリア・ホテル・LAX

LAXから南へ3km行った所にある。徒歩圏内に、スーパーマーケットのRalphsやレストランのChipotle Mexican Grill、In-N-Out Burgerなどがあり不自由しない。ビジネスマンの利用が多い。メトロレイル・Cライン（グリーン）のEl Segundo駅から徒歩8分。

BBQピットやプールもある

住199 Continental Blvd., El Segundo, CA 90245
☎(310)965-0555
FAX(310)366-5930
URL www.cambrialax.com
料SDT$169～279、Su$206～341
駐$20　Wi無料
カードADJMV　部屋数152室

エコノミー

無料の朝食付き　LAX周辺　MAP P.80-A3

Travelodge LAX●トラベロッジ・LAX

LAXの1.5km南にあるチェーン系ホテル。LAXからの無料送迎サービスがあり便利。部屋にはコーヒーメーカーや冷蔵庫などが備わっているので不自由しない。歩いて3分の所にレストランIHOPがある。

電子レンジも客室内にある

住1804 E. Sycamore Ave., El Segundo, CA 90245
☎(310)955-4694
URL www.wyndhamhotels.com/travelodge
料SDT$95～195
駐$10　Wi無料
カードADJMV　部屋数111室

中級

ヨットのマークが目印　ロングビーチ周辺　MAP P.51-D3

Golden Sails Hotel●ゴールデン・セイルズ・ホテル

白と青を基調にした外観は、ロングビーチのイメージそのもの。室内には、冷蔵庫、テレビ、電子レンジあり。プールやフィットネスセンター、レストラン、ビジネスセンターなどの施設も充実している。ホテル周辺にはショップやレストランが集まっているモールもある。

レストランもある

住6285 E. Pacific Coast Hwy., Long Beach, CA 90803
☎(562)596-1631
URL www.goldensailshotel.com
料SDT$134～227
駐無料　Wi無料
カードADMV　部屋数173室

コーヒーメーカー　ミニバー／冷蔵庫　バスタブ　ヘアドライヤー　室内金庫　ルームサービス　レストラン

エコノミー

ロングビーチダウンタウンへのアクセスがいい　ロングビーチ　MAP P.51-D3

Inn of Long Beach・イン・オブ・ロングビーチ

ロングビーチのメインストリートであるOcean Blvd.からAtlantic Ave.に入り、歩いて5分の場所。周辺にはスーパーマーケットのVonsやカジュアルレストランもあり便利だ。メトロレイル・Aライン（ブルー）の5th St.駅も近い。

客室はプールに面している

住185 Atlantic Ave., Long Beach, CA 90802
☎(562)435-3791
FAX(562)436-7510
URL www.innoflongbeach.com
料SDT$88～149
駐無料　Wi無料
カード A D M V　部屋50室

中級

日本式のスパが好評　トーランス　MAP P.50-B2

Miyako Hybrid Hotel・都ハイブリッド・ホテル

日本人が多く住むトーランスにある日系のホテル。都ホテルブランドならではのサービスは、旅行者やビジネスパーソンに好評で、日本語での対応も可能。館内には日本食が味わえる「いせしまレストラン」、ジャクージやサウナが併設された日本式のスパ施設「スパ利楽園」、フィットネスセンターなどもある。徒歩圏内には日本食レストランやダイソーもあり。

日本からの出張族が多く滞在する

住21381 S. Western Ave., Torrance, CA 90501
☎(310)212-5111
FAX(310)212-5112
URL www.miyakohybridhotel.com
料SDT$239～399、Su$429～599
駐無料
Wi無料
カード A D J M V
部屋208室

エコノミー

ホテルの滞在者の多くが日本人　ガーデナ　MAP P.50-B1

New Gardena Hotel・ニュー・ガーデナ・ホテル

LAダウンタウンから車で南へ25分の所に位置するガーデナのホテル。日本語を話すスタッフが常にいるので安心だ。ジャクージ付きのスイートルームは家族連れに人気がある。館内にレンタカー会社のワンズレンタカーの営業所があるので便利だ。

ビジネス客にも好評

住1641 W. Redondo Beach Blvd., Gardena, CA 90247
☎(310)327-5757
FAX(310)327-5370
URL newgardenahotel.com
料SDT$136～146、Su$299～425
駐無料　Wi無料
カード A D M V　部屋101室

お手頃価格でおすすめホテル　ガーデナ　MAP P.50-B1

Gardena Terrace Inn・ガーデナ・テラス・イン

I-110、I-405、CA-91のいずれからも近いので、車ならどこへ行くにも便利なロケーション。周囲には日本料理を含め、アジア各国のレストランもある。アットホームな雰囲気も旅行者にはありがたい。

コストパフォーマンスがいい

住15902 S. Western Ave., Gardena, CA 90247
☎(310)817-5922
料SDT$95～170、Su$154～255
駐無料　Wi無料
カード A M V　部屋47室

中級

サウスベイのビーチを楽しむなら　ハモサビーチ　MAP P.50-A1

Quality Inn & Suites Hermosa Beach・クオリティイン&スイーツ・ハモサビーチ

パシフィック・コースト・ハイウエイ（PCH、CA-1）から1ブロック入った所にある。ハモサビーチまで歩いて15分ほどなので、手ぶらでビーチに行け、ウオーターアクティビティを楽しめるのがいい。スーパーマーケットのVonsやTrader Joe's、レストランも徒歩圏内にある。

ファミリーに人気

住901 Aviation Blvd., Hermosa Beach, CA 90254
☎(310)374-2666
FAX(310)379-3797
URL www.choicehotels.com
料SDT$122～219、Su$189～279
駐無料
Wi無料
カード A D J M V
部屋68室

フィットネスセンター／プール　コンシェルジュ　日本語を話すスタッフ　ランドリー　ワイヤレスインターネット　駐車場　車椅子対応ルーム

高級

ディズニー直営ホテルのなかで最高級　ディズニーランド・リゾート　MAP P.54-B3

Disney's Grand Californian Hotel & Spa●ディズニー・グランド・カリフォルニアン・ホテル&スパ

ビクトリア様式の瀟洒（しょうしゃ）で美しいフラッグシップ・ホテル。開拓時代を思わせる落ち着いた雰囲気のロビーには暖炉があり、あたたかみがあふれている。客室は、細かいところまで職人の手による装飾が施されていて魅力的だ。ナパ・ローズとストーリーテラー・カフェがあるほか、ディズニー・カリフォルニア・アドベンチャー・パークへの専用入口もある。

山小屋風で、豪華なインテリアが映える　©Disney

住1600 S. Disneyland Dr., Anaheim, CA 92802
☎(714)635-2300
URLwww.disneyland.jp
料SDT$584～、Su$1357～
駐$35～65
Wi無料
カードADJMV
部屋数1019室

ユニークなプールが子供に大人気　ディズニーランド・リゾート　MAP P.54-B3

Disneyland Hotel●ディズニーランド・ホテル

ディズニーリゾート・ホテルの原点といえるホテル。細部にいたるまで、上品なデザインで統一されている。ベッドのヘッドボードに彫られた眠れる森の美女の城がオルゴールミュージックとともに光るなど、インテリアのいたるところにディズニーらしさがちりばめられている。グーフィーズ・キッチンもある。

ノスタルジックながら、近代的な雰囲気　©Disney

住1150 Magic Way, Anaheim, CA 92802
☎(714)778-6600
URLwww.disneyland.jp
料SDT$464～、Su$864～
駐$35
Wi無料
カードADJMV
部屋数973室

テーマパークを見下ろす眺めが最高　ディズニーランド・リゾート　MAP P.54-B3

Disney's Paradise Pier Hotel●ディズニー・パラダイス・ピア・ホテル

カリフォルニアのビーチやライフスタイルをモチーフにした、明るく華やかな雰囲気が漂う。ホテル3階にウオータースライダーやプールなどがある。2023年、ピクサーをテーマとしたホテルに生まれ変わり、ピクサー・プレース・ホテル Pixar Place Hotelに名称が変更される。

シンプルだがディズニースピリットが満載　©Disney

住1717 S. Disneyland Dr., Anaheim, CA 92802
☎(714)999-0990
URLwww.disneyland.jp
料SDT$336～、Su$816～
駐$35
Wi無料
カードADJMV
部屋数489室

AAAで4ダイヤモンドを獲得している　アナハイム　MAP P.54-B3

The Westin Anaheim Resort●ウェスティン・アナハイム・リゾート

アナハイム・コンベンションセンターの裏側にあり、ビジネス客の利用が多い。ステーキハウスを含め、7軒のレストランやフィットネスルーム、屋内プール、20を超えるイベントルームがある。ディズニー・カリフォルニア・アドベンチャー・パークが見渡せるパークビュー・ルームがおすすめ。ダウンタウンディズニーまで徒歩約15分。

モバイルチェックインもできる

住1030 W. Katella Ave., Anaheim, CA 92802
Free(1-877)264-9786
FAX(657)373-3698
URLwww.marriott.com
料SDT$269～589、Su$809～1089
駐$35～39
Wi$14.95
カードADJMV
部屋数618室

MEMO **ディズニーランド・リゾートの宿泊料金**　ディズニーのオフィシャルホテル 3 軒の宿泊料金は目安として参考にしてください。

高級

コンベンションセンターにも近い　アナハイム MAP P.54-B3

Sheraton Park Hotel at the Anaheim Resort ●シェラトン・パーク・ホテル・アット・ジ・アナハイム・リゾート

ディズニーランドから歩いて10分、ビジネス客にも評判のいいホテルだ。木目調のあたたかみのある家具、快眠が味わえるベッドなど、心身ともに休まる滞在が味わえる。ディズニーランド・リゾート側の部屋なら夜の花火がよく見える。

広く落ち着いた配色の客室

住1855 S. Harbor Blvd., Anaheim, CA 92802
☎(714)750-1811
URL www.marriott.com
料SDT$152～434
駐$25～30　Wi無料
カードADJMV　部屋数486室

コンベンションセンターもすぐ　アナハイム MAP P.54-B3

Anaheim Marriott●アナハイム・マリオット

大小さまざまなミーティングルームをもつ巨大ホテル。ビジネス仕様としての設備の充実度が高いが、リゾートとしての機能も兼ね備えている。プールサイドにはガゼボが優雅に配置されているので、ゆったりとリゾートライフを楽しむこともできるはず。

子供に人気のプール

住700 W. Convention Way, Anaheim, CA 92802
☎(714)750-8000
FAX(714)750-9100
URL www.marriott.com
料SDT$165～999、Su$303～1378
駐$29～39　Wi$14.95
カードADJMV　部屋数1030室

約1500以上もの客室をもつ大規模なホテル　アナハイム MAP P.54-B3

Hilton Anaheim●ヒルトン・アナハイム

リゾート感覚あふれる雰囲気が気持ちのいいホテル。アナハイム・コンベンションセンターの裏にある。ショップ、レストラン、フィットネスクラブ、屋外プールほか、フルサービスのビジネスセンターも完備。

大きな窓からの景色もいい

住777 W. Convention Way, Anaheim, CA 92802
☎(714)750-4321
FAX(714)740-4460
URL www.hilton.com
料SDT$132～709、Su$241～
駐$24～35　Wi$12.95
カードADJMV　部屋数1572室

中級

クラシックなアート感覚があふれる　アナハイム MAP P.54-B2

Anaheim Majestic Garden Hotel●アナハイム・マジェスティック・ガーデン・ホテル

ユニークな外観はもちろん、ホテル内のパブリックスペースすべてに重厚な雰囲気が漂うホテル。噴水のある中庭は緑にあふれ、オアシスのような空間が広がっている。30分間隔でディズニーランド・リゾートへ無料送迎シャトルあり。

家族連れに好評

住900 S. Disneyland Dr., Anaheim, CA 92802
☎(714)778-1700
FAX(714)535-3889
URL www.majesticgardenhotel.com
料SDT$149～339、Su$305～
駐$20　Wi無料
カードADJMV　部屋数489室

ファミリーにおすすめのホテル　アナハイム MAP P.55-C3

La Quinta Inn & Suites Anaheim●ラ・キンタ・イン&スイーツ・アナハイム

すべての部屋がスイートのきれいなモーテル。スイートといっても料金はリーズナブルだ。部屋のタイプは数種あり、4人、6人まで泊まれるのでファミリーやグループで利用するといい。無料の朝食付き。ディズニーランド・リゾートまで徒歩約15分。

大人数で泊まると格安

住1752 S. Clementine St., Anaheim, CA 92802
☎(714)635-5000
FAX(714)776-9073
URL www.wyndhamhotels.com
料Su$159～275
駐$20　Wi無料
カードADMV　部屋数129室

ディズニーランド目の前のおすすめモーテル　アナハイム MAP P.54-B2

Anaheim Desert Inn & Suites●アナハイム・デザート・イン&スイーツ

立地のよさからバケーションを楽しむ家族連れが後を絶たない人気のモーテル。部屋の装飾はシンプルだが、冷蔵庫や電子レンジが付いている。無料の朝食付き。徒歩圏内にファストフード店やファミリーレストラン、カフェなどがある。

４人宿泊できる部屋もある

住1600 S. Harbor Blvd., Anaheim, CA 92802
☎(714)772-5050
FAX(714)778-2754
URL www.anaheimdesertinn.com
料SDT$159～209、Su$189～419(＋リゾートフィー$6)　駐$17
Wi無料　カードADJMV　部屋数145室

エコノミー

ディズニーランド・リゾートまで徒歩12分　アナハイム　MAP P.54-B2

Days Inn Anaheim West・デイズイン・アナハイム・ウエスト

小さい子供がいる家族連れに評判がいいホテル。駐車場が無料なうえ、コインランドリーがあり、お手頃価格なので、数泊滞在する人が多い。徒歩圏内にカフェやレストランあり。無料の朝食が付く。

客室は2～3階にある

住1030 W. Ball Rd., Anaheim, CA 92802
☎(714)520-0101
URL www.wyndhamhotels.com/days-inn
料SDT$67～169
駐無料　Wi無料
カードADJMV　部屋44室

高級

目の前が海！　ハンティントンビーチ　MAP P.52-B2

The Waterfront Beach Resort, A Hilton Hotel・ウオーターフロント・ビーチ・リゾート・ア・ヒルトン・ホテル

AAAの4ダイヤモンドに輝く高級リゾートホテル。客室は高級感と快適さを兼ね備え、居心地抜群。オーシャンビューの客室があるThe Twin Dolphin Towerとシティビューの客室が並ぶThe Huntington Towerの2棟からなる。ハンティントンビーチのピアから徒歩5分。2019年には、屋外プールを一新した。

部屋からの眺めも抜群

住21100 Pacific Coast Hwy., Huntington Beach, CA 92648
☎(714)845-8000
Free (1-800)822-7873
FAX (714)845-8425
URL www.waterfrontresort.com
料SDT$269～640
Su$377～975（+リゾートフィー$33）
駐$44
Wi無料
カードADJMV
部屋437室

何よりも立地のよさが決め手　ハンティントンビーチ　MAP P.52-B2

Kimpton Shorebreak Hotel・キンプトン・ショアブレイク・ホテル

ハンティントンビーチの中心部にある高級ホテル。オーシャンビューの部屋からは、ピアやビーチが見渡せる。1ブロック離れた通りに、レストランやショップが集まっているので、夜遅くまで楽しめるのがいい。

ハンティントンビーチを満喫できるロケーション

住500 Pacific Coast Hwy., Huntington Beach, CA 92648
☎(714)861-4470　Free (1-877)212-8597
FAX (714)861-4475　URL www.shorebreakhotel.com
料SDT$288～645　Su$306～1475（+リゾートフィー$35）
駐$35　Wi$12.99
カードADJMV　部屋157室

中級

スヌーピーがおもてなししてくれる　ブエナパーク　MAP P.47-C3

Knott's Berry Farm Hotel・ナッツ・ベリー・ファーム・ホテル

ナッツ・ベリー・ファームの敷地内にある。客室は、スタンダードルームとスヌーピールームなど数タイプあり、スヌーピールームには、夕方スヌーピーが客室まで来て、ぬいぐるみをプレゼントしてくれる。部屋に入ってからも、スヌーピーが壁のあちらこちらにいて楽しい。レストラン、スヌーピーグッズも販売するショップ、プールもある。

スヌーピーファンならずとも、ぜひ滞在したい

住7675 Crescent Ave., Buena Park, CA 90620
☎(714)995-1111
URL www.knotts.com/knotts-berry-farm-hotel
料SDT$139～495
駐$10
Wi無料
カードADJMV
部屋332室

ナッツ・ベリー・ファームから北へ1ブロック　ブエナパーク　MAP P.47-C3

Courtyard Anaheim Buena Park・コートヤード・アナハイム・ブエナパーク

CA-91の出口そばにあるので、レンタカー利用者に便利なホテル。周辺には、ファストフード店やアメリカ料理レストラン、寿司屋もある。車で10分ほどのディズニーランド・リゾートへ行くのにも不便を感じさせない。

4人まで宿泊可能なツイン

住7621 Beach Blvd., Buena Park, CA 90620
☎(714)670-6600
FAX (714)670-0360
URL www.marriott.com
料SDT$129～329　Su$159～359
駐$12　Wi無料
カードADJMV　部屋147室

コーヒーメーカー　ミニバー／冷蔵庫　バスタブ　ヘアドライヤー　室内金庫　ルームサービス　レストラン

エコノミー

家族連れの利用が多い　ブエナパーク　MAP P.47-C3

Quality Inn & Suites Buena Park Anaheim•クオリティイン&スイーツ・ブエナパーク・アナハイム

ナッツ・ベリー・ファームまで歩ける距離にあるわりにはお手頃価格がうれしいホテル。ベッドが3つあるスイートルームは6人まで宿泊できる。徒歩圏内にマクドナルドやスターバックスコーヒーのほか、アメリカ料理や韓国料理のレストランがあるので便利。朝食無料。

客室が屋外プールに面して並ぶ

住7555 Beach Blvd., Buena Park, CA 90620
☎(714)522-7360
FAX(714)523-2883
URLwww.thebuenaparkhotel.com
料SDT$89～143、Su$100～164
駐無料　Wi無料
カードADJMV　室数176室

ナッツ・ソーク・シティの向かいにある　ブエナパーク　MAP P.47-C3

Best Inn & Suites Buena Park•ベストイン&スイーツ・ブエナパーク

ダブルベッドふたつに二段ベッドが入ったファミリースイートが子供連れの家族に人気。ナッツベリーファームまで歩いて10分の距離なので、開園から閉園まで1日中遊び尽くせる。徒歩圏内にドラッグストアやコンビニエンスストア、ファストフード店などがある。

料金重視の方におすすめ

住8530 Beach Blvd., Buena Park, CA 90620
☎(714)922-3626
FAX(657)213-7700
URLwww.bestinnsuitesbuenapark.com
料SDT$78～113、Su$91～180
駐無料　Wi無料
カードAMV　室数86室

中級

ビーチまで徒歩5分　ニューポートビーチ　MAP P.53-C3

Little Inn By The Bay•リトルイン・バイ・ザ・ベイ

スタッフのフレンドリーな対応が好評のホテル。レストランやショップが集まるショッピングモールのLido Marina Villageまで徒歩圏内にあるのがうれしい。ジャクージ付きの客室「Laguna Jacuzzi」はカップルに人気がある。

パティオもある

住2627 Newport Beach Blvd., Newport Beach, CA 92663
☎(949)673-8800
URLlittleinnbythebay.com
料SDT$180～420
駐無料　Wi無料
カードAMV　室数18室

女性におすすめ　ニューポートビーチ　MAP P.53-C3

Doryman's Oceanfront Inn•ドリーマンズ・オーシャンフロント・イン

バルボア半島の入口、ニューポートビーチピアの近くにある。ビクトリアンスタイルのインテリアに、暖炉やアンティーク家具に囲まれた部屋はゴージャスな雰囲気だ。天井からは太陽光が差し込みリラックスできる。海の見える部屋もあり。無料の朝食付き。

ニューポートビーチの中心

住2102 W. Oceanfront, Newport Beach, CA 92663
☎(949)675-7300
FAX(949)673-2101
URLwww.dorymansinn.com
料SD$249～499　Su$299～599
駐無料　Wi無料
カードADMV　室数11室

最高級

とっておきのバケーションを約束！　ラグナビーチ周辺　MAP P.53-D4外

The Ritz-Carlton, Laguna Niguel•リッツ・カールトン・ラグナ・ニグエル

ラグナビーチからPCHを南へ走った、海に突き出した岬の上にある。AAAの5ダイヤモンドを獲得している、すべてが超一流のホテルだ。知名度、人気度ともに高く、日本人にも好評。レストランの「Raya」は新鮮なシーフードが食べられるとあって地元の人たちで常ににぎわっている。

非の打ちどころがない

住1 Ritz Carlton Dr., Dana Point, CA 92629
☎(949)240-2000
URLwww.ritzcarlton.com
料SDT$799～2199、Su$949～4500(+リゾートフィー$60)
駐$70　Wi無料
カードADJMV　室数396室

高級

オーシャンビューの客室に泊まりたい　ラグナビーチ　MAP P.53-D4

The Inn at Laguna Beach•イン・アット・ラグナビーチ

ラグナビーチの中心に位置し、レストランやカフェ、ギャラリーに徒歩で行くことができる。白色を基調とした客室は落ち着いた雰囲気を醸し出し、リゾートライフを満喫することができるはず。夕方には、テラスにてワインの無料サービスがある。

ルーフトップバーからの眺め

住211 N. Pacific Coast Hwy., Laguna Beach, CA 92651
Free(1-800)544-4479
URLwww.innatlagunabeach.com
料SDT$199～949、Su$749～1500(+アメニティフィー$30)
駐$40　Wi無料
カードADMV　室数70室

フィットネスセンター／プール　コンシェルジュ　日本語を話すスタッフ　ランドリー　WiFi ワイヤレスインターネット　駐車場　車椅子対応ルーム

あなたの**旅の体験談**をお送りください

「地球の歩き方」は、たくさんの旅行者からご協力をいただいて、
改訂版や新刊を制作しています。
あなたの旅の体験や貴重な情報を、これから旅に出る人たちへ分けてあげてください。
なお、お送りいただいたご投稿がガイドブックに掲載された場合は、
初回掲載本を1冊プレゼントします！

ご投稿はインターネットから！

URL www.arukikata.co.jp/guidebook/toukou.html

画像も送れるカンタン「投稿フォーム」

※左記のQRコードをスマートフォンなどで読み取ってアクセス！

または「地球の歩き方　投稿」で検索してもすぐに見つかります

地球の歩き方　投稿  

▶投稿にあたってのお願い

★ご投稿は、次のような《テーマ》に分けてお書きください。

《新発見》――ガイドブック未掲載のレストラン、ホテル、ショップなどの情報
《旅の提案》――未掲載の町や見どころ、新しいルートや楽しみ方などの情報
《アドバイス》――旅先で工夫したこと、注意したこと、トラブル体験など
《訂正・反論》――掲載されている記事・データの追加修正や更新、異論、反論など

※記入例「○○編20XX年度版△△ページ掲載の□□ホテルが移転していました……」

★データはできるだけ正確に。
ホテルやレストランなどの情報は、名称、住所、電話番号、アクセスなどを正確にお書きください。ウェブサイトのURLや地図などは画像でご投稿いただくのもおすすめです。

★ご自身の体験をお寄せください。
雑誌やインターネット上の情報などの丸写しはせず、実際の体験に基づいた具体的な情報をお待ちしています。

▶ご確認ください

※採用されたご投稿は、必ずしも該当タイトルに掲載されるわけではありません。関連他タイトルへの掲載もありえます。
※例えば「新しい市内交通パスが発売されている」など、すでに編集部で取材・調査を終えているものと同内容のご投稿をいただいた場合は、ご投稿を採用したとはみなされず掲載本をプレゼントできないケースがあります。
※当社は個人情報を第三者へ提供いたしません。また、ご記入いただきましたご自身の情報については、ご投稿内容の確認や掲載本の送付などの用途以外には使用いたしません。
※ご投稿の採用の可否についてのお問い合わせはご遠慮ください。
※原稿は原文を尊重しますが、スペースなどの関係で編集部でリライトする場合があります。

旅の準備と技術

Travel Tips

旅の準備

旅の情報収集

インターネットの普及により、日本にいながらロスアンゼルスの生の情報を得ることが容易になった。特に、観光局のウェブサイトでは見どころやイベント、ドライブコースのモデルプランなど、情報が満載でおすすめだ。現地では観光案内所で情報収集しよう。

日本での情報収集と現地での情報収集

日本国内には一般窓口のある観光事務局はないので、旅行ガイドを見たり、旅行会社に出向いて相談したり、ウェブサイトやSNSで調べるしかない。

現地では、エリアごとに観光案内所（→各エリアガイドの最初のページを参照。P.190ほか）があり、地図や見どころのパンフレット、交通案内、イベント情報などを入手できる。案内所によっては、日本語の情報誌やパンフレットが置いてあったり、観光客向けのパソコンがあり情報収集ができるところもある（一部有料）。わからないことがあったら、カウンターにいるスタッフに聞いてみよう。

便利なウェブサイト

旅の総合情報

●外務省　渡航関連情報 URL www.mofa.go.jp/mofaj/toko/〈日〉

●観光局など

ロサンゼルス観光局
URL www.discoverlosangeles.com
URL www.discoverlosangeles.com/jp〈日〉

サンタモニカ観光局
URL www.santamonica.com

●地球の歩き方 URL www.arukikata.co.jp〈日〉

エンターテインメントなど

●チケット予約（要クレジットカード）

チケットマスター　URL www.ticketmaster.com
チケットドットコム　URL www.tickets.com

●プロスポーツ

MLB（野球）　URL www.mlb.com
NBA（バスケットボール）　URL www.nba.com／URL www.nba.co.jp〈日〉
NFL（アメリカンフットボール）　URL www.nfl.com／URL nfljapan.com〈日〉
NHL（アイスホッケー）　URL www.nhl.com
MLS（サッカー）　URL www.mlssoccer.com

LAの情報誌

Los Angeles Times　URL www.latimes.com
Los Angeles Magazine　URL www.lamag.com
LA Weekly　URL www.laweekly.com

そのほかの便利なおすすめサイト

Citysearch　URL www.citysearch.com

※〈日〉:日本語のサイト

交通機関

●航空会社

アメリカン航空
URL www.americanairlines.jp〈日〉
シンガポール航空
URL www.singaporeair.com〈日〉
全日空
URL www.ana.co.jp〈日〉
デルタ航空
URL ja.delta.com〈日〉
日本航空
URL www.jal.co.jp〈日〉
ユナイテッド航空
URL www.united.com/ja/jp/〈日〉

●グレイハウンド
URL www.greyhound.com

●アムトラック
URL www.amtrak.com

●レンタカー

アラモ
URL www.alamo.jp〈日〉
エイビス
URL www.avis-japan.com〈日〉
エンタープライズ
URL www.enterprise.com
ダラー
URL www.dollar.co.jp〈日〉
ナショナル
URL www.nationalcar.com
ハーツ
URL www.hertz-japan.com〈日〉
バジェット
URL www.budgetjapan.jp〈日〉

●アメリカレンタカーナビ
URL www.usa555.com〈日〉
※日本語で予約できるレンタカー会社を一覧できる。予約も可能。

LAの情報源

現地の新聞、雑誌、フリーペーパーについては、P.282「LAでエンターテインメントを楽しむ」を参照。

旅の準備 旅のシーズン

ロスアンゼルスは、地中海性気候（内陸部は砂漠気候）に属している。年間をとおして温暖だが、朝晩の寒暖の差が激しいのが特徴だ。

ロスアンゼルスの気候

春は短く、4月下旬にはカッと夏の日差しが照りつけてくる。夏は5〜9月の間で7、8月は特に気温が高く90〜100°F（32〜37℃）ということも珍しくない。しかし日本に比べると湿気が少なく、思いのほか過ごしやすい。秋は、LAでいちばん過ごしやすいシーズン。朝晩は少し雲が出るが、日中は晴れ渡る日が多い。日中は半袖や上着なしで過ごせるが、朝晩は気温が下がる。冬の11月から3月までが、比較的雨の多い雨季になっている。日中は日差しのあるなしで、かなり体感温度が違う。太陽が隠れて風が吹けば、上着が必要になる。

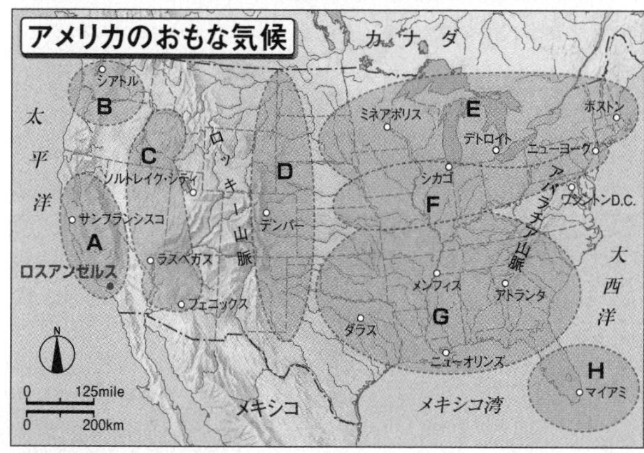

LAの月別平均気温と降水量 ➡P.10
日本との時差表 ➡P.11
LAの季節&イベントカレンダー ➡P.422〜423

アメリカのおもな気候（ケッペン気候区分）
A　地中海性気候
おもな都市：ロスアンゼルス、サンフランシスコ
B　西岸海洋性気候
おもな都市：シアトル、ポートランド
C　乾燥帯砂漠気候
おもな都市：ラスベガス、フェニックス
D　乾燥帯ステップ気候
おもな都市：デンバー
E　亜寒帯湿潤気候
おもな都市：ミネアポリス、デトロイト、ボストン
F　夏暖冷帯湿潤気候
おもな都市：ニューヨーク、シカゴ
G　温帯湿潤気候
おもな都市：アトランタ、ニューオリンズ、ダラス
H　熱帯モンスーン気候
おもな都市：マイアミ

夏の乾燥に注意
空気の乾燥で汗がみるみるうちに乾き、汗をかいた実感がない。そのため脱水症状に陥ることもある。ミネラルウオーターのペットボトルを持ち歩くなど、水分の補給を忘れずに。

服装について

夏から秋にかけては、基本的に半袖でよい。ただし、朝晩の冷えと屋内の冷房対策として、カーディガンなどの長袖を用意しておこう。冬の日中は長袖のTシャツにパーカーなどで、朝晩はジャンパー、薄手のコート、ダウンジャケットなどを重ね着して、気温の変化に対応できるようにしておくとよい。

アメリカの温度の単位

気温や体温などの温度は、華氏（℉）で表示される。

温度換算表　※摂氏（℃）への換算は欄外参照

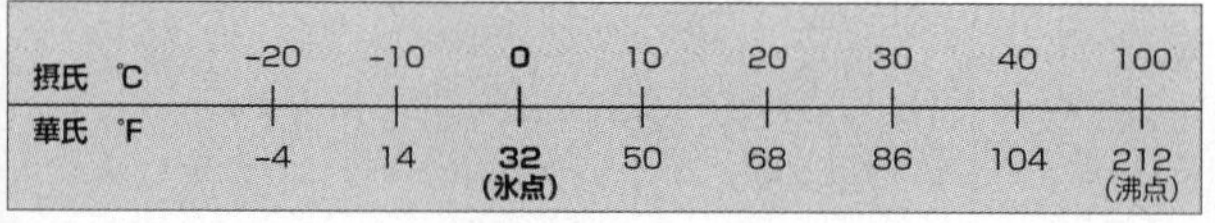

摂氏 ℃	-20	-10	0	10	20	30	40	100
華氏 ℉	-4	14	32（氷点）	50	68	86	104	212（沸点）

華氏⇔摂氏の換算
●華氏＝
（摂氏×9／5）＋32
●摂氏＝
（華氏－32）×5／9
ひとつの目安として、摂氏0度（℃）＝華氏32度（℉）を起点にしてだいたい摂氏1度増減すると、華氏は約1.8度増減すると覚えておくとよい。

イベントカレンダー

	1月 January	2月 February	3月 March	4月 April	5月 May	6月 June
日の出	06:59	06:50	06:22 (07:08)	06:41	06:04	05:43
日の入り	16:56	17:24	17:50 (18:59)	19:15	19:37	20:00
サマータイム			3月第2日曜から ←			
祝祭日	**1日** 新年元日 New Year's Day **第3月曜** マーチン・ルーサー・キングの日 Martin Luther King, Jr. Day	**第3月曜** 大統領の日 Presidents' Day	**17日☆** セント・パトリック・デイ St. Patrick's Day ＊カリフォルニア州では平日扱い **31日☆** セザール・チャベス・デイ Cesar Chavez Day ＊カリフォルニア州の祝日	**第3月曜☆** 愛国者の日 Patriots' Day ＊カリフォルニア州では平日扱い	**最終月曜** メモリアルデイ（戦没者追悼の日） Memorial Day	**19日** ジューンティーンス Juneteenth
ホテルのハイシーズン	パサデナ					■
イベント	**ローズボウル・ゲームとローズパレード Rose Bowl Game & Rose Parade (Pasadena Tournament of Roses)** （1月1日） 毎年恒例のパサデナで行われるカレッジフットボールの王座決定戦。カラフルな花で飾られたフロートやマーチングバンド、音楽隊がパサデナダウンタウンのコロラドブルバードをパレードする。	**チャイナタウン旧正月とゴールデン・ドラゴンパレード＆フェスティバル Chinese New Year & Golden Dragon Parade & Festival** （1月下旬～2月上旬） ダウンタウンのチャイナタウンで行われる旧暦のお正月を盛大に祝うお祭り。 **グラミー賞授賞式 Grammy Awards** （1月下旬～2月中旬） アメリカの音楽業界で最も栄誉ある賞。クリプト・ドット・コム・アリーナで開催され、有名アーティストによるライブパフォーマンスも行われる。	**アカデミー賞授賞式 Academy Awards** （※3月12日） （2月上旬~3月上旬の日曜） 映画業界最高の名誉といわれる。ドルビーシアターで開催されるため、ハリウッド周辺は交通規制やバスの迂回、見どころもクローズする。 **LA マラソン LA Marathon** （※3月19日） （3月上旬～中旬の日曜） ドジャースタジアムをスタートし、センチュリーシティがゴールというマラソン大会（→P.303）。	**アキュラ・グランプリ・オブ・ロングビーチ Acura Grand Prix of Long Beach** （※4月14～16日） （4月中旬の金～日曜） ロングビーチで開催されるフォーミュラカーレース。 URL www.gplb.com	**シンコ・デ・マイヨ Cinco de Mayo** （※5月5日） （4月下旬～5月上旬） 1862年5月5日、メキシコがフランスとの戦争で唯一勝利を収めたプエブラの戦いを記念したお祭り。オルベラ街などで、パフォーマンスがある。	**LA プライド・フェスティバル＆パレード LA Pride Festival & Parade** （※6月9～11日） 性的マイノリティが差別根絶を訴えるために、ウエストハリウッド周辺の Santa Monica Blvd. をパレード。屋台が出るほか、イベントも開催。
セール	**アフタークリスマスセール**					**サマーセール**

※日の出、日の入りは2023年の毎月1日の予測時間。3月と11月の（　）内はサマータイム導入による時差

☆は州によって祝日となる

パサデナは、ローズボウルのイベントのため、1月1日前後が混む。

※の日程は2023年のもの

シンコ・デ・マイヨで盛り上がるオルベラ街

お得なショッピングを楽しもう

冬
11～3月は比較的雨の多い時期。日没後はぐっと冷え込むことも多い

春
日中と夜の温度差が激しい。温度調整しやすい服装で

 MEMO 12/31 深夜のイベント

	7月 July	8月 August	9月 September	10月 October	11月 November	12月 December
日の出	05:46	06:04	06:27	06:48	07:13（06:16）	06:40
日の入	20:09	19:55	19:20	18:38	18:01（16:57）	16:44
サマータイム	→	→	→	→	11月第1日曜まで	
祝祭日 ☆は州によって祝日となる	**4日** 独立記念日 Independence Day		**第1月曜** レイバーデイ （労働者の日） Labor Day	**第2月曜☆** インディジェナス・ピープルズ・デイ （先住民の日） Indigenous People's Day ＊ロスアンゼルス市では休日	**11日** ベテランズデイ （退役軍人の日） Veterans Day **第4木曜** サンクスギビングデイ Thanksgiving Day ＊カリフォルニア州では翌日の金曜日も祝日扱い	**25日** クリスマス Christmas Day
ホテルのハイシーズン	パサデナ以外のエリア（6〜11月）					
イベント ※の日程は2023年のもの	**独立記念日の催し物** **Fourth of July Celebration** （7月4日） LAの各地で盛大な花火大会が行われる。 ハリウッドボウルやローズボウルで行われるコンサートと花火大会が有名。 ダウンタウンのグランドパークでは、屋台が出て、アートイベントやライブコンサートが行われ、花火も打ち上がる。	**ロングビーチ・ジャズ・フェスティバル** **Long Beach Jazz Festival** （※8月11〜13日） （8月の中旬） ロングビーチで有名なジャズミュージシャンたちの演奏を楽しめる。 URL longbeachjazzfestival.com **二世週祭（二世ウィーク）** **Nisei Week Japanese Festival** （8月中旬の9日間） リトルトーキョーで行われる、日系アメリカ人コミュニティと日本文化・歴史を祝う祭り。 URL niseiweek.org	**アボット・キニー・フェスティバル** **Abbot Kinney Festival** （9月下旬の日曜） ライブなども開催されるエコなイベント。フードトラック（屋台）も並ぶ。 URL www.abbotkinney.org	**ハロウィン** **Halloween** （10月31日） ウエストハリウッドのSanta Monica Blvd.の仮装パレードや、ナッツ・ベリー・ファームの『ナッツ・スケアリー・ファーム』が有名。 URL www.visitwesthollywood.com/halloween-carnaval	**ハリウッド・クリスマスパレード** **The Hollywood Christmas Parade** （11月最終日曜） ホリデイシーズン（クリスマスシーズン）の幕開けを告げるパレード。サンタがフロートに乗ってハリウッド周辺のHollywood Blvd.、Sunset Blvd.を練り歩く。 URL thehollywoodchristmasparade.org サンクスギビングが終わると、街のあちこちでクリスマスのイルミネーションやツリーが見られるようになる。	**アイススケーティング・イン・LA** **Ice Skating in LA** （11月中旬〜翌1月下旬） 屋外のアイススケート・リンクが、ダウンタウンやサンタモニカの広場に開設される。詳細は下記ウェブサイトで。 • Holiday Ice Rink URL holidayicerinkdowntownla.com • Ice at Santa Monica URL www.downtownsm.com/ice-at-santa-monica
セール					**ブラックフライデイ** （サンクスギビングの翌日。量販店を中心に大型セール） **アフターサンクスギビングセール**	**アフタークリスマスセール**

テーマパークもハロウィン仕様に様変わりする

カリフォルニアらしさを最も満喫できる夏

夏
西海岸特有のカラッとした気候。空気が乾燥しているのでこまめに水分の補給を

秋
LAでいちばん過ごしやすい時期。屋内はクーラーが効き過ぎているところが多いので上着を忘れずに

旅の準備

旅のモデルルート

広大なLAでは、どう効率よく観光するかが鍵。レンタカーなら、カーナビがあると安心。効率重視ならツアー、時間はかかるがメトロバス、メトロレイルでも移動できる。

定番コースを巡る、初めてのLA5日間

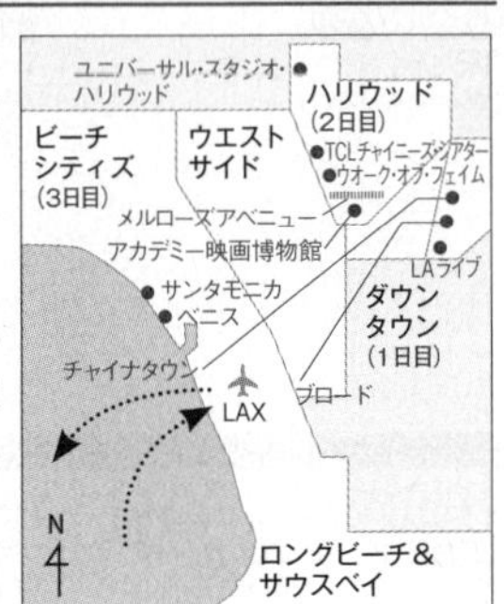

1日目　LAX着、ダウンタウンへ。チャイナタウンでランチを食べたら、ブロードで美術鑑賞。グラミー博物館を訪れたあと、LAライブでディナー。
LAの主要観光エリアを走る、乗り降り自由のホップオン・ホップオフ・ツアー（→P.44）も移動に便利。

2日目　ハリウッドへ。TCLチャイニーズ・シアターやウオーク・オブ・フェイムなどを見て回る。メルローズアベニューでショッピングか、アカデミー映画博物館へ。そのあと、ユニバーサル・スタジオ・ハリウッドにも。

3日目　サンタモニカへ。サンタモニカピアやサード・ストリート・プロムナードへ。ベニスへも足を延ばしたい。

4～5日目　LAX発、日本着。

※ LAX とはロスアンゼルス国際空港を指す

LA でとことんショッピングを楽しむ５日間

デザート・ヒルズ・プレミアム・アウトレットへ（2日目）
ロバートソンブルバード
ハリウッド
ウエストサイド
（3日目）
メルローズアベニュー
ビーチシティズ
（1日目）
ロデオドライブ
サンタモニカ
ベニス
ダウンタウン
N
LAX
サウス・コースト・プラザへ
（2日目）

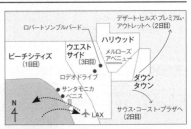

1日目　LAX着。ダウンタウンのホテル着後、サンタモニカへ。メインストリート、ベニスのアボット・キニー・ブルバード、サード・ストリート・プロムナードへ。

2日目　近郊のアウトレットやショッピングモールへ。オプショナルツアーの利用も便利（→P.42～43）。

3日目　メトロバスに乗ってロデオドライブ、ロバートソンブルバード、メルローズアベニューに足を延ばす。

4～5日目　LAX発、日本着。

MEMO
フリープランのツアーでは、ダウンタウンが宿泊地のものが多いので、上記ふたつのモデルルートはダウンタウンを起点にしている。1～2泊延泊するのなら、ユニバーサル・スタジオ・ハリウッドやディズニーランド・リゾートなどのテーマパークへ出かけてみよう。

サンタモニカ宿泊、ビーチを楽しむ５日間

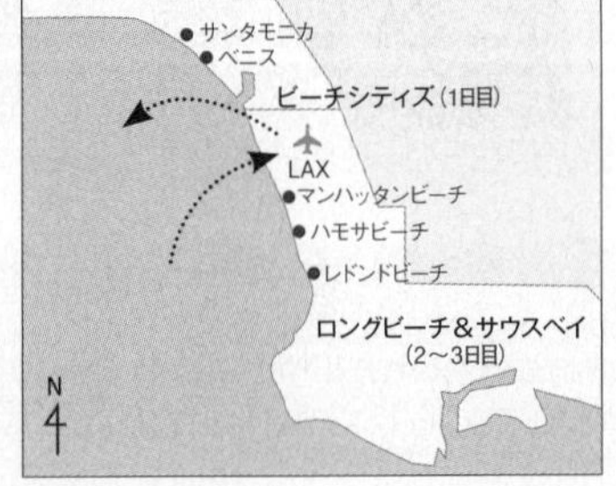

1日目　LAX着、サンタモニカへ。サンタモニカやベニスの定番スポットであるサンタモニカピアや、サード・ストリート・プロムナード、オーシャン・フロント・ウオークへ。

2日目　LAXの南にある、ハモサビーチへ移動。ビーチでのんびりと過ごす。ハモサビーチ泊。

3日目　マンハッタンビーチ、レドンドビーチへ。ハモサビーチ泊。

4～5日目　LAX発、日本着。

MEMO **1～2日単位のモデルコース**　P.30～35で、1～2日単位のプランを紹介している。また、P.262～265のオレンジカウンティのビーチも人気のコースのひとつ。

旅の準備

旅の予算とお金

計画する旅の内容に応じて支出する費用もさまざまだ。ここでは、アメリカ旅行の基本的な費用を項目別に説明する。おおよその相場を念頭に、限られた予算をバランスよく調整しながら計画を立てよう。

旅の予算

移動にかかる費用

●飛行機

2023年1月現在、日本からLAへは、アメリカの航空会社をはじめ、日系やアジア系など多くの航空会社が乗り入れている。アメリカへの国際線のなかでも競争路線であるため、航空券の料金はほかの都市と比べて安い。

また、アメリカの国内を移動するのも、旅行期間が限られていて効率的な旅をしたいなら、飛行機がいちばん。小さな町でも、観光地として人気の高い場所なら地方空港があり、飛行機も頻繁に運航されている。ユナイテッド航空、デルタ航空、アメリカン航空などの大手航空会社のほか、サウスウエスト航空、ジェットブルーなどの格安航空会社（LCC：ローコストキャリア）まで、全米で定期便を運航する会社はさまざまだ。近年は大手航空会社も国内線預託荷物（機内預けの荷物）や機内食を有料化していることも多く、サービスや運賃などをトータルで比較して選ぶようにしよう。

●長距離バス（グレイハウンド）

アメリカを網の目のように走っている長距離バスは、かなり小さな町まで路線が延びている。LAエリア内には、ダウンタウンにターミナルがあるので、近郊の町へアクセスするには便利。

●鉄道（アムトラック）

アメリカの旅客鉄道は鉄道黄金期の面影を残し、座席はゆったり、食堂車や寝台車、路線によっては展望車も連なって、移動時間を演出してくれる。ただし、運行本数が少ないのと、時間に正確でないのが困りもの。それでも、広大なアメリカ大陸の大きさを自分の肌で感じたいなら、長距離バスと同様に鉄道もおすすめだ。

●レンタカー

アメリカでは、目的地まで飛行機で飛び、そこから先はレンタカーで移動する“フライ・アンド・ドライブFly & Drive”という移動&旅行方法が一般的。というのも、アメリカは車での移動を基本に街が造られており、鉄道や長距離バスさえも運行されていない小さな町が、いくらでもある。そこで活躍するのがレンタカー。特に、公共の交通機関が東京ほど発達していないLAでの観光には、レンタカーがおすすめ。信号や一時停止のないフリーウエイ（高速道路）は基本的に通行無料。おもにかかる費用は車のレンタル代、保険料、ガソリン代。また、LAの中心地のホテルに宿泊するのなら、駐車場代（1泊無料～$68）も予算に入れておこう。

航空券の手配
➡P.433

運賃と移動時間の目安（飛行機）
※2023年1月現在
※運賃はエコノミークラス割引運賃を利用。2023年1～5月までの目安。航空会社、シーズンにより異なる。
●日本～LA間：直行便往復（燃油サーチャージは別途）15万6000～31万7000円。
●LA～サンフランシスコ間：片道7300～2万7000円（直行便で所要約1時間30分）

運賃と移動時間の目安（バス）
※2023年1月現在
●LA～アナハイム間：片道$7～41（所要40～65分）。LA～サンフランシスコ間：片道$36～86（所要8～13時間）。

運賃と移動時間の目安（鉄道）
※2023年1月現在
●LA～アナハイム間：片道$16～26（所要約40分）。LA～サンフランシスコ間：片道$54～278（鉄道と連絡バス、所要約11時間）。

レンタカー料金の目安
●諸税金、保険を含む。エコノミー2/4ドアクラスを借りる場合。1日$120前後。

ガソリンの価格
※2023年1月現在
※レギュラーガソリン。地域により異なる
●1ガロン（約3.8リットル）$5前後

●宿泊費

客室料金の高低はホテルの周囲の治安のよし悪しにほぼ比例する。たいていのホテルは、シーズンによる客室料金の変動が少なく、平日と比べて週末のほうが高い。また、同じホテルでも、大きなコンベンションやイベントなどがあるときは料金が上がり、時期によっては部屋が取りにくくなるので注意が必要だ。

●食費

食事もまた個人の旅のスタイルによって大きく異なる。どこで、どんな料理を食べるか、お店のランクなどで違ってくる。

安くあげたいなら、サンドイッチ、ハンバーガーやホットドッグなどで済ませる。デリ、ファストフードでは1食＄10〜15あれば十分。しかし、LAならカリフォルニア料理をはじめ、エスニック料理のレストランが多く、タイタウンやコリアタウンでは本場に負けない味を楽しむことができる。予算を切り詰めるばかりでなく、メリハリのある食事を楽しもう。予算は、最低でも朝食に＄10〜15、昼食に＄20〜40、夕食に＄30〜75で組んでおきたい。

●観光に要する費用

LAでは、市内観光ツアーやタクシー、美術館やテーマパークなどの入場料のほか、おしゃれなバーで夜を楽しみたいとか、スポーツ観戦したいなど、何をしたいかによって、かかる費用もさまざまだ。

●市内交通費

LAのメトロバスやメトロレイルの基本運賃は1回＄1.75。飛行機での移動には、空港から市内までの交通費がシャトルバンの利用で1回＄15〜40前後かかる。タクシーはメーター制で$3.10の基本料金に走行マイルに応じて加算される。公共の交通機関を頻繁に利用するのなら、メトロの乗り放題のパス（→P.90）が割安。

●そのほかの費用

大きい買い物やおみやげなどは、予算を別立てしておきたい。サービスに対して支払うチップ、飲み物やおやつなどの副食費、日用品の雑費なども忘れずに計上しておこう。

外貨の両替

外貨両替は日本国内の大手銀行、国際空港内の銀行などで取り扱っている。ほとんどの場合、金種が決まっているパックが基本。$1、$5、$10、$20などの小額紙幣は利便性が高い。**日本円からアメリカドルへの両替は、日本国内のほうが概してレートはいい**が、日本を出発する前に準備できなくても、アメリカの国際空港には到着ロビーに必ず両替所があり、到着便がある時間帯は常に開いている。最悪ここで外貨両替をすればよい。ただし、多額の現金を持ち歩くのは危ないので、両替は必要最小限にとどめよう。

アメリカの通貨単位はドル（$）とセント（¢）で、$1.00=100¢。

紙幣は$1、$5、$10、$20、$50、$100の6種類、硬貨は1¢、5¢、10¢、25¢、50¢、100¢（=$1）の6種類。コインと紙幣の写真、為替レートはジェネラルインフォメーションを参照（→P.8）。

トラベラーズチェック（T/C）

トラベラーズチェック（Traveler's Check、以下T/C）は、条件

宿泊費の目安

LAは、観光、ビジネスで訪れる人の多い都市だけに競争が激しいので、中級クラスのホテルの数が多く、安めの料金設定になっている。

高級ホテルは、最低でもシングル＄250〜、ツイン＄280〜。中級でも、シングル＄160〜190、ツイン＄160〜220が相場。エコノミーホテルなら、1泊$85前後から。ユースホステルに泊まれば、1泊＄50前後。

宿泊費を抑えるには

ユースホステルやモーテル（駐車料金が無料の場合が多い）に宿を取る方法もある。近郊に宿を決めた場合は、レンタカーやタクシーなどの移動費も予算に含めよう。

ロッジングガイド ➡P.388

イベントカレンダー ➡P.422〜423

ダイニングガイド ➡P.354

オプショナルツアー ➡P.42

テーマパークガイド ➡P.129

エンターテインメント&スポーツ ➡P.281

交通機関 ➡P.86

チップについて ➡P.442

高額の支払いは

一般に買い物や旅行中の支払いの際、ニセ札の被害を防ぐため、高額商品を扱っていないお店では、$50や＄100の高額紙幣を受け取ると、身分証明書などの提示を要求し、慎重にチェックする。場合によっては受け取りを拒否されることもあるので、高額の支払いにはクレジットカードがベター。

クオーターコイン

クオーター（25¢）は、公衆電話や市バスの利用などで多用するので、できるだけためておくといい。

2023年2月6日現在の為替交換レート
＄1.00=132.44円

最新の為替レートは「地球の歩き方」ウェブサイトで確認することができる。
URL www.arukikata.co.jp/rate

MEMO アメリカン・エキスプレスのトラベラーズチェック T/C の日本国内販売は終了しているが、発行済みの T/C に関しては有効期限がないので、いつでも海外で使用できる。また、日本国内で日本円に換金が可能。↗

(→P.427側注) を満たしていれば紛失や盗難時に再発行できる小切手。現金と同様に使え、銀行や両替所で現金化もできる (要手数料)。2023年1月現在、日本国内でT/Cは販売されていないが、アメリカでの使用は可能だ。

デビットカード

使用方法はクレジットカードと同様だが、代金の支払いは後払いではなく発行銀行の預金口座から原則即時引き落としとなる。口座の残高以上は使えないので、予算管理にも便利。JCBデビットやVISAデビットがあり、それぞれの加盟店で使用でき、ATMで現地通貨も引き出せる。

海外専用プリペイドカード

海外専用プリペイドカードは、外貨両替の手間や不安を解消してくれる便利なカード。多くの通貨で国内での外貨両替よりレートがよく、カード作成時に審査がない (本人確認書類とマイナンバー申告は必要)。出発前にコンビニATMなどで円をチャージ (入金) し、その範囲内で渡航先のATMで現地通貨を引き出せる。各種手数料が別途かかるが、使い過ぎや多額の現金を持ち歩く不安がない。2023年1月現在、発行されているおもなカードは右側注のとおり。

クレジットカード

クレジットカードはアメリカ社会において、所有者の経済的信用を保証するものとして欠かせない。日本で加入できる国際カードブランドはアメリカン・エキスプレスAmerican Express、ダイナースクラブDiners Club、ジェーシービーJCB、マスターカードMastercard、ビザVISAなどがあり、銀行や信販会社でも提携しているところがある。これらのカードのうち、アメリカで最もポピュラーなものがビザとマスターカード。JCBは日本人観光客の利用度の高いところを中心に、海外でも加盟店を拡大している。各社に特徴があるが、緊急時のことも考えると複数のクレジットカードを持っていることが望ましい。新規にクレジットカードを作る場合、余裕をみて旅行の1ヵ月前には申し込もう。

クレジットカードのメリット

①多額の現金を持ち歩かなくてもよいので安全である。
②現金が必要なとき、手続きをしておけばキャッシングサービスを受けられるので、所持金が底を突いたら……、という心配から解放される。
③経済的信用を求められる意味合いで、レンタカー、ホテルの予約、ホテルのチェックイン時に必要。
④コンサートチケット、プロスポーツ観戦チケットを入手する際、個人でウェブサイトからオンラインで購入するときに必要。
⑤支出額のチェックがしやすい。
⑥現金の受け渡し時にある間違いが起こらない。
⑦ホテル予約の際、カード番号を伝えておくと、予約保証される。

クレジットカードの使い方

日本と同様ほとんどの店やレストランで利用できるが、店によっては最低の利用金額を定めているところがある。また、タクシーでも最

T/Cの再発行の条件
紛失・盗難の際は発行会社へすぐ電話を(→P.452)。
①T/Cを購入した際のT/C購入者控えがあること
②紛失したT/C番号と金額
③Holder's Signature欄のみに購入者のサインがある
※T/Cの使用を記録し、T/C購入者控えはT/Cとは別に保管しておくこと。

署名欄のサインについて
サインは、使用時にパスポートなど身分証明書 (ID) の提示を求められることがあるので、パスポートと同じものをすること。

デビットカードの発行金融機関
JCB、VISAなどクレジットカード国際ブランドによるデビットカードが、複数の金融機関から発行されている。
URL www.jcb.jp/products/jcbdebit
URL www.visa.co.jp/pay-with-visa/find-a-card/debit-cards.html
※発行金融機関によっては、利用限度額の設定が可能。

海外専用プリペイドカード
2023年1月現在、発行されているのはおもに下記のとおり。
・アプラス発行「GAICAガイカ」、「MoneyT Global マネーティーグローバル」
・トラベレックスジャパン発行「Multi Currency Cash Passport マルチカレンシーキャッシュパスポート」

ICチップがあるクレジットカード
近年ロスアンゼルスではICチップがあるクレジットカードしか受け付けないことがある。最低でも1枚は、ICチップ付きのクレジットカードを持っていくようにしたい。

↘日本国内での換金場所については 無料 0120-779656 で確認を。

ICチップがあるクレジットカードは、カードを端末機に挿入してPINを入力

カードをなくしたら!?

すぐにカード発行金融機関もしくは国際カ ドブランド各社の緊急連絡先(→P.452)に電話し、カードを使えないようにする手続きを取る。その後、警察に行き、紛失届出証明書(ポリスレポート)を発行してもらう。旅行前にカード裏面の発行金融機関名やカード番号をメモして、財布とは別に保管しておこう。

ATMの操作手順
※機種により手順は異なる

①クレジットカード、デビットカード、海外専用プリペイドカードの磁気部分をスライド、もしくは差し込み、機械に読み取らせる。機械によっては日本のATMと同様に、カードの表面を上向きに挿入するタイプもある。
↓
②ENTER YOUR PIN=「暗証番号」を入力して、ENTER キーを押す。
↓
③希望する取引の種類を選択する。WITHDRAWAL、またはGET CASH=「引き出し」を指定する。
↓
④取引の口座を選択する。クレジットカードの場合、CREDIT、もしくはCREDIT CARD=「クレジットカード」を指定。
※デビットカード、海外専用プリペイドカードの場合はSAVINGS(普通預金)を指定。
↓
⑤引き出す金額を入力するか、画面に表示された金額のなかから、希望額に近い金額を指定して、ENTERを押す。
↓
⑥現金とRECEIPT「利用明細」を受け取る。
※初期画面に戻っているかを確認し、利用明細はその場で捨てないように。
※途中で手順がわからなくなったら、CANCEL=「訂正」を選択し、初めからやり直そう。

低利用料金を設けている場合がある。会計時にカードを渡すと、利用内容が記された伝票が提示されるので、金額などを確認のうえ、署名欄にサインをすればよい。店によりPIN(暗証番号)を入力する場合もあるので、PINが不明なら発行金融機関へ早めに確認しておこう(2週間ほど要する)。利用控え(Customer's Copy)の受領を忘れずに。

チップもクレジットカードで払える

レストランなどでクレジットカードで支払いをする場合、チップも同様にカードで支払うことができる。伝票にサインをする際、飲食料金の下にTip、またはGratuityという欄があるので自分でそこに金額を書き込み、チップを加えた合計金額も一緒に書く(→P.442)。

使用時の注意

基本は、伝票の内容をよく確認してからサインすること。店によっては、店独自のレート(不利なケースが多い)で日本円に換算して、日本円で請求される場合があるので、不満があればサインをせずにUSドルでの請求に改めてもらおう。一度サインをしたということは、伝票の内容に間違いがないことに同意したことであり、あとから異議を申し立てるのは困難。また、カードの悪用を避けるため、会計時も絶対にカードから目を離さないこと。なお、クレジットカードの保管はパスポート並みに気をつけたい。盗難時はすぐにカード使用停止の手続きをすること(→左側注)。

クレジットカードでキャッシングする

手持ちの現金が少なくなったときに便利なのが、クレジットカードのキャッシングサービス。空港や街なかのATM(操作方法は左側注を参照)、提携の金融機関の窓口(カードとパスポートが必要)で、いつでも現地通貨で引き出せる。キャッシングには、ATM利用料や利息がかかり、カード代金の支払い口座から引き落とされる。

電子マネー

ロスアンゼルスでは、日本と比べて電子マネーでの支払いはあまり普及していない。Apple Payが利用できるカフェやショップはわずかだがある。

VOICE 読者投稿集～買い物編～

クレジットカードは1枚ではなく予備も持ち歩くべし

買い物や食事はもちろん、メトロレイルのチケットでさえクレジットカードで購入することができていたが、ある日ショップで商品を購入しようとクレジットカードを差し出すもエラーの表示が。もう1枚の予備のカードはホテルに置いていたため、買い物は諦め、ホテルへ戻った。もしものときのためにカードは最低2枚、現金も最低$20は持ち歩いたほうがいいと思った。

(東京都　インスピ　'18)['23]

買い物時もパスポートの携帯を

わりと高価なセレクトショップでクレジットカードで払おうとしたところ、写真付きの身分証明書の提示を求められた。パスポートを持っていたのでよかったが、あやうくひと目ぼれのワンピースを買い逃すところだった。

(埼玉県　えむ　'18)['23]

MEMO **パスポートの保管** ICチップのデータに影響する恐れがあるため、かばんや財布のマグネットなど磁気のある物に近づけないように。また、パスポートのなかで所持人が記載できるのは、「所持人記入欄」のみ。余計なメモや落書きは厳禁。

旅の準備.

出発までの手続き

パスポート（旅券）は、あなたが日本国民であることを証明する国際的な身分証明書。これがなければ日本を出国することもできない。そして旅行中は常に携帯すること。

パスポートの取得

一般旅券と呼ばれるパスポートは、有効期間が5年（紺）と10年（赤）の2種類。発行手数料は5年用（12歳以上）1万1000円、5年用（12歳未満）6000円、10年用（18歳以上）1万6000円で、期間内なら何回でも渡航可能。なお、18歳未満の場合は5年用しか申請できない。アメリカの場合、パスポートの残存有効期間は、入国する日から90日以上あることが望ましい。旅行中に有効期間が切れる人も、新しく作り直しておこう。

パスポートの申請から受領まで

申請手続きは、住民登録をしている居住地の各都道府県の旅券課やパスポートセンターで行う。必要書類を提出し、指定された受領日以降に、申請時に渡された受領証を持って受け取りに行く。必ず本人が出向かなければならない。申請から受領まで約1週間。都道府県庁所在地以外の支庁などで申請した場合は2〜3週間かかることもある。

パスポート申請に必要な書類

①一般旅券発給申請書（1通）

用紙はパスポートセンターや市区町村の役所にもあり、申請時にその場で記入すればよい。未成年者の場合は親権者のサインが必要になる。

②戸籍謄本（1通） ※6ヵ月以内に発行されたもの。

③住民票（1通） ※住基ネットを利用することにより、原則不要。

④顔写真（1枚） 6ヵ月以内に撮影されたもの。サイズは縦4.5cm×横3.5cm（あごから頭まで3.4±0.2cm）、背景無地、無帽、正面向き、上半身。スナップ写真不可。白黒でもカラーでも可。また、渡航先でパスポート紛失時などの予備用に2〜3枚持っておきたい。

⑤申請者の身元を確認する書類

運転免許証、個人番号カード（マイナンバーカード）など、官公庁発行の写真付き身分証明書ならひとつ。健康保険証、年金手帳、社員証や学生証（これらの証明書類は写真が貼ってあるもののみ有効）などならふたつ必要。窓口で提示する。

⑥旅券を以前に取得した人はその旅券を返納し、失効手続きをする

ビザ（査証）の取得

ビザとは、国が発行するその国への入国許可証。観光、留学、就労など渡航目的に応じてビザも異なるが、日本人のアメリカ合衆国入国にあたっては「ビザ免除プログラム」が利用でき、90日以内の観光、商用が目的の渡航であれば、ほとんどの場合ビザの必要はない。ビザなしで渡米する場合、ESTAによる渡航認証を取得しなければならない（→P.431）。

外務省パスポート
URL www.mofa.go.jp/mofaj/toko/passport/index.html

パスポートのサイン
パスポート申請書の顔写真の下にある「所持人自署」の欄にしたサインが、そのままパスポートに転写される。このサインは、日本語でも英語でもどちらでも構わないが、自分がいつも書き慣れている文字がよい。

機械読取式でない旅券と訂正旅券の取り扱いに注意！
国際民間航空機関の決定により、機械読取式でない旅券（パスポート）は2015年11月25日以降、原則使用不可となっている。また、2014年3月20日より前に「記載事項の訂正」方式（同日より廃止）で身分事項の変更を行った旅券（訂正旅券）は、訂正事項が機械読取部分またはICチップに反映されておらず、国際基準外とみなされる恐れがある。出入国時や渡航先で支障が生じる場合もあるため、どちらの旅券も新規に取得しなおすほうが無難。詳細は外務省のウェブサイトで。
URL www.mofa.go.jp/mofaj/ca/pss/page3_001066.html

パスポートの切替申請・発給
パスポートの残存有効期間が1年未満となったときから、切替発給が可能。申請には左記の「パスポート申請に必要な書類」のうち①④⑥を提出する（③が必要な場合もある）。
氏名、本籍の都道府県名に変更があった場合は新たなパスポート、または記載事項変更旅券の申請をする。申請には左記の「パスポート申請に必要な書類」のうち①②④⑥を提出する（③が必要な場合もある）。

パスポートの紛失については ➡P.448

MEMO **旅券（パスポート）の更新手続きが電子申請できる** 2023年3月27日より、パスポートの発給申請手続きが一部オンライン化された。残存有効期間が1年未満になったときに新たな旅券の発給を申請する、いわゆる切替申請・発給の場合には、電子申請も可能に。

アメリカ大使館
住〒107-8420
東京都港区赤坂1-10-5
☎(03) 3224-5000(代表)
URL jp.usembassy.gov/ja/

18歳未満のアメリカ入国について
両親に引率されない子供が入国する場合は、子供の片親や親、法的保護者からの渡航同意書(英文)が要求される可能性がある。注意したい。詳細はアメリカ大使館に問い合わせを。

ビザ免除プログラムの改定について
2015年ビザ免除プログラムの改定、およびテロリスト渡航防止法の施行により、2011年3月1日以降にイラン、イラク、スーダン、シリア、リビア、ソマリア、イエメン、北朝鮮に、2021年1月12日以降にキューバに渡航、または滞在したことがある、などの条件に該当する場合は、ビザ免除プログラムを利用して渡米することができなくなった。これらの条件に該当する渡航者は、アメリカ大使館において通常のビザ申請をする。詳細は
URL jp.usembassy.gov/ja/visas-ja/esta-information-ja/で確認を。

ビザ申請サービス
ビザに関する質問などは、ビザ申請サービスのメール、電話、チャット、Skypeで受け付けている。これらの情報サービスは無料で、通話料のみ利用者負担となる。
オペレーター対応の電話問い合わせは☎050-5533-2737(日本)。
米国在住者は☎(703) 520-2233(アメリカ)
営月〜金10:00〜18:00
メール、チャット、Skypeでの問い合わせは、米国ビザ申請専用のウェブサイト
URL www.ustraveldocs.com/jpの「お問い合わせ」からアクセスする。

警察庁
URL www.npa.go.jp

ISICカード
URL isicjapan.jp
バーチャルISICカード:2200円

(財)日本ユースホステル協会
URL www.jyh.or.jp

滞在が90日以内でもビザが必要なケース

日本から第三国へ渡航したあと、アメリカに入国する場合、国によってはビザが必要な場合もある。そのような予定の人は必ず、航空会社、旅行会社、アメリカ大使館・領事館に問い合わせること。ただし、直接アメリカに入国したあとにカナダ、メキシコなどに出国、再びアメリカに戻ってくる場合、そのアメリカ滞在の総合計日数が90日以内ならビザは不要。また、2015年ビザ免除プログラムの改定により、「ビザ免除プログラム」を利用してアメリカに入国する渡航者にいくつかの制限が加わった。詳細は左側注参照。

ビザの申請

非移民ビザを申請する場合は、ほとんどの人は面接(予約制)が必要となる。面接の予約は米国ビザ申請専用のウェブサイト(URL www.ustraveldocs.com/jp)から行う。面接時にビザが許可された場合、通常面接後、約7日間でビザが発給される。追加手続きが必要と判断された場合は、さらに審査期間を要するため、早めの申請が望ましい。

ワクチン接種証明書の取得

アメリカ市民、アメリカ永住者(グリーンカード保持者)、移民ビザ所持者を除いた18歳以上のすべてのアメリカへの渡航者は、アメリカ行きの飛行機に搭乗する前に、新型コロナウイルスワクチン(COVID-19ワクチン)の接種を完了した証明書(ワクチン接種証明書、ワクチンパスポート)を提示することが義務づけられている(→P.436)。ワクチン接種証明書の申請先は、接種を受けたときに住民票があった市町村の窓口。申請には、申請書、本人確認書類(運転免許証やマイナンバーカード)、旅券(パスポート)、接種済証または接種記録書、返信用封筒が必要。

取得しておくと便利な証書類

国外運転免許証

自分の運転免許証を発行した都道府県の運転免許センターや警察署で申請する。運転免許センターなら即日、警察署なら約2週間後の発給となる。なお、免許停止処分を受ける人、免停中の人は申請不可。申請に必要なものは、国内の運転免許証、パスポート、顔写真1枚(縦4.5cm×横3.5cm)、有効期限切れの国外運転免許証、発給手数料の2350円〔都道府県により印鑑(認印)が必要な場合あり〕。

国際学生証(ISICカード)

世界青年学生教育旅行連盟が発行する世界共通の学生身分証明証。これを提示することで博物館や乗り物などが割引になる場合がある。取得はオンラインで、PayPalの登録が必要。個人情報を入力し、450×540px以上の写真と写真入り学生証をアップロードする。

ユースホステル会員証

ユースホステルは、原則として会員制。手続きは日本ユースホステル協会の窓口かオンラインで申し込む。年会費は2500円(19歳以上、継続の年会費は2000円)。必要書類は氏名と住所が確認できるもの。

MEMO **ESTA 申請時の注意** インターネットのキーワード検索結果などからESTA申請を行う場合、知らないうちに申請代行会社のサイトを利用していることがあり、別途手数料を請求されることがあるので、くれぐれも注意すること。

ESTA（エスタ）の取得

ビザ免除プログラム（→P.429）を利用し、ビザなしで飛行機や船でアメリカへ渡航・通過（経由）する場合、インターネットで（携帯電話は不可）ESTAによる渡航認証を取得する必要がある。事前にESTAの認証を取得していない場合、航空機への搭乗や米国への入国を拒否されることがあるので注意が必要だ。一度ESTAの認証を受けると2年間有効で、米国への渡航は何度でも可能（日程や訪問地を渡航のたびに更新する必要はない）。なお、最終的な入国許可は、初めの入国地において入国審査官が行う。

アメリカへの渡航が決まったら、早めにESTAによる渡航認証を申請・取得をしよう（出国の72時間前までの取得を推奨）。ESTA申請は親族、旅行会社（要代行手数料）など本人以外の第三者でも可能。

ESTAの有効期間
原則2年間。ただし、認証期間内でも、パスポートの有効期限が切れるとESTAも無効になる。また、氏名やパスポート番号の変更があった場合は、再度申請を行うこと。

ESTAの登録料
料$21
※支払いはクレジットカード、デビットカード
カードADJMV

ESTA記入方法
地球の歩き方
URLwww.arukikata.co.jp/esta

1 URLesta.cbp.dhs.govにアクセス
画面右上の「CHANGE LANGUAGE」で日本語を選択。「新規に申請を作成する」をクリックし、「個人による申請」または「グループによる申請」を選択。
なお、申請期間中の申請の状況確認を行う場合は、「既存の申請を続行する」を選択すればいい。

2 セキュリティに関する通告の画面が表示される。内容をよく読み、問題がなければ「確認して続行」をクリック。免責事項の画面が表示される。内容をよく読み、問題がなければ、「はい」を選択。
2009年旅行促進法に基づき、申請にかかる手数料、支払いに関しての内容を記載。同意なら「はい」を選択し「次へ」をクリック。

3 申請書の入力
「旅券をアップロード」の画面が出てくる。「旅券をアップロード」をクリック。パスポートの顔写真があるページの写真をアップロード。パスポートの情報が自動的にESTAの申請情報に入力される。
「＊」の印がある項目は回答必須。質問事項は日本語で書かれているが、すべて英語（ローマ字）で入力、またはプルダウンメニューから該当項目を選択する。疑問がある場合は「？」のアイコンをクリックする。
●申請者／パスポート情報、別の市民権・国籍、電子(e)メールアドレスを入力。
●登録した電子(e)メールアドレスに4ケタの確認コードが送られてくるので、それを入力。
●個人情報／連絡先情報、ソーシャルメディア、GEメンバーシップ、両親、勤務先の情報を入力。
●渡航情報／アメリカ国内での連絡先、アメリカ滞在中の住所、アメリカ内外の緊急連絡先情報を入力。
●1）～9）の適格性に関する質問事項に「はい」、「いいえ」で回答。
●「権利の放棄」と「申請内容に関する証明」の内容を読み、☑チェックを入れる。
●本人以外が代行して入力した場合は、「第三者による代理申請の場合に限定」の内容を読み、☑チェックを忘れずに。
入力内容をよく確認して、間違いがなければ「次へ」をクリック。

4 3で入力した内容が「申請内容の確認」として表示される。
申請者情報／個人情報、渡航情報、適格性に関する質問など、すべての回答に間違いないかを再確認しよう。各申請内容に間違いなければ「確認して続行」をクリック。もし間違いがある場合は、申請確認の画面の右上にある「申請内容の内容を変更する」を選択し、情報の修正を行うこと。
申請内容をすべて確認したら、最後にパスポート番号、国籍、姓、生年月日を再入力して「次へ」をクリックする。

5 申請番号が発行されるので、申請番号は、必ず書き留めること。申請番号は、今後、既存の申請内容を確認するときに必要だ。免責事項を読み、「免責事項」に☑チェックを入れ、「今すぐ支払う」をクリック。

6 オンライン支払いフォームに進む。ここではクレジットカード名義人氏名、クレジットカード所有者の請求先住所、クレジットカード番号、有効期限、セキュリティコードを正確に入力する。
入力の情報を再度確認したら、「続行」をクリック。確認画面が表示されるので、間違いがなければ「私はカード発行会社との契約に従い、上記金額を私のクレジットカード口座へ課金することを許可します。」に☑チェックを入れ、「続行」をクリック。

7 結果は通常72時間以内に確定される。

「認証は保留中です」とは、審査中ということ。再度ESTAサイトにアクセスし、申請状況を確認しなければならない。回答は申請後72時間以内には確認できる。

「認証は承認されました」とは、渡航認証が承認され、ビザ免除プログラムでの渡航が許可されたことを示す。申請番号、ESTAの有効期限、申請した内容などが記載されたページを印刷し、渡航時に携帯することをすすめる。

「終了」をクリックすると、ESTAの登録は完了。引き続き、申請する場合は、「別の渡航者の場合は、「別の渡航者の登録」をクリック。

MEMO **ESTA（エスタ）申請書の入力についての注意点** 2022年12月からESTA申請時にパスポートの顔写真があるページをアップロードすることが必須になった。パスポート情報を手入力することはできないので注意するように。

海外旅行保険の加入

海外旅行保険とは、旅行中の病気やけがの医療費、盗難に遭った際の補償、あるいは自分のミスで他人の物を破損した際の補償などをカバーするもの。万一のことを考えると、保険なしで旅行するのはかなり危ない。アメリカの医療費は非常に高く、犯罪の発生率も決して低いとはいえない。また、金銭的な補償が得られるということだけでなく、緊急時に保険会社のもつ支援体制が使えることはたいへん心強いもの。保険料は旅行全体の費用からみれば、ごくわずかな出費にすぎないので、海外旅行保険には必ず加入しよう。

保険の種類

海外旅行保険は必ず加入しなければならない基本契約と、加入者が自由に選べる特約に分かれている。保険の体系や名称は会社により異なるが、基本補償の一例として「治療費用」という項目がある。これは旅行中の傷害（けが）や病気の治療費に対して保険金が支払われるものだ。

そのほかに特約の例として①傷害死亡・後遺障害　②疾病死亡　③賠償責任（旅先で他人にけがをさせたり、ホテルや店で物品を破損した場合の補償）④携行品損害（自分の持ち物を紛失・破損した場合の補償）⑤航空機遅延費用（飛行機が遅れたため、予定外の宿泊費や食事代がかかった場合の補償）　⑥航空機寄託手荷物遅延等費用（航空機に預けた荷物の到着が遅れ、身の回りのものを購入する費用など）といったものがある。

一般的には、これらの項目をセットにしたパッケージプランが便利。旅行日数に応じて保険金のランクだけを選べばいいので手続きは簡単だ。自分に必要な補償、手厚くしたい補償のみ追加したい場合は、オーダーメイドプランで補償を選択して加入しておけば安心。なお、アメリカの医療費は高額で、例えば盲腸で入院すると150万～240万円かかる。補償額もよく考えておきたい。

保険を扱っているところ

海外旅行保険は損保ジャパン、東京海上日動、AIG損保、三井住友海上、エイチ・エス損保などの損害保険会社が取り扱っている。大手の場合、現地連絡事務所、日本語救急サービスなど付帯サービスも充実している。旅行会社では、ツアー商品などと一緒に保険も扱っているので、申し込みの際に加入することもできる。空港にも保険会社のカウンターがあるので、出国直前でも加入できるが、保険は日本国内の空港と自宅の往復時の事故にも適用されるので、早めの加入が望ましい。

保険金請求について

保険の約款は非常に細かく決められている。自分の持ち物を紛失・破損した場合、購入時期などから判断した時価が支払われる。ただし、現金、トラベラーズチェック、クレジットカードなどは適用外。支払いには、地元警察などへの届け出と被害報告書の作成、保険会社の現地や日本国内のオフィスへの連絡などの条件がある。契約時に受け取る証書としおりの約款には、保険金が適用にならない場合や、保険金の請求の際必要な証明書などの注意が書いてあるので、必ず目を通しておくこと。

クレジットカード付帯保険

各クレジットカード会社の発行するカードには、取得すると自動的に海外旅行保険が付帯されるサービスがあるが、「疾病死亡」が補償されない、補償金額が不足したため実際には自己負担金が多かったなどのケースがあるので十分注意したい。

空港内の保険取り扱いカウンター

空港では機械での申し込みもできる

海外旅行保険でコロナウイルス感染症についてカバーする

セットになったパッケージプランに加入していれば、基本的に追加の保険料なしで治療費や入院費などの医療費用は海外旅行保険の補償の対象になる。ただし、保険のタイプによって異なるので、保険会社のウェブサイトなどで必ず確認すること。

MEMO **燃油サーチャージ**　石油価格の高騰や変動により、航空運賃のほかに燃料費が加算される。時期や航空会社によって状況が異なるので、航空券購入時に確認を。

旅の準備。航空券の手配

ロスアンゼルス路線は日系、アメリカ系、アジア系の航空会社が乗り入れ、直行便も運航。ほかの都市と比べ、1年を通じて比較的安い航空運賃が出回っている場合が多い。また、手頃なツアーも多く催行されているので、比較して検討することをすすめる。

日本からロスアンゼルスへの運航便

2023年1月現在、羽田と成田、関西の国際空港から、ロスアンゼルスへの直行便が運航している。羽田からは、アメリカン航空（航空会社のコードAA、以下同）、デルタ航空（DL）、ユナイテッド航空（UA）、日本航空（JL）、全日空（NH）の5社。成田からは、ユナイテッド航空、日本航空、全日空、シンガポール航空（SQ）、ZIPAIR Tokyo（ZG）が運航している。また、関西国際空港から日本航空が運航している。多くの旅行会社が、往復の航空券と宿泊、半日観光をセットにした格安ツアーを企画販売しているので、場合によっては単独で航空券を手配するより安くなることも。

【注意】各航空会社の運航情報は、2023年1月現在での計画時のもの。感染症対策により、一時的な減便や増便の予定変更が発生する可能性もある。旅行計画の際は、各自で最新情報の確認を。

航空券の種類

●普通（ノーマル）運賃

定価（ノーマル）で販売されている航空券で、利用においての制約が最も少ないが、運賃はいちばん高い。種類はファーストクラス、ビジネスクラス、エコノミークラスの3つに分かれる。

●正規割引運賃（ペックスPEX運賃）

ペックス運賃とは、日本に乗り入れている各航空会社がそれぞれに定めた正規割引運賃のこと。他社便へ振り替えることができない、出発後の予約変更には手数料がかかるなどの制約があるが、混雑期の席の確保が容易といったメリットもある。なお、ペックス商品は各社によって特色や規定が異なる。

航空会社の日本国内の連絡先

●アメリカン航空
☎(03) 4333-7675
●デルタ航空
☎0570-077733
●ユナイテッド航空
☎(03) 6732-5011
●日本航空
☎ 0570-025-031
●全日空
☎ 0570-029-333
●シンガポール航空
☎(03) 4578-4088
●ZIPAIR Tokyo
URL www.zipair.net/ja/helpからチャットで

旅行会社に相談する

インターネットが普及したとはいえ、自分で比較検討するのが面倒だという人は、旅行会社に相談することをすすめる。その際、自分が、いつ、どこの町に行きたいかをあらかじめ決めてから行こう。多くの旅行会社では航空券の情報ももっており、思ったより安い航空券を入手できる可能性もある。

eチケット

各航空会社では「eチケット」というシステムを導入。利用者は、予約完了後にeメールや郵送で届くeチケット控えを携帯することで、航空券紛失の心配はなくなった。eチケット控えは紛失しても再発行可能。

ロスアンゼルス直行便リスト

2023年1月現在

都市名	出発地	日本発 便名	出発曜日	出発（日本）	到着（LA）	日本着 便名	出発曜日	出発（LA）	到着（日本）
ロスアンゼルス	羽田	AA170	毎日	11:55	06:00	NH105	毎日	00:50	*05:05
		DL8	毎日	16:45	11:05	AA169	毎日	00:55	*04:45
		JL16	毎日	17:00	10:50	DL7	毎日	09:55	*14:15
		UA38	毎日	18:25	12:35	AA27	毎日	10:25	*14:20
		AA26	毎日	19:45	13:31	UA39	毎日	11:40	*15:25
		NH126	毎日	21:05	15:05	JL15	毎日	13:30	*17:25
		NH106	毎日	22:25	17:10	NH125	毎日	16:50	*20:55
	成田	ZG24	毎日	14:40	8:25	ZG23	毎日	10:25	*14:10
		NH6	毎日	17:00	10:50	UA32	毎日	11:05	*14:40
		UA33	毎日	17:05	11:05	NH5	毎日	12:35	*16:30
		JL62	毎日	17:20	11:00	JL61	毎日	13:05	*16:40
		SQ12	毎日	18:40	12:50	SQ11	毎日	14:20	*17:50
	関西	JL60	毎日	17:45	12:05	JL69	毎日	14:25	*18:55

航空会社の略号　AA：アメリカン航空、DL：デルタ航空、JL：日本航空、NH：全日空、SQ：シンガポール航空、UA：ユナイテッド航空、ZG：ZIPAIR Tokyo（ジップエアー トーキョー）　＊：翌日着

MEMO **日本出国税**　正式名は国際観光旅客税で、2019年1月7日より導入。日本出国に際してひとり当たり1000円の税金が課せられている。外国人だけでなく日本人（2歳以上）も対象。航空券購入時などに合わせて請求される。

旅の準備

旅の持ち物

旅の荷物は軽いに越したことはない。あれば便利かなと悩むようなものは思いきって持っていかないほうがいい。たいていのものは現地調達でまかなえる。

荷物について

荷物で大きく占める衣類は、着回しが利くアイテムを選び、下着や靴下、Tシャツなどは2〜3組あれば十分。洗濯は、小物類なら浴室での洗濯が可能だが、大物類はモーテルやホテル、街なかのコインランドリーを利用しよう。スーツやワンピース、Yシャツなどはホテルのクリーニングサービス（有料）に頼むとよい。なお、医薬分業のアメリカでは、頭痛薬などを除いて、医師の処方せんがなければ薬が買えないため、常備薬を携行すること。

荷造りのコツ

おみやげなどを考慮して、出発時は容量の70〜80%程度に抑えたい。基本的に貴重品や割れ物は機内預けの荷物には入れないこと。荷物を要領よく詰めるには、服、下着、洗面用具などに分類し、ひと目で内容物がわかるようにメッシュ素材の収納袋（洗濯ネットの代用もよい）を使うと便利だ。おしゃれ着は、かばんの大きさに合わせて大きくたたみ、しわになりやすいシャツはたたむか、ロール状にして詰める。セーターなどは圧縮袋などを利用しよう。目覚まし時計やシェーバーなど、衝撃に弱いものはタオルに巻いて荷物の中央に置くとよい。

機内に預ける荷物について（預託荷物）

アメリカ同時多発テロ以降、出入国者の荷物検査が強化され、アメリカ運輸保安局（TSA）の職員がスーツケースなどを開いて厳重なチェックを行っている。預託荷物に施錠をしないよう求められているのはそのためで、検査の際に鍵がかかっているものに関しては、ロックを破壊して調べを進めてもよいとされている。したがって、預託荷物には高価なものや貴重品は入れないこと。

また、預託荷物は利用するクラスによって、無料手荷物許容量（→側注）が異なる。かばんのサイズや重量も各航空会社別に規定があるので、利用前に確認を。なお、機内持ち込み手荷物についてもかばんのサイズや個数、重量などが定められており、アメリカの国内線・国際線ともに液体物の持ち込み規制（→側注）がある。

服装について

服装は、現地の季節（→P.421）に合わせてカジュアルなスタイルで出かけよう。日常生活以上に歩く機会が多いので、基本はスニーカー、ドレスアップ用にもう1足準備しておくとよい。日中のラフな服装と変わって、夜はぐんとおしゃれな装いで過ごしたい。男性はネクタイとジャケット、女性はワンピースなどを持っていけば、ハイクラスのショーやディナー、クラブなどでのドレスコードに対応できる。

TSA公認グッズ
TSA公認の施錠スーツケースやスーツケースベルト、南京錠は、施錠してもTSAの職員が特殊なツールでロックの解除を行うため、かばんに損傷の恐れが少なくなる。

預託荷物について
2023年1月現在、北米線エコノミークラスの場合、無料で預けられる荷物は2個、1個の荷物につき23kg以内、3辺の和の合計が157〜158cm以内とされている場合が多い。ただし、日本航空は3辺の和の合計が203cm以下。ZIPAIR Tokyoは、2023年1月現在ロスアンゼルス行きは6500円、成田行きは$59。また、アメリカの国内線において、エコノミークラスの場合は2個まで預けられるが、1個目から有料($30前後)としている。

機内持ち込み手荷物について
身の回り品1個のほか、3辺の和が115ｃｍ以内の手荷物（サイズは各航空会社によって異なる）を1個まで機内に持ち込み可能なことが多い。貴重品やフィルム、パソコン、携帯電話、壊れやすいものは機内持ち込み可能がことが多い。刃物類は、機内預けの荷物へ。ライターは通常ひとりにつき1個まで身に付けて機内へ持ち込むことができる。バッテリーも要注意だ（→脚注）。
また、国際線航空機内客室への液体物の持ち込みは、出国手続き後の免税店などで購入したものを除き、制限されている。化粧品や歯磨き粉など液体類およびジェル状のもの、ヘアスプレーなどのエアゾール類はそれぞれ100mℓ以下の容器に入れ、容量1ℓ以下の無色透明ジッパー付きの袋（縦横各20cm以下）に入れること。手荷物とは別に検査を受ければ持ち込み可能。

国土交通省
URL www.mlit.go.jp/koku/15_bf_000006.html

MEMO **電子機器などのバッテリーの持ち込み規制** パソコンや携帯電話などの製品内部にあるリチウムイオン電池は、160Wh 以下なら機内持ち込み手荷物、機内預けの荷物に入れることは可。予備バッテリーに関しては、100Wh を超え 160Wh 以下ならひとり 2 個ま↗

携行品チェックリスト

	品名	必要度	ある	かばんに入れた	備考
貴重品	パスポート	◎			有効期間は十分残っているか。コピーも2枚ほど
	新型コロナワクチン接種証明書	◎			飛行機搭乗の際に必要。デジタルでも紙でも可
	現金(アメリカドル)	◎			初日の交通費$70程度は最低でも持参したい
	現金(日本円)	◎			帰りの空港から家までの交通費も忘れずに
	航空券(eチケットの控え)	◎			eチケットの控えをコピーして持っておく
	ESTA渡航認証のコピー	◎			ESTA渡航認証の証認画面を印刷しておく
	海外旅行保険証	◎			保険契約証と契約のしおり
	クレジットカード	◎			アメリカはキャッシュレス社会。複数枚必要
	海外専用プリペイドカード	○			出発前に円をチャージしておくこと
	ホテルなど事前予約の証書類	◎			ウェブ、アプリの予約完了画面やプリントアウト
	国外運転免許証	△			レンタカーを借りる人（日本の運転免許証も）
	身分証明書など証書類	△			国際学生証やユースホステル会員証など
	日程表	○			現地スケジュール（フライト、ホテル、レストランなど）
衣類	シャツ類	◎			着替え1～2枚。襟付きのものもあると便利
	下着、靴下	◎			上下2～3組でOK
	セーター、フリース	○			冬なら1枚持っていたほうがいい
	薄手のジャケット	○			夏でも朝晩や、強い冷房に備えて
	水着	○			夏なら必需品！　LAで買ってもいい
薬品・雑貨・その他	歯ブラシ、歯磨き粉	◎			ほとんどのホテルには置いていない
	化粧品	◎			LAでも購入できるが、使い慣れたものを
	マスク、ハンドサニタイザー、ウェットティッシュ	◎			新型コロナウイルス対策として
	ドライヤー、電気シェーバー	△			日本のものでも使えるが、電圧(120V)を確認
	洗剤	○			洗濯用に少し、粉石鹸が便利
	医薬品類	◎			胃腸薬、風邪薬、絆創膏、虫さされ軟膏＊など常備薬
	リップクリーム、日焼け止め＊	○			乾燥対策、日焼け対策にあると安心
	筆記用具	○			入国書類などの記入時に
	ビニール袋	○			衣類の分類、ぬれ物用に。何枚かあると便利
	スリッパorサンダル	◎			ホテルや車内、ビーチなどであると便利
	帽子、サングラス	○			日差しの強いLAではかなり役立つ
	スマートフォン、充電器	◎			事前に料金や海外での使い方について調べておくように
	デジタルカメラ、充電器	○			小型で軽いもの。使い慣れたもの
	メモリーカード	△			アメリカでも売っているが割高
	エコバッグ	◎			ロスアンゼルスでは買い物の紙袋は有料の場合が多い
	雨具	△			折りたたみ傘、レインコートなど。冬季は必要
	顔写真(縦4.5×横3.5cm)	○			パスポートを紛失したときのために2～3枚
本類	ガイドブック類	○			『地球の歩き方』

※必要度欄の表示は、◎必須、○あると便利、△使う予定の人は用意することを示している。
※＊のついた物を持っていく人は、機内持ち込みの手荷物でなく搭乗手続きの際に預けるスーツケースなどの荷物に入れておくこと。

↘で機内持ち込み手荷物として持ち込める。ただし、160Whを超えるものやワット時定格量が不明な場合、本体内部のもの、予備バッテリーともに、機内持ち込み手荷物や機内預けの荷物に入れることは一切できないので要注意。

旅の技術

出入国の手続き

新型コロナウイルス感染拡大防止のため、アメリカ入国への必要書類が以前より増えた。空港へは出発時刻の3時間前までに着くようにしたい。チェックイン手続きに時間を要するのと、急なフライトスケジュールの変更に対応できるように、早めの到着を。

渡航する前に知っておくこと

2023年1月現在、アメリカ入国には、パスポート（→P.429）、ESTA（→P.431）のほかに、以下の書類（①〜③）が必要だ。渡航に必要な書類は、随時変更される可能性があるので、最新情報を在日米国大使館や領事館のウェブサイト、厚生労働省および外務省海外安全ホームページ、搭乗する航空会社のホームページなどで、確認すること。

①ワクチン接種証明書（→P.430）

アメリカ市民、アメリカ永住者を除く渡航者がアメリカへ渡航する際、18歳以上は新型コロナワクチンを接種していないと入国できない。18歳未満はワクチン接種の義務はないが、アメリカ入国後3〜5日以内にコロナ検査を受けること、到着後5日間は自主隔離することが義務付けられている。ワクチン接種に関して、ファイザーとモデルナは2回接種、ジョンソン・アンド・ジョンソンは1回接種が必要で、接種後14〜17日たっていなければならない。

ワクチン接種証明書の申請（→P.430）から発行までは、市町村によって異なるが、平均10日以上かかるので、早めに申請したい。その際、英語で表記されていることを確認すること。なお、マイナンバー所有者は、日本政府が発行する「新型コロナワクチン接種証明書アプリ」をダウンロードし、必要情報を入力すれば電子版の新型コロナワクチン接種証明書を入手できる。

②宣誓書（Attestation Form）

アメリカ市民権や永住権を所有していない2歳以上は、CDC（アメリカ疾病予防管理センター、Centers for Disease Control and Prevention）の要請により、ワクチン接種に関する宣誓書を提出しなければならない。空港の搭乗手続きチェックインカウンターで記入済みの宣誓書を提出する。航空会社のチェックインカウンターに宣誓書が置いてあることもある。なお、航空会社によってはアプリから事前に提出も可能。

CDCの宣誓書。記入者名や署名、ワクチン接種の有無などを記載する

③入国者情報の提供

アメリカへ入国する人は、CDCへコンタクトトレーシングフォームを提出しなければならない。コンタクトトレーシングフォームには、旅行者氏名、アメリカ滞在中の住所、アメリカで連絡のつく第1の電話番号、緊急連絡先となる第2の電話番号、eメールアドレスを記入し、空港の搭乗手続きチェックインカウンターで提出する。コンタクトトレーシングフォームは、搭乗する航空会社のウェブサイト、航空会社のチェックインカウンターで入手できる。

出入国の最新情報は「地球の歩き方」ホームページもチェック！
海外再出発！ガイドブック更新＆最新情報
URL www.arukikata.co.jp/travel-support/

在日米国大使館と領事館
URL jp.usembassy.gov/ja
厚生労働省
URL www.mhlw.go.jp
外務省海外安全ホームページ
URL www.anzen.mofa.go.jp

米国への渡航に際し、新型コロナウイルスワクチン接種の要件
URL jp.usembassy.gov/ja/us-travel-requirements-ja/

新型コロナワクチン接種証明書アプリ
URL www.digital.go.jp/policies/vaccinecert/

CDC（アメリカ疾病予防管理センター）の宣誓書に関して
URL www.cdc.gov/quarantine/order-safe-travel.html

CDC（アメリカ疾病予防管理センター）の宣誓書
URL www.cdc.gov/quarantine/pdf/NCEZID_FRM_Pass_Attest_Eng-508.pdf

CDCへの情報提供について
URL www.cdc.gov/quarantine/order-collect-contact-info.html

2023年8月現在、アメリカ入国時にワクチン接種証明書の提示や宣誓書の提出は不要。また日本帰国時の有効なワクチン接種証明書、出国前検査証明書の提示は不要。詳しくは厚生労働省のウェブサイトをご確認ください。
URL www.mhlw.go.jp/stf/seisakunitsuite/bunya/0000121431_00209.html

MEMO **日本出入国時の顔認証ゲート利用** 2023年1月現在、成田、羽田、中部、関西、福岡、新千歳、那覇の空港に導入されている「顔認証ゲート」を利用すると、パスポートへのスタンプが省略される。

日本を出国する

空港到着から搭乗まで

①搭乗手続き（チェックイン）

空港での搭乗手続きは、航空会社のチェックインカウンター、または自動チェックイン機で行う。コードシェア便の航空券を持っていて、自動チェックイン機で手続きができなかった場合は、有人のカウンターでチェックイン手続きを行うことになる（航空会社により異なる）。eチケットを持っている場合は、ほとんどが自動チェックイン機で、各自がチェックイン手続きを行う。その後、航空会社のチェックインカウンターでワクチン接種証明書とパスポートを提示し、宣誓書、コンタクトトレーシングフォームを提出。機内預け入れ荷物を預ける（航空会社により異なる）。

②手荷物検査（セキュリティチェック）

保安検査場では、機内に持ち込む手荷物のX線検査と金属探知機による身体検査を受ける。ノートパソコンなどの大型電子機器は手荷物のかばんから出して、手荷物検査と一緒にX線検査を受けること。液体物の機内持ち込みは透明の袋に入れ別にしておく（→P.434側注）。

③税関手続き

高価な外国製品を持って出国する場合、外国製品持ち出し届に記入をして申告する。これを怠ると、帰国時に国外で購入したものとみなされ、課税対象になることもある。ただし、使い込まれたものなら心配はない。

④出国審査

顔認証ゲートへ進み、パスポートをリーダーに置き、顔写真を撮影する。顔認証の処理が済み問題がなければ、ゲートを通過して出国完了となる。その際、スタンプは押されないので、スタンプ希望者はゲート近くにいる職員に申し出ること。

⑤搭乗

フライトが出るゲートへ向かう。飛行機への搭乗案内は出発時間の約30分前から始まる。搭乗ゲートでは搭乗券とパスポートを提示する。

eチケットでのセルフチェックイン

国際線やアメリカの国内線のチェックインは、自分で搭乗手続きを行うセルフチェックインが一般的となっている。

成田国際空港
空港の略号コード "NRT"
☎(0476)34-8000
URL www.narita-airport.jp

東京国際空港（羽田空港）
空港の略号コード "HND"
☎(03)5757-8111
URL tokyo-haneda.com

関西国際空港
空港の略号コード "KIX"
☎(072)455-2500
URL www.kansai-airport.or.jp

ESTAを忘れずに！
ビザなしで渡航する場合は、出発の72時間までにインターネットを通じて渡航認証を受けることが必要（→P.431）。必ず事前に認証を取得し、できれば取得番号の表示された画面を印刷して、携行していくように。航空会社によっては、この番号を確認するところもある。
「地球の歩き方　ホームページ」にも申告の手順が詳しく解説されている。
URL www.arukikata.co.jp/esta

機内預けの荷物には施錠しない
現在、アメリカ線は機内預けの荷物には施錠をしないように求められている。心配な人はスーツケースにベルトを装着するか、TSAロック機能のスーツケースを使用しよう（→P.434側注）。

日本出国税
ひとり1000円、あらかじめ航空券購入時などに合わせて徴収される（→P.433脚注）。

セルフチェックインの仕方（航空会社により多少異なる）

(1) 出発フロアの各航空会社のチェックインカウンター近くにセルフチェックイン機が設置されている。
(2) 画面に表示された言語から「日本語」をタッチする。
(3) チェックインするには、本人確認のためパスポートを読み取らせなければならない。パスポートの写真があるページを下に向ける。
(4) 搭乗するフライトや自分の名前などのデータが表示されるので、確認後「続行」をタッチ。
(5) 機内に預ける荷物の個数を入力。座席を事前にリクエストしていない場合は、座席を選ぶ。
(6) 画面上に搭乗時刻とゲート案内が表示されるので確認。機械から搭乗券が出てくる。
(7) 印刷された搭乗券を持ってカウンターへ行き、荷物を預ける。

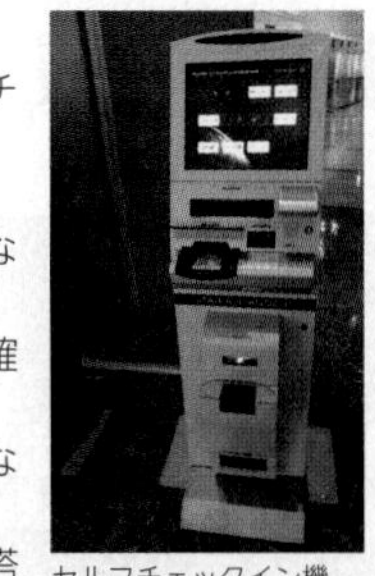
セルフチェックイン機

MEMO **パスポートやカード、T/Cの番号は貴重品とは別に保管**　パスポート、お金（クレジットカードやデビットカード）などは常に携帯し、備忘録は別途保管しよう。客室のセーフティボックスに預けるのもよい。

18歳未満のアメリカ入国時の注意
→P.430側注

まずはあいさつから
審査官の前に進んだら、"Hello"、"Hi" と、まずはあいさつをしよう。審査終了後も "Thank you" のひと言を忘れずに。

質問の答え方
●渡航目的は、観光なら"Sightseeing"、仕事なら"Business"。
●滞在日数は、5日なら"Five days"、1週間なら"One week"。
●宿泊先は到着日に泊まるホテル名を答えればよい。
●訪問先を尋ねられる場合がある。旅程表などを提示して、説明するといい。
●所持金については、長期旅行や周遊する街が多い場合、ひとり旅のときなどに尋ねられることもある。現金、クレジットカード所有の有無を答えればいい。
※英語がわからないときは、通訳Interpreter（インタープリター）を頼もう。

両手全指の指紋採取
© Department of Homeland Security, US-VISIT

アメリカに入国する

アメリカの場合、アメリカ国内線への乗り継ぎがあっても、必ず最初の到着地で入国審査を行う。日本から直行便でロスアンゼルスに行く場合は、ロスアンゼルス国際空港（LAX→P.82）で入国審査を受ける。

入国審査から税関検査まで

①入国審査

飛行機から降りたら、"Immigration" の案内に沿って入国審査場に向かう。審査場の窓口は、アメリカ国籍者（U.S. Citizen）、それ以外の国の国籍者（Visitor）の2種類に分かれている。自分の順番が来たら審査官のいる窓口へ進み、パスポートを提出する。なお、US-VISITプログラム実施により、米国に入国する人を対象に、インクを使わないスキャン装置による両手指の指紋採取（一部空港）とデジタルカメラによる入国者の顔写真の撮影が行われている。渡航目的や滞在場所、申告物などの質問が終わり、入国が認められれば、パスポートを返してくれる。

審査に必要なパスポートを手渡す

入国審査時に顔写真を撮る

© Department of Homeland Security, US-VISIT

パスポートの検査、質問（滞在目的、日数など）

指紋のスキャン

デジタルカメラによる顔写真の撮影

WELCOME TO THE U.S.

バゲージクレームへ

②荷物をピックアップする

入国審査のあと、バゲージクレームBaggage Claimへ。自分のフライトをモニターで確認して、荷物の出てくるターンテーブルCarouselへ行き、ここで預託荷物を受け取る。手荷物引換証（タグ）を照合する空港もあるので、タグはなくさないように。また、預けた荷物が出てこない、スーツケースが破損していたなどのクレームは、その場で航空会社のスタッフに申し出ること（→P.449）。

LAXから各エリアへ向かう ➡ P.86

自分が希望する交通手段の矢印に従って、乗り場に行こう

ロスアンゼルス市内や近郊の街へ

LA市内へのアクセスには、空港シャトルバン（Door-to-Doorのサービス）、空港バス（フライアウエイ）、メトロレイル、路線バス、タクシー、配車サービス（Uber、Lyft）、レンタカーなどがある（→P.86～88）。レンタカー営業所やホテルへの送迎バス、タクシー＆配車サービス乗り場へのシャトルバス（LAX-it Shuttle Bus）は、空港到着階のバゲージクレームからターミナルを出た所から出発。

MEMO アメリカ入国時の持ち込み制限 現金（T/C を含む）1 万ドル以上は要申告。酒類は、21 歳以上で個人消費する場合は 1ℓ、おみやげは $100 相当まで無税。たばこは 200 本まで無税。野菜・果物、肉類や肉のエキスを含んだすべての食品は持ち込み禁止。

アメリカ出国前に知っておくこと

2023年1月現在、日本入国にはワクチン接種証明書もしくは出国前72時間以内に有効な検査方法で検査して取得した陰性証明書が必要だ。また、入国手続きオンラインサービスのVisit Japan Webは、アメリカ出国前に済ませておくこと。

①ワクチン接種証明書

日本政府が定めたワクチンを3回接種し、有効なワクチン接種証明書を保持している人は、事前に準備する書類はない。新型コロナウイルスワクチンの接種回数が2回以下、もしくは有効なワクチン接種証明書を保持していない人は、アメリカ出国前72時間以内にPCR検査を受け、医療機関などが発行した陰性証明書を日本入国時に提示しなければならない。アメリカにおいて搭乗前に有効なワクチン接種証明書もしくは陰性証明書を所持していなかったり、提示できなかったりする人は、飛行機の搭乗を拒否され、日本への入国はできない。

②Visit Japan Webの登録（日本到着6時間前までに）

2022年11月1日、Visit Japan Webサービス（入国手続オンラインサービス）が開始した。これにより、海外から日本へ入国する人は、検疫・入国審査・税関申告の入国手続きをオンラインで行うことができ、入国時の手続きをスムーズに済ませることができる。

Visit Japan Webを使うには、まず、Visit Japan Webのホームページにアクセスする。アカウントを作成し、ログイン。利用者情報、帰国の予定情報、検疫手続（ファストトラック）情報、税関申告情報（携帯品・別送品の申告）を登録する。必要な書類は、ワクチン接種証明書もしくはアメリカ出国前72時間以内に検査して取得した陰性証明書と、パスポート、eチケット。その際、同伴する家族の情報も登録できる。

なお、「検疫手続（ファストトラック）」は、数パターンのステータスに分かれている。センターでの検疫手続きの登録内容の確認が完了し、受理されたら「検疫手続（ファストトラック）」の「検疫手続事前登録」の画面上部（帯）は青色（現在のステータス：審査完了）に、申請内容を審査中は赤色（現在のステータス：審査中）に、ワクチン接種証明書を「無」で登録した場合で陰性証明書の確認が完了し受理されるまでは黄色（現在のステータス：審査中）になり、受理されると青色（現在のステータス：審査完了）になる。

アメリカを出国する

①空港へ向かう

ホテルから空港への交通手段で、最も一般的なのは空港シャトルバン（ドア・トゥ・ドア・シャトル、→P.86）だが、複数ホテルを回って空港到着が遅れることもあるので要注意。決まったルートを定期的に運行する空港バスの場合は、どこから出発するのかと運行スケジュールを事前に確認しておくこと。空港への安い交通手段は、フライアウエイ、メトロレイル、路線バスなどになるが、これらを利用する場合は、時間に余裕をもって行動したい。現在、アメリカ国内の空港セキュリティが非常に厳しく、とても時間がかかる。国内線の場合は2時間前に、国際線は3時間前までには空港に着くようにしよう。

日本入国に際し、出国前検査証明書に関して
URL www.mhlw.go.jp/stf/seisakunitsuite/bunya/0000121431_00248.html

日本語対応可能なPCR検査センター

●Los Angeles PCR Testing Center
MAP P.72-B1
住 404 S. Figueroa St., Suite 500, Los Angeles（ウェスティン・ボナベンチャー・ホテル＆スイーツ5階、HISオフィス）
☎(1-213)624-0777

●New Sunrise Clinic
MAP P.68-A4
住 2600 W. Pico Blvd., Los Angeles
☎(1-213)388-2722

Visit Japan Webサービス
URL vjw-lp.digital.go.jp

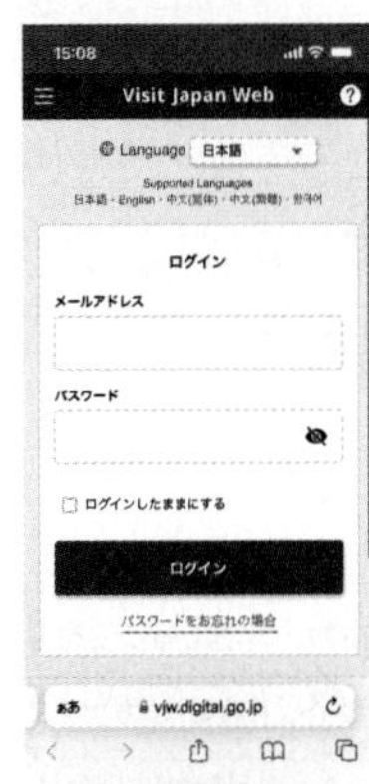

Visit Japan Webの画面

MEMO

Visit Japan Webを利用できない場合

日本入国にあたり、Visit Japan Webを利用できない人は、航空機搭乗時と、到着空港の検疫で質問票の確認・審査を受けなければならない。その際かなりの時間がかかるので、Visit Japan Webを利用するようにしたい。質問票 URL arqs-qa.followup.mhlw.go.jp

2023年8月現在、Visit Japan Webでは日本入国時の「税関申告」をウェブで行うことができる。

②利用航空会社のカウンターに向かう

ロスアンゼルス国際空港の場合、航空会社によってターミナルが異なる。空港シャトルバンならドライバーが乗客の利用する航空会社を尋ねて、そのターミナルで降ろしてくれる。空港バスの場合ドライバーがターミナル名と航空会社を言うので、これを聞き逃さないように。

③チェックイン（搭乗手続き）

利用航空会社のカウンターで、チェックインするときに、機内預けの荷物とパスポートを提示して終了。係員から、機内預けの荷物のタグと搭乗券、パスポートを受け取る。

④手荷物検査（セキュリティチェック）

搭乗ゲートへ向かう途中にある保安検査場では、係官がパスポートと搭乗券の照合を行う。その後、機内に持ち込む手荷物のX線検査と、ボディスキャナーを使った身体検査を受ける。問題がなければ、手荷物などを受け取り、搭乗ゲートへ。

2023年1月現在、アメリカでは出国審査官がいるゲートで出国スタンプを押してもらうプロセスがない。

大規模な改修工事が行われているロスアンゼルス国際空港

日本に入国する

飛行機が日本へ到着したらゲートを進み検疫へ。

①検疫

スマートフォンでVisit Japan Webサービスを開き、「入国・帰国の予定」ボタンを押し、「日本入国・帰国の手続き」画面の「検疫手続(ファストトラック)」をタッチし、ファストトラックのトップ画面を表示し、提示する。そのあと、入国審査へ。なお、新型コロナウイルスワクチンの接種回数が2回以下の人は、アメリカ出国前72時間以内に有効な検査方法で検査して取得した陰性証明書を提示する。

検疫手続きに備えて

入国時、オンラインでファストトラックの画面を提示できない場合に備えて、事前にファストトラックのトップ画面の情報をスクリーンショットで保存しておいたほうがいい。

②入国審査

ICパスポートを所持し、身長が135cm以上あり、ひとりで機械の操作を行える人は、顔認証ゲートを利用して手続きをする。その際、入国スタンプは押されないので、入国スタンプが欲しい場合は、ゲート近くの職員に申し出ること。入国できたらバゲージクレーム・エリアへ行き、ターンテーブルから機内預けの荷物を受け取り、税関へ。

③動物・植物検疫

果物や肉類を日本に持ち込む場合、検疫所で検疫を受けなければならない。動物や植物などを持ち込む際は、証明書類や検査が必要になる。牛肉加工品の持ち込みは不可（→側注）。

肉類、肉加工品に注意

アメリカ(ハワイ、グアム、サイパン含む)、カナダで販売されているビーフジャーキーなどの牛肉加工品は、日本に持ち込むことはできない。免税店などで販売されているもの、検疫済みのシールが添付されているものも、日本への持ち込みは不可。また、2017年11月からは、バターやチーズなどの乳製品（おもに販売または営業上の使用）も検疫の対象になっているので注意してほしい。

●動物検疫所
URL www.maff.go.jp/aqs/tetuzuki/product/aq2.html

●植物防疫所
URL www.maff.go.jp/pps

④税関申告

スマートフォンでVisit Japan Webサービスを開き、「日本入国・帰国の手続き」画面の「税関申告の準備」のカテゴリーにある「QRコードを表示する」をタッチし、「携帯品・別送品申告 操作選択」画面へ進む。「登録した税関申告情報をQRコードとして表示します」で「次へ」をタッチすると、税関申告の電子申告手続きに必要なQRコードが表示される。電子申告端末で手続きが済めば、電子申告ゲートを通過できる。 なお、税関申告は、バゲージクレーム・エリアに置いてある、紙製の「携帯品・別送品申告書」（→P.441）を記入して、提出してもいい。

携帯品・別送品申告書について

2023年1月現在、日本に入国（帰国）するすべての人は、税関申告をする必要がある。電子申告端末で手続きをする（→P.440）か、「携帯品・別送品申告書」を１通提出することになっている。海外から別送品を送った場合は2通提出し、このうちの1通に税関が確認印を押して返してくれる。なお、この申告書は、別送品を受け取る際の税関手続きで必要になるので、大切に保管しよう。

なお、帰国後に別送品の申告はできない。もし、別送品の申請をしなかったり、確認印入りの申請書をなくした場合は、一般の貿易貨物と同様の輸入手続きが必要になるので要注意。

携帯品・別送品申告書記入例

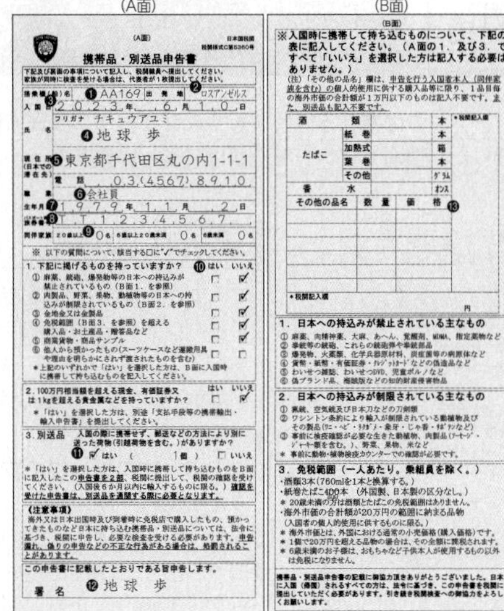
(A面)

(A面)　日本国税関　税関様式C第5360号

携帯品・別送品申告書

下記及び裏面の事項について記入し、税関職員へ提出してください。
家族が同時に検査を受ける場合は、代表者が１枚提出してください。

搭乗機（船）名 ❶AA169　出発地 ❷ロスアンゼルス
入国日 ❸2 0 2 3 年 6 月 1 0 日
氏名　フリガナ チキュウアユミ　❹地球 歩
現住所（日本での滞在先）❺東京都千代田区丸の内1-1-1
電話 03（4567）8910
職業 ❻会社員
生年月日 ❼1979年11月2日
旅券番号 ❽TT1234567
同伴家族 ❾20歳以上 0名　6歳以上20歳未満 0名　6歳未満 0名

※ 以下の質問について、該当する□に"✓"でチェックしてください。

1．下記に掲げるものを持っていますか？ ❿はい いいえ
① 麻薬、銃砲、爆発物等の日本への持込みが禁止されているもの（B面1．を参照）　□ ☑
② 肉製品、野菜、果物、動植物等の日本への持込みが制限されているもの（B面2．を参照）　□ ☑
③ 金地金又は金製品　□ ☑
④ 免税範囲（B面3．を参照）を超える購入品・お土産品・贈答品など　□ ☑
⑤ 商業貨物・商品サンプル　□ ☑
⑥ 他人から預かったもの（スーツケースなど運搬用具や理由を明らかにされず渡されたものを含む）　□ □
＊上記のいずれかで「はい」を選択した方は、B面に入国時に携帯して持ち込むものを記入してください。

2．100万円相当額を超える現金、有価証券又は1kgを超える貴金属などを持っていますか？　はい □ いいえ ☑
＊「はい」を選択した方は、別途「支払手段等の携帯輸出・輸入申告書」を提出してください。

3．別送品　入国の際に携帯せず、郵送などの方法により別に送った荷物（引越荷物を含む。）がありますか？
⓫ ☑ はい（1個）　□ いいえ
＊「はい」を選択した方は、入国時に携帯して持ち込むものをB面に記入したこの申告書を2部、税関に提出して、税関の確認を受けてください。（入国後6か月以内に輸入するものに限る。）確認を受けた申告書は、別送品を通関する際に必要となります。

《注意事項》
海外又は日本出国時及び到着時に免税店で購入したもの、預かってきたものなど日本に持ち込む携帯品・別送品については、法令に基づき、税関に申告し、必要な検査を受ける必要があります。申告漏れ、偽りの申告などの不正な行為がある場合は、処罰されることがあります。

この申告書に記載したとおりである旨申告します。
署名 ⓬地球 歩

(B面)

(B面)

※入国時に携帯して持ち込むものについて、下記の表に記入してください。（A面の1．及び3．ですべて「いいえ」を選択した方は記入する必要はありません。）
（注）「その他の品名」欄は、申告を行う入国者本人（同伴家族を含む）の個人的使用に供する購入品等に限り、1品目毎の海外市価の合計額が1万円以下のものは記入不要です。また、別送品も記入不要です。

酒類			本	＊税関記入欄
たばこ	紙巻		本	
	加熱式		箱	
	葉巻		本	
	その他		グラム	
香水			オンス	
その他の品名	数量	価格 ⓭		

＊税関記入欄　円

1．日本への持込みが禁止されている主なもの
① 麻薬、向精神薬、大麻、あへん、覚醒剤、MDMA、指定薬物など
② 拳銃等の銃砲、これらの銃砲弾や拳銃部品
③ 爆発物、火薬類、化学兵器原材料、炭疽菌等の病原体など
④ 貨幣・紙幣・有価証券・クレジットカードなどの偽造品など
⑤ わいせつ雑誌、わいせつDVD、児童ポルノなど
⑥ 偽ブランド品、海賊版などの知的財産侵害物品

2．日本への持込みが制限されている主なもの
① 猟銃、空気銃及び日本刀などの刀剣類
② ワシントン条約により輸入が制限されている動植物及びその製品（ワニ・ヘビ・リクガメ・象牙・じゃ香・サボテンなど）
③ 事前に検疫確認が必要な生きた動植物、肉製品（ソーセージ・ジャーキー類を含む。）、野菜、果物、米など
＊ 事前に動物・植物検疫カウンターでの確認が必要です。

3．免税範囲（一人あたり。乗組員を除く。）
・酒類3本（760mlを1本と換算する。）
・紙巻たばこ400本（外国製、日本製の区分なし。）
＊ 20歳未満の方は酒類とたばこの免税範囲はありません。
・海外市価の合計額が20万円の範囲に納まる品物（入国者の個人的使用に供するものに限る。）
＊ 海外市価とは、外国における通常の小売価格（購入価格）です。
＊ 1個で20万円を超える品物の場合は、その全額に課税されます。
＊ 6歳未満のお子様は、おもちゃなど子供本人が使用するもの以外は免税になりません。

携帯品・別送品申告書の記載に御協力頂きありがとうございました。日本に入国（帰国）されるすべての方は、法令に基づき、この申告書を税関に提出していただく必要があります。引き続き税関検査への御協力をよろしくお願いします。

海外から日本への持ち込み規制と免税範囲

日本への持ち込みが規制されている物は下記のとおり。海外で購入する際に問題ないと言われても、税関で規制対象品と判明した時点で所有を放棄する、自己負担で現地に送り返す、輸入許可が下りるまで有料で保管されるなどの処置がなされる。

日本へ持ち込んではいけないもの

- 麻薬、大麻、MDMAなどの不正薬物
- けん銃などの銃砲、これらの銃砲弾、けん銃部品
- わいせつ雑誌、わいせつDVD、児童ポルノなど
- 偽ブランド品、海賊版などの知的財産を侵害するもの
- ワシントン条約に基づき、規制の対象になっている動植物、それらを加工した製品も規制の対象
- ソーセージ、ビーフジャーキーなどの牛肉加工品。免税店で販売されているもの、検疫済みシールが添付されているものでも不可。卵や生乳なども禁止

※輸出入禁止・規制品についての詳細は税関まで

URL www.customs.go.jp

携帯品・別送品申告書

(A面)
①航空会社（アルファベット2文字の略）と便名
②出発地
③入国日
④氏名
⑤住所と電話番号
⑥職業
⑦生年月日
⑧パスポート番号
⑨同伴の家族がある場合の内訳
⑩質問の回答欄にチェック
⑪別送品がある場合は「はい」にチェック、個数を記入
⑫署名

(B面)
⑬A面の1.と3.でいずれか「はい」を選択した人は、日本入国時に携帯して持ち込むものを記入。不明な点などは係員に確認を

日本入国時の免税範囲（成年者ひとり当たり）

2023年1月現在

	品名		数量または価格	備考
1	酒類		3本	1本760mℓのもの
2	たばこ	葉巻たばこ	50本（ただし、ほかのたばこがない場合）	1箱当たりの数量は、紙巻きたばこ20本に相当する量。（例：IQOSアイコスの場合200本、gloグローの場合200本、Ploom TECHプルーム・テックの場合50個）
		紙巻きたばこ	200本（同上）	
		加熱式たばこ	個装等10個（同上）	
3	香水		2オンス	1オンスは約28mℓ
4	品名が上記1～3以外であるもの		20万円（海外市価の合計額）	合計額が20万円を超える場合は、超えた額に課税。ただし、1個で20万円を超える品物は、全額に課税される

※未成年者の酒類、たばこの持ち込みは範囲内でも免税にならない
※6歳未満の子供は、おもちゃなど明らかに子供本人の使用と認められるもの以外は免税にならない

旅の技術

チップとマナー

アメリカは異なる慣習をもつ人々が暮らす多民族国家。「郷に入れば郷に従え」、最低限守りたい慣習やマナーを心がけて楽しい旅を！

●チップの目安

ホテルのポーター、ベルマン

ホテルの玄関からロビーまで荷物を運ぶドアマンと、ロビーから部屋まで荷物を運ぶポーターにそれぞれ渡す。荷物ひとつに付き$2～3が目安。

ハウスキーピングへ

ベッドひとつに付き$2～3。

ルームサービスで

ルームサービスを頼んだ場合、まず伝票を見る。サービス料金が記入されていればチップは不要。サービス料金が加算されていなければ伝票にチップの金額を書き、さらに合計金額を書く。現金でもOK。メッセージや届け物などは＄1～2。

タクシーで

タクシーなどの場合はチップを単体で手渡すのでなく、メーターの表示額に自分でチップを加えて支払うことになる。メーター料金の15%とされるが、気持ちよくドライブできたら多めにチップをはずんだり、細かい端数は切り上げて支払うのが一般的だ。

ツアーで

ガイドチップはツアー代金の15～25%が目安。

チップについて

アメリカではサービスを受けたらチップを渡す習慣がある。一般的に、どのレストランでも請求書の売上金額の15～25%をチップとしてテーブルに残しておく。人数や時間に関係なく、合計額の15～25%が基本だ。なお、小額の消費をしたときでも＄1以上のチップを手渡したい。ただし、1、5、10￠硬貨は使わないように。

レストランでのチップの支払い方

ウエーター、ウエートレスへのチップは支払い後、会計伝票を載せてきたトレイに残す。クレジットカードでの支払いでもチップを含めて決済できる（記入例は下記を参照）。チップは売上合計金額に対しての15～25%程度とし、タックス分は対象にしなくていい。

会計伝票記入例

Services	40	00
Taxes	3	80
Tip/ Gratuity	7	20
Total	51	00

税金（9.5%の場合）
売上料金（飲食代）
合計売上
チップ（売上料金に対して18% 端数は切り上げる）

チップ換算早見表

料金（$）	15%		20%		25%	
	チップ	合計額	チップ	合計額	チップ	合計額
5	0.75	5.75	1.00	6.00	1.25	6.25
10	1.50	11.50	2.00	12.00	2.50	12.50
15	2.25	17.25	3.00	18.00	3.75	18.75
20	3.00	23.00	4.00	24.00	5.00	25.00
25	3.75	28.75	5.00	30.00	6.25	31.25
30	4.50	34.50	6.00	36.00	7.50	37.50
35	5.25	40.25	7.00	42.00	8.75	43.75
40	6.00	46.00	8.00	48.00	10.00	50.00
45	6.75	51.75	9.00	54.00	11.25	56.25
50	7.50	57.50	10.00	60.00	12.50	62.50

※チップの計算法
①料金の端数を切り下げる（または切り上げ）
例）$35.21→$35.00
②チップが15%なら、×0.15
$35.00→$5.25
③20%なら10分の1にして2倍に
$3.50×2→$7
④チップの相当額は15～25%（$5.25～8.75）の範囲で、サービスに見合った額を決めればよい。

●心がけたいマナー

あいさつ

道を歩いていて人に触れたら“Excuse me”。もし、ひどくぶつかってしまったり、足を踏んでしまったら“I'm sorry”。人混みのなかで先に進みたいときも“Excuse me”だ。無言はたいへん失礼になる。お店に入って、店員に“Hi!”と声をかけられたら、“Hi”または“Hello”などと返事を返そう。また、話をするときは、真っすぐ人の目を見て話すように。

歩行喫煙はNG!!

日本で多く見られる歩行喫煙は絶対にやめてほしい行為だ。

マナーについて

飲酒と喫煙

LAでは21歳未満の飲酒と、屋外での飲酒は法律で禁じられている。リカーストア、ライブハウス、クラブ、野球場などでは、アルコール購入の際、ID（身分証明書）の提示を求められることもある。特に注意してほしいのが、公園やビーチ、公道でのアルコールは厳禁。たばこはレストランは屋内、野外のテラスでも禁煙。ホテルも禁煙ルームのほうが断然多い。

子供連れで注意すること

レストランや公共の場などで子供が騒ぎ出したら、落ち着くまで外に出ていること。また、ホテル室内や車に子供だけを置き去りにすること、子供をしつけのつもりでたたくなどの行為は警察に通報されるので特に日本人は要注意だ。

旅の技術. インターネット

近年はインターネットの環境が整い、自分のパソコンやスマートフォンさえあれば、移動中のバスや列車、ホテル、カフェなどでの接続が容易になった。ウェブから最新情報が入手できるなどのメリットを生かして、旅先での行動範囲を広げよう。

インターネット接続

ロスアンゼルスでインターネットに接続する方法はいくつかあるので、使用する頻度や料金などを比較して選ぶといい。

無料のWi-Fiを利用する

ショッピングモールのフィグ・アット・セブンス（→P.345）やオベーションハリウッド（→P.214、P.344）、サンタモニカプレイス(→P.342)、マクドナルドなどのファストフード店、スターバックスなどのカフェ、スーパーマーケットのホール・フーズ・マーケット(→P.306)、公共図書館などで無料のWi-Fiを利用できる。なお、カフェやショップの無料のWi-Fiスポットは、店の出入口などに「Free Wi-Fi」のステッカーが貼ってある。

ホテルによってはWi-Fi利用料が無料のところがあったり、アメニティフィーに含まれるがWi-Fi利用が無料のところがあったりする。

海外用モバイルWi-Fiルーターをレンタルする

1日中どこでもインターネットにアクセスしたい人に最適。ポケットサイズの小型Wi-Fiルーターなら荷物にもならない。1日当たりのデータ通信量無制限の定額のものやデータ通信量により料金プランが設定されているものがある。基本的にルーター1台で複数人が接続可能。

利用方法として、Wi-Fiルーター・レンタル会社のウェブサイトから事前に予約し、自宅や空港カウンターなどでWi-Fiルーター一式を受け取る。現地では、電源を入れてIDとパスワードを入力するだけで接続できる。帰国後、空港カウンターで返却するか、宅急便で送り返す。

携帯電話会社の海外パケット定額サービスを利用する

日本で使っているスマートフォンをロスアンゼルスでも使え、電話番号やSMS（ショートメッセージ）のアドレスを変更せずに使用できる。一般的に、海外で利用するためのパケット定額サービスを携帯電話会社と契約し、スマートフォンのモバイルデータ通信のローミングをオンにするだけ（携帯会社によって異なる)。念のため、旅行前に契約している携帯電話会社のプランや方法を確認しておきたい。

SIMカードを利用する

現地キャリアに対応しているSIMカードを購入し、SIMフリーのスマートフォンにSIMカードを入れ替えて利用する。基本的に定額制で、日数分のデータ通信量無制限やデータ通信量制限ありのプランがある。ただし、SIMカードを入れ替えるので、日本の電話番号やSMSは使用できない。他方、アメリカの電話番号を取得でき、アメリカ国内の通話は無料になることが多い。SIMカードは、オンラインショップのアマゾン・ドット・コムや、現地のショッピングモール、携帯キャリアショップなどで販売している。

スマートフォンのインターネット利用に注意

アメリカで、スマートフォンをインターネットの海外ローミングで利用した場合、高額となるケースがある。日本の携帯電話会社と契約していない現地のキャリアにつながってしまうことが原因だ。通話料が安いIP電話も、インターネット回線を使うので同様の注意が必要だ。日本を出発する前に、どのような設定にするか、必ず確認をしておくこと!!

携帯電話会社問い合わせ先など→P.445

スマートフォンなどの利用方法はこちらでも

「地球の歩き方」ホームページでは、アメリカでのスマートフォンなどの利用にあたって、各携帯会社の「パケット定額」や海外用モバイルWi-Fiルーターのレンタルなどの情報をまとめた特集ページを公開中。
URL www.arukikata.co.jp/web/article/item/3000211

海外用モバイルWi-Fiルーター・レンタル会社

●**イモトのWiFi**
無料 0120-800-540
URL www.imotonowifi.jp
●**グローバルWiFi**
無料 0120-510-670
URL townwifi.com

MEMO 街なかでPCを利用できる場所 フェデックス FedEx では、有料でパソコンの時間貸しをしている。

DATA 便利なアプリ

ロスアンゼルスでは、スマートフォンがないとかなり不便だ。スポーツ観戦ができなかったり、自転車のレンタルや配車サービスなどの利用ができなかったりする。以下のアプリをダウンロードしてロスアンゼルス観光をスムーズに進めたい。

Google マップ
地図検索サービス

Transit App
交通機関のアプリ（→ P.96）

Uber
配車サービス（→ P.89）

Lyft
配車サービス（→ P.89）

Metro Bike Share
自転車のシェアリングサービス（→ P.302）

Bird
電動キックボードのシェアリングサービス（→ P.97）

Yelp
レストランやショップの口コミサイト（→ P.354）

OpenTable
レストランの予約ができる（→ P.355）

MLB Ballpark
メジャーリーグの公式アプリ

INFORMATION

アメリカでスマホ、ネットを使うには

スマホ利用やインターネットアクセスをするための方法はいろいろあるが、一番手軽なのはホテルなどのネットサービス（有料または無料）、Wi-Fiスポット（インターネットアクセスポイント。無料）を活用することだろう。主要ホテルや町なかにWi-Fiスポットがあるので、宿泊ホテルでの利用可否やどこにWi-Fiスポットがあるかなどの情報を事前にネットなどで調べておくとよい。ただしWi-Fiスポットでは、通信速度が不安定だったり、繋がらない場合があったり、利用できる場所が限定されたりするというデメリットもある。そのほか契約している携帯電話会社の「パケット定額」を利用したり、現地キャリアに対応したSIMカードを使用したりと選択肢は豊富だが、ストレスなく安心してスマホやネットを使うなら、以下の方法も検討したい。

☆ 海外用モバイルWi-Fi ルーターをレンタル

アメリカで利用できる「Wi-Fiルーター」をレンタルする方法がある。定額料金で利用できるもので、「グローバルWiFi（【URL】https://townwifi.com/）」など各社が提供している。Wi-Fiルーターとは、現地でもスマホやタブレット、PCなどでネットを利用するための機器のことをいい、事前に予約しておいて、空港などで受け取る。利用料金が安く、ルーター1台で複数の機器と接続できる（同行者とシェアできる）ほか、いつでもどこでも、移動しながらでも快適にネットを利用できるとして、利用者が増えている。

▼グローバルWiFi

海外旅行先のスマホ接続、ネット利用の詳しい情報は「地球の歩き方」ホームページで確認してほしい。
【URL】http://www.arukikata.co.jp/net/

電話

ここでは、アメリカ国内外への電話のかけ方をケース別に説明している。また、日本で利用している携帯電話を海外でも使いたい場合は、各社多少異なるので、渡航前に利用法などの詳細を確認しておこう。

アメリカで電話をかける

公衆電話から

同じ市外局番（エリアコード）内の市内通話の場合1回50¢が一般的だ。違うエリアコードや市外への通話は最初に1をダイヤルし、音声に従って追加の料金を入れる。

携帯電話・スマートフォンから

携帯電話・スマートフォンの国際ローミングサービスを利用すれば電話をかけられるが、国際通話料金が適用される。

どのようにかけるか？

ダイヤル直通

自分で料金を支払う最も基本的なもの。オペレーターを通さずに直接、日本の相手先の電話番号につながる。国際通話の場合はプリペイドカード（→下記）か、スマートフォン・携帯電話を使うのが一般的。

日本語オペレーターによるサービス（コレクトコール）

オペレーターを介して通話するもので、料金は日本払いのコレクトコールのみ。料金は高いが、24時間、年中無休、日本語対応で安心。

スマートフォンで通話アプリを使う

スマートフォンに無料通話アプリ（Line、Skype、Messenger、FaceTimeなど）をダウンロードしておくと、Wi-Fi環境下で通話することができる。

プリペイドカード通話とは

プリペイドカードに記載されている金額に達するまで割安でアメリカ国内や日本へ通話できる。カードを電話機に挿入するのではなく、カードに記載された専用番号を押し、続いて相手先の電話番号を入力するだけ。日本やアメリカの空港、ドラッグストア、コンビニなどで販売している。

トールフリーとは
アメリカ国内で通話料無料の電話番号のこと。(1-800)、(1-888)、(1-877)、(1-866)、(1-855)、(1-844)、(1-833)で始まる。日本からや、アメリカ国内で日本の携帯電話から利用する場合は有料。

日本語オペレーターによるサービス(コレクトコール)
サービスアクセス番号
●KDDI（ジャパンダイレクト）
Free (1-877) 533-0051

日本での国際電話に関する問い合わせ先
NTTコミュニケーションズ
無料 0120-003300
ソフトバンク（国際電話）
無料 0088-24-0018
au 無料 157※1
NTTドコモ 無料 151※2
携帯電話・スマートフォンを紛失した際のアメリカからの連絡先
au☎(011)+81+3+6670-6944 ※1
NTTドコモ☎(011)+81+3+6832-6600 ※2
ソフトバンク☎(011)+81-92-687-0025 ※3
※1 auの携帯から無料、一般電話からは有料
※2 NTTドコモの携帯から無料、一般電話からは有料
※3 ソフトバンクの携帯から無料、一般電話からは有料

●アメリカから日本へ電話をかける場合 ［電話番号(03)1234-5678］のとき

011	+	81	+	3	+	1234-5678
国際電話識別番号※1	+	日本の国番号	+	市外局番※2（最初の0を取る）	+	相手の電話番号

※1 公衆電話から日本にかける場合は上記のとおり。ホテルの部屋からは，外線につながる番号を頭に付ける。
※2 携帯電話などへかける場合も、「090」「080」「070」などの最初の0を除く。

MEMO **市内通話のかけ方の例外** 市外局番（エリアコード）が 213 と 323 の場合は、市内通話であっても、1 をダイヤルしてから市外局番、相手先番号を続ける。213 と 323 以外の場合は、相手先番号からダイヤルすればよい。

旅の技術

郵便

旅行中の感動を家族や友人に伝える手段として、手紙はアナログな方法だがあたたかみがある。また、重くなり過ぎた荷物の軽減にも、国際郵便の利用をすすめる。

郵便局
URL www.usps.com
上記のウェブサイトで店舗を検索できる。ダウンタウンはショッピングモールのブロック(MAP P.73-D4)などにある。

切手の購入
切手は郵便局の窓口かUS Mailのマークのある販売機であれば、額面どおりの額で買えるが、みやげ物屋やホテルなどにある小さな販売機は割高だ。もし、どうしても見当たらなかったらホテルで尋ねてみるのもいい。

別送品の配送サービスを行っている宅配業者
●ヤマト運輸(国際宅急便)
YAMATO TRANSPORT U.S.A, Inc.
URL www.yamatoamerica.com
●日本通運(ジェットパック・輸入)
URL www.nittsu.co.jp/sky/express

梱包用品はどうする?
ある程度の規模の郵便局なら、各種封筒(クッションが付いたもの)や郵送用の箱、ガムテープなどを販売している。

旅の便り、重い荷物は郵便を活用

アメリカから日本への所要日数は、エアメールでだいたい1週間前後。料金は普通サイズのはがき、封書とも$1.40が基本。かさばる書籍類やおみやげなどの荷物は、郵便で日本に送ってしまえばあとが楽。送る方法としては航空便Air Mailのみだが、到着の速さによって数種類あり、いちばん安いFirst-Class Mailで4~14日。あて先の住所、氏名、差出人の住所、氏名は英語で書く。印刷物を送る場合はそれを示すPrinted Matters、書籍の場合はBookの表示も書き加える(この場合、手紙の同封不可)。新型コロナウイルス感染症(COVID-19)の影響で、アメリカから日本への郵便物に遅延が発生している。

国際小包の税関申告書の記入の1例〈すべて英語で記入〉

"税関申告書(Customs Declaration and Dispatch Note)のSender's Information"の欄は、"差出人"だから自分の名前を記入する。住所は、アメリカ在住者ならばアメリカの住所を、日本から旅行中であれば日本の住所を英語で記入すればいい。"Addressee's Information"は受取人を記入する。自分あてなら上の"Sender's Information"欄と同じことを書けばいい。

右側の欄は、記載のあて先へ配達できない場合、荷物をどうするかなどを記入する欄。差出人に送り戻すなら"Return to Sender"、廃棄は"Treat as Abandoned"にチェックする。

最下段は内容物について記入。"Quantity"は数量、"Net Weight"は重さ、"VALUE"はおおよその価値をアメリカドルで記入。

上記のほかにも申告書は数種類あり、記入事項も多少異なる。

日本への郵便料金

2023年8月現在

Air Mail(First Class International Mail)航空便	
封書 Letters	1オンス(28g) $1.50 ※0.5オンス~1オンスごとに$1.30加算
	最大重量3.5オンス(約99g)
はがき Post Card	$1.50
小包 Parcel	1ポンド(453.6g)まで$61.25 ※2~66ポンドまで1ポンドごとに$4.20~4.30を加算
	最大重量66ポンド(約30kg)
定額封書/定額小包 Flat Rate:Envelope/Box:Large	封書:24×31.75cmの封筒に入るだけ$44.80。最大重量4ポンド(約1.8kg)
	小包:30×30.5×14cmの箱に入るだけ$121.30。最大重量20ポンド(約9kg)
書籍・楽譜・印刷物(Printed Matter)航空便エム・バッグ Airmail M-bag	11ポンド(約5kg)まで$87.89 ※1ポンドごとに$7.99加算
	最大重量66ポンド(約30kg)

※M-bagsという郵便方法は、大きな袋に無造作に荷物を入れられ、紛失や破損に対して何の補償もされない方法。
※小包、定額封書・定額小包はPriority Mail(配達に6~10日要する)を利用した場合。

MEMO **アメリカから別送品を送った場合** 日本入国の際、税関で携帯品・別送品申告書を2通提出する必要がある(→P.440~441)。

旅の技術 旅のトラブルと安全対策

旅の安全対策とは、あらゆるトラブルを未然に防ぐことではなく、事故や盗難に遭うことを前提に、いかに被害を最小限に食い止められるかの対応力も大事である。日本人が海外で遭いやすいトラブル事例を挙げながら、対処方法を紹介しよう。

ロスアンゼルスの治安

ロスアンゼルスというと、1992年の「ロス暴動」のイメージが強いせいか、いまだに治安が悪いと思われがちだ。しかし、警察官の増員や治安部隊の導入により、犯罪発生率は年々減少傾向にある。

とはいうものの、ロスアンゼルスはやはりアメリカ。日本にいるときと同じ感覚で行動してはいけない。アメリカ全体に関していえることだが、ゴミの散らかっているエリア、夜間や人通りの少ない道でのひとり歩きは避ける、細い路地には入らない、人前でお金を見せない、妙に親切な人には注意する、高級ブランドのショッピングバッグを両脇に抱えないで安物の袋に入れ替えるなど、これらのことは徹底して守ること。いつでも、どこでも、誰にでも、危険が起こり得る可能性がある。街を歩くにあたっては特に下記のことに注意してほしい。

街の歩き方

おもな観光エリアは、昼間なら特に問題なく歩ける。どの街にも、なるべく近寄らないほうがいいエリアがあるが、ロスアンゼルスではリトルトーキョー南側のスキッドロウと呼ばれる、4th St.、7th St.、Los Angeles St.、Central Ave.に囲まれたエリア（MAP P.72-B2～B4）とサウス・ロスアンゼルス（サウスセントラル）、イングルウッドと呼ばれるエリアがそれに該当する。サウス・ロスアンゼルスは、ダウンタウンと南のロングビーチの間に広がるエリア（MAP P.46-B2～B3）で、メトロレイルのAライン（ブルー）が通っている。イングルウッドはロスアンゼルス国際空港の東隣にあるエリア（MAP P.49-C4～D4）。移動の途中、無意識のうちにそのようなエリアを通過しているケースもあるので気をつけたい。

そのほか、治安のよし悪しを判断する目安は、やたらとゴミが落ちている、落書きが多い、窓に格子がついている、ホームレスや目つきの悪い人がうろついているなど。そんなところへは立ち入りを避けたい。また、きちんとした身なりの女性が少なくなったら引き返したほうがいい。

服装

注意したいのが、ストリートギャング風（ダボッとしたパンツに、パーカーのフードやキャップを目深にかぶるスタイル）のものや、露出が多く派手な服装、過度の化粧も禁物だ。

交通

メトロバスやメトロレイルなどの公共交通機関は、夜遅くなると利用者が極端に減るので、バス停やひと気のないプラットホームで待つのは避けたい。夜間の移動は、タクシーや配車サービスを利用するように。

新型コロナウイルス感染症（COVID-19）による治安悪化

ダウンタウンやハリウッド、サンタモニカ、ベニスビーチでは、浮浪者が新型コロナウイルス感染症流行前より増えている。基本的に観光客に危害を与えることはないが、できるだけ避けて歩行するようにしたい。2021年はアジア人へのヘイトクライムが急増したが、2023年1月現在、かなり減ってきている。

メトロレイルは、路線によって浮浪者が寝ていたり、発狂していたり、騒音を立てていたりする。できるだけ近づかず、無視していること。車内ではできるだけスマートフォンを操作しないように。

旅の安全対策
スリ、置き引きの多い場所とは

駅、空港、ホテルのロビー、観光名所、電車やバス、ショッピングモールや店内、ファストフード店の中などでは、ほかのことに気を取られがち。「ついうっかり」や「全然気づかぬ隙に」被害に遭うことが多い。ツアーバスに乗ったときもバスに貴重品を置いたまま、外に出ないこと。貴重品は必ず身に付けておこう。

こんなふうにお金は盗まれる

犯罪者たちは単独行動ではなく、必ずグループで犯行に及ぶ。例えば、ひとりが写真を撮ってもらうよう頼み、ターゲットがかばんを地面に置いた瞬間に、もうひとりがかばんを奪って逃げていくという具合。ひとりがターゲットになる人の気を引いているのだ。

親しげな人に注意

向こうから、親しげに話しかけてくる人、日本語で話しかけてくる人には注意。たいていはカモになる人を探しているのだ。例えば、「お金を落として困っている」なんて話しかけながら、うまくお金を巻き上げていくやからも多い。

MEMO **パスポートやカードは貴重品とは別に保管** パスポート、お金（クレジットカードやデビットカード）などは常に携帯し、備忘録は別途保管しよう。客室のセーフティボックスに預けるのもよい。

荷物のよい持ち方例
●ショルダー式バッグ
かばんは体に密着させ、ファスナー式のものを使うこと。斜めにかけてファスナーや止め具にいつも手を置くようにする。
●デイパック
バスやメトロレイルの車内では、背負わずに片方の肩だけにかけ、前で抱え込むようにする。
●上着の内側ポケット
バッグを持たず、服のポケット2～3ヵ所に分散させて入れる。

盗難や紛失の届出証明書の名称
アメリカで当該となる書類の名称は「ポリスレポートPolice Report」。

在ロスアンゼルス日本国総領事館
Consulate-General of Japan in Los Angeles
MAP P.72-B1
住350 S. Grand Ave., Suite 1700, Los Angeles, CA 90071
☎(1-213) 617-6700 (緊急の場合は24時間対応)
URL www.la.us.emb-japan.go.jp
営窓口受付：月～金9:30～11:30、13:15～16:15
休土日、おもな祝日、特定の休館日
※2023年1月現在、日本総領事館への入館には、事前にウェブサイトから予約する必要がある。写真付き身分証明書の提示が求められるため、必ず所持して訪問すること。
なお、パスポートをなくしたなど、写真付きIDがない場合は、その旨を伝えて入館の許可をもらおう。事前に電話連絡をしておくと、入館手続きがスムーズに行われる。

帰国のための渡航書
日本直行便、または「帰国のための渡航書」で入国可能な国(カナダ、韓国)での乗り換え便を利用する場合にかぎる。

荷物は少なくまとめること

両手がふさがるほど荷物を持って歩いているときは注意力も散漫になりがちだ。スリに狙われやすく、落とし物もしやすくなる。大きな荷物は行動範囲を狭める原因でもある。

ドライブ

これはアメリカのどの地域に関してもいえることだが、車を離れるとき、荷物は後ろのトランクに入れ、貴重品やカメラ、スマートフォンなどは窓から見える所に置かないようにしよう。また、特に年末のショッピングシーズンなどは、買い物の荷物を狙った車上荒らしが多発するので要注意。車と金品を狙ったカージャックは、駐車場だけでなく、走行中や信号待ちの際にわざと車をぶつけ、車内から人が降りた隙を狙う場合もある。ドライブ中に何かのアクシデントに巻き込まれたら、できるだけ安全と思われる場所（ガスステーションや警察）まで移動して助けを求めよう。

トラブルに遭ってしまったら

安全な旅を目指して（事後対応編）

●盗難に遭ったら

すぐ警察に届ける。所定の事故報告書（Police Report）があるので記入しサインする。暴行をともなわない置き引きやスリの被害では、被害額がよほど高額でないかぎり捜索はしてくれない。報告書は、自分がかけている保険の請求に必要な手続きと考えたほうがよい。報告書が作成されると、控えか報告書の処理番号（Police Case Number）をくれる。それを保険請求の際に添えること。

●パスポートをなくしたら

万一、パスポートをなくしたら、すぐ在外公館（総領事館→左側注）へ連絡し、入館予約が取れ次第、新規発給の手続きを。申請に必要なものは、**①顔写真（縦4.5cm×横3.5cmのサイズを2枚）、②パスポート紛失届出証明書（現地の警察にポリスレポートを発行してもらう）、③戸籍謄本、④紛失一般旅券等届出書、⑤一般旅券発給申請書、⑥本人・国籍確認ができる書類（運転免許証など）。**

発給までには、写真を日本に送り本人かどうかを確認するため約1週間かかる。また発給の費用は、10年用は＄148、5年用は＄102（12歳未満＄56）が必要。なお、帰国便の搭乗地国ないし、その国へ向かう途中でなくした場合は、『帰国のための渡航書』（＄23）（→左側注）を発行してもらえれば帰国可能。必要日数は2～3日で写真と渡航書発給申請書、紛失一般旅券等届出書、パスポート紛失届出証明書、eチケット、戸籍謄本が必要。現金で支払う。

●トラベラーズチェック（T/C）をなくしたら

再発行の手続きは、持っていたT/Cを発行している銀行や金融機関のアメリカ各都市の支店に行くのがいちばん早い。必要な書類は、**①紛失届出証明書（近くの警察で発行）、②T/C発行証明書、（T/Cを買ったときに銀行がくれた「T/C購入者用控」）、③未使用T/Cのナンバー。**

MEMO 外務省海外旅行登録サービス「たびレジ」 外務省では、旅行や出張、留学などで海外渡航する人向けのメールサービスを提供している。最新の渡航情報や緊急事態発生時には、在外公館からの緊急一斉連絡メールなどが登録者に発信される。↗

●クレジットカードをなくしたら

大至急クレジットカードの発行金融機関またはカードブランド各社の緊急連絡先（→P.452）に電話し、カードを無効にしてもらう。警察に届けるより前に、この連絡をする。アメリカでは、サインなしでも利用できる通信販売、電話での通話などに悪用されることがあるからだ。

●お金をすべてなくしたら

盗難、紛失、使い切りなど、万一に備えて、現金の保管は分散することをおすすめする。例えば、財布を落としても、別の場所（衣類のポケットやホテルのセーフティボックス）に保管してある現金があれば急場しのぎになる。それでも、現金をなくしてしまったときのためにも、キャッシングサービスのあるクレジットカードはぜひとも持っていきたい。また、日本で預金をして外国で引き出せるキャッシュカードやデビットカード、海外専用プリペイドカード（→P.427）も出回っているので、これらのサービスを利用するのもいい。

●病気やけがに見舞われたら

旅先での風邪や下痢は、気候や生活の変化に対応しきれずに起こることが多く、精神的なストレスなども原因。とにかく休息を。ホテルなどの緊急医や救急病院のほかは、医者は予約制だ。薬を買うには医者の処方せんが必要だが、痛み止め、風邪薬などは処方せんなしで買える。

●空港で荷物が出てこないとき

荷物が出尽くしても自分の荷物が出てこない場合、バゲージクレーム内の航空会社のカウンターで、諸手続きを行うことになる。クレームタグの半券を示しながら、事情説明と書類記入をする。聞かれることは、右側注のとおり。荷物発見後の配送先は、一般的にこの先数日間の滞在ホテルになるが、宿泊先が決まっていない人はちょっと問題。いっそ荷物を日本に送り返してもらい、必要最低限の品を現地で買い揃えて旅を続けるという手段もある。荷物紛失のため生じた費用の負担については、あらかじめ航空会社に確認すること。

●ドライブ中のトラブル

旅行者の犯しやすい違反が、駐車違反とスピード違反。アメリカでは駐車違反の取り締まりはかなり厳しい。スピード違反のとき、パトカーは違反車の後ろにつけると、赤と青のフラッシャーの点滅で停止を指示する。車は右に寄せて停車。警官が降りて近づいてくる間、窓を開け、ハンドルに手を置いて、同乗者とともにじっと待つ。警官が声をかけたら、日本の運転免許証、国外運転免許証とレンタル契約書を見せ、質問に答える。

事故や故障の場合は、ひとまずレンタカー会社へ連絡をしよう。相手の免許証番号、車のナンバー、保険の契約番号、連絡先を控えておく。あとは警察やレンタカー会社の指示に従う。また、車を返却するときに必ず申し出て事故報告書を提出すること。

故障の場合、自走できるときは、レンタカー会社に連絡して修理する。自走できないなら、けん引サービスを呼んで対処しよう。

連絡先がわからない！

クレジットカードをなくした際、万一、カード発行金融機関の連絡先がわからない場合は、自分の持っているカードの国際ブランド各社（VISAやMastercard、JCBなど）に連絡を。こんなときのためにも、パスポート番号、クレジットカードなどの番号およびカード発行金融機関の連絡先をメモしたものや、そのコピーを取っておきたい。

お金をなくして、なすすべのない人は

なすすべのない人は、日本国総領事館（→P.448側注）で相談に乗ってもらうしかない。

海外旅行保険のサービスを利用する

日本語を話せる医者を紹介し、病院の予約を取ってくれる。
→P.452

航空会社の係員に聞かれるおもな事柄

●便名の確認
●預けた空港の確認
●フライト何分前のチェックインか
●かばんの形と色
●外ポケットやいちばん上の内容物
●発見されたときの配送先

携帯電話・スマートフォンをなくしたら ➡ P.445側注

交通違反の罰金を支払う

罰金の支払い方法は、マネーオーダー（郵便為替）を作って送るか、電話やウェブサイトによるクレジットカードの引き落としなどがある（→P.118DATA）。

なお、帰国後でも罰金の処理を怠ると、レンタカー会社を通じて追跡調査が行われる。またアメリカの有料道路（トールロードToll Road）で未払いした場合も同様なので、気をつけよう。

↘詳細は URL www.ezairyu.mofa.go.jp

旅の英会話

ホテル編

8月11日と12日にツイン（ダブル）ルームを予約したいのですが。〈電話で〉
I'd like to make a reservation for a twin (double beds) room, August eleventh and twelfth.

チェックイン（アウト）をお願いします。
I'd like to check in (out), please.

部屋の鍵が開きません。
The room key does not work.

今晩、空いている部屋はありますか？
Do you have a room, tonight?

荷物を預かってもらえますか？
Could you keep my luggage?

バスタオルをもう１枚持ってきてください。
Could you bring me one more bath towel?

日本円をUSドルに両替してもらえますか？
Can you exchange Japanese Yen to U.S. Dollar?

レストラン編

もしもし、今晩、7:30、２名で夕食を予約したいのですが。私の名前は田中です。
Hello, I'd like to book a table tonight. Two people at seven thirty PM. My name is Tanaka.

おすすめメニューを教えてください。
What do you recommend?
Do you have any special today?

持ち帰り用の容器をください。
May I have a to-go box?

ここで食べます／持ち帰ります。
For here, please. /To go, please.

注文をお願いします。
Would you take our order?

お勘定をお願いします。
Check, please.

クレジットカードでお願いします。
I'd like to pay by credit card.

街歩き編

空港までのチケットをください。
May I have a ticket to the airport?

これはセンチュリーシティへ行きますか？
Does this go to Century City?

片道（往復）切符をお願いします。
One-way (Round trip) ticket, please.

サンタモニカに着いたら教えてください。
Please let me know when we get to Santa Monica.

サンタモニカピアへ行くには？
How can I get to Santa Monica Pier?

ユニオンステーションで降ろしてもらえますか？
Would you drop me off at Union Station?

道に迷いました。ここはどこですか？
I'm lost. Where am I now?

ショッピング編

見ているだけです。
I'm just looking.

○○売場はどこですか？
Where can I find ○○ section?

これをください。
I'll take this (one).

これを試着していいですか？
Can I try this on?

Ｔシャツを探しています。
I'm looking for some T-shirts.

もう少し大きい(小さい)ものはありますか？
Do you have larger (smaller) one?

MEMO **Google 翻訳アプリ** アプリに入力したテキストや音声などを翻訳したり、音声で読みあげてくれたりする。特に便利なのがスマートフォンのカメラをかざすだけで、英語を日本語に翻訳してくれる機能。英語表記のメニューにカメラをかざすと、スマートフォ↗

緊急時の医療会話

●ホテルで薬をもらう

具合が悪い。
アイ フィール イル
I feel ill.

下痢止めの薬はありますか。
ドゥ ユー ハヴ エニー アンティダイリエル メディスン
Do you have any antidiarrheal medicine?

●病院へ行く

近くに病院はありますか。
イズ ゼア ア ホスピタル ニア ヒア
Is there a hospital near here?

日本人のお医者さんはいますか？
アー ゼア エニー ジャパニーズ ドクターズ
Are there any Japanese doctors?

病院へ連れていってください。
クッデュー テイク ミー トゥ ザ ホスピタル
Could you take me to the hospital?

●病院での会話

診察を予約したい。
アイドゥ ライク トゥ メイク アン アポイントメント
I'd like to make an appointment.

私の名前が呼ばれたら教えてください。
プリーズ レッ ミー ノウ ウェン マイ ネイム イズ コールド
Please let me know when my name is called.

●診察室にて

入院する必要がありますか。
ドゥアイ ハブ トゥ ビー ホスピタライズド
Do I have to be hospitalized?

次はいつ来ればいいですか。
ホエン シュッダイ カム ヒア ネクスト
When should I come here next?

通院する必要がありますか。
ドゥ アイ ハフ トゥ ゴー トゥ ホスピタル レギュラリー
Do I have to go to hospital regularly?

ここにはあと2週間滞在する予定です。
アイル ステイ ヒ ア フォー アナザー トゥ ウィークス
I'll stay here for another two weeks.

●診察を終えて

診察代はいくらですか。
ハ ウ マッチ イズ ザ ドクターズ フィー
How much is the doctor's fee?

保険が使えますか。
ダズ マイ インシュアランス カバー イット
Does my insurance cover it?

保険の書類にサインをしてください。
プリーズ サイン ザ インシュアランス ペーパー
Please sign the insurance papar.

※該当する症状があれば、チェックをしてお医者さんに見せよう

□吐き気 nausea	□悪寒 chill	□食欲不振 poor appetite
□めまい dizziness	□動悸 palpitation	
□熱 fever	□脇の下で計った armpit	＿＿＿°C／°F
	□口中で計った oral	＿＿＿°C／°F
□下痢 diarrhea	□便秘 constipation	
□水様便 watery stool	□軟便 loose stool	1日に　回　times a day
□ときどき sometimes	□頻繁に frequently	絶え間なく continually
□風邪 common cold	□鼻詰まり stuffy nose	□鼻水 running nose
□くしゃみ sneeze	□咳 cough	□痰 sputum
□耳鳴り tinnitus	□難聴 loss of hearing	耳だれ ear discharge
□目やに eye mucus	□目の充血 red eye	□見えにくい blurry vision

※下記の単語を指さしてお医者さんに必要なことを伝えましょう

●どんな状態のものを
生の　raw
野生の　wild
油っこい greasy
よく火が通っていない
uncooked

●けがをした
刺された・噛まれた bitten
切った cut
転んだ　fell down
打った　hit
ひねった　twisted
落ちた　fell
やけどした　burnt

●痛み
ヒリヒリする　tingling
刺すように　sharp
鋭く　keenly
ひどく　severely

●原因
蚊　mosquito
ハチ　wasp
毒虫　poisonous insect
くらげ　jellyfish
リス　squirrel
（野）犬　（stray）dog

●何をしているときに
ビーチに行った
went to the beach
キャンプをした
went camping
登山をした
went hiking (climbling)

DATA　AI通訳機「ポケトーク」

ロスアンゼルス旅行に＋αの感動や刺激を与えてくれるポケトーク。SIMが内蔵されているため、Wi-Fiにアクセスせずに翻訳できるので便利だ。また、翻訳する精度が高いので緊急時も安心。ポケトークがあれば言葉の壁を越えて、現地の人と触れ合える。POCKETALK 🅤pocketalk.jp

↘ンの画面に日本語翻訳が表示される。

旅の技術

旅のイエローページ

緊急時
●警察、消防署、救急車 ☎911
●警察（緊急でない場合）
Free (1-877) 275-5273
●在ロスアンゼルス日本国総領事館（領事部/緊急時は24時間）
☎(1-213) 617-6700

航空会社（アメリカ国内）
●全日空 Free (1-800) 235-9262*
●日本航空 Free (1-800) 525-3663*
●アメリカン航空 Free (1-800) 237-0027*
●デルタ航空 Free (1-800) 327-2850*
●ユナイテッド航空
Free (1-800) 537-3366*
●シンガポール航空
Free (1-800) 742-3333
＊は日本語対応のオペレーター

空港・交通
●ロスアンゼルス国際空港
Free (1-855) 463-5252
●ハリウッド・バーバンク（ボブ・ホープ）空港
☎(818) 840-8840
●ジョン・ウェイン空港（オレンジカウンティ）
☎(949) 252-5200
●グレイハウンドバス
Free (1-800) 231-2222
●アムトラック Free (1-800) 872-7245
●ロスアンゼルスカウンティ交通局（メトロバス、メトロレイル）
☎(1-323) 466-3876

国際クレジットカードブランド各社（カード紛失・盗難時/日本語対応）
●アメリカン・エキスプレス
Free (1-800) 766-0106
●ダイナースクラブ
☎+81-3-6770-2796
（日本。コレクトコールを利用→P.445）
●JCB Free (1-800) 606-8871
●マスターカード Free (1-800) 307-7309
●VISA Free (1-866) 670-0955

トラベラーズチェック発行会社（T/C紛失時の再発行）
●アメリカン・エキスプレス・リファンド・センター Free (1-800) 221-7282
※日本語対応オペレーターを呼んでもらう

旅行保険会社（アメリカ国内/日本語対応）
●損保ジャパン日本興亜
Free (1-800) 233-2203（けが・病気の場合）
Free (1-877) 826-6108（盗難・賠償事故などのトラブル）
●東京海上日動 Free (1-800) 446-5571
●AIG損保 Free (1-800) 8740-119

日本語が通じる医療機関
●ニッポン・メディカル・クリニック
Nippon Medical Clinic
MAP P.60-A4
住2100 Sawtelle Blvd., #103,Los Angeles
☎(310) 575-4050
URL www.nipponmedical.com
営月～金9:00～17:00
休土日、祝日
※診察は要予約

困ったときに日本語で相談できる機関
●小東京交番（小東京防犯協会）
MAP P.73-C3
住307 E. 1st St., Los Angeles
☎(1-213) 613-1911
ダウンタウンのリトルトーキョーにある非営利組織の観光案内所。日英両語を話せるボランティアがおり、警察官立寄所でもある。
●リトル東京サービスセンター
☎(1-213) 473-3030
一般の医療相談。旅行者、在米日本人が対象で無料。受付時間は月～金9:00～17:00、土日、祝日休み。

帰国後の旅行相談窓口（日本国内）
●日本旅行業協会 JATA
☎(03) 3592-1266
URL www.jata-net.or.jp
旅行会社で購入した旅行サービスについての相談は「消費者相談室」まで。

索引（日本語）

見どころ

ショップ

スパ

レストラン

ナイトスポット

ホテル

INDEX (English)

Attraction

Shopping

Spa

Dining

Night Spot

Lodging

地球の歩き方 シリーズ一覧

2024年6月現在

＊地球の歩き方ガイドブックは、改訂時に価格が変わることがあります。＊表示価格は定価（税込）です。＊最新情報は、ホームページをご覧ください。www.arukikata.co.jp/guidebook/

地球の歩き方　ガイドブック

A　ヨーロッパ

A01	ヨーロッパ	¥1870
A02	イギリス	¥2530
A03	ロンドン	¥1980
A04	湖水地方&スコットランド	¥1870
A05	アイルランド	¥2310
A06	フランス	¥2420
A07	パリ&近郊の町	¥2200
A08	南仏プロヴァンス　コート・ダジュール&モナコ	¥1760
A09	イタリア	¥2530
A10	ローマ	¥1760
A11	ミラノ　ヴェネツィアと湖水地方	¥1870
A12	フィレンツェとトスカーナ	¥1870
A13	南イタリアとシチリア	¥1870
A14	ドイツ	¥1980
A15	南ドイツ　フランクフルト　ミュンヘン　ロマンチック街道　古城街道	¥2090
A16	ベルリンと北ドイツ　ハンブルク　ドレスデン　ライプツィヒ	¥1870
A17	ウィーンとオーストリア	¥2090
A18	スイス	¥2200
A19	オランダ　ベルギー　ルクセンブルク	¥2420
A20	スペイン	¥2420
A21	マドリードとアンダルシア	¥1760
A22	バルセロナ&近郊の町　イビサ島／マヨルカ島	¥1760
A23	ポルトガル	¥2200
A24	ギリシアとエーゲ海の島々&キプロス	¥1870
A25	中欧	¥1980
A26	チェコ　ポーランド　スロヴァキア	¥1870
A27	ハンガリー	¥1870
A28	ブルガリア　ルーマニア	¥1980
A29	北欧　デンマーク　ノルウェー　スウェーデン　フィンランド	¥2640
A30	バルトの国々　エストニア　ラトヴィア　リトアニア	¥1870
A31	ロシア　ベラルーシ　ウクライナ　モルドヴァ　コーカサスの国々	¥2090
A32	極東ロシア　シベリア　サハリン	¥1980
A34	クロアチア　スロヴェニア	¥2200

B　南北アメリカ

B01	アメリカ	¥2090
B02	アメリカ西海岸	¥2200
B03	ロスアンゼルス	¥2090
B04	サンフランシスコとシリコンバレー	¥1870
B05	シアトル　ポートランド	¥2420
B06	ニューヨーク　マンハッタン&ブルックリン	¥2200
B07	ボストン	¥1980
B08	ワシントンDC	¥2420
B09	ラスベガス　セドナ&グランドキャニオンと大西部	¥2090
B10	フロリダ	¥2310
B11	シカゴ	¥1870
B12	アメリカ南部	¥1980
B13	アメリカの国立公園	¥2640
B14	ダラス　ヒューストン　デンバー　グランドサークル　フェニックス　サンタフェ	¥1980
B15	アラスカ	¥1980
B16	カナダ	¥2420
B17	カナダ西部　カナディアン・ロッキーとバンクーバー	¥2090
B18	カナダ東部　ナイアガラ・フォールズ　メープル街道　プリンス・エドワード島　トロント　オタワ　モントリオール　ケベック・シティ	¥2090
B19	メキシコ	¥1980
B20	中米	¥2090
B21	ブラジル　ベネズエラ	¥2200
B22	アルゼンチン　チリ　パラグアイ　ウルグアイ	¥2200
B23	ペルー　ボリビア　エクアドル　コロンビア	¥2200
B24	キューバ　バハマ　ジャマイカ　カリブの島々	¥2035
B25	アメリカ・ドライブ	¥1980

C　太平洋／インド洋島々

C01	ハワイ　オアフ島&ホノルル	¥2200
C02	ハワイ島	¥2200
C03	サイパン　ロタ&テニアン	¥1540
C04	グアム	¥1980
C05	タヒチ　イースター島	¥1870
C06	フィジー	¥1650
C07	ニューカレドニア	¥1650
C08	モルディブ	¥1870
C10	ニュージーランド	¥2200
C11	オーストラリア	¥2750
C12	ゴールドコースト&ケアンズ	¥2420
C13	シドニー&メルボルン	¥1760

D　アジア

D01	中国	¥2090
D02	上海　杭州　蘇州	¥1870
D03	北京	¥1760
D04	大連　瀋陽　ハルビン　中国東北部の自然と文化	¥1980
D05	広州　アモイ　桂林　珠江デルタと華南地方	¥1980
D06	成都　重慶　九寨溝　麗江　四川　雲南	¥1980
D07	西安　敦煌　ウルムチ　シルクロードと中国北西部	¥1980
D08	チベット	¥2090
D09	香港　マカオ　深圳	¥2420
D10	台湾	¥2090
D11	台北	¥1980
D13	台南　高雄　屏東&南台湾の町	¥1980
D14	モンゴル	¥2420
D15	中央アジア　サマルカンドとシルクロードの国々	¥2090
D16	東南アジア	¥1870
D17	タイ	¥2200
D18	バンコク	¥1980
D19	マレーシア　ブルネイ	¥2090
D20	シンガポール	¥1980
D21	ベトナム	¥2090
D22	アンコール・ワットとカンボジア	¥2200
D23	ラオス	¥24
D24	ミャンマー（ビルマ）	¥20
D25	インドネシア	¥24
D26	バリ島	¥22
D27	フィリピン　マニラ　セブ　ボラカイ　ボホール　エルニド	¥22
D28	インド	¥26
D29	ネパールとヒマラヤトレッキング	¥22
D30	スリランカ	¥18
D31	ブータン	¥19
D33	マカオ	¥17
D34	釜山　慶州	¥15
D35	バングラデシュ	¥20
D37	韓国	¥20
D38	ソウル	¥18

E　中近東　アフリカ

E01	ドバイとアラビア半島の国々	¥20
E02	エジプト	¥25
E03	イスタンブールとトルコの大地	¥20
E04	ペトラ遺跡とヨルダン　レバノン	¥20
E05	イスラエル	¥20
E06	イラン　ペルシアの旅	¥22
E07	モロッコ	¥19
E08	チュニジア	¥20
E09	東アフリカ　ウガンダ　エチオピア　ケニア　タンザニア　ルワンダ	¥20
E10	南アフリカ	¥22
E11	リビア	¥22
E12	マダガスカル	¥19

J　国内版

J00	日本	¥33
J01	東京　23区	¥22
J02	東京　多摩地域	¥20
J03	京都	¥22
J04	沖縄	¥22
J05	北海道	¥22
J06	神奈川	¥24
J07	埼玉	¥22
J08	千葉	¥22
J09	札幌・小樽	¥22
J10	愛知	¥22
J11	世田谷区	¥22
J12	四国	¥24
J13	北九州市	¥22
J14	東京の島々	¥26

地球の歩き方　aruco

●海外

1	パリ	¥1650
2	ソウル	¥1650
3	台北	¥1650
4	トルコ	¥1430
5	インド	¥1540
6	ロンドン	¥1650
7	香港	¥1320
9	ニューヨーク	¥1650
10	ホーチミン　ダナン　ホイアン	¥1650
11	ホノルル	¥1650
12	バリ島	¥1650
13	上海	¥1320
14	モロッコ	¥1540
15	チェコ	¥1320
16	ベルギー	¥1430
17	ウィーン　ブダペスト	¥1320
18	イタリア	¥1760
19	スリランカ	¥1540
20	クロアチア　スロヴェニア	¥1430
21	スペイン	¥1320
22	シンガポール	¥1650
23	バンコク	¥1650
24	グアム	¥1320
25	オーストラリア	¥1760
26	フィンランド　エストニア	¥1430
27	アンコール・ワット	¥1430
28	ドイツ	¥1760
29	ハノイ	¥1650
30	台湾	¥1650
31	カナダ	¥1320
33	サイパン　テニアン　ロタ	¥1320
34	セブ　ボホール　エルニド	¥1320
35	ロスアンゼルス	¥1320
36	フランス	¥1430
37	ポルトガル	¥1650
38	ダナン　ホイアン　フエ	¥1430

●国内

北海道	¥1760
京都	¥1760
沖縄	¥1760
東京	¥1540
東京で楽しむフランス	¥1430
東京で楽しむ韓国	¥1430
東京で楽しむ台湾	¥1430
東京の手みやげ	¥1430
東京おやつさんぽ	¥1430
東京のパン屋さん	¥1430
東京で楽しむ北欧	¥1430
東京のカフェめぐり	¥1480
東京で楽しむハワイ	¥1480
nyaruco　東京ねこさんぽ	¥1480
東京で楽しむイタリア&スペイン	¥1480
東京で楽しむアジアの国々	¥1480
東京ひとりさんぽ	¥1480
東京パワースポットさんぽ	¥1599
東京で楽しむ英国	¥1599

地球の歩き方　Plat

1	パリ	¥1320
2	ニューヨーク	¥1320
3	台北	¥1100
4	ロンドン	¥1650
6	ドイツ	¥1320
7	ホーチミン／ハノイ／ダナン／ホイアン	¥1320
8	スペイン	¥1320
9	バンコク	¥1540
10	シンガポール	¥1540
11	アイスランド	¥1540
13	マニラ　セブ	¥1650
14	マルタ	¥1540
15	フィンランド	¥1320
16	クアラルンプール　マラッカ	¥1650
17	ウラジオストク／ハバロフスク	¥1430
18	サンクトペテルブルク／モスクワ	¥1540
19	エジプト	¥1320
20	香港	¥1100
22	ブルネイ	¥1430
23	ウズベキスタン　サマルカンド　ブハラ　ヒヴァ　タシケント	¥16
24	ドバイ	¥13
25	サンフランシスコ	¥13
26	パース／西オーストラリア	¥13
27	ジョージア	¥15
28	台南	¥14

地球の歩き方　リゾートスタイル

R02	ハワイ島	¥16
R03	マウイ島	¥16
R04	カウアイ島	¥18
R05	こどもと行くハワイ	¥15
R06	ハワイ　ドライブ・マップ	¥19
R07	ハワイ　バスの旅	¥13
R08	グアム	¥14
R09	こどもと行くグアム	¥16
R10	パラオ	¥16
R12	プーケット　サムイ島　ピピ島	¥16
R13	ペナン　ランカウイ　クアラルンプール	¥16
R14	バリ島	¥14
R15	セブ&ボラカイ　ボホール　シキホール	¥16
R16	テーマパークｉｎオーランド	¥18
R17	カンクン　コスメル　イスラ・ムヘーレス	¥16
R20	ダナン　ホイアン　ホーチミン　ハノイ	¥16

地球の歩き方　御朱印

御朱印でめぐる鎌倉のお寺　三十三観音完全掲載　三訂版	¥1650
御朱印でめぐる京都のお寺　改訂版	¥1650
御朱印でめぐる奈良のお寺	¥1760
御朱印でめぐる東京のお寺	¥1650
日本全国この御朱印が凄い！　第壱集　増補改訂版	¥1650
日本全国この御朱印が凄い！　第弐集　都道府県網羅版	¥1650
御朱印でめぐる全国の神社　開運さんぽ	¥1430
御朱印でめぐる高野山　三訂版	¥1760
御朱印でめぐる関東の神社　週末開運さんぽ	¥1430
御朱印でめぐる秩父の寺社　三十四観音完全掲載　改訂版	¥1650
御朱印でめぐる関東の百寺　坂東三十三観音と古寺	¥1650
御朱印でめぐる関西の神社　週末開運さんぽ	¥1430
御朱印でめぐる関西の百寺　西国三十三所と古寺	¥1650
御朱印でめぐる東京の神社　週末開運さんぽ　改訂版	¥1540
御朱印でめぐる神奈川の神社　週末開運さんぽ　改訂版	¥1540
御朱印でめぐる埼玉の神社　週末開運さんぽ　改訂版	¥1540
御朱印でめぐる北海道の神社　週末開運さんぽ	¥1430
御朱印でめぐる九州の神社　週末開運さんぽ　改訂版	¥1540
御朱印でめぐる千葉の神社　週末開運さんぽ　改訂版	¥1540
御朱印でめぐる東海の神社　週末開運さんぽ	¥1430
御朱印でめぐる京都の神社　週末開運さんぽ　改訂版	¥1540
御朱印でめぐる神奈川のお寺	¥1650
御朱印でめぐる大阪　兵庫の神社　週末開運さんぽ	¥1430
御朱印でめぐる愛知の神社　週末開運さんぽ　改訂版	¥1540
御朱印でめぐる栃木　日光の神社　週末開運さんぽ	¥1430
御朱印でめぐる福岡の神社　週末開運さんぽ　改訂版	¥1540
御朱印でめぐる広島　岡山の神社　週末開運さんぽ	¥1430
御朱印でめぐる山陰　山陽の神社　週末開運さんぽ	¥1430
御朱印でめぐる埼玉のお寺	¥1650
御朱印でめぐる千葉のお寺	¥1650
御朱印でめぐる東京の七福神	¥1540
御朱印でめぐる東北の神社　週末開運さんぽ　改訂版	¥1540
御朱印でめぐる全国の稲荷神社　週末開運さんぽ	¥1430
御朱印でめぐる新潟 佐渡の神社　週末開運さんぽ	¥1430
御朱印でめぐる静岡 富士 伊豆の神社　週末開運さんぽ　改訂版	¥1540
御朱印でめぐる四国の神社　週末開運さんぽ	¥1430
御朱印でめぐる中央線沿線の寺社　週末開運さんぽ	¥1540
御朱印でめぐる東急線沿線の寺社　週末開運さんぽ	¥1540
御朱印でめぐる茨城の神社　週末開運さんぽ	¥1430
御朱印でめぐる関東の聖地　週末開運さんぽ	¥1430
御朱印でめぐる東海のお寺	¥1650
日本全国ねこの御朱印&お守りめぐり　週末開運にゃんさんぽ	¥1760
御朱印でめぐる信州 甲州の神社　週末開運さんぽ	¥1430
御朱印でめぐる全国の聖地　週末開運さんぽ	¥1430
御朱印でめぐる茨城のお寺	¥1650
御朱印でめぐる全国のお寺　週末開運さんぽ	¥1540
日本全国 日本酒でめぐる　酒蔵&ちょこっと御朱印〈東日本編〉	¥1760
日本全国 日本酒でめぐる　酒蔵&ちょこっと御朱印〈西日本編〉	¥1760
関東版ねこの御朱印&お守りめぐり　週末開運にゃんさんぽ	¥1760
52	一生に一度は参りたい！　御朱印でめぐる全国の絶景寺社図鑑	¥2479
53	御朱印でめぐる東北のお寺　週末開運さんぽ	¥1650
54	御朱印でめぐる関西のお寺　週末開運さんぽ	¥1760
D51	鉄印帳でめぐる全国の魅力的な鉄道40	¥1650
	御朱印はじめました　関東の神社　週末開運さんぽ	¥1210

地球の歩き方　島旅

1	五島列島　3訂版	¥1650
2	奄美大島　喜界島　加計呂麻島（奄美群島①）4訂版	¥1650
3	与論島　沖永良部島　徳之島（奄美群島②）改訂版	¥1650
4	利尻　礼文　4訂版	¥1650
5	天草　改訂版	¥1760
6	壱岐　4訂版	¥1650
7	種子島　3訂版	¥1650
8	小笠原　父島　母島　3訂版	¥1650
9	隠岐　3訂版	¥1870
10	佐渡　3訂版	¥1650
11	宮古島　伊良部島　下地島　来間島　池間島　多良間島　大神島　改訂版	¥1650
12	久米島　渡名喜島　改訂版	¥1650
13	小豆島～瀬戸内の島々1～　改訂版	¥1650
14	直島　豊島　女木島　男木島　犬島～瀬戸内の島々2～	¥1650
15	伊豆大島　利島～伊豆諸島1～　改訂版	¥1650
16	新島　式根島　神津島～伊豆諸島2～改訂版	¥1650
17	沖縄本島周辺15離島	¥1650
18	たけとみの島々　竹富島　西表島　波照間島　小浜島　黒島　鳩間島　新城島　由布島　加屋	¥1650
19	淡路島～瀬戸内の島々3～　改訂版	¥1760
20	石垣島　竹富島 西表島 小浜島 由布島 新城島 波照間島	¥1650
21	対馬	¥1650
22	島旅ねこ　にゃんこの島の歩き方	¥1344
23	屋久島	¥1760

地球の歩き方　旅の図鑑

W01	世界244の国と地域	¥1760
W02	世界の指導者図鑑	¥1650
W03	世界の魅力的な奇岩と巨石139選	¥1760
W04	世界246の首都と主要都市	¥1760
W05	世界のすごい島300	¥1760
W06	地球の歩き方的！　世界なんでもランキング	¥1760
W07	世界のグルメ図鑑　116の国と地域の名物料理を食の雑学とともに解説	¥1760
W08	世界のすごい巨像	¥1760
W09	世界のすごい城と宮殿333	¥1760
W10	世界197ヵ国のふしぎな聖地&パワースポット	¥1870
W11	世界の祝祭	¥1760
W12	世界のカレー図鑑	¥1980
W13	世界遺産　絶景でめぐる自然遺産　完全版	¥1980
W15	地球の果ての歩き方	¥1980
W16	世界の中華料理図鑑	¥1980
W17	世界の地元メシ図鑑	¥1980
W18	世界遺産の歩き方　学んで旅する！　すごい世界遺産190選	¥1980
W19	世界の魅力的なビーチと湖	¥1980
W20	世界のすごい駅	¥1980
W21	世界のおみやげ図鑑	¥1980
W22	いつか旅してみたい世界の美しい古都	¥1980
W23	世界のすごいホテル	¥1980
W24	日本の凄い神木	¥2200
W25	世界のお菓子図鑑	¥1980
W26	世界の麺図鑑	¥1980
W27	世界のお酒図鑑	¥1980
W28	世界の魅力的な道	¥1980
W29	世界の映画の舞台&ロケ地	¥2090
W30	すごい地球！	¥2200
W31	世界のすごい墓	¥1980
W32	日本のグルメ図鑑	¥1980
W34	日本の虫旅	¥2200

地球の歩き方　旅の名言 & 絶景

ALOHAを感じるハワイのことばと絶景100	¥1650
自分らしく生きるフランスのことばと絶景100	¥1650
人生観が変わるインドのことばと絶景100	¥1650
生きる知恵を授かるアラブのことばと絶景100	¥1650
心に寄り添う台湾のことばと絶景100	¥1650
道しるべとなるドイツのことばと絶景100	¥1650
共感と勇気がわく韓国のことばと絶景100	¥1650
人生を楽しみ尽くすイタリアのことばと絶景100	¥1650
今すぐ旅に出たくなる！　地球の歩き方のことばと絶景100	¥1650
悠久の教えをひもとく　中国のことばと絶景100	¥1650

地球の歩き方　旅と健康

地球のなぞり方 旅地図 アメリカ大陸編	¥1430
地球のなぞり方 旅地図 ヨーロッパ編	¥1430
地球のなぞり方 旅地図 アジア編	¥1430
地球のなぞり方 旅地図 日本編	¥1430
脳がどんどん強くなる！　すごい地球の歩き方	¥1650

地球の歩き方　旅の読み物

今こそ学びたい日本のこと	¥1760
週末だけで70ヵ国159都市を旅したリーマントラベラーが教える自分の時間の作り方	¥1540
史跡と神話の舞台をホロホロ！　ハワイ・カルチャーさんぽ	¥1760

地球の歩き方　BOOKS

ハワイ ランキング&マル得テクニック！	¥1430
台湾 ランキング&マル得テクニック！	¥1430
御船印でめぐる船旅	¥1870
BRAND NEW HAWAII　とびきりリアルな最新ハワイガイド	¥1650
FAMILY TAIWAN TRIP　#子連れ台湾	¥1518
GIRL'S GETAWAY TO LOS ANGELES	¥1760
HAWAII RISA'S FAVORITES　大人女子はハワイで美味しく美しく	¥1650
LOVELY GREEN NEW ZEALAND　未来の国を旅するガイドブック	¥1760
MAKI'S DEAREST HAWAII	¥1540
MY TRAVEL, MY LIFE Maki's Family Travel Book	¥1760
いろはに北欧	¥1760
ヴィクトリア朝が教えてくれる英国の魅力	¥1320
ダナン&ホイアン　PHOTO TRAVEL GUIDE	¥1650
とっておきのフィンランド	¥1760
フィンランドでかなえる100の夢	¥1760
マレーシア　地元で愛される名物食堂	¥1430
香港　地元で愛される名物食堂	¥1540
最高のハワイの過ごし方	¥1540
子連れで沖縄　旅のアドレス&テクニック117	¥1100
食事作りに手間暇かけないドイツ人、手料理神話にこだわり続ける日本人	¥1100
台北　メトロさんぽ　MRTを使って、おいしいとかわいいを巡る旅	¥1518
北欧が好き！　フィンランド・スウェーデン・デンマーク・ノルウェーの素敵な町めぐり	¥1210
北欧が好き！2　建築&デザインでめぐるフィンランド・スウェーデン・デンマーク・ノルウェー	¥1210
日本全国　開運神社　このお守りがすごい！	¥1522
地球の歩き方　ディズニーの世界　名作アニメーション映画の舞台	¥2420

地球の歩き方　スペシャルコラボ BOOK

地球の歩き方　ムー	¥2420
地球の歩き方　JOJO　ジョジョの奇妙な冒険	¥2420
地球の歩き方　宇宙兄弟　We are Space Travelers!	¥2420
地球の歩き方　ムーJAPAN　～神秘の国の歩き方～	¥2420

約３年ぶりに訪れたロスアンゼルス。ライフスタイルは変わったかもしれませんが、街は活気を取り戻し、新しいビジネスが続々と立ちあがっていました。ローカルコミュニティを大事にするLAでは、今も常に何かが生まれています。ぜひ、ご自身の目で確かめていただきたいと思います。改訂版の編集にあたりご協力いただいた皆さま、投稿をお寄せいただいた読者の皆さま、ほかすべての皆さまに深く感謝します。

制作	日隈理絵	**Producer**	Rie Hinokuma
デザイン	㈲エメ龍夢	**Design**	EMERYUMU, Inc.
表紙	日出嶋昭男	**Cover Design**	Akio Hidejima
地図	冨田富士男／TOM	**Maps**	Fujio Tonda / TOM
	辻野良晃		Yoshiaki Tsujino
	アルト・ディークラフト		Alto Dcraft
	株式会社ジェオ		GEO Co., Ltd.
	シーマップ		C-Map
校正	ひらたちやこ	**Proofreading**	Chiyako Hirata
写真	森田耕司	**Photographers**	Koji Morita
	名倉千尋		Chihiro Nagura
	岩井加代子		Kayoko Iwai
	三浦憲之		Noriyuki Miura
	小城崇史		Takafumi Kojo
	田中 智		Satoshi Tanaka
	松本光子		Mitsuko Matsumoto
	㈲地球堂		Chikyu-Do, Inc.
現地調査	志保ギャリソン	**Researcher**	Shiho Garrison
取材レポート	久ケ澤和恵	**Reporter**	Kazue Kugasawa
現地協力	三尾 圭／オール·アメリカン·スポーツ	**Researcher**	Kiyoshi Mio / All American Sports
編集	菊地俊哉	**Editor**	Toshiya Kikuchi

Special Thanks To
Visit California、Los Angeles Tourism & Convention Board、Universal Studios Hollywood、Knott's Berry Farm、RCS Advertising、カリフォルニア観光局、ロサンゼルス観光局、ディズニー・ディスティネーション・インターナショナル、五十川昌博さん、五十川直美さん、パトリック丸目さん、田中智さん、六車健一さん、久保田康夫さん、池田樹美さん、入澤るいさん、飯富崇生さん、芦刈いづみさん、三木昌子さん、©iStock

本書についてのご意見・ご感想はこちらまで
読者投稿　〒141-8425　東京都品川区西五反田 2-11-8
株式会社地球の歩き方
地球の歩き方サービスデスク「ロスアンゼルス編」投稿係
https://www.arukikata.co.jp/guidebook/toukou.html
地球の歩き方ホームページ（海外・国内旅行の総合情報）
https://www.arukikata.co.jp/
ガイドブック『地球の歩き方』公式サイト
https://www.arukikata.co.jp/guidebook/

地球の歩き方 B03
ロスアンゼルス 2023-2024年版

2023年3月21日　初版第1刷発行
2024年7月12日　初版第3刷発行

Published by Arukikata. Co., Ltd.
2-11-8 Nishigotanda, Shinagawa-ku, Tokyo, 141-8425, Japan

著作編集　地球の歩き方編集室
発行人　新井邦弘 ／ 編集人　宮田崇
発 行 所　株式会社地球の歩き方
〒141-8425　東京都品川区西五反田 2-11-8
発 売 元　株式会社Gakken
〒141-8416　東京都品川区西五反田 2-11-8
印刷　大日本印刷株式会社

※本書は基本的に 2022 年 10 月の取材データと 2022 年 10 月～ 2023 年 1 月の現地調査をもとに作られています。
発行後に料金、営業時間、定休日などが変更になる場合がありますのでご了承ください。
更新・訂正情報：https://www.arukikata.co.jp/travel-support/

●この本に関する各種お問い合わせ先
・本の内容については、下記サイトのお問い合わせフォームよりお願いします。
URL ▶ https://www.arukikata.co.jp/guidebook/contact.html
・広告については、下記サイトのお問い合わせフォームよりお願いします。
URL ▶ https://www.arukikata.co.jp/ad_contact/
・在庫については　Tel 03-6431-1250（販売部）
・不良品（乱丁、落丁）については　Tel 0570-000577　学研業務センター　〒354-0045　埼玉県入間郡三芳町上富 279-1
・上記以外のお問い合わせは　Tel 0570-056-710（学研グループ総合案内）

※本書は株式会社ダイヤモンド・ビッグ社より 1990 年 2 月に初版発行したもの（2020 年 4 月に改訂第 31 版）の最新・改訂版です。
学研グループの書籍・雑誌についての新刊情報・詳細情報は、下記をご覧ください。
学研出版サイト　https://hon.gakken.jp/